아동기 심리장애와 발달장애의 치료

아동기 심리장애와 발달장애의 치료

TREATING CHILDHOOD PSYCHOPATHOLOGY AND DEVELOPMENTAL DISABILITIES

Johnny L. Matson, Frank Andrasik, Michael L. Matson 편저 | 유미숙, 신효미, 이혜진 공역

Σ시그마프레스

아동기 심리장애와 발달장애의 치료

발행일 2012년 8월 1일 1쇄 발행

편저 Johnny L. Matson, Frank Andrasik, Michael L. Matson
역자 유미숙, 신효미, 이혜진
발행인 강학경
발행처 ㈜시그마프레스
편집 홍선희
교정 김형하
등록번호 제10-2642호
주소 서울특별시 영등포구 양평로 22길 21 선유도코오롱디지털타워 A401~403호
전자우편 sigma@spress.co.kr
홈페이지 http://www.sigmapress.co.kr
전화 (02)323-4845, (02)2062-5184~8
팩스 (02)323-4197

ISBN 978-89-97927-11-1

Treating Childhood Psychopathology and Developmental Disabilities

머리말

인간의 수명은 놀라울 만큼 늘어나고 우리 사회는 눈부시게 발전하지만 의학의 발달에도 불구하고, 심리적·발달적 어려움을 겪는 아동이나 청소년의 수가 증가하는 현실이 참으로 안타깝다.

이런 어려움에 처한 아동·청소년의 증가와 함께 심리장애나 발달장애를 위한 치료 방법이나 교육 방법 역시 기하급수적으로 증가하고 있다. 자고 나면 새로운 이론이나 방법이 등장하고 새로운 치료기관이 늘어만 가는데, 자녀를 둔 부모나 교육 및 치료에 종사하고자 하는 사람은 과연 어떤 방법이 얼마나 효과 있는지 알기가 쉽지 않다. 각 이론은 저마다 효과가 있다고 하지만, 한 아동을 위한 최선의 선택과 최고의 효과적인 방법을 선택하는 것은 어려운 일이기 때문이다.

이와 같은 어려움을 해결하고 싶은 마음에서 가뭄에 단비를 맞은 느낌으로 발견한 것이 『아동기 심리장애와 발달장애의 치료』이다. 이 책은 각종 연구 결과를 토대로 그야말로 '증거 기반'의 방법들로 효과적인 치료 방법을 뽑아 소개하고 있으니, 우리에게 치료 시간을 단축하고 치료 효과를 극대화할 수 있는 안내서이다. 구체적인 내용으로는 인지행동 치료와 응용행동분석, 각 치료 결과가 아동에게 미치는 영향, 주요 심리장애, 자폐스펙트럼장애, 발달장애 아동의 의사소통 능력, 섭식장애와 급식장애에 관한 많은 자료가 있다.

이 책은 아동상담자, 아동심리치료전문가, 상담심리전문가, 발달심리사, 학교상담사 등의 임상전문가는 물론, 연구실에서 아동 연구를 하는 연구원, 대학이나 대학원에서 강의를 담당하는 교육자에게도 교재로 제공된다면 큰 도움이 될 것이다. 아울러 장애를 지닌 자녀를 둔 부모가 좀 더 자녀를 깊이 이해하고 치료 방법을 선택하고자 할 때에도 안내서의 역할을 하리라 기대하며, 전문가의 도움을 필요로 하는 발달장애나 심리장애의 아동이 더 행복해지는 데도 이 책이 도움이 되길 간절히 소망한다.

　끝으로 이 책의 번역을 할 수 있도록 도와주신 (주)시그마프레스의 강학경 사장님과 여러 차례 꼼꼼하게 교정을 도와준 김형하 대리님께 진심으로 감사의 마음을 전합니다.

2012년 7월
역자를 대표하여
유미숙

차례

기고자 목록

Erna Alant
Center for Augmentative and Alternative Communication,
University of Pretoria, Pretoria 0002 South Africa, erna.alant@up.ac.za

Suman Ambwani
Department of Psychology, Dickinson College, P.O. Box 1773, Carlisle,
PA 17013, ambwanis@dickinson.edu

Lisa L. Ansel
Department of Psychology, The University of Southern Mississippi,
118 College Dr., Box 5025, Hattiesburg, MS 39406, lisaansel@gmail.com

Christopher T. Barry
Department of Psychology, University of Southern Mississippi,
Hattiesburg, MS 39406, Christopher.Barry@usm.edu

Jayne Bellando
Department of Pediatrics, University of Arkansas for Medical Sciences,
Arkansas Children's Hospital, Little Rock, AR 72202

Asit B. Biswas
Leicestershire Partnership NHS Trust and University of Leicester,
Leicester Frith Hospital, Leicester LE3 9QF, UK, asitbiswas@yahoo.co.uk

Kathryn Dingman Boger
Department of Psychology, Boston University, Boston, MA 02215,
dingman@bu.edu

Gabrielle A. Carlson
Stony Brook University School of Medicine, Stony Brook, NY 11794,
Gabrielle.Carlson@StonyBrook.edu

Thompson E. Davis III
Department of Psychology, Louisiana State University, Baton Rouge,
LA 70803, ted@lsu.edu

Mark C. Edwards
Department of Pediatrics, University of Arkansas for Medical Sciences,
Arkansas Children's Hospital, Little Rock, AR 72202

Terry S. Falcomata
Center for Disabilities and Development, Division of Pediatric
Psychology, Department of Pediatrics, Children's Hospital of Iowa,
Iowa City, IA 52242

Suzannah Ferraioli
Douglass Developmental Disabilities Center, 151 Ryders Lane,
New Brunswick, NJ 08901, sferraioloi@gmail.com

Kate Fiske
Douglass Developmental Disabilities Center, 151 Ryders Lane,
New Brunswick, NJ 08901, katefiske@gmail.com

Ellen Flannery-Schroeder
Department of Psychology, University of Rhode Island, Kingston,
RI 02881, efschroeder@mail.uri.edu

Frederick Furniss
The Hesley Group, School of Psychology, University of Leicester,
Doncaster DN4 5NU, UK, fred.furniss@hesleygroup.co.uk

David H. Gleaves
Department of Psychology, University of Canterbury, Christchurch,
New Zealand, david.gleaves@canterbury.ac.nz

Zinoviy A. Gutkovich
Division of Child and Adolescent Psychiatry, Department of Psychiatry,
The Zucker Hillside Hospital, Glen Oaks, NY 11004, ZGutkovi@lij.edu

Heather L. Harrison
Department of Psychology, The University of Southern Mississippi,
118 College Dr., Box 5025, Hattiesburg, MS 39406,
Heather.harrison@usm.edu

Bart Hodgens
Civitan International Research Center, University of Alabama
at Birmingham

Alexis N. Lamb
Psychology Department, University of Rhode Island, 10 Chafee Rd.,
Kingston, RI 0288, anlamb@mail.uri.edu

Janet D. Latner
Department of Psychology, University of Hawaii at Manoa,
2430 Campus Road, Honolulu, HI 96822, jlatner@hawaii.edu

Nicholas Long
UAMS Department of Pediatrics, College of Medicine,
University of Arkansas for Medical Sciences, Little Rock,
AR 72202, longnicholas@uams.edu

Heather J. Kadey
Munroe-Meyer Institute for Genetics and Rehabilitation,
University of Nebraska Medical Center, Omaha 68198, NE

Johnny L. Matson
Department of Psychology, Louisiana State University,
Baton Rouge, LA 70803, johnmatson@aol.com

Cryshelle Patterson
Sparks Clinics, University of Alabama at Birmingham

Cathleen C. Piazza
Munroe-Meyer Institute for Genetics and Rehabilitation,
University of Nebraska Medical Center, Omaha 68198, NE

Jessica D. Pickard
Department of Psychology, The University of Southern Mississippi,
118 College Dr., Box 5025, Hattiesburg, MS 39406, pickard_jd@yahoo.com

Joel E. Ringdahl
Center for Disabilities and Development, Division of Pediatric
Psychology, Department of Pediatrics, Children's Hospital of Iowa,
Iowa City, IA 52242, joel-ringdahl@uiowa.edu

Henry S. Roane
Munroe-Meyer Institute for Genetics and Rehabilitation, University
of Nebraska Medical Center, Omaha 68198, NE

Martha C. Tompson
Department of Psychology, Boston University, Boston, MA 02215,
mtompson@bu.edu

Kerstin Tönsing
Center for Augmentative and Alternative Communication,
University of Pretoria, Pretoria 0002, South Africa, kerstin.tonsing@up.ac.za

Kitty Uys
Center for Augmentative and Alternative Communication,
University of Pretoria, Pretoria 0002, South Africa, kitty.uys@up.ac.za

Mary Jane Weiss
Douglas Developmental Disabilities Center Rutgers, The State University
of New Jersey, New Brunswick, NJ 08901, weissnj@rci.rutgers.edu

Jonathan Wilkins
Department of Psychology, Louisiana State University, Baton Rouge, LA 70803, Johnmatson@aol.com

Ditza Zachor
Faculty of Medicine, Tel Aviv University, Tel Aviv, Israel, dzachor@asaf.health.gov.il

제1부

서론

제1장

아동기 심리장애와 발달장애의 치료역사

JONATHAN WILKINS and JOHNNY L. MATSON[1]

소개

현대 아동기 정신병리학과 발달장애의 역사는 오래되지 않았으나, 이 두 학문에서 지적장애(ID)는 오랫동안 최신 과학 분야와 전문가에게 관심을 받아온 영역이다.

1896년 12월 APA 연설에서 Lightner Witmer는 심리학 실습개요를 소개하였다. 실천과제의 네 가지 구성요소로 1) 정신과 도덕성 발달의 연구 2) 학교 교육과정을 방해하는 신체적 결함이나 지체를 치료하기 위한 심리 치료 클리닉에 학교·병원 훈련 추가 3) 정상 아동과 지체 아동의 훈련, 관찰 실습 4) 정신적·도덕적 지체 아동을 진단하거나 의학적 처방과 연계하여 치료하는 심리 치료전문가를 육성하기 위한 학생 훈련(Witmer, 1907)이다. Witmer는 말더듬증(stammering) 과 기타 언어장애(other speech defects), 잘못된 철자법(bad spelling), 정신지체(slow mental development), 그리고 운동장애(motor defects)를 위한 교육적 치료를 언급하였다. 이와 같은 초 기 연구들은 현재 발달장애 또는 학습장애 치료교육의 시초가 되었다.

이 같은 연구 주제는 자폐에서 자폐스펙트럼장애(ASD)로 확장되었고, 우울, 과잉행동, 불안과 같은 아동기 심리장애로 이어졌다. 아동과 관련된 행동의학은 가장 단시간에 이루어진 영역이다. 다양한 영역의 연구가 아동과 관련해 나오기 시작한 시점에는 많은 이유가 있었다. 이 장의 목적은

---

1. JONATHAN WILKINS and JOHNNY L. MATSON*Louisiana State University

이런 영역과 주요 발달의 개관을 설명하고, 증거 기반 연구와 실천을 통해 각 주제를 확립할 수 있도록 하는 것이다.

지적장애

지능검사는 아동 연구 중 하나이며 가장 잘 확립된 영역이다. 지능검사 발달은 학교에서 학습부진아(slow learner)와 우수한 아동(high achievers)을 변별하기 위한 실용적 고민에서 시작되었다. 소르보네의 Alfred Binet는 학교에서 '위험에 처한' 학생을 구분하기 위한 일련의 검사를 개발하였다. 1905년 Binet는 Theodore Simon 조교와 함께 새로운 IQ검사인 비네-시몬 척도를 발표하였다. 1908년에 그들은 3~13세에 적합한 검사 내용으로 삭제, 수정, 추가하여 척도를 개정하였다. 이 검사는 이후 미국 스탠퍼드대학교에서 다시 표준화하여 현재까지 널리 쓰이는 스탠퍼드-비네 지능검사가 되었다.

　Herbert H. Goddard는 Binet의 프랑스어판 척도를 영어로 번안하였다. Goddard는 IQ검사의 초기 지지자였고, 정신박약(feeble-minded) 아동을 훈련하는 바인랜드훈련학교(Vineland Training School)의 선임연구자였다. 또한 Goddard는 지적장애(ID)의 하위 범주 개념을 개발하였고, IQ가 낮은 아동을 저능아(moron)[2]와 정박아(imbecile)[3], 가장 낮은 아동을 백치(바보; idiot)[4]라는 용어로 표현하였다(Goddard, 1920). 이 용어가 경도, 중도, 고도, 심각 수준으로 바뀌었지만, 지적장애의 뚜렷한 수행 차이와 Goddard의 하위 분류 권고에 대한 인식은 지속되고 있다.

　스탠퍼드대학교의 Lewis H. Terman 교수는 Goddard를 뛰어넘어 검사 자체를 개정하였다. 가장 중요한 변화는 검사가 더욱 표준화된 점이다. 또한 그는 지적장애가 있는 아동뿐 아니라 영재 아동을 구분할 수 있도록 검사를 수정하였다. 1916년에 발표한 비네-시몬 지능척도의 스탠퍼드 수정안은 미국에서 IQ를 평가하기 위한 기준이 되었다.

　IQ검사의 광범위한 수용으로 나타난 예기치 않은 성과 중 하나는 매년 아동에게 수백만 개의 표준화 검사 시행으로 수백만 달러의 검사사업이 창출된 것이다. 두 번째 성과는 발달장애 범주와 아동 심리장애 유형을 위한 IQ검사모델을 사용함으로써 객관적으로 표준화된 측정도구를 개발할 수 있다는 인식이다. 20세기 후반에 시작된 변화의 대부분과 추후연구는 상당히 오랜 기간 동안 관련

---

2. 지능지수가 50~70 정도(지능이 8~12세 정도의 성인; imbecile, idiot보다는 위)
3. 지능지수가 35~49 정도(지능이 3~7세 정도)
4. 지능지수가 25 이하(지능이 3세 이하)

되어 있었다.

세 번째는 IQ검사가 치료에도 영향을 끼쳤다는 점이다. IQ검사가 장애(disorders)와 장해(disabilities)을 확인하고 정의함으로써 훈련의 필요성과 치료 전략을 명확히 해 주었다.

아동 정신병리

1899년 미국에서 소년법원(juvenile court)의 첫 설립은 종종 아동 정신건강 운동의 시작으로 여겨진다(Schowalter, 2000). 이 정책의 취지는 청소년 비행을 치료하는 것으로, 소년정신질환학회(Juvenile Psychopathic Institute)를 설립한 여성시민이 주도하였다. 정신질환학회의 학회장은 신경학자인 William Healy였다. 그의 중요한 업적 중 하나는 정신과 의사, 심리학자, 사회복지사를 포함하여 3인조로 전문팀을 구성했다는 점이다. 일반적으로 정신과 의사는 치료를 하고, 심리학자는 평가를 하며, 사회복지사는 서비스를 제공하고 내담자의 부모를 도와주었다. 여러 책과 논문에서 보고된 바와 같이, 이 같은 접근법은 아동 치료를 위한 서비스모델이 되었다. 일반적으로 이 서비스는 지역사회 정신건강센터(community mental health clinics)를 통해 제공되었다.

1963년 John F. Kennedy가 지역사회 정신건강센터 활동에 지역사회 외래환자 편의시설을 구성하도록 승인하면서 위와 같은 움직임이 가장 활발해졌다. 이 시기에는 정신역동학이 우세한 치료적 패러다임이었다. 그러나 정신역동학은 여러 부분에서 아동기 심리장애와 발달장애를 위한 치료적 발전을 지연시켰다. 예를 들어, 정신역동학은 여러 형식의 정신병리학을 발전시키기에는 지적장애 성인과 아동의 자아 강도가 약하다고 설명하였다. 또한 1978년에 연구자들은 아동의 우울을 증명할 수 있는지에 대해 논의하였다(Lefkowitz & Burton, 1978). 이와 더불어 최근에 들어서야 DSM과 같은 주요 진단 체계는 아동기 심리장애의 여러 범주를 인식하고 체계화하기 시작하였다(Matson, 1989).

현대 치료 방법

아동을 위한 중요한 치료적 중재 방법에는 학습중심모델(learning-based models)이 있다. 이와 더불어 최근에는 아동 치료에 학습 중심 치료와 병행하여 의학적 방법이 도입되기 시작하였다. 예를 들어, 1951년에 토프라닐(tofranil; 항우울제)이 우울증 치료제로 쓰였고, 1952년에 파리에서 정신질환행동치료제로 소라진(thorazine)이 사용되었으며, 1954년에는 미국에서 소라진 사용을 승인하였다.

정신역동적 방식이 지지받지 못하면서 이와 같은 연구는 증거 기반 수행을 기초로 하였다. 한편 Witmer(1907)는 자신의 일을 임상심리학(clinical psychology)이라고 설명하고, 그 용어는 의학에서 '빌려왔다'고 하였다. 그는 '임상(clinical)'이라는 용어는 함축된 의미라고 언급하였고, 임상심리학자는 우선적으로 아동 각각에게 관심을 두어야 한다고 강조하였다. 그는 개념뿐만 아니라 과학과 실제 간의 관계를 이해해야 하며, 이와 더불어 임상심리학자는 과학에 공헌하는 사람으로서 치료의 원인과 효과 간의 관계를 밝혀내야 한다고 강조하였다.

이같이 역사적 관점에는 수많은 움직임이 있었다. 이러한 움직임에는 고전적 조건화, 조작적 조건형성 · 응용행동분석, 행동 치료 · 인지행동 치료, 약물요법, 혼합 치료들이 있다. 여기에 대한 방법론적 평가는 이후에 다룬다.

고전적 조건형성

John Broadus Watson은 (파블로프에 의해 처음 설명된) 고전적 조건형성의 원리를 인간의 행동에 적용하면서 명성을 얻었다. 그의 연구와 카리스마적인 성격은 행동주의 이론을 설립하는 데 공헌하였다(Maultsby & Wirga, 1998). Watson은 행동주의 심리학(behavioral psychology)의 근거인 파블로프의 조건형성(Pavlovian conditioning)을 옹호하였고, 자신의 연구에서도 행동주의를 향한 완고한 집념이 계속되었다. 행동주의에 대응하여 구성주의(structuralism)가 나타났고, 미국에서는 수동적인 자기 성찰에 중점을 두는 Wilhelm Wundt의 관점을 근거로 한 움직임이 E. B. Titchenor에 의해 널리 퍼졌다.

Watson은 의식(consciousness)과 자기 성찰(introspection)이란 개념을 완전히 거부하였고, 1913년에 콜롬비아대학교에서 그의 유명한 강의를 통해 위의 개념을 공식적으로 비판하였다. 그 강의는 '행동주의 관점으로 바라본 심리학'이라는 주제로 발표되었고 이후에는 '행동주의 선언서(manofesto)'로 알려졌다. 그러나 미국에서 이러한 운동(행동주의)은 1920년대까지 대중적으로 확산되지 않았다. 이 시기에 미국 심리학자들은 제1차 세계대전에 연루되었고, 그 이후 1919년에 『행동주의자가 본 심리학(Psychology from the Standpoint of a Behaviorist)』이 출간되면서 미국 심리학에서 행동주의가 널리 퍼지기 시작하였다. Watson의 저서에서 최초로 행동에 대한 인간 심리적 기능이 분석되었다(Wozniak, 1997). 그는 그 책에서 정신병리는 오랜 습관을 유지하거나 새로운 상황에서 감성이 더 이상 동요되지 않을 때 발전한다고 보고, 심리장애를 변화 적응의 실패로 개념화하였다. 또한 Watson은 자신의 행동주의적 관점이 치료로써 재교육의 가능성이 있다는 명확한 증거를 제시하였다.

Watson은 1920년에 Little Albert의 단일사례연구를 통해 최초로 고전적 조건형성을 인간에게 적용하였다. 이것을 토대로 하여 Watson과 그의 제자 Rosalie Rayner는 생후 11개월 된 영아에게 예상하지 못한 큰 소리와 동물을 함께 짝지어 제시함으로써 흰색 토끼에 대한 비합리적 두려움을 형성시켰다. 또한 그들은 Albert가 자동으로 털이 있는 다른 개체에게도 두려움이 생겼다는 것을 조건화된 두려움 반응의 일반화로 증명하였다. 그들은 두려움이 학습되지 않게 하는 방법을 제안하기도 했지만, 털 있는 개체에 대한 Albert의 두려움을 줄이는 시도는 하지 않았다.

Watson의 다른 제자 Mary Cover Jones에 이르러서야 유도된 소거(induced extinction)로 아동의 비합리적 두려움을 제거하였다. 그녀는 연구에서 이미 과도한 두려움이 있는 아동을 대상으로 사회적 모방과 반대조건 부여를 결합하여 치료하였다. 아동이 좋아하는 음식을 먹는 동안 두려운 개체를 점진적으로 노출하였다. 그녀의 연구는 Peter에 대한 사례연구로 주목받게 되었다(Jones, 1924). 이 연구에서 Jones는 반대조건형성(즉, 좋아하는 음식을 토끼와 동시에 제공하는 것)을 적용하여 하얀 토끼에 대한 소년의 두려움을 소거하였다. 치료하는 동안 Peter에게 토끼를 점점 가깝게 두면서 Peter는 토끼의 존재를 조금 더 참을 수 있게 되었고, 결국 두려움 없이 토끼를 만질 수 있게 되었다. 그녀는 두려움과 조건화에 관한 연구 결과로 인해 행동 치료의 선두주자로 언급된다(Goodwin, 2005).

그러나 Watson의 이론과 행동주의는 제2차 세계대전 이후까지 심리 치료에 직접적으로 큰 영향을 끼치지 못하였다(Pichot, 1989). 왜냐하면 그 시기에는 후기 정신분석학, 초기 자유연상, 최면술과 같은 치료가 주를 이루고 있었기 때문이다. 이와 더불어, 그 당시 행동주의 창시자와 옹호자들은 의료종사자가 아닌 경험 있는 심리학자들이었으므로 이 같은 치료는 신경증 치료로 활용되었다.

고전적 조건형성의 기본 원리는 아동을 위한 치료 전략에 큰 영향을 끼쳤다. 이후 설명하는 치료 대부분은 고전적 조건형성의 원리나 고전적 조건의 구성요소를 근거로 한다. 고전적 조건형성은 다른 학습장애와 발달장애 아동의 공포와 두려움 치료에 사용되었으나, 이런 연구들은 드물었다(Labrador, 2004). 일반적으로 고전적 조건형성의 구성요소는 노출법처럼 가깝게 연관된 다른 기술과 한 쌍으로 묶는다. 위와 같은 연구에 대한 논의는 제3장 인지행동 치료에서 다루고자 한다.

조작적 조건형성 · 응용행동분석

B. F. Skinner의 연구와 이론은 행동주의와 학습 중심 치료의 발달에 큰 영향력을 끼쳤다. 새로운 습관의 학습 속도와 소거에 대한 저항에 영향을 끼치는 강화 계획의 개념과 강화물 전달의 조절 방

법은 행동주의 발전에서 특히 중요하다(Maultsby & Wirga, 1998). 행동 수정은 장기간, 비싼 비용, 궁극적으로 효과적이지 못한 심리 치료에 대안을 제시하였다. 그리고 Skinner(1953)는 『과학과 인간 행동(Science and Human Behavior)』에서 정신병리학과 심리치료학의 최신 이론에 대한 그의 대안을 개관하였다(Labrador, 2004).

Skinner의 치료 목표는 문제행동을 일으키는 자극을 제거하기보다는 문제행동이 발생하는 환경을 극복하는 대안적 행동을 알려 주는 것이다. 그렇다면 우선적으로 그러한 환경을 체계적으로 분석하는 일이 필요하다(즉, 기능적 분석 시행).

Skinner의 목표는 비정상적 행동을 줄이거나 수정하기 위해서 경험적 행동분석을 사용하는 것이다. 그는 어떠한 비정상적인 행동이던지 간에 그러한 행동은 그 환경에 적응하기 위해 학습되었다고 생각하였다. 그러나 학습된 행동이 사회에서 수용되지 않을 때, 그 행동은 비정상 또는 부적응행동이 된다. 따라서 이러한 행동의 치료 목표는 더 적합한 행동으로 대체하면서 행동을 수정하는 것이다. 부적응행동의 치료 효과는 기저선자료와 비교하여 평가할 수 있다. 이러한 형식은 행동치료와 응용행동분석(ABA)을 근거로 적용한 것이다.

Skinner의 연구와 이론은 국제적인 운동이 되었고, 이는 1960년대에는 남아메리카까지 퍼졌다(McCrea, 1976). Fuller(1949)는 처음으로 임상에서 조작적 원리를 적용할 수 있다고 설명하였다. 이 연구의 단일 참여자는 '움직이지 못하는 바보(vegetative idiot)'로 불린 18세 중증발달장애 소년이었다. 달콤한 우유를 강화물로 사용하여 4회기 안에 목표행동(그의 오른팔을 수직으로 들어 올리는 것)이 유의하게 증가했다는 것을 증명하였다. 또한 그는 강화자극을 제거함으로써 목표행동이 소거될 수 있다고 밝혔다.

몇 년 후 1953년에 Skinner와 Lindsley는 주립병원에 입원한 정신병리 환자들에게 조작적 조건형성의 원리를 적용하였다. 그들은 인간을 위한 스키너박스를 고안하였다. 즉, 그 방(Skinner box)의 거주자가 수행하는 행동에 따라 실질적인 강화물을 제공하는 것이다(Skinner, 1954). '긴장증, 망상으로 인한 정신결함, 편집증, 그리고 어떤 때는 조증'을 보이는 정신장애 환자는 하루에 한 시간씩 방에 혼자 남겨졌다. 연구자는 다른 강화 계획의 효과성에 대해 연구한 후 그 반응 패턴이 이전에 비슷한 환경에서 연구했던 동물 반응 패턴과 비슷하다는 점에 주목하였다. Skinner는 그런 방식으로 조작적 기술을 적용하는 것이 행동을 형성하는 동기로서 큰 가치가 있다고 보고, 이러한 적용이 결국에는 긍정적인 행동 변화를 이끌어 낼 수 있다고 믿었다.

성인을 대상으로 한 이런 초기 연구를 통해 Bjou 외(Bjou, 1959, 1963; Bjou, Birnbrauer, Kidder & Tague, 1966), Barrett와 Lindsley(1962)는 지적장애가 있는 아동을 대상으로 조작적 조건형성을 적용하였고, Ferster와 DeMyer(1961)는 행동 수정 기법에 적용하여 키를 누르면 실제 물건(tangible objects)이 나오는 스키너가 사용한 비슷한 장치를 자폐 아동에게 사용하였다.

발달장애 아동(특히 심한 지적장애와 자폐증)의 범주는 조작 기반 치료 기법(operant-based treatment techniques)의 발전으로 큰 이점을 얻었다. 행동 치료의 효과성은 이 집단을 대상으로 한 연구에서 잘 증명되었고, 특히 행동 치료의 효과는 빈도, 증상의 심각성, 저항행동의 감소와 적응적 기술 습득을 촉진한 점이다(Rogers, 1998). 발달장애 아동에게서는 공격성 또는 자해와 같은 저항행동이 나타날 가능성이 크다. 이러한 행동은 강도가 심하거나 자신과 타인을 위협하는 형태로 나타난다. 이런 강도 높은 행동을 치료하기 위한 가장 효과적인 방법은 조작적 조건형성 원리를 기초로 하는 것으로 이 치료법은 현재 가장 인정받고 있다. 이는 강화, 처벌 또는 두 가지를 결합하는 것 등을 통해 이루어진다(Pelios, Morren, Tesch & Axelrod, 1999).

저항행동(challenging behavior)이란 용어는 부적응 또는 문제행동으로 바꿔서 사용할 수 있으며, 이 용어는 1980년 미국정신학회에서 지적장애인이 일반적으로 보이는 문제행동을 설명하기 위해 도입되었다(Xeniditis, Russell & Murphy, 2001). 훗날 이러한 행동은 전기 충격(Lovaas & Simmons, 1969), 물 스프레이(water misting), 암모니아수향음요법(aromaticammonia), 또는 물리적 제지(physical restraint)와 같은 혐오자극으로 치료하였다. 그러나 한 가지 문제점은 이러한 치료가 환경과 상관없이 일정하게 적용될 수 있어야만 한다는 것이다.

그리고 이런 방법이 일반적으로 행동을 제거하는 데 성공률이 매우 높다고 해도 윤리적인 문제가 명백하게 남아 있다. 그러나 일부 사례에서는 행동이 너무 심각해서 다른 대안이 없다. 이에 해당되는 사례란 행동을 지속적으로 유지하는 기능을 확인할 수 없는 경우를 의미한다. 예를 들어, Azrin과 Holz(1966)는 처벌 중심 절차가 자해를 제거하는 데 매우 효과적인 이유는 처벌과 같은 치료의 혐오적 특성이 행동을 유지하는 어떠한 강화물보다 더 강하기 때문이라고 하였다. 그래서 좀 더 수위가 낮은 혐오적 처벌 기술은 여전히 치료로 자주 활용한다(예 : 소거, 타임아웃, 반응대가).

자해나 공격성 같은 행동은 개인과 환경에 따라 다른 기능을 가질 수 있고, 같은 사람이라도 상황에 따라 그 기능이 다양할 수 있기 때문에 그 행동에 대한 사건 또는 그 요인을 유지하는 것에 대해 이해했을 때 효과적인 치료를 선택할 수 있다(Iwata, Dorsey, Slifer, Bauman, & Richman, 1982). 그러므로 지적장애 아동의 부적응행동을 수정하기 위해 적용된 조작적 기술의 중요한 발전은 바로 기능 평가의 역할이 확실하게 증가했다는 점이다.

기능적 사정 평가나 분석은 선행사건(antecedents)과 그에 따르는 행동(결과; consequences)에 대한 평가를 포함한다. 선행사건(antecedents)과 행동의 결과를 이해하는 것은 문제행동이 왜 발생했는지 또는 원하는 행동이 왜 발생하지 않는지에 대한 이유를 설명하는 데 중요한 정보를 제공한다. 치료에서 목표행동의 유지 요인을 신중하게 고려하는 것은 행동을 제거하거나 감소하는 데 처벌만큼이나 효과적일 수 있다(Iwata et al., 1994). 1982년에 Iwata 외는 처음으로 기능분석을 구성하는 포괄적인 접근법을 설명하였다. 이 연구의 연구자들은 서로 다른 유지 요인과 연관된 네 가지 경험적 조건, 즉 사회적 불만·비난, 학업 요구, 비구조화된 놀이, 독립을 설명하였다.

예를 들어, 아동의 자해행동(SIB) 대부분은 사회적 강화에 의해 유지된다. 즉, 자해행동을 하는 아동은 성인에게 관심을 받을 수 있는 적절한 방법을 배우지 못해서 자해행동으로 자신이 원하는 관심을 받을 수 있다고 인식한다(예 : 부모가 그들에게 "그만"이라고 말하는 것). 이런 식으로 행동의 기능이 정의(즉, 관심)된 후, 중재 또는 치료에서는 부적응행동을 적절한 행동으로 대체하는 것에 중점을 둔다(예 : "나와 함께 놀자."라고 말하는 것; Iwata et al., 1994). 이 절차는 기능적 의사소통 훈련(FCT)으로 알려졌다. 즉, 이는 아동이 문제행동을 보일 때는 무시하고, 아동이 적절하게 질문할 때는 언제든지 사회적 관심을 보여 줌으로써 사회에서 요구되는 반응을 강화하는 것이다. 일반적으로 이 절차는 대안행동의 변별 강화(DRA)로 언급된다. 이와 반대로 아동은 목표 문제행동을 하지 않을 때 언제든지 사회적 관심을 받을 수 있는데, 그것은 타 행동 변별 강화라고 알려졌다(DRO).

기능적 의사소통 훈련(FCT)은 결과적으로 저항행동과 같은 의사소통적 행동의 몇 가지 유형을 제거하고, 궁극적으로 그 행동의 빈도를 감소하기 위해 아동을 교육한다. 이 절차는 특히 의사소통 능력이 종종 제한되는 중증지적장애 또는 자폐스펙트럼장애(ASD) 아동에게 적절하다. 이 절차는 Carr과 Durand(1985)가 처음 설명하였고, 그 문헌에서 그들은 기능적 의사소통 훈련의 목표는 저항행동을 사회적으로 적절한 행동으로 대체하는 것이라고 밝혔다. 이에 대한 적절한 행동 중 하나는 기능적 의사소통이다. 의사소통적 대체행동이 부적응행동을 대신하거나 효과적으로 줄이기 위해서는 의사소통적 대체행동과 통제자극 간에 기능적 관련이 있어야만 한다(Carr & Durand, 1985). 왜냐하면 사회적으로 부적절한 행동은 사전에 아동에게 비언어적 의사소통 방식으로 행해지기 때문이다. 일반적인 대체행동에는 도움을 청하는 것, 동기화된 행동 벗어나기 또는 사회적으로 동기화된 행동에 관심 기울이기와 같은 적합한 방식이 있다. 적합한 반응은 대답하기 또는 비언어적인 사람의 경우 그림판을 가리키기와 같은 동작을 들 수 있다. 기능적 의사소통 훈련(FCT)에서 문제행동이 유의미한 수준의 감소를 보이지 않을 때, 처벌 요인을 추가하면 그 효과를 향상할 수 있다(Fisher et al., 1993).

초기 기능적 평가의 중점은 Wolpe(1969)의 행동 치료 절차에서 분명하게 드러났다. 그러나 그 기술은 1980년대에 무시되었고, 처벌 중심 절차(punishment-based procedures)가 인기를 얻기 시작하였다. 이 시기에 처벌만으로 행동을 충분히 통제할 수 있다고 믿었고, 이런 수많은 연구가 1970~1980년대 중반까지 방대하게 증가하였다(Matson & Taras, 1989).

처벌은 저항행동을 감소할 뿐만 아니라 때로는 행동을 완전히 제거할 수 있다고 여겨졌다(Iwata et al., 1982). 하지만 Carr(1977)과 Johnson, Baumeister(1978)가 연구를 재검토한 이후에 다시 기능적 분석이 임상가의 지지를 받기 시작하였다. 재검토에서 이들은 자해행동 치료의 실패는 환경과 유지 요인에 관한 정보가 부족하기 때문일 수 있다고 제안하였다. 기능적 평가가 치료 이전에 충분히 이루어지지 않았다는 것은 행동의 근본적 원인을 이해하지 못하고 치료를 선택했다는 것을 의미하는 것이므로, 이러한 치료는 효과성이 떨어질 수 있다. 그리고 한 임상가가 치료 방법을 선택하기 전에 기능적 평가를 했을 때, 1980년대 후반에서 1990년대 초반 이후 입증된 경향인 강화 중심 절차를 선택할 가능성이 더 크다(Pelios et al., 1999). 이러한 강화 중심 치료 프로그램은 행동의 이면에 숨은 동기화 요인을 목표로 정할 수 있고, 처벌을 사용하지 않고도 문제행동을 효과적으로 감소할 수 있다. 그러나 비사회적인 기능을 하는 행동은 강화 중심 절차만 사용해서 치료하기는 매우 어려울 수 있다(Iwata et al., 1994). 치료가 기능분석에 기초하고 정적(예 : 관심 또는 실질적 기능) 또는 부적(예 : 기능 벗어나기; Fisher et al., 1993) 강화물로 유지되는 행동일 때 가장 효과적이다.

응용행동분석(ABA)은 공격성과 자해행동(SIB)과 같은 심각한 문제행동뿐 아니라, 수면 문제 치료에서도 활용된다(Didden, Curfs, Sikkema, & do Moor, 1998). 유뇨증 치료에는 별 차트(star charts)와 보상이 효과적이라고 입증되었다(Jarvelin, 2000). 특히 수면 문제는 발달상 문제가 있는 아동기 이후에도 일반적으로 나타나서 지속되며, 낮 동안 다른 저항행동을 지속하는 데 영향을 끼칠 수 있다(Didden et al., 1998). 많은 사례를 통해 수면 문제는 기능적 평가에 의해 부모의 관심으로 형성되고 유지된다고 확인되었다. 따라서 수면 문제는 소거법을 사용하면 성공적인 치료를 할 수 있다(Didden et al., 1998).

행동 치료

행동 치료는 조작 기반 치료 기법으로 다채로워지고 빠르게 발전하였다. 1952년에 Hans Eyesnick은 그의 논문 '심리 치료의 효과 : 평가(the Effects of Psychotherapy : An Evaluation)'에서, 정신분석의 비효과적인 측면을 밝혔다. 이 시기는 미국에서 정신분석 치료가 약해지고 고전적 · 조작적 조건형성의 원리에 근거한 치료가 인기를 얻기 시작한 때이다. 새로운 치료 중 가장 영향력 있는 치료법은 Joseph Wolpe가 개발한 체계적 둔감화 또는 상호제지법이었다.

체계적 둔감화

1950년대 초 Wolpe는 정신분석 기법을 사용해 환자를 치료했으나, 그 결과가 만족스럽지 못했다. 그는 이 결과의 의학적 신뢰를 높이기 위해 그의 의학적 훈련과 학습이론을 결합하였다. 즉, 신경증적 두려움에 관한 non-Freudian 가설과 이미 알려진 행동 치료방식에 두려움을 효과적으로 치료하는 방법을 결합한 것이다(Maultsby & Wirga, 1998). 결과적으로 근육이완과 정서적 심상법을 결합한 것으로, Wople는 이것을 체계적 둔감화라고 하였다. 그는 1958년에 『상호제지에 의한 심리 치료(Psychotherapy by Reciprocal Inhibition)』라는 책을 출판하면서 그의 이론을 설명하였다. Wolpe(1958)는 두려움과 공포를 고전적 조건형성으로 학습된 반응으로 개념화하였고, 이는 특정한 반대조건 부여를 제공함으로써 제거할 수 있다고 하였다.

보통 한 시간 동안 지속되는 회기에서 내담자는 처음에 스스로 근육이완의 상태를 이끈다. 치료사는 내담자에게 두려움 위계목록(대상물 또는 사건)을 읽어주면서, 내담자가 가장 적은 두려움을 일으키는 것부터 시작하여 가장 두려워하는 대상이나 상황까지 점진적으로 상상하도록 한다. 만약에 내담자가 극도로 불안해지면, 치료자는 대상물이나 상황에 대한 상상을 멈추라고 말하고, 다시 이완 상태로 돌아가도록 한다. 여기에는 실제로 두려운 대상물에 노출하는 방법도 포함할 수 있다. 체계적 둔감화의 빠른 효과성과 대다수의 성공사례는 이 분야를 놀라게 하였다. Lang 외에 의해 진행된 초기 몇몇 연구는 대학생을 대상으로 뱀에 대한 두려움을 줄이기 위한 기술 적용을 다루었다(Lang & Lazovik, 1963; Lang, Lazovik & Reynolds, 1965; Lazovik & Lang, 1960).

1960년대에 공포와 불안을 치료하기 위한 체계적 둔감화의 효과성 연구는 잘 이루어졌으나, 1970년대 초기에는 공식화된 많은 연구가 급격히 감소하면서 시들해지기 시작하였다(McGlynn, Smitherman, & Gothard, 2004). 이런 감소는 연구와 실제 임상 모두에서 나타났다. 그 이유를 살펴보면 직접적 방법(예 : 노출법, 참여자 모델링)과 간접적 방법(인지행동 치료; McGlynn et al., 2004)이 경쟁구도에 놓이면서 다른 치료 기법이 나타났기 때문이다.

아동의 불안과 두려움을 치료하기 위한 방법으로 사용하는 체계적 둔감화는 두 가지 상이한 형태가 있다. 실제 두려운 자극에 직면하는 실제적 둔감화(in vivo desensitization)(즉, 노출)와 실제 두려운 자극 대신에 상징 표상(예 : 상상 또는 모델링)을 활용하는 심상적 둔감화(in vitro)가 그것이다(Ultee, Griffioen & Schellekens, 1982). 이러한 기법을 아동에게 적용했던 초기에는 동물에 대한 두려움을 감소시키는 것과 같은 긍정적인 결과를 보고했으나(Kuroda, 1969; Murphy & Bootzin, 1973; Ritter, 1968), 이후에는 혼합된 결과를 보고하였다(Lazarus & Abramowitz, 1962; Miller, Barrett, Hampe, & Noble, 1972). Ultee 외(1982)는 물 공포를 가진 아동의 사례에서 직접적으로 두 가지 절차를 적용하여 비교하였는데, 실제적 둔감화가 심상적 둔감화보다 더욱 효과적이었으며, 심상적 둔감화 치료에 대한 반응은 통제집단과 큰 차이가 없었다. 또한 두 가지를 결합한 치료가 실제적 둔감화만 사용한 것보다 더 효과적이지는 않았다.

이와 비슷한 결과들이 이후에 Menzies와 Clarke(1993)의 연구에서 나타났고, 실제적 노출법은 아동의 물 공포를 감소시키는 데 더욱 유의한 수준의 효과를 보였다. 더불어 이러한 치료는 물을 포함한 다른 상황에도 일반화될 수 있고 3개월 이후에도 지속되었다고 보고했다. 이러한 연구와 다른 연구에서의 결과를 근거로, 두려워하는 대상에 실제 생활 노출법을 적용하는 것은 체계적 둔감화의 가장 중요한 구성 요인이 되었다(Ollendick & King, 1998).

불안과 공포는 자폐증(ASD)에 자주 동반되는 증상이며, 정상 발달 아동에 비해 높은 비율로 나타난다(Love, Matson, & West, 1990; Luscre & Center, 1996; Reaven & Hepburn, 2006; Woodard, Groden, Goodwin, Shanower & Bianco, 2005). 지적장애가 있는 아동의 두려움은 학습장애가 없는 정상 지능의 아동보다 더 높게 나타난다(Deverensky, 1979). 게다가 윌리엄스증후군(Williams syndrome)이 있는 아동은 지적장애가 있는 아동만큼 정상 발달 아동보다 더 높은 수준의 불안과 공포를 보인다. 발달장애 아동과 청소년에 대한 문헌에서 공통적으로 드러난 공포에는 동물(특히 개; Obler & Terwilliger, 1970), 화장실(Jackson & King, 1982; Luiselli, 1977), 병원과 치과의 치료 절차(Freeman, Roy, & Hemmick, 1976: Kohlenberg, Greenberg, Reymore & Hass, 1972; Luscre & Center, 1996), 버스 타기(Luiselli, 1978; Obler & Terwilliger, 1970), 낯선 사람(Matson, 1981), 큰 소리(예 : 천둥; Guarnaccia & Weiss, 1974), 물(Guarnaccia & Weiss, 1974)이 있다고 보고하였다.

이완 훈련은 통제하에 두려운 이미지를 회상하는 것처럼 보통의 아동에게 상당히 힘들고 지루하기 때문에, 체계적 둔감법을 아동에게 적용하는 것은 어렵다(King, Cranstoun, & Josephs, 1989). 정상 발달 아동에게 이 절차를 적용하는 것이 어렵다고 가정한다면, 전통적 체계적 둔감화는 발달장애 아동에게 더 큰 문제가 된다. 결과적으로 자폐 아동과 지적장애 아동의 공포와 불안을 치료하는 방식에는 두려운 대상을 견딜 때 실제 보상물을 제공하는 것과 같은 조작적 구성 요인을 포함하고, 모델링, 반대조건형성(counterconditioning), 점진적 노출법(graduated exposure), 정서적 심상법(emotive imagery)과 같은 기법에 중점을 둔다. 발달장애 아동을 치료하는 경우의 반대조건형성에는 주로 편안한 사람(즉, 아동의 엄마)이 포함되며, 이 사람과의 관련성은 아동이 주변의 두려운 자극에 편안함을 느끼게 되면서 점차 두려움이 사라지게 된다(Sovner & Hurley, 1982).

정서적 심상법은 대개 아동이 즐기는 텔레비전 프로그램 또는 소설에서 나오는 캐릭터를 적용해 치료사가 아동에게 긍정적인 감정을 불러일으키는 것이다. 그리고 캐릭터와 아동을 주제로 한 재미있고 흥미로운 이야기에 점진적으로 두려운 자극을 포함한다(Lazarus & Abramovitz, 1962). 저자는 개, 어둠, 학교에 대한 공포를 성공적으로 치료하는 데 이 기술을 이용하였다. 최근 Cornwall, Spence, Schotte(1997)는 이 같은 절차로 어둠에 공포를 느끼는 아동 24명을 통제집단과 비교한 결과, 다양한 결과 척도에서 더 우수한 결과가 나타났다고 설명하였다. 활동 방법의 절차는 상호억제로 설명되었다. 즉, 아동이 스스로 이완하거나 편안한 상태를 유지하는 것 대신 즐거운 활동을 하면서 긍정적 상태가 유발된다는 것이다(예 : 초영웅이 된 것처럼 하기; King et al., 1989).

Freeman 외(1976)의 연구에서 실생활 노출에 대한 위계적 단계(hierarchal series)는 지적장애 소년의 신체검사에 대한 두려움을 치료하기 위해 병동에서 좋아하는 간호사를 반대조건 부여 대리인(counterconditioning agent)으로 활용하는 것을 고안하였다. 또 다른 비슷한 연구를 살펴보면 변기의 물 내려가는 소리에 두려움이 있는 자폐 아동의 불안을 줄이기 위해 웃음을 사용함으로써 성공적으로 치료하였다(Jackson & King, 1982). 즉, 간지럼을 태워 아동을 웃게 하는 방법으로, 아동이 화장실을 이용하는 동안에 점차적으로 간지럼을 태워 웃게 하면서 변기의 물을 내린다. 그러나 이것은 통제되지 않은 사례연구이기 때문에 결과를 해석하는 데 어느 정도 주의해야 한다.

Obler와 Terwilliger(1970)가 개, 버스를 타는 것에 대한 극한 두려움을 보이는 '신경학적 결함'이 있는 아동 15명에게 체계적 둔감법의 수정안을 적용하였다. 그 결과, 공포 증상의 현저한 감소는 집단 치료에서 보고되었지만 통제집단과 크게 다르지 않았다. 이 연구에서 치료 과정은 두려운 자극의 사진을 먼저 보여 준 후에 이것을 참아내고, 실제 대상물을 보고 아동이 점점 대상에 가깝게 이동할 때 보상을 한다. 보상은 치료 이전에 아동이 선택했던 인형, 책, 사탕이다.

모델링은 또래나 성인이 실생활이나 영상으로 두려움을 일으키는 상황에서 두렵지 않은 행동을 시연하는 것을 말한다. Bandura 외는 이 기법을 초기 연구의 일부로 사용하였고 실생활과 영상에서의 모델링은 개에 대한 두려움을 효과적으로 감소시킨다는 것을 보여 주었다(Bandura, Grusec, & Menlove, 1967; Bandura & Menlove, 1968). 이와 더불어 Lewis(1974)는 물 공포증을 감소시키는 데 모델링(또래 비디오)과 참여를 결합하는 것이 모델링이나 참여만 시행하는 것보다 더욱 효과적이라고 밝혔다. 그렇지만 통제조건과 비교했을 때는 각각 조건만으로도 회피행동이 유의하게 감소하였다.

모델링은 발달장애 아동의 공포증 치료에도 사용할 수 있다. 모델링은 일반적으로 두려움을 일으키는 대상이나 상황에서 치료사가 두렵지 않은 적절한 반응을 시연하는 것으로 구성된다(King, Ollendick, Gullone, Cummins, & Josephs, 1990). 예를 들어, Matson(1981)은 다중 기저선 연구(multiple baseline study)를 진행하였는데, 이 연구에서 가까운 가족구성원 이외에 다른 사람들과의 상호작용을 어려워하는 경도지적장애 아동 3명을 치료하기 위해 모델링을 사용하였다. 모델링은 임상에서 부모에 의해 수행되었고, 그 결과 6개월 이후까지 치료 효과가 유지되며 집까지 일반화되었다.

정서적 심상법, 모델링과는 대조적으로 불안과 공포증에 대한 조작 기반 치료 기법에서는 두려운 대상이나 상황의 노출을 참아내기 전에 먼저 불안이 감소되거나 제거되어야 한다고 가정하지 않는다(King et al., 1990). 이러한 기술은 일반적으로 앞에서 설명한 절차를 결합하여 적용한다. Luiselli(1977, 1978)는 조작 기반 치료 기법이 변기에 두려움을 느끼는 지적장애 청소년과 버스 타는 것을 두려워하는 자폐 아동에게 성공적이었음을 설명하였다. 이후 후속 연구에서는 자폐증 소년의 어머니가 처음에 아동과 버스에 함께 타서 앉으면 실제 강화물을 제공하였다. 마침내 아동 혼자 버스를 타고 학교에 갈 때까지 어머니는 아동에게서 더 멀리 떨어져 있었고, 이는 7일 안에 성공하였다. 이와 더불어 Kohlenberg 외(1972)는 지적장애가 있는 8~20세 아동과 청소년을 대상으로 사회적 행동 형성과 실제 강화물을 사용하여 치과에 가는 두려움을 성공적으로 치료하였다. 이 연구에서는 절차에 필요한 신체적 제한으로 결과를 측정하였는데, 치료를 받은 후 실험집단이 통제집단보다 유의미한 수준으로 신체적 제한 점수가 낮았다.

인지행동 치료

체계적 둔감화(즉, 정신분석 환자의 성공적 치료 부족)에 대한 같은 생각으로 Wolpe의 이론이 공식화될 때 쯤. Albert Ellis는 매우 효과적인 자신의 이론을 발전시켰다. 그 이론은 합리적 정서 치료라고 칭하며 치료사가 이끄는 심리 치료이다(Maultsby & Wirga, 1998). 이 치료모델은 후에 합리적 행동 치료 또는 인지행동 치료(CBT)로 알려졌다. 이 이론에서는 부적응행동을 부적응적 인식의 결과라고 보았기 때문에, 인지 변화는 행동을 변화시킬 수 있다고 본다. ABC모델에서 치료는 사람의 감정, 즉 선행사건, 사건에 대한 신념, 사건에 대한 감정적 반응과 결과에 중점을 두었다. 여기에서의 목표는 내담자가 깨닫게 한 후 비합리적 신념을 제거하는 것이다. 인지행동 치료에서는 고전적 조건형성의 구성요소와 대화요법이 결합되긴 하지만, 치료사는 활동적이고 객관적이며 단호한 지시를 하도록 격려받는다.

Ellis의 치료는 공포증과 불안이 있는 아동에게 적용되었다. Kanfer, Karoly와 Newman(1975)은 초기 연구를 통해서 아동이 어두운 방에서 자극 통제조건(예 : "어둠이 즐거운 곳이 될 수 있어."의 반복)과 통제조건(예 : 동요를 반복해서 부르는 것)보다 언어로 자기교수(예 : "나는 용감한 소년/소녀야. 나는 어둠에서 스스로 돌볼 수 있어.")를 반복하는 것이 어둠에 대한 공포증을 다루는데 효과적이라고 밝혔다. Kane과 Kendall(1989)은 인지행동 중심 치료로 과잉불안장애 아동 4명을 치료하였다. 인지적 구성요소에는 아동이 자신의 불안감과 여기에서 나타나는 신체적 반응을 인식하도록 가르치는 것, 불안을 일으키는 상황의 조건을 명확히 확인하고, 그러한 상황에 대처하기 위한 전략을 개발하며 그 전략의 성패를 평가하는 것까지 포함한다. 이 행동 치료 기법에는 모델링, 실제 노출, 이완 훈련, 역할극, 유관 강화뿐 아니라 과제도 포함한다. 이 치료는 적절한 제한 내에서 불안을 줄이는 데 효과적이었고, 이후 3~6개월까지 유지되었다.

Meichenbaum과 Goodman(1971)은 ADHD 치료에 인지행동 기법을 처음으로 적용하였다. 이후, 이 주제에 관심을 둔 다양한 연구가 있었다(Pelham, Wheeler, & Chronis, 1998). ADHD를 위한 인지행동 치료는 일반적으로 주 1회로 구성하며, 치료사는 부주의와 충동적 행동을 조절하는 인지적 기술을 아동이 개발하도록 도와줌으로써 그 아동이 다른 상황에서도 이 같은 기술을 일반화할 수 있기를 기대한다(Pelham et al., 1998). 하지만 다중 통제 연구 결과는 이 치료 접근법의 효과성을 지지하지 못하였다(Abikoff & Gittelman, 1985; Bloomquist, August, & Ostrander, 1991; Brown, Borden, Wynne, Spunt & Clingerman, 1987).

인지행동 접근은 우울증이 있는 아동과 청소년에게 활용되며 흔히 집단에서 사용한다(Kaslow & Thompson, 1998). 이 접근법은 아동기 우울이 존재하는지에 대한 초기 논쟁과 우울은 내면화장애라는 점 때문에 주목받지 못하였고, 이로 인해 인지행동 치료의 효과성을 평가하는 통제집단 연구와 그와 관련된 치료는 드물었다. 아동을 위한 치료적 중재 방법은 대부분 성인의 치료법을 수정하여 적용하였기 때문에 발달적 체계가 부족하다(Kaslow & Thompson, 1998). Stark 외(Stark, Reynolds, & Kaslow, 1987: Stark, Rouse, & Livingston, 1991)는 처음으로 아동기 우울에 대한 심리사회적 치료 통제 연구를 구성하였다.

Stark 외(1987)의 첫 연구에서는 초등학교 4~6학년을 표본으로 대기자 통제조건집단과 12회기 집단 치료를 비교하였다. 집단 치료에는 자기 관리 기술을 가르치는 자기 통제 중재, 그리고 교육과 집단 문제 해결로 구성된 행동 문제 해결 중재가 포함된다. 통제조건집단과 비교했을 때 2개의 실험조건집단에서 주요 우울 증상이 더 낮게 보고되었고, 8주 후 추후조사에서 우울 증상은 더 이상 보이지 않았다. 그러나 우울의 관리 등급(caretaker ratings of depression), 불안, 자아 강도는 세 집단 간의 유의한 차이가 없었다.

이후 Stark 외(1991)는 위의 절차를 24~26회기로 확장했으며, 매달 가족이 함께 참여하는 부모 훈련 구성을 추가해 가정에서 일반화하도록 도왔다. 이 방법은 우울 증상을 감소시키는 전통적 상담 접근법보다 월등함이 밝혀졌다. 또한 매뉴얼화된 인지행동 치료 접근법의 효과성이 우울증을 겪는 청년들을 통해 증명되었다(Lewinsohn, Clarke, Hops, & Andrews, 1990; Lewinsohn, Clarke, Rhode, Hops, & Seeley, 1996).

Dykens(2003)는 잘 발달된 표현성 언어와 많은 사람과 관계 맺는 기술뿐 아니라 짧은 치료기간과 제한된 목표들을 가정한다면, 공포와 불안을 다루기 위한 인지행동 중재를 윌리암증후군이 있는 사람에게 적용할 수도 있다고 제안하였다. 하지만 발달장애 아동을 위해 인지행동 치료를 적용하는 것은 더 많은 조사가 이루어져야 한다. Reaven과 Hepburn(2006)은 고기능 자폐스펙트럼장애와 불안이 있는 아동을 대상으로 한 인지행동 치료 전략에 높은 수준의 부모 중재가 포함되어야 한다고 제안하였다.

약물

1994~2001년 사이에 청소년을 대상으로 한 항정신성 약물 처방이 2.5%로 증가하였다(Thomas, Conrad, Casler & Goodman, 2006). 1997년에 FDA가 현대화법을 통과시키면서 의사들은 FDA의 승인 없이 약물을 더 쉽게 처방할 수 있게 되었다(Buck, 2000). 이것은 치료방문의 수를 제한하는 관리의료(managed care)[5]를 증가함으로써 아동기 심리장애를 치료하는 항정신성 약물의존 증가에 크게 기여하였다(Thomas et al., 2006). 그러나 심리장애와 발달장애를 동시에 가지고 있는 아동을 치료하기 위해서 항정신성 약물을 사용하는 것이 유용한지에 대한 경험적 연구는 아직 부족하다.

이와 관련된 영역은 임상적으로 지적장애 성인과 정상 발달 아동에 관한 자료에서 추정해야 하는 상황이다(Aman, Collier-Crespin, & Lindsay, 2000). 앞에서 언급했듯이, 항정신성 약물에 대한 반응은 아동의 발달수준에 따라 다르기 때문에 성인을 대상으로 한 연구로 소아청소년의 항정신성 약물에 대한 반응을 추정하는 것은 문제가 된다(Aman, Collier-Crespin et al., 2000). 지적장애나 자폐를 위한 약물은 없으며, 의사는 이러한 아동에게 약물을 처방하기 전에 지속적인 주의를 기울여야만 한다. 이 같은 아동의 경우 기저하는 공존질환을 치료하는 것이 아니라, 아동의 저항행동을 억제하기 위한 약물을 처방하는 것이다. 이것은 주로 화학적 억제를 통해 치료에 도움을 줄 수 있다. 아동기 정신병리 치료에서 채택하는 항정신성 약물에 대한 주요 등급 관련 연구는 이후에 다룰 것이다.

중추신경자극제

정신건강질환의 일부에서는 약물 중재가 광범위하게 이루어지며 권고되고 있다. 1970년 이래로 ADHD에 각성제를 사용한다(Pelham et al., 2000). 그러나 각성제가 ADHD가 있는 모든 사람에게 효과적인 것은 아니며(70~80% 정도 반응함.), 장기적 효과도 불확실하다(Pelham et al., 2000).

1980년에서 2000년까지 지적장애 아동과 ADHD 성인을 대상으로 각성제(메틸페니데이트와 덱

---

5. 다양하게 세분화된 미국의 건강관리제도를 총체적으로 관리하며 제공하는 의료. 의료보험자, 의료기관, 의사 사이에 진료 내용이나 각각의 비용 등에 가이드라인을 설정하여 그에 따라 치료하는 시스템이다.

스트로암페타민)의 효과에 대한 집단 실험연구가 10번 이상 실시되었다(Aman, Collier-Crespin et al., 2000). 이 연구들을 통해 축적된 결과에서 중추신경자극제 약물은 지적장애가 있는 사람에게서 나타나는 ADHD 증상을 치료하는 데 효과적이라고 나타났다. 한 사례를 제외한 모든 연구에서 그 결과가 통계적으로 유의했고, 인지적 수행, 사회적 행동, 독립놀이 안에서 과잉운동 조절, 짧은 주의력과 충동성에서 긍정적인 결과를 보고하였다(Aman, Collier-Crespin et al., 2000). 그러나 지적장애 아동과 청소년의 54%는 대체적으로 약물에 반응하였고, 이는 정상 발달 아동과 청소년의 반응보다 더 낮은 수준이다(Aman, 1990). 이후에 지적장애 아동에게 메틸페니데이트를 복용시킨 연구에서도 비슷한 결과가 나왔다(Pearson, Lane, et al., 2004; Pearson, Santos, et al., 2004).

최신 DSM-IV-TR 진단목록에 자폐스펙트럼장애(ASD) 아동에게는 ADHD 진단을 배제하지만, ADHD 핵심 증상인 충동성, 과잉행동, 부주의와 같은 특성은 일반적으로 자폐스펙트럼장애 아동에게 나타난다[American Psychological Association(APA), 2000; Lecavalier, 2006]. 자폐스펙트럼장애에 나타나는 ADHD 증상 치료를 위한 각성제의 효과는 상반되게 보고된다. 예를 들어, Stigler, Desmond, Posey, Wiegand와 McDougle(2004)은 자폐스펙트럼장애 아동 195명을 대상으로 한 연구에서 낮은 치료 효과와 높은 비율의 부작용이 나타났다고 보고하였으나, Posey 외(2007)의 자폐스펙트럼장애 아동 66명을 대상으로 한 연구에서는 메틸페니데이트가 ADHD의 주된 증상을 약화시키는 데 플라세보 효과(위약 효과)보다 우수했다고 밝혔다.

항우울제

초기 1990년 이래로 아동기 우울증을 치료하는 데 항우울제, 특히 선택적 세로토닌 재흡수 억제제(SSRIs)의 사용이 증가하였다(Jureidini et al., 2004). 1998~2000년 사이에 15~18세 연령의 청소년에게 선택적 세로토닌 재흡수 억제제(SSRIs)를 처방하는 것이 급격히 증가하였다(Delate, Gelenberg, Simmons, & Motheral, 2004). 이 같은 경향에서 우려되는 것은 아동기 약물 사용이 효과적이고 안전한가 하는 문제이다. 특히 선택적 세로토닌 재흡수 억제제를 복용한 청소년 사이에서 나타나는 자살의 위험성이 가장 큰 우려이다(Jureidini et al., 2004; Whittington et al., 2004). 한편, 삼환계 우울제 치료도 빈번한 부작용과 효과성의 부족 때문에 아동에게 거의 사용하지 않는다(Whittington et al., 2004). Jureidini 등(2004)은 파록세틴(paroxetine), 플루옥세틴(fluoxetine), 세르트랄린(sertraline) 또는 벤라팩신(venlafaxine)으로 치료한 아동 477명과 플라세보 효과로 치료한 아동 464명을 비교한 6개의 임상실험연구에서 항우울제 약물로 치료한 아동 42명 중 14명만 유의미한 개선을 보였다고 보고하였다. 게다가 항우울제 약물로 치료한 아동 대다수는 부작용(파록세틴)이 나타나서 결국 연구에서 몇 가지는 중단해야만 했다(세르트랄린).

또한 Whittington 외(2004)는 게재되거나 게재되지 않은 연구를 조사함으로써 이 약물들의 위험성 이득분석(risk-benefit) 프로파일을 재검토하였다. 플루옥세틴은 부작용 위험의 증가 없이 우울 증상을 줄이는 효과가 있는 것으로 알려져 아동에게 선호되는 위험성 이득분석 프로파일로 소개되고 있다. 세르트랄린과 파록세틴의 위험성 이득분석 프로파일은 혼합된 결과를 보여 주는 반면, 시타로팜(citalopam)과 벤라팍신은 모두 선호하지 않는 위험성 이득분석 프로파일로 밝혀졌다. 게다가 Emslie 외(1997)는 플루옥세틴에 관한 연구에서 96명의 아동과 청소년을 대상으로 이중 은폐, 무선화, 플라세보 효과 통제집단으로 구성했는데, 약물에 대해 60% 반응률을 보인다고 보고하였다.

Pary(2004)는 정상 발달 아동과 다운증후군의 주요 우울 증상에 대한 치료로 세로토닌 재흡수 억제제가 주된 치료제라는 것을 강조하였다(파라옥세틴은 제외). 그러나 경도지적장애 청소년 7명을 대상으로 한 연구에서는 우울 증상을 줄이는 데 파라옥세틴이 효과적이라고 밝혔다(Masi, Marchesci & Pfanner, 1997). 한편, 선택적 세로토닌 재흡수 억제제(즉, 플루옥세틴, 파록세틴과 세르트랄린)는 자폐 아동에게 효과가 적게 나타날 수 있다고 하였다. 공개 연구(open label study)[6]에서 Awad(1996)는 이 약물들로 자폐 아동의 소집단 표본을 치료했고 표본 중 절반은 강박 증상, 반복행동, 불안 증상이 감소했으나, 나머지 반은 부작용과 증상의 악화로 인해 치료를 그만두어야만 했다. 선택적 세로토닌 재흡수 억제제는 발달적 결함이 있는 아동의 자해를 줄일 수 있다는 작은 이점이 있다(Aman, Arnold, & Armstrong, 1999). 그러나 이 같은 자료는 시작일 뿐이며 사례 연구를 기초로 한 더 많은 연구가 필요하다는 것이 중요하다.

약물로 우울 증상을 완화하는 데 실패했을 때, 대안 치료로 전기충격요법(ECT)이 효과적일 수 있다. 한 사례연구에서는 전기충격요법으로 내성적인 주요우울장애와 15세 다운증후군 청소년의 우울 증상을 효과적으로 개선하였다고 보고하였다(Gensheimer, Meighen & McDougle, 2002). 이 개별적인 사례에서 전기충격요법은 4번 시행 후 안전하고 효과적이었다고 밝혀졌다.

기분안정제

양극성 장애(bipolar disorder; 조울증)로 진단받은 청소년은 성인과 같은 조건으로 동일한 약물 치료를 받는다. 그러나 청소년이 성인보다 더 많이 경험하는 혼재형 또는 급속 순환형에서는 리튬에 좀 더 적은 반응을 보인다(Cogan, 1996). 비록 양극성 장애가 사춘기 이전의 청소년에게 나

---

6. open label study : 임상 시험 3단계에서 많이 시행하는 연구법이다. 실험자, 피실험자 모두 무슨 약인지, 무슨 작용을 하는지 알고 실행한다.

타나는 것이 드물고 지적장애 아동에게는 거의 나타나지 않지만, 매우 적은 사례연구에서 발프로익 에시드(valproic acid)(Kastner Friedman, & Plummer, 1990; Whittier, West, Galli, & Raute, 1995)나 리튬 치료는 지적장애 청소년에게 긍정적인 결과를 준다고 보고하였다. 그러나 이 집단에서 리튬은 임상적 효과가 제한적이었으며 부작용도 나타났다(Kastner et al., 1990). 한편, Komoto와 Usui(1984)는 중도지적장애와 우울증이 있는 13세 자폐 여자아이가 발프로익 에시드로 효과적인 치료를 받은 연구를 보고하였다.

항정신병 약물

정신분열증의 증상은 대개 청소년기 후반까지 증상 자체가 확실히 나타나지 않기 때문에, 정신분열증을 위한 항정신성 약물로 청소년을 치료한 연구가 거의 없었다. 이에 관련된 소수의 문헌을 기반으로 Campbell과 Gonzalez(1996)는 만성적 정신분열증인 청소년에게 타이오신(thiothixene)이 티오리다진(thioridazine)보다 더 효과적이라는 연구 결과를 보고했으며, 할로페리돌(haloperidol)과 클로자핀(clozapine) 역시 정신분열증인 청소년에게 효과적일 수 있다고 하였다. 그러나 이와 같은 내용은 더 많은 연구로 증명되어야 한다.

Cunningham, Pillai와 Blanchford-Rogers(1968)의 초기 연구에서는 할로페리돌이 공격적이고 파괴적인 행동을 하는 아동을 치료하는 데 효과적이라고 밝혔다. 행동의 의도성을 파악해야 하기 때문에 지적장애가 있는 아동을 품행장애라고 진단하는 것은 다소 어려울 수 있지만, 임상가와 부모의 보고를 통해서 적대적 반항장애 또는 품행장애가 공존하는 118명의 지적장애 아동에게 나타난 문제행동비율이 플라세보 효과집단과 비교했을 때 리스페리돈(risperidone)집단에서 현저하게 감소하였다(Aman, Findling, Derivan, & Merriman, 2000). 리스페리돈과 올란자핀(olanzapine)은 발달장애 아동의 자해행동을 치료하기 위해 가장 일반적으로 사용되는 비정형 항정신병 약물로서, 최근 그 사용이 주목할 만큼 증가하고 있다(Aman, Collier-Crespin et al., 2000). 그러나 이에 대한 연구들은 통제된 연구가 아니므로 더욱 많은 연구가 필요하다.

항불안제

아동기 불안에 대한 벤조디아제핀(benzodiazepines) 효과성 연구는 거의 없고, 단지 몇 가지 통제된 연구만이 유용하다(Simeon, 1993). 벤조디아제핀에 관한 연구가 거의 이루어지지 않은 이유는 일반적으로 불안 증상을 치료할 때 아동과 청소년에게는 선택적 세로토닌 재흡수 억제제가 처방되기 때문이다(Reinblatt & Riddle, 2007). 지적장애 사람 중에서도 일반화된 불안장애를 다루고 위협행동을 치료할 때는 대개 이런 범주의 약물을 사용하였다(Aman, Collier-Crespin et al., 2000). 소수의 연구는 혼합된 증상을 보이는 지적장애 아동의 치료에서 벤조디아제핀의 효과를 실험하였다(LaVeck & Buckley, 1961; Krakowski, 1963; Bond, Mandos, & Kurtz, 1989). 이 연구에 참여한 아동들은 소수일 뿐만 아니라 불안장애의 근원적인 원인보다 문제행동이 더 많이 치료되었다.

앞에서도 언급했듯이 불안 증상은 자폐 아동에게 더 흔하게 나타나며, 행동적 접근이 치료에 성공적이다. 한 연구는 부스피론(buspirone)이 자폐 아동과 청소년의 불안 증상과 과민성을 감소하는 데 효과적이라고 밝혔다. 비정상적이고 불수의적인 움직임을 보인 한 아동을 제외하면, 그 부작용은 최소한으로 나타났다. Werry(1999)는 자폐와 관련된 불안은 항불안제보다 항정신병 약물에서 더 잘 반응할 수도 있다고 주장하였다.

기타 약물

최근에는 유뇨증 치료 약물로 데스모프레신(desmopressin)을 권고한다(Jarvelin, 2000). 데스모프레신은 대개 비강 분무제(nasal spray; 코 스프레이)처럼 복용한다. 과거에는 이미프라민(imipramine)도 사용되었으나, 한 연구에서 이 약물은 지적장애 아동에게 별로 반응이 없다고 밝혀졌다(Aman et al., 2000). 정상 발달 아동의 이미프라민 처방에 대한 연구 결과 역시 10~60% 반응비율로 복합적이었으며, 재발률이 높았다(90%; Schmitt, 1997).

혼합 치료

ADHD

ADHD 치료에서 약물치료와 행동 중재 치료 모두 제한점이 있어서 행동 수정과 각성제 복용을 함께 구성한 혼합 치료가 발전하였다(Pelham et al., 2000). 이러한 혼합 치료는 외래환자 부모 훈련과 학교 훈련 또는 여름 치료 프로그램에서 가장 성공적이었다(Pelham et al., 2000). 부모와 학교 훈련은 환경이나 사람의 영향으로 치료를 일반화하는 데 도움을 준다.

ASD

광범위한 초기 중재 치료패키지는 장애 수준을 낮추고 결과를 향상하는 목표가 있어서 자폐 아동에게 유용하다(Rogers, 1998). 이 같은 프로그램에 참여한 5세 이전의 아동에게서 더 좋은 결과가 나타났다(Fenske, Zalenski, Krantz, & McClannahan, 1985). 특정한 결함 영역을 줄이는 행동 중재보다 초기 중재 치료패키지가 자폐 아동에게 유용하다는 점이 다른 경험적 연구를 통해 지지받았다(Rogers, 1998). 그러나 이러한 광범위한 프로그램은 비싸고 시간이 많이 들며, 다른 분야의 전문팀이 필요하다(집, 교실, 임상). 그래서 일부 사례에서는 치료 시간으로 몇 년이 걸리기도 한다. Kabot, Masi와 Segal(2003)에 따르면, 초기 중재 프로그램이 효과적이고 적절하게 활용되기 위해서 다음과 같은 부분이 강조되는데 가능한 어린 연령에 시작해야 하고 집중적으로 참여하며, 부모 훈련을 포함해야 한다. 또 사회와 의사소통 영역에 초점을 두어야 하며, 개인적 목표와 대상을 포함하고 일반화할 수 있어야 한다.

이 유형의 한 예로 1966년에 미국 노스캐롤라이나대학교에서 만든 TEACCH 프로그램[7]이 있다. 정신역동적 모델이 우세했던 그 당시에는 자폐증을 부모의 감정적 지지 부족 또는 '냉정한 엄마'의 결과로 보는 관점이 보편화되어 있었다. 그래서 TEACCH는 이 같은 부모로 인한 비판적 요인을 재인식하였고, 치료 전략을 집에서 적용할 수 있게 하였다. 그 후 이 프로그램이 효과적이라고 증명되었다(Schopler, Brehm, Kinsbourne, & Reichler, 1971). Ozonoff와 Cathcart(1998)는 가정 중심 TEACCH 프로그램을 시행한 결과, 학령기 이전의 자폐 아동의 소근육과 대근육 운동, 비언어적 개념화 기술이 통제집단보다 3~4배 정도 향상되었다고 보고하였다.

또한 Lovass 외(1981)는 자폐 아동을 위한 광범위 치료패키지를 개발하였다. 이 매뉴얼은 처벌 중심 절차와 함께 강화 중심 조건화 기술을 활용하여 자폐 아동의 문제행동을 감소하고, 사회적 기술의 다양성, 언어, 인지, 자기 돌봄 기술을 향상시켰다. Lovass 프로그램의 효과성은 그의 두 연구를 통해 살펴볼 수 있다(Lovaas, 1987; McEachlin, Smith, & Lovaas, 1993). 그 연구는 통제집단과 집단 치료를 받는 집단을 2년 이상 비교하였다. 한 집단은 치료 프로그램을 적게 구성하였고 같은 사람이 제한된 기간과 강도로 치료하였다. 두 번째 집단은 진단 기록을 통해 정신연령과 생활연령을 맞추었다. 그들은 학급 배정과 IQ 점수에서 통계적으로 현저하게 큰 차이를 보였고, 치료집단은 통제집단에 비해(통제집단에서는 2~47%) 일반학급으로 더 많이 배치되었고, IQ 역시 25~30점이 더 높게 나타났다. 그러나 이 연구에서 비판점은 비무선화된 집단 평가였다는 것이다(Rogers, 1998). 이 같은 방법적 결함에도, 이 치료패키지의 효과성은 성공률은 낮아도 다른 두 가지 독립적인 연구환경에서 반복연구가 되고 있다(Birnbrauer & Leach, 1993; Sheinkopf & Siegel, 1998).

결론

심리장애는 소아청소년에게 일반적인 문제이고, 한 분포연구에서 9~13세 아동의 36.7%는 정신

---

7. the Treatment and Education of Autistic and related Communication handicapped CHildren(TEACCH) : 자폐성 및 관련 의사소통장애 아동을 위한 치료와 교육 프로그램이다.

병리장애 범주 중 하나의 기준에는 부합한다고 밝혔다(Costello, Mustillo, Erkanli, Keeler, & Angold, 2003). 이는 아동 정신병리학의 개념과 항목을 측정하는 방법이 DSM 개정에 따라 변화하고 지금도 바뀌고 있기 때문이다(Ollendick & Vasey, 1999). 그러므로 향후 치료에서는 경험적으로 다양한 치료방식을 획득하는 것이 중요하며, 성인 장애 치료에서 추정한 방식을 단순히 아동에게 적용해서는 안 된다. 공포증을 줄이기 위해 체계적 둔감화와 조작적 원리를 활용하는 치료가 가장 많이 연구되고 있고, 가장 효과적인 치료로 입증되고 있다. 한편, 인지행동과 약물치료의 효과는 앞으로 연구 근거가 되지만, 경험적 지지를 통한 아동 치료로 촉진되어야 한다(Lonigan, Elbert, & Johnson, 1998).

위와 같은 주제는 발달과 지적장애가 있는 사람에게 더욱 중요하다. 지적장애 아동은 일반인보다 발달적 심리장애에 노출될 위험이 더욱 높고(Menolascino & Swanson, 1982), 높은 비율의 우울을 보인다(Matson, Barrett, & Helsel, 1988). 한편, 다양한 치료 방법이 발달과 지적장애가 있는 사람에게 효과적이라고 입증된 것은 매우 가치 있는 것이다. 더 나아가 발달장애가 있는 사람은 주요 정신건강 문제가 진단되지 않고 치료되지도 않는 경우가 많다는 것이 어려운 부분이다(Deb & Weston, 2000).

인지와 의사소통의 어려움 때문에 발달장애가 있는 사람의 장애를 확인하고 인식하는 것은 어렵다. 그리고 자폐 아동을 위한 치료 프로그램에서는 초기 중재의 중요성을 점차적으로 강조하는데, 이것은 아동이 성인으로서 독립적인 기능을 할 수 있도록 돕는 최선의 기회가 될 수 있기 때문이다. 그럼에도 이런 치료 프로그램들은 매우 집중적이고 비용이 많이 들기 때문에, 자폐스펙트럼장애 아동의 부모는 거의 경험적인 증거 없이 제공하는 새로운 치료 또는 '기적 치료(miracle cures)'를 선택하는 경향이 있다[예 : 글루틴무첨가식이요법(glutein-free diet), 킬레이션 치료(chelation therapy)]. 이러한 문제는 최근에 아동기 정신병리학과 발달장애의 치료가 직면한 몇 가지 주요 과제이다.

Abikoff, H., & Gittelman, R. (1985). Hyperactive children treated with stimulants: Is cognitive training a useful adjunct? *Archives of General Psychiatry, 42,* 953–961.

Aman, M., Arnold, E., Armstrong, S. (1999). Review of serotonergic agents and perseverative behavior in patients with developmental disabilities. *Mental Retardation and Developmental Disabilities Research Reviews, 5,* 279–289.

Aman, M. G. (1996). Stimulant drugs in the developmental disabilities revisited. *Journal of Developmental and Physical Disabilities, 8,* 171–188.

Aman, M. G., Collier-Crespin, A., & Lindsay, R. L. (2000). Pharmacotherapy of disorders in mental retardation. *European Child & Adolescent Psychiatry, 9,* I/98–I/107.

Aman, M. G., Findling, R. L., Derivan, A., & Merriman, U. (2000). Risperidone vs. placebo for severe conduct disorder in children with mental retardation. Poster presented at *Collegium Internationale Neuro-psychopharmacologium (XXXIInd CINP Congress).* Brussels.

American Psychological Association. (2000). *Diagnostic and statistical manual for mental disorders* (4th ed., text revision). Washington, DC: Author.

Awad, G. A. (1996). The use of selective serotonin reuptake inhibitors in young children with pervasive developmental disorders: Some clinical observations. *Canadian Journal of Psychiatry, 41,* 361–366.

Azrin, N. H., & Holz, W. C. (1966). Punishment. In W.K. Honig (Ed.), *Operant behavior:* Areas of research and application. New York: Appleton-Century-Crofts.

Bandura, A., Grusec, J. E., & Menlove, F. L. (1967). Vicarious extinction of avoidance behavior. *Journal of Personality and Social Psychology, 5,* 16–23.

Bandura, A., & Menlove, F. L. (1968). Factors determining vicarious extinction of avoidance behavior through symbolic modeling. *Journal of Personality and Social Psychology, 8,* 99–108.

Barret, B. H., & Lindsley, O. R. (1962). Deficits in acquisition of operant discrimination in institutionalized retarded children. *American Journal of Mental Deficiency, 67,* 424–436.

Birnbrauer, J. S., & Leach, D. J. (1993). The Murdoch early intervention program after 2 years. *Behavior Change, 10,* 63–74.

Bjou, S. W. (1959). Learning in children. *Monographs of the Society for Research in Child Development, 24,* 25–36.

Bjou, S. W. (1963). Theory and research in mental (development) retardation. *Psychological Records, 13,* 95–110.

Bjou, S. W., Birnbrauer, J. S., Kidder, J. D., & Tague, C. (1966). Programmed instruction as an approach to the teaching of reading, writing, and arithmetic to retarded children. *Psychological Records, 16,* 505–522.

Bloomquist, M. I., August, G. J., & Ostrander, R. (1991). Effects of a school-based cognitive-behavioral intervention for ADHD children. *Journal of Abnormal Child Psychology, 19,* 591–605.

Bond, S., Mandos, L., & Kurtz, M. B. (1989). Midazolam for aggressivity and violence in three mentally retarded patients. *American Journal of Psychiatry, 146,* 925–926.

Brown, R. T., Borden, K. A., Wynne, M. E., Spunt, A. I., & Clingerman, S. R. (1987). Compliance with pharmacological and cognitive treatment for attention deficit disorder. *Journal of the American Academy of Child and Adolescent Psychiatry, 26,* 521–526.

Buck, M. L. (2000). Impact of new regulations for pediatric labeling by the Food and Drug Administration. *Pediatric Nursing, 26,* 95–96.

Buitelaar, J. K., van der Gaag, J., & van der Hoeven, J. (1998). Buspirone in the management of anxiety and irritability in children with pervasive developmental disorders: Results of an open-label study. *Journal of Clinical Psychiatry, 59,* 56–59.

Campbell, M., & Gonzalez, N.M. (1996). *Overview of neuroleptic use in child psychiatric disorders.* Washington, DC: American Psychiatric Press, xxiv, pp. 215ff.

Carr, E. G. (1977). The motivation of self-injurious behavior: A review of some hypotheses. *Psychological Bulletin, 84,* 800–816.

Carr, E. G., & Durand, V. M. (1985). Reducing behavior problems through functional communication training. *Journal of Applied Behavior Analysis, 18,* 111–126.

Cogan, M. B. (1996). Diagnosis and treatment of bipolar disorder in children and adolescents. *Psychiatric Times, XII.* Retrieved August 6, 2006 from www.psychiatrictimes.com/p960531.html.

Cornwall, E., Spence, S. H., & Schotte, D. (1997). The effectiveness of emotive imagery in the treatment of darkness phobia in children. *Behaviour Change, 13,* 223–229.

Costello, E. J., Mustillo, S., Erkanli, A., Keeler, G., & Angold, A. (2003). Prevalence and development of psychiatric disorders in childhood and adolescence. *Archives of General Psychiatry, 60,* 837–844.

Cunningham, M. A., Pillai, V., & Blanchford-Rogers, W. J. (1968). Haloperidol in the treatment of children with severe behavior disorders. *British Journal of Psychiatry, 114,* 845–854.

Deb, S., & Watson, S. N. (2000). Psychiatric illness and mental retardation. *Current Opinions in Psychiatry, 13,* 497–505.

Delate, T., Gelenberg, A. J., Simmons, V. A., & Motheral, B. R. (2004). Trends in the use of antidepressants in a national sample of commercially insured pediatric patients, 1998–2002. *Psychiatric Services, 55,* 387–391.

Deverensky, J. L. (1979). Children's fears: A developmental comparison of normal and exceptional children. *Journal of Genetic Psychology, 135,* 11–21.

Didden, R., Curfs, L. M. G., Sikkema, S. P. E., & de Moor, J. (1998). Functional assessment and treatment of sleeping problems with developmentally disabled children: Six case studies. *Journal of Behavior Therapy and Experimental Psychiatry, 29,* 85–97.

Dostal, T., & Zvolosky, P. (1970). Antiaggressive effects of lithium salts in severe mentally retarded adolescents. *International Pharmacopsychiatry, 5,* 203–207.

Dykens, E. M. (2003). Anxiety, fears, and phobias in persons with Williams syndrome. *Developmental Neuropsychology, 23,* 291–316.

Emslie, G. J., Rush, A. J., Weinberg, W. A., Kowatch, R. A., Hughes, C. W., Carmody, T. J., et al. (1997). A double-blind randomized, placebo-controlled trial of fluoxetine in children and adolescents with depression. *Archives of General Psychiatry, 54,* 1031–1037.

Eyesnick, H. (1952). The effects of psychotherapy: An evaluation. *Journal of Consulting Psychology, 16,* 319–324.

Fenske, E. C., Zalenski, S., Krantz, P., & McClannahan, L. E. (1985). Age at intervention and treatment outcome for autistic children in a comprehensive intervention program. *Analysis and Intervention in Developmental Disabilities, 5,* 49–58.

Ferster, C. B., & DeMeyer, M. K. (1961). The development of performances in autistic children in an automatically controlled environment. *Journal of Chronic Disease, 13,* 312–345.

Fisher, W., Piazza, C., Cataldo, M., Harrell, R., Jefferson, G., & Conner, R. (1993). Functional communication training with and without extinction and punishment. *Journal of Applied Behavior Analysis, 26,* 23–26.

Freeman, B. J., Roy, R. R., & Hemmick, S. (1976). Extinction of phobia of physical examination in a seven-year-old mentally retarded boy – A case study. *Behaviour Research and Therapy, 14,* 63–64.

Fuller, P. R. (1949). Operant conditioning of a vegetative human organism. *American Journal of Psychology, 62,* 587–590.

Gensheimer, P. M., Meighen, K. G., & McDougle, C. J. (2002). ECT in an adolescent with Down syndrome and treatment-refractory major depressive disorder. *Journal of Developmental and Physical Disabilities, 14,* 291–295.

Goddard, H. H. (1920). *Human efficiency and levels of intelligence.* Princeton, NJ: Princeton University Press.

Goetzl, U., Grunberg, F., & Berkowitz, B. (1977). Lithium carbonate in the management of hyperactive aggressive behavior of the mentally retarded. *Comprehensive Psychiatry, 18,* 599–606.

Goodwin, C. J. (2005). *History of modern psychology.* Hoboken, NJ: John Wiley & Sons.

Guarnaccia, V. J., & Weiss, R. L. (1974). Factor structure of fears in the mentally retarded. *Journal of Behavior Therapy and Experimental Psychiatry, 30,* 540–544.

Iwata, B. A., Dorsey, M. F., Slifer, K. J., Bauman, K. E., & Richman, G. S. (1982). Toward a functional analysis of self-injury. *Analysis and Intervention in Developmental Disabilities, 2,* 3–20.

Iwata, B. A., Pace, G. M., Dorsey, M. F., Zarcone, J. R., Vollmer, T. R., Smith, R. G., et al. (1994). The functions of self-injurious behavior: An experimental-epidemiological analysis. *Journal of Applied Behavior Analysis, 27,* 215–240.

Jackson, H. J., & King, N. J. (1982). The therapeutic management of an autistic child's phobia using laughter as the anxiety inhibitor. *Behavioural Psychotherapy, 10,* 364–369.

Järvelin, M. (2000). Commentary: Empirically supported treatments in pediatric psychology: Nocturnal enuresis. *Journal of Pediatric Psychology, 25,* 215–218.

Johnson, W. L., & Baumeister, A. A. (1978). Self-injurious behavior: A review and analysis of methodological details of published studies. *Behavior Modification, 2,* 465–487.

Jones, M. C. (1924). A laboratory study of fear: The case of Peter. *Pedagogical Seminary 31,* 308–315.

Jureidini, J. N., Doecke, C. J., Mansfield, P. R., Haby, M. M., Menkes, D. B., & Tonkin, A. L. (2004). Efficacy and safety of antidepressant for children and adolescents. *BMJ, 328,* 879–883.

Kabot, S., Masi, W., & Segal, M. (2003). Advances in the diagnosis and treatment of autism spectrum disorders. *Professional Psychology: Research and Practice, 34,* 26–33.

Kane, M. T., & Kendall, P. C. (1989). Anxiety disorders in children: A multiple-baseline evaluation of a cognitive-behavioral treatment. *Behavior Therapy, 20,* 499–508.

Kanfer, F. H., Karoly, P., & Newman, A. (1975). Reduction of children's fear of the dark by competence-related and situational threat-related verbal cues. *Journal of Consulting and Clinical Psychology, 43,* 251–258.

Kaslow, N. J., & Thompson, M. P. (1998). Applying the criteria for empirically supported treatments to studies of psychosocial interventions for child and adolescent depression. *Journal of Clinical and Child Psychology, 27,* 146–155.

Kastner, T., Friedman, D. L., & Plummer, A. (1990). Valproic acid for the treatment of children with mental retardation and mood symptomatology. *Pediatrics, 86,* 467–472.

King, N., Cranstoun, F., & Josephs, A. (1989). Emotive imagery and children's night-time fears: A multiple baseline design evaluation. *Journal of Behavior Therapy and Experimental Psychiatry, 20,* 125–135.

King, N. J., Ollendick, T. H., Gullone, E., Cummins, R. A., & Josephs, A. (1990). Fears and phobias in children and adolescents with intellectual disabilities: Assessment and intervention strategies. *Australia and New Zealand Journal of Developmental Disabilities, 16,* 97–108.

Kohlenberg, R., Greenberg, D., Reymore, L., & Hass, G. (1972). Behavior modification and the management of mentally retarded dental patients. *Journal of Dentistry for Children, 39,* 61–67.

Komoto, J., & Usui, S. (1984). Infantile autism and affective disorder. *Journal of Autism and Developmental Disorders, 14,* 81–84.

Krakowski, A.J. (1963). Chlordiazepoxide in treatment of children with emotional disturbances. *New York State Journal of Medicine, 63,* 3388–3392.

Kuroda, J. (1969). Elimination of children's fears of animals by the method of experimental desensitization: An application of learning theory to child psychology. *Psychologia, 12,* 161–165.

Labrador, F. J. (2004). Skinner and the rise of behavior modification and behavior therapy. *The Spanish Journal of Psychology, 7,* 178–187.

Lang, P. J., & Lazovik, A. D. (1963). Experimental desensitization of a phobia. *Journal of Abnormal and Social Psychology, 66,* 519–525.

Lang, P. J., Lazovik, A. D., & Reynolds, D. J. (1965). Desensitization, suggestibility, and pseudotherapy. *Journal of Abnormal Psychology, 70,* 395–402.

LaVeck, G. D., & Buckley, P. (1961). The use of psychopharmacological agents in retarded children with behavior disorders. *Journal of Chronic Diseases, 13,* 174–183.

Lazovik, A. D, & Lang, P. J. (1960). A laboratory study of systematic desensitization psychotherapy. *Journal of Psychological Studies, 11,* 238–347.

Lazarus, A. A., & Abramovitz, A. (1962). The use of 'emotive imagery' in the treatment of children's phobia. *Journal of Mental Science, 108,* 191–195.

Lecavalier, L. (2006). Behavioral and emotional problems in young people with pervasive developmental disorders: Relative prevalence, effects of subject characteristics, and empirical classification. *Journal of Autism and Developmental Disorders, 36,* 1101–1114.

Lefkowitz, M. M., & Burton, N. (1978). Childhood depression. *Psychological Bulletin, 85,* 716–726.

Lewinsohn, P. M., Clarke, G. N., Hops, H., & Andrews, J. (1990). Cognitive-behavioral treatment for depressed adolescents. *Behavior Therapy, 21,* 385–401.

Lewinsohn, P. M., Clarke, G. N., Rhode, P., Hops, H., & Seeley, J. (1996). A course in coping: A cognitive behavioral approach to the treatment of adolescent depression. In E.D. Hibbs & P.S. Jensen (Eds.), *Psychosocial treatments for child and adolescent disorders: Empirically based strategies for clinical practice* (pp. 109–135). Washington, DC: American Psychological Association.

Lewis, S. (1974). A comparison of behavior therapy techniques in the reduction of fearful avoidance behavior. *Behavior Therapy, 5,* 648–655.

Linter, C. M. (1987). Short-cycle manic-depressive psychosis in a mentally handicapped child without family history. *British Journal of Psychiatry, 151,* 554–555.

Lonigan, C. J., Elbert, J. C., & Johnson, S. B. (1998). Empirically supported psychosocial interventions for children: An overview. *Journal of Clinical Child Psychology, 27,* 138–145.

Lovaas, O. I. (1987). Behavioral treatment and normal educational and intellectual functioning in young autistic children. *Journal of Consulting and Clinical Psychology, 55,* 3–9.

Lovaas, O. I., Ackerman, A. B., Alexander, D., Firestone, P., Perkins, J., & Young, D. (1981). Teaching developmentally disabled children: The me book. Baltimore, MD: University Park Press.

Lovaas, O. I., & Simmons, J. Q. (1969). Manipulation of self-destruction in three retarded children. *Journal of Applied Behavior Analysis, 2,* 143–157.

Love, S. R., Matson, J. L., & West, D. (1990). Mothers as therapists in participant modeling and reinforcement treatment of phobias in two autistic children. *Journal of Applied Behavior Analysis, 23,* 379–385.

Luiselli, J. K. (1977). Case report: An attendant-administered contingency management program for the treatment of a toileting phobia. *Journal of Mental Deficiency Research, 21*, 283–288.

Luiselli, J. K. (1978). Treatment of an autistic child's fear of riding a school bus through exposure and reinforcement. *Journal of Behavior Therapy and Experimental Psychiatry, 9*, 169–172.

Luscre, D. M. & Center, D. B. (1996). Procedures for reducing dental fear in children with autism. *Journal of Autism and Developmental Disorders, 26*, 547–556.

Masi, G., Marchesci, M., & Pfanner, P. (1997). Paroxetine in depressed adolescents with intellectual disability: An open label study. *Journal of Intellectual Disability Research, 41*, 268–272.

Matson, J. L. (1981). Assessment and treatment of clinical fears in mentally retarded children. *Journal of Applied Behavior Analysis, 14*, 287–294.

Matson, J. L. (1989). *Treating depression in children and adolescents.* New York: Pergamon Press.

Matson, J. L, Barrett, R. P., & Helsel, W. J. (1988). Depression in mentally retarded children. *Research in Developmental Disabilities, 9*, 39–46.

Matson, J. L., & Taras, M. E. (1989). A 20-year review of punishment procedures and alternative methods to treat problem behaviors in developmentally delayed persons. *Research in Developmental Disabilities, 10*, 85–104.

Maultsby, Jr., M. C., & Wirga, M. (1998). Behavior Therapy. In H. Friedman (Ed.), *Encyclopedia of mental health* (pp. 221–234). San Diego, CA: Academic Press.

McCrea, R. (1976, February). Behaviorism moves south: The Skinnerian movement in Latin America. *APF Newsletters of Ron McCrea.* Retrieved September 3, 2006 from http://www.aliciapatterson.org/APF001975/McCrea/McCrea07.html.

McEachlin, J. J., Smith, T., & Lovaas, O. I. (1993). Long-term outcome for children with autism who received early intensive behavioral treatment. *American Journal on Mental Retardation, 97*, 359–372.

McGlynn, F. D., Smitherman, T. A., & Gothard, K. D. (2004). Comment on the status of systematic desensitization. *Behavior Modification, 28*, 194–205.

Meichenbaum, D., & Goodman, J. (1971). Training impulsive children to talk to themselves: A means of developing self-control. *Journal of Abnormal Psychology, 77*, 115–126.

Menoloscino, F., & Swanson, D. (1982). Emotional disorders in the mentally retarded. *British Journal of Mental Subnormality, 28*, 46–55.

Menzies, R. G., & Clarke, J. C. (1993). A comparison of *in vivo* and vicarious exposure in the treatment of childhood water phobia. *Behavior Research and Therapy, 31*, 9–15.

Miller, L. C., Barrett, C. L., Hampe, E., & Noble, N. (1972). Comparison of reciprocal inhibition, psychotherapy and waiting list control for phobic children. *Journal of Abnormal Psychology, 79*, 269–279.

Murphy, C. M., & Bootzin, R. R. (1973). Active and passive participation in the contact desensitization of snake-fear in children. *Behavior Therapy, 4*, 203–211.

Obler, M., & Terwilliger, R. F. (1970). Pilot study on the effectiveness of systematic desensitization with neurologically impaired children with phobic disorders. *Journal of Consulting and Clinical Psychology, 34*, 314–318.

Ollendick, T. H., & King, N. J. (1998). Empirically supported treatments for children with phobic and anxiety disorders: Current status. *Journal of Clinical Child Psychology, 27*, 156–167.

Ollendick, T. H., & Vasey, M. W. (1999). Developmental theory and the practice of clinical child psychology. *Journal of Clinical Child Psychology, 28*, 457–466.

Ozonoff, S., & Cathcart, K. (1998). Effectiveness of a home program intervention for young children with autism. *Journal of Autism and Developmental Disorders, 28*, 25–32.

Pary, R. J. (2004). Behavioral and psychiatric disorders in children and adolescents with Down syndrome. *Mental Health Aspects of Developmental Disabilities, 7*, 69–76.

Pearson, D. A., Lane, D. M., Santos, C. W., Casat, C. D., Jerger, S. W., Loveland, K. A., et al. (2004). Effects of methylphenidate treatment in children with mental retardation and ADHD: Individual variation in medication response. *Journal of the American Academy of Child & Adolescent Psychiatry, 43,* 686–698.

Pearson, D. A., Santos, C. W., Casat, C. D., Lane, D. M., Jerger, S. W., Roache, J. D., et al. (2004). Treatment effects of methylphenidate on cognitive functioning in children with mental retardation and ADHD. *Journal of the American Academy of Child & Adolescent Psychiatry, 43,* 677–685.

Pelham, W. E., Jr., Gnagy, E. M., Greiner, A. R., Hoza, B., Hinshaw, S. P., Swanson, J. M., et al. (2000). Behavioral versus behavioral and pharmacological treatment in ADHD children attending a summer treatment program. *Journal of Abnormal Child Psychology, 28,* 507–525.

Pelham, W. E., Jr., Wheeler, T., & Chronis, A. (1998). Empirically supported psychosocial treatments for attention deficit hyperactivity disorder. *Journal of Clinical Child Psychology, 27,* 190–205.

Pelios, L., Morren, J., Tesch, D., & Axelrod, S. (1999). The impact of functional analysis methodology on treatment choice for self-injurious and aggressive behavior. *Journal of Applied Behavior Analysis, 32,* 185–195.

Pichot, P. (1989). The historical roots of behavior therapy. *Journal of Behavior Therapy and Experimental Psychiatry, 20,* 107–114.

Posey, D. J., Aman, M. G., McCracken, J. T., Scahill, L., Tierney, E., Arnold, L. E., et al. (2007). Positive effects of methylphenidate on inattention and hyperactivity in pervasive developmental disorders: An analysis of secondary measures. *Biological Psychiatry, 61,* 538–544,

Reaven, J., & Hepburn, S. (2006). The parent's role in treatment of anxiety symptoms in children with high-functioning autism spectrum disorders. *Mental Health Aspects of Developmental Disabilities, 9,* 73–80.

Reinblatt, S. P., & Riddle, M. A. (2007). The pharmacological management of childhood anxiety disorders: A review. *Psychopharmacology, 191,* 67–86.

Ritter, B. (1968). Group desensitization of children's snake phobias using vicarious and contact desensitization procedure. *Behavior Research and Therapy, 6,* 1–6.

Rogers, S. J. (1998). Empirically supported comprehensive treatments for young children with autism. *Journal of Clinical Child Psychology, 27,* 168–179.

Scheinkopf, S. J., & Siegel, B. (1998). Home based behavioral treatment of young autistic children. *Journal of Autism and Developmental Disorders, 28,* 15–24.

Schmitt, B. D. (1997). Nocturnal enuresis. *Pediatrics in Review, 18,* 183–190.

Schopler, E., Brehm, S. S., Kinsbourne, M., & Reichler, R.J. (1971). Effect of treatment structure on development in autistic children. *Archives of General Psychiatry, 24,* 416–421.

Schowalter, J. E. (2000). Child and adolescent psychiatry comes of age. In R. Menninger & J. Nemiah (Eds.), *American Psychiatry after World War II (1944–1994)* (pp. 461–480). Washington DC: American Psychiatric Press.

Simeon, J. G. (1993). Use of anxiolytics in children. *Encephale, 19,* 71–74.

Skinner, B. F. (1953). *Science and human behavior.* New York: Macmillan.

Skinner, B. F. (1954). A new method for the experimental analysis behavior of psychotic patients. *Journal of Nervous Mental Disease, 120,* 403–406.

Sovner, R., & Hurley, A. D. (1982). Phobic behavior and mentally retarded persons. *Psychiatric Aspects of Mental Retardation Newsletter, 1,* 41–44.

Stark, K. D., Reynolds, W. R., & Kaslow, N. J. (1987). A comparison of the relative efficacy of self-control therapy and a behavioral problem-solving therapy for depression in children. *Journal of Abnormal Child Psychology, 15,* 91–113.

Stark, K. D., Rouse, L., & Livingston, R. (1991). Treatment of depression during childhood and adolescence: Cognitive-behavioral procedures for the individual and family. In P. Kendall (Ed.), *Child and adolescent therapy* (pp. 165–206). New York:

Guilford Press.

Stigler, K. A., Desmond, L. A., Posey, D. J., Wiegand, R. E., & McDougle, C. J. (2004). A naturalistic retrospective analysis of psychostimulants in pervasive developmental disorders. *Journal of Child and Adolescent Psychopharmacology, 14*, 49–56.

Thomas, C. P., Conrad, P., Casler, R., & Goodman, E. (2006). Trends in the use of psychotropic medications among adolescents, 1994 to 2001. *Psychiatric Services, 57*, 63–69.

Ultee, C. A., Griffioen, D., Schellekens, J. (1982). The reduction of anxiety in children: A comparison of the effects of 'systematic desensitization *in vivo*' and 'systematic desensitization *in vitro*'. *Behavior Research and Therapy, 20*, 61–67.

Watson, J. B. (1913). Psychology as the behaviorist views it. *Psychological Review, 23*, 89–116.

Watson, J. B. (1919). *Psychology from the standpoint of a behaviorist*. Philadelphia: J.B. Lippincott Co.

Watson, J. B., & Rayner, R. (1920). Conditioned emotional reactions. *Journal of Experimental Psychology, 3*, 1–14.

Werry, J. S. (1999). Anxiolytics in MRDD. *Mental Retardation and Developmental Disabilities Research Reviews, 5*, 299–304.

Whittier, M. C., West, S. A., Galli, V. B., & Raute, N. J. (1995). Valproic acid for dysphonic mania in a mentally retarded adolescent. *Journal of Clinical Psychiatry, 56*, 590–591.

Whittington, C. J., Kendall, T., Fonagy, P., Cottrell, D., Cotgrove, A., & Boddington, E. (2004). Selective serotonin reuptake inhibitors in childhood depression: Systematic review of published versus unpublished data. *The Lancet, 363*, 1341–1345.

Witmer, L. (1907). Clinical psychology. *Psychological Clinic, 1*, 1–9.

Wolpe, J. (1958). *Psychotherapy by reciprocal inhibition*. Stanford, CA: Stanford University Press.

Wolpe, J. (1969). The practice of behaviour therapy. New York: Pergamon.

Woodard, C. Groden, J., Goodwin, M., Shanower, C. & Bianco, J. (2005). The treatment of behavioral sequelae of autism with dextromethorphan: A case report. *Journal of Autism and Developmental Disorders, 35*, 515–518.

Wozniak, R. H. (1997). *John Broadus Watson and psychology from the standpoint of a behaviorist*. Retrieved from Bryn Mawr College website: http://www.brynmawr.edu/Acads/Psych/rwozniak/watson.html.

Xeniditis, K., Russell, A., & Murphy, D. (2001). Management of people with challenging behaviour. *Advances in Psychiatric Treatment, 7*, 109–116.

제2장

응용행동분석과 아동기 심리장애와 발달장애의 치료

JOEL E. RINGDAHL and TERRY S. FALCOMATA [8]

소개

이 장에서는 아동기 심리장애와 발달장애 치료의 응용행동분석(ABA)에 대해 알아볼 것이다. 이 책 전체에서 다뤄야 할 주제들을 하나의 장에서 다루기에는 무리가 있다. 따라서 이 장에서 모든 주제를 구체적으로 다룰 수는 없지만, 아동기 심리장애와 발달장애 치료에 응용행동분석을 적용한 것과 그와 관련된 주제를 전반적으로 살펴보도록 하겠다. 그리고 응용행동분석 치료의 문헌 중심 사례, 치료 효과의 일반화 사례와 효과에 대해 알아볼 것이다.

응용행동분석은 단일 치료라기보다는 어떤 특정한 형태의 치료와는 상반된 접근으로 보는 것이 더 정확하다. 이 접근법은 아동기 심리장애와 관련된 행동 문제나 발달장애와 관련된 저항행동을 다루는 다양한 치료적 전략을 포함한다. 응용행동분석의 치료적 전략은 문제행동의 감소와 적절한 행동을 증가시키는 반응–결과 관계(정적·부적 강화와 처벌), 강화 효과 설계, 선행사건 조작[(자극-통제 절차와 대안적 조작 확립(EO)]을 포함한다.

이 장에서는 응용행동분석의 정의, 결과와 선행사건 중심 중재를 포함한 응용행동분석의 치료 전략에 대한 개요, 아동기 심리장애 또는 발달장애가 있는 사람의 일반적인 행동 문제와 응용행동분석 중심 치료에 대한 최신 효과성 연구에 대해 살펴볼 것이다.

---

8. JOEL E. RINGDAHL and TERRY S. FALCOMATA*The University of Iowa.

응용행동분석 정의

Baer, Wolf와 Risley(1968)는 임상에 적용한 내용을 근거로 응용행동분석(ABA)의 윤곽을 7개의 범주로 제시하였다. Baer 외에 따르면, 응용행동분석은 말 그대로 응용적이며 행동적이고 분석적이다. 또한 그는 응용행동분석은 기술적이면서 개념적으로 체계적·효과적이어야 하고 결과를 일반화할 수 있어야 한다고 주장하였다. 응용이라는 용어는 목표행동이 사회적으로 중요하다는 것을 뜻하며, 실험적 분석을 중시하기보다는 응용행동분석이 가지는 사회적 의미에 초점을 둔다는 것이다. 광범위하게 응용된 사례들은 사회적으로 중요한 모든 행동을 포함한다. 행동이라는 용어는 개인이 그들의 행위에 대해 말하는 것과는 달리, 개인에 의해 수집된 행동 그 자체를 뜻한다. 실제로 측정할 수 있다는 것은 관찰 가능한 개인의 행동이라는 것을 함축한다. 분석이라는 용어는 '믿을 만한 사건의 증명, 그 행동이 일어나거나 일어나지 않는 것에 대한 원인을 찾아보는 것'을 뜻한다(p. 93~94). 즉, 응용행동분석 치료 접근방식은 단일사례연구 계획으로 종종 활용한다(예 : 반전 설계, 다중 요소 설계, 다중 기저선 설계).

Baer 외는 응용행동분석의 구성요소를 확립하였고, 이에 대한 네 가지의 다른 관점을 상세히 기술하였다. 응용행동분석은 기술적이어야 하는데, 이것은 '특정 행동을 야기하는 기술들이 빠짐없이 확인되어야 한다(p. 95)'는 뜻이다. 따라서 응용행동분석 중심 치료를 시행한 행동분석학자는 그 기술 구성요소에 대해 명확하게 설명해야 한다. 또한 Baer 외는 응용행동분석은 개념적으로 적절하게 설명되어야 한다고 주장하였으며, 추가적으로 응용행동분석의 전형적인 특징인 실용적 중요성을 강조하였다(이론적 중요성과는 상반됨.). 본질적으로 행동적 기술이 실질적인 효과를 나타내지 못한다면, 그 응용은 실패했다는 것이다. 결과적으로 응용행동분석에 의한 행동 변화는 시간이 지나도 지속적이어야 한다(즉, 효과는 일반화되어야 한다.).

Baer의 응용행동 관점에 대한 연구 발표 이후, 다른 행동분석가들은 응용행동분석의 추가적인 특성들을 기술하였다. Heward(2005)는 응용행동분석을 책임감 있고, 공공적이며, 실행 가능하고, 권한을 주는, 그리고 낙천적으로 설명하였다. Cooper, Heron과 Heward(2007)는 위의 특성을 다음과 같이 기술하였다.

책임감(accountable) : 유효성에 대한 응용행동분석성과 행동에 영향을 끼치는 접근 가능한 환경적 변수에 대한 초점, 행동 변화 감지를 위한 직접적·산발적 측정은 꼭 필요하며 사회적으로 주요한 형태 또는 의무를 낳는다(p. 18).

공공성(public) : 응용행동분석은 가시적이고 공공적이며, 명쾌하고 간단하다(p. 18). 또한 응용행동분석은 명료해서 숨기는 것이 없고, 예상할 수 있다.

실행 가능성(doable) : 응용행동분석 연구에서 효과적이라고 밝혀진 '중재'와 '조정'은 교사, 부모, 코치, 감독관리자에 의해 실행할 수 있으며, 어떤 경우에는 개인에 의해서도 할 수 있다(p. 19). Cooper 외는 그 절차는 복잡하거나 힘들지 않다고 한다(p. 19).

권한 부여(empowering) : 응용행동분석은 임상가에게 사용할 수 있는 '실제 도구를 제공한다' (p. 19). 이렇게 실제 도구를 활용할 수 있는 능력은 임상가에게 자신감을 준다.

낙관적(optimistic) : 임상가가 가진 효과적인 전략과 능력, 문헌 중심의 성공적 사례는 미래의 행동 변화 프로그램의 성공과 관련된 낙관론의 근거가 된다.

종합적으로, Cooper 외(2007)는 응용행동분석의 관점과 특성에 대해 다음과 같이 요약하였다. 응용행동분석은 사회적으로 주요한 행동을 발전시키기 위해 행동 원칙으로부터 파생된 전략들을 체계적으로 적용하며, 행동 변화와 관련된 변수를 확인하기 위해 실험을 활용하는 과학이다. 이러한 행동 변화와 관련된 변수의 체계적 평가는 행동 문제의 구조적 측정과 치료가 아닌 기능적 측면의 접근방식을 따른다. 따라서 선택된 치료와 치료 프로그램은 행동과 그 환경의 정립된 관계에 기반한다. 이러한 접근방식은 진단(예 : ADHD)을 근거로 처방하고 치료하는 접근과는 대조적인 방식이다. 기능적 접근방식을 통해 동일한 치료가 상이한 관심사를 다룰 수 있고, 상이한 치료가 유사한 관심사를 다룰 수도 있다.

응용행동분석 치료 접근에 대한 설명

이 장에서는 응용행동분석 중심 치료 중 많이 이용하는 결과 중심 치료(강화와 처벌 중심), 선행사건 중심 치료(무조건적 강화 및 전략 향상), 그리고 혼합 치료(2개 이상의 결과 또는 선행요소를 포함, 또는 적어도 하나씩의 선행결과 중심요소를 포함)를 절별로 소개하였다.

이와 더불어 각 치료적 전략을 사례에 적용하여 설명하였고, 각 치료에 2개 이상의 사례를 제시하였다. 그리고 사례는 가능한 한 아동기 심리장애(또는 발달장애와 관련 없는 장애)와 발달장애로 제시하였다. 응용행동분석 접근은 두 가지 넓은 범주(초기 아동기 장애로 품행장애, 파괴적 행동장애, 주의력결핍 과잉행동장애, 그리고 불안과 공포증)에서 아동의 정신병리를 치료하기 위해 가장 널리 이용한다. 발달장애의 사례에서는 발달장애와 자폐 아동이 보이는 저항행동을 치료하는 것에 초점을 두었다. 이러한 저항행동은 다음과 같은 것을 의미한다. (1) 상동증적 운동장애와 같은 과잉

운동 문제, 자해행동, 공격성, 파괴성, 분노발작 등과 같은 과잉행동, (2) 언어발달지연, 기술 습득의 어려움과 같은 행동 결손 문제와 학습 능력의 문제를 포함한다.

결과 중심 절차 : 처벌

처벌은 반응 중심 조작법(즉, 유관성)으로 특정 반응이 일어날 가능성을 줄이는 방법이다. 행동분석 연구에는 정적·부적 처벌이 있다. 정적 처벌은 행동에 연이어 자극을 제시함으로써 행동의 빈도가 감소하는 것을 의미하며, 부적 처벌은 행동에 연이어 자극을 제거함으로써 행동의 빈도가 감소하는 것을 의미한다. 두 가지 절차 모두 행동 변화에는 같은 영향을 주며, 단지 자극을 주는 방식에 차이가 있다(즉, 자극을 주거나 또는 제거하는 것).

정적 처벌

앞에서 언급한 바와 같이, 정적 처벌은 목표 반응과 관련 있는 즉각적 혐오자극을 제시하는 것이다. 응용 측면에서 이 접근법은 전기자극(Linscheid, Iwata, Ricketts, Williams, & Griffin, 1990), 물뿌리개(Singh,Watson, & Winton, 1986), 안면스크린(Rush, Crockett, & Hagopian, 2001), 운동 같은 싫어하는 활동(Kahng, Abt, Wilder, 2001), 과잉교정(Foxx & Azrin, 1973) 등 많은 혐오적 자극물을 포함한다.

　Linscheid 외(1990)는 18세 이하 발달장애 아동 3명을 포함한 5명의 아동을 대상으로 자해행동의 치료를 관찰하였다. 각 5개의 사례는 장기간 자해행동이 지속되어서 치료하기 힘들고, 그 상태 또한 매우 심각하였다(즉, 중요한 조직손상 또는 조직손상이나 사망에 이르는 개인적 위험성). 그뿐만 아니라 연구자들은 이 같은 특정 치료의 일반화, 유지, 오용 가능성과 관련된 주제를 다루었다. 치료에는 심각한 자해행동 발생을 방지하기 위한 전기충격법이 포함되었고, 결과적으로 각 5명의 참여자에게 즉각적이고 확실한 효과가 나타났다. 추후조사자료에서는 치료를 시작한 지 몇 개월 후 5명 중 4명에게서 습관적 자해행동이 나타나지 않았다고 밝혔다.

　Kahng 외(2001)는 16세 소녀에게서 나타나는 자해행동을 줄이기 위해 수행한 정적 처벌 절차를 설명하였다. 자해행동의 한 가지 형태는 비유관적 강화 절차로 감소하였으나, 또 다른 형태는 지속되었다. 두 번째 치료 구성요소는 자해행동의 모든 형태마다 자해행동 이후 혐오활동(즉, 운동; 발가락 만지기)을 관련지어 제시하는 것이다. 이 절차는 규제완화 프로그램과 함께 진행 중인 무조건적인 강화 프로그램에도 추가되었으며, 그 결과 처벌이 등장할 때에 자해행동의 즉각적인 감소가 관찰되었다.

부적 처벌

부적 처벌은 목표 반응이 발생할 때 강화물을 제거하는 것이다. 이 과정에 적용한 방법은 반응대가와 강화물로부터의 타임아웃이다. 반응대가는 목표 반응이 일어난 후 특정 양의 강화물을 잃게 하는 것이고, 그 결과 반응의 가능성이 줄어든다(Cooper et al., 2007).

Conyers 외(2004)는 학교환경에서 25명의 학생이 보이는 파괴적 행동을 줄이기 위해서 반응대가 절차를 적용하였다. 특히, 그는 강화물 중심 절차(타 행동 변별 강화; DRO)와 반응대가를 비교하였다. 반응대가(RC) 동안에는 각 아동의 이름이 칠판에 공개되었고, 15개의 별(토큰)을 각 이름 옆에 붙였다. 부적절한 행동이 발생할 때마다 별을 한 개씩 떼어냈고, 각 회기 끝에 남은 토큰으로 원하는 물품과 교환할 수 있다. 연구 결과, 반응대가와 타 행동 변별 강화행동 모두 부적절한 행동 감소에 효과적으로 나타났으나, 교실과 같은 광범위한 곳에서는 반응대가 절차가 더 효과적이었다.

Long, Miltenberger와 Rapp(1999)은 정상 발달 6세 여아의 엄지손가락을 빨고 머리카락을 뽑는 행동을 줄이기 위해 치료패키지에 반응대가를 포함하였다. 강화 중심 절차는 이런 행위를 감소하는 데 비효과적이어서 강화패키지에 반응대가를 추가하였다. 실험참여자는 손가락 빨기나 머리카락 뽑기가 아닌 다른 행동을 하면 초콜릿을 얻을 수 있었다. 반응대가 구성요소를 포함한 후 참가자에게 손가락 빨기나 머리카락 뽑기 중 한 가지 행동을 할 때 초콜릿 1개를 잃게 된다는 것을 알려주자, 그 행동의 즉각적인 감소가 나타났다. 연구자에 따르면, 참여자는 반응대가를 적용한 치료의 첫 회기에서만 초콜릿을 뺏겼다. 치료 효과는 23주간 지속되었고, 참여자의 부모는 가정에서의 문제행동이 감소했다고 보고하였다.

강화물로부터의 타임아웃(TO)은 '특정 시간 동안 정적 강화를 얻을 기회의 박탈 또는 정적 강화에 대한 접근 실패'를 뜻한다. 다시 말하면 행동에 대한 효과는 목표행동이 미래에 발생할 가능성이 얼마나 줄었느냐를 뜻한다(Cooper et al., 2007).

Kodak, Grow와 Northup(2004)은 ADHD 진단을 받은 어린 아동의 도망가는 행동을 줄이기 위해 치료 구성 요인으로 강화물로부터의 타임아웃을 활용하였다. 아동의 도망가는 행동에 대한 기능적 분석을 통해 그 행동은 성인의 관심 때문에 유지된다는 것을 알아냈다. 치료를 하는 동안 이 결과(성인의 관심)는 계획된 기저선(5초마다)으로 제공한다. 그러나 아동이 목표 반응(도망하는 행동)을 보이면, 30초 동안 그 행동(강화물)은 없어지고 성인의 관심도 거두어들였다. 이런 구성요소의 결합은 결과적으로 도망가는 행동을 거의 제로 수준으로 감소시켰다.

Falcomata, Roane, Hobanetz, Kettering과 Keeney(2004)는 18세 발달장애 아동이 보이는 부적절한 발성을 감소하기 위하여 강화 절차에 타임아웃을 포함하였다. 연구자는 아동이 매우 선호하는 활동을 확인하여(즉, 정적 강화, 라디오 듣는 것) 목표행동을 하면 특정 시간 동안 선호활동에 접근하지 못하게 하였다. 이러한 강화물로부터의 타임아웃 관련성은 결과적으로 거의 즉각적인 문제행동의 감소를 가져왔다. 수많은 연구를 통해서 이 같은 강화물로부터 타임아웃을 적용한 효과성을 확인하였다. Falcomata 외의 연구는 강화로부터의 타임아웃과 반응대가 사이의 밀접한 관계를 설명하기 때문에 위에 포함되었다. 많은 연구자는 응용행동분석에서 앞의 두 가지 치료(강화로부터 타임아웃 대 반응대가)를 구분하지 않는다(실제 Falcomata 외의 논문 제목은 '…의 치료에 대한 반응대가'이다.). 가정에서 점수를 받는 것(take-home point)은 반응대가와 타임아웃 모두 정적 강화의 제지와 관련 있다.

처벌에는 몇 가지 우려사항이 있다. Vollmer(2002)는 처벌 사용에서 종종 발생할 수 있는 네 가지 우려사항에 대해 논의하였다. 첫째, 처벌 과정은 때때로 부정적 감정에 대한 부작용이 일어날 수 있다. 둘째, 처벌 효과는 단기적인 경우가 많다. 셋째, 처벌 과정은 남용될 가능성이 있는데, 이런 오용의 위험성은 몇 가지 절차의 이점보다 더 클 수 있다. 마지막으로 이 치료는 개인에게 그들의 환경에서 보충된 강화물을 활용할 수 있는 적절한 행동을 가르치지 않는다는 것이다. 처벌 사용에 대한 추가적인 우려에는 도망가는 행동과 회피행동의 발달, 행동 대조(즉, 처벌하는 사람의 부재 시에는 처벌의 목표가 되는 행동이 증가한다.), 바람직하지 않은 모델링이 있다(Cooper et al., 2007).

Vollmer(2002)와 Cooper 외(2007)의 연구에서 중요한 점은 모두 처벌의 사용을 반대하지 않는다는 것이다. 대신에 그들은 처벌의 주요 절차를 개발하고 발전시키기 전에 몇 가지 고려사항에 대해 논의하였다. 그러나 앞서 언급했던 이유와 법과 행정상의 이유 때문에 행동 문제 치료의 첫 단계는 일반적으로 강화물 중심 전략을 실행한다.

결과 중심 중재 전략 : 강화

강화는 아동의 긍정적인 반응에 따른 강화물 제공(response-dependent delivery; 정적 강화) 또는 자극의 제거(부적 강화)를 포함하여, 결과적으로 목표행동의 미래 가능성을 증가시킨다. 강화 중심 절차는 종종 간단하고 복합적인 행동 변화 프로그램을 위한 초석으로 제공된다. 게다가 강화 중심 절차는 토큰 경제, 유관성 계약 체결 그리고 변별 강화 같은 전략을 포함한다. 각 접근에서 결과는 목표행동의 기능적 분석 또는 강화물 평가, 선호 평가를 포함한 선택 절차의 유형을 사용한다. 이런 절차들을 통해 확인된 자극 또는 자극물은 목표행동을 증가시키기 위해 제공하며, 자극물 전달은 목표행동이 일어날 때마다, 정해진 횟수마다, 정해진 시간 간격마다 제공하거나(즉, 자극이 비율 또는 간격 계획으로 전달된다.), 적합한 행동 범주에 들기 위해 특정 행동을 지연시킬 때 제공한다(즉, 토큰 경제의 한 부분으로서 자극을 전달한다.). 이와 더불어 한 가지 반응을 증가시키는 것이나 지속적인 반응을 이끌어 내는 것이 목표가 되기도 한다.

정적 강화

정적 강화 절차는 목표행동을 증가시키기 위해 목표행동과 선호하는 물품이나 강화물을 관련지어 제공하는 것이다. 정적 강화가 비율이나 간격 계획으로 제공되기 위해서는, 대상자는 반드시 긍정적 강화물을 얻기 위한 특정 반응 요구(예 : 10초 후에도 두 가지 또는 한 가지 반응이 유지)를 충족해야 한다. 이 전략은 의사소통, 과제 완료, 또는 사회적 기술이나 용변 기술과 같은 적절한 행동 형성이 임상적 목표일 때 자주 사용된다.

Graff, Gibson과 Galiatsatos(2006)는 발달장애 청소년 4명의 학업 수행과 직업 수행 능력을 향상시키기 위해 정적 강화 절차를 사용하였다. 이 연구에서 선호 평가자료를 통해 높고 낮은 강화 자극물의 선호도를 확인하고, 다양한 직업 업무를 수행하는 행동에 선호도가 높은 자극물과 낮은 자극물을 관련지어 제시하였다. 연구 결과, 높고 낮은 선호도 자극물로 관련성을 제시하는 것이 직업 업무를 수행하는 행동의 반응비율을 증가시켰는데, 높은 선호도 자극물과 관련된 것이 더욱 밀접한 상관관계를 보였고, 각 참여자들의 반응비율은 유지되었다.

Luiselli(1991)는 로우증후군(Lowe's syndrome)이 있는 소년의 독립적인 식사행동을 증가하기 위해 정적 강화 절차를 사용하였다. 특히, 스스로 먹는 행동 반응에 칭찬과 감각 중심 강화물(즉, 불빛과 음악자극)을 관련지어 제시하였다. 각 반응의 구성요소를 습득함에 따라, 그 강화물의 구성요소를 분석하여 다음 반응을 위해 제공하였다. 그 결과, 참여자는 과제분석의 각 단계를 습득하고, 마침내 스스로 먹는 행동이 나타났다.

부적 강화

부적 강화 절차는 목표행동을 증가시키기 위해서 혐오적 자극을 제거하거나 혐오적 사건을 회피하는 것이다. 부적 강화가 비율이나 간격 계획으로 제공되기 위해서는 대상자가 부적 강화물이 제거되거나 지연되기 전에 특정한 반응 요구(예 : 10초 후 두 가지 반응 또는 한 가지 반응 유지)를 충족해야 한다. 이 전략은 개인이 학습, 자기 돌봄 또는 다른 혐오 상황을 회피하거나 그것으로부터 도망치는 것으로 유지되는 문제행동을 보일 때 종종 사용한다.

Kelley, Piazza, Fisher와 Oberdorff(2003)는 부적 강화 절차를 적용하여 섭식장애가 있는 아동의 마시는 양(컵의 수)을 증가시켰다. 치료 전에 자극물 선호도 평가를 통해 싫어하는 음식을 확인한 후, 치료하는 동안 마시는 양을 증가시키기 위해 좋아하지 않는 음식을 듬뿍 주었다. 즉, 아동이 마시는 행동을 하면 좋아하지 않는 음식을 먹는 것을 회피할 수 있게 했고, 부적절한 행동이나 마시는 행동을 거부하면 좋아하지 않는 음식을 제공하였다. 섭식장애 아동의 마시는 양은 이 부적 강화 절차로 증가하였다.

Rolider와 Van Mouton(1985)은 다른 장애는 없고 단지 변비로 인한 유분증이 있는 12세 아동을 치료하기 위해 부적 강화를 적용하였다. 부적 강화 중심 치료를 하는 동안 참여자는 배변을 할 때까지 또는 20분 동안 변기에 앉아 있도록 하였다. 만약 아동이 배변을 본다면, 그날은 다시 변기에 앉아 있지 않아도 된다. 그런데 만약 배변을 보지 않았다면, 아동은 다시 40분 동안 변기에 앉아 있거나, 계획된 시간 안에 배변을 볼 때까지 변기에 앉아 있어야 한다. 배변을 하면 그날 더 이상 변기에 앉아 있지 않아도 된다. 만약 배변을 하지 않았다면 아동은 다시 90분 동안 앉아 있거나 계획된 시간 안에 배변을 볼 때까지 변기에 앉아 있어야 한다. 그리고 아동이 화장실에 앉아 있도록 계획된 시간 외에 배변을 했을 경우에는 그날 변기에 앉아 있는 것을 피할 수 있다. 결과적으로 이 치료는 아동이 배변을 성공하는 수준을 향상시켰다.

토큰 경제

토큰 경제는 이후에 다른 강화물로 교환할 수 있는 조건화된 강화물 전달(예 : 토큰, 포인트 또는 다른 강화물)이다. Cooper 외(2007)에 의하면 토큰 경제는 목표 반응이나 행동목록, 목표행동을 할 때 받는 토큰이나 포인트, 그리고 포인트나 토큰으로 교환할 수 있는 물품이나 활동과 같은 세 가지 구성 요인을 포함한다. 토큰 경제를 사용할 때에는 토큰에 대한 조건화, 대체물 또는 주요 강화물목록, 그리고 대체 강화물 계획의 접근법에 관해 고민해야 한다. 여기에서 문제가 생기면 토큰 경제 접근법의 효과성이 줄어들 수 있다. 예를 들어, 토큰이 대체 강화물과 분명하게 연결되어 있지 않다면 개인의 행동에 영향을 줄 수 없다. 좋아하지도 않는 자극들이 포함된 대체물 또는 메뉴가 임의적으로 선택되었거나(예 : 좋아하는 자극 평가 사용 없이) 자극들이 스케줄에서만 유효하다면 그 프로그램의 효과는 제한적일 수 있다. 토큰 경제는 교실, 거주형 치료센터, 집단 생활환경 같은 큰 집단에서 자주 사용된다.

Field, Nash, Handwerk와 Friman(2004)은 거주형 치료센터에 사는 3명의 아동에게 나타난 부적합한 행동을 줄이기 위해(또는 적합한 행동을 증가시키기 위해) 토큰 경제를 사용하였다. 각 아동은 품행 문제, ADHD, 외상 후 스트레스장애(PTSD)를 포함한 다양한 소아기 장애 진단을 받았다. 기존에 센터 내에서 참여자들을 대상으로 광범위하게 토큰 경제를 적용하고 있었지만, 아동의 부적절한 행동은 지속되었다. 연구자들은 토큰 교환 계획을 하루에 한 번에서 두 번으로 늘렸다. 이렇게 교환 계획을 바꾼 후 결과적으로 문제행동은 감소하였고 참여자가 대체 강화물을 얻는 동안 교환의 기회비율이 증가하였다.

Mangus, Henderson과 French(1986)는 학교에서 신체활동 시간에 자폐 아동의 활동 수행을 향상시키기 위해서 토큰 경제시스템을 활용하였다. 그들의 연구에서는 또래 교사(peer tutor)를 훈련하여 아동이 신체적 교육활동에 참여할 경우(즉, 평균대 걷기) 유관되게 사전에 계획(3일 동안 아동의 수행에 대한 기초자료를 기본으로, 5명의 참여자 각각 다르게 적용한 계획)한 대로 토큰을 제공하도록 하였다. 5개의 토큰을 얻었을 때 강화메뉴를 먹는 것으로 교환할 수 있다. 이 연구 결과, 토큰 경제를 개입한 후 참여자 5명 중 4명이 신체적 활동에 변화가 있었다. 특히 토큰 경제를 할 때 신체활동에 참여하는 수준이 더 높아졌다. 반면, 토큰 경제가 행해지지 않을 때는 신체활동 참여 수준이 낮았다.

결과 중심 중재 전략 : 소거

소거는 행동을 줄이는 것을 목적으로 이전에 강화를 했던 행동에 강화물을 제공하지 않는 절차이다. (이 장 이후 다루게 될) 변별 강화의 변수와 대조적으로 소거만 하는 절차에서는 목표행동의 비율을 줄이지만, 대안 반응을 강화하지 않는다. 일반적으로 목표행동을 유지시키는 강화물(예 : 기능적 강화물)은 소거 과정에서 철수되어야 한다.

　Iwata, Pace, Kalsher, Cowdery와 Cataldo(1990)는 6세 발달장애 아동의 자해행동을 치료하였다. 치료는 문제행동을 일으키는 것과 관련된 수행을 아동에게 알려 주고 소거하는 것으로 구성하였다(한 참여자에게는 반응을 막는 구성요소를 추가하였다.). 따라서 문제행동을 유지하는 결과에 대한 기능분석에서 비정상적인 반응–강화 관계가 차단되는 것을 확인하였다. 참여자 6명의 자해행동이 감소하였고 비록 순응도가 변화 목표는 아니었으나(즉, 결과에서 이 반응을 계획하지는 않았다.), 참여자 6명 중 5명의 순응도 역시 증가하였다(나머지 참여자에게서는 순응도가 나타나지 않았다.).

　Magee와 Ellis(2000)는 2명의 주의력결핍 과잉행동장애 아동에게 나타나는 문제행동을 치료하기 위한 연속적 소거법을 적용하였다. 한 아동의 문제행동(자리 비움)은 과제로부터 도망가는 것으로 유지되었다. 이 행동은 소거를 사용한 후 감소하였지만, 다른 문제행동인 화내는 것, 부적절한 표현, 파괴행동은 증가하였다. 따라서 여러 가지 기저선 계획을 세워서 문제 형태마다 소거를 연속적으로 적용하였고, 각 문제행동은 소거 절차를 적용한 후 감소하였다. 두 번째 아동의 문제행동은 사회적 정적 강화(관심)에 의해 유지되었다. 소거 절차는 먼저 대상에게 말로 전하였고, 그 행동은 감소하였다. 그러나 다른 두 가지 반응인 파괴성과 공격성은 증가하였다. 다시 각 반응(파괴성, 공격성)에 소거 절차를 적용하였고, 그 반응 역시 거의 제로 수준으로 감소하였다.

　이 같은 예는 소거법이 치료에 효과적인 접근일 수 있다고 제안하지만, 단독 치료요소로 활용될 수 없는 몇 가지 제한점이 있다. 첫째, 소거를 활용했을 때 치료 밖에서 문제행동이 순간적으로 증가할 수 있다(즉, 소거격발[9]). 이러한 결과는 자해를 야기할 수 있는 목표행동을 치료할 때 특히 문제가 될 수 있다. 둘째, 소거는 공격행동을 포함하여 반응 형태에서 다양한 변수를 가져올 수 있다.

이 두 가지 결점을 더 잘 평가하기 위해 Lerman, Iwata와 Wallace(1999)는 소거 치료를 받은 41명의 사례에 대한 녹음 내용을 재검토하였다. 이 표본은 평가 기간 동안 공격성을 목표 반응으로 하거나 강화 계획으로 하지 않은 사람으로 구성하였다. 그들의 검토 작업에서 41명 사례의 39%가 소거로 인해 폭발하는 반응을 보였다고 확인되었다. 이와 비슷하게 Lerman 외 역시, 자신의 연구 표본의 22%가 소거로 인해 공격성이 생겼다는 것에 주목하였다. 소거 절차만 사용했을 때 세 번째 결점은 소거는 강화물을 얻기 위한 대안 방법을 알려 주지 않는다는 것이다. 이러한 세 가지 제한 점을 다루기 위해 치료에 변별 강화 구성 요인을 포함할 수 있다. 변별 강화 프로그램은 대안 반응이나 목표 반응 없는 강화를 목표로 한 유관 강화를 포함하며, 이에 따라 적절한 대처행동 가능성이 증가한다. 이러한 추가적인 구성 요인은 소거 절차만 활용할 때 나타날 수 있는 결점을 보완하여 효과성을 향상시킨다.

다시 Lerman 외가 제공한 자료를 살펴보면, 소거 중심 절차에 변별 강화, 비유관적 강화, 치료의 구성요소로 몇 가지 선행사건을 조정하는 것을 포함했을 때 소거격발은 단지 15% 정도만 나타났다고 하였다. 이와 비슷하게 소거에 다른 치료 구성요소를 병행했을 때, 소거로 인해 공격성이 나타나는 것 역시 15% 정도라고 하였다.

결과 중심 중재 전략 : 변별 강화

변별 강화는 결과 중심 절차로, 한 가지 반응 범주에는 강화하고(즉, 같은 강화물로 유지되는 반응 범주), 또 다른 반응 범주에는 강화하지 않는 것이다(Cooper et al., 2007). 행동분석은 변별 강화 중심 치료의 여러 변수로 발달하였다. 이러한 치료적 전략은 대개 목표 문제행동을 줄이는 데 활용되는 반면, 적절한 목표행동(예 : 순응성)을 향상시키기 위해 몇 가지 구성 요인을 계획하기도 한다. 목표행동을 줄이는 것을 목표로 할 때는 변별 강화에 두 가지 구성 요인, 즉 목표 행동보다 다른 행동을 강화하는 것이나 목표행동비율을 줄이는 강화, 그리고 목표 문제행동을 한 후 강화물을 철회하는 구성 요인을 포함한다(Cooper et al.).

행동분석가는 문제행동을 줄일 때 주로 변별 강화 절차를 활용하지만, 변별 강화는 새롭고 적절한 행동을 형성하기 위한 목적으로도 사용한다. 모든 강화 중심 절차에서처럼 변별 강화 절차는 정적 또는 부적 강화물을 포함할 수 있다.

---

9. 소거격발 : 소거의 초기 단계에서 반응률이 갑자기 증가하는 것이다.

대안행동의 변별 강화(기능적 의사소통 훈련)

대안행동의 변별 강화(DRA)는 감소해야 하는 목표행동과 다른 특정 행동을 강화하는 것이다(목표 반응과 불일치할 필요는 없다.). 일반적인 응용에서는 줄이고자 하는 목표행동에 소거를 적용하고, 늘리고자 하는 적절한 반응에는 강화를 적용한다. 대안행동의 변별 강화의 한 예로 기능적 의사소통 훈련(FCT)이 있다. 기능적 의사소통 훈련은 문제행동을 유지하는 원인인 기능적 강화물을 확인한 후, 그 강화물을 적절한 의사소통 반응과 유관하여 전달하는 것으로 구성한다(Carr & Durand, 1985). 이 절차는 문제행동의 원인인 강화물을 그 반응과 유관되게 철회(즉, 소거로 대체)하는 방식으로 활용되며, 이는 대안행동의 변별 강화의 치료적 특성과 일치한다.

연구자들은 위와 같은 소거법을 포함하거나 포함하지 않은 기능적 의사소통 훈련의 효과성 비교에 관심을 두었다. Hagopian, Fisher, Sullivan, Acquisto와 LeBlanc(1998)의 연구에서는 소거법을 포함하지 않은 기능적 의사소통 훈련에 참여한 11명의 참여자에게서 최소한의 효과가 나타났다고 보고하였다. 또 다른 몇몇 참여자에게서 문제행동이 감소하였지만, 90% 감소에 성공한 사람은 없었다. 또한 참여자 11명 중 3명은 소거법을 포함하지 않은 기능적 의사소통 훈련에서 문제행동의 50%가 증가하였다. 이와 반대로, 소거법을 포함한 기능적 의사소통 훈련에서는 문제행동의 44~90%가 감소하였다(25명 중 11명).

행동분석문헌에는 기능적 의사소통 훈련의 유용성에 대해 게재한 논문이 많다. Derby 외(1997)는 4명의 발달장애 아동이 보인 문제행동을 치료하기 위해 기능적 의사소통을 적용하였고, 이 치료의 장기 효과를 설명하였다. 각 아동은 목표 문제행동에서 감소를 보였고 기능적 의사소통 훈련을 시행한 이후에 적합한 의사소통의 습득이 증가하였다. 이 연구에서는 한 아동의 문제행동이 다양한 기능(정적·부적 강화)으로 유지되기 때문에 기능적 의사소통 훈련의 효과성을 증명했으며, 치료의 효과는 2년 동안 유지되었다.

다른 대안행동의 변별 강화 절차는 학습에 순응하는 것과 같은 적합한 행동을 증가시키는 것에 중점을 두었다. Reed, Ringdahl, Wacker, Barretto와 Andelman(2005)은 2명의 발달장애 아동에게서 나타나는 문제행동을 줄이고 순응행동을 증가하기 위한 대안행동의 변별 강화를 시행하였다. 각 아동의 문제행동은 과제에서 벗어남으로써 유지되었다. 치료하는 동안 과제에 순응하는 행동을 할 때 학습에서 30초 동안 쉴 수 있도록 하였다(즉, 부적 강화). 문제행동은 과제(즉, 소거)를 통해 즉각적으로 다루어진다. 각 아동에게 대안행동의 변별 강화 치료를 적용했을 때 기저선에 비해 문제행동이 줄고 순응도가 증가하였다.

상반행동 변별 강화

상반행동 변별 강화(DRI) 절차와 대안행동 변별 강화(DRA)는 강화물로 정한 대안행동과 감소시키려는 행동이 서로 양립할 수 없다는 것만 제외하면 매우 비슷하다. Friman과 Altman(1990)은 4세 발달장애 소년에게서 나타나는 파괴적 행동을 다루기 위해 상반행동 변별 강화를 적용하였다. 아동의 목표 반응은 자리를 이탈하는 행동이다. 치료 과정에서 부모는 특정 중재(초기 10초) 동안 양립할 수 없는 행동(즉, 자리에 머무르는 것)을 하는 것과 강화물(칭찬과 음식)을 유관적으로 제시한다. 만약 아동이 자리를 이탈한다면, 다시 앉히고 중재가 끝날 때까지 강화물을 주지 않는다. 결과적으로 치료를 통해 자리이탈행동과 다른 부적절한 행동이 줄었고(예 : 물기와 물건 던지기), 적절한 행동(장난감놀이)은 유의하게 증가하였다.

　Buzas, Ayllon과 Collins는 레시나이헌증후군(Lesch-Nyhan Syndrome)(1981)이 있는 소년에게서 나타나는 자해행동(입술과 혀 깨물기, 입술과 입 뜯기, 뺨의 안쪽 깨물기, 혀 소대 찌르기, 휠체어 밖으로 떨어지기)을 감소시키기 위해 상반행동 변별 강화 절차를 적용하였다. 참여자의 자해행동은 매우 심각해서 하루 대부분을 기계적으로 제지하는 데 소비되었다. (위생활동, 옷 입는 것 등을 위해) 제지하지 않을 때는 거의 즉시 자해행동이 나타났다(예 : 입술을 손톱으로 잡아 뜯기). 이 사례연구에서는 자해행동과 상반된 반응을 제시하는 것(그리기, 플라스틱 다트 던지기, 게임놀이, 퍼즐, 사탕 먹기, 잡기 놀이, 안겨 있는 동안 책 읽기, 주사위에 숫자를 더하거나 빼기, 타이핑, 자기 휠체어 굴리기, 손짓언어 배우기)을 통해 다양한 치료사와 보호자의 관심을 받게 된다.

　이러한 상반행동 변별 강화 절차가 적절할 때, 참여자는 제지하지 않아도 약 3시간 30분까지는 자해행동을 시도하지 않고 상호작용을 할 수 있다. 하지만 치료 절차가 적절하지 않고 통제를 하지 않을 때는 자해행동이 5~15분 안에 나타난다. 비록 이 연구가 체계적으로 통제된 실험연구로는 부족하고 설명적이긴 하지만, 임상적으로 유의한 결과를 얻었기 때문에 여기에 제시하였다. 레시나이헌증후군과 연관된 행동 문제는 행동 치료나 약물치료에 저항적인 것으로 악명높다. 이렇게 치료에서 겪는 어려움의 잠재적 원인 중 하나는 행동에 관련된 강화물이 확인되지 않거나 체계적 평가를 하기에 변화가 너무 자주 나타나기 때문이다. 앞에서 설명한 연구는 강화 결과가 확인되고 조절될 수 있을 때 변별 강화 중심 치료의 적용이 유용할 수 있음을 입증하였다.

저비율행동 변별 강화

저비율행동 변별 강화(DRL)는 목표행동을 줄이기 위한 강화로 구성된 절차이지만, DRL 절차(즉, 중립환경에서 세운 강화 계획)를 수행하기 전에 정해진 것보다 더 감소시키는 강화 계획이다. 저비율행동 변별 강화 절차는 특정 시간 동안 목표행동이 나타나지 않을 때만 목표행동을 강화한다. 이와 더불어, 시간이 지남에 따라 목표행동이 줄어든 것이 관찰되면 목표행동의 비율을 더 낮추기 위해 중재의 간격을 체계적으로 늘릴 수 있다(종종 감소율 변별 강화라고도 한다.; DRD).

Wright와 Vollmer(2002)는 발달 및 신체장애가 있는 10대 소녀의 빠르게 먹는 행동을 감소하기 위해서 저비율행동 변별 강화 절차를 적용하였다. 계획된 중재에서 물기 행동을 한다면 그 절차에는 물기 행동만 강화하는 것(즉, 물기 행동을 하도록 허락함.)으로 구성된다. 참여자가 계획한 중재 시간이 경과하기 전에 음식을 물었다면, 그 행동은 제지한다. 그런데 참여자가 계획된 중재 시간이 경과한 후 음식을 물었다면, 그 행동은 허용한다(즉, 강화된다.). 연구자는 고정된 시간에 강화를 하는 것(즉, 매 회기 15초)보다 이전의 다섯 회기에서 반응 간 시간 평균을 기초로 하여 시간 간격을 적절하게 하는 것이 저비율행동 변별 강화 절차에 더 효과적이라고 하였다. 기저선과 비교했을 때 저비율행동 변별 강화 절차로 참여자의 무는 행동 시도 간의 시간 간격이 더 길어져서 무는 행동의 비율이 감소하였다.

Deitz와 Repp(1973)은 발달장애로 진단받은 학생, 발달장애로 진단받은 학급 내 학생, 일반 교육과정에 등록한 고등학생집단에서 보이는 파괴적 행동을 줄이기 위해 저비율행동 변별 강화 계획을 활용하였고, 이에 대한 세 가지 연속된 실험연구를 보고하였다. 각 실험에서 저비율행동 변별 강화 계획을 시행할 때 교실에서 공격성이나 개인에게 나타나는 파괴적 행동이 감소하였다. 실험 I(단일학생)을 하는 동안 저비율행동 변별 강화 계획을 철회하였을 때 치료 효과는 유지되었다. 그러나 실험 II와 III을 하는 동안 저비율행동 변별 강화 계획을 철회하였을 때는 치료 효과가 없어졌다.

타 행동 변별 강화

대안행동의 변별 강화(DRA)와 상반행동 변별 강화(DRI), 저비율행동 변별 강화(DRL)의 치료 목표는 목표 문제행동을 줄이면서 적절한 반응을 증가하는 것이지만, 타 행동 변별 강화(DRO)는 정해진 시간 동안 확인된 문제행동이 나타나지 않음에 따라 강화물을 전달하는 것이다. 반면에, 강화는 목표행동에 따라 자극물을 제공하고, 타 행동 변별 강화는 목표행동이 일어나지 않게 하기 위한 강화 결과(정적 또는 부적) 적용을 수반한다. 때때로 타 행동 변별 강화에서 사용하는 다른 용어는 행동을 뺀 변별 강화와 반응 빈도 제로 변별 강화이다.

Ringdahl 외(2002)는 발달장애 남자청소년의 반복적인 손 움직임을 줄이기 위해 타 행동 변별 강화 중심 치료를 하였다. 반복적인 손 움직임은 감광성 대발작(photosensitive grand mal seizures)을 촉발할 수 있기에 참여자에게서 나타나는 반복적 손 움직임은 심각하였다. 연구자는 이 문제행동을 유지하는 어떠한 사회적 강화물도 찾을 수 없었고, 성인이 감독하지 않을 때만 이런 행동이 나타난다는 것에 주목하였다. 강화물 평가를 통해 강화물은 적절한 행동을 강화할 수 있는 잠재적 기능이 있는 비디오게임으로 정하였다. 평가 이후에 비디오게임에 접근하는 시간은 참여자가 목표 반응을 하지 않은 시간 간격 동안에 유관적으로 허락한다. 우선 타 행동 변별 강화 간격은

10초(기저선 동안 손 흔드는 행동이 나타나는 시간 간격의 평균을 근거로)로 하고, 치료가 끝날 때까지 점차 600초(10분)로 증가시킨 결과, 타 행동의 변별 강화 절차가 적절할 때 반복적 손 움직임은 감소하였다.

Waston과 Sterling(1998)은 4세 여아에게서 나타나는 음성틱을 감소시키기 위해 타 행동 변별 강화 절차를 사용하였다. 이 같은 행동에 대한 기능분석 결과, 음성틱은 성인의 관심과 같은 사회적 결과로 유지되었다. 치료 동안 음성틱이 일어날 때 성인 관심은 철회하고, 성인의 관심을 음성틱이 없는 짧은 시간(15초) 동안 제공하였다. 이 간격은 타 행동 변별 강화 간격이 최종 300초(5분)에 도달할 때까지 세 번 연속으로 강화물을 제공하면서 10초씩 증가하였다. 타 행동 변별 강화를 시행할 때 음성틱의 비율은 감소하였고, 이것은 1, 3, 6개월 추후 검사에서도 유지되었다.

변별 강화 계획 줄이기

치료에서 변별 강화 접근, 특히 대안행동의 변별 강화 · 기능적 의사소통 훈련과 상반행동 변별 강화에서의 제한점은 목표로 하는 사람이 적절한 행동과 유관할 수 있는 강화물에 언제든 접근할 수 있다는 점이다. 만약 강화물을 전달할 보호자가 필요하다면, 위와 같은 프로그램은 많은 주의를 기울여야 한다. 그뿐만 아니라, 개인이 강화물을 얻는 데 모든 시간을 소비할 수 있게 하므로 교육이나 직업 목표와 경쟁할 수 있다. 그러므로 치료의 한 가지 목표는 반응 요구를 증가하거나 강화를 지연하면서 강화물의 유용성을 감소하는 것이다.

Lalli 외(1999)는 약 21세쯤 된 5명에게서 문제행동으로 나타나는 도피를 치료하기 위해 순응하는 행동에 변별적 정적 강화를 적용하였다. 프로그램화된 정적 강화 계획의 결과, 각 참여자는 순응이 증가하고 문제행동은 감소하였고, 정적 강화를 얻기 위한 반응조건이 5명의 참여자 중 3명에게서 증가하였다. 치료 밖에서는 고정비율 1회 계획(fixed-ratio 1 schedule)으로 순응행동을 정적 강화하였고, 그 계획에서 3명의 참여자에게 고정비율을 최소한 10회로 증가시켰다. 이렇게 계획을 변화하여도 치료의 효과는 감소하지 않았다.

Hagopian, Contrucci Kuhn, Long과 Ruch(2005)는 공격성, 파괴성과 같은 심각한 문제행동을 평가하고 치료하기 위해서 광범위성 발달장애스펙트럼으로 진단받은 입원병동의 소년 3명에게 기능적 의사소통 훈련을 적용하였다. 이를 통해 아동의 문제행동이 감소하였다. 연구자는 적절한 요구에 강화물(관심 있거나 선호하는 실제 물품)을 주는 것을 지연하기 위해서 계획 줄이기(thinned the schedule)를 활용하였다. 참여자에게 지연을 수행한 두 회기 동안 문제행동의 분당 반응(RPM)이 0.2보다 낮게 나타났다면 지연 시간을 점진적으로 늘리고, 0.2보다 더 크게 나타났다면 이전에 가장 길게 성공한 정도로 지연 시간을 줄인다. 이 과정을 각 참여자가 최종 목표에 도달할 때까지 지속하였고, 참여자 3명 모두 최소한 4분 정도 지연하는 것은 성공하였다. 이 연구에서 한 가지 흥미로운 결과는 지연하는 동안 참여자에게 경쟁적으로 강화물에 접근하도록 한 점이 문제행동을 줄이고 최종 목표 지연 시간을 더 빠르게 획득할 수 있게 하였다는 것이다.

치료를 위한 선행사건 중재

대다수의 응용행동분석 치료는 행동을 변화시키기 위해 결과를 다루는 데 중점을 두지만, 몇몇 치료에서는 목표행동과 관련된 선행사건을 다루는 것에 초점을 둔다. 이 장에서는 네 가지 선행사건 중심 중재를 가장 중요하게 다루었다. 이런 중재들은 조작 확립, 자극 통제 절차, 촉진 절차, 기회 선택 제공 절차를 포함한다.

조작 확립(EO)[10]

환경과 행동의 관계는 주로 세 가지 용어를 수반함으로써 설명된다. 수반되는 세 가지 구성요소는 반응 이전에 발생하는 것(선행사건, 또는 A), 개인적으로 나타나는 행동(B), 그리고 그 행동 뒤에 즉시 발생하는 것(결과, 또는 C)이다. 종종 이 세 가지 구성요소는 A-B-C로 표기한다. 선행사건을 완전히 이해하기 위해서는 행동분석을 통해 강화물로서 효과적인 자극물을 대신할 변수를 설명해야 한다. 환경과 강화물 효과성의 관계를 설명하는 데 '조작 확립'이라는 용어가 사용되었다(EO; Michael, 1982). 최근에는 '조건 확립'이란 용어가 강화물의 가치가 증가하는 효과일 때는 '동기 조작(MO)'이라는 용어로 대체되었고, 강화물의 가치가 감소하는 효과를 가져올 때는 '조건화 없애기(AO)'라는 용어로 대체되었다(Laraway, Snycerski, Michael, & Poling, 2003). 이런 조건화(동기화 또는 없애기)는 반응하는 것을 (AO를 통해서) 감소시키거나 (MO를 통해서) 증가시키는 행동 모두에 영향을 끼친다.

동기 조작(MOs)과 조건화 없애기(AOs)의 대표적인 예는 박탈과 포만이다. 박탈은 개인에게 강화물로 기능하는 자극물을 철회하는 것으로, 적어도 두 가지 효과가 있다. 첫째, 강화물로서 자극물의 가치가 증가한다. 둘째, 그 강화물의 기능으로 생기는 반응을 증가시킨다. 대조적으로 포만은 강화물로 기능하는 자극물을 충분한 양만큼 제공하는 것이고, 이는 두 가지 대조적인 효과, 즉 강화물의 가치를 감소시키고 그 강화물의 기능으로 생기는 반응을 감소시킨다.

조작 확립은 매우 다양한 방식으로 조정할 수 있다. 목표 반응을 감소하고자 할 때는 치료하는 동안 그 반응을 위해 정한 강화물을 비유관적으로 제공할 수 있다[즉, 강화물을 조밀한 고정시간 계획(fixed-time schedule)으로 제공하는 것; Ringdahl, Vollmer, Borrero, & Connell, 2001].

---

10. Establishing Operation(EO) : 어떤 자극, 대상 또는 사건의 강화물로서의 효과를 확립(증가)하는 동기 조작이다. 예를 들어, 음식 결핍은 음식을 효과적인 강화물로서 확립시킨다.

반대로 대상자가 목표 반응이 일어날 가능성이 있는 내용에 노출되기 전에 기능적 강화물을 제공한다(예 : Vollmer & Iwata, 1991; Berg et al., 2000). 목표 반응을 증가시키고자 할 때는 강화물을 훈련 전에 철회할 수 있다(예 : Vollmer & Iwata, 1991).

Lalli, Casey와 Kates(1997)는 정신지체 아동 1명과 발달장애 아동 2명에게서 나타나는 문제행동을 감소시키기 위해 고정시간 강화 계획을 사용하였다. 고정시간 강화 계획은 정해진 시간에 강화물을 전달하는 것이며, 이 전달로 아동의 독립된 행동이 나타났다. 치료 동안 사용한 특정한 고정시간 강화 계획은 각 아동을 위한 기저선 중 문제행동의 평균 잠재율(mean latency)을 반영하였고, 고정시간 강화 계획을 실행했을 때 3명의 아동에게서 문제행동이 감소하였다. 이러한 문제행동의 감소는 고정시간 강화 계획을 통한 조건화 없애기가 효과적이었다는 결과를 보여 준다.

Taylor 외(2005)는 3명의 자폐 아동이 그들의 친구에게 직접 요구하는 행동(즉, 요구)을 증가시키기 위해 좋아하는 간식과 조작 확립을 연관할 수 있게 조정하였다. 동기 조작을 적용할 때에는 친구에게 직접 요구하는 행동이 높은 비율로 관찰되었고, 반대로 동기 조작이 없을 때는 친구에게 직접 요구하는 행동이 거의 제로 수준으로 감소하였다. 이런 결과는 적절한 행동 목표가 동기 조작을 직접 다룸으로써 향상될 수 있다는 것을 증명한다.

자극 통제

자극 통제는 특정 행동이 특정 선행사건자극에 의해 믿을 만하게 발생하는 것을 의미한다(Sulzer-Azaroff, & Mayer, 1991). 자극 통제는 A(선행사건)와 믿을 만하게 발생하는 B(행동), 결과적으로 나타나는 C(결과 또는 강화물)라는 세 가지 용어로 서로 상관성을 가지며, 이것은 행동과 환경의 관계를 설명한다. 자극 통제의 방식으로는 특정 선행사건자극에서만 특정 반응과 강화물을 짝지어 제공하거나, 특정 선행사건자극을 주지 않았는데 특정 반응이 나타나면 강화물을 주지 않는 것이다. 이 절차는 종종 실험연구에서 활용된다. 하지만 개인이 변별적 자극에 노출되면서 특정 강화물 계획이 자연스럽게 생길 수 있다. 예를 들어, 아동의 행동에 부모가 다른 방식으로 반응하기 때문에 자극 통제하에 행동이 형성될 수 있다.

아버지는 아동의 문제행동이 항상 관심으로만 끝날 수 있고, 어머니는 문제행동이 다른 결과를 가지고 오지 않도록 한다. 보호자의 관심이 강화물이라면 아동은 아버지가 있을 때에만 문제행동을 할 것이다. 비슷하게 특정 자극물로 행동을 처벌하는 것은 아동이 그 자극물을 제지하기 위한 행동을 하도록 유도한다. 이 같은 방법으로, 아동이 문제행동을 한 후 어머니는 항상 혐오적 결과를 주었고 아버지는 특정 결과를 주지 않았다면, 아동은 어머니가 있을 때만 문제행동을 하지 않을 것이다.

자극 통제가 특정 자극물과 특정 반응 간의 상관관계로 명확하게 나타날 때, 치료에서는 자극물과 상관없이 행동을 향상하기 위해 자극 통제를 변화하는 것에 초점을 맞춘다. Ray, Skinner와 Waston(1999)은 자폐로 진단받은 5세 남아에게 순응행동 반응을 증가시키기 위해 자극 통제 절차를 사용하였다. 연구자는 기저선에서 아동의 어머니가 요구할 때와 교사가 요구할 때 아동이 각각 순응하는 것을 비교 평가하였다. 교사가 요구할 때와 대조적으로 어머니가 요구할 때 그 요구에 따를 가능성이 높았다. 이러한 결과는 자극 통제가 형성된다는 것을 의미한다.

이 내용을 활용하여 이후의 연구자는 요구 상황 동안 어머니와 교사를 쌍으로 묶어서 일련의 절차를 수행하였다. 처음에 아동의 어머니가 세 가지 요구를 하고 교사가 한 가지 요구할 때 아동은 어머니와 교사 모두에게 순응하는 행동이 높은 비율로 나타났다. 시간이 지남에 따라 용암법 절차(fading procedure)를 적용하여 교사의 요구 횟수는 늘리고 어머니의 요구 횟수는 점차 줄이면서 아동의 순응행동이 높은 비율로 유지되도록 하였다. 마침내 요구 상황에서 아동의 어머니는 완전히 사라지고 교사가 모든 요구를 하지만 아동의 순응행동은 높은 비율로 유지되었다. Ray 외(1999)의 연구 결과는 용암법 절차로 결국 자극 통제를 아동의 어머니에서 교사로 바꾸었다.

이와 비슷한 연구로, Knoff(1984)는 공격성, 파괴성, 반항적 행동을 하는 9세, 10세 남아의 문제행동을 치료하기 위해 자극 통제 절차를 사용하였다. 보조교사가 있는 아침, 점심의 쉬는 시간에 각 아동의 문제행동이 높은 비율로 나타났다. 같은 상황에서 담임교사가 있을 때는 각 아동에게 적절한 행동이 높은 비율로 나타났다. 여기에서 자극 통제 절차의 목표는 보조교사가 있는 쉬는 시간에도 아동들이 적절한 행동을 지속할 수 있도록 담임교사가 있을 때의 자극 통제를 일반화하는 것이다. 이 절차의 과정에서 첫 주 동안 쉬는 시간에 담임교사가 참여하도록 구성하였다. 이 첫 주 동안 즉각적으로 아동들의 적절한 행동은 높은 수준으로 나타났다. 그 이후에는 교사의 참여가 완전히 필요 없을 때까지 서서히 참여를 줄였다. 그러면 결국 담임교사가 쉬는 시간에 참여하지 않아도 보조교사나 자극 통제가 일반화되어 아동의 적절한 행동이 높은 수준으로 관찰된다.

촉진 절차

Cooper 외(2007)는 특정 반응을 이끌어 내기 위해서 부가적으로 선행사건 자극물을 촉진한다고 설명하였다. 반면, 반응 촉진(즉, 단계적 지침서)은 행동을 목표로 하고, 자극 촉진은 특정 행동(즉, 선행사건)이 나타나기 전의 선행사건을 목표로 한다. 행동분석가들은 대상자가 중립자극(변별적 자극)에서 원하는 행동을 더욱 일관되게 하면, 시간이 지남에 따라 보조적인 자극 촉진법을 사용하지 않는다. 촉진법은 특정 반응을 습득하기 위한 치료 프로그램의 초기에 종종 사용한다. 그 특정 반응을 획득함에 따라 촉진법은 체계적으로 줄어 없어지고, 이로써 중립자극으로 습득된 행동이 일관되게 나타난다.

Taylor와 Levin(1998) 그리고 Shabani, Katz, Wilder, Beauchamp, Taylor와 Fischer(2002)

는 자폐 진단을 받은 아동의 사회적 참여를 증진하기 위해 촉진 과정을 적용하였다. 연구자는 아동의 옷 주머니에 촉각을 자극하는 장치를 하였다. 특히 그 장치는 연구자가 리모컨을 사용해서 작동할 때마다 3~5초 동안 진동이 오도록 프로그램되어 있었다. 처음에 연구자는 사회적 참여를 할 수 있도록 하기 위해 촉각자극과 음성모델을 쌍으로 묶어서 제시하였고, 이후 점차 음성모델을 소거하고 촉각자극으로만 아동이 사회적 참여를 할 수 있게 하였다. 아동 연구에서 음성모델링과 촉각자극을 활용하는 것은 결과적으로 사회적 참여를 높은 비율로 나타나게 하였다.

더욱이 Shabani 외(2002)는 참여자 3명 중 2명에게 시간의 흐름에 따라 촉진법의 빈도를 체계적으로 감소하면서 촉각자극을 없애는 것을 시도하였다. 그 결과, 촉각자극을 없애는 것은 일부 참여자의 사회적 상호작용을 지속하는 데 부분적으로 성공적이었지만 변화비율(variable rate)이 더욱 낮아지거나 높아졌다.

Rivera, Koorland와 Fueyo(2002)는 학습장애로 진단받은 9세 남아가 시각단어를 읽는 것을 촉진하기 위해 그림자극을 활용하였다. 아동이 가져오는 그림자극은 목표인 시각단어를 표상하는 삽화이다. 처음에 연구자는 목표인 시각단어에 대한 각각의 의미를 아동과 함께 살펴보고, 아동은 큰 색인카드에 각 단어의 삽화를 만들었다. 아동의 시각단어 읽기의 정확도가 증가하면서 아동이 색인카드에 그린 삽화는 감소하고, 삽화가 성공적으로 프로그램에서 소거될 때까지 색인카드는 체계적으로 활용할 수 있다. 결국 그림자극을 제시하지 않아도 아동은 정확한 시각단어 읽기를 높은 수준으로 지속할 수 있었다.

선택권 주기

효과성을 보여 준 또 다른 선행사건 중심 중재는 아동에게 선택할 기회를 제공하는 것이다. 수많은 연구에서 아동에게 선택권을 주는 것은 아동의 문제행동을 줄이고 직업 수행이나 학업에 참여하는 적절한 행동을 향상하는 데 도움이 될 수 있다고 하였다. 이와 더불어, 선택권은 단순히 매우 선호하는 자극물을 의미하기보다 그 안의 기능적 변수(즉, 적절한 행동을 위한 강화물)이다(Dunlap et al., 1994).

Dibley와 Lim(1999)은 심각한 지적장애로 진단받은 15세 여아를 치료하는 동안 아동에게 선택권을 제공하였다. 문제행동을 줄이고 적절한 행동을 향상시킨다는 목표에 부합하도록 선택권을 주는 기회를 아동의 일상 식사 시간, 화장실 가는 것, 레저 시간 활동과 같은 다양한 활동에 적용하였다. 기저선 동안에 청소년을 기대되는 활동을 형성하기 위한 각 단계에 참여하도록 촉진하고, 그 절차에 청소년의 선택권은 포함하지 않았다. 반면, 치료 회기 동안 기대되는 행동을 형성하는 각 단계에 청소년이 참여하도록 촉진하면서, 각 행동에 다양한 선택권을 포함하였다. 예를 들어, 일상생활에서 화장실 가는 행동의 경우, 행동을 바로 할 것인지 10분 뒤에 할 것인지, 또는 손을 대야에서 씻을 건지 세면대에서 씻을 건지, 수건을 사용할지 손 건조기를 사용할지와 같은 다양한 활동 내에서 청소년에게 선택권을 주었다. 선택권을 제공하는 치료와 기저선을 비교할 때, 선택권을 제공하는 치료에서 순응성이 높은 비율로 나타났고 문제행동은 낮은 수준으로 보고되었다. 이러한 결과들은 세 가지 목표활동과 상관없이 모두 일관되게 나타났다.

Dunlap 외(1994)는 비순응과 공격적 행동을 줄이기 위한 3명의 남아(11세 2명과 5세 1명)의 치료 프로그램에 선택권의 기회를 추가하였다. 2명의 아동은 수업 시간에 몇 가지 학업과제를 포함한 목록의 선택권을 받았다. 세 번째 아동에게는 읽기 시간 전에 책을 고를 수 있는 선택권을 주었다. 선택권이 주어질 때 각 아동의 비순응도와 문제행동은 낮게 보고되었고, 과제 참여도는 기저선에서 보고된 것보다 높은 수준으로 향상되었다.

선행사건과 결과 중심 치료의 결합

때로는 치료에서 한 가지 이상의 치료법을 도구로 활용한다. 그런 치료패키지는 선행사건과 결과 중심 구성요소 두 가지로 구성할 수 있다. Ringdahl 외(2002)는 이와 관련된 사례 하나를 제시하였다. 치료는 자폐로 진단된 여아의 도망가는 문제행동을 치료하기 위해 구조화된 용암법과 대안행동의 변별 강화를 결합한 연구를 적용하였다. 치료의 결과 부분에서는 학업과제와 관련된 적절한 순응행동(즉, 문제행동이 나타나지 않고 완수함.)에 짧은 휴식 시간을 유관적으로 제시하는 변별 강화 계획을 하였다. 치료의 선행사건은 분당 한 가지 훈련 최종 목표를 성공할 때까지, 문제행동이 적은 만큼 길게, 과제 회기 5분 동안 체계적으로 많은 훈련을 증가하는 것이다. 이 연구의 결과는 치료 구성요소를 결합한 것이 결과 중심 치료인 대안행동의 변별 강화만 적용했을 때보다 문제행동이 적게 발생하고 성공적으로 치료되었음을 보여 줬다.

Marcus와 Vollmer(1996)는 발달장애가 있는 어린 여아에게서 나타나는 공격성과 자해행동을 치료하기 위해 선행사건과 결과 중심 치료를 결합하였다. 그들의 연구에서 치료 두 가지 구성요소, 즉 비유관 강화(선행사건)와 순응에 대한 변별 강화(결과)를 평가하였는데, 연구 결과에서 치료패키지가 문제행동을 효과적으로 감소한다고 밝혀졌다. 또한 이런 치료는 아동에게 강화물을 얻기 위한 적절한 의사소통 반응과 대안을 어떻게 활용할지에 대해서 가르치는 데 효과적이었다. 소거법과 같은 행동 치료에서 때로 부작용(예 : 소거격발)이 제한점으로 나타나는 데 비해 치료패키지를 활용하는 것은 더욱 효과적인 치료를 할 수 있다.

일반화

일반화는 응용행동분석의 주된 특징 중 하나이다(Baer et al., 1968). Cooper 외(2007)에 따르면, 일반화는 여러 행동 변화의 결과를 언급하는 광범위한 용어다. 이는 응용행동분석 중심 치료를 임상에서 적용하는 동안, 임상환경에서 중립적인 환경(즉, 자극/환경의 일반화)으로 치료의 효과를 확장하기 위한 시도이다. 또한 자극/환경의 일반화는 행동이 습득되는 것과 함께 다른 조건에서도 행동이 발생할 수 있는 것을 뜻한다. Cooper 외는 이런 행동 변화가 직접적인 교육 없이 일어날 수 있다는 것에 중점을 두었다. 그러나 일부 행동분석가들은 프로그래밍을 통해 이 같은 결과를 촉진하고자 하였다. 일반화와 관련된 문헌사례들은 두 가지 결과 범주로 나눌 수 있다. 일부 연구에서는 자극물, 시간, 환경을 넘어 그 효과가 자연스럽게 확장된다고 설명한 반면, 또 다른 연구에서는 일반화에 도달하기 위한 체계적인 과정을 설명하기도 한다.

Bonfiglio, Daly, Martens, Lin과 Corsaut(2004)는 초등학교 3학년 여아의 읽기 정확성에 대한 다양한 읽기 중재의 효과를 설명하였다. 참여자는 수행 중심, 기술 중심, 그리고 수행 중심과 기술 중심을 결합한 읽기 중재에 참가하였다. 각각의 치료 방법은 읽기 행동의 개선을 보여 주었다. 치료 효과는 구절 읽기와 시간을 통해 입증되었고, 이런 효과는 특정한 프로그램 없이 성취되었다. 연구자들은 특히 구절 읽기를 통한 일반화는 유창하게 읽을 수 있는 기초 작용이라고 가정하였다.

Eikeseth와 Nesset(2003)은 음성학적 장애(phonological disorder)가 있는 아동에게서 나타나는 조음(vocal articulation)을 향상시키는 치료 계획을 설명하였다. 치료 목표의 일부는 아동이 다양한 목표 소리를 숙달하도록 하는 것이다(즉, 조음 문제 없이 음성적으로 소리를 내는 것). 이것이 끝날 무렵에 참여자 2명은 반응 사례가 충분히 포함된 치료를 받았다. 특히 10개의 단어세트는 아동에게 소리를 가르치기 위해 사용하였다. 치료 동안에 참여자는 조음을 수정하거나 치료사의 음성모델과 유사할 때 토큰을 받을 수 있고, 그 토큰으로 원하는 강화물을 교환할 수 있다. 결과적으로 참여자 2명 모두 10개의 목표 단어를 제시하지 않아도 소리를 내는 것이 숙달되었다. 필요한 단어의 수는 1개부터 8개까지 다양하였다. 따라서 Eikeseth와 Nesset은 "특정 목표 소리를 포함한 몇 가지 단어의 조음을 수정한 후, 같은 목표 소리를 포함한 또 다른 단어는 훈련 없이 그 이후에 정확하게 반복될 수 있다."라고 하였다. 즉, 일반화된 행동 변화가 일어난 것이다.

효과성 연구

응용행동분석의 또 다른 주요 특성은 효과성이다(Baer et al., 1968). 응용행동분석 중심 치료의 효과성을 확인하기 위해 분석하는 것은 어렵지만, 수많은 연구에서 발달장애가 있거나 없는 사람에게 나타나는 심각한 문제행동을 치료하는 응용행동분석 전략의 효과성을 보고하였다. 이러한 연구와 요약문헌은 광범위한 세 가지 범주, 즉 특정 장애와 관련된 행동 치료 요약(예 : 자폐, ADHD), 특정 문제행동 치료 요약(예 : 자해행동, 이상행동, 상동행동), 그리고 특정 치료 접근의 효과성 요약(예 : 비유관 강화와 기능적 의사소통 훈련) 중 하나에 속한다.

특정 진단과 관련된 저항행동 치료

Matson 외(1990)는 자폐증이 있는 사람이 보이는 저항행동을 설명하기 위해 고안된 행동 치료 전략을 살펴보았다. 그들의 연구 결과, 행동분석가들은 자폐로 진단된 아동이 보이는 이상행동, 언어, 사회성, 일상생활, 학습 기술의 광범위한 목표행동을 설명하기 위해 조작적 조건형성 원리로부터 추론하는 방법을 사용하였다. 또한 이 저자들은 혐오자극 절차를 사용한 중재보다 긍정적 절차를 활용한 중재가 수적으로 우세했다고 밝혔다. Olson과 Houlihan(2000)은 레시나이헌증후군과 관련된 저항행동에 적용한 행동 치료를 살펴보았다. 대부분의 연구에서 행동 치료(즉, 타 행동 변별 강화, 상반행동 변별 강화, 소거법)가 레시나이헌증후군 아동에게서 나타나는 자해행동을 치료하는 데 활용되었고, 많은 사례에서 다른 환경과 보호자에게도 일반화된 결과가 나타났다고 보고하였다.

특정 문제행동의 치료

여러 다른 연구에서는 특정 행동 문제 치료에 응용행동분석 중심 절차가 적합하다고 보고한다. Iwata 외(1994)는 발달장애가 있는 아동과 성인의 자해행동을 줄이는 데 기능 중심 행동분석 치료를 적용한다고 보고하였다. 효과적인 치료는 치료를 한 후 문제행동이 기저선보다 10% 감소하는 것이다. Iwata 외에 따르면, 자해행동에 치료적 중재를 했을 때, 선행사건 중심 중재에서는 사례의 84.2%, 소거는 86.8%, 변별 강화는 82.5%, 처벌은 88.2%가 효과적으로 나타났다고 보고하였다.

이와 비슷하게 Asmus 외(2004)는 발달장애가 없는 성인과 아동에게서 나타나는 이상행동(자해행동, 공격성, 상동증, 파괴성, 분열)을 줄이기 위해 적용한 기능 중심 행동분석 치료에서 치료 효과를 보고하였다. 그들은 치료받은 사람의 76%는 응용행동분석 치료를 한 후 이상행동이 80% 감소하였다고 보고하였다. Rapp과 Vollmer(2005)는 상동증(즉, 확실히 반복적인 행동이 사회적 기능에 도움이 되지 않는 것)을 줄이기 위한 치료적 접근에 관한 문헌을 살펴보았다. 이들은 응용행동 중심 치료가 상동증을 줄이는 데 효과적이라는 문헌을 지지하였다.

특정 치료 전략의 효과성

마침내 특정 응용행동분석 중심 접근이 치료에 효과적이라는 연구들이 제시되었다. Miltenberger, Fuqua와 Woods(1998)는 습관 전환 방법(habit reversal methods)이 틱, 신경증(nervous habits), 그리고 말더듬증(stuttering)을 포함한 목표행동을 치료하는 데 효과적이라고 보고하였다. 연구자는 틱, 신경증, 말더듬을 다루는 습관 전환 방법의 기능이 정의되지 않을지라도 효과성은 지속적으로 증명되고 있다고 하였다. Carr 외(2000)는 이상행동 치료에 비유관 강화를 적용하여 평가한 연구를 살펴보았다. 연구자는 비유관적 강화가 발달장애 아동의 다양한 문제행동을 효과적으로 치료하는 전략이 되지만, 법적인 부분을 포함하기 위해서 이 영역에서 집행할 수 있는 임상적 연구가 더욱 필요하다고 보고하였다. 발달장애와 정신질환이 있는 아동의 다양한 저항행동을 다루는 데 응용행동분석 중심 치료가 효과적이라는 것을 설득력 있게 증명하기 위해 집단 치료가 도움이 될 수 있다.

요약

응용행동분석 중심 치료의 기본 개념을 살펴보았으며, 이 치료에 관하여 일반적인 부분을 설명하였고, 효과성에 대해 간략하게 논의하였다. 응용행동분석 중심 치료는 다양한 장애행동을 적합한 행동으로 확립하고 문제행동을 치료하는 데 효과적이다. 하지만 이 접근은 근본적인 장애를 다루기 위해 고안된 것은 아니다. 그 대신 응용행동분석 중심 치료에서는 장애에서 보이는 특정 행동 증상을 목표로 한다. 또한 이와 관련된 전략도 새로운 행동을 형성하거나 문제행동을 줄이는 것에 활용되며, 이는 목표행동에 영향을 끼칠 수 있는 결과 변수와 선행사건 변수를 이해하는 데 필요한 분석 과정을 통해서 이루어진다. 비록 행동 변화를 위한 몇 가지 전략이 있지만, 응용행동분석 중심 치료는 연구에 기초하고 적용하는 데 근거를 두기 위해 증거 기반 방법론을 제안한다. 행동분석가의 견해로는 응용행동분석은 행동 변화 프로그램을 발전하기 위한 예술적 접근법이라고 생각한다.

참고문헌

Asmus, J. M., Ringdahl, J. E., Sellers, J. A., Call, N. A., Andelman, M. S., & Wacker, D. P. (2004). Use of a short-term inpatient model to evaluate aberrant behavior: Outcome data summaries from 1996 to 2001. *Journal of Applied Behavior Analysis, 37,* 283–304.

Baer, D. M., Wolf, M. M., & Risley, T. R. (1968). Some current dimensions of applied behavior analysis. *Journal of Applied Behavior Analysis, 1,* 91–97.

Berg, W. K. Peck, S., Wacker, D. P., Harding, J., McComas, J., Richman, D., & Brown, K. (2000). The effects of presession exposure to attention on the results of assessments of attention as a reinforcer. *Journal of Applied Behavior Analysis, 33,* 463–477.

Bonfiglio, C. M., Daly, III, E. J., Martens, B. K., Rachel Lin, L. H., & Corsaut, S. (2004). An experimental analysis of reading interventions: Generalization across instructional strategies, time, and passages. *Journal of Applied Behavior Analysis, 37,* 111–114.

Buzas, H. P., Ayllon, T., & Collins, R. (1981). A behavioral approach to eliminate self-mutilative behavior in a Lesch-Nyhan patient. *Journal of Mind and Behavior, 1,* 47–56.

Carr, E. G., & Durand, V. M. (1985). Reducing behavior problems through functional communication training. *Journal of Applied Behavior Analysis, 18,* 111–126.

Carr, J. E., Coriaty, S., Wilder, D. A., Gaunt, B. T., Dozier, C. L., Britton, L. N., Avina, C., & Reed, C. L. (2000). A review of "noncontingent" reinforcement as treatment for the aberrant behavior of individuals with developmental disabilities. *Research in Developmental Disabilities, 21,* 377–391.

Conyers, C., Miltenberger, R., Maki, A., Barenz, R., Jurgens, M, Sailer, A., Haugen, M., & Kopp, B. (2004). A comparison of response cost and differential reinforcement of other behavior to reduce disruptive behavior in a preschool classroom. *Journal of Applied Behavior Analysis, 37,* 411–415.

Cooper, J. O., Heron, T. E., & Heward, W. L., (2007). *Applied behavior analysis* (3rd ed.). Upper Saddle River, NJ: Prentice-Hall.

Derby, K. M., Wacker, D. P., Berg, W., DeRaad, A., Ulrich, S., Asmus, J., Harding, J., Prouty, A., Laffey, P., & Stoner, E. A. (1997). The long-term effects of functional communication training in home settings. *Journal of Applied Behavior Analysis, 30,* 507–531.

Dibley, S. & Lim, L. (1999). Providing choice making opportunities within and between daily school routines. *Journal of Behavioral Education, 9,* 117–132.

Dietz, S. M., & Repp, A. C. (1973). Decreasing classroom misbehavior through the use of DRL schedules of reinforcement. *Journal of Applied Behavior Analysis, 6,* 457–463.

Dunlap, G., dePerczel, M., Clarke, S., Wilson, D., Wright, S., White, R., & Gomez, A. (1994). Choice making to promote adaptive behavior for students with emotional and behavioral challenges. *Journal of Applied Behavior Analysis, 27,* 505–518.

Eikeseth, S. & Nesset, R. (2003). Behavioral treatment of children with phonological disorder: The efficacy of vocal imitation and sufficient-response-exemplar training. *Journal of Applied Behavior Analysis, 36,* 325–337.

Falcomata, T. S., Roane, H. S., Hovanetz, A., N., Kettering, T. L., & Keeney, K., M. (2004). An evaluation of response cost in the treatment of inappropriate vocalizations maintained by automatic reinforcement. *Journal of Applied Behavior Analysis, 37,* 83–87.

Field, C. E., Nash, H. M., Handwerk, M. L., & Friman, P. C. (2004). A modification of the token economy for nonresponsive youth in family-style residential care. *Behavior Modificaiton, 28,* 438–457.

Foxx, R. M., & Azrin, N. H. (1973). The elimination of autistic self-stimulatory behavior by overcorrection. *Journal of Applied Behavior Analysis, 6,* 1–14.

Friman, P. C. & Altman, K. (1990). Parent use of DRI on high rate disruptive behavior: Direct and collateral benefits. *Research in Developmental Disabilities, 2,* 249–254.

Graff, R. B., Gibson, L., & Galiatsatos, G. T., (2006). The impact of high- and low-preference stimuli on vocational and academic performances of youths with severe disabilities. *Journal of Applied Behavior Analysis, 39,* 131–135.

Hagopian, L. P., Contrucci Kuhn, S. A., Long, E. S., & Rush, K. S. (2005). Schedule thinning following communication training: Using competing stimuli to enhance tolerance to decrements in reinforcer density. *Journal of Applied Behavior Analysis, 38,* 177–193.

Hagopian, L. P., Fisher, W. W., Sullivan, M. T., Acquisto, J., & LeBlanc, L. A. (1998). Effectiveness of functional communication training with and without extinction and punishment: A summary of 21 inpatient cases. *Journal of Applied Behavior Analysis, 31,* 211–235.

Heward, W. L. (2005). Reasons applied behavior analysis is good for education and why those reasons have been insufficient. In W. L. Heward, T. E. Heron, N. A. Neef, S. M. Peterson, D. M. Sainato, G. Cartledge, R. Gardner, III, L. D. Peterson, S. B. Hersh, & J. C. Dardig (Eds.), *Focus on behavior analysis in education: Achievements, challenges, and opportunities* (pp.316–348). Upper Saddle River, NJ: Merrill/Prentice Hall.

Iwata, B. A., Pace, G. M., Dorsey, M. F., Zarcone, J. R., Vollmer, T. R., Smith, R. G., Rodgers, T. A., Lerman, D. C., Shore, B. A., Mazaleski, J. L., Goh, H. L., Cowdery, G. E., Kalsher, M. J., McCosh, K. C., & Willis, K. D. (1994)The functions of self-injurious behavior: An experimental-epidemiological analysis. *Journal of Applied Behavior Analysis, 27,* 215–240.

Iwata, B. A., Pace, G. M., Kalsher, M. J., Cowdery, G. E., & Cataldo, M. F. (1990). Experimental analysis and extinction of self-injurious escape behavior. *Journal of Applied Behavior Analysis, 23,* 11–27.

Kahng, S. W., Abt, K. A., & Wilder, D. A. (2001). Treatment of self-injury correlated with mechanical restraints. *Behavioral Interventions, 15,* 105–110.

Kelley, M. E., Piazza, C. C., Fisher, W. W., & Oberdorff, A. J. (2003). Acquisition of cup drinking using previously refused foods as positive and negative reinforcement. *Journal of Applied Behavior Analysis, 36,* 89–93.

Knoff, H. M. (1984). Stimulus control, paraprofessionals, and appropriate playground behavior. *School Psychology Review, 13,* 249–253.

Kodak, T., Grow, L., & Northup, J. (2004). Functional analysis and treatment of elopement for a child with attention deficit hyperactivity disorder. *Journal of Applied Behavior Analysis, 37,* 229–232.

Lalli, J. S., Casey, S. D., & Kates, K. (1997). Noncontingent reinforcement as treatment for severe problem behavior: Some procedural variations. *Journal of Applied Behavior Analysis, 30,* 127–137.

Lalli, J. S., Vollmer, T. R., Progar, P. R., Wright, C., Borrero, J., Daniel, D., Barthold, C. H., Tocco, K., & May, W. (1999) Competition between positive and negative reinforcement in the treatment of escape behavior. *Journal of Applied Behavior Analysis, 32,* 285–296.

Laraway, S., Snycerski, S., Michael, J., & Poling, A. (2003). Motivating operations and terms to describe them: Some further refinements. *Journal of Applied Behavior Analysis, 36,* 407–414.

Lerman, D.C., Iwata, B.A., & Wallace, M.D. (1999). Side effects of extinction: Prevalence of bursting and aggression during the treatment of self-injurious behavior. *Journal of Applied Behavior Analysis, 32,* 1–8.

Linscheid, T. R., Iwata, B. A., Ricketts, R. W., Williams, D. E., & Griffin, J. C. (1990). Clinical evaluation of the self-injurious behavior inhibiting system (SIBIS). *Journal of Applied Behavior Analysis, 23,* 53–78.

Long, T. S., Miltenberger, R. G., & Rapp, J. T. (1999) Simplified habit reversal plus adjunct contingencies in the treatment of thumb sucking and hair pulling in a young child. *Child & Family Behavior Therapy, 21,* 45–58.

Luiselli, J. K. (1991) Acquisition of self-feeding in a child with Lowe's syndrome. *Journal of Developmental and Physical Disabilities, 3,* 181–189.

Magee, S. K., & Ellis, J. (2000). Extinction effects during the assessment of multiple problem behaviors. *Journal of Applied Behavior Analysis, 33,* 313–316.

Mangus, B., Henderson, H., & French, R. (1986). Implementation of a token economy by peer tutors to increase on-task physical activity time of autistic children. *Perceptual and Motor Skills, 1,* 97–98.

Marcus, B. A., & Vollmer, T. R. (1996). Combining noncontingent reinforcement and differential reinforcement schedules as treatment for aberrant behavior. *Journal of Applied Behavior Analysis, 29,* 43–51.

Matson, J. L., Benavidez, D. A., Stabinsky Compton, L., Paclawskyi, T., & Baglio, C. (1996). Behavioral treatment of autistic persons: A review of research from 1980 to the present. *Research in Developmental Disabilities, 17,* 433–465.

Michael, J. (1982). Distinguishing between discriminative and motivational functions of stimuli. *Journal of the Experimental Analysis of Behavior, 1,* 149–155.

Miltenberger, R. G., Fuqua, R. W., & Woods, D. W. (1998). Applying behavior analysis to clinical problems: Review and analysis of habit reversal. *Journal of Applied Behavior Analysis, 31,* 447–469.

Olson, L. & Houlihan, D. (2000). A review of behavioral treatments used for Lesch-Nyhan Syndrome. *Behavior Modification, 24,* 202–222.

Rapp, J. T., & Vollmer, T. R. (2005). Stereotypy I: A review of behavioral assessment and treatment. *Research in Developmental Disabilities, 26,* 527–547.

Ray, K. P., Skinner, C. H., & Watson, T. S. (1999). Transferring stimulus control via momentum to increase compliance in a student with autism: A demonstration of collaborative consultation. *School Psychology Review, 28,* 622–628.

Reed, G. K., Ringdahl, J. E., Wacker, D. P., Barretto, A., & Andelman, M. S. (2005). The effects of fixed-time and contingent schedules of negative reinforcement on compliance and aberrant behavior. *Research in Developmental Disabilities, 3,* 281–295.

Ringdahl, J. E., Andelman, M. S., Kitsukawa, K., Winborn, L. C., Barretto, A., & Wacker, D. P. (2002). Evaluation and treatment of covert stereotypy. *Behavioral Interventions, 17,* 43–49.

Ringdahl, J. E. Kitsukawa, K. Andelman, M. S. Call, N. Winborn, L. Barretto, A., & Reed, G. K. (2002). Differential reinforcement with and without instructional fading. *Journal of Applied Behavior Analysis, 35,* 291–294.

Ringdahl, J. E., Vollmer, T. R., Borrero, J. C., & Connell, J. E. (2001). Fixed-time schedule effects as a function of baseline reinforcement rate. *Journal of Applied Behavior Analysis, 34,* 1–15.

Rivera, M. O., Koorland, M. A., & Fueyo, V. (2002). Teaching sight words to a student with learning disabilities. *Education and Treatment of Children, 25,* 197–207.

Rolider, A., & Van Houten, R. (1985). Treatment of constipation-caused encopresis by a negative reinforcement procedure. *Journal of Behavior Therapy and Experimental Psychiatry, 16,* 67–70.

Rush, K. S., Crocket, J. L., & Hagopian, L. P. (2001). An analysis of the selective effects of NCR with punishment targeting problem behavior associated with positive affect. *Behavioral Interventions, 16,* 127–135.

Shabani, D. B., Katz, R. C., Wilder, D. A., Beauchamp, K., Taylor, C. R., & Fischer, K. J. (2002). Increasing social initiations in children with autism: Effects of a tactile prompt. *Journal of Applied Behavior Analysis, 35,* 79–83.

Singh, N. N., Watson, J. E., & Winton, A. S. W. (1986). Treating self-injury: Water mist spray versus facial screening or forced arm exercise. *Journal of Applied Behavior Analysis, 19*, 403–410.

Sulzer-Azaroff, B., & Mayer, G. R. (1991). *Behavior analysis for lasting change.* New York: Harcourt Brace College.

Taylor, B. A., Hoch, H., Potter, B., Rodriguez, A., Spinnato, D., & Kalaigan, M. (2005). Manipulating establishing operations to promote initiations toward peers in children with autism. *Research in Developmental Disabilities, 26*, 385–392.

Taylor, B. A., & Levin, L. (1998). Teaching a student with autism to make verbal initiations: Effects of a tactile prompt. *Journal of Applied Behavior Analysis, 31*, 651–654.

Vollmer, T. R. (2002). Punishment happens: Some comments on Lerman and Vorndran's review. *Journal of Applied Behavior Analysis, 35*, 469–473.

Watson, T. S., & Sterling, H. E. (1998). Brief functional analysis and treatment of a vocal tic. *Journal of Applied Behavior Analysis, 31*, 471–474.

Wright, C. S., & Vollmer, T. R. (2002). Evaluation of a treatment package to reduce rapid eating. *Journal of Applied Behavior Analysis, 35*, 89–93.

인지행동 치료

EllEN FlANNERY-SCHROEDER and ALEXIS N. LAMB[11]

소개

관심은 점차 아동 정신건강의 중요성으로 옮겨 갔다. 이러한 관심은 아동기 문제가 광범위하게 영향을 줄 수 있다고 강조하는 연구에 의해 비롯되었다. 역학조사에서 아동기 정서와 행동장애의 발병률을 15~22% 사이로 추정하였다(예 : McCracken, 1992; Roberts, Attkisson, & Rosenblatt, 1998; Rutter, 1989; Kazdin & Weisz, 2003a; WHO, 2001). 역학조사는 아동의 드러나지 않은 준임상적 상태를 측정하지 않은 경우가 많기 때문에, 이 조사에서는 실제 발병률보다 더 낮게 측정되었을지도 모른다. 준임상적 상태는 기능적 장애와 상당히 연관되어 있다는 사실에도 불구하고 측정하지 않는다(예 : Angold, Costello, Farmer, Burns, & Erkanli, 1999). 아동기 문제는 청소년기와 성인기 적응에도 영향을 끼친다(예 : Colman, Wadsworth, Croudace, & Jones, 2007). 아동기 정신병리가 학교 중도포기, 10대 부모, 이른 결혼, 그리고 부부의 불안정성 등의 사회적 결과를 가져온다는 증거가 있다(예 : Kessler, Berglund, Foster, Saunders, Stang, & Walters, 1997; Kessler, Molnar, Feurer, & Applebaum, 2001; Kessler, Foster, Saunders, & Stang, 1995; Kessler, Walters, & Forthofer, 1998; Forthofer, Kessler, Story, & Gotlib, 1996).

아동 대다수가 이 진단 및 장애의 위험에 놓여 있다는 증거가 있음에도 불구하고, 연구에서는 정

---

11. ELLEN FLANNERY-SCHROEDER and ALEXIS N. KAMB*University of Rhode Island.

표 3.1 인지행동 접근의 일반적 특성

구조화 (fairly structured)	인간 행동에 대한 실험주의 (experimental orientation to human behavior)	기술과 지식 형성 (skill-and knowledge-building)
시간 제한(5~20회기, 45~50분) 회기 내 목표 정하기 목표 정하기 과제	문제 중심 초점 협력적 경험주의 행동적 경험주의 결과 측정 수행 중심 사정 평가·절차	심리교육(예 : 직접 읽기, 비율 척도, 유인물) 행동적 방법(예 : 행동 시연) 인지적 방법(예 : 인지 재구조화)

신건강 문제로 도움을 받아야 하는 아동은 겨우 40%이며, 특별 정신건강 서비스를 받아야 하는 아동은 단지 20%라고 제시한다(Burns et al., 1995). 따라서 쉽게 접근할 수 있고, 내담자에게 적절한 효과적인 중재가 절실히 필요하다. 최근 몇 년 동안 아동 치료문헌은 방대한 경험적 효과성 조사를 통해 증가하였다. 이러한 많은 조사연구에는 인지행동 치료가 포함되어 있다.

아동에게 적용된 인지행동 치료(CBTs)는 여러 임상 치료와 연구 결과가 축적되어 왔다(예 : Christner, Stewart, & Freeman, 2007; Friedberg & McClure, 2002; Graham, 2005; Kazdin & Weisz, 2003b; Kendall, 2006; Mennuti, Freeman, & Christner, 2006; Reinecke, Dattilio, & Freeman, 2006a). 인지행동적 접근은 불안, 우울, 분노, 공격성, 섭식장애, 자폐증, 학습장애 등 넓은 범주의 아동기 문제에 제한 없이 적용되며, 인지행동적이라는 주제하에 다양한 치료(예 : 자기 교수 훈련, 문제 해결 치료, 스트레스 면역 치료, 사회적 기술 훈련)가 나왔다(표 3.1 참고).

초기에 아동치료모델은 성인을 위해 계획된 치료에서 확장하여 개발되었다. 많은 연구자는 아동 임상적 심리학과 발달 분야에서 나온 연구와 이론에 근거한 예방 프로그램과 중재가 필요하다고 생각하였다(Greenberg, Domitrovich, & Bumbarger, 2001; Holmbeck, O'Mahar, Abad, Colder, & Updegrove, 2006; Kazdin, 2001; Weisz & Weersing, 1999). 아동에게 하는 모든 인지행동 치료는 인지적 과정, 행동, 정서적 반응을 강조하는 실험적 행동모델을 근거로 이루어지며, 고전적·조작적 조건형성과 사회학습이론에서 그 기원을 찾을 수 있다.

인지행동 치료(CBT) 이론의 기본 원리

인지행동 치료의 가장 기본 형태인 인지행동모델은 사건에 대한 반응을 그 사람이 어떻게 인식하고 해석하는지에 따라 달라진다고 가정한다. 다시 말해, 아동은 사건에 대해 인지적 해석으로 반응하는 것이지 사건 자체에 반응하는 것이 아니라는 것이다. 만약 어떤 사람이 사실이나 실제에 근거하여 상황을 해석하지 않는다면, 그 사고는 왜곡된 사고, 비합리적 또는 역기능적이라고 간주한다. 인지행동 치료의 목표 중 하나는 자기 자신·세계·미래와 관련된 신념과 역기능적 사고를 재구성하고 확립하는 것이다(Beck, 1970). 아동은 상황이나 사건에 대해 생각하는 방식을 그들의 행동뿐 아니라 감정적 반응으로 결정할 것이다. 이런 인지적 표상과 감정, 행동의 결과는 상호적으로 결정된다. 즉, 한 가지 변화는 또 다른 변화를 가져온다. 인지행동치료자는 이런 상호적인 관계를 아동에게 교육하고 그들의 인지 과정에 대한 인식을 강화하는 것을 목표로 한다(즉, 자기 진술).

　인지는 서로 다른 수준, 구조, 과정과 관련된 정보처리시스템과 같은 사고 체계이다. 이 체계는 자동적 사고, 중간 신념, 도식 이렇게 세 가지 구성요소로 이루어져 있다. 자동적 사고는 심사숙고하거나 추론 없이 이루어지는 특정 상황에서의 자기 진술이다. 이것은 우리의 의식적 사고 수준과 가장 근접하기 때문에 쉽게 접근할 수 있다. Beck 외(Beck, 1979; Clark, Beck, & Alford, 1999)는 자동적 사고 논리의 특성 오류에 관하여 설명하였다. 인지적 오류 범주의 예에는 과장법 또는 과소법, 과잉일반화, 이분법적 사고, 그리고 의인화가 있다.

　많은 연구는 정신병리장애(예 : 우울, 불안)가 있는 성인과 아동에게서 그들의 자동적 사고로 인해 왜곡이 많이 일어난다고 밝혔다(예 : Bogels & Zigterman, 2000; Haaga, Dyck, & Ernst, 1991; Hollon, Kendall, & Limry, 1986; Kazdin, 1990; Kendall, Stark, & Adam, 1990; Schniering & Rapee, 2002, 2004; Wright, Beck, & Thase, 2003). 중간 신념은 태도, 규칙, 그리고 그 사람이 가지는 가정(예 : '만약 수학시험에서 A를 받지 못하면, 나는 낙오자야.')으로 구성된다. 이런 신념들은 의식적 지각의 범위 밖에 있으며, 무언으로 '만약 그렇다면'이라는 조건적 사고를 반영하는 경우가 종종 있다. 핵심 신념(또는 스키마)은 절대적(예 : '나는 사랑스럽지 않아.') 사고를 표상한다. 이런 신념은 개인의 환경을 해석할 때 '포괄적이고, 경직되고, 과잉일반화'된 규칙으로 특징지을 수 있다(Beck, 1995, p. 16).

　Beck(1976)의 인지적 내용 특수성 가정(content-specificity hypothesis)에 따르면 정신병리장애 또는 정서적 상태를 특징짓는 것은 사고 내용이다. Beck의 인지 과정 예를 살펴보면, 우울의 인지 과정은 상실, 희망이 없는, 실패가 중점적이라고 가정하는 반면, 불안의 인지 과정은 두려움, 위험, 통제 불능에 초점을 맞춘다. 최근 아동과 청소년을 대상으로 이루어진 우울과 불안에 대한 인지적 내용 특수성 가정(예 : Epkins, 2000; Schneiring & Rapee, 2004)을 지지하는 반면, 다른 연구(예 : Epkins, 1996; Treadwell & Kendall, 1996; Ronan & Kendall, 1997)는 혼합된 결과를 지지하였다. 아동은 상위 인지(즉, 그들 자신의 사고에 대해 생각하는 것)를 적용할 수 있게 될 때, 자신의 사고를 수정하는 전략을 배운다. 비합리적 또는 왜곡된 사고의 수정은 인지적 방법이나

(예 : 비합리적인 사고의 진상에 반대되는 '증거' 모으기, 소크라테스식 질문법, 문제 해결법) 행동적 방법(예 : 신념의 타당성을 '측정'하기 위한 행동 실험 계획)을 통해서 바뀐다. 그러나 인지적 기술이나 행동적 기술 중에 더 적절한 것을 결정할 때는 아동의 연령뿐 아니라 모든 장애 특성을 고려해야 한다. 예를 들어, 행동적 기술은 어린 아동의 과제에 더욱 많이 활용될 수 있다.

조건 강화(contingent reinforcement)는 아동을 동기화하여 치료에 참여하도록 할 때 사용하는 경우가 많다. 그래서 인지행동 치료의 과정을 협력적 경험주의(collaborative empiricism)라고도 한다. 즉, 치료사와 아동은 행동적 증거를 모아서 가설 검증을 함께한 후, 치료사와 아동 모두 치료 과정을 모니터하고 필요한 개선과 수정을 한다.

인지행동 치료의 목표를 가장 잘 달성하기 위한 방법 중 하나는 환경 내에서 아동의 기능(예 : 인지, 정서, 행동)을 고려하는 것이다. 치료사는 아동에게 영향을 주는 환경을 잘 이해하기 위해 생물학적·문화적·사회적·환경적 요인을 반드시 고려해야 한다. 발달정신병리 영역은 변화가 개인의 특성과 환경적 시스템 사이의 역동적인 상호작용과 연관되어 있다는 것을 인식하였다(Cairns, Cairns, Rodkin, & Xie, 1998). 이런 맥락적 체계에 대한 인식은 아동이 환경을 변화하고 선택할 수 없다는 점에서 특히 중요하다(Erickson & Achilles, 2004).

평가 방법

수많은 평가 기법이 연구되고 아동 사정 평가문헌에 인용되고 있다. 치료사들은 그들이 알고자 하는 정보의 특성에 근거하여 특정 척도와 평가 방법을 선택하는데, 인지행동치료사는 특정 평가를 다른 평가보다 더 광범위하게 사용한다. 여기에는 기능적 평가, 행동 관찰, 면담, 자기 보고·부모 보고 척도, 결과 평가 기술이 포함된다. 아동에 대한 다양한 정보의 수집을 통해 아동의 상황, 어려움, 이에 영향을 끼치는 주변환경시스템을 가장 정확하게 파악할 수 있다. 마찬가지로 아동과 가족으로부터 정보를 얻기 위해 다양한 방법을 사용하는 것은 표적 문제[12]를 더 완벽히 이해하도록 돕는다(Krain & Kendall, 1999; Pellegrini, Galinski, Hart, & Kendall, 1993). 정보를 얻는 방식이 다른 평가 방법은 서로 다른 절차를 활용한다. 예를 들어, 치료사가 수행하는 행동 관찰은 아동이나 부모가 수행하는 자기 보고 척도보다 근본적으로 다른 정보를 제공할 수 있다. 앞에서 언급한 각각의 평가 기술은 다음과 같다.

---

12. 표적 문제(target problem) : 유추해서 풀어야 할 문제

기능적 평가

기능적 평가의 핵심 목표는 아동에게 나타나는 문제행동을 체계적으로 조사하는 것이다. 이것은 아동의 문제행동을 설명할 수 있는 가장 효과적인 방법을 계획하기 위한 것이다. 아동 또는 청소년의 외현적 행동, 감정적 행동, 인지·언어적 행동에 대한 정보는 치료가 필요한 표적 문제를 확인하는 데 사용할 수 있다. 표적 문제를 확인한 후, 아동의 행동을 강화하고 촉진하는 것이 무엇인가를 확인하기 위해 다양한 평가 방법을 사용한다. 이것은 흔히 표적 문제의 선행조건과 결과로써 언급된다. Zarb(1992)에 따르면, 일반적으로 기능분석은 네 가지 다른 유형의 평가로 구성되는데, 반복적 자기 보고식 척도, 아동과 가족 행동 관찰, 아동과 가족 면담, 그리고 학교 보고 형식이다. 아동의 학교와 가족에게서 얻은 정보는 표적 문제가 언제 발생하고, 왜 발생하는지에 대해 치료사가 좀 더 종합적인 이해를 하며 가장 효과적인 치료를 할 수 있게 도와준다.

행동 관찰

인지행동 치료에서 설명하는 많은 장애는 관찰이 가능하다. 불안 아동은 특정 상황에서 확연하게 두려운 반응을 보이고(예 : 땀을 흘리는 것, 흔드는 것), 우울한 아동은 '단조로운 행동(flat)'이나 회피행동을 보인다. 그리고 공격적인 아동은 타인에 대한 적대적인 행동을 보인다. 이러한 것은 외현화 장애뿐만 아니라 내면화 장애의 뚜렷한 특성의 일부이다. 행동 관찰은 이런 명확한 단서를 면밀하게 조사한 내용에 근거하며, 아동이나 청소년이 표적 문제에 얼마나 잘 기능하는지 평가하기 위한 것이다. 아동이나 청소년을 치료 회기 안에서 관찰하는 것은 치료사가 아동의 행동과 상호적인 기능을 직접 볼 수 있게 한다. 아동과 가족 간의 상호작용을 관찰하는 것 역시 아동의 삶에서 표적 문제를 유지하거나 발전하는 데 영향을 줄 수도 있는 다른 중요한 정보를 제공한다. 부모는 자신의 행동이 아동에게 영향을 준다는 것을 지각하지 못하기 때문에, 비록 치료환경 안에서 짧은 부모·아동 상호작용일지라도 이것은 매우 유익하다. 결과적으로 행동 관찰은 면담과 자기 보고 척도가 제공할 수 없는 정보를 줄 수 있다. 또한 행동 관찰은 집이나 학교 같은 더 자연스러운 환경에서 사용될 때 더 가치 있는 정보를 제공한다. 일상적인 상황에 중재해서 관찰할 때 치료사는 표적 문제에 영향을 끼치는 정보에 대한 폭넓은 이해를 할 수 있다.

면담법

관찰법은 치료사가 아동의 문제행동 유지에 영향을 주는 가족역동이나 상호작용 특성을 직접 볼 수 있다는 이점이 있다. 반면, 면담법은 문제에 관한 기록 정보를 치료사에게 제공한다. 면담을 하는 동안 치료사는 행동 수정을 위한 아동과 부모 보고뿐 아니라 가족 내의 관계에 대한 정보도 얻을 수 있다(Pellegrini et al., 1993). 반구조화된 면담법은 진단을 내리는 도구로서 신뢰적이고 타당하며 인지행동 치료 평가에서 보편적으로 사용된다(Clark, 2005). 인지행동치료사는 면담하는 동안 아동의 행동에 관심을 기울일 것이다. 그뿐만 아니라, 표적 문제에 기여하는 면담 동안에는 아동이 공유할 수 있는 모든 인지적인 것에도 주의를 기울인다. 아동과 청소년 면담은 대개 아동과 부모로 구성하는데, 각각 따로 이루어지기도 하고 함께 구성하기도 한다. 부모와 아동을 함께 면담할 때에는 서로 상호작용을 관찰할 수 있는 반면, 따로 면담을 할 때에는 현재 문제와 그 주변 상황에 대해 좀 더 개방적으로 자유롭게 이야기할 수 있다.

자기 보고식 척도

아동이나 청소년, 부모가 작성한 질문지는 치료사에게 또 다른 정보를 제공한다. 어린 아동은, 아동 행동에 대한 부모 보고로부터 더 중요한 정보를 얻을 수 있다. 그러나 청소년과 함께 수행할 때는 내면 상태와 인지를 설명할 수 있는 많은 자기 보고식 척도를 활용할 수 있다. 예를 들어 특정 자기 보고식 척도는 자신의 주변환경에 관한 속성을 평가할 수 있다(Pellegrini et al., 1993). 이런 유형의 정보는 면담법과 관찰법을 통해 얻는 것보다 더 어려우며 부모가 정확하게 보고하는 것은 상당히 어려울 수도 있다. 일부 아동과 청소년에게 자기 보고식 척도는 표현하기 매우 곤란한 감정과 생각을 나누기에 덜 위협적인 방식일 수 있다.

부모 보고와 교사 보고 형식은 치료환경 밖에서 일어나는 것에 대한 정보를 제공하기 때문에 유용하게 활용된다. 교사와 부모는 아동과 대부분의 시간을 함께하기 때문에, 결과적으로 그들로부터 얻은 아동 기능에 관한 정보는 매우 중요한 자료가 된다. 학교나 집에서 행동 관찰을 하는 것이 치료사에게 확실하고 유용한 정보를 제공하지만, 질문지를 통해 얻은 정보는 비용과 시간적 측면에서 상당히 효과적이다. 이러한 형식은 초기 사정 평가에서 활용하고 치료 동안에 치료 과정을 모니터링할 때 필수적으로 사용된다(Pellegrini et al., 1993).

결과 평가

대부분의 심리 치료 유형에서처럼 인지행동 치료에서도 치료 과정 평가를 통해 증상을 모니터한다. 아동의 기능에 변화가 거의 없다면, 이것은 표적 문제에 대한 초기 개념과 문제 요인이 부정확하거나 치료 공식화를 변경할 필요가 있다는 것을 치료사에게 보여 주는 것이다. 결과 평가는 치료의 영향력을 객관적으로 평가하는 방식이다. 사전에 언급된 많은 평가는 결과 평가로 사용할 수 있지만, 특정 유형이 다른 것보다 더 객관적일 수 있다. 예를 들어, 자기 보고식 척도와 다른 질문지는 아동의 기대에 영향을 받을 수도 있지만 치료의 이득을 위한 치료사의 기대에 편향될 가능성은 적다.

치료 종결 시점에는 독립적인 진단도구로 구조화된 면담을 다시 시행한다. 이 면담은 치료를 받은 아동의 기능 변화에 대한 객관적인 평가를 제공한다. 행동 관찰은 구조화된 면담법과 질문지보다 객관성이 다소 부족하고 확실하게 해석하는 것에 어려움이 있지만, 치료 결과에 유용한 정보를 제공한다. 예를 들어, 치료 초기에 타인과 눈 맞춤을 하지 못했던 아동이 치료 종결 쯤에는 타인과 편안하게 상호작용하는 모습이 관찰되었다면, 이는 훌륭한 결과이다. 이렇게 명백하고 임상적으로 의미 있는 치료 이점은 행동 관찰에서 더 쉽게 확인할 수 있다.

문화적 고찰

다른 문화의 아동에게 치료나 평가 서비스를 제공할 때에는, 평가 척도의 적합성과 더불어 아동의 문화적 배경을 고려해야만 한다. 인지행동 치료에서 일반적으로 많이 사용하는 규준에는 유럽, 미국 외 다른 문화권을 대상으로 하는 것이 없다. 따라서 기존의 척도 규준으로 아동의 점수를 평가하는 것은 오류를 범할 가능성이 높다. 더구나 연구에서 다른 감정의 강도와 우세성이 문화에 따라 상당한 차이를 보인다고 보고한다(Okazaki & Tanaka-Matsumi, 2006).

예를 들어, 라틴아메리카 사람은 긍정적 감정에 대해 높은 수준으로 보고하는 반면, 아시아 사람은 대부분 긍정적 감정의 보고가 높지 않다(Okazaki & Tanaka-Matsumi, 2006). 결과적으로 긍정적 감정이 낮은 아시아계 미국 여성은 실제 그녀에게 주어진 문화적 배경(아메리카)의 범주 안에서는 우울이나 기분부전으로 나타날 수 있다. 또는 라틴계 미국 남성을 기존의 규준으로 평가할 경우 그의 문화적 규준과 관련된 감정이 확인되지 않을 수도 있다(Okazaki & Tanaka-Matsumi, 2006). 따라서 다른 문화에 대한 행동 평가의 신뢰성, 타당성, 유용성을 위해 더 많은 연구가 필요하다. 어떤 행동에 대한 적합성이나 수용성은 각 문화의 개념에 따라 다양하다. 그러므로 치료사는 다른 문화나 인종의 아동을 평가할 때 주의를 기울여야만 한다. 또한 표적 문제와 체계를 결정하기 전에 아동의 문화적 배경에 관한 정보를 확실하게 확인하는 것은 매우 중요하다.

치료 기술

인지행동 치료 기술에는 일반적으로 감정교육, 인지 재구조화, 유관성 관리, 행동 시연, 문제 해결, 자기 모니터, 자기 평가, 자기 강화가 있다. 인지행동 치료에서는 이러한 기술을 다양한 수준으로 사용한다.

감정교육

잘못된 인지를 확인하고 변화시키기 위한 첫 번째 주요 단계는 이러한 사고와 관련된 감정을 인식하는 것이다. 소아청소년은 종종 정서 상태에 대한 자기의 신체생리학적 반응 과정을 깨닫는 데 미숙하거나 통찰이 부족하다. 예를 들어, 불안한 아동은 불안이 유발되는 상황에서 '두근거리는 느낌'이 들 수 있다. 하지만 아동은 그 불안을 단지 배가 아프다고 생각할 수 있다. 감정교육에서는 정서 상태의 심리적 경험과 신체적 경험 사이의 잘못된 연결을 설명한다.

소아청소년은 사람들의 감정 표현 방법을 반영할 수 있어야 한다. 이를 위한 치료 중재는 역할극, 제스처 게임[13], 얼굴이나 다른 감정을 표현하는 사람을 그리는 것, 또는 어떤 사람이 화나고, 슬프고, 행복하고, 혼란스러운 정서를 나타내는지 간단하게 표시하는 방법들이 있다. 정서에 대한 신체적 신호에 초점 맞추는 것을 아동에게 적용하는데, 이는 아동이 어떤 감정을 느꼈을 때 몸에서 무슨 반응이 일어나는지에 대해 생각해 보도록 하기 위해서이다. 몇몇 아동은 몸을 그리거나 신체화 증상을 경험하는 부위에 표시하거나 사람 그림 위에 원으로 표시하는 것이 도움이 될 수 있다(예 : 두통을 경험하는 것을 표현하기 위해서 망치로 머리를 때리는 것을 그리는 것). 소아청소년은 감정 경험을 '단서'로 자신의 감정을 잘 볼 수 있도록 격려한다. 이렇게 감정을 다루는 방법은 정서적 · 신체적 반응이 악화되는 것을 막기 위한 노력으로 정서적 고통에 대한 첫 번째 생리적 신호로 여겨질 수 있다.

인지 재구조화

인지행동 치료의 주요요소는 정서적 어려움에 근거하는 잘못된 인지를 인식하고 대체하는 것이다. 예를 들어, 우울증 청소년은 '나는 아무것도 잘할 수 없어', '아무도 나를 좋아하지 않을 거야'라는 부적응적인 자동적 사고를 가지고 있을 수 있다. 소아청소년에게 그들의 자동적 사고를 확인해 줄 수 있는 창의적인 방법은 많다. 어린 아동을 위한 구체적인 방법 중 하나는 만화나 캐릭터의 '말풍선'을 사용하는 것이다(Kendall & Hedtke, 2006 참고). 이 방식은 매우 시각적이기 때문에 아동의 인지적 과정에 통찰을 얻을 수 있다. 예를 들어, 만화 캐릭터를 사용해서 두 사람이 같은 상황에서 다른 생각을 가질 수 있고, 결과적으로 다른 감정이나 행동을 경험할 수 있다는 삽화를 넣을 수 있다. 아동은 자기 대화를 확인하는 기술을 숙달하면 자기 표현을 합리적으로 분석하는 방법을 배

---

13. 한 사람이 손짓, 발짓으로 어떤 사물을 표현하면 나머지 사람이 그 사물을 맞추는 게임이다.

운다. 자신의 생각을 지지하는 증거가 있는가? 그 상황에서 다른 방법을 찾을 수 있는가? 이런 과정을 통해서 아동은 비합리적인 역기능적 사고에서 합리적인 것으로 수정할 수 있다. 그리고 인지행동모델에 의해 정서적·행동적 어려움이 감소할 것이라 예상한다.

유관성 관리

인지행동 치료에서는 행동의 결과를 매우 강조한다. 행동 치료의 근본 원리에서 긍정적 결과는 행동의 빈도를 증가시키는 반면, 부정적인 결과는 행동의 빈도를 감소시킨다. 따라서 유관성 관리는 행동을 수정하고 유지하는 데 효과적인 수단이다. 유관성 관리 절차는 바람직한 행동에는 칭찬하고 바람직하지 않은 행동에는 계획적으로 무시하는 방법을 많이 사용한다. 보상은 치료 과제에 참여하는 것을 강화하는 데 활용된다. 그러나 보상은 아동이 바람직한 행동을 했을 때만 포함해야 효과적이다. 보상은 물질적인 것(예 : 작은 장신구나 장난감), 사회적인 것(예 : 집에서 저녁 식사 메뉴를 선택하는 것, 영화 보러 가는 것, 또는 평상시보다 30분 늦게 자는 것)이 될 수 있다. 치료는 물질적 보상으로 시작한 후에 사회적 보상으로 바꾼다. 이러한 이유는 치료 후에도 부모의 보상을 유지하기 위해서이다. 유관성 관리의 치료 이점을 유지하기 위해서는 일관성 있게 제시하는 것이 가장 중요하다.

행동 시연

행동 시연은 인지와 행동의 변화에서 중요한 부분이다. 행동 시연은 기술 개발과 연습을 목적으로 치료실 내에서 상황을 시연해 보는 것이다. 따라서 행동 시연은 아동이 어려워하는 생활 상황에서 새로운 방식으로 반응할 수 있도록 도와준다. 새로운 반응 패턴을 치료에서 훈련한 후 '실제 세상(real world)'에서 이를 시험한다. 몇몇 아동은 역할극으로 새로운 반응을 찾아내는 것을 어려워하는 반면, 역할극을 즐기는 아동도 있다. 확실히 행동 시연의 성공은 아동이 활동에 참여하는 개방성에 달렸다. 행동 시연은 어려운 상황보다 좀 더 쉽게 다가갈 수 있는 상황을 먼저 다룸으로써 한 걸음씩 나아가도록 진행하며, 치료사는 수정된 피드백을 준다. 그뿐만 아니라, 아동은 자기 평가와 자기 모니터를 할 수 있도록 격려받는다. 수정된 피드백이 비효과적이거나 아동의 기술 결핍이 확실할 때는 모델링 기술이 필요한 경우가 많다. 아동이 연습한 기술을 숙달했을 때, 치료사와 아동은 그 다음 단계로 더 어려운 상황을 수행한다. 과제 수행은 배운 기술을 실제로 적용하는 데 중요한 역할을 한다.

문제 해결

Bedell과 Lennox(1997)는 문제 해결 과정에 7단계를 포함하는 문제 해결 모델을 제시하였다.

7단계는 다음과 같다. (1) 문제의 존재 인식하기, (2) 자신과 타인의 충족되지 않은 욕구를 확인하는 방식에서 문제 정의하기, (3) 가능성에 대한 평가 없이 문제 해결을 브레인스토밍하기, (4) 대안이 될 수 있는 잠재적 효과 평가하기, (5) 최선책을 선택하거나 대안을 결합하기, (6) 선택한 해결방식 적용하기, (7) 선택한 해결책의 효과성 확인하기이다. 따라서 문제 해결은 갈등을 설명하고, 구조화된 방식으로 문제에 접근하는 과정이다.

인지행동 치료 접근에서는 협력적 경험주의 지침 원리에 따라 치료사가 아동을 이끌어 가도록 요구한다. 치료사와 아동은 함께 수많은 잠재적 해결책(효과 없을 것 같은 것, 다소 어리석어 보이는 것, 최고의 것)을 브레인스토밍한 후, 각 목록을 평가한다. 목록에는 아동의 사고와 감정에 영향을 끼치는 방식과 선택한 후 예상되는 결과가 모두 포함된다. 목록의 예는 '만약 당신이 이렇게 한다면 어떤 감정을 느끼겠는가? 이 상황에서 그렇게 행동하는 것은 당신에게 도움이 되겠는가?'이다. 아동이 문제를 해결하는 데 도움이 되는 대안을 확인하면, 문제 해결 전략을 계발시킬 수 있다. 그래서 아동이 그 전략을 자주 활용하는 수단이 되도록 하기 위해, 모든 인지행동 치료 기술의 목표는 아동이 스스로 문제를 해결하는 방법을 가르쳐주는 것이다. 문제 해결은 넓은 장애 범주에 적용할 수 있고 우울, 불안, 분노 다루기, 주의력 문제 등 다른 문제행동에도 활용할 수 있다.

자기 모니터링, 자기 평가, 자기 강화

앞에서 언급한 독립적인 인지행동 치료 기술을 아동에게 효과적으로 사용하기 위해서는 아동이 자신의 사고, 감정, 행동을 반영할 수 있는 능력을 지니고 있어야 하고 자신의 행동을 조절할 수 있어야 한다. 아동과 청소년은 이러한 기술을 연마할 때 이 과정에 필요한 통찰력이 부족할 수 있다. 따라서 발달연령을 고려해야 하고, 우선적으로 외적 강화가 더욱 필요하다. 치료사가 모든 아동에게 자기 모니터링, 자기 평가, 자기 강화 기술을 시연하면 아동은 자기 모니터를 어떻게 해야 하는지 배운다.

치료사는 아동의 목표에 따라 자기 모니터링을 구조화하거나 또는 계획할 수 있다. 예를 들어, 주의력결핍 문제가 있는 아동은 수업이 끝날 때마다 수업 시간에 집중하기 위해 얼마나 노력했는가를 적도록 요구받는다. 초기에는 자기 모니터링을 할 때, 아동이나 청소년이 자료를 기록하도록 해서 이후에 치료사와 아동이 협력적 경험주의에 입각하여 분석하도록 해 보는 것이 도움이 된다. 이는 치료사가 자기 평가와 자기 강화를 모델링해 줄 기회이다. 만족도에 대한 다른 수준의 척도 표시는 어린 아동의 자기 평가 과정을 더 구체적이고 효과적으로 만들 수도 있다.

아동이 자기 강화 훈련을 할 때, 결과뿐 아니라 노력하는 과정에도 자기 보상을 제공할지를 결정하는 것은 중요하다. 아동은 자신에게 적절한 보상을 주기 위해서 성공의 미묘한 차이를 꼭 배워야 한다. 예를 들어, 사회불안 아동이 운동장에 있는 다른 친구에게 "안녕"이라고 말하는 것에 긴장을 한다면, 그 아동은 친구의 반응에 상관없이 그 행동만으로도 자기 보상을 받을 가치가 있다. 초기에 치료사가 아동에게 모델링해 줌으로써 자기 모니터링, 자기 평가, 자기 강화 절차가 구체화된다. 과제 수행은 자기 모니터, 자기 평가, 자기 강화 연습과 같은 수행을 기록하는 것이다. 마지막으로 아동이 점차 이 절차를 숙달하고 독립적으로 활용하는 정도에 따라 치료사의 안내 역할은 줄어든다.

장애 간 경험적 지지

지난 수십 년간 다양한 형태의 심리 치료 효과성에 대한 경험적 지지를 증명하는 연구가 눈에 띄게 증가하였다. 많은 연구에서 '치료가 긍정적인 결과를 얻었는가?'에 대한 효과성을 보고하였다. 초기 연구는 성인 치료 결과에 주목하였고 결과적으로 긍정적인 효과를 보였다(예 : Shapiro & Shapiro, 1982; Smith, Glass, & Miller, 1980). 그러나 치료의 다양한 원리와 유형을 비교했을 때 크게 다른 점을 발견하지 못했다. 이런 현상은 Lewis Carroll의 『이상한 나라의 앨리스』에서 도도새가 "모든 사람이 이겼어, 그리고 모두 상을 받아야만 해."라고 말한 '도도새의 판결(Dodo bird verdict)'을 생각나게 한다(Rosenzweig, 1936). 다시 말해, 심리 치료의 어떤 형식이든지 이점이 있고, 이런 모든 이점은 거의 비슷하다. '도도새의 판결'에서 의미하는 것은 특정한 기술이 중요한 것이 아니라 일반적으로 심리 치료가 주는 영향력이 가장 중요하다는 것이다.

그러나 1980년에 Smith 외의 메타분석을 반복적으로 한 Shapiro와 Shapiro(1982)는 약간 상이한 결과를 발견하였다. 표적 문제 같은 요인은 치료의 유형보다 치료 결과에 더 큰 영향을 끼치지만, 인지와 행동 치료가 다른 심리 치료 유형(예 : 역동 치료)보다 치료적 이점이 더 크다는 증거를 제시하였다.

몇 가지 메타분석은 '도도새의 판단'이 아동 치료 결과에도 적용되는지 평가하기 위해 실시되었고, 그 결과는 혼합적이었다. 각 메타분석에서 심리 치료가 아동과 청소년에게 긍정적인 영향을 주었다고 밝혀졌으나, 모든 치료 유형이 효과적인가에 대한 부분에서는 다양한 결과가 보고되었다. Casey와 Berman(1985)은 치료를 받는 13명의 아동 또는 영아를 대상으로 한 75개의 메타분석에서 비행동 치료보다 행동 치료가 더 우수하다는 근거를 거의 찾을 수 없었다. 일반적으로 행동 치료의 결과가 더 좋게 나오지만 Casey와 Berman의 연구에서는 혼합된 잠재적 요인(예 : 표적 문제의 차이)이 너무 많아서 치료 유형에 따라 결과에 차이가 있다고 결론지었다.

Weisz, Weiss, Alicke와 Klotz(1987)는 소아청소년을 대상으로 한 심리 치료 메타분석에서 비행동 치료보다 행동 치료가 유의한 수준으로 평균 효과가 더 컸다고 밝혔다. 또한 이러한 차이는 아동의 연령, 표적 문제, 치료자의 훈련 수준을 통제한 분석에서도 유의한 수준으로 나타났다. 이후에 Weisz 외(1987)의 메타분석의 하위 연구로 Weiss와 Weisz(1995)는 행동적 중재가 비행동적 중재보다 방법론적 질이 더 높아서 행동 치료가 우수한 것인지를 평가하기 위해 분석하였다. 그 연구 결과를 통해서 행동 치료와 비행동 치료의 치료 효과 차이는 방법론적 질에 의해서가 아니라는 점을 밝혔다.

이후에 Weisz, Weiss, Han, Granger와 Morton(1995)의 소아청소년을 대상으로 한 심리 치료 메타분석에서는 '도도새의 판단'이 적용되지 않았다. 이 연구에서 치료 효과크기가 이전의 연구 결과보다 다소 미비하지만, 이 연구에서도 행동 치료가 비행동 치료의 치료 효과크기보다 더 크다고 보고하였다. Weisz, Weiss 외(1995)가 자신의 메타분석 연구는 이전의 메타분석을 포함하지 않았기 때문에 이 연구 결과는 도도새의 판단이 적용되지 않는다는 것을 다시 확인하는 연구가 되었다고 강조하였다. 이들의 메타분석에 150개의 연구가 포함되었지만 비행동 치료는 단지 10%에 불과하였다. 이와 비슷하게 Weisz 외(1987)의 메타분석에서도 비행동 치료 연구는 거의 관련이 없었기 때문에, 모든 비행동적 중재 치료에 이 연구의 표본을 일반화하는 것은 한계가 있다.

비행동 치료와 행동 치료의 효과성을 비교한 메타분석 연구에 특히 소아청소년의 인지행동 치료 효과성에 초점을 둔 수많은 연구가 추가되었다. Ollendick, King과 Chorpita(2006)는 무작위 임상실험(RCTs : randomized clinical trials)에서 어떤 치료를 하든지 간에 효과성이 나타날 수밖에 없다는 점에 대해 논쟁하였다. 이들은 인지행동 치료와 다른 유형의 치료 또는 통제집단을 비교하였는데, 연구 결과 인지행동 치료의 효과성을 과학적으로 지지하였다. 인지행동 치료는 가장 많이 연구하는 치료 형태 중 하나이고, 300여 개가 넘는 무작위 임상실험에서 이것이 축 1 장애를 치료하는 효과적인 방법이라는 점을 보여 준다(Wright, Basco, & Thase, 2006).

지난 2세기 동안 인지행동 치료 같은 구조화된 치료는 좀 더 효과적인 심리 치료 형식임을 경험적으로 밝혀왔다(Erickson & Achilles, 2004). 1990년대 동안 치료 결과자료를 통해 소아청소년에게 인지행동 치료가 효과적이라는 것이 입증되었고(Braswell & Kendall, 2001), 우울, 불안, 주의력결핍, 반항성, 공격성, 자폐증, 정신지체, 낮은 자아 강도, 학습 기술의 부족, 학습장애, 섭식장애, 그리고 다른 장애가 있는 소아청소년에게 효과적임이 증명되었다(Braswell & Kendall, 2001; Clark, 2005; Craighead, Craighead, Friedburg, & McClure, 2002; Kazdin & Mahoney, 1994; Kendall, 1991, 2006; Reinecke et al., 2006b). 사실, 인지행동 치료는 아동기 불안장애(Kazdin & Weisz, 1998; Ollendick & King, 1998), ADHD와 우울(Ollendict et al., 2000)뿐

만 아니라 공격성, 분노, 품행장애(Kazdin, 2003, 2005; Larson & Lochman, 2002; Lochman, Barry & Pardini, 2003)를 치료하는 데도 '효과적일 수 있는 치료'가 될 수 있다.

연구 결과로 인지행동 치료의 효과성을 지지하지만, 많은 임상가는 이 연구가 비실험적 치료 임상에서도 유용할 것인지에 대해 의문을 가졌다(Weisz, Donenberg, Han, & Weiss, 1995). 이러한 의문은 치료 결과의 적용 가능성이 제한되어 있기 때문이다. 연구환경과 임상적 실제에 따라 달라지는 여러 요인이 치료 결과에 영향을 줄 수 있다. 우선, 임상연구 표본은 일반적인 임상환자를 대표할 수 없다. 임상환자는 서비스를 직접 찾지만, 연구참여자는 더 적극적으로 모집된다. 게다가 연구자들은 치료를 한두 가지 목표에 맞추기 위해서 다소 동일한 표본을 모집하는 것이 목표이지만, 임상가는 광범위하고 다양한 진단과 장애를 다룰 수 있는 치료를 찾는 것이 목표다. 둘째, 연구자와 임상에서 일하는 치료사는 훈련과 슈퍼비전 형식과 양에서 차이가 있을 수 있기 때문에 비교할 수 없다. 연구치료사는 연구에 참여하기 위해 치료 전에 강도 높은 훈련을 받아야 한다. 반면, 현재 활동하는 임상가는 거의 훈련을 받지 않는다. 셋째, 치료 수행 방식은 연구환경을 위해 특별하게 진행된다. 연구참여자는 다른 곳에서 동일한 서비스를 받지 못하며, 연구자는 치료 형식을 엄격하게 따라야만 한다. 그러나 일반적인 치료에서 임상가는 치료를 위해 소아청소년의 반응에 따른 몇 가지 다른 기술을 활용할 수 있다(Ollendick et al., 2006; Weisz, Donenberg et al., 1995).

Weisz, Donenberg 외(1995)는 전반적으로 심리 치료의 긍정적인 효과성을 보고하는 메타분석에서 위와 같은 제한점을 고려해야만 한다고 강조하였다. 단지 9개의 연구에서만 '임상 치료'를 포함한 광범위한 메타분석이 이루어졌다. 임상 치료는 치료사, 임상가, 실제 임상 훈련과 비슷한 환경을 포함한다. 다른 모든 연구는 단지 '치료연구'만 포함하여 메타분석을 하였다. Weisz, Donenberg 외(1995)는 '임상 치료'를 포함한 9개 연구의 치료 효과크기를 계산하여 '치료연구'와 비교했는데, 임상 치료의 치료 효과가 훨씬 낮았다.

Weisz 외는 이 차이에 대한 평가에서 다음과 같은 두 가지 가능성을 설명하였다. 첫째, 일반적으로 치료 효과크기가 더 큰 행동적 방법은 임상에서보다 '치료연구'에서 일반적으로 사용된다는 것이다. 결과적으로 효과크기가 더 큰 이유는 '치료연구'에 실제로 행동 치료가 차지하는 비율이 더 높기 때문일 수 있다. 만약에 '임상 치료'연구에 좀 더 행동적인 치료가 포함된다면, 효과에서 나타나는 차이가 줄어들 수 있다고 본다. 둘째, 임상환경에서 치료를 적극적으로 알아보려는 내담자는 치료 내담자로 모집된 연구참여자와는 근본적으로 차이가 있다. 모집된 내담자는 덜 복잡한 문제를 가지고 있어서 더 쉽게 치료에 성공할 수 있다.

치료적 관계

인지행동 치료가 치료적 관계의 질을 강조하지 않는 것으로 오해하는 경우가 종종 있다. 그러나 많은 인지행동치료사는 치료적 관계가 치료의 가장 필수적인 요인 중 하나라고 강조한다(예 : Beck et al., 1979; Kendall, 1991). 학교에서 이루어지는 치료 대부분은 치료적 동맹이 치료 결과에 영향을 끼치는 중요한 변인이라고 본다. 대부분 동맹의 개념은 Bordin(1979)이 제시한 동맹의 세 가지 구성요소인 목표 동의하기, 과제 할당, 유대 증진을 사용한다. 인지행동 치료는 세 가지 측면 모두를 매우 강조한다. 치료적 관계는 성인 치료에서보다 아동 치료에서 훨씬 더 중요할 수 있다고 보았다. 아동은 거의 스스로 오지 않기 때문에 아마도 마지못해 하거나 어려움을 인식하지 못할 수 있고, 청소년은 더 자율적인 특성 때문에 치료 과정에서 강한 치료적 동맹을 형성하기 매우 어려울 수 있다(DiGiuseppe, Linscott, & Jilton, 1996; Shirk & Karver, 2003; Shirk & Russell, 1998).

대다수의 연구에서는 성인 치료를 표본으로 하여 치료적 동맹과 치료 결과 간의 관계를 조사하였다(예 : Barber et al., 1999; Gaston, Thompson, Gallagher, Cournoyer, & Gagnon, 1998; Horvath & Luborsky, 1993; Horvath & Symunds, 1991; Martin, Garske, & Davis, 2000; Stiles, Agnew-Davies, Hardy, Barkham & Shapiro, 1998). 이 연구는 치료사와 내담자의 관계 형성을 위한 노력이 긍정적인 치료 결과를 불러온다는 증거를 제시하였다.

반면, 아동 치료에서 치료적 동맹과 치료 결과에 대한 연구는 더디게 발전하였다. Shirk와 Karver(2003)는 소아청소년 치료에서 관계 변수를 조사한 23개 연구를 메타분석하여 치료적 관계와 결과 간의 상관을 밝혔고, 그 결과는 성인의 치료 동맹 관계와 비슷하였다. 연구 결과에서 상관관계는 있지만(가중치 $r = .22$), 발달 수준과 치료의 유형과 상관없이 일관적이지 않았다. 비슷한 결과를 Green(2006)과 Kazdin, Marciano와 Whiley(2005)가 보고하였다. 반면 Hogue, Dauber, Stambaugh, Cecero와 Liddle(2006)의 연구에서 청소년의 약물남용을 치료하기 위해 100명을 무선표집하여 인지행동 치료 또는 가족 치료를 하였는데, 치료 초기에 측정한 치료 동맹이 치료 결과에 영향을 끼치지 않는다는 결과가 나왔다.

치료사 성격 특성

모든 치료사가 같은 것을 창출하는 것은 아니다. Kendall과 Choudhury(2003)는 치료사와 상관없이 치료는 같은 효과를 내야 한다고 주장하였다. 이것은 정말 정확하게 매뉴얼화된 치료여야 가능하다. 그러나 치료사는 다양하고 넓은 범위에서 차이가 있다(예 : 에너지, 생기, 자기 개방, 따뜻함, 융통성, 사회성, 프로토콜에 대한 성실성). 그러므로 치료사가 결과에 영향을 끼치지 않는다는 것은 있을 수 없는 일이다.

치료적 동맹과 결과에 치료사의 공헌이 얼마나 중요한지에 대한 연구는 아직 부족하다 (Garfield, 1997). 성급한 치료 동맹이나 치료 결과는 치료사의 특성에 따른다. 치료사의 역할을 조사하는 일이 중요한 이유는 치료사의 영향력에서 치료의 효과를 구분하는 것이 더욱 어려워지기 때문이다. 즉, 치료사의 수행 능력(또는 무능력)이나 다른 성격 특성(예 : 치료사의 효용성, 치료사의 훈련과 슈퍼비전; Elkin, 1999)으로 인해 실제 치료 효과가 모호해질 수 있다.

Ackerman과 Hilsenroth(2003)는 치료사와 성인 내담자 간의 치료적 관계에 긍정적인 영향을 주는 치료사의 성격 특성과 기술을 조사하였다. 치료사의 성격 특성으로 융통성, 정직성, 책임감, 신뢰성, 확신감, 온정, 관심, 개방성이 치료적 동맹과 정적 상관이 있음을 밝혔다. 그러나 아동-치료사 동맹에 긍정적인 영향을 주는 치료사의 개인적 특성에 대해서는 알려진 바가 거의 없다. 비록 성인 자료에서 발견된 것들과 치료사의 성격 특성이 비슷하다고 가정해도, 더욱 많은 연구를 통해 결과를 확실하게 해야 한다.

아동기 불안장애를 위한 인지행동 치료 수행 연구에서 치료사 융통성을 측정한 결과, 치료사의 융통성 비율과 치료 결과 간의 상관관계를 찾지 못하였다(Kendall & Chu, 2000).

아동의 성격 특성

아동 치료 결과 연구에서는 치료 결과를 중재하거나 변경할 수 있는 아동의 특성 자체를 고려해야만 한다. 연령, 성별, 민족, 가족 또는 문화적 배경, 사회경제적 상태, 다른 아동의 특성은 연구의 관심 분야와 거의 관계가 없었다. 인지행동 중재를 효과적으로 적용하기 위한 더욱 적절한 연령이나 발달단계가 있을까? Durlak, Fuhrman과 Lampman(1991)은 다양한 정신건강 문제가 있는 아동에게 적용한 인지행동 치료의 효과성에 대해 메타분석을 하였다. 저자는 결과의 중재 요인으로서 아동의 발달단계에 주목했고, 구체적 조작기(연령 : 7~11, 효과크기 : .55; 연령 : 5~7, 효과크기 : .57)에서보다 형식적 조작기(연령 : 11~13)에서 효과크기(.92)가 더 컸다. 이에 따라 저자는 인지적으로 좀 더 성숙한 아동은 추상적 사고와 연역 추리가 가능하기 때문에 그런 아동이 인지행동 치료에서 더 많은 이점을 얻을 수 있다고 결론지었다.

대조적으로 주요우울장애인 소아청소년에게 인지행동 치료를 하여 이런 증상을 줄일 수 있는 예측변인을 조사한 Jayson, Wood, Kroll, Fraser와 Harrington(1998)의 연구에서 연령이 높은 아동의 결과가 더욱 좋지 않았다. 불안장애 분야에서도 연령이 낮은 아동이 연령이 높은 아동에 비해 인지행동 치료 효과가 더 좋다는 몇 가지 증거가 있다(Barrett, Dadds, & Rapee, 1996;

Hudson, Kendall, Coles, Robin, & Webb, 2002). 예를 들어, Southam-Gerow, Kendall과 Weersing(2001)은 치료에 대한 반응이 낮은 아동(치료 후 불안장애가 지속됨.)은 반응이 좋은 아동(치료 후 불안장애가 나타나지 않음.)보다 연령이 높을 가능성이 더 크다고 밝혔다.

어린 아동의 수행이 더 좋은 이유를 설명하는 몇 가지 가설을 제시하였다. 연령이 높은 아동의 장애는 더욱 만성적이고 변화에 저항적이거나 발달단계에서 좀 더 '비정상' 범주에 속하는 경우가 많기 때문에 그들에게 청소년 과업 수행은 부적절할 수 있지만, 어린 아동은 부모가 함께하는 치료가 많기 때문에 더 이로울 수 있다. 마지막으로 청소년을 위한 불안 치료패키지(예 : Coping Cat; Kendall & Hedtke, 2006)에서 흔히 사용하는 치료는 실제로 어린 아동에게 연령적으로 더 적합할 수 있다. 이것이 사실이라면 이런 치료패키지가 청소년에게 활용되기 전에 실질적인 내용을 수정하여 중기 아동기에 맞는 중재 방식으로 고안되어야 한다.

성별은 인지행동 치료의 결과에 영향을 끼치는 요인으로 제한된 관심을 받았다. 성별이 우울장애 연구에서 유의미한 변수라는 사실은 확인되었지만, 치료 효과에 영향을 끼치는 부분은 여전히 분명하지 않다. 몇 가지 연구는 여아가 심리 치료 결과 연구에서 더 나은 결과를 보였다고 보고하였다. 그러나 이 같은 결과는 인지행동 치료에서만 특징적으로 나타나는 것은 아니다(Weisz, Weiss, Han, Granger, & Morton, 1995). 아동기 불안장애를 위한 인지행동 치료의 결과 연구에서는 성별 효과에 대해서 상반된 결과들이 보고되었다. 몇몇 연구에서는 성별에 따른 효과성을 찾는 데 실패하였고(예 : Southam-Gerow et al., 2001), 다른 연구에서는 여아가 더 긍정적인 영향력이 있다고 밝혔다(예 : Mendlowitz, Manassis, Bradley, Scapillato, Miezitis, & Shaw, 1999). 이뿐만 아니라, 아동의 성별에 따라 부모가 치료에 참여하는 것이 효과가 있는지 없는지에 관한 연구가 있다. Barrett 외(1996)의 연구에서 가족 관리조건과 더불어 인지행동 치료에 참여한 여아는 부모 참여가 없는 조건보다 더 긍정적인 결과를 보였다고 하였다. 이와 비슷하게 Cobham, Dadds와 Spence(1998)의 연구에서도 부모의 불안 다루기 조건과 더불어 인지 치료에 참여한 여아는 진단으로부터 벗어날 가능성이 높았다.

청소년을 대상으로 한 인지행동모델 치료는 발달단계의 민감성이 부족하다고 비판받았다(예 : Reinecke et al., 2006b; Weisz & Weersing, 1999). 이것은 발달 체계 구조에서 아동을 평가하기 위해 매우 중요하다. 앞에서 강조했듯이 대부분의 아동 인지행동 치료에 성인을 대상으로 개발된 치료를 적용해 왔다. 이같이 아동에게 적용하는 많은 인지행동 치료는 '발달 균형에 대한 근거 없는 믿음'에 기반을 둔다(Kendall, Lerner, & Craighead, 1984). 이 근거 없는 믿음은 아동기 장애가 성인기 장애와 동일한 치료 절차에서 비슷하게 나타나며 반응한다. 그렇기 때문에 이러한 치료와 평가에서는 아동의 연령, 발달적 수준, 중재 시기, 다른 발달상의 이슈를 고려하지 못했다.

발달 과정에서 추론, 정서 이해, 판단 그리고 다른 인지능력 중 언어의 중요 변화는 내용, 조직화, 구조화의 상당한 변화를 경험한다(Toth & Cicchetti, 1999). 이 발달단계 동안 일어나는 중요한 변화는 기능 발달과 발달 과정 변화가 가능하다는 것을 의미한다(Reinecke et al., 2006b). 따라서 치료의 효과성은 연령에 따라 다양하기 때문에 연령별로 다른 치료가 필요하다. 예를 들어, 어린 아동은 특히 매뉴얼화된 치료 중재를 할 때, 회기 내에서 융통성이 더욱 필요하다. 이와 더불어, 어린 아동의 치료에서는 행동적 중재(인지적 중재보다)를 더욱 활용하는 것이 필요할 수 있다(O'Conner & Creswell, 2005). 따라서 인지행동 치료모델에서는 발달적 정보가 필수적이다.

Holmbeck 외는 청소년을 대상으로 하는 인지행동 치료 중재의 계획과 평가에 발달적 요인을 포함한 연구를 살펴보고, 이에 대한 경험적 연구를 두 가지 개관 연구로 구성하였다. 첫 번째로 살펴본 개괄적인 연구 내용(1990~1998; Holmbeck, Colder, Shapera, Westhoven, Kenealy, & Updegrove, 2000)에서는 발달적 이슈에 직접적인 관심을 둔 논문이 단지 26%였지만, 최근에 살펴본 다른 연구 내용(Holmbeck et al., 2006)에서는 계획 설계와 결과 평가에서 발달적 이슈를 고려한 논문이 70%로 밝혀졌다. 최근 몇 년간 발달적 이슈에 대한 관심이 증가하였지만, Holmbeck 외는 2006년에 이루어진 연구의 반 정도가 발달적 측면을 고려한 결과 해석은 이루어지지 않았고, 연구 결과를 중재하는 요인으로 연령을 거의 포함하지 않았다는 점을 강조하였다. 탄력성, 기질, 보호 요인과 같은 다양한 중재 요인은 예방적 차원에서 중요하다.

환경

이 장의 앞에서 간략하게 논의했던 것처럼 인지행동 구성 체계는 아동에게 다양한 환경(예 : 가족, 학교, 또래집단, 인종, 문화, 종교) 측면을 고려하면서 제공해야 한다. 많은 연구자는 가족구성원(부모)을 치료 과정에 포함하는 것을 제안하며, 이는 치료의 성과를 효과적으로 증진한다고 하였다(예 : Ginsburg, Silverman, & Kurtines, 1995; Kazdin, 1993: Kendall, 1994; Silverman, Ginsburg, & Kurtines, 1995). Ginsburg 외(1995)는 치료전문가가 지식, 기술, 방법을 아동에게 직접 전달하거나 부모를 통해 전달하는 통제모델의 변화를 설명하였다. 그러나 그들은 이 전달 과정에서 발생할 수 있는 몇 가지 '장애물'에 주목하였다. 이 장애물은 부적응적 가족 과정과 관련이 있다(예 : 부모 정신병리, 역기능 가족 관계).

통제 변화를 촉진하기 위해서는 반드시 부모가 치료에 참여해야 한다. 치료사 대다수가 부모의 참여를 지지하지만, 특히 어린 아동을 대상으로 치료할 때 부모의 어떤 능력을 어느 정도 포함시킬 것인가에 대한 의문점이 남아 있다. 부모는 정보제공자, 상담가, 내담자와 함께하는 사람 중 어떤 사람인가? 부모 참여 정도는 현재 아동이 보이는 문제 유형과 아동의 연령에 따라 결정할 수 있다.

　Hays(2006)는 임상적 연구에 전반적으로 인종과 문화적 정보가 생략되어 있다는 점에 주목하였다. 예를 들어, 인지행동 치료 연구는 거의 유럽계 미국인을 대상으로만 이루어졌다(Hays, 1995; Iwamasa & Smith, 1996; Suinn, 2003). 따라서 소수 인종을 대상으로 한 인지행동 치료의 성공과 제한점 등이 평가된 적이 없다. 인지행동 치료의 경험주의는 인간 행동에 근거하기 때문에, 이는 암묵적으로 인지행동 치료가 가치중립적이라는 것을 의미한다. Hays(2006)는 "인지행동 치료는 다른 심리 치료만큼 가치가 있다."라고 강조하였다. 합리성과 적응·부적응 행동의 구분에 중요성을 두는 인지행동 치료는 서로 다른 문화마다의 중요한 사고와 가치로 인해 혼란을 불러올 수 있다. 다양한 문화에서 전문적 상담, 워크숍, 다양한 인종과 관련된 훈련은 반드시 민감성이 필요하다.

향후 방향

아동을 대상으로 하는 인지행동 치료가 효과적이지만, 진전을 보이지 않는 다수의 아동이 여전히 남아 있다. 치료가 잘 안 되는 사례를 어떻게 설명할 것인지는 소수의 연구에서 다루고 있다. 다른 사례에 비해 성공적인 결과가 적은 사례에 적용할 수 있는 특정 치료 기술이 있는가? 약물치료가 적절하였나? 치료 회기의 횟수와 치료 기간은 증가되어야 하나? 부모와의 작업이 필요하였나? 치료 연구에서 모든 사례를 어떻게 촉진할 수 있는지를 설명할 수 있을 때까지 이 같은 의문점은 지속될 것이다. 이 의문점에 대한 대답은 인지행동 치료에서 치료적 활동의 메커니즘을 이해하는 것에 달렸으며, 많은 치료 결과에 관한 연구가 있지만 인지행동 치료를 어떻게 어떤 이유로 하는지에 대한 연구는 여전히 부족하다(Kazdin & Nock, 2003; Shirk & Karver, 2006).

　인지행동 중재 효과성에 관한 연구는 대부분 무작위 임상실험 평가로 이루어진 인지행동 치료에서의 대기자 통제조건을 활용하였다. 활동 통제조건(active control condition)과 인지행동 치료의 효과성 간의 관계를 평가하기 위해서는 많은 과제가 남아 있다. 또한 여러 연구에서는 인지행동 치료'패키지'를 적용하였다. 즉, 다수의 인지행동 치료는 몇 가지 인지행동적 구성 요인을 포함한다(예 : 인지 재구조화, 과제, 문제 해결 훈련). 그러나 각 구성 요인이 치료 결과에 끼치는 영향에 대해 알려진 바는 거의 없다. 다른 방법론에는 통계적인 유의성뿐만 아니라 청소년을 대상으로 한 임상실험에서 인지행동 치료의 효과성을 평가하는 것도 포함되어야 한다(예 : Kendall, 1999; Kendall & Grove, 1988, Kendall, Marrs-Garcia, Nath, & Sheldrick, 1999). 통계적 유의성은 기회에 의해 평균 차이가 날 수 있지만, 임상적 유의성은 기회의 크기에 의미를 둔다. 치료 결과 연구에서 임상적 유의성은 특별한 평가도구로서 비정상 범주가 정상 범주로 바뀔 수 있는지 없는지를 평가하는 데 도움이 된다.

인지행동 치료의 발전을 위한 연구 설계의 필요성은 더욱 분명하다. 예를 들어, 종단연구 설계는 인지행동 치료가 발달 과정과 단계에 끼치는 영향을 평가하는 데 도움을 준다. 그러나 종단연구 설계에서 추가적으로 고려해야 하는 사항이 있는데, 등가측정(measurement equivalence)과 같은 주제는 해결 과제로 남는다(Kendall & Choudhury, 2003). 시간 경과에 따라 측정하는 도구가 발달적으로 적절하다는 것을 확인하기 때문에 이러한 측정도구는 타당성을 지닌다. 예를 들어, 아동 우울 척도(Kovacs, 1981)와 Beck의 우울 척도(Beck, Ward, Mendelson, Mock, & Erbaugh, 1961; Beck, Steer & Garbin, 1988)는 비슷한 방식으로 우울을 측정하는가? 초기 아동기에서 청소년기까지 우울을 어떤 것으로 측정할 것인가? 한편, 종단연구 설계에서는 치료의 직접 효과를 고려할 수도 있다(Kendall & Kessler, 2002).

장기적으로 사회경제적인 결과가 아동기 정신병리에 영향을 끼친다면, 연구자는 치료가 목표 문제에 지속적으로 끼치는 영향력을 조사해야 한다(예 : 아동기 불안 치료가 청소년 또는 초기 성인 약물 사용에 끼치는 영향). 이와 더불어 치료를 일반화하고 확장하여 적용하기 위해서는 인종과 사회경제적으로 다양한 인구계층에서 치료 표본을 산출해야 한다. 하지만 이와 관련하여 실험연구에서 모든 인지행동 치료가 임상적 환경에 대응하는 효과성을 보인다는 근거는 거의 없다. 그렇기 때문에 이 연구에서 무선화된 임상실험의 결과를 확장하여 '현실'에 적용할 수 있도록 하는 것은 여전히 과제로 남는다(Kendall & Southam-Gerow, 1995; Persons & Silberschatz, 1998; Silverman, Kurtines, & Hoagwood, 2004; Southam-Gerow, Weisz, & Kendall, 2003).

참고문헌

Ackerman, S. J., & Hilsenroth, M. J. (2003). A review of therapist characteristics and techniques positively impacting the therapeutic alliance. *Clinical Psychology Review, 23,* 1–33.

Angold, A., Costello, E. J., Farmer, E. M. Z., Burns, B. J., & Erkanli, A. (1999). Impaired but undiagnosed. *Journal of the American Academy of Child and Adolescent Psychiatry, 38,* 129–137.

Barber, J. P., Luborsky, L., Crits-Christoph, P., Thase, M. E., Weiss, R., Frank, A., Onken, L., & Gallop, R. (1999). Therapeutic alliance as a predictor of outcome in treatment of cocaine dependence. *Psychotherapy Research, 9,* 54–73.

Barrett, P. M., Dadds, M. R., & Rapee, R. M. (1996). Family treatment of childhood anxiety: A controlled trial. *Journal of Consulting and Clinical Psychology, 64,* 333–342.

Beck, A. T. (1970). The core problem in depression: The cognitive triad. In J. H. Masserman (Ed.), *Depression: Theories and therapies* (pp. 47–55). New York: Grune & Stratton.

Beck, A. T. (1976). *Cognitive therapy and the emotional disorders.* New York: Basic Books.

Beck, A. T., Rush, A. J., Shaw, B. F., & Emery, G. (1979). *Cognitive therapy of depression.* New York: Guilford.

Beck, A. T., Steer, R. A., & Garbin, M. G. (1988). Psychometric properties of the Beck Depression Inventory: Twenty-five years of evaluation. *Clinical Psychology Review, 8,* 77–100.

Beck, A.T., Ward, C. H., Mendelson, M., Mock, J., & Erbaugh, J. (1961). An inventory for measuring depression. *Archives of General Psychiatry, 4,* 561–571.

Beck, J. S. (1995). *Cognitive therapy: Basics and beyond.* New York: Guilford.

Bedell, J. R., & Lennox, S. S. (1997). *Handbook for communication and problem-solving skills training: A cognitive-behavioral approach.* New York: Wiley.

Bogels, S. M., & Zigterman, D. (2000). Dysfunctional cognitions in children with social phobia, separation anxiety disorder and generalized anxiety disorder. *Journal of Abnormal Child Psychology, 28,* 205–211.

Bordin, E. S. (1979). The generalizability of the psychoanalytic concept of the working alliance. *Psychotherapy: Theory, Research, and Practice, 16,* 252–260.

Braswell, L. & Kendall, P.C. (2001). Cognitive-behavioral therapy with youth. In Dobson, K. (Ed.), *Handbook of cognitive-behavioral therapies* (2nd ed., pp. 246–294). New York: Guilford Press.

Burns, B. J., Costello, E. J., Angold, A., Tweed, D., Stangl, D., Farmer, E. M. Z., & Erkanli, A. (1995). Data watch: Children's mental health service use across service sectors. *Health Affairs, 14,* 147–159.

Cairns, R. B., Cairns, B. D., Rodkin, P., & Xie, H. (1998). New directions in developmental research: Models and methods. In R. Jessor (Ed.), *New perspectives on adolescent risk behavior* (pp. 13–40). Cambridge, MA: Cambridge University Press.

Casey, R. J. & Berman, J. S. (1985). The outcome of psychotherapy with children. *Psychological Bulletin, 98,* 388–400.

Christner, R. L., Stewart, J. L., & Freeman, A. (Eds.). (2007). *Handbook of cognitive-behavior group therapy with children and adolescents: Specific settings and presenting problems.* New York: Routledge.

Clark, C. C. (2005). Cognitive behavioral therapy. In W. M. Klykylo, & J. L. Kay, (Eds.), *Clinical child psychiatry* (2nd ed., pp. 129–149). New York: Wiley.

Clark, D. A., Beck, A. T., & Alford, B. A. (1999). *Scientific foundations of cognitive theory and therapy of depression.* New York: Wiley.

Cobham, V. E., Dadds, M. R., & Spence, S. H. (1998). The role of parental anxiety in the treatment of childhood anxiety. *Journal of Consulting and Clinical Psychology, 66,* 893–905.

Colman, I., Wadsworth, M. E. J., Croudace, T. J., & Jones, P. B. (2007). Forty-year psychiatric outcomes following assessment for internalizing disorder in adolescence. *American Journal of Psychiatry, 164*, 126–133.

Craighead, L., Craighead, W., Kazdin, A., & Mahoney, M. (1994). *Cognitive and behavioral interventions: An empirical approach to mental health problems.* Boston: Allyn & Bacon.

DiGiuseppe, R., Linscott, J., & Jilton, R. (1996). The therapeutic alliance in adolescent therapy. *Applied and Preventive Psychology, 5*, 85–100.

Durlak, J. A., Fuhrman, T., & Lampman, C. (1991). Effectiveness of cognitive-behavioral therapy for maladapting children: A meta-analysis. *Psychological Bulletin, 110*, 204–214.

Elkin, I. (1999). A major dilemma in psychotherapy outcome research: Disentangling therapists from therapies. *Clinical Psychology: Science and Practice, 6*, 10–32.

Epkins, C. C. (1996). Cognitive specificity and affective confounding in social anxiety and dysphoria in children. *Journal of Psychopathology and Behavioral Assessment, 18*, 83–101.

Epkins, C. C. (2000). Cognitive specificity in internalizing and externalizing problems in community and clinic-referred children. *Journal of Clinical Child Psychology, 29*, 199–208.

Erickson, S.J. & Achilles, G. (2004). Cognitive behavioral therapy with children and adolescents. In Steiner, H. (Ed.), *Handbook of mental health interventions in children and adolescents: An integrated developmental approach* (pp. 525–556). San Francisco: Jossey-Bass.

Forthofer, M. S., Kessler, R. C., Story, A. L., & Gotlib, I. H. (1996). The effects of psychiatric disorders on the probablility and timing of first marriage. *Journal of Health and Social Behavior, 37*, 121–132.

Friedburg, R., & McClure, J. (2002). Clinical practice of cognitive therapy with children and adolescents. New York: Guilford.

Garfield, S. L. (1997). The therapist as a neglected variable in psychotherapy research. *Clinical Pscyhology: Science and Practice, 4*, 40–43.

Gaston, L., Thompson, L., Gallagher, D., Cournoyer, L., & Gagnon, R. (1998). Alliance, technique, and their interactions in predicting outcome of behavioral, cognitive, and brief dynamic therapy. *Psychotherapy Research, 8*, 190–209.

Ginsburg, G. S., Silverman, W. K., & Kurtines, W. K. (1995). Family involvement in treating children with phobic and anxiety disorders: A look ahead. *Clinical Psychology Review, 15*, 457–473.

Graham, P. (Ed.). (2005). *Cognitive-behaviour therapy for children and families* (2nd ed.). New York: Cambridge University Press.

Green, J. (2006). Annotation: The therapeutic alliance-a significant but neglected variable in child mental health treatment studies. *Journal of Child Psychology and Psychiatry, 47*, 425–435.

Greenberg, M. T., Domitrovich, C., & Bumbarger, B. (2001). The prevention of mental disorders in school-aged children: Current state of the field. Prevention and Treatment, 4, Article 1. Retrieved April 9, 2001, from http://journals.apa.org/prevention/volume4/pre0040001a.html.

Haaga, D. A., Dyck, M. J., & Ernst, D. (1991). Empirical status of cognitive theory of depression. *Psychological Bulletin, 110*, 215–236.

Hays, P. A. (1995). Multicultural applications of cognitive-behavior therapy. *Professional Psychology: Research and Practice, 26*, 309–315.

Hays, P. A. (2006). Introduction: Developing culturally responsive cognitive-behavioral therapies. In P. A. Hays & G. Y. Iwamasa (Eds.), *Culturally responsive cognitive-behavioral therapy: Assessment, practice, and supervision* (pp. 3–19). Washington, D.C.: American Psychological Association.

Hogue, A., Dauber, S., Stambaugh, L. F., Cecero, J. J., & Liddle, H. A. (2006). Early thera-peutic alliance and treatment outcome in individual and family therapy for adoles-cent behavior problems. *Journal of Consulting and Clinical Psychology, 74*, 121–129.

Hollon, S. D., Kendall, P. C., & Lumry, A. (1986). Specificity of depressogenic cognitions in clinical depression. *Journal of Abnormal Psychology, 95*, 52–59.

Holmbeck, G. N., Colder, C., Shapera, W., Westhoven, V., Kenealy, L., & Updegrove, A. (2000). Working with adolescents. In P. C. Kendall (Ed.), *Child and adolescent therapy: Cognitive-behavioral procedures* (2nd ed., pp. 334–385). New York: Guilford Press.

Holmbeck, G. N., O'Mahar, K., Abad, M., Colder, C., & Updegrove, A. (2006). Cognitive-behavioral therapy with adolescents: Guides from developmental psychology. In P. C. Kendall (Ed.), *Child and adolescent therapy: Cognitive-behavioral procedures* (3rd ed., pp. 419–464). New York: Guilford Press.

Horvath, A. O., & Luborsky, L. (1993). The role of the therapeutic alliance in psycho-therapy. *Journal of Consulting and Clinical Psychology, 61*, 561–573.

Horvath, A. O., & Symunds, B. D. (1991). Relation between working alliance and out-come in psychotherapy: A meta-analysis. *Journal of Counseling Psychology, 38*, 139–149.

Hudson, J. L., Kendall, P. C., Coles, M. E., Robin, J. A., & Webb, A. (2002). The other side of the coin: Using intervention research in child anxiety disorders to inform developmental psychopathology. *Development and Psychopathology, 14*, 819–841.

Iwamasa, G., & Smith, S. K. (1996). Ethnic diversity and behavioral psychology: A review of the literature. *Behavior Modification, 20*, 45–59.

Jayson, D., Wood, A., Kroll, L., Fraser, J., & Harrington, R. (1998). Which depressed patients respond to cognitive-behavioral treatment. *Journal of the American Acad-emy of Child and Adolescent Psychiatry, 37*, 35–39.

Kazdin, A. E. (1990). Evaluation of the Automatic Thoughts Questionnaire: Negative cogni-tive processes and depression among children. *Psychological Assessment, 2*, 73–79.

Kazdin, A. E. (1993). Psychotherapy for children and adolescents: Current progress and future research directions. *American Psychologist, 48*, 644–657.

Kazdin, A. E. (2001). Bridging the enormous gaps of theory with therapy research and practice. *Journal of Clinical Child Psychology, 30*, 59–66.

Kazdin, A. E. (2003). Problem-solving skills training and parent management training for conduct disorder. In A. E. Kazdin & Weisz, J. R. (Eds.), *Evidence-based psycho-therapies for children and adolescents* (pp. 241–262). New York: Guilford.

Kazdin, A. E. (2005). Child, parent, and family-based treatment of aggressive and anti-social child behavior. In E. D. Hibbs & P. S. Jensen (Eds.), *Psychosocial treatments for child and adolescent disorders: Empirically based strategies for clinical practice* (2nd ed., pp. 445–476). Washington, D C.: American Psychological Association.

Kazdin, A. E., Marciano, P. L., & Whitley, M. K. (2005). The therapeutic alliance in cog-nitive-behavioral treatment of children referred for oppositional, aggressive, and antisocial behavior. *Journal of Consulting and Clinical Psychology, 73*, 726–730.

Kazdin, A. E., & Nock, M. K. (2003). Delineating mechanisms of change in child and adolescent therapy: Methodological issues and research recommendations. *Journal of Child Psychology and Psychiatry, 44*, 1116–1129.

Kazdin, A. E., & Weisz, J. (1998). Identifying and developing empirically supported child and adolescent treatments. *Journal of Consulting and Clinical Psychology, 66*, 19–36.

Kazdin, A. E., & Weisz, J. (2003a). Introduction: Context and background of evidence-based psychotherapies for children and adolescents. In A. E. Kazdin & J. R. Weisz (Eds.), *Evidence-based psychotherapies for children and adolescents* (pp. 3–20). New York: Guilford Press.

Kazdin, A. E. & Weisz, J. (Eds.). (2003b). *Evidence-based psychotherapies for children and adolescents.* New York: Guilford Press.

Kendall, P. (Ed.) (1991). *Child and adolescent therapy: Cognitive-behavioral procedures.* New York: Guilford Press.

Kendall, P. C. (1994). Treating anxiety disorders in children: Results of a randomized clinical trial. *Journal of Consulting and Clinical Psychology, 62*, 200–210.

Kendall, P. C. (1999). Clinical significance. *Journal of Consulting and Clinical Psychology, 67*, 283–285.

Kendall, P. C. (Ed.). (2006). *Child and adolescent therapy: Cognitive-behavioral procedures*, 3rd ed. New York: Guilford Press.

Kendall, P. C., & Choudhury, M. S. (2003). Children and adolescents in cognitive-behavioral therapy: Some past efforts and current advances, and the challenges in our future. *Cognitive Therapy and Research, 27*, 89–104.

Kendall, P. C., & Chu, B. C. (2000). Retrospective self-reports of therapist flexibility in a manual-based treatment for youths with anxiety disorders. *Journal of Clinical Child Psychology, 29*, 209–220.

Kendall, P. C., & Grove, W. (1988). Normative comparisons in therapy outcome. *Behavioral Assessment, 10*, 147–158.

Kendall, P. C., & Hedtke, K. A. (2006). *The coping cat workbook*, 2nd ed. Ardmore, PA: Workbook.

Kendall, P. C., & Kessler, R. C. (2002). The impact of childhood psychopathology interventions on subsequent substance abuse: Comments and recommendations. *Journal of Consulting and Clinical Psychology, 70*, 1303–1306.

Kendall, P. C., Lerner, R., & Craighead, W. (1984). Human development and intervention. *Child Development, 55*, 71–82.

Kendall, P. C., Marrs-Garcia, A., Nath, S., & Sheldrick, R. C. (1999). Normative comparisons for the evaluation of clinical significance. *Journal of Consulting and Clinical Psychology, 67*, 285–299.

Kendall, P. C., & Southam-Gerow, M. A. (1995). Issues in the transportability of treatment: The case of anxiety disorders in youth. *Journal of Consulting and Clinical Psychology, 63*, 702–708.

Kendall, P. C., Stark, K. D., & Adam, T. (1990). Cognitive deficit or cognitive distortion in childhood depression. *Journal of Abnormal Child Psychology, 18*, 255–270.

Kessler, R. C., Berglund, P. A., Foster, C. L., Saunders, W. B., Stang, P. E., & Walters, E. E. (1997). Social consequences of psychiatric disorders, II: Teenage parenthood. *American Journal of Psychiatry, 154*, 1405–1411.

Kessler, R. C., Foster, C. L., Saunders, W. B., & Stang, P. E. (1995). Social consequences of psychiatric disorders, I: Educational attainment. *American Journal of Psychiatry, 152*, 1026–1032.

Kessler, R. C., Molnar, B., Feurer, I. D., & Appelbaum, M. (2001). Patterns and mental health predictors of domestic violence in the United States: Results from the National Comorbidity Survey. *International Journal of Law and Psychiatry, 24*, 487–508.

Kessler, R. C., Walters, E. E., & Forthofer, M. S. (1998). The social consequences of psychiatric disorders, III: Probability of marital stability. *American Journal of Psychiatry, 155*, 1092–1096.

Kovacs, M. (1981). Rating scales to assess depression in school aged children. *Acta Paedopsychiatrica, 46*, 305–315.

Krain, A. L. & Kendall, P. C. (1999). Cognitive-behavioral therapy. In S. Russ & T. Ollendick (Eds.), *Handbook of psychotherapies with children and families* (pp. 121–135). New York: Kluwer Academic/Plenum.

Larson, J., & Lochman, J. E. (2002). *Helping schoolchildren cope with anger: A cognitive-behavioral intervention.* New York: Guilford Press.

Lochman, J. E., Barry, T. D., & Pardini, D. A. (2003). Anger control training for aggressive youth. In A. E. Kazdin & J. R. Weisz (Eds.), *Evidence-based psychotherapies for children and adolescents* (pp. 263–281). New York: Guilford Press.

Martin, D. J., Garske, J. P., & Davis, M. K. (2000). Relation of the therapeutic alliance with outcome and other variables: A meta-analytic review. *Journal of Consulting and Clinical Psychology, 68,* 438–450.

McCracken, J. T. (1992). The epidemiology of child and adolescent mood disorders. *Child and Adolescent Psychiatric Clinics of North America, 1,* 53–72.

Mendlowitz, S. L., Manassis, K., Bradley, S., Scapillato, D., Miezitis, S., & Shaw, B. F. (1999). Cognitive-behavioral group treatments in childhood anxiety disorders: The role of parental involvement. *Journal of the American Academy of Child and Adolescent Psychiatry, 38,* 1223–1229.

Mennuti, R. B., Freeman, A., & Christner, R. W. (Eds.). (2006). *Cognitive-behavioral interventions in educational settings: A handbook for practice.* New York: Routledge.

O'Connor, T., & Creswell, C. (2005). Cognitive behavioural therapy in developmental perspective. In P. Graham (Ed.), *Cognitive behaviour therapy for children and families* (2nd ed.). New York: Cambridge University Press.

Okazaki, S. & Tanaka-Matsumi, J. (2006). Cultural considerations in cognitive-behavioral assessment. In P.A. Hays & G.Y. Iwamasa (Eds.), *Culturally responsive cognitive-behavioral therapy: Assessment, practice, and supervision* (pp. 247–266). Washington, DC: American Psychological Association.

Ollendick, T. H., & King, N. J. (1998). Empirically supported treatments for children with phobic and anxiety disorders: Current status. *Journal of Clinical Child Psychology, 27,* 156–167.

Ollendick, T. H., King, N. J., & Chorpita, B. F. (2006). Empirically-supported treatments for children and adolescents. In P. C. Kendall (Ed.), *Child and adolescent therapy: Cognitive-behavioral procedures* (3rd ed., pp. 492–520). New York: Guilford Press.

Pelligrini, D. S., Galinski, C. L., Hart, K. J., & Kendall, P. C. (1993). Cognitive behavioral assessment of children: A review of measures and methods. In A.J. Finch, W.M. Nelson, III, & E.S. Ott (Eds.), *Cognitive-behavioral procedures with children and adolescents: A practical guide* (pp. 90–147). Boston: Allyn & Bacon.

Persons, J. B., & Silberschatz, G. (1998). Are results of randomized controlled trials useful to psychotherapists? *Journal of Consulting and Clinical Psychology, 66,* 126–135.

Reinecke, M. A., Dattilio, F. A., & Freeman, A. (Eds.). (2006a). *Cognitive therapy with children & adolescents* (2nd ed.). New York: Guilford.

Reinecke, M. A., Dattilio, F. A., & Freeman, A. (2006b). What makes for an effective treatment. In M. A. Reinecke, F. A. Dattilio, & A. Freeman, (Eds), *Cognitive therapy with children & adolescents* (2nd ed., pp. 1–18). New York: Guilford.

Roberts, R. E., Attkisson, C. C., & Rosenblatt, A. (1998). Prevalence of psychopathology among children and adolescents. *American Journal of Psychiatry, 155,* 715–725.

Ronan, K. R., & Kendall, P. C. (1997). Self-talk in distressed youth: States-of-mind and content specificity. *Journal of Clinical and Child Psychology, 26,* 330–337.

Rosenzweig, S. (1936). Some implicit common factors in diverse methods of psychotherapy. *American Journal of Orthopsychiatry, 6,* 412–415.

Rutter, M. (1989). Isle of Wight revisited: Twenty-five years of child psychiatric epidemiology. *Journal of the American Academy of Child and Adolescent Psychiatry, 28,* 633–653.

Schniering, C. A., & Rapee, R. M. (2002). Development and validation of a measure of children's automatic thoughts: The Children's Automatic Thoughts Scale. *Behaviour Research and Therapy, 40,* 1091–1109.

Schniering, C. A., & Rapee, R. M. (2004). The relationship between automatic thoughts and negative emotions in children and adolescents: A test of the cognitive content-specificity hypothesis. *Journal of Abnormal Psychology, 113,* 464–470.

Shapiro, D. A. & Shapiro, D. (1982). Meta-analysis of comparative therapy outcome studies: A replication and refinement. *Psychological Bulletin, 92*, 581–604.

Shirk, S. R., & Karver, M. (2003). Prediction of treatment outcome from relationship variables in child and adolescent therapy: A meta-analytic review. *Journal of Consulting and Clinical Psychology, 71*, 452–464.

Shirk, S. R., & Karver, M. (2006). Process issues in cognitive-behavioral therapy for youth. In P. C. Kendall (Ed.), *Child and adolescent therapy: Cognitive behavioral procedures* (pp. 465–491). New York: Guilford Press.

Shirk, S. R., & Russell, R. L. (1998). Process issues in child psychotherapy. In A. Bellack & M. Hersen (Eds.), *Comprehensive clinical psychiatry* (Vol. 5, pp 57–82). Oxford, UK: Pergamon Press.

Silverman, W. K., Ginsburg, G. S., & Kurtines, W. M. (1995). Clinical issues in the treatment of children with anxiety and phobic disorders. *Cognitive and Behavioral Practice, 2*, 95–119.

Silverman, W. K., Kurtines, W. M., & Hoagwood, K. (2004). Research progress on effectiveness, transportability, and dissemination of empirically supported treatments: Integrating theory and research. Clinical Psychology: Science and Practice, 11, 295–299.

Smith, M. L., Glass, G. V., & Miller, T. L. (1980). *The benefits of psychotherapy*. Baltimore, MD: Johns Hopkins University Press.

Southam-Gerow, M. A., Kendall, P. C., & Weersing, V. R. (2001). Examining outcome variability: Correlated of treatment response in a child and adolescent anxiety clinic. *Journal of Clinical Child Psychology, 30*, 422–436.

Southam-Gerow, M. A., Weisz, J. R., & Kendall, P. C. (2003). Youth with anxiety disorders in research and service clinics: Examining client differences and similarities. *Journal of Clinical Child and Adolescent Psychology, 32*, 375–385.

Stiles, W. B., Agnew-Davies, R., Hardy, G. E., Barkham, M., & Shapiro, D. A. (1998). Relations of the alliance with psychotherapy outcome: Findings in the second Sheffield Psychotherapy Project. *Journal of Consulting and Clinical Psychology, 66*, 791–802.

Suinn, R. M. (2003). Answering questions regarding the future directions in behavior therapy. *The Behavior Therapist, 26*, 282–284.

Toth, S. L., & Cicchetti, D. (1999). Developmental psychopathology and child psychotherapy. In S. W. Russ & T. H. Ollendick (Eds.), *Handbook of psychotherapies with children and families* (pp. 15–44). New York: Kluwer.

Treadwell, K. R. H., & Kendall, P. C. (1996). Self-talk in youth with anxiety disorders: States of mind, content specificity, and treatment outcome. *Journal of Consulting and Clinical Psychology, 64*, 941–950.

Weiss, B., & Weisz, J. R. (1995). Relative effectiveness of behavioral versus nonbehavioral child psychotherapy. *Journal of Consulting and Clinical Psychology, 63*, 317–320.

Weisz, J. R., Donenberg, G. R., Han, S. S. & Weiss, B. (1995). Bridging the gap between laboratory and clinic in child and adolescent psychotherapy. *Journal of Consulting and Clinical Psychology, 63*, 688–701.

Weisz, J. R., & Weersing, V. R. (1999). Developmental outcome research. In W. K. Silverman & T. H. Ollendick (Eds.), *Developmental issues in the clinical treatment of children* (pp. 457–469). Boston: Allyn & Bacon.

Weisz, J. R., Weiss, B., Alicke, M. D., & Klotz, M. L. (1987). Effectiveness of psychotherapy with children and adolescents: A meta-analysis for clinicians. *Journal of Consulting and Clinical Psychology, 55*, 542–549.

Weisz, J. R., Weiss, B., Han, S. S., Granger, D. A., & Morton, T. (1995). Effects of psychotherapy with children and adolescents revisited: A meta-analysis of treatment outcome studies. *Psychological Bulletin, 117*, 450–468.

Wright, J. H., Basco, M., & Thase, M. E. (2006). *Learning cognitive behavior therapy: An illustrated guide*. Washington, DC: American Psychiatric.

Wright, J. H., Beck, A. T., & Thase, M. E. (2003). Cognitive therapy. In R. E. Hales & S. C. Yudofsky (Eds.), *The American psychiatric publishing textbook of clinical psychiatry* (4th ed., pp.1245–1284). Washington, DC: American Psychiatric.

World Health Organization. (2001). *The world health report: 2001: Mental health: New understanding, new hope.* Geneva, Switzerland: Author.

Zarb, J. (1992). *Cognitive behavioral assessment and treatment with adolescents.* New York: Brunner/Mazel.

부모 훈련

NICHOLAS LONG, MARK C. EDWARDS, and JAYNE BELLANDO[14]

19 60년대 이전의 아동 치료는 특정 행동 문제보다 정신내적인 문제에 중점을 두어 치료사와 개별 회기로 진행하였다(Kotchick, Shaffer, Dorsey, & Forehand, 2004). 그러나 1960 년대 초 아동의 행동 문제를 다루기 위해 심리사회적 치료로 치료 패러다임에 변화가 나타났다. 이러한 패러다임의 변화는 전통적인 정신역동적 접근이 아동의 행동 문제를 직접 처리하고, 가정에서 아동의 행동을 변화시키는 데 그다지 효과적이지 않다는 우려와 함께 몇 가지 요인이 작용하면서 나타난다. 이와 비슷한 시기에 행동 중재 기술이 아동의 행동을 변화시키는 데 성공적으로 활용되기 시작하였다(Williams, 1959).

위와 같은 요인이 모여서 아동의 행동 변화를 위한 특정 행동 관리 기술을 적용하기 위해 치료사가 부모를 훈련해야 한다는 시각이 생겼다. 1960년대 중반에서 후반까지 자녀의 행동 변화를 위해 부모가 행동 변화 대리인 역할을 하는 것이 빈번해지면서 '부모 훈련'이라는 기반이 잡혔다(Hawkins, Peterson, Schweid, & Bijou, 1966; Wahler, Winkel, Peterson, & Morrison, 1965). 대부분의 부모 훈련에 대한 초기 연구는 행동학을 근거로 구성되었으나, 아동을 변화시키는 대리인으로 부모를 활용하는 것은 정신역동적 입장을 포함한 다양한 성향의 전문가들에게도 지지받는다(예 : Zacker, 1978).

Gerald Patterson(1982)의 강압적 부모-자녀 상호작용에 관한 연구는 초기 부모 훈련 발전에 주요한 공헌을 하였다. 그의 상호영향력모델은 부모와 자녀 간의 어떠한 행동이 아동의 공격성과 문제행동을 증가시키는지에 대해 설명하였다. 이 모델은 아동의 유해행동이 부모의 관심을 어떻게

---

14. NICHOLAS LONG, MARK C. EDWARDS, and JAYNE BELLANDO*University of Arkansas for Medical Sciences and Arkansas Children's Hospital

자극하고, 그에 따른 부모의 관심이 아동의 유해행동을 어떻게 강화하는지에 대해서 설명하였다. 이처럼 부모의 관심은 아동이 유해행동을 하게 하거나 못하게 하기 위해서 강압적인 전략(예 : 잔소리, 소리 지르기)을 사용하였다.

Patterson의 모델에서도 아동의 유해행동이 어떻게 부적 강화를 하는 강화물이자 부모의 강압적 전략을 증가시키는 요인이 되는지에 대해 설명하였다. 그래서 그의 상호작용모델은 양육방식이 처벌적이고 강압적으로 되는 과정에서 아동의 파괴적 행동이 어떻게 증가되는지 설명하였다. 가정 내에서 강압적인 상호작용은 다른 환경에서까지 공격적이고 파괴적인 행동을 불러일으킨다. 특히 취학 전 아동에게 부모의 지시에 순응하도록 하는 것 같은 강압적인 양육방식은 비효과적일 수 있음을 고려해야 한다(McMahon & Wells, 1998).

1960년대 이후로 행동적 부모 훈련의 발달단계는 세 단계로 구분할 수 있다(McMahon & Forehand, 2003). 1960년부터 1970년대 초까지 첫 번째 단계에서는 '부모 훈련' 중재모델의 초기 발달에 중점을 두었다. 부모훈련모델은 Tharp과 Wetzel(1969)의 전형적 모델에 근거하여 치료사(상담가)가 아동(목표)의 파괴적 행동을 줄이기 위해 부모(중재자)를 교육한다(McMahon & Forehand, 2003). 이것은 초기 발달단계라서 사례연구나 단일사례연구로만 이루어졌다는 제한점이 있다. 하지만 이 시기에 이루어진 연구를 통해서 단기간의 부모 훈련 중재로 부모와 아동의 행동을 변화시킬 수 있다는 것이 증명되었다.

이 시기에 연구자들은 특정 행동 관리 전략을 부모가 어떻게 활용하도록 가르칠 것인지에 대한 또 다른 연구(예 : 쓰기 훈련, 비디오 훈련, 모델링 등)를 시작하였다(예 : Flanagan, Adams, & Forehand, 1979; Nay, 1975; O'Dell, Mahoney, Horton, & Turner, 1979; O'Dell, Krug, O'Guinn, & Kasnetz, 1980). 부모는 다양한 훈련방식을 통해 특정 기술을 효과적으로 활용하는 방법을 배울 수 있다. 한편, 부모는 다양한 훈련방식으로 기본적인 행동 수정 기술을 배울 수는 있으나, 이와 더불어 아동의 문제행동 중재를 효과적으로 설명하기 위해서는 부모가 좀 더 다각적인 시각으로 부모-자녀 상호작용의 복잡성을 깨닫는 것이 필요하다(Kazdin, 1985).

1970년대 중반부터 1980년대 중반까지가 부모 훈련 연구의 두 번째 단계의 시기였고, 이 시기의 연구에서는 치료 효과의 일반화와 사회적 타당성에 초점을 맞추었다. 또한 연구의 주제로 임상에서 일어난 아동의 행동 변화가 가정까지 일반화되었는지, 목표행동만이 아니라 다른 행동도 개선되었는지(행동적 일반화), 그리고 시간이 지나도 행동 변화가 유지되었는지에 대한 것을 다루었다(시간의 일반화).

1980년대 중반부터 현재까지는 부모 훈련 연구의 세 번째 단계로 부모 훈련의 효과성을 향상하는 방법과 같은 근본적인 부분에 중점을 두고 있으며 아동의 파괴적 행동 영역에 대한 연구가 시작되면서 부모 훈련 연구를 최우선시하게 되었다. 이러한 연구에서는 가정 내에서 부적절한 부모-자녀 상호작용으로 인해 아동의 파괴적 행동이 무심코 증가하거나, 악화·유지될 수 있다는 점에 주목하였다(Kazdin, 2003; Patterson, 1982). 이러한 부적절한 상호작용 패턴은 파괴적 행동 강화, 비효과적인 부모의 지시, 적절한 행동 강화 실패 등을 포함한다. 요즘 부모 훈련은 단지 아동의 외현화 행동을 치료할 때만 고려한다(Kazdin, 2005). 다음 절에서 이 같은 연구를 토대로 요약하였다.

부모 훈련을 경험적으로 지지하는 연구 개관

부모가 자녀의 문제에 중재할 수 있도록 부모를 훈련하는 계획된 프로그램에 대해 여러 연구에서 평가하였다. 부모 훈련의 효과성을 조사한 연구는 수많은 논문으로 게재되었다. 1972년부터 2006년까지 17개 이상의 서술적 논평(Atkeson & Forehand, 1978; Berkowitz & Graziano, 1972; Chronis, Chacko, Fabiano, Wymbs, & Pelham, 2004; Dembo, Sweitzer, & Lauritzen, 1985; Graziano & Diament, 1992; Johnson & Katz, 1973; Kohut & Andrews, 2004; Mooney, 1995; McAuley, 1982; Moreland, Schwebel, Beck & Well, 1982; O'Dell, 1974; Sanders & James, 1983; Todres & Bunston, 1993; Travormina, 1974; Wiese, 1992; Wiese & Kramer, 1988), 4개의 질적 연구(Cedar & Levant, 1990; Lundahl, Nimer, & Parsons, 2006; Lundahl, Risser, & Lovejoy, 2006; Serketich & Dumas, 1996)는 부모 훈련 결과를 중점적으로 다루었다.

위의 연구와 더불어 아동의 품행 문제(Brestan & Eyberg, 1998; Bryant, Vissard, Willoughby & Kupersmidt, 1999; Dumas, 1989; Kazdin, 1987; Miller & Prinz, 1990; Webster-Stratton, 1991), ADHD(Chronis, Jones & Raggi, 2006; Pelham, Wheeler & Chronis, 1998)와 같은 특정 아동과 가족 문제 그리고 일반적인 소아청소년과 아동(Weisz, Weiss, Han, Granger, & Morton, 1995)을 위한 광범위한 심리사회적 치료 연구의 한 부분으로 부모 훈련 중재 연구가 이루어졌다.

여러 연구에서 살펴본 바와 같이 부모 훈련 중재는 아동의 심리사회적 중재에서 가장 많이 연구되었다. 1974년부터 2003년 최근까지 이루어진 학회지에 게재된 연구 분야 중 파괴적 행동을 다루는 부모 훈련에 대한 효과성 연구 430개가 검증되었다(Lundahl, Risser, & Lovejoy, 2006). 부모 훈련 중재의 효과성에 관한 문헌은 연구 방법론, 프로그램 형식, 참여자 성격 특성에 대한 것으로 상당히 다양하다. 이 장에서는 부모 훈련의 직접 효과, 일반화, 중재 요인에 대해 알아볼 것이다.

부모 훈련의 직접 효과

일반적인 치료 접근 방법으로 부모 훈련의 단기 효과를 지지하는 연구가 있다. Lundahl, Risser와 Lovejoy(2006)는 부모 훈련 프로그램이 아동 행동, 부모 행동, 부모 인식에 끼친 효과성을 평가하기 위해 실험과 준실험연구의 메타분석을 실시하였다. 이러한 분석 연구는 1974년부터 2003년까지 63개의 연구에서 이루어졌으며, 여기에는 83개의 치료집단이 포함되었다. 종합적으로 이 연구는 아동 행동, 부모 행동, 부모 인식의 직접 효과크기를 각각 .42, .47, .53으로 보고하였다. 이 효과크기는 적절한 것으로 간주된다.[15] 이런 효과크기는 다른 행동적($d = .54$) · 비행동적 심리 치료($d = .30$)의 평균 효과와 비교할 때, 적절한 것으로 나타났다(Weisz et al., 1995).

초기 연구의 대부분은 가장 많이 이루어진 행동적 부모 훈련 프로그램에만 초점을 맞췄다. 비행동적 부모 훈련 프로그램은 양적인 부분만이 아니라 방법론적인 부분까지도 행동적 부모 훈련에 비해 뒤처진 경향이 있다. 예를 들어, Lundahl, Risser와 Lovejoy(2006)가 조사한 바에 의하면 63개의 실험조사연구 중에 14개만이 비행동적 부모 훈련 프로그램이었다. 이 연구에서 행동적 프로그램이 비행동적 프로그램보다 방법론적인 부분에서 유의한 수준으로 더 엄격하다고 보고하였다. 이와 더불어 행동적 · 비행동적 부모 훈련 연구는 비교가 어려울 만큼 차이가 난다. 그리고 대다수의 행동주의 연구에서는 임상적 표본을 사용하는 반면, 비행동주의 연구에서는 비임상적 표본을 사용하였다.

또한 다른 이론적 원리에 기초한 부모 훈련 프로그램은 목표가 서로 다르기 때문에 직접 비교할 수 없다. 그럼에도 불구하고 몇몇의 서술적 논평에서 다른 이론적 원리의 부모 훈련 프로그램의 효과성과 방법론을 조사하였다(즉, reflective, Adlerian, & behavioral; Dembo et al., 1985; Mooney, 1995; Todres & Bunston, 1993). 세 가지 모든 재검토자료는 몇 가지 소수 연구만 적절하게 계획된 조사연구였고, 효과성을 직접 비교하는 것을 방지하기 위해 다양한 방법론을 활용하였다고 강조하였다. 이 세 가지 재검토 연구에서는 혼합된 결과를 보고하였는데, 특정 이론적 근거에 따라 긍정적인 결과가 다르게 나타났다. 예를 들어, Adlerian 프로그램에서는 부모의 태도와 인식 영역에서 긍정적 결과비율이 높았고, 행동주의 프로그램에서는 아동 행동에서 긍정적 결과비율이 높게 나타났다.

부모 훈련의 가장 큰 하위집단 결과 연구는 공격성, 분노발작, 불복종과 같은 문제행동을 다루기 위한 행동주의 아동 관리 전략에서 부모 훈련 프로그램을 평가하였다. 행동적 부모 훈련(BPT)은

---

15. Cohen(1998)은 효과크기를 작다 $d=.2$ $d=.5$ 크다 $d=.8$로 나누었다.

다른 행동과 변별 강화, 소거, 타임아웃과 같은 전형적인 전략을 포함한다. 초기 서술적 논평은 행동적 부모 훈련이 문제행동에 효과적임을 지지하였다. Atkeson과 Forehand(1978)는 24개의 연구를 살펴보았는데, 세 가지 결과측정도구를 적용하였고(관찰법, 부모에게 수집한 자료, 부모가 수행한 척도) 이 세 가지 영역에서 긍정적인 결과를 보고하였다.

Serketich와 Dumas(1996)는 아동의 반사회적 행동과 부모 적응(parental adjustment)을 다루는 행동적 부모 훈련 프로그램의 효과성을 메타분석을 통해 평가하였다. 그들은 실험집단과 통제집단 간 36개의 비교가 포함된 27개 연구를 분석하였다. 이 연구에서 22개는 개별행동적 부모 훈련을 받았고 13개는 집단행동적 부모 훈련을 받았다. 평균 회기는 9.53회기였다($SD=4.17$). 이 연구에서 전체 아동 결과의 평균 효과크기는 .86으로 매우 컸다(Cohen, 1988). 부모, 관찰자, 교사에 근거한 아동 결과의 평균 효과크기는 각각 .84, .85, .73으로 나타났다. 부모 적응으로 인한 효과크기의 평균은 .44로 적절하게 나타났다. 이 연구에서 보여 주는 결과처럼, 반항 아동을 위한 행동적 부모 훈련은 임상적으로 타당한 APATF(American Psychological Association Task Force)에 의해 고안되었다(Chambless et al., 1996).

몇 가지 연구에서는 ADHD 아동의 부모에게 행동적 부모 훈련 프로그램을 적용한 후, 그 효과성에 대해 평가를 하였다. 행동적 부모 훈련을 한 치료집단과 그렇지 않은 집단을 비교했을 때, 부모 훈련을 적용한 집단이 8개의 연구 중 7개의 연구에서 긍정적인 결과를 보고하였다(Anastopoulos et al., 1993; Duby, O'Leary, & Kaufman, 1983; O'Leary, Pelham, Rosenberg, & Price, 1976; Pisterman et al. 1989; Pisterman et al., 1992; Sonuga-Barke, Daley, Thompson, Laver-Bradbury, & Weeks, 2001; Thurston, 1979). 그러나 행동적 부모 훈련의 효과가 인지행동적 자기 통제 치료(Horn, Ialongo, Popovich, & Peradotto, 1987; Horn, lalongo, Greenbert, Packar, & Smith-Winberry, 1990)나 각성제(stimulant medications)와 비교했을 때 더 우세한 것은 아니었다(Firestone, Kelly, Goodman, & Davey, 1981; Horn et al., 1991; Klein & Abikoff, 1997; Pollard, Ward, & Barkley, 1983; Thurston, 1979).

행동적 부모 훈련과 약물치료를 결합할 때 치료 반응이 향상하지는 않았다(Firestone et al., 1981; Horn et al., 1991; Klein & Abikoff, 1997; Pollard et al., 1983). 그러나 약물치료와 함께 행동적 부모 훈련을 적용하는 것은 기능적인 면(사회적 기술, 부모-자녀 관계 증진, 양육방식)과 내담자의 만족도(Hinshaw et al., 2000; ADHD 집단 아동의 다양한 치료 연구, 1999)를 향상시키고, 약물을 적게 사용할 수 있다는 측면(Horn et al., 1991)을 제안하기도 한다. ADHD 범주에 부모 훈련 중재를 적용한 연구는 좀 더 체계적이어야 하지만, 기존의 연구들은 ADHD의 효과적인 치료를 위해서 부모 훈련을 고려해야 한다는 근거를 충분히 제시하고 있다(Chronis et al., 2004;

Kohut & Andrew, 2004; Pelham, Wheeler, & Chronis, 1998).

다른 아동기 문제에도 행동적 부모 훈련을 적용하여 평가하였다. Graziano와 Diament(1992)는 행동적 부모 훈련을 아동기 문제에 적용한 후 효과성을 평가하기 위해서 경험적 연구 186개를 살펴보았다. 품행, 과잉행동과 같은 문제와 더불어 정신지체, 신체장애, 자폐, 비만, 유뇨증, 공포증 등 다른 특정 행동 문제가 있는 아동에게 행동적 부모 훈련을 적용한 연구를 조사하였다. 그들은 행동적 부모 훈련이 확실하게 아동의 품행 문제와 개별적인 문제행동(예 : 유뇨증, 공포증, 체중 감량)에 긍정적인 영향을 끼친다는 결과를 보고하였고, 과잉행동의 경우는 일부만 성공적이었으며, 자폐증과 정신지체 아동에게는 혼합된 결과가 나타난다고 보고하였다. 그들은 두 가지 후자 조건의 경우에는 행동적 부모 훈련이 아동 행동보다 부모를 개선하는 데 더 효과적일 수 있다고 제안하였다. 최근 무작위 통제집단으로 한 부모 교육과 기술 훈련 중재 연구에서는 위의 의견에 동의한다(Tonge et al., 2006). 이러한 연구는 통제집단과 비교했을 때 치료에 참여한 자폐 아동 부모의 기능을 유의한 수준으로 향상시켰다고 보고하였다.

또한 행동적 부모 훈련을 불안장애 아동에게 적용하였을 때 결과가 혼합적으로 보고되었다. 최근 연구에서 분리불안 아동이 있는 세 가족을 대상으로 부모-아동 상호작용 치료(PCIT : PBT를 매뉴얼화한 프로그램)를 다중 기저선 설계(Choate, Pincus, Eyberg, & Barlow, 2005)로 검사하였다. 이 연구에서 파괴적 행동과 분리불안 증상 모두 임상적으로 유의한 변화가 나타났다. 또 다른 연구에서는 분리불안 아동의 변화를 촉진할 수 있는 특정 치료요소가 무엇인지 의문을 제기하였다(Silverman et al., 1999). 이 무작위 임상실험연구는 부모에게 치료적 지지와 정보를 제공한 통제집단과 행동적 부모 훈련요소를 포함한 치료 중재를 비교하였다. 그 결과, 모든 집단에서 부모와 아동의 기능측정이 향상되었다고 나타났다. 이런 결과는 일반적인 부모 지지와 교육이 분리불안 아동에게 '적극적' 치료 요인이 될 수 있고, 이는 부모 훈련만큼 효과적이라는 것을 의미한다.

Lundahl, Nimer와 Parsons(2006)는 부모 훈련 프로그램을 아동 학대와 학대 증거 (documented abuse)와 관련된 부모 위험 요인에 적용한 후, 그 효과성을 평가한 연구를 메타분석하였다. 그들은 1970년부터 2004년까지 23개 연구를 확인하였고, 여기에는 25개의 부모 훈련 치료 집단이 포함되었다. 23개 연구 중, 17개는 사전 사후 계획만 사용하였다. 이 연구에 사용된 부모 훈련 중재는 이론적 근거(행동주의, 비행동주의, 혼합), 중재 지역(집, 사무실, 혼합), 전달방식 (집단, 개별, 혼합), 회기 수 등 수많은 특징으로 다양하게 이루어졌다. 부모 훈련 이후에 즉각적으로 부모의 행동 변화가 나타났다. 그 결과, 평균 효과크기는 학대 태도에서 .60, 감정조절 .53, 아동 양육 기술 .51, 학대 증거 .45로 나타났다. 감정조절의 결과 변수에서 통제집단($d = .30$)과 그렇지 않은 집단($d = .62$) 간의 효과크기는 유의한 차이를 보였으며, 작은 범위에서 중간 범위로 갈수록 효과는 커졌다.

최근 무작위 실험연구에서 신체 학대를 하는 부모에게 PCIT를 적용하였는데(Chafiin et al., 2004), 통제집단과 비교했을 때 PCIT에 참여한 부모는 부모-자녀 상호작용에서 부정적인 행동이 유의하게 감소하였다.

Cedar와 Levant는 아동과 부모의 행동과 인지조절에 대한 부모 효율성 훈련 프로그램(PET; Gordon, 1970) 효과를 평가하는 메타분석 연구를 하였다. 연구 대부분은 검증된 저널이기보다는 박사 졸업논문으로 이루어져 있다. PET는 행동적 기반보다는 반영적인 Rogerian 접근으로 부모 훈련에 'I' 메시지, 갈등 해결, 적극적 경청을 사용할 수 있도록 구성되어 있다. Cedar와 Levant 는 1975년부터 1990년까지 26개의 연구를 조사하였다. 그들의 분석에서 아동의 태도나 행동과 관련된 결과에 작은 효과도 나타나지 않았고(각각, $ds=.12$와 $.03$), 아동의 자아 강도는 작은 효과($d=.38$), 부모 태도와 행동에 작은 효과(각각, $ds=.41$과 $.37$)가 나타났으며, 과정 내용에 대한 부모의 지식과 관련된 결과에서는 큰 효과($d=1.10$)가 나타났다.

일반화 효과

부모의 행동 변화는 결과적으로 치료를 받지 않는 형제와 시간, 환경에 상관없이 치료 효과를 일반화할 수 있다는 가정은 타당하다. 물론 이 일반화를 지지하는 증거는 있지만, 치료 효과의 일반화를 확실하게 하기 위해서는 광범위한 표본 크기, 다각적인 결과측정도구, 통제집단 등과 같은 발전된 방법론을 추가한 연구가 더욱 증가해야 한다.

앞에서 살펴본 4개의 메타분석 연구 중 3개는 부모 훈련 추후 효과를 평가하였다. PET 프로그램의 장기 효과는 시간이 지남에 따라 전반적으로 약화되었고, 효과가 적절했다가($d=.35$) 줄었다($d=.24$; Cedar & Levant, 1990). Lundahl, Nimer와 Parsons(2006)는 아동 학대 위험 요인에 적용한 부모 훈련 프로그램의 효과성을 평가한 연구를 조사하였는데, 그 결과 23개의 연구 중 5개는 아동 양육행동에 대한 추후 효과를 보고하였고, 6개는 부모 태도와 감정조절에 관한 추후 효과를 보고하였다. 이 추후조사에서 아동 양육행동에 대한 효과성은 적절한 수준이었고($d=.65$), 감정조절과 아동 양육행동에서는 낮게 나타났다(각각, $ds=.28, .32$).

하지만 이 두 가지 결과는 추후연구에 통제집단을 포함한 연구와 그렇지 않은 연구에 대한 각각의 추후 효과를 보고하지 않았다. 그래서 Lundahl, Risser와 Lovejoy(2006)가 행동적 부모 훈련 프로그램의 추후효과에 관해 보고하였다(치료가 끝나고 1개월에서 12개월 후). 그 결과 통제집단을 포함한 연구가 장기적인 영향력을 좀 더 정확하게 입증해 주었다. 통제집단을 대상으로 한 프로그램의 추후 영향력은 부모 인식($d=.45$)에서 적절한 수준으로 유지되었고, 아동 행동($d=.21$)과 양육 기술($d = .25$)은 적절한 수준에서 점차 낮아지면서 영향력이 쇠퇴하였다.

　최근 연구에서는 행동적 부모 훈련을 적대적 반항장애(ODD) 아동의 부모와 신체 학대를 하는 부모에게 적용한 후 추후 효과를 보고하였다. Chaffin 외(2004)는 무작위 통제실험연구에서 신체 학대 부모에게 행동적 부모 훈련 프로그램을 적용한 후 추후조사자료(평균 간격 2.3년)를 보고하였다. 추후조사에서 행동적 부모 훈련집단에 참여한 부모는 19%인 것에 비해 통제집단은 49%가 다시 신체 학대를 한다고 보고하였다. Reid, Webster-Stratton과 Hammond(2003)는 4세부터 8세까지 적대적 반항장애 진단을 받은 아동 159명에게 행동적 부모 훈련 프로그램(기적의 1년)을 진행한 후 2년간 추후조사를 하였다. 치료 후에 참여자 중 46.2%는 부모 훈련만 받고 55~59.1%는 교사 훈련 또는 아동 훈련과 부모 훈련을 병행하였는데, 통제집단의 20%와 치료 후 집단을 비교했을 때 임상적으로 유의한 변화(행동의 비율이 20%는 감소하였다.)가 나타났다. 이를 대상으로 2년 후 추후검사에서 부모 훈련만 받거나 교사 훈련, 아동 훈련을 함께 받은 참여자에게서 임상적으로 유의한 증진이 보고되었는데, 각각 50%, 81.8%, 60%로 나타났다. 하지만 2년 후 추후검사를 한 통제집단은 없었다.

　행동적 부모 훈련 치료가 치료를 받지 않은 형제에게까지 영향을 끼친다는 치료 효과의 일반화에 관한 연구가 있다. 이러한 4개의 연구에서 치료 후에 치료를 받지 않은 형제에게 관찰되는 이상행동(Arnold, Levin, & Patterson, 1975; Wells, Forehand, & Griest, 1980)과 순응성(Humphreys, Forehand, McMahon, & Roberts, 1978; Eyberg & Robinson, 1982)이 의미 있게 향상되었음을 보고하였다. 한 연구에서는 이러한 개선이 추후 6개월까지 유지되었다(Arnold et al., 1975). Eyberg와 Robinson(1982)은 부정적인 형제 행동의 강도나 정도에서 유의한 감소는 없었는데, 치료를 받지 않은 형제에게 하는 부모의 행동이 유의하게 개선되었다고 보고하였다.

　초기 2개의 연구는 치료 효과가 임상에서 학교환경으로 일반화될 수 있다는 것을 밝히는 데 실패하였다(Breiner & Forehand, 1981; Forehand et al., 1979). 그러나 McNeil, Eyberg, Eisenstadt, Newcomb와 Funderburk(1991)의 연구에서 행동적 부모 훈련 프로그램에 참여한 아동 10명은 교사에게 평가된 이상행동이 통제집단에 비해 개선되었고, 학교 내에서 적절하고 순응적인 행동이 증진되었다고 보고하였다. 이 연구에서 표집 대상은 치료 전에 학교에서 문제행동 수준이 심각한 아동으로 선택하였고, 이 아동들은 치료 이후 가정에서 행동하는 것까지 임상적으로 유의하게 개선되었다.

중재 효과

아동, 부모, 프로그램 특성에서 아동의 연령, 아동의 IQ, 가족의 사회경제적 수준, 부모의 사회적 지지, 부모의 교육 수준, 부모의 기능, 가족 스트레스, 인종과 같은 수많은 부분은 부모 훈련 결과에 영향을 끼친다(Graziano & Diament, 1992). 그러나 이런 특성을 독립 변수로 연구한 논문은 상대적으로 부족하다. Lundahl, Risser와 Lovejoy(2006)는 부모 훈련의 중재변인 효과를 메타분석하였다. 이 연구에서 가장 두드러지는 중재변인은 경제력으로 나타났다. 경제적으로 어려운 가정보다는 안정된 가정의 부모와 아동이 부모 행동, 아동 행동, 부모 인식의 측면에서 결과적으로 더 유리하였다. 또한 이 연구는 아동 행동 결과에 부부의 상태도 중재변인이 된다고 밝혔다. 표집 대상에서 한부모 가정의 비율이 높은 연구(연구개수 k = 29)가 비율이 낮은 연구(k = 16)에 비해 변화가 적었다. 3개의 질적 연구는 아동의 연령, 부모 훈련과 관련해서 혼합된 결과를 보고하였다. Lundahl, Risser와 Lovejoy(2006), Cedar와 Levant(1990)의 메타분석에서는 연령이 긍정적인 결과와 상관관계를 보이지 않았지만, Serketich와 Dumas(1996)의 연구는 연령과 긍정적 결과 간에 정적 상관관계를 보고하였다.

부모 훈련 결과에 영향을 끼치는 몇 가지 프로그램 특성에는 훈련 형식과 회기 횟수가 있다. Serketich와 Dumas(1996)의 메타분석에서 치료 형식(개별 대 집단)과 전반적인 아동의 결과에서 나타난 효과크기 사이에는 유의한 상관관계가 없었다. 이 연구는 개별, 집단, 자기 관리 행동적 부모 훈련의 효과는 같고, 이러한 치료집단이 치료를 받지 않은 통제집단보다 효과가 더 크다고 밝혔다(Webster-Stratton, 1984; Webster-Stratton, Kolpacoff, & Hollinsworth, 1988).

Lundahl, Risser와 Lovejoy(2006)의 연구 역시 대면하는 것(face-to-face)과 자기 지시 중재(self-directed interventions) 간의 효과크기 차이를 발견하지 못하였다. 그러나 20개의 연구에서 경제적으로 어려운 가정은 집단 부모 훈련을 받을 때보다 개별 부모 훈련을 받을 때 아동과 부모가 유의한 수준으로 개선된다고 밝혔다. 개인과 집단 치료에 따른 부모 인식 영역은 결과적으로 차이가 없었다. Lundahl, Nimer와 Parsons(2006)는 학대와 관련된 부모 태도는 12회기 이하보다 12회기 이상 진행한 프로그램에서 더욱 개선되었다고 보고하였다. 양육행동은 회기 수와 관련이 없는 것으로 밝혀졌다.

부모 훈련의 경험적 증거 개관

다양한 아동 문제와 이론적 근거로 부모 훈련 프로그램을 평가하는 여러 연구가 이루어지고 있다. 전반적으로 이러한 연구는 아동과 부모의 다양한 결과 영역을 넘어 부모 훈련의 즉각적인 효과성을 지지하였다. 부모 훈련은 효과적인 다른 심리 치료와 비교했을 때도 우수한 효과가 있다고 나타났다. 특히 ADHD와 반항적인 아동을 다루는 데 행동적 부모 훈련 프로그램이 매우 효과적이라는 충분한 근거가 있다. 비록 혼합된 결과로 더 많은 연구가 필요하겠지만, 이 연구는 시간을 넘어 부모 훈련 효과가 일반화된다는 것을 지지하며, 소수 연구에서는 일상환경, 치료받지 않은 형제에게 까지 그 효과를 일반화할 수 있다고 보고하였다.

물론 일반적으로 메타분석 연구의 결과에 의존하여 부모 훈련 프로그램의 효과성을 조사하는 것은 제한적인 부분이 있다. 이전에 언급한 바와 같이 수많은 요인(예 : 이론적 배경, 중재의 형식과 내용, 목표행동, 중재의 회기 길이 등)을 포함하는 부모 훈련과 일부 프로그램은 다른 프로그램보다 훨씬 효과적이다.

선택된 부모 훈련 프로그램에 대한 개관

부모 훈련을 지지하는 경험적인 연구들에서 확인된 바와 같이, 그와 관련된 프로그램 역시 매우 다양하다. 이런 다양한 프로그램의 몇 가지 차이점을 좀 더 잘 이해하기 위해서 특정 프로그램에 대한 세부사항을 알아보고, 더불어 부모 훈련 프로그램으로 선택할 때 몇 가지 주요사항에 대해서도 살펴볼 것이다. 이 장에서는 부모 훈련 프로그램을 이해할 수 있도록 몇 가지 프로그램은 세부적으로 설명하였고, 나머지는 간략하게 요약하여 제시하였다.

외현화 행동 문제를 목표로 하는 부모 프로그램

비순응적 아동을 위한 프로그램(HNC)

행동적 부모 훈련 프로그램은 비순응적인 아동을 돕기 위한 프로그램이며, 이는 부모의 지시에 비순응적인 행동이 높은 수준으로 나타나는 어린 아동(2~8세)을 대상으로 한다(McMahon & Forehand, 2003). McMahon과 Forehand(2003), Forehand와 McMahon(1981)은 광범위한 조사와 평가연구를 함으로써 이 프로그램을 지지하였다. 증거 기반 치료 프로그램에는 품행 문제 (Brestan & Eyberg, 1998), 아동 학대(Saunders, Berliner, & Hanson, 2004), 그리고 물질남용과 비행을 예방(Alvarado, Kendall, Beesley, & Lee-Cavaness, 2000; Webster-Stratton & Taylor, 2001)하기 위한 몇 가지 '최선의 실제 방안목록'이 포함되어 있다. 이런 임상 중심 프로그램은 개별적으로 가족과 치료사가 함께 작업하는 것을 포함한다. 아동은 모든 회기에 부모와 함께 참여한다. 프로그램의 우선적인 목표는 부모에게 자녀와 상호작용을 적절한 방식으로 할 수 있도록 가르침으로써 아동이 부모의 지시에 순응하는 행동을 증진하고 아동의 파괴적인 행동을 감소하는 것이다.

　이러한 프로그램의 중재는 두 가지 중요한 단계로 구성된다. 1단계는 변별적 관심 기술을 배우는 단계로, 이를 통해 적절한 행동이 증가될 뿐만 아니라 부모-자녀 관계를 향상하기 위해 고안하였다. 2번째 단계는 순응성 훈련 기술로, 이를 통해 부모가 아동의 다른 문제행동과 비순응적 행동을 다룰 수 있도록 돕는다. 치료사는 세부적인 훈련 매뉴얼을 활용한다(McMahon & Forehand, 2003).

　각 회기는 기준 절차에 따른 훈련 형식이 있는데, 여기에는 교훈적 교육 특정 기술을 논의하는 것이 포함되며, 치료사가 모델링과 역할극으로 특정 기술을 설명하고 그 기술을 부모가 치료사와 함께 연습한 뒤 이를 아동에게 소개한다. 그런 후 부모와 아동이 함께 특정 기술을 연습하는 동안 치료사는 단서와 피드백을 주고, 최종적으로 부모가 이 기술을 집에서 수행, 활용할 수 있도록 과제를 부여한다.

　프로그램에서 설명한 기술은 관심, 보상, 무시, 지시, 타임아웃을 포함한다. 프로그램 1단계에서는 관심, 보상, 무시의 기술을 부모가 효과적으로 사용할 수 있게 가르친다. 2단계에는 효과적으로 지시하는 것과 타임아웃을 사용하는 적절한 방법을 가르친다. 완전한 임상적 프로그램은 대개 8~12회기로 이루어진다. 가족에 따라 회기 수는 다양한데, 그 이유는 비순응적 아동을 위한 프로그램은 부모의 기술로 어떤 특정 수준의 순응성에 도달해야 다음 기술을 소개받을 수 있는 수행 중심 접근법이기 때문이다. 특정 기술의 세부사항에 대해서는 이후에 설명한다.

1단계(변별적 관심 기술)

관심. 관심은 아동의 적절한 행동을 향상시킬 때 부모가 활용할 수 있는 기술이다. 또한 관심은 긍정적인 부모-자녀 관계를 만드는 데 기본적 토대가 된다. 그런 후 치료사는 부모가 '아동의 게임'을 통해서 논의, 모델링, 역할극과 같은 기술을 아동과 함께 연습하여 숙달할 수 있도록 돕는다. 이 시간에는 아동이 놀이활동을 선택(예 : 블록놀이)할 때 부모는 지시하지 않는 것이 중요하다. 부모는 아동에게 지시와 질문을 하지 않는 대신에 아동의 행동을 분명하게 반영하는 방식을 배운다. 이러한 기술을 부모가 연습하여 숙달하면 이후에는 아동의 적절한 행동을 증진시키는 데 활용할 수 있다. 부모가 완전하게 수행할 때까지 치료적 중재에서 반영 기술을 중점적으로 다룬다. 부모의 수행 능력은 구조화된 관찰을 통해 특정한 행동 기준으로 평가한다.

보상. 두 번째 기술은 부모가 아동의 긍정적인 행동에 칭찬이나 보상을 하는 방식이다. 보상 기술은 교육과정과 같은 방식으로 배우고 '아동의 게임'에서 연습한다. 부모는 보상의 유형이 언어(예 : "네가 장난감을 치울 때 엄마는 정말 좋단다.")와 신체적 보상(예 : 안아주기, 쓰다듬어 주기)으로 구성된다고 배운다. 또한 부정적인 행동보다 친사회적 행동에 초점을 맞추어서 보상을 해야 한다. 그리고 다음 기술을 배우기 전에 배운 기술을 완전히 수행할 수 있어야 한다.

무시하기. 프로그램 1단계에서 세 번째 구성요소는 아동이 부모에게 징징거리고 떠드는 행동과 같은 소수의 부적절한 행동을 무시하도록 가르치는 것이다. 이 역시 규준화된 교육과정으로 이루어진다. 부모가 배우는 무시하기 과정에는 수용할 수 없는 가벼운 행동이 나타날 때 눈 맞춤을 하지 않기, 신체 또는 언어적 접촉하지 않기가 포함된다.

변별적 관심 계획. 부모는 관심, 보상, 무시하기 기술을 숙달하며 치료사는 부모가 변별적 관심을 활용하여 아동의 특정 목표행동을 증가시킬 수 있도록 돕는다. 치료사에게 안내받은 대로 변별적 관심 계획에 프로그램 1단계에서 배운 기술을 적용한다.

2단계(순응하는 훈련 기술)

프로그램의 2단계는 우선적으로 부모에게 두 가지 훈련 기술, 즉 아동에게 어떻게 효과적으로 지시할 것인가, 타임아웃 절차를 어떻게 적절하게 활용할 것인가를 가르치는 것으로 구성된다.

효과적으로 지시하기. 부모는 자녀에게 효과적으로 지시, 요구하는 방식의 구성요소를 배운다. '부모의 게임'을 통해 부모는 아동에게 지시하는 것을 연습한다. 1단계에서 부모가 비지시적인 기술을 배우는 '아동의 게임'과는 다르게 '부모의 게임'에서는 부모가 행동을 지시하는 것을 배운다(예 : 부모가 빈번하게 지시, 명령하는 것). 치료사는 부모가 지시하는 것에 대해 피드백을 준다(예 : 그들이 어떻게 향상될 수 있는지). 또한 부모는 자녀가 부모의 지시에 순응할 때 자녀에게 칭찬이나 관심을 주는 것 역시 배운다.

타임아웃. 부모는 자녀에게 특정한 타임아웃 절차를 적용하는 방식을 배우며, 아동도 치료 회기에서 타임아웃을 배운다. 치료사는 타임아웃을 해야 하는 사항을 부모에게 안내한다. 그런 후 치료사는 부모의 지시에 순응하는 것과 불복종하는 것을 어떻게 다룰 것인지 부모에게 알려 주고, 이후 지속적으로 명확하게 활용할 수 있도록 도와준다.

규칙 세우기. 부모가 배운 기술을 가정에서 계속 효과적으로 활용한다면, 규칙 세우기를 설명한다. 규칙 세우기의 전형적인 진술문은 '만약… 그런 다음에는… '이다(즉, 특정한 결과를 위해 특정 행동을 규칙으로 한다.). 치료사는 부모가 적절한 규칙을 만들 수 있도록 도와준다.

기술 확장. 치료사는 부모가 배운 기술을 가정 밖의 환경에서도 자녀 행동을 관리하는 데 어떻게 활용할 것인지에 대해 부모와 함께 논의한다.

자기 관리와 HNC의 육아수업 적용

부모에게 비순응적인 아동을 위한 프로그램(HNC)에서 배운 핵심 기술을 제공하는 소책자는 아동 관리 기술교육자료로서 효과적으로 활용할 수 있다(O'Dell, Krug, Patterson, & Faustman, 1980; O'Dell et al., 1982). 무작위 실험연구에서 이 같은 소책자에 대해 초기 평가하였는데, 소책자는 부모가 기본적인 기술을 배워서 자녀의 행동 개선에 활용하는 데 효과적이라고 하였다(Long, Rickert, & Ashcraft, 1993). 그래서 소책자는 『고집이 센 아동 양육하기(Parenting the Strong-Willed Child)』라는 책으로 발간되었고, 이 책에는 부모를 위한 비순응적 아동 프로그램의 핵심 기술을 배우기 위한 자기 안내 지침이 포함되어 있다(Forehand & Long, 2002).

양육 교실 6주 프로그램(총 12시간) 역시 비순응적 아동을 위한 프로그램(HNC)과 『고집이 센 아동 양육하기』를 근거로 개발되었다. 매주 2시간 동안 핵심 기술 중 하나를 부모에게 가르쳐 줄 뿐만 아니라, 추가적인 주제도 다룬다. 추가적인 주제는 긍정적인 가정 구성, 의사소통 증진, 참을성 개발, 긍정적인 자아 형성, 문제 해결하기 등을 포함하며 이를 수업에서 논의한다. 이러한 양육 교실로 인해 양육법이 향상되었고, 아동 행동 문제가 감소하였으며, 양육 스트레스가 감소했다는 평가가 보고되었다(Conners, Edwards, & Grant, 2007).

경미한 문제가 있는 아동의 부모를 위해 자기 지침서와 양육 교실 형태를 제공하는 반면, 행동 문제가 더 심각한 아동의 부모에게는 비순응적 아동을 위한 프로그램을 실시하도록 권고되고 있다.

외현화 행동 문제를 우선적 목표로 하는 다른 부모 훈련 프로그램

아동의 외현화 행동 문제를 줄이는 데 효과적이라고 밝혀진 수많은 증거 기반 부모 훈련 프로그램이 있다. 이러한 프로그램 중 세 가지를 이후에 간략하게 논의할 것이다.

부모-자녀 상호작용 치료

부모-자녀 상호작용 치료(PCIT; Brinkmeyer & Eyberg, 2003)는 비순응적 아동을 위한 프로그램(HNC)의 방법과 유사한 점이 많다. 이 두 프로그램은 Constance Hanf(1969)의 초기 작업에서 개발되어 실제 기능이 유사하다. 두 프로그램 모두 파괴적 행동을 하는 어린 아동을 대상으로 하며 2단계 프로그램으로 이루어져 있고, 치료사는 개별적으로 가족을 다룬다. 부모-자녀 상호작용 치료의 2단계는 다음과 같다. 아동 대상 상호작용(child-directed interaction)과 부모 대상 상호작용(parent-directed interaction)으로 이루어져 있으며, 훈련은 가르치기 위한 교육과정, 모델링, 역할극, 코칭을 통해 이루어진다. 부모-자녀 상호작용 치료에서 아동은 거의 모든 회기에 참석하지만, 부모가 모든 회기에 참석하는 것은 아니다. 부모는 각 회기가 시작할 때 단일교육 회기에만 참석한다. 부모는 이런 교육 회기에서 그 단계를 위한 모든 기술을 배운다(반면, 비순응적 아동을 위한 치료 프로그램에서는 각 단계 안에서 연속적으로 기술을 배운다.). 또한 부모-자녀 상호작용 치료는 아동 대상 상호작용 단계에서 놀이 치료의 전형적인 역할을 강조한다. 광범위한 연구 결과를 통해 부모-자녀 상호작용 치료의 효과성을 지지한다(Brinkmeyer & Eyberg, 2003 참조).

기적의 1년

기적의 1년(TIY) 훈련 시리즈(Webster-Stratton & Reid, 2003)는 부모, 교사, 어린 아동(2~8세)을 위한 중재요소로 이루어진 광범위한 프로그램이다. 기적의 1년은 좋은 평가를 받은 프로그램이다(Webster-Stratton & Reid, 2003 참조). 부모 훈련을 구성하는 요소의 목표는 부모의 기능과 가족 간의 관계를 공고히 하도록 촉진하는 것이다. 이는 비디오모델링·집단 논의 프로그램으로 이루어진다. BASIC 부모 훈련 프로그램을 완수하려면 26시간이 걸린다(13주 동안 2시간씩 집단 회기). 롤모델의 양육 기술로 구성된 250개의 짧은 상황(각 1~2분)의 프로그램을 녹화한 비디오를 사용한다. 치료사가 주도하는 집단 논의에서 이런 짧은 상황의 비디오를 8~12명의 부모에게 보여준다. 이 프로그램은 아동 지향 상호작용놀이를 통해 부모-자녀 관계를 향상시키는 방법과 칭찬·격려하기를 가르치는 것이 목표이다. 또한 이 프로그램은 모니터링, 무시하기, 효과적인 지시, 타임아웃, 자연스럽고 논리적인 결과와 같은 양육 기술도 가르친다.

Webster-Stratton은 ADVANCE 부모 훈련 프로그램도 개발하였다(Webster-Stratton & Reid, 2003). 이것은 14회기 비디오 중심 프로그램으로, BASIC 프로그램을 완수한 후 활용할 수 있다. ADVANCE 프로그램은 개별적인 자기 통제, 의사소통 기술, 문제 해결 기술, 사회적 지지와 자기 돌봄 강화하기 등 네 가지 주요 구성요소로 이루어졌다.

긍정적 양육 프로그램

Sanders(Sanders & Ralph, 2004)가 개발한 Triple P(Positive Parenting Program)는 독특한 부모 훈련 프로그램이다. 오스트레일리아에서 개발되어 최근에는 세계적으로 활용되고 있는데, 긍정적 양육 프로그램은 2~12세 아동을 대상으로 하는 다양한 수준의 부모 훈련 프로그램이다. 이 프로그램은 5수준으로 이루어졌다. 수준 1은 보편적 부모 정보 전략으로, 최근 동향지와 홍보 매체 캠페인 같은 다양한 전략을 통해 모든 부모가 일반적인 양육 정보를 얻을 수 있도록 돕는다. 수준 2는 경미한 행동 문제가 있는 아동을 대상으로 초기 건강 관리 중심 양육 중재가 단기 1~2회기로 구성되어 있다. 수준 3은 경도에서 중등도 수준의 문제행동을 보이는 아동을 대상으로 하는 좀 더 집중적인 양육 중재로, 4회기로 이루어져 있다. 수준 4는 중대한 문제행동을 보이는 아동을 대상으로 하는 개별 또는 집단 부모 훈련 프로그램으로, 8~10회기로 구성되어 있다. 수준 5는 향상된 행동적 가족 중재 프로그램으로, 다른 요인들(예 : 부부 갈등, 높은 스트레스)로 인해 복잡해지는 중대한 행동 문제에서 활용한다.

내면화 문제행동을 목표로 하는 부모 프로그램

앞에서 논의한 것처럼 아동의 외현화 문제행동을 다루기 위해서 다양한 양육 프로그램이 개발되었다. 그러나 내면화 문제행동을 설명하기 위해 특별하게 개발된 양육 프로그램은 수적으로 제한적이다. 이 같은 부모 프로그램은 외현화 문제를 위한 프로그램과는 다르며, 이 프로그램에서는 직접적으로 아동과 작업하는 중재를 활용하기도 한다. 이 프로그램의 기본 신념을 간략히 살펴보면 다음과 같다. (1) 양육방식이 아동의 내면화 문제에 중요한 요인이지만, 대부분 외현화 문제에서만큼 중점적인 역할을 하지는 않는다. 그리고 (2) 직접적으로 아동과 함께 다른 중재법(예 : 인지행동 치료)을 적용하는 것이 효과적이다.

몇 가지 연구는 부모-자녀 상호작용에서 부모가 지나치게 통제적이고 자율성을 적게 부여하며, 따뜻한 정서적 지지가 적은 것이 아동의 내면화 장애를 심각하게 하는 위험 요인이라고 밝혔다(Hudson & Rapee, 2001; Rapee, 1997; Siqueland, Kendall, & Steinberg, 1996). 아동 불안은 부모의 기대와 요구대로 양육법을 고민하거나 변화하려고 하면서도 나타날 수 있고, 부적 강화를 통해 아동의 불안과 회피행동이 유지되거나 악화될 수도 있다(Kendall & Ollendick, 2004). 따라서 인지행동 치료가 아동기 불안장애에 효과적인 치료이며, 연구자들은 치료 과정에 부모를 참여시킴으로써 치료 결과를 향상시킬 수 있다고 제안하였다(Barrett & Farrell, 2007).

Barmish와 Kendall(2005)은 아동기 불안을 위한 중재로 부모 중심 구성요소를 제시하였다.

아동의 불안행동 강화 제거하기. 부모는 인지적 관리 전략으로 회피행동 제거하기와 공포 표현하기, 용기 있는 행동 보상하기를 배운다. 특정 전략 기술은 계획된 무시하기, 언어적 칭찬, 특권과 실질적 보상주기이다.

적절한 행동 모델링하기. 부모는 아동이 자신의 불안행동을 더욱 명확하게 인식할 수 있도록 돕는 방법과 아동에게 적절한 모델링을 해 주는 방식을 배운다. 또한 부모는 문제 해결 기술, 자신의 인지를 재구조화하는 방법, 불안자극 상황에 적절한 반응 대처 등을 배운다.

가족 갈등 줄이기. 부모는 갈등 줄이기, 의사소통, 부모-자녀 관계 향상과 같은 특정한 전략을 배운다.

기타. 다른 기타 기술로는 불안의 병인론(그리고 가족의 역할), 이완 훈련, 다른 불안한 아동의 부모와 사회적 지지망을 어떻게 세우는지에 대해 부모에게 가르치는 것과 같은 프로그램도 있다.

Barmish와 Kendall(2005)은 아동 불안 치료에 부모가 참여한 9개의 통제된 연구를 메타분석하였다. 불행하게도 연구에서는 부모 회기 내용, 회기의 형식과 수, 부모의 회기 참여 여부와 같은 요인을 통제하지 않아 큰 변수가 생겨 결정적인 결론을 도출할 수 없게 되었다. 부모가 참여하지 않은 인지행동 치료의 효과크기는 작은 범주에서부터 자기 보고자료에서는 중간 범주, 부모 보고 척도에서는 큰 범주까지 다양하였다. 또한 부모가 참여한 치료 프로그램의 효과크기는 작은 범주에서부터 자기 보고 척도에서는 큰 범주, 진단자와 부모 보고자료에서 큰 범주까지 다양하게 보고되었다.

인생 프로그램을 위한 FRIENDS

'인생 프로그램을 위한 FRIENDS'는 내면화 행동 문제에 중점을 둔 프로그램으로(Barrett & Farrell, 2007; Barrett & Shortt, 2003), 아동기 불안을 대상으로 하며 부모 요인을 포함한다. 이 치료 프로그램은 초기에는 집단 중심 중재법으로 고안되었으며(임상에서 개별적으로도 적용 가능), 우선적으로 아동 중심 인지행동 요인을 다룬다. 즉, 아동의 역기능적 인지를 해결하기 위해서 아동과 직접 협력하는 것이 핵심이다. 부모와 가족 기술 요인은 약 6시간 집단 형식에 참여하도록 고안되었다(각 1시간 30분으로 구성된 4회기). 부모·가족 기술 요인의 주요 중점사항은 다음과 같다(Barrett & Farrell, 2007; Barrett & Shortt, 2003).

- 자녀 다루기 강화, 행동 접근, 그리고 자녀를 위한 적절한 대처행동의 부모 모델링과 돌보는 기술을 포함한 양육 기술을 격려한다.
- 자기 인식과 자신의 스트레스와 불안을 적절하게 관리하는 방법을 부모에게 가르친다.
- 자녀의 위험한 시기를 부모가 인식하기, 어떻게 자녀에게 대처할 것인지 지도하기, 자녀를 적절하게 다루기 위한 시도 강화하기를 증가시킨다.

부모 요인은 아동을 위한 FRIENDS 구성요소에 따른다. Barrett와 Farrell(2007)은 부모 요인의 각 구성 요인의 특정 전략을 FRIENDS의 머리글자로 다음과 같이 설명하였다.

감정(Feeling). 부모 스스로 두려움과 불안에 반응하고 불안을 인식하는 기술을 배우는 것에 중점을 두도록 부모에게 권고한다. 특히 강점에 대한 반응이 개인적으로 다름을 수용하는 것의 중요성을 다룬다.

이완 시간을 갖는 것을 기억하라(Remember to relax. Have a quiet time). 이완 기술을 배우고

가족에게 코치하고 연습하도록 부모에게 권고한다. 또한 가족이 규칙적으로 이완 시간을 갖도록 하고 아동이 이완연습을 강화할 수 있도록 부모에게 권고한다. 자녀와 함께 질적인 시간을 보낼 수 있도록 지지와 격려를 한다.

나는 할 수 있어! 최선을 다할 수 있어!(I can do it! I can try my best!) 스트레스에 대한 부모 반응이 자녀에게 낙관주의 혹은 비관주의 중 어떻게 보여지는지 부모 스스로 자신의 인지 태도를 인지할 수 있도록 부모에게 권고한다. 긍정적인 사고로 자녀에게 보상하고 관심을 주며 긍정적인 사고방식을 사용하도록 부모에게 권고한다. 또한 자녀에게 긍정적 촉진(예 : "너는 할 수 있어, 전에도 네가 해냈잖아.")을 사용하도록 한다.

해결책 탐색과 대처단계 계획(Explore solutions and coping step plans). 자녀가 (공포단계를 기초로) 대처단계를 계획할 수 있도록 돕는 방법을 부모에게 가르친다. 대처단계 계획에서 확실히 성공할 수 있도록 자녀를 돕는 규칙과 대처단계 계획의 사례에 대한 자료를 부모에게 준다.

지금 스스로 보상하기! 최선을 다하는 거야!(Now reward yourself! You've done your best!) 용감하고 확신 있는 행동과 보상행동을 주목하도록 부모에게 권고한다. 또한 회피와 불만행동을 무시하는 방법을 부모에게 가르친다.

연습을 잊지 말기(Don't forget to practice). 자녀에게 부모의 FREINDS 계획 사용을 장려하도록 부모에게 가르친다. 또한 곧 다가올 도전을 다루기 위한 기술의 사용 방법을 자녀와 역할극을 통해 연습하도록 부모에게 권고한다.

웃기! 삶에서 평정심 유지하기!(Smile! Stay calm for life!) 앞으로 직면할 도전과제에 대한 효과적 전략을 부모가 갖추고 있다는 것을 자녀가 인지할 수 있도록 부모에게 권고한다.

발달장애를 대상으로 하는 부모 프로그램

지난 수십 년간 발달장애 아동의 치료에서 부모 역할의 변화는 매우 컸다. 예전에는 부모가 자녀의 치료에 꼭 참여해야 했다면, 지금은 참여를 한다고 해도 최소한으로 참여한다. 이러한 변화는 특히 자폐와 같은 특정 장애일 때 더 의미가 있다. 과거에는 자폐의 원인을 부모 양육방식(차갑고, 거부적인 양육방식) 때문이라고 보았다(Bettleheim, 1967). 다행히도 더 이상 자폐의 원인을 양육과 관련된 감정적인 문제에서 찾기보다는 신경학적 발달장애로 보기 시작하면서 치료 중재가 성공하는 데 부모가 중요한 역할을 할 수 있게 되었다.

자폐와 발달장애 아동을 위한 부모 훈련 연구는 파괴적 행동장애와 같은 영역의 부모 훈련 연구와 분리되어 발전하였다(Brookman-Frazee, Stahmer, Baker-Ericzen, & Tsai, 2006). Brookman-Frazee 외(2006)는 더 일반적인 파괴적 행동장애의 부모 훈련과 자폐 아동의 부모 훈련 연구를 비교하였을 때 몇 가지 차이점을 발견하였다. 그들은 자폐스펙트럼장애 아동의 부모집단이 더 규모가 작은 편이고, 이를 대상으로 하는 연구는 대개 단일사례연구, 단일사례 계획, 그리고 좀 더 기술적인 보고서를 포함하였다고 보고하였다. 자폐 아동의 부모 훈련 프로그램은 부모의 행동적 모델링 기술을 더 많이 포함하는 경향이 있었다. 그리고 부모를 교육하는 것보다 가족 치료 요인을 더 많이 다루었다.

다른 발달장애나 자폐증을 위한 치료 프로그램과 상관없이 부모 참여 정도는 매우 다양하였다. 자폐 아동 치료에서 가장 선호하는 치료 프로그램을 부모 참여 수준으로 논의할 것이다.

계획된 적극적 훈련

계획된 적극적 훈련(PAT : Planned Activities Training; Lutzker & Steed, 1998)은 선행적으로 저항행동 예방에 초점을 두는 부모 훈련 접근법이다. 유관적 관리 기술에 의존하는 여러 가지 부모 훈련 접근법과는 다르게, 계획된 적극적 훈련은 아동의 저항행동을 예방하기 위한 활동 계획 및 구조화를 부모에게 가르친다. 계획된 적극적 훈련은 발달장애 아동을 포함한 다양한 집단에서 부적절한 행동을 줄이는 데 성공적으로 활용되었다(Lutzker & Steed, 1998 참고). 계획된 적극적 훈련은 부모에게 시간 관리 기술, 활동 선택 방법, 활동 규칙 설명법, 임시교육, 피드백, 강화 등을 가르친다. 이 부모 훈련은 구조화된 5회기를 개별 가족에게 제공한다. 훈련 초기에는 부모에게 문제가 되지 않는 활동 기술을 활용하는 것을 가르친다. 부모가 그 기술을 숙달하면 목표를 더 문제가 되는 행동과 환경으로 확장한다. 그리고 훈련은 모델링, 부모 시행, 피드백 등 광범위한 요소를 포함한다. 훈련 회기는 대개 문제행동이 발생하는 환경과 가정에서 구성된다.

자폐를 위한 Lovaas의 치료 프로그램에 부모 참여

초기 응용행동분석(ABA) 중재는 부모를 포함하지 않고 아동에게 중점을 두었다. 그러나 Lovaas 외(Lovaas, Koegel, Simmons, & Long, 1973)의 초기 연구에서는 치료에 참여하기를 원하는 가족의 아동은 1년 동안 학습된 치료 프로그램의 기술을 훨씬 오랫동안 유지(또는 향상)한다는 것에 주목하였다(Lovaas, 2003). 이 같은 Lovaas의 입증되지 않은 자료는 자폐 아동의 경우 부모 참여가 필요하다는 것을 이해하는 중대한 계기가 되었다. 그러나 응용행동분석에서는 부모가 수행해야 하는 것이 너무 광범위해서(적어도 일주일 40시간) 부모의 삶에서 많은 변화가 필요하므로 이를 이행하는 것이 불가능하다.

부모가 응용행동분석 프로그램을 아동에게 적용했을 때의 효과성이 확실하지 않다는 점에 주목해야 한다. 최근 연구에서 응용행동분석 중재를 부모가 하는 것과 학생이 한 것으로 비교하였다(Smith, Groen & Wynn, 2000). 학생 치료집단에 참여한 아동을 4년 추후조사한 결과, 부모 치료집단에 참여한 아동보다 IQ검사, 시지각적 기술, 언어의 특정 부분에서 더 많은 이점을 얻었다고 나타났다. 부모 훈련에 참여한 부모는 자폐가 있는 자녀에게 지속적으로 그들이 배운 행동적 기술을 사용했으나, 규준에 맞는 자료를 포함한 조작적 학습 절차 완수를 그만두는 경향이 많았다(Harris, 1986).

중심축 반응 훈련

중심축 반응 훈련(PRT)은 자폐 아동에게 적용하기 위한 행동 중재법으로 개발되었다(Koegel, O'Dell, & Koegel, 1987). 중심축 반응 훈련은 부차적으로 다른 행동까지 변화를 불러올 수 있는 기능의 중요 영역을 설명하는 것에 중점을 둔다(Koegel, Koegel, & Brookman, 2003). 물론 개인적 요구에 근거하여 특정 목표행동을 결정하지만, 대부분은 의사소통 기술과 사회적 상호작용에 중점을 둔다. 중심축 반응 훈련과 전형적인 조작적 훈련의 몇 가지 차이점은 다음과 같다. (1) 아동이 선택한 장난감, 자극물은 회기 내에서 사용하도록 허용한다. (2) 목표 지시에 정확한 반응을 시도할 때 보상을 한다. (3) 훈련에서는 더욱 직접적이고 중립적인 강화물을 사용한다. 중심축 반응 훈련을 통해 아동의 목표행동이 변화할 뿐만 아니라 부모와 자녀 간의 애정 관계를 증진하고, 결과적으로 가족 상호작용에서 스트레스를 줄이고 긍정적인 의사소통을 향상시켰다(Koegel, Bimbela & Schreibman, 1996). 표준 부모 훈련 프로그램에 부모 지지집단을 추가하면 중심축 반응 훈련 기술 활용에서 부모의 수행 능력을 향상시킬 수 있다는 것이 밝혀졌다(Stahmer & Gist, 2001).

Koegel의 중심축 반응 훈련에서는 부모가 프로그램의 진행자이자 중재자로서 중요한 도움을 준다. 초기에 개별적으로 맞춰진 부모 훈련 프로그램은 기본적으로 행동적 중재, 동기 부여의 중요한 특성, 자연스런 환경에서 학습 기회 확인 등의 소개에 초점을 두었다(Koegel, Koegel, & Brookman, 2003). 훈련 프로그램은 부모가 수행하는 각 절차에 대해 임상가가 피드백을 주는 확장된 부모 실습을 요구한다. 부모가 배우는 특정 기술은 다음과 같다(Koegel, Koegel, & Brookman, 2003).

- 명확한 지침과 질문을 제시하는 방법, 아동이 선택한 자극물과 직접적 중립 강화물의 사용 방법
- 이전에 배운 과제와 새로 습득한 과제 조절 방법
- 학습자료나 자연적 학습 기회에 응하기 위한 아동의 시도를 강화하는 방법

Koegel의 연구에서는 25시간 훈련 안에 대부분의 부모가 표준에 도달했다고 보고하였다(80% 는 자연스런 환경 안에서 동기 부여 절차 사용이 정정되었다.).

TEACCH 프로그램(의사소통장애와 자폐와 관련된 아동의 치료와 교육)

노스캐롤라이나대학교 채플 힐 캠퍼스(North Carolina at Chapel Hill)에서 Eric Schopler 외 가 개발한 TEACCH 프로그램은 노스캐롤라이나 지역의 연결망으로 개념화할 수 있다. 이 연결 망은 자폐 아동을 위한 서비스, 가족을 위한 교육과 지지, 전문가를 위한 훈련과 연구뿐만 아니 라 국제적인 교육, 연구, 훈련을 위한 기초 제공으로 구성된다. 이것은 단일 중재가 아니며, 자폐 가 있는 사람의 가족과 함께 작업하는 것이 이 프로그램의 중요 구성요소이다(Marcus, Kunce, & Schopler, 2005).

Eric Schopler의 초기 연구는 1960년대 정신분석학에서 부모가 아동의 자폐증의 원인이 된 다는 시각에 반하여 이루어졌다. 그의 최초 연구에서 자폐 아동의 부모를 조사하였는데, 그 결 과 부모에게 문제가 있다고 보고된 기존 문헌과는 다르게 사고장애가 있지 않은 것으로 나타났다 (Schopler & Loftin, 1969a, 1969b). 또한 이와 관련된 연구에서 자폐 아동의 부모가 자녀 발달 과 정을 다양하고 적절하게 평가할 수 있었고, 이런 부모의 평가는 표준화된 검사 결과와도 일치하였 다(Schopler & Reichler, 1972). 이 같은 연구들은 자폐 아동의 치료와 평가에 부모 보고와 부모 참여를 포함하는 중요한 근거가 되었다.

TEACCH 모델의 핵심 과제는 교육, 훈련, 부모 지지를 포함한다. TEACCH 모델에서 중요한 요 인은 다음과 같다. (1) 자녀에 대한 부모의 지식, (2) 각 가족의 개인적 특성, (3) 자녀에 대한 부모의 사랑, (4) 강한 스트레스에 직면했을 때 해결책을 찾아내는 부모의 탄력성, (5) 부모가 새로운 서비 스를 개발하고 실행하는 역할, (6) 자폐가 있는 자녀를 위한 정확한 정보, 정서적 지지, 포괄적인 서 비스, 전문적 지침서에 대한 부모의 욕구(Mesibov, Shea, & Schopler, 2006)이다.

TEACCH 프로그램은 다양한 수준으로 부모를 참여시킨다(Marcus, Kunce, & Schopler, 2005). 부모는 자폐에 관한 교육을 받고, 자녀와 함께 직접 수행하며 옹호하는 노력에 참여하도록 훈련받는다. 부모가 자녀와 작업할 때 특정 훈련에는 구조화된 교육을 통해 긍정적인 일상생활을 설립할 수 있도록 도와주는 것이 포함된다. TEACCH 프로그램은 부모와 함께 작업하는 협력적인 모델로 활용된다. 부모 훈련의 정확한 내용은 아동의 발달 수준과 가족의 개별적인 요구에 따라 다 양하다.

Triple P 단계 밟기

행동주의 가족 중재와 부모 관리 훈련을 적용한 Triple P(Sanders, 1999)는 자폐 아동에게 적용할 수 있도록 수정되었다(Roberts, Mazzucchelli, Studman, & Sanders, 2006). Triple P 단계 밟기(SSTP : Stepping Stones Triple P)는 본래 프로그램을 수정하여 장애 아동의 가족에게 맞는 실질적인 방식을 포함하였다. 또한 이 같은 대상에 관한 주제를 다루는 것과 함께 행동적 주제를 다룰 수 있는 요인을 추가하였다(즉, 의사소통 기술과 관련된 문제).

Triple P 단계 밟기(Roberts, Mazzucchelli, Studman, & Sanders, 2006)를 자폐 아동의 부모에게 적용한 무선화된 통제실험연구 결과를 살펴보았다. 프로그램을 적용한 결과 아동의 문제행동이 감소되었고, 양육방식도 변화가 있었는데 어머니는 과잉반응하는 것이 줄었고, 아버지는 더욱 효과적인 양육 전략을 활용하였다. Raters는 부모가 아동의 행동에 칭찬해 주는 것이 매우 효과적이라고 하였다. 이러한 결과는 6개월 추후조사에서도 유지되었다. 앞에서 기술한 것처럼, 부모 훈련을 다른 대상에게 적용할 수 있도록 수정하는 것은 앞으로 더 많아질 것이다.

결론

1960년대 초부터 발달한 부모 훈련은 눈부신 성장을 이루었다. 특정한 아동 행동을 다루는 것에 초점을 둔 중재에서부터 다양한 문제와 장애가 있는 아동을 위한 중재방식에 이르기까지 부모를 돕기 위해 성장해 왔다. 아동을 위한 다른 심리 치료는 광범위하게 연구되지 않았다(Kazdin, 2005). 부모 훈련에 관한 메타분석 연구에서는 부모 훈련이 효과적이라고 밝혔으며, 다른 심리 치료에서 얻어진 효과와 비교했을 때 가장 우월하였다. 이 같은 결과로 인해 아동의 외현화 행동 문제를 다루는 치료법 중 하나로 부모 훈련을 고려하게 되었다. 부모 훈련을 발달장애나 다른 아동기 심리장애 범주에 적용하는 것이 어렵지만, 이와 관련된 지지연구들이 빠르게 축적되고 있다.

부모 훈련은 만병통치약이 아니며 지속적으로 효과가 유지되는 것도 아니다. 그래서 부모 훈련 중재의 효과성에 영향을 주는 요인들을 충분히 이해하는 것이 남은 과제다. 충분히 이해하기 위해서는 인종·문화, 사회경제적 지위, 부모의 심리장애, 부모 훈련 중재와 관련된 다양한 가족 스트레스 요인 등을 개념화하는 것이 필요하다. 점점 더 다양화되는 사회 속에서 이 같은 치료 결과가 유지되기 위해서는, 부모 훈련 중재에서 양육방식에 영향을 끼치는 인종·문화와 관련된 문제를 확실하게 이해할 필요가 있다.

부모 훈련 중재의 발달단계에서는 더 많은 효과성 연구가 필요하다(이 부분에 대한 주요 관점은 효율성 실험에 있다.)(Weisz & Kazdin, 2003). 즉, 부모 훈련 중재를 실제 임상환경에서 사용할 때 통제환경에서의 치료 결과를 넘어선 다른 연구들에 대한 필요성이 증가하고 있다. 이와 관련된 주제는 부모 훈련 접근에서 임상가를 어떻게 가장 효과적으로 훈련시킬 수 있는지에 대한 연구의 필요성이다. 대부분의 연구(효과성 평가)에서는 오랜 기간 포괄적으로 훈련을 받은 치료사를 활용해야 한다고 했다(예 : 특별 부모 훈련 프로그램에서 여러 해 동안 훈련받은 졸업생). 사회적 수준의 치료사를 중재 효과를 유지할 전문가로 훈련시킬 수 있을까? 전통적으로 해 온 교육방식(문서화된 매뉴얼, 진행되고 있는 슈퍼비전이나 지지 훈련 없이 1~2일 훈련하는 워크숍)이 적합한지는 의문이 남는다. 좀 더 새로운 기술(웹 기반 개별 지도와 추후 훈련 회기, 웹 기반 집단 슈퍼비전)이 훈련을 효과적으로 도울 것으로 기대한다.

조건에 따라 가장 효과적인 접근을 결정하기 위해서는 결국 각각 다른 부모 훈련 중재를 직접적으로 비교하는 연구가 필요하다. 현재는 많은 부모 훈련 중재가 효과적이라고 하였지만, 어떤 접근법이 특정 가족과 작업하기에 가장 적절한지에 대한 질문은 임상가를 곤란하게 한다.

결론적으로 부모 훈련이 오랜 기간 발전해 왔으나, 여전히 이 접근의 중재법이 지속적으로 발전하기 위한 여러 도전 과제가 남아 있다. 부모 훈련은 임상가와 연구자가 지속적으로 활용하기 때문에 전망이 밝으며, 이러한 접근은 아동 문제를 예방하고 치료하기 위한 바람직한 중재라고 본다.

참고문헌

Alvarado, R., Kendall, K., Beesley, S., & Lee-Cavaness, C. (2000). *Strengthening America's families: Model family programs for substance abuse and delinquency prevention*. Salt Lake City: University of Utah.

Anastopoulos, D., Shelton, T. L., & DuPaul, G. J. (1993).Parent training for attention-deficit hyperactivity disorder: Its impact on parent functioning. *Journal of Abnormal Child Psychology, 21* (5), 581–596.

Arnold, J. E., Levine, A. G., & Patterson, G. R. (1975). Changes in sibling behavior following family intervention. *Journal of Consulting Psychology, 43* (5), 683–688.

Atkeson, B. M., & Forehand, R. (1978). Parent behavioral training for problem children: An examination of studies using multiple outcome measures. *Journal of Abnormal Child Psychology, 6,* 449–460.

Barmish, A. J., & Kendall, P. C. (2005). Should parents be co-clients in cognitive behavioral therapy for anxious youth? *Journal of Clinical Child and Adolescent Psychology, 34*(3), 569–581.

Barrett, P., & Farrell, L. (2007). Behavioral family intervention for childhood anxiety. In J. M. Briesmeister & C. E., Schaefer (Eds.), *Handbook of parent training* (3rd ed., pp.133–163). Hoboken, NJ: Wiley.

Barrett, P. M, & Shortt, A. L. (2003). Parent involvement in the treatment of anxious children. In A. E. Kazdin & J. R. Weisz (Eds.), *Evidence-based psychotherapies for children and adolescents* (pp. 101–119). New York: Guilford Press.

Berkowitz, B. P., & Graziano, A. M. (1972). Training parents as behavior therapists: A review. *Behavior Research and Therapy, 10* (4), 297–317

Bettlehein, B. (1967). *The empty fortress*. New York: Free Press.

Breiner, J., & Forehand, R. (1981). An assessment of the effects of parent training on clinic-referred children's school behavior. *Behavioral Assessment, 3,* 31–42.

Brestan, E. V., & Eyberg, S. M. (1998). Effective psychosocial treatments of conduct disordered children and adolescents: 29 years, 82 studies, and 5,272 kids. *Journal of Clinical Child Psychology, 27,* 180–189.

Brinkmeyer, M. Y., & Eyberg, S. M. (2003). Parent-child interaction therapy for oppositional children. In A. E. Kazdin & J. R. Weisz (Eds.), *Evidence-based psychotherapies for children and adolescents* (pp. 204–223). New York: Guilford Press.

Brookman-Frazee, L., Stahmer, A., Baker-Ericzen, M. J., & Tsai, K. (2006). Parenting Interventions for children with autism spectrum and disruptive behavior disorders: Opportunities for cross-fertilization. *Clinical Child and Family Psychology Review, 9,* 181–200.

Bryant, D., Vissard, L. H., Willoughby, M., & Kupersmidt, J. (1999). A review of interventions for preschoolers with aggressive and disruptive behavior. *Early Education and Development, 10* (1), 47–68.

Cedar, B. & Levant, R. F. (1990). A meta-analysis of the effects of parent effectiveness training. *The American Journal of Family Therapy, 18* (4), 373–384

Chaffin, M., Silovsky, J. F., Funderburk, B., Valle, L. A., Brestan, E. V., Balachova, T., et al. (2004). Parent-child interaction therapy with physically abusive parents: Efficacy for reducing future abuse reports. *Journal of Consulting and Clinical Psychology, 72* (3), 500–510.

Chambless, D. L., Sanderson, W. C., Shoham, V., Johnson, S. B., Pope, K. S., Crits-Christoph, P., et al. (1996). An update on empirically validated therapies. *The Clinical Psychologist, 49* (2), 5–16.

Choate, M. L., Pincus, D. B., Eyberg, S. M., & Barlow, D. H. (2005). Parent-child interaction therapy for treatment of separation anxiety disorder in youth children: A pilot study. *Cognitive and Behavioral Practice, 12,* 126–135.

Chronis, A. M., Chacko, A., Fabiano, G. A., Wymbs, B. T., & Pelham, W. E. (2004). Enhancements to the standard behavioral parent training paradigm for families of children with ADHD: Review and future directions. *Clinical Child and Family Psychology Review, 7* (1), 1–27.

Chronis, A. M., Jones, H. A., & Raggi, V. L. (2006). Evidence-based psychosocial treatments for children and adolescents with attention-deficit/hyperactivity disorder. *Clinical Psychology Review, 26* (4), 486–502.

Cohen, J. (1988). Statistical power and analysis for the behavioral sciences (2nd ed.). Hillsdale, NJ: Erlbaum.

Conners, N. A., Edwards, M. C., & Grant, A. S. (2007). An evaluation of a parenting class curriculum for parents of young children: Parenting the strong-willed child. *Journal of Child and Family Studies, 16*, 321–330.

Dembo, M. H., Sweitzer, M., & Lauritzen, P. (1985). An evaluation of group parent education: Behavioral, PET, and Adlerian programs. *Review of Educational Research, 55* (2), 155–200

Dubey, D. R., O'Leary, S. G., & Kaufman, K. F. (1983). Training parents of hyperactive children in child management: A comparative outcome study. *Journal of Abnormal Child Psychology, 11*, 229–246.

Dumas, J. E. (1989). Treating antisocial behavior in children: Child and family approaches. *Clinical Psychology Review, 9*, 197–222.

Eyberg, S. M., & Robinson, E. A. (1982). Parent-child interaction training: Effects on family functioning. *Journal of Clinical Child and Adolescent Psychology, 11* (2), 130–137.

Firestone, P., Kelly, M., Goodman, J. T., & Davey, J. (1981). Differential effects of parent training and stimulant medication with hyperactives. *Journal of the American Academy of Child and Adolescent Psychiatry, 20*, 135–147.

Flanagan, S., Adams, H. E., & Forehand, R. (1979). A comparison of four instructional techniques for teaching parents the use of time-out. *Behavior Therapy, 10*, 94–102.

Forehand, R., & Long, N. (2002). *Parenting the strong-willed child* (2nd ed.). New York: Contemporary Books.

Forehand, R., Sturgis, E. T., McMahon, R. J., Aguar, D., Green, K., Wells, K. C., et al. (1979). Parent behavioral training to modify child noncompliance: Treatment generalization across time and from home to school. *Behavior Modification, 3*, 3–25.

Forehand, R. L., & McMahon, R. J. (1981). *Helping the noncompliant child.* New York: Guilford Press.

Gordon, T. (1970). *P.E.T.: Parent effectiveness training.* New York: Peter Wyden.

Graziano, A. M., & Diament, D. M. (1992). Parent behavioral training: An examination of the paradigm. *Behavior Modification, 16* (1), 3–38.

Hanf, C. (1969). A two-stage program for modifying maternal controlling during mother-child (M-C) interaction. Paper presented at the meeting of the *Western Psychological Association*, Vancouver, BC, Canada.

Harris, S. (1986). Parents as teachers: A four to seven year follow up of parents of children with autism. *Child & Family Behavior Therapy, 8*, 39–47.

Hawkins, R. P., Peterson, R. F., Schweid, E., & Bijou, S. W. (1966). Behavior therapy in the home: Amelioration of problem parent-child relations with the parent in a therapeutic role. *Journal of Experimental Child Psychology, 4*, 99–107.

Hinshaw, S. P., Owens, E. B., Wells, K. C., Kraemer, H. C., Abikoff, H. B., Arnold, L. E., et al. (2000). Family processes and treatment outcome in the MTA: Negative/ineffective parenting practices in relation to multimodal treatment. *Journal of Abnormal Child Psychology, 28* (6), 555–568.

Horn, W. F., Ialongo, N., Greenberg, G., Packard, T., & Smith-Winberry, C. (1990). Additive effects of behavioral parent training and self-control therapy with attention deficit hyperactivity disordered children. *Journal of Clinical Child Psychology, 19* (2), 98–110.

Horn, W. F., Ialongo, N., Pascoe, J. M., & Greenberg, G. (1991). Additive effects of psychostimulants, parent training, and self-control therapy with ADHD children. *Journal of the American Academy of Child and Adolescent Psychiatry, 30* (2), 233–240.

Horn, W. F., Ialongo, N., Popovich, S., & Peradotto, D., (1987). Behavioral parent training and cognitive-behavioral self-control therapy with ADD-H Children: Comparative and combined effects. *Journal of Clinical Child Psychology, 16* (1),

Hudson, J. L., & Rapee, R. M. (2001). Parent-child interactions and anxiety disorders: An observational study. *Behavior Research and Therapy, 39*, 1411–1427.

Humphreys, L., Forehand, R., McMahon, R. J., & Roberts, M. W. (1978). Parent behavioral training to modify child noncompliance: Effects on untreated siblings. *Journal of Behavior Therapy and Experimental Psychiatry, 9* (3), 235–238.

Johnson, C. A., & Katz, R. C. (1973). Using parents as change agents for their children: A review. *Journal of Child Psychology and Psychiatry, 14* (3), 181–200

Kazdin, A. E. (1985). Treatment of antisocial behavior in children and adolescents. Homewood, IL: Dorsey Press.

Kazdin, A. E. (1987). Treatment of antisocial behavior in children: Current status and future directions. *Psychological Bulletin, 102* (2), 187–203.

Kazdin, A. E. (2003). Problem-solving skills training and parent management training for conduct disorder. In A. E. Kazdin and J. R. Weisz (Eds.), *Evidence-based psychotherapies for children and adolescents* (pp. 241–262). New York: Guilford Press.

Kazdin, A. E. (2005). *Parent management training.* New York: Oxford University Press.

Kendall, P. C., & Ollendick, T. H. (2004). Setting the research and practice agenda for anxiety in children and adolescence: A topic comes of age. *Cognitive and Behavioral Practice, 11*(1), 65–74.

Klein, R. G., & Abikoff, H. (1997). Behavior therapy and methylphenidate in the treatment of children with ADHD. *Journal of Attention Disorders, 2* (2), 89–114.

Koegel, R. L., Bimbela, A., & Schreibman, L. (1996). Collateral effects of parent training on family interactions. *Journal of Autism and Developmental Disorders, 26*, 347–359.

Koegel, R. L., Koegel, L. K., & Brookman, L. I. (2003). Empirically supported pivotal response interventions for children with autism. In A. E. Kazdin and J. R. Weisz (Eds.), *Evidence-based psychotherapies for children and adolescents* (pp. 241–262). New York: Guilford Press.

Keogel, R. L., O'Dell, M. C., & Koegel, L.K., (1987). A natural language teaching paradigm for nonverbal autistic children. *Journal of Autism and Developmental Disorders, 17*, 187–200.

Kohut, C. S. & Andrews, J. (2004). The efficacy of parent training programs for ADHD children: A fifteen-year review. Developmental Disabilities Bulletin, 32 (2), 155–172.

Kotchick, B. A., Shaffer, A., Dorsey, S., & Forehand, R. L. (2004). Parenting antisocial children and adolescents. In M. Hoghughi & N. Long (Eds.), *Handbook of parenting: Theory and research for practice* (pp. 256–275). London: Sage.

Long, N., Rickert, V., & Ashcraft, E. (1993). Bibliotherapy as an adjunct to stimulant medication in the treatment of attention-deficit hyperactivity disorder. *Journal of Pediatric Health Care, 7*, 82–88.

Lovaas, O. I. (2003). Teaching individuals with developmental delays: Basic intervention techniques. Austin: Pro-Ed.

Lovaas, O. I., Koegel, R., Simmons, J. Q. & Long, R. (1973). Some generalizations and follow-up measures on autistic children in behavior therapy. *Journal of Applied Behavior Analysis, 6*, 131–166.

Lundahl, B., Risser, H. J., & Lovejoy, M. C. (2006). A meta-analysis of parent training: Moderators and follow-up effects. *Clinical Psychology Review, 26*, 86–104.

Lundahl, B. W., Nimer, J., & Parsons, B. (2006). Preventing child abuse: A meta-analysis of parent training programs. *Research on Social Work Practice, 16* (3) 251–262.

Lutzker, J. R., & Steed, S. E. (1998). Parent training for families of children with developmental disabilities. In J. M. Briesmeister & C. E. Schaefer (Eds.), *Handbook of parent training: Parents as co-therapists for children's behavior problems* (pp. 281–307. New York: Wiley.

Marcus, L, Kunce, L., & Schopler, E. (2005). Working with families. In F. Volkmar, R.Paul, A. Klin, & D. Cohen, *Handbook of autism and pervasive developmental disorders, vol. 2: Assessment, interventions, and policy,* Hoboken, NJ: Wiley and Sons.

McAuley, R. (1982). Training parents to modify conduct problems in their children. *Journal of Child Psychology and Psychiatry, 23,* 335–342.

McMahon, R. J., & Forehand, R. L. (2003). Helping the noncompliant child: Family-based treatment for oppositional behavior. New York: Guilford Press.

McMahon, R. J., & Wells, K. C. (1998). Conduct problems. In E.J. Mash & R.A. Barkley (Eds.), *Treatment of childhood disorders* (2nd ed., pp.111–207). New York: Guilford Press.

McNeil, C. B., Eyberg, S., Eisenstadt, T. H., Newcomb, K., & Funderburk, B. (1991). Parent-child interaction therapy with behavior problem children: Generalization of treatment effects to the school setting. *Journal of Clinical Child Psychology, 20* (2), 140–151.

Mesibov, G., Shea, V., & Schopler, E. (2006). *The TEACCH approach to autism spectrum disorders.* New York: Springer.

Miller G. E. & Prinz, R. J. (1990). Enhancement of social learning family interventions for childhood conduct disorder. *Psychological Bulletin, 108* (2), 291–307.

Mooney, S. (1995). Parent training: A review of Adlerian, Parent Effectiveness Training and behavioral research. *The Family Journal: Counseling and Therapy for Couples and Families, 3* (3), 218–230.

Moreland, J. R., Schwebel, A. I., Beck, S., & Well, R. (1982). Parents as therapists: A review of the behavior therapy parent training literature-1975–1981. *Behavior Modification, 6* (2), 250–276.

Multimodal Treatment Study of Children with ADHD Cooperative Group (1999). A 14-month randomized clinical trial of treatment strategies for attention-deficit/hyperactivity disorder. *Archives of General Psychiatry, 56* (12), 1073–1086.

Nay, W. R. (1975). A systematic comparison of instructional techniques for parents. *Behavior Therapy, 6,* 14–21.

O'Dell, S. L. (1974). Training parents in behavior modification: A review. *Psychological Bulletin, 81,* 418–433

O'Dell, S. L., Krug, W. W., O'Quinn, J. A., & Kasnetz, M. (1980). Media-assisted parent training: A further analysis. *Behavior Therapist, 3,* 19–21

O'Dell, S. L., Krug, W. W., Patterson, J. N., & Faustman, W. O. (1980). An assessment of methods for training parents in the use of time-out. *Journal of Behavior Therapy and Experimental Psychiatry, 11,* 21–25.

O'Dell, S. L., Mahoney, N. D., Horton, N. G., & Turner, P. E. (1979). Media-assisted parent training: Alternative models. *Behavior Therapy, 10,* 103–110.

O'Dell, S. L., O'Quinn, J. A., Alford, B. A., O'Briant, A. L., Bradlyn, A. S., & Giebenhain, J. E. (1982). Predicting the acquisition of parenting skills via four training methods. *Behavior Therapy, 13,* 194–208.

O'Leary, K. D., Pelham, W. E., Rosenbaum, A., & Price, G. (1976). Behavioral treatment of hyperkinetic children: An experimental evaluation of its usefulness. *Clinical Pediatrics, 15,* 510–515.

Patterson, G.R. (1982). *Coercive family process.* Eugene, OR: Catalia.

Pelham, W. E., Wheeler, T., & Chronis, A. (1998). Empirically supported psychosocial treatment for attention deficit hyperactivity disorder. *Journal of Clinical Child Psychology, 27* (2), 190–205.

Pisterman, S., Firestone, P., McGrath, P., Goodman, J. T., Webster, I, Mallory, R., et al.

(1992). The role of parent training in treatment of preschoolers with ADD-H. *American Journal of Orthopsychiatry, 62,* 397–408.

Pisterman, S., McGrath, P., Firestone, P., Goodman, J. T., Webster, I., & Mallory, R. (1989). Outcome of parent-mediated treatment of preschoolers with ADD with hyperactivity. *Journal of Consulting and Clinical Psychology, 57,* 628–635.

Pollard, S., Ward, E. M., & Barkley, R. A., (1983). The effects of parent training and Ritalin on the parent-child interactions of hyperactive boys. *Child and Family Behavior Therapy, 5,* 51–69.

Rapee, R. M. (1997). Potential role of childrearing in the development of anxiety and depression. *Clinical Psychology Review, 17,* 47–67.

Reid, M. J., Webster-Stratton, C., & Hammond, M. (2003). Follow-up of children who received the Incredible Years intervention for oppositional-defiant disorder: Maintenance and prediction of 2-year outcome. *Behavior Therapy, 34,* 471–491.

Roberts, C., Mazzucchelli, T., Studman, L., & Sanders, M. (2006). Behavioral Family intervention for children with developmental disabilities and behavior problems. *Journal of Clinical Child and Adolescent Psychology, 35,* 180–193.

Sanders, M.R. (1999). Triple P-positive parenting program: Towards an empirically validated multilevel parenting and family support strategy for the prevention of behavior and emotional problems in children. *Clinical Child and Family Psychology Review, 2,* 71–90.

Sanders, M. R., & James, J. E. (1983). The modification of parent behavior: A review of generalization and maintenance. *Behavior Modification, 7,* 3–27

Sanders, M. R., & Ralph, A. (2004). Towards a multi-level model of parenting intervention. In M. Hoghughi & N. Long (Eds.), *Handbook of parenting: Theory and research for practice* (pp. 352–368). London: Sage.

Saunders, B. E., Berliner, L., & Hanson, R. F. (Eds.). (2004). *Child physical and sexual abuse: Guidelines for treatment (Revised Report: April 26, 2004).* Charleston, SC: National Crime Victims Research and Treatment Center.

Schopler, E., & Loftin, J. (1969a). Thinking disorders in parents of young psychotic children. *Journal of Abnormal Psychology, 74,* 281–287.

Schopler, E., & Loftin, J. (1969b). Thought disorders in parents of psychotic children: A function of test anxiety. *Archives of General Psychiatry, 20,* 174–181.

Schopler, E., & Reichler, R. J. (1972). How well do parents understand their own psychotic child? *Journal of Autism and Childhood Schizophrenia, 2,* 387–400.

Serketich, W. J., & Dumas, J. E. (1996). The effectiveness of behavioral parent training to modify antisocial behavior in children: A meta-analysis. *Behavior Therapy, 27,* 171–186.

Silverman, W. K., Kurtines, W. M., Ginsburg, G. S., Weems, C. F., Rabian, B., & Serafine, L. T. (1999). Contingency management, self-control, and education support in the treatment of childhood Phocis disorders: A randomized clinical trial. *Journal of Consulting and Clinical Psychology, 67* (5), 675–687.

Siqueland, L., Kendall, P. C., & Steinberg, L. (1996). Anxiety in children: Perceived family environments and observed family interactions. *Journal of Clinical Child Psychology, 25,* 225–237.

Smith, T., Groen, A. D., & Wynn, J. W. (2000). Randomized trial of intensive early intervention for children with pervasive developmental disorder. *American Journal on Mental Retardation, 105,* 269–285.

Sonuga-Barke, E. J., Daley, D., Thompson, M., Laver-Bradbury, C., & Weeks, A. (2001). Parent-based therapies for preschool attention-deficit/hyperactivity disorder: A randomized, controlled trial with a community sample. *Journal of the American Academy of Child and Adolescent Psychiatry, 40* (4), 402–408.

Stahmer, A., & Gist, K. (2001). The effects of an accelerated parent education program on techniques mastery and child outcome. *Journal of Positive Behavior Interventions, 3,* 75082.

Tharp, R. G., & Wetzel, R. J. (1969). *Behavior modification in the natural environment.* New York: Academic Press.

Thurston, L. P. (1979). Comparison of the effects of parent training and of Ritalin in treating hyperactive children. *International Journal of Mental Health, 8,* 121–128.

Todres, R., & Bunston, T. (1993). Parent education program evaluation: A review of the literature. *Canadian Journal of Community Mental Health, 12* (1). 225–257.

Tonge, B., Brereton, A., Kiomall, M., Mackinnon, A., King, N., & Rinehart, N. (2006). Effects on parental mental health of an education and skills training program for parents of young children with autism: A randomized controlled trial. *Journal of the American Academy of Child and Adolescent Psychiatry, 45* (5), 561–569.

Travormina, J. B. (1974). Basic models of parent counseling: A critical review. *Psychological Bulletin, 81* (11), 827–855.

Wahler, R. C., Winkel, G. H., Peterson, R. F., & Morrison, D. C. (1965). Mothers as behavior therapists for their own children. *Behavior Research and Therapy, 3,* 113–134.

Webster-Stratton, C. (1984). Randomized trial of two parent-training programs for families with conduct-disordered children. *Journal of Consulting and Clinical Psychology, 52,* 666–678.

Webster-Stratton, C. (1991). Annotation: Strategies for helping families with conduct disordered children. *Journal of Child Psychology and Psychiatry, 32* (7), 1047–1062.

Webster-Stratton, C., Kolpacoff, M., & Hollinsworth, T. (1988). Self-administered videotape therapy for families with conduct-problem children: Comparison with two cost-effective treatments and a control group. *Journal of Consulting and Clinical Psychology, 56* (4), 558–566.

Webster-Stratton, C., & Reid, M.J. (2003). The incredible years parents, teachers, and children training series. In A. E. Kazdin and J. R. Weisz (Eds.), *Evidence-based psychotherapies for children and adolescents* (pp. 224–240). New York: Guilford Press.

Webster-Stratton, C., & Taylor, T. (2001). Nipping early risk factors in the bud: Preventing substance abuse, delinquency, and violence in adolescence through interventions targeted at young children (0–8 years). *Prevention Science, 2,* 165–192.

Weisz, J. R., & Kazdin, A. E. (2003). Concluding thoughts: Present and future of evidence-based psychotherapies for children and adolescents. In A. E. Kazdin & J. R. Weisz (Eds.), *Evidence-based psychotherapies for children and adolescents* (pp. 439–451). New York: Guilford Press.

Weisz, J. R., Weiss, B., Han, S. S., Granger, D. A., & Morton, T. (1995). Effects of psychotherapy with children and adolescents revisited: A meta-analysis of treatment outcome studies. *Psychological Bulletin, 117* (3), 450–468.

Wells, K. C., Forehand, R. L., Griest, D. L. (1980). Generality of treatment effects from treated to untreated behaviors resulting from a parent training program. *Journal of Clinical Child and Adolescent Psychology, 9* (3), 217–219.

Wiese, M. R. (1992). A critical review of parent training research. *Psychology in Schools, 29* (3), 229–236.

Wiese, M. R., & Kramer, J. J. (1988). Parent training research: An analysis of the empirical literature from 1975–1985. *Psychology in the Schools, 25* (3), 325–330.

Williams, C. D. (1959). The elimination of tantrum behaviors by extinction procedures. *Journal of Abnormal and Social Psychology, 59,* 269–270.

Zacker, J. (1978). Parents as change agents. *American Journal of Psychotherapy, 37*(4), 572–582.

제2부

아동기 심리장애와 발달장애

제5장

품행장애

CHRISTOPHER T. BARRY, LISA L. ANSEL. JESSICA D. PICKARD, and HEATHER L. HARRISON[16]

소개

파괴적 행동—여기에선 적대적 반항장애(ODD) 또는 품행장애(CD)와 관련된 행동으로 정의함.—은 소아청소년이 정신건강 서비스기관에 의뢰되는 가장 일반적인 이유이다(Kazdin, 2003). 이 진단에 부합하는 행동은 논쟁적 태도, 분노발작, 자주 화를 내거나 성마른 행동, 도둑질, 다른 사람을 해치기 위한 위협 또는 해함(hurting), 동물에 대한 잔인한 행동, 방화, 그리고 소유물 파괴 등이 있다(American Psychiatric Association, 2000). Kazdin(2003)은 미국에서 품행장애 기준에만 부합하는 아동이 140만 명에서 420만 명 사이라고 조심스럽게 추정하였다. 품행장애와 다른 외현화 행동 문제는 소아청소년 정신건강 서비스센터에 가장 일반적으로 의뢰되는 문제이다(Brinkmeyer & Eyberg, 2003). 이런 증상은 초기 아동기에 발견될 수 있고(Webster-Stratton & Reid, 2003), 개입이 필요하다고 확인되면 권고된 치료를 받도록 한다.

적대적 반항장애와 품행장애는 행동 범주가 광범위하기 때문에 청소년이 진단 및 치료를 받기 위해 적대적 반항장애와 품행장애 증상을 전부 충족할 필요는 없다. 비순응적 행동(noncompliant behavior)은 적대적 반항장애 또는 품행장애가 있는 아동의 주된 증상이다. 그러나 적대적 반항장애나 품행장애로 진단받지 않은 많은 아동의 부모도 대개 자녀의 비순응성 때문에 외래 정신건강 서

---

16. CHRISTOPHER T. BARRY, LISA L. ANSEL, JESSICA D. PICKARD, and HEATHER L. HARRISON*The University of Southern Mississippi

비스센터를 찾는다고 보고하였다(McMahon & Forehand, 2003). 아동기에 나타나는 품행 문제의 첫 증상 중 하나는 거짓말이다(Christophersen & Mortweet, 2001). 적대적 반항장애와 품행장애에서 나타나는 행동 특성은 괴롭힘, 경직되고 고집이 센 행동, 분노발작 등이며, 이런 특성은 청소년을 치료에 의뢰하는 이유가 된다(Christophersen & Mortweet, 2001; McMahon & Forehand, 2003).

또한 연구자들은 논쟁적이며 분노발작을 보이는 행동은 반항적 행동이 더 심각한 품행장애 발병의 전조 증상이라고 하였다(Greene, Biederman et al., 2002; Loeber, Green, Lahey, Christ, & Frick, 1992). 그리고 현재 지지받는 개입법은 심각하지만 비율이 낮은 품행 문제보다는 아동의 반항적·비순응적 행동의 조기 확인과 치료에 중점을 둔다(예 : McMahon & Forehand, 2003). 또한 '품행 문제, 품행장애, 행동 문제'라는 용어를 본래 혼용하여 사용할 수 있고, 적대적 반항장애와 품행장애의 증상이 유사하다는 점에 주목하였다. 앞에서 살펴본 바에 의하면, 개별 증상에 따라 어떤 진단을 하든지 개입이 이루어져야 한다. 대개 품행장애에 적대적 반항장애 증상이 포함되기 때문에 품행장애 진단이 적대적 반항장애 진단을 대신할 수도 있다. 이는 취학 전 아동과 청소년의 경우 발달 과정에 따라 품행장애와 적대적 반항장애 간의 차이를 명확히 구분하기 어렵다는 것을 의미한다(American Psychiatric Association, 2000).

품행장애를 위한 치료 계획은 가장 적합한 이론적 시각에 근거해야 할 뿐만 아니라, 특히 이러한 행동을 발생 및 유지하는 요인(예 : 환경적, 인지적)을 가정하여 치료에 반영해야 한다. 예를 들어, 연구자는 부모의 비일관적 양육방식, 긍정적 양육방식의 부족, 강압적인 양육방식 등이 아동의 품행 문제를 유지하고 발전시키는 요인이 된다고 지적하였다(Gardner, Sonuga-Barke, & Sayal, 1999; Gardner, Ward, Burton, & Wilson, 2003). 그러므로 아래 기술한 바와 같이 많은 품행장애에 대한 치료에서 효과적인 일관된 처벌 전략(예 : 타임아웃), 긍정적인 양육 전략의 모델링(예 : 칭찬 라벨링, 확실한 유관성을 근거로 한 정적 강화)과 같은 부모 요인에 주목하였다. Hart, Nelson과 Finch(2006)는 이러한 부분은 이론적 시각일 뿐이라는 점에 주목하여, 아동의 문제행동 평가와 개념화, 치료에서 오류를 범하거나 배타적이지 않도록 주의해야 한다고 하였다. 그들은 치료적 관계, 가족 관계와 부모·또래 영향력의 중요성에 대해 설명하였고, 이런 문제행동의 다양한 개입에 영향을 끼치는 요인으로서 개인의 위험 요인과 보호 요인 역시 고려해야 한다고 하였다.

품행장애에 대한 병리학과 관계없이 여러 연구에서 품행장애가 기능 결손과 관련되고 품행 문제 행동이 많은 희생을 가지고 온다는 사실이 확인되면서 효과적인 치료의 필요성이 증명되었다. 여기에서는 품행장애의 약물치료를 반대하고 심리사회적 치료에 중점을 두었다. (a) 적대적 반항장애와 품행장애 증상에 맞는 약물치료가 부족하며 (b) 약물치료는 품행장애 아동에게 함께 나타나는 공존 문제(예 : 기분장애, 주의력결핍 과잉행동장애)를 치료하는 데 사용되었고, (c) 심리사회적 개입이 이러한 증상을 줄인다고 보았기 때문이다. 심리사회적 개입으로 품행 문제를 개선해 온 기간은 비교적 짧다(Farmer, Compton, Burns, & Robertson, 2002). 따라서 확실히 연구와 치료 방식의 개발이 더욱 필요한 것은 사실이지만, 청소년 품행장애의 심리사회적 · 행동적 치료에 대한 기본적인 연구를 확인하기 위해서 이와 관련된 연구가 더 반복적으로 이루어질 필요가 있다.

최근까지는 경험적으로 지지받는 치료 전략을 적용한 증거 기반 실천을 강조하였고, 이는 아동의 다양한 발달단계에서 나타나는 특정 문제행동에 어떻게 개입할 것인지에 대한 아이디어를 종합하고 확장하는 데 중요한 잠재성을 지닌다. 경험적으로 적대적 반항장애와 품행장애 증상을 목표로 하는 치료에서는 화-짜증을 다루는 개인 전략뿐만 아니라, 비순응적 행동을 줄이는 양육 전략을 강조한다(Brestan & Eyberg, 1998 참조). 그리고 ADHD의 심리사회 치료 역시 많은 아동의 외현화 행동의 근원인 충동성 조절의 어려움을 목표로 하며, 비순응적 행동을 줄이기 위한 전략을 포함하기 때문에 품행 문제를 줄이는 데 효과적이다. 이후 대다수의 품행 장애에 대한 경험적으로 지지받는 치료에서는 치료 개입방식, 청소년 문제행동의 주요 경로, 품행 문제 증상을 악화시킬 수 있는 기술에 관한 시각을 공유하였다. 그럼에도 불구하고, 치료사가 치료 개입의 필요 정도를 확인하고 치료받도록 권고하는 것의 정확성과 부모 훈련(Anastopolous & Fairley, 2003)처럼 널리 활용되는 전략이 정말 치료에 핵심적인 측면인가에 대한 의구심은 아직 남아 있다(Brinkmeyer & Eyberg, 2003). 증거 기반 실천을 통해 위의 의구심에 대한 부분과 더 나은 발전과 혁신에 대해 아래에서 논의하였다.

품행장애의 개입 전략 선택과 개입의 필요성을 밝혀내는 과정에서 항상 고려해야 할 부분은 발달적 문제에 관한 영향력이다. 즉, 이와 관련하여 여러 연구에서는 품행장애가 청소년기 이전에 발병할 경우 그 이후에 발병할 때보다 문제가 더 심각하고 지속적으로 나타난다고 강조하였다(Loeber et al., 1993; Moffitt, 2006). 따라서 초기 개입이 확실히 중요하다. 이 장에서는 아동기와 청소년기에 모두 적용할 수 있는 것보다는 특정 발달단계에서 가장 적절하게 활용할 수 있는 특정 치료 프로그램을 살펴보았다. 품행장애 치료는 아동의 발달 수준에 적합할 때 가장 효과적이기 때문에 연구에서 발달단계를 고려하는 것은 치료 개입 시 가장 중요하다.

이 장의 목표는 품행장애의 일반적이고 특수한 치료적 개입요소를 설명하는 것이며, 이와 더불어 현재 여기에 제시된 연구와 이론적인 시각적 측면을 통해 앞으로 나아갈 미래 방향을 살펴볼 것이다. 연구자들은 아동기 품행 문제를 효과적으로 줄이기 위해서 다양한 치료적 접근을 제시하였다(예 : Nock, 2003). 예를 들어, 아동기 품행 문제를 예방하거나 치료하기 위한 개입법으로 인지행동 또는 행동적 부모 훈련을 지지하는 연구가 점차 늘고 있다. 그러므로 이 장에서 각 치료적 접근법의 특성과 경험적 증거들을 확실히 제시할 수는 없다. 따라서 이 장에서는 아동기 품행장애의 치료에 관한 주제와 치료 전략을 증거 기반으로 살펴보고자 한다. 이후 매우 어린 연령에 시작되는 아동의 다양한 문제행동을 치료하기 위한 부모 중심 개입방식부터 논의하고자 한다.

부모 중심 치료

일반적 요소

부모 중심 전략은 품행 문제의 발달과 이를 줄이는 데 유용한 환경적 개입으로 많은 치료에서 가정환경에 잠재적 영향을 가진다고 지지받았다. 연령이 낮은 아동은 품행 문제에 관해 특별히 가정된 발달경로와 상관없이 일반적으로 치료에 직접 참여할 수 있는 능력이 부족하기 때문에 발달상 부모 중심 개입이 필요하다고 강조하였다. 더불어 품행 문제를 보이는 아동에게 초기 개입으로 부모 중심 치료를 주요한 구성요소로 고려해야만 한다(Beauchaine, Webster-Stratton, & Reid, 2005).

양육 개입의 일반적인 목표는 아동의 비순응적 행동을 다루는 것이고, 이론적 근거는 Patterson (1982)의 강압적 부모-자녀 상호작용모델을 기반으로 한다. 특히 아동의 비순응적인 행동을 부적 강화하는 양육방식 대신에 부모가 아동에게 명확한 요구를 하고, 아동의 비순응적 행동(예 : 아동에 의해 반복적으로 거절된 요구, 명령 철회)에 즉각적으로 부정적인 결과를 유관하도록 한다. 더욱이 Patterson의 모델은 아동의 비순응적 행동이 증가하면 양육방식은 점차 엄격해지며, 결국 아동이 부모의 엄격한 양육이나 위협에 다시 순응함으로써 이런 양육방식이 정적 강화된다고 설명하였다.

부모 중심 치료 개입은 부모에게 칭찬, 특권 주기, 보상 기간을 늘리거나 더 큰 보상을 주는 형태의 긍정적 강화와 더불어 즉각적이고 지속적인 타임아웃과 같은 처벌 전략을 사용하도록 촉진함으로써 혐오적 양육 수행이 증가할 가능성을 줄이는 것에 중점을 둔다. 타임아웃에 대체하여 반응대가(즉, 부적절한 행동을 할 때 토큰, 특권, 포인트 제거)를 활용할 수도 있다(Forehand & McMahon, 2003). 그러나 연구자들은 긍정적인 양육방식(즉, 부모의 관심, 정적 강화)을 통해 부모-자녀 상호작용을 개선하는 것이 부정적 행동에 처벌 전략을 적용하는 것보다 우선시되어야 한다고 강조하였다(예 : Webster-Stratton & Reid, 2003). 이러한 연구모델은 긍정적인 양육 수행을 늘리는 것이 개선된 아동 행동의 중재 변인이 되고, 양육 기술을 변화시키는 것이 부모의 정서나 자신감을 변화시키는 것보다 부모 중심 치료에서 아동의 결과를 더욱 잘 예측하는 요인이라는 점을 입증하였다(Gardner et al., 2006; Hutchings, Lane, & Gardner, 2004).

특히 품행장애의 부모 훈련이나 가족 중심 치료는 긍정적인 관심과 칭찬의 모델링, 적절하게 요구하는 것, 아동 행동에 관심을 두고 유관적으로 강화하는 것, 부정적인 행동에 타임아웃을 활용하는 것 같은 기술과 그에 대한 논의를 통해 발전하였다(McMahon & Wells, 1998). 추가적인 치료 방법으로 아동의 심각하지 않은 잘못된 행동은 무시하기, 아동의 문제행동을 다루기 위해 사전에 아동의 행동에 반응하기, 아동의 잘못된 특정 행동에 맞는 자연스러운 결과를 적용하기 등을 강조하였다(Webster-Stratton & Reid, 2003).

부모 중심 프로그램의 초기에는 부모가 아동의 장애와 치료의 이론적인 부분을 좀 더 잘 이해할 수 있도록 대부분 심리교육적인 요인부터 시작한다. 이를 통해 부모가 아동의 행동에 감정적으로 반응하는 것을 줄일 수 있다. 따라서 부모의 화 조절을 치료의 한 구성요소로 포함하여, 결과적으로 부모가 문제 있는 자녀와 화가 나서 상호작용하는 가능성을 줄일 수 있는 효과적인 대처 기술의 모델을 촉진한다. 특정 양육 기술은 학습 중심으로 논의할 수 있고(예 : Barkley, 1997), 실제로 수행과 시범을 보이거나(Brinkmeyer & Eyberg, 2003), 비디오를 통한 시범(Webster-Stratton & Reid, 2003), 또는 이런 접근방식을 결합하여 이루어질 수 있다. 자녀가 특정 연령이 되면 자연스럽게 부모 기술의 모델과 훈련은 치료의 구성요소가 되지 않을 것이다. 예를 들면, 부모-자녀 상호작용 치료(PCIT)는 실제 수행 중심으로 이루어져 있으며, 이는 3~6세 아동에게 적합하다는 점을 들 수 있다.

이러한 치료 개입은 가족 치료 접근과는 차이가 있다. 가족 치료에서 구조화된 가족 치료(Minuchin, Montalvo, Guerney, Rosman, & Schumer, 1967)는 가족 경계의 문제가 아동의 문제를 가중시킨다는 점을 강조하거나 Bowenian은 아동·청소년을 적절하게 개성화하는 방법과 다세대 간 가족 상호작용을 강조한다(Hart et al., 2006). 최근에 이러한 특정 접근방식이 아동 품행장애를 설명하는 데 지지받지 못하지만, Santisteban 외(2003)의 연구에서는 이 같은 간단한 전략적 가족 치료를 히스패닉계의 청소년에게 적용하여 품행 문제와 또래 중심 비행행동뿐만 아니라 물질남용 역시 감소한 긍정적인 결과가 나타났다. 이와 더불어, 다각적 접근을 취하는 가족 치료는 문제행동의 위험요소를 설명할 뿐만 아니라 청소년 문제행동을 줄이는 데 효과적이다.

마지막으로 품행 문제가 있는 아동의 부모에게 초점을 둔 모든 프로그램이 아동 행동의 문제와 관련된 부모 훈련에만 초점을 맞춘 것은 아니다. 광범위한 가족 중심 치료(Kazdin, 1987) 역시 아동의 잘못된 행동을 악화하는 부부 간 불화나 부모의 문제 해결방식, 양육 스트레스를 목표로 한다(Lochman, 1990). 이러한 요인들은 개별적 부모 치료, 커플 치료, 품행 문제를 위한 아동 치료 과정, 또는 품행 문제 아동의 부모를 위해 고안된 양육집단의 범위 안에서 설명된다. 이와 관련된 주제는 일반적으로 양육집단에서 설명되는데, 경험적으로 지지받는 양육 개입은 집단 중심으로 이루어지며, 여기에는 아동 문제행동과 관련된 가족 문제 논의를 포함할 수도 있다. 실제로 치료의 효과성을 고려할 때, 부모 훈련 접근방식이 집단활동에 잘 적응한다면 외현화 문제가 있는 아동의 부모를 위한 집단 치료는 개별적 부모 치료보다 비용적으로 효과적이라는 장점이 있다(Chronis, Chacko, Fabiano, Wymbs & Pelham, 2004).

경험적으로 입증된 치료의 예

1968년에 Patterson과 Guillion은 품행 문제를 위한 부모 중심 치료에 영향력 있고 중요한 접근 방법으로 아동과 함께 지내기 프로그램(Living with Children program)을 최초로 개발하였다 (Patterson & Guillion, 1968; Brestan & Eyberg, 1998). 이 프로그램은 2~8세 아동에게 맞춰진 개별적 훈련 형식으로, 초기에 부모와 함께하도록 구성되었다. 매뉴얼화된 이 치료는 관심 두기와 보상하기, 무시하기, 부모가 아동 행동에 변별적 관심을 효과적으로 활용하기, 부모-자녀의 강압적인 상호작용을 제거하는 방법 찾기, 일관되고 명확한 규칙 세우기, 습득한 행동을 다른 환경까지 일반화하기와 같은 기술을 가르치도록 짜여 있다. 즉, 이 프로그램은 일반적으로 쓰이는 양육 프로그램의 순서를 따른다. 이러한 기술은 심리교육, 과제 수행, 역할극, 모델링을 활용하여 가르친다. 아동과 함께 지내기와 지속적인 적용은 통제된 여러 연구에서 긍정적인 결과를 보고하고 있지만(Brestan & Eyberg, 1998), 이러한 특정 프로그램에 관한 최근 연구에서는 그렇지 못하다 (Farmer et al., 2002). 그럼에도 불구하고, 이 프로그램의 혁신적인 이론적 근거와 접근방식은 최근 부모 중심 치료 프로그램이 발전하는 데 확실히 영향을 끼쳤다.

부모 관리 훈련 규정을 따르는 유일한 프로그램은 6~12세 아동의 부모를 대상으로 이루어진 Carolyn Webster-Stratton의 '기적의 1년 : 초기 아동기 부모 치료 훈련(Incredible Years : Early Childhood BASIC Parent Training)'이다(Webster-Stratton & Reid, 2003). 그리고 Webster-Stratton은 더 어린 아동을 대상으로 하는 프로그램을 개발하였다(Webster-Stratton & Reid, 2003). 이 치료는 비디오모델링을 유일하게 활용하는 프로그램이다. 이 프로그램은 개별 치료에서보다 집단 치료에서 더 많이 사용한다. 10개의 비디오는 모든 연령대 아동의 부모에게 적용할 수 있고 부모에게 적절하고 부적절한 상호작용을 보여 주는 것으로 구성되어 있다. 그리고 비디오 프로그램은 부모 간의 집단 토론을 활성화한다. 전통적 부모 관리 기술과 더불어 BASIC에는 논리적 결과와 반응대가 기술이 포함된다(Webster-Stratton & Reid, 2003).

더 나아가 이 치료에서 주안점은 부모가 강압적이고 비판적인 양육방식을 버리고 부모 중심 프로그램에서 일반적인 전략 기술을 지속적으로 활용하면(예 : 긍정적 강화, 반응대가, 타임아웃 등),

자녀의 반항행동과 좀 더 유의한 수준의 품행 문제도 줄일 수 있다는 데 있다. 이런 치료는 1년 후에도 아동의 수행에 긍정적인 효과를 가져왔다(Webster-Stratton & Hammond, 1997). 이러한 치료적 개입 방법은 부모 토의집단이나 이후에 논의할 아동 중심 요인을 결합할 때 특히 효과적이다(Farmer et al., 2002).

Russell Barkley(1997)는 초기 학령기 아동의 부모를 대상으로 프로그램을 개발하였는데, 이 프로그램은 앞에서 언급한 부모-자녀 상호작용의 강압적 순환(coercive cycle of parent-child interactions)을 기반으로 한다. 이 프로그램의 특수 전략 기술(예 : 명확성, 간결한 부모 요구)은 대부분 ADHD 아동의 특정 어려움을 다루는 것으로 이루어져 있다. 그뿐만 아니라 문제행동을 일으키고 유지하는 아동과 가족 요인에 대한 논의를 함으로써 비순응행동과 다른 품행 문제에 관한 심리교육적 접근 치료를 시작하는 데 좋은 모델을 제공하였다.

이 프로그램 과정은 아동 놀이 시간 동안 부모가 질문이나 요구를 하지 않고 아동의 행동에 관심을 주고 아동의 긍정적인 놀이행동에 관해서 논의하는 것으로 이루어진다. 이후 회기에서는 아동이 자신의 순응적인 행동에 긍정적인 행동 결과가 연관되어 있음을 이해할 수 있도록 하기 위해서, 부모는 아동이 부모의 요구에 순응하는 행동(순응할 기회를 더 많이 제공)을 자주 칭찬하고 강화한다. 그리고 그 이후 회기에서는 앞에서 설명했던 단계대로 우선 긍정적인 양육 기술을 소개하고, 처벌 전략, 특정 과제와 부모에게 알려준 각 기술에 대한 핸드아웃을 제공하는 식으로 이루어진다(Barkley, 1997).

이 개입 프로그램은 전형적으로 집단에서 사용하지만, 개별 가족에게도 쉽게 적용할 수 있다. 다른 프로그램과는 다르게 비교적 이 프로그램은 아동의 독립적인 놀이행동에 칭찬 · 관심의 중요성, 공공장소에서 행동 조절하기, 집과 학교에서 행동을 효과적으로 유관하기 등과 같은 세부적인 사항에 대해 논의한다. 다른 프로그램에서처럼 여기에서 강조하는 부분은 부모가 즉각적으로 비순응적인 행동에는 처벌(즉, 반응대가, 타임아웃)하고 순응적인 행동에는 칭찬한다는 것을 아동이 명확하게 예상할 수 있도록 일관되게 하라는 것이다. 또한 긍정적인 행동에 관심을 주고 부정적인 행동에는 관심을 철회 또는 무시하는 것의 중요성 역시 강조하였다.

이 프로그램은 치료 형태에서 벗어나 청소년에게까지 확장되었는데(Barkley, Edwards, & Robin, 1999), 여기에는 어린 아동을 양육하는 방식과 문제 해결 기술, 그리고 효과적인 가족 의사소통을 중심으로 하는 가족 치료의 요인을 결합하였다. 이는 처음으로 어린 아동을 대상으로 이루어진 양육 기술과 수행에 대한 프로그램을 청소년의 발달단계에 적절한 전략으로 수정한 프로그램이다(예 : 타임아웃 대신 기초교육). 행동 계약은 원래 보상 점수 체계 형식으로 활용되는데, 청소년의 경우에는 좀 더 정교하게 자신의 행동과 가족 관계를 개선하는 것을 이해하고, 치료 과정에서 자신이 얻을 수 있는 이점, 부모가 청소년의 행동 결과에 적절한 결과를 유관적으로 제공하는 것, 계약을 통해 기대되는 자신의 행동을 책임지는 것 등이 포함된다(Barkley et al., 1999).

이 프로그램의 두 번째 단계에서 10대의 문제행동을 줄이기 위해서는 가족 의사소통 습관의 개선이 중요하므로 가족을 중점적으로 다룬다. 이와 더불어, 대부분 적대적 청소년-부모 상호작용을 촉진하는 요인인 비합리적 신념(예 : 완벽한 순응에 대한 기대, 청소년이 몇몇 자율권을 부여받는다면 부정적 결과가 나타날 것이라는 예상)을 논의한다. 마지막으로 가족은 치료 회기 내에서 치료사의 지시와 안내를 받으면서 의사소통과 문제 해결 기술을 연습한다. 이런 전략이 청소년의 발달단계에 적절한가에 대한 연구는 부족하지만, 이 프로그램의 첫 부분에 소개한 양육 전략의 효과성을 지지하는 증거는 많다. 최근 연구에서는 이 프로그램의 두 번째 부분에서 소개한 가족 중심 개입법이 ADHD와 적대적 반항장애 증상을 보이는 아동에게 매우 적절하다고 입증되었다(Anastopolous, Shelton, & Barkley, 2005).

Sheila Eyberg 외는 아동의 반항적이고 비순응적인 행동을 줄이기 위한 부모 중심 개입법인 PCIT를 개발하였다(Brinkmeyer & Eyberg, 2003). PCIT는 권위 있는 사람에게 말대답하는 것부터 공격적인 행동을 하는 아동의 다양한 행동화(acting out)에 초점을 두며, 사회 학습과 애착이론에 근거한다. 특히 부모-자녀의 불안정한 애착(예 : 아동의 감정적 표현에 대한 낮은 인내)과 그 패턴이 확장되는 것, 그리고 혐오적인 부모-자녀 상호작용은 아동의 공격성과 약한 대처 기술, 비순응적 행동에 영향을 끼친다고 보았다(Eyberg & Brinkmeyer, 2003). 그리고 이 프로그램에서 부모는 아동의 행동을 변화하는 역할을 한다. 다시 말해서, PCIT는 아동의 대처 기술 자체를 향상하는 것에 중점을 두지 않는다.

다른 양육 프로그램과 같이 PCIT는 아동 중심 상호작용에 초점을 두기 시작했고, 이는 다른 프로그램에서 과제를 통해 확인하고 논의만 했던 것과는 대조적으로 회기 내에서 상호작용 같은 양육 기술을 실제로 일정하게 연습하고 모델링을 한다는 점에 차이가 있다. 더욱이 PCIT 치료사는 양육 기술의 모델링을 하고 논의하는 '감독' 역할을 하며, 그런 후에 부모가 회기 내에서 배운 기술을 활용하는 모습을 관찰한다(Brinkmeyer & Eyberg, 2003). 아동 중심 상호작용을 하는 동안에 부모는 '아동의 행동을 칭찬하고, 아동의 행동과 상태를 반영하며, 아동의 놀이를 묘사하며 따라해주고, 열정적으로 참여한다(즉, PRIDE skills; Brinlfmeyer & Eyberg, 2003).' 또한, 부모는 아동이 활동에 참여하는 것을 통제하거나 그 시간 동안 아동에게 요구하지 않도록 주의해야 한다. 대신에 부모는 상호작용 동안 아동의 심각하지 않은 잘못된 행동은 무시하며, 아동의 행동을 다루기 어려울 경우 상호작용을 중지한다. 이러한 상호작용은 아동의 파괴적 행동에 영향을 주는 애착 문제와 관련된 것을 목표로 한 것이다.

부모가 아동 중심 상호작용에서 필요한 기술을 숙달했을 때에는 치료 회기의 목표가 부모 중심 상호작용으로 바뀐다. 이런 상호작용은 사회 학습 과정을 근거로 하며, 효과적으로 요구하기, 아동의 심각하지 않은 잘못된 행동 무시하기, 결과 지속하기와 같은 양육 기술 주제를 다룬다. 또는 아동의 매우 심한 파괴행동을 회기 내에서 논의하고 모델링을 해 주며 연습하도록 한다. 부모는 명확하고 간결하게 요구하기에 대한 중요성을 배우며, PCIT를 포함한 다른 양육 개입법에서도 순응적 행동과 비순응적 행동에 대해 일관된 결과를 제공하는 것이 중요하다고 강조한다.

PCIT는 3~6세 아동에게 가장 효과적이고 유용하다(Brinkmeyer & Eyberg, 2003). 이 프로그램은 체계적으로 과정 모니터링을 하는 것이 특징적이며, 제한된 시간에 수행하는 것을 중시하기보다는 수행할 수 있도록 하는 것 자체에 중점을 둔다. 즉, 이전에 배운 기술을 숙달하기 전에는 새로운 기술을 논의하거나 모델링해 주거나 연습하지 않는다. 이 절차는 회기 내에서 아동의 파괴적 행동과 부모의 양육행동을 직접 관찰함으로써 모니터링한다. 아동의 행동과 부모 만족도를 보고한 연구를 통해 이 프로그램의 효과성을 밝혔다(Brinkmeyer & Eyberg, 2003). 이와 더불어, 앞에서 간략하게 기술한 PCIT 양육 기술에서도 품행 문제 아동의 부모를 대상으로 하는 다른 프로그램처럼 양육 스트레스는 아동의 잘못된 행동과 부모-자녀 상호작용의 문제를 더욱 악화시킬 수 있다는 관점을 갖기 때문에 프로그램에 부모 이완요소를 포함한다.

최근에 Ross Greene 외(Greene, Ablon, & Goring, 2002)는 전통적인 부모 중심 프로그램의 이론적 근거와 접근방식이 다른 프로그램을 고안하였다. 이 프로그램은 학령기 아동의 부모를 대상으로 하며 협력적 문제 해결을 중심으로 고안되었다. 이와 더불어, 프로그램의 치료 개입 목표는 전통적 양육 프로그램 범위에 포함되지만, 행동의 원인을 다른 시각으로 보기 때문에 이 접근법을 통해서 가족이 얻을 수 있는 이점을 고려할 수 있다.

간략하게 협력적 문제 해결에서는 전통적 양육 훈련과 같이 아동의 문제행동을 줄이고 순응적 행동이 늘어나도록 동기화하기 위해 유관성을 강조하기보다는 아동의 감정폭발에 대한 주제나 아동과 부모의 논쟁을 해결하기 위한 능력을 향상시키는 협력적 문제 해결을 강조한다(Greene et al., 2004). 이 프로그램의 심리교육에서는 좌절을 견디는 능력의 결여, 변화 적응의 어려움, 감정 조절의 어려움과 같은 아동의 공격성 폭발과 관련될 수 있는 인지와 개인 내적 변인을 중점적으로 다룬다. 이 접근에서 부모의 주요 기술은 아동의 잘못된 행동을 다루어야 하는 상황과 부모와 아동이 협력적으로 문제를 해결할 수 있는 상황, 부모의 기대가 비현실적인 상황을 구분하는 것이다(Greene et al., 2004).

전통적 부모 관리 기술은 특히 타인을 공격하는 행동처럼 명백한 문제 행동일 때에는 협력적 문제 해결의 일면을 가지고 있지만, 부모에게 기대와 규칙을 명확히 하거나 중시하는 것을 적게 요구한다. 그래서 이 방식은 적응이 어려운 아동에게 상당히 혼란스러울 수 있다. 협력적 문제 해결 기술은 아동의 반항적 행동을 줄이기 위해서 부모를 훈련하는 것만큼 효과적이라고 알려졌고, 적대적 반항장애 진단과 더불어 준임상 수준의 기분장애가 있는 아동의 부모에게 더욱 적절할 수 있다(Greene et al., 2004). 최근에 이 접근법은 입원환자를 대상으로 활용되고 있으며, 관리 직원에게 협력적 문제 해결 접근을 적용함으로써 편의를 위해 청소년을 격리 및 감금하는 것이 줄었다(Greene, Ablon, & Martin, 2006). 이 같은 프로그램과 이를 경험적으로 지지하는 연구들은 품행 문제에 적합한 치료 개입을 구성하기 위해 필요하며, 품행 문제 증상이 병인론의 추정에 가장 근접할 수 있도록 한다.

개별 중심 치료

일반요소

품행장애의 개별 중심 치료의 발달(즉, 아동이나 청소년이 직접 수행하는 것)은 여러 문제행동을 발전하고 유지하는 원인을 청소년의 개인 성향에 기인한다고 증명하였다. 청소년의 품행 문제에 영향을 끼치는 다양한 가족 위험 요인과 더불어, 이런 문제가 있는 청소년은 인지적 왜곡 또는 결핍뿐 아니라, 상호작용 기술도 부족하다(Kazdin, 2003). 청소년의 품행 문제를 다루는 여러 치료 프로그램은 병인적 요인으로 가정되는 개인 간의 요인과 개인 내적 요인에서 발생하였다. 예를 들어, 행동에 따른 가능한 결과와 상황에 대한 자신의 인지적 평가뿐 아니라 과거에 자신의 행동에 따른 강화나 처벌은 공격성과 같은 품행 문제행동을 형성한다.

따라서 개별 중심 치료는 문제행동의 빈도를 줄이기 위해 인지적 전략과 행동적 전략을 강조하며, 분노를 불러일으키는 상황에서 청소년의 긍정적 대처 기술을 향상시킨다. 이러한 프로그램은 품행 문제에 영향을 끼치는 부적절한 인지 전략(즉, 적대적 귀인편향; hostile attributional biases)을 교체하거나 인지적 활동(즉, 충동조절)을 향상할 수 있도록 설계되었다(Crick & Dodge, 1996; Lochman & Wells, 1996). 이 프로그램은 품행 문제 아동에게서 종종 나타나는 사회성 기술 결핍을 다루기 위해 사회성 기술 훈련을 포함하고, 이와 더불어 또래 관계에서 친사회적 행동을 할 수 있도록 돕기 위해 사회 문제 해결 기술도 포함한다.

개인적 요인에 대해 논의하는 연구자들은 개인의 임상 발표에서 개인·환경적 요인의 상호작용을 공식화하였다(Barkley, 1997). 이런 요인 중에 부모-자녀 상호작용과 부모 훈련이 가장 영향력 있다고 밝혔다. 그러므로 대부분 실제 수행에서 품행장애 아동과 청소년 치료에 부모나 가족 구성

요인을 포함한다. 발달적으로 적절하고 임상에서 적합할 때 부모와 청소년 치료 요인을 결합한다는 연구 근거가 있으며, 품행 문제를 줄이는 데 각 요소만 수행할 때보다 이러한 구성요소를 결합할 때 더욱 효과적이다(예 : Kazdin, 2003; Webster-Stratton & Hammond, 1997). 또한 보편적인 예방 프로그램 없이 개별 치료만 실시한 것보다는 보편적 예방 프로그램에 개별 치료를 포함한 치료가 더욱 효과적이라는 것이 입증되었다(Lochman & Wells, 2002).

앞에서도 강조했듯이 양육 프로그램은 개별적으로 치료하는 것보다 집단으로 구성된 프로그램이 비용적인 면에서 더욱 효과적이다. 그러나 개별 청소년이나 부모와 함께하는 집단 치료에서 몇 가지 중요한 수행 문제점을 강조하였다. 이러한 제한점은 모든 집단구성원이 새로운 기술을 이해하고 받아들이는 것의 어려움, 회기 밖에서 기술을 수행하는 것의 어려움, 환경에서 비일관적인 관심을 두는 부분이다(Kazdin, 2003). 그래서 개별 중심 프로그램의 초기 형식이 집단이나 개별로 진행되는 것에 대한 차이점을 살펴보았다. 그러나 이런 프로그램의 주요요소와 품행 문제행동을 줄이도록 배운 기술의 이론적 근거는 각 형식에 따라 결정된다.

경험적으로 입증된 치료의 예

외현화 문제가 있는 아동을 대상으로 하는 대처 능력 프로그램(Coping Power Program; Lochman & Wells, 1996)은 앞에서 언급했던 것과 비슷하게 부모를 프로그램 구성요인의 한 부분으로 본다. 이 프로그램은 아동의 공격성과 물질남용과 같은 특정 행동을 다루는 데 긍정적인 결과를 보고하였다(Lochman, Barry & Pardini, 2003). 대처 능력 프로그램에서 개별 중심 프로그램은 사회 문제 해결 기술과 화 조절에 중점을 둔 개입이며, 이 집단은 교사가 보고한 공격성을 기반으로 위험군에 속하는 후기 학령기 아동부터 중학생으로 구성된다. 프로그램은 인지적 요인과 행동적 요인을 모두 다루었고, 이와 관련한 대표적인 예는 목표행동 개선에 초점을 둔 보상 체계이다. 대처 기술, 사회 문제 해결 기술 그리고 그런 기술을 발전시키는 전략(예 : 긍정적인 자기 진술) 등은 이 프로그램의 인지적 측면의 예이다.

이 프로그램은 분노에 대한 생리학적 단서 확인하기, 분노와 다른 감정 수준 구분하기, 이완 기술 등을 중심으로 초기에 심리교육적 구성요소를 포함한다. 또한 효과적인 분노 대처를 방해하거나 촉진하는 인지적 역할을 소개하였고, 이 프로그램은 실질적으로 인지적 측면에 초점을 두면서 진행된다. 그런 후에 문제를 정확하게 확인하기 위해서 사회 문제 해결을 도입하여 가능한 모든 행동 과정을 고려해 본다. 그리고 나서 각 행동 결정에 따른 긍정적·부정적 결과를 생각해 본다. 나머지 회기 동안 이 문제 해결 모델을 반복한다. 또한 이 프로그램에서 모델링 구성요소도 중요한데, 집단 안에서 타인을 통해 대처 기술을 배울 수 있고 자신이 집단 내에서 모델이 될 수도 있으며,

더불어 공공 서비스 같은 프로그램에서 발전된 대처 기술을 설명하는 비디오를 만들 수도 있다.

마지막 6~10회기는 특별하게 또래 상황에서 문제 해결 기술 적용하기, 각 구성원의 발전에 대해 살펴보기, 그리고 다양한 맥락에서 이런 기술을 일반화하기 위한 계획 세우기에 초점을 둔다. 집단 형식에서는 문제가 되는 사회 인지(예 : 적대적 귀인편향)를 확인하는 역할극이 가능하고, 효과적인 사회적 문제 해결 기술(예 : 또래 압력에 저항하기; Lochman & Wells, 1996)을 연습할 수도 있다.

대처 능력 프로그램과 유사한 '긴장 완화 프로그램'은 상당한 경험적 지지를 받은 분노 통제 훈련 프로그램이다(Feindler & Guttman, 1994). 그러나 이 프로그램은 청소년을 대상으로 진행된 반면, 대처 능력 프로그램은 중학생 과도기에서 위험한 상태에 처한 청소년을 대상으로 한다. 긴장 완화 프로그램은 청소년이 인지적 기술과 행동적 기술의 부족으로 분노 조절 능력이 부족하다는 생각에서 출발하였고(Feindler, Ecton, Kingsley, & Dubey, 1986; Feindler, Marriott, & Iwata, 1984), 인지 왜곡으로 인한 충동성과 분노 표출과 연관된 인지적 측면(예 : 적대적 귀인편향)에 초점을 두어 인지 왜곡을 수정하고자 한다(Feindler et al., 1986).

긴장 완화 프로그램은 공격적인 행동을 하는 13~18세 청소년에게 적용할 수 있도록 고안되었다. 이것은 매우 구조화된 프로그램으로 주로 한 집단마다 8명씩 구성한다. 10회기 동안 각 회기에서는 특정 기술 배우기, 모델링하기, 역할극을 통해 리허설하기 등을 다루고, 이후 일상환경에 적용하기를 중점적으로 다룬다. 10회기에 배우는 기술은 규칙과 강화, 이완, 자기 모니터링, 유발 계기(triggers), 공격적인 신념 반박하기, 주장 훈련, 자기 지시 훈련, 문제 해결 기술 훈련, 미리 생각하기, 프로그램 살펴보기이다(Feindler & Guttman, 1994).

Feindler 외(Feindler, 1990; Lochman & Lampron, 1988)는 분노 통제 훈련이 치료 이후 바로 제한적인 기간에 효과적일 뿐만 아니라 장기 효과도 있다고 강조하였다. 이와 더불어, 분노 통제 훈련은 다른 행동적 전략(예 : 문제행동에 일관된 결과 제시; Lochman & Lampron, 1988)과 결합할 때 더욱 효과적이라고 하였다. 다른 연구에서는 긴장 완화 프로그램이 자기 보고 측정도구에서도 효과적일 뿐만 아니라, 공격성이나 다른 품행 문제행동 역시 감소시켰다는 것이 직접 행동 관찰을 통해 확실하게 증명되었다. 즉, 개인의 인지 과정이나 자기 효능감에서 확실한 변화가 있었다. 하지만 이러한 변화가 실질적인 행동까지 일반화되었는지는 확실하지 않다(Feindler & Guttman, 1994).

이와 비슷한 이론적 근거를 갖는 또 다른 개별 치료 접근으로는 Alan Kazdin이 개발한 문제 해결 기술 훈련(PSST)이 있다(Kazdin, 2003). PSST는 인지행동 치료로, 품행 문제 치료에 효과적이라고 검증받았으며, 이 치료의 이론적 근거는 청소년의 품행 문제가 인지적 왜곡과 관련 있다는 것을 기반으로 한다(Kazdin, 2003). PSST의 목표는 공격적이고 반사회적인 청소년이 문제 발생의 원인을 타인의 행동 탓으로 돌리는 경향이 있다고 증명하는 연구를 기반으로 청소년의 인식, 그들의 규칙, 세상을 경험하는 방식을 변화시키는 것이다(Crick & Dodge, 1994). PSST는 7~13세 아동을 대상으로 하는 개별 치료 형식으로 구성된다.

치료에서는 아동이 자주 부딪히는 상황에서의 어려움을 효과적으로 대처할 수 있도록 가르친다. 이는 매우 구조화된 치료적 접근으로, 아동에게 상호작용 관계를 적용한 5단계 문제 해결을 가르친다. 이 단계는 문제 확인 및 정의하기, 문제 해결책 찾기, 아동의 해결책에 대한 평가하기, 논의하기, 논의에 대한 평가하기로 이루어진다(Kazdin, 1990). 특히, 청소년은 일반 사회 문제나 혼란스러운 상황을 작업하기 위해 자신의 환경에 직면하고, 동일한 객관적 요인을 상황에서 분리한 후 친사회적 행동으로 반응하는 것을 배운다. 치료사는 치료 회기 동안 기술마다 모델링을 통해 문제 해결 기술의 발전을 촉진한다. PSST를 통해 인지적 작업은 크게 소리를 내면서 연습하다가 점차 조용하고 자동으로 이루어진다(Kazdin, 2003).

PSST는 다양한 통제조건, 다른 개입과 비교했을 때 더 유리하며(Kagdin, 2003), 이후 1년까지 다양한 환경과 복합적 측정도구에서 모두 긍정적인 결과가 보고되었다(Kazdin & Wassell, 2000). 앞에서 언급했듯이 PSST는 부모 관리 훈련 기술을 결합하였고 이런 방법으로 활용할 때 효과적이다(Christophersen & Mortweet, 2001). PSST는 품행장애의 다른 증상과 공격성을 줄일 뿐만 아니라, 친사회적인 행동을 향상시킨다는 것을 강조하였다(Kazdin, 2003). 추가적으로 양육 스트레스를 설명하기 위한 몇 가지 연구에서 이점이 증명되었지만, 이후에 PSST와 관련된 결과를 약화시키는 치료 결과 중재 요인을 더 살펴볼 것이다(Kazdin, 2003). 그러므로 이러한 증거의 일부는 품행 문제를 유지하는 요인을 가장 큰 목표로 하기 때문에 동시에 다른 체계와 다른 방식의 개입이 필요하다는 점을 지적하였다.

다각적 프로그램

개관

현재 아동기 품행장애의 치료적 접근은 광범위한 복합적 접근을 하거나(예 : Henggeler & Lee, 2003) 다양한 환경에서 여러 목표를 수용하는 복합적인 구성요소를 포함하는 다각적 접근을 취한다(예 : 품행문제예방연구학회, 1992). 이 프로그램은 품행 문제를 위한 치료가 어떤 영향을 주는지 살펴보았다. 구체적으로 살펴보면, 그들은 품행장애 청소년을 엄격한 환경에서 치료받도록 직결하는 것보다, 가족 중심 개입 치료(예 : Henggeler, Schoenwald, Bordvin, Rowland, &

Cunningham, 1998)와 학교 전략 기술(Lochman, Lampron, Gemmer, & Harris, 1987)로 치료하는 것이 더욱 효과적일 수 있다는 증거를 제시하였다.

예를 들어, 다각적 치료(MST; Henggeler & Lee, 2003)는 상당히 경험적으로 지지받았고, 광범위한 시각에서 품행 문제에 접근하며 청소년의 품행 문제에 대한 다양한 내용을 설명할 수 있다. 다각적 치료는 청소년을 대상으로 하며 개인, 가족, 학교, 또래, 이웃을 포함하는 다양한 수준의 치료로 구성되어 있다. 치료는 실제로 이런 각각의 상황에 적합하고, 실행 가능하게 이루어져 있다 (다음 내용 참고).

기적의 1년 프로그램의 부모 구성요소에 관해 앞에서 언급했으나, 아직 이 프로그램은 아동과 교사를 구성요소로 하는 하나의 예로 알려져 있다. 그러므로 이 프로그램은 다각적인 프로그램으로 기능할 수 있고, 세 가지 구성요소를 결합하여 아동, 가정 내의 성인, 학교환경의 필요에 따라 치료를 적용할 수 있다. 기본적인 대처 기술을 발달시키기 위해 부모 요인에서처럼 아동 요인에도 사회적 학습원리이론을 적용할 수 있고, 그뿐만 아니라 청소년의 적합한 행동 목표를 설정하도록 돕는다.

Webster-Stratton과 Reid(2003)에 따르면, 이 프로그램은 부모와 교사의 의사소통을 전반적으로 향상시키고 학교에서 아동의 수행과 행동을 모니터링하는 데 부모가 참여할 수 있도록 격려한다. 학교 구성요소는 학교 내 개입을 위해서 소집단이나 한 특정 아동만을 목표로 하는 것이 아니라, 파괴적 행동을 예방하기 위해 광범위한 학급 개입으로 이루어진다. 연구자들은 기적의 1년 프로그램을 이용한 치료패키지에 부모, 교사, 아동의 구성요소를 추가하여 품행 문제 증상의 개선 효과를 향상시켰다고 입증하였다(Webster-Stratton & Reid, 2003).

대부분의 다각적인 프로그램은 여전히 부모에게 전통적인 양육 훈련 기술을 가르치는데, 이는 청소년 문제의 원인이 청소년과 자신의 상황적인 상호작용으로 생기는 것임에도 불구하고 여전히 우선적으로 부모가 청소년의 변화를 도와준다고 보기 때문이다. 이후에 논의할 가족 중심 치료모델은 직접적으로 가족 의사소통과 갈등을 다루고, 물질남용 같은 청소년 문제행동을 줄이는 것에 관한 사고를 강조한다(Borduin et al., 1995; Henggeler, Borduin, & Melton, 1991; Schmidt, Liddle, & Dakof, 1996). 학교와 다른 상황에서 나타나는 문제행동의 수준에 따라 다양하게 특정한 치료 접근을 취한다.

경험적으로 입증된 치료의 예

앞에서 언급한 바와 같이, 다각적 치료(Henggeler et al., 1998)는 이전에 심각한 품행 문제가 있었던 위험 청소년을 대상으로 하며, 그들의 가정에서 위험요소를 제거하는 것이 목표이다. 이 치료 접근은 아동을 다른 부분(즉, 학교, 가족, 이웃, 문화, 커뮤니티)과 분리해서 볼 수 없다고 믿는다.

따라서 개별 아동 치료에 이 모든 가능성을 포함시킬 필요가 있다고 강조한다. 이 치료의 우선 목표는 품행 문제를 줄이고 아동이 처한 환경에서 기능을 잘할 수 있도록 돕는 것이다. 집중 프로그램은 아동의 치료와 관련된 것을 주의 깊게 모니터할 뿐만 아니라, 많은 임상가와 보호자도 활용한다. 이 치료는 품질보증 확인을 위해 치료 프로토콜을 저장한다는 점에서 다른 치료 접근법과는 다르다(Henggeler & Lee, 2003).

다각적 치료는 다음과 같은 다섯 가지 주요 개념에 기반을 둔다. 행동 문제는 중다결정적이고, 보호자는 장기간 긍정적 결과의 중요한 요인이다. 또한 효과적인 치료는 검증된 치료로 구성되어야 하고, 서비스 접근과 전달의 어려움을 치료와 관련해 고심해야 한다. 그리고 마지막으로 치료의 신뢰성은 품질보증을 확인하는 과정을 통해 유지된다. 치료는 아동이 포함된 모든 환경과 체계를 목표로 하며, 모든 환경과 체계를 협력하여 향상시키는 것을 추구한다(Henggeler & Lee, 2003). 다각적 치료는 가족의 개입을 포함하는데, 이는 마찰을 줄이고 참여도를 증가시킨다(Henngeler, Pickrel, Brondino, & Crouch, 1996). 치료에는 아홉 가지 핵심 치료 원리가 있다. 이는 문제와 아동의 넓은 체계 간에서 찾을 수 있는데, 여기에는 긍정·강점에 초점 맞추기, 책임감을 향상시키기, 현재·행동에 초점을 두고 적절하게 개입하기, 아동의 발달 수준, 지속적인 노력, 평가, 일반화가 포함된다(Henggeler & Lee, 2003).

다각적 치료의 각 측면(즉, 치료, 슈퍼비전, 상담)은 매뉴얼화되어 있고 그대로 수행하는 것을 특히 중요하게 다루지만, 여러 상황에 확장시킬 수 있도록 다양한 사례를 포함한다(Henggeler & Lee, 2003). 그러나 다각적 치료의 절차에는 가족 개입이 중요하고 치료팀원 간의 의미 있는 관계를 형성하기 위한 전략과 추가적인 체계 역시 필요하다. 치료팀원은 치료 과정을 모니터링할 책임이 있고 치료 과정에서 발생하는 요인을 관리해야 한다. 치료 목표는 매주 모니터링을 하고, 목표와 관련된 체계를 치료에 포함하는 것이다(Henggeler & Lee, 2003).

다각적 치료는 범죄행동, 물질남용, 그리고 외현화 문제를 줄이는 데 효과적이다(Kazdin & Weisz, 1998; Stanton & Shadish, 1997; Farrington & Welsh, 1999). 위험한 심리장애가 있는 청소년의 사례에서 다각적 치료를 적용한 결과, 이 증상으로 입원한 일수는 75%가 줄었고 청소년이 가정 밖에서 보내는 일수는 50% 정도 감소하였다(Schoenwald, Henggeler, Brondino, & Rowland, 2000). 또한 다각적 치료는 또래 관계(Henggeler, Melton, & Smith, 1992)를 향상할 뿐만 아니라, 부모-자녀 상호작용과 가족 관계를 개선한다. 집중적인 다각적 치료는 모든 시간 동안 개입자가 유용하게 개입할 수 있고, 치료팀원은 담당 건수(caseloads)를 낮게 유지할 수 있으며, 치료는 3~5개월로 제한되어 있다(Henggeler & Lee, 2003).

FAST(가족과 학교 함께) Track 프로그램(품행문제예방연구학회, 1992)에는 프로그램 사례에 양육 훈련, 학습과 사회적 문제, 커뮤니티 요인과 같은 품행 문제의 위험 요인이 포함된다. 이 프로그램은 초등학교 저학년 아동을 대상으로 하며, 이 프로그램의 전략은 아동의 품행 문제와 관련된 다른 가족 요인과 양육 훈련을 다루기 위해 가정 방문과 아동의 사회 문제 해결하기, 특히 읽기 문제가 있는 아동에 대한 가정교사 지도, 학급에서 교사를 위한 전략들이 포함된다.

이 프로그램은 아동의 사회·행동적 발달을 최적화하는 데 영향을 주는 다각적 영역에서 초기 개입을 해야 하고, 일관성을 가지고 의사소통을 하는 양육이 아동의 행동·사회·학습적 결과를 향상시킨다는 두 가지 관점으로 구성되었다(품행문제예방연구학회, 1992). FAST Track 프로그램의 각 구성 요인은 긍정적인 단기 효과를 증명하였지만, 전체 프로그램의 장기 효과는 추후조사에서 검증되어야 한다(Frick, 1998).

Barkley 외(1999)는 청소년을 대상으로 위와 비슷한 접근법을 설명하였고, Hogue, Dauber, Samuolis와 Liddle(2006)의 최근 조사연구에서는 청소년과 부모 모두에게 가족 중심 개입을 하였는데(즉, 다차원적 가족 치료; Liddle, 2002), 그 결과 청소년의 물질남용에 긍정적인 결과를 보고하였다. 그리고 이 치료 개입(예 : 약물 거절 기술, 분노 관리, 충동조절)에서 청소년 중심 전략은 가족 응집력을 향상하고 가족 갈등을 줄이는 데 특히 유용하였다(Hogue et al., 2006). 중다접근적 가족 치료(MDFT) 역시 청소년의 다양한 행동 문제에 매우 유용하다(예 : Dennis et al., 2004; Liddle, Rowe, Dakof, Ungaro, & Henderson, 2004). 그러므로 외현화 문제가 있는 청소년을 위해 개별 작업과 가족 작업을 결합하여 접근할 수 있고, 이는 각각 배타적으로 접근하는 방식보다 긍정적인 결과를 가져다 줄 수 있다. 중다접근적 가족 치료는 개별, 부모, 그리고 가족 상호작용 영역을 포함한다(Liddle, Rodriguez, Dakof, Kanzki, & Marvel, 2005).

한편, 중다접근적 가족 치료는 실제로 다각적인 측면이 있는데, 그 예로 가족 외의 영역으로 10대 품행 문제에 위험 요인인 긍정적인 커뮤니티 연결망 부족과 학교에서 겪는 어려움에 대한 측면을 설명하였다. 특히 중다접근적 가족 치료 개입은 청소년을 위한 학습 계획에 관해 학교 관계자와 직접 작업하며, 긍정적 과외활동에 청소년이 참여할 수 있는 방법을 가족과 논의한다. 또래 관계 역시 이 개입에서 설명하는데, 친구를 사귀는 것에 대해 논의하고 청소년의 결과에 따라 영향력 있는 그 범주를 결정한다(Hogue et al., 2006). 중다접근적 가족 치료는 형식적으로 커뮤니티 중심 요인에 중점을 둔 유일한 개입법이지만, 매우 통제된 프로그램에서 어떻게 그런 추가적인 요인을 도구화하고 그런 상황에서 행동적인 유관성을 만들었는지에 대해서 완전하게 설명하지 못하였다. 중다접근적 가족 치료는 청소년 문제를 위한 개입(즉, 양육 기술, 가족 의사소통)에서뿐만 아니라 추가적인 자료(예 : 부모 약물치료, 사회적 지지 증가; Hogue et al., 2006)를 통해 부모의 위험 요인을 설명하려고 하였다. 중다접근적 가족 치료의 초기 임상적 시도는 전통적인 인지행동 개입

만큼 효과적이었고, 특히 물질남용에서는 장기적으로 긍정적인 결과를 유지하였다(Liddle, 2002).

거주형 집단 치료

개관

'거주형 집단 치료'라는 용어는 외래환자 관리(outpatient care)를 위한 개입으로 다양한 접근을 설명하기 위해 사용된다. 그러므로 이 치료의 요소(예 : 대처 능력)가 거주 형태 환경에서 적용되었더라도 여기에서는 시각을 넓혀서 외래환자 환경에 적용한 치료를 논의할 것이다. 비록 주변환경에 집중적으로 개입하는 것이 부족할지라도, 외래 치료가 거주 형태 치료, 특히 병동 입원환자 치료보다 더 짧은 기간에 이루어질 필요는 없다(Lyman & Barry, 2006). 대부분 외래 치료보다 더 제한적인 모델은 낮병동치료모델인데, 이는 아동이 가정에서 분리되지 않고 낮 동안 교육활동을 포함한 치료적 환경에 있거나 부분적으로 병원 프로그램에 의뢰되는 것이다. 이런 환경에서 제공되는 서비스 범주는 외래환경에서 제공하는 서비스보다 넓으며, 개별 치료, 집단 치료, 약물치료, 학급 내의 적응 등을 포함한다.

추가적 치료모델은 청소년을 가정에서 얼마 동안 분리한 후 거주지를 고려하는 것이 있다. 이러한 조정에는 단기 집행유예 보호, 그룹-홈 보호, 거주형 집단치료센터, 입원, 그리고 공동체 등이 포함된다(Lyman & Barry, 2006). 이 모델의 각 특수한 치료 전략에는 실제로 거주하지 않는 집행유예 보호나 그룹-홈 환경부터 꽤 집중적인 것까지 다양한 범위가 있다. 예를 들어, 지역 자원에 따라 그룹-홈 보호를 하거나 훈련된 전문가가 공식적 치료에 포함될 수도 있고 안 될 수도 있다. 이런 치료모델 역시 치료 집단 크기와 범주가 다양하다. 우선 아동과 관련하여 가정에서 중요한 문제나 안전상의 문제 때문에 거주 형태 치료를 고려하는 것이며, 아동의 감정 문제나 행동 문제 때문에 거주 형태 치료가 필요한 것은 아니라는 점을 꼭 유념해야 한다. 비록 이론상 거주형 치료 형태가 청소년의 가정환경과 더 비슷하지만(즉, 집과 더 비슷한 환경), 치료를 통해 얻은 행동 변화를 가정까지 일반화하는 것이 더욱 필요하다.

대부분의 거주형 형태나 입원 치료는 품행 문제가 가장 심각하고 지속적이거나 복합적일 경우에 적용하며, 이 프로그램에 관한 연구조사는 비교적 제한적이다. 대다수의 치료모델은 치료의 구조화, 환자, 회기 수, 제한 등이 매우 다양해서 범위를 잘 계획하여 품행 문제에 관해 통제된 연구를 설계하는 것은 매우 어렵다(Lyman & Barry, 2006). 이런 치료 개입을 검증하는 연구가 제한적인 것은 경험적 사례를 통한 연구조사가 부족했기 때문일 수 있다. 그러나 거주형 치료는 아동에게 광범위하게 적용되고 문제가 발생하는 상황보다는 그와 분리된 상황에서 치료를 하기 때문에 거주형 치료가 커뮤니티 중심 치료 개입보다 아동기 품행 문제를 줄이는 데 효과가 적을 수 있다고 하였다(Hart et al., 2006). 즉, 아동기 품행 문제 치료에서 아동을 제한된 곳으로 보내기 전에 부모 중심 치료가 효과적이라는 측면을 먼저 고려해야 한다. 이와 더불어, 거주형 치료는 아동과 보호자 모두에게 바로 집행유예를 주지만, 그 이점은 프로그램과 수행에서 적절하게 유지되지 않을 수도 있다.

한편, 문제가 있는 환경에서 아동을 분리하는 것이 품행장애 치료에 필요하고 유익할 수 있다고 하였다. 거주형 개입은 청소년에게 개별, 집단, 약물치료를 받을 기회를 줄 뿐만 아니라, 통제된 환경에서 종종 행동적 유관성을 확장시킨다. 그러나 연구 결과에서 청소년은 이전의 환경으로 돌아갈 경우, 증상이 유의한 수준으로 개선되지 않았다고 보고하였다(Hart et al., 2006; Lyman, & Barry, 2000). 거주형 치료 이후에 아동과 가족 모두 적응하는 것이 매우 어려울 수 있는데, 전반적 서비스를 이용할 수 있는 사람에 부모가 포함되며 거주형 시설에서 제공하는 서비스를 받을 수 있지만 서비스가 끝난 후에는 변화가 지속되도록 원조가 필요하다(Lyman & Barry, 2006).

이와 더불어, 이러한 환경에서는 청소년의 본래 행동을 외부에서 통제하기 때문에, 청소년이 효과적인 자기 통제나 대처 기술을 개발하고 확장하여 거주형 치료환경 밖에서 활용할 수 있는지는 확실하지 않다(Barker, 1993). 비슷하게 거주형 치료는 주변환경에서 품행 문제를 줄인다고 하지만, 그런 이점들이 거주형 환경 밖에서 집중적 행동 개입을 통해 성취하는 것보다 더 낫다고 볼 수 없다(Lyman & Barry, 2006). 여전히 몇몇 아동의 행동 문제는 더 심각해질 수 있으며, 거주형 치료가 적합한 단기적 개입인가에 대한 안정성을 고려해야 한다.

심한 충동성, 변덕이나 불규칙적인 행동, 심각한 외현화 문제, 그리고 자신이나 타인에게 해를 주면서 위협하는 행동의 문제가 있는 아동에게 다양한 거주형 치료모델을 적용한다(Lyman & Barry, 2006). 거주형 치료를 받는 청소년은 대부분 수양부모나 이와 비슷한 기관에서 보살피는 형식으로 친부모와 함께 살고 있지 않으며, 정신병력이나 물질남용 문제가 있는 부모 또는 부모로부터 학대와 폭력을 당한 경험이 있거나, 가족 간의 사회적 지지나 응집력이 거의 없고 범죄와 관련된 과거력이 있다(Lyman & Barry, 2006). 청소년 품행 문제의 가장 큰 근원을 가족의 불안정성으로 가정하기 때문에 대안적인 가정환경을 제공하는 것(특히 해결책 중 가장 비용효과적이다.)이 가장 최선이라고 본다(Hussey & Guo, 2002).

최근 거주형 치료의 다른 측면인 구조화, 비용, 제한, 그리고 또 다른 사례에 필요한 집중적 개입에 관해 관심을 두면서, 이에 대해 Wilson과 Lyman(1982)이 초기에 제안했던 바를 근거로 Lyman과 Barry(2006)는 다음과 같은 네 가지를 설명하였다. 첫째, 청소년은 진단, 품행 문제의 심각성, 행동과 감정적 안정성 수준을 고려하여 가능한 한 그에 맞는 제한된 환경에서 치료를 받아야 한다. 그러므로 비록 짧은 기간일지라도 집중적인 환경의 사례(예 : 자신이나 타인을 해치기 위해 위협하는 것)를 통해 검증받을 수 있다. 둘째, 치료 구성요소는 아동 문제의 선행조건과 관련이 있다. 강압적 부모–자녀 상호작용은 아동의 문제행동의 주요 요인이 되기 때문에, 가정이나 부모 중심 치료가 바람직하다. 셋째, 치료는 선택된 개입의 효과성, 비용, 기대되는 지속 기간, 치료 실패 시 사회적 비용 등을 고려했을 때 효과적이어야 한다. 마지막으로 치료는 청소년의 문제와 발달 단계에 적합하게 구조화되고 초점화되어야 한다.

요컨대, 어떤 아동에게 거주형 프로그램이 꽤 효과적이라도, 매우 심각한 품행 문제나 어려운 환경조건일 때 거주형 치료의 장기 효과를 보고하는 연구는 극히 드물다. 더군다나 이러한 치료 개입의 비용적 측면은 다른 커뮤니티 중심 개입과 비교했을 때 효과적이지 않다. 거주형 치료센터와 입원병동에 대한 일반적인 시각은 이후에 제시하였다. 지난 15~20년 동안 수많은 거주형 치료모델은 특수한 형태로 발달하였다[예 : 황무지요법(wilderness therapy)[17], 부트캠프(boot camps)]. Lyman과 Barry(2006)는 잠재적인 장점과 단점을 포함해 황무지요법과 다른 거주형 모델에 대해 더 많은 논의를 하였다.

거주형 집단 치료의 예

다시 언급하면 거주형 치료는 다양한 철학, 구조화, 모델로 이루어져 있기 때문에, 특정한 세부사항에 대해 논의하는 것은 거의 불가능하고, 그 프로그램을 그대로 따라하는 것이 좀 더 쉽다. 하지만 청소년 품행장애 치료를 위해 프로그램을 활용해야 하기 때문에 프로그램의 몇 가지 특징에 대해 논의하고 청소년의 문제행동 목표를 어떻게 정하는지에 관해 이해하는 것이 필요하다.

용어에서 알 수 있듯이 거주형 치료센터는 전형적인 단일 가정환경과 같은 시설에 있는 것이 아니다. 여러 거주형 모델은 1/4의 내담자가 거주하고 활동하는 지역에 약 15~20세의 청소년을 작은 단위로 구성한다(Lyman & Barry, 2006). 그리고 청소년은 거주형 센터에서 집단 치료에 참여해야 하기 때문에 또래가 중요하다. 또한 다른 친구를 기분 상하게 하는 행동을 보이는 청소년은 적절한 자기 통제와 대처 전략을 연습하도록 하는 것이 필요하며, 이는 또래를 모델링하거나 적절한 행동 강화를 통해 이루어질 수 있다. 거주형 프로그램에서는 주로 교육을 제공하고, 훈련된 직원(예 : 심리학자, 정신의학자, 사회복지사)이 치료 서비스와 핵심적 개입요소를 제공한다.

또한 거주형 치료센터는 프로그램에 유관성 체계를 결합하는데, 예를 들면 청소년이 특정한 목표행동을 할 때 그에 맞는 변별적인 수준의 특권 주기를 들 수 있다. 그러므로 거주형 프로그램에

---

17. 외딴 캠프 생활을 통한, 가정이나 학교에 적응하지 못하는 아동의 심리 치료이다.

서는 훈련자가 가장 중요하며, 이 훈련자는 청소년이 낮에 활동하는 동안 청소년의 행동에 정적 · 부적 강화를 주는 관리자 역할을 한다. 그리고 거주형 치료에서 관리자가 적은 것은 치료 효과에 중요한 영향을 주는데, 예를 들어 관리자가 적은 곳에서는 청소년의 현 문제가 더욱 심각해졌다 (Friman, Toner, Soper, Sinclair, & Shanahan, 1996). 관리자와 거주인 간의 교류는 치료와 안전 기능에 도움을 준다. 이러한 센터에 있는 청소년은 비교적 심각한 문제가 있기 때문에 근접한 타인과 관리자에게 종종 행동 문제를 일으킬 수 있다. 그렇기 때문에 거주형 치료센터에는 문제가 확대되는 것을 예방하기 위한 명백한 관리 절차가 있다. 이러한 절차에는 타임아웃, 제지, 제한적 전략으로 격리하는 것이 포함되고, 이는 안전을 유지하기 위한 최우선적인 도구이다(Lyman & Barry, 2006).

여러 프로그램은 Hobbs(1966)의 연구를 기반으로 한 심리교육적 모델을 결합하여, 주변환경에서 발생하는 청소년의 행동을 관리하는 데만 초점을 두기보다는 청소년이 좀 더 친사회적인 행동을 선택하며 대처기술을 배우고 연습하도록 한다. 이러한 모델에서 아동은 지속적으로 가족과 연락하고, 치료 이점을 가정까지 일반화할 수 있도록 거주형 치료에 머무는 동안 치료 계획에 대해 가족에게 알려 준다.

한편, 청소년의 가정환경과 거의 비슷하지 않은 곳이 입원병동환경이다. 이러한 환경에서 낮 활동은 매우 구조화되어 있고 모니터링을 하기 때문에 레크레이션활동이나 외출 시간 등이 제한적이다. 이러한 환경에는 의사가 필요하며, 심리학자, 사회복지사, 교사 역시 입원병동환경에서 서비스를 제공하기 위해 필요하다. 입원 치료는 심리 치료보다 약물치료에 더 중점을 둔다(Lyman & Barry, 2006). 이는 아마도 위기 사례를 돕고 입원하는 기간을 짧게 하기 위한 것으로 여겨진다. 그러므로 이러한 약물치료는 청소년의 감정과 행동 상태가 타인이나 자신을 위험하게 하거나 유전적으로 정신적 어려움이 있는 경우에 필요하며 효과적이다. 입원병동 치료는 위기 상황 안정화에 초점을 두고 이러한 치료를 장기간 하는 것에 반대한다. 물론 이러한 접근이 특별한 경우에 물질남용 문제에 효과적이라는 연구는 있지만, 품행장애를 입원 치료하는 것은 치료의 비용효과성이나 유용성 면에서 극히 제한적이다(Lyinan & Barry, 2006).

증거 기반 실천이론

앞에서 논의한 치료 개입 중 특히 부모, 아동, 교사 요소와 같은 외래환자 개입에 대해 많은 연구에서 검증되었다. 경험에 의해 검증된 APA Task Force는 잘 고안된 치료 범주와 효과적인 범주에 대해 간략하게 제시하였다. 이렇게 검증된 치료 몇 가지는 앞에서 요약 제시하였는데, 웹 사이트 www.effectivechildtherapy.com에 더욱 자세하게 논의되어 있다. 증거 기반 실천은 전문가들이 더욱 노력하는 것과 더불어 대다수의 일반인이 아동기 품행 문제 증상을 개선하는 데 가장 적합한 치료를 계획하고, 찾을 수 있으며, 도구화하는 작업을 고려할 수 있도록 더욱 관심을 두어야 한다. 이러한 증거 기반은 더 나아가 앞으로의 연구와 더 넓은 청소년 범주, 장기간에 더욱 효과적인 혁신적 개입을 고안하는 데 기초자료로 근본적인 도움을 줄 수 있다.

품행장애를 위한 치료의 훈련과 중요한 작업을 현재 잘 개발된 개입으로 증거 기반 실천을 하는 것은 실천가와 훈련 프로그램의 몫이다. 예를 들면, 앞에서 강조한 것처럼 경험적으로 지지받은 양육 개입은 일반적으로 비순응적 행동을 처벌하는 전략보다 정적 강화와 긍정적 행동을 증가시키는 것을 우선시한다. 부분적으로 그런 전략의 이론적 근거는 아동에게 어떤 행동을 하면 '안 된다'는 것을 가르치는 것이 아니라 '어떻게 할지'에 대한 지침을 제공할 뿐만 아니라, 부모-자녀 상호작용의 질도 향상시킬 수 있다는 것이다(예 : Barlkey, 1997). 그러므로 양육 훈련에서 처벌 전략부터 먼저 강조하는 것은 다수의 경험적 증거와 상반되는 것이다.

이와 더불어 양육 훈련 프로그램 이후 긍정적인 양육 실천의 중재 효과가 있는데, 특히 이러한 치료 개입은 강압적 부모-자녀 상호작용을 줄일 때 가장 효과적이었고, 아동의 행동과 관련해서 관리 전략이 명확하고 일관될 때도 효과적이었다(Reyno & McGrath, 2006). 그러므로 양육 프로그램은 아동의 품행 문제 증상을 줄이는 데도 효과적이지만, 부모-자녀 상호작용, 일관된 양육, 형제자매의 행동 역시 향상시킨다(Gardner et al., 2006). 이보다 더 중요한 점은 품행 문제에 대한 증거 기반 치료의 효과는 시간이 지남에 따라 긍정적인 결과 수준이 지속된다는 점이다(Gardner et al., 2006). 치료 기간은 아동의 문제와 심각성에 따라 다양하게 접근하지만, 특히 회기가 더 많아질수록 결과가 더 좋지 않았다. 이는 대부분의 프로그램에서 부모 훈련단계가 연속적으로 진행되는 동안 부모가 충실하게 수행하는 것이 어렵기 때문이다(Hogue et al., 2006).

정신분석학적 입장에서 품행장애의 치료에 대한 이론적 근거는 있지만(예 : 자기심리학; Liberman, 2006) 이를 근거로 하는 치료 개입은 부족하다. 이 장에서 소개한 접근법과 다른 자기심리학은 치료사가 청소년의 주관적 세계관을 이해하기 위해 비지시적인 접근법을 취한다. 하지만 이러한 접근법은 어린 아동이나 언어 표현을 잘 못하는 청소년에게 매우 제한적일 수 있다. 언어적 논리성 결핍은 아동기 품행장애와 관련이 있다는 것 또한 주목되며(Lynam & Henry, 2001; Speltz, DeKlyen, Calderon, Greenberg, & Fisher, 1999), 더 나아가 이러한 치료가 품행장애가 있는 사람에게 적절하게 활용되는지에 대한 질문의 답변이 필요하다.

이러한 시각에서는 아동기 품행장애의 원인은 비현실적이거나 미성숙해서 또는 아동의 고민에 부모가 반응하지 않거나 적절하지 않아서 발생하는 나르시즘 때문이라고 가정한다(Liberman, 2006). 비록 나르시즘이 소아청소년의 문제행동과 연관이 있다고 밝혀졌지만, 자기심리학이 아동기 나르시즘을 어떻게 평가하는지, 최근에 이 접근법이 청소년과 성인을 평가할 수 있는지는 확실하지 않다. 그 개입 자체로 청소년의 비현실적 자기 개념을 바꾸고 어려움에 직면했을 때 자기 탄력성을 기를 수 있도록 도울 수는 있다. 따라서 여기서의 목표는 외현화 행동을 확실히 줄이는 것이지만, 가정된 인과모델과 개입 자체는 매우 제한적이다.

최근 연구에서 누구를 대상으로 어떤 환경에서 품행장애 치료가 가장 효과적인지 다양한 치료 개입에 대해 알아보았다. 예를 들어, Beauchaine 외(2005)는 품행 문제의 초기인 아동을 대상으로 단기 치료 결과를 조사하였다. 그들은 부모 위험 요인(즉, 약물남용, 부부 불화, 어머니의 우울증)과 아동 위험 요인(예 : 외현화 문제가 공존하는 경우)이 치료 결과에 영향을 준다고 밝혔다. 예를 들어, 비록 내면화 문제가 공존하는 아동이 내면화 문제가 없는 아동에 비해 외현화 문제가 더 높게 나타나지만, 내면화 문제가 공존하는 아동집단이 더 잘 개선된다. 즉, 여러 위험 요인이 있는 아동과 가족(복합적인 임상 삽화)은 그대로 지속되지만, 개입을 통해 목표로 한 양육 기술과 아동 품행 문제에서 큰 이점을 얻을 수 있다. Kazdin과 Whitley(2006)는 이와 비슷하게 외현화 문제가 공존하는 아동이 치료 개입 시 가장 큰 변화를 보이며, 단일 주요 임상 문제가 있는 아동과 비슷한 수준으로 나아진다고 설명하였다.

물론 아동기 품행장애 또는 다른 임상 문제의 치료는 요인에 따라 범위가 다양해서 복잡한 치료를 계획하는 것과 증거 기반 치료의 가능성에 대해 의문점을 제기한다. 그러한 위험 요인(예 : 공존)은 입증된 치료 개입에 대해 아동이 표현하고 반응하는 것에 심각한 영향을 주며(Beauchaine, Gartner, & Hagen, 2000; Kazdin & Whitley, 2006), 이는 한 가지 치료방식이 모든 것에 맞지 않는다는 점을 보여 준다. 복잡한 사례의 다른 내용(예 : 낮은 SES)과 공존률에 영향을 주는 주변 문제를 설명하기 위해 여러 증거 기반 개입의 잠재적인 이점을 참여자에게 제공할 뿐만 아니라, 더 나아가 검사와 새로운 치료를 한 사례가 필요하다.

특정 품행 문제행동에 영향을 주는 환경과 사람을 대상으로 고안된 개입은 영향력이 있다. 특히 품행 문제 아동의 가족을 위한 부모 중심 요소는 아동의 증상을 줄이는 데 필수이며, 교사 중심 개입은 학교 생활에서 파괴적인 행동을 줄이는 데 특히 유용하였다(Beauchaine et al., 2005). 결합된 치료 개입과 비교하여 독립된 수행은 특히 어린 아동을 대상으로 할 때 논의하는데, 어린 아동에게 최우선적 개입은 부모 개입이어야 하고 이와 더불어 부수적으로 교사나 아동 중심 개입을 추가로 한다(Beauchaine et al., 2005).

한편, 앞서 제시한 연구 사이트에서 단일 개입 접근법과 비교하여 추가된 치료 구성요소의 이점을 설명하였다. 또한 후기 아동기와 청소년기는 직접적인 개입이 필요할 수 있으며, 부모와 교사 개입은 부수적이다. 가장 광범위한 치료 접근법은 중요한 체계나 내용을 모두 포함하지만, 품행 문제는 다루기 어려운 부분으로 남아 있다. Beauchaine 외(2005)가 강조했던 바와 같이, 치료에 반응하지 않는 사람이 실천가와 연구자에게 우려되지만, 그들 역시 기본적으로 치료 계획의 모든 면에서 진전을 보인다. 즉, 품행장애 청소년의 치료 결과의 중재변인은 치료 시점에 따라 다양하다. 그러므로 변수를 고려하여 아동에게 가장 적합한 치료를 선택하는 것은 치료 반응을 예상할 수 있도록 한다.

아동의 연령은 품행 문제 치료에서 고려해야 할 변수 중 하나이며, 치료받는 사람뿐만 아니라 일반적인 기대로는 초기 개입이 품행 문제를 유의한 수준으로 줄일 수 있는 가능성을 높인다고 보았다(Webster-Stratton & Reid, 2003). 청소년의 발달 수준과 문제행동의 발달 궤도는 둘 다 중요하게 고려되는 부분이다. 예를 들어, 학령기 전 아동이나 초기 학령기 아동은 PSST나 대처 능력과 같은 인지 대처 전략의 기본 원리를 이해하지 못한다. 마찬가지로 연령은 높지만 발달이 느린 청소년도 명백하게 행동-결과를 유관하는 것보다 인지 전략을 활용하는 것이 효과가 적다. 다른 변수로는 가족이 치료를 지속할 수 있는 정도를 예견할 수 있는 사회적 지지 수준이 있다(Dadds & McHugh, 1992).

이와 비슷하게 가족 고립, 한부모 가정, 사회경제적 어려움은 아동기 품행 문제를 위한 가족 치료 접근 과정에서 위험 요인이다(예 : Brestan & Eyberg, 1998; Dumas, 1986; Miller & Prinz, 1990; Webster-Stratton, 1985). 대조적으로 부모가 사회적 지지를 잘해 줄 수 있고 양육 기술을 효과적으로 향상하기 위해 다른 부모와 문제를 논의할 수 있다면, 양육 기술이 효과적으로 향상되고 아동의 문제행동이 개선될 수 있다고 하였다(Stewart-Brown et al., 2004). 그러나 Dadds와 McHugh(1992)는 일반적인 치료 접근에서 가족의 사회적 지지 체계나 자원을 변화시키는 것은 매우 어렵다는 점을 강조하였다. 다각적 치료 같은 광범위한 조사와 치료 접근은 청소년의 행동 개선을 위해 전체적인 틀을 가장 효과적으로 치료하고자 아동의 각 환경과 그 환경에 좀 더 개입하는 데 중점을 두는 영역을 발전시킨다.

품행장애 치료는 발병 초기에 개입하는 것이 가장 효과적이라고 입증되었고, 연구자들이 품행 문제의 초기 발병은 문제가 지속될 수 있는 예후를 가진다고 보았기 때문에(예 : Moffitt, 2006), 품행 문제에 대한 포괄적인 증거 기반 사정 평가가 매우 중요해졌다(McMahon & Frick, 2005). 적합한 평가와 치료 개입의 부족은 결과적으로 문제행동 유형에 대한 융통성이 줄고 추가적인 위험 요인(예 : 또래 비행)을 불러올 수 있기 때문에 치료가 더욱 복잡해질 수 있다(Beauchaine et al., 2005).

품행장애의 치료에서 부모의 역할은 매우 절대적이며, 부모의 심리장애는 품행 문제를 발달하거나 유지하는 데 위험 요인일 뿐만 아니라, 치료 반응에도 영향을 주는 요인이다(Chronis et al., 2004; Reyno & McGrath, 2006). Kazdin과 Whitley(2006)는 적대적 반항장애나 품행장애 아동을 위한 문제 해결 기술과 부모 관리 훈련에 대한 연구 결과는 치료참여자의 가족 문제가 심각할수록 좋지 않다고 보고하였다. 최근 연구에서도 역시 품행 문제에 대해 입증된 치료 결과, 가족의 개선과 개입의 정보를 주기 위해 가족 욕구를 전반적으로 평가하는 것보다 특정한 부모 기능 측면을 평가하는 것이 더 낫다고 설명하였다(Bierman, Nix, Maples, & Murphy, 2006).

부모가 자신의 어려움을 개별 치료하면서 양육 개입을 동시에 하는 것은 일반적이지 않다. 앞에서 설명한 듯이 대부분의 양육 개입은 양육 스트레스에 중점을 두거나 아동의 행동 문제 외에 치료 결과에 부정적인 영향을 줄 수 있는 부모 가족 요인에서 오는 스트레스를 관리하는 전략을 포함한다. 더군다나 이런 요인들(예 : 아버지가 치료에 참여하지 않는 것, 부모의 심리장애에 대한 개입)을 직접적으로 설명하기 위한 시도가 이루어지고 있고(Chronis et al., 2004), 더 나아가 이러한 연구는 증거 기반 치료에 기여할 수 있다.

가장 적합한 치료 계획을 세우기 위해서 추가적인 연구는 아동, 부모, 환경적인 부분에 대한 광범위한 평가가 필요하다. 불충분한 치료 결과와 관련 있는 아동 요인은 정신병리적인 성격 특성이나 냉혹하고 무감각한(CU) 성격 특성이다(Hawes & Dadds, 2005). 좀 더 구체적으로 살펴보면, Haves와 Dadds(2005)는 부모 교육, 아동 연령, 부모의 참여도를 통제했을 때, 적대적 반항장애 아동의 냉혹하고 무감각한 특성은 부모 훈련 이후 좋지 않은 결과와 연관이 있다고 밝혔다. 무감각한 특성은 무감정(flat affect), 죄책감 및 공감의 결핍 등과 관련 있다(Frick, Bodin, & Barry, 2000).

연구자들은 무감각한 성격 특성은 품행 문제와 양육 훈련 간의 중재변인이라고 밝혔으며(Wootton, Frick, Shelton, & Silverthorn, 1997; Oxford, Cavell, & Hughes, 2003), 따라서 이런 특성을 지닌 아동의 경우 문제행동을 위한 양육 개입의 효과성이 약해질 수 있다고 예측한다. 무감각한 성격 특성은 특히 지속적인 품행 문제, 심각성, 변수와 같은 특징과 관련하여 개입을 계획하고 고안하는 측면에서 이해하는 것이 중요하다(Barry et al., 2000; Christian et al., 1997). 이 영역의 연구자는 아동이 실험실 상황에서 처벌 단서에 무감각하고(O'Brien & Prick, 1996), 타임아웃과 같은 처벌보다 보상에 더 반응하는 경향이 있다고 제안하였다(Hawes & Dadds, 2005). 그러므로 냉혹하고 무감각한 성격 특성이 있는지 고려하는 사전 평가와 이러한 청소년의 품행 문제 증상의 특징적 표현을 효과적으로 설명할 수 있는 치료 개입이 발전되어야 한다.

결론

품행 문제를 위한 치료 개입이 최근에 개발되어서 제한적인 부분은 있지만, 품행 문제에 대한 현존하는 적합한 치료 개입의 효과성이 연구되고 있다. Bierman 외(2006)는 개별화된 개입이 상당히 매력적이지만, 이런 적합성에 관한 증거가 제한적이라는 점에 주목하였다. Greene 외(2004)는 이런 적합성이 '필수적'이라고 언급하였고, 몇 가지 치료 접근법(예 : 협력적 문제 해결)은 지속적인 회기를 특정 주제나 특정 기술의 적용 범위로 규정지을 수 없다고 하였다.

심리 치료에서 증거 기반 실천은 아동기 품행장애에서뿐만 아니라 일반적인 임상 실천과 관련된 개입을 지지하는 증거가 된다(Weisz, Jensen-Doss, & Hawley, 2006). 만약 증거 기반 실천을 한다면, 어떻게 조정한 치료가 유용할 것인지가 중요한 과제로 남는다. 여기에서 고려해야 할 주요 의문점은 치료사가 치료 프로그램과 그 내용에 얼마나 충실하게 수행하는지에 관해서이다. 품행장애에 효과적인 치료를 밝히는 대부분의 연구에서 치료사가 특정 프로그램의 안내지침을 고수하는 정도는 명확하게 제시하지 않았다. 즉, 치료사의 충실성을 높이는 것이 긍정적 행동 결과를 얻기 위해 필요한지는 확실하지 않다.

증거 기반 개입의 효과성, 활용, 지식이 더 발전하기 위해서 적합한 치료가 확산되어야 하고, 다른 전문가가 쉽게 따라 하고 설명할 수 있도록 안내지침에 따라서 치료의 적합성을 판단해야 한다. 이런 판단에 근거한 기능의 특정 영역이 더 밝혀짐으로써 적합한 치료에 따른 긍정적 결과의 가능성이 높아질 것이다(Bierman et al., 2006). 그러므로 증거 기반 실천은 품행 문제가 있는 특정 내담자를 위한 치료 적용 가능성이나 임상가의 융통성을 제한하지 않아야 하고, 궁극적으로 치료 영역에서 광범위한 증거 기반 접근을 함으로써 치료를 받는 가족이나 청소년에게 향상된 서비스를 제공해야 한다.

이와 비슷한 연구 영역은 어느 정도 수준의 효과적인 치료가 환경, 훈련받은 전문가, 더 광범위한 내담자의 범주에서 효과성을 입증하는지에 관한 것이다. 증거 기반 치료의 일반화에 대해서는 임상연구에 참여한 내담자의 동일성 그리고 임상 수행환경과 내담자 환경이 다르다는 점과 관련하여 의문점을 제기한다(Dulcan, 2005; Westen, Novotny, & Thompson-Brenner, 2004). Chorpita(2003)는 임상 실제에서 중요하게 고려해야 할 여러 사항에 대해 명확하게 설명하였는데(예 : 슈퍼비전, 마찰 해결, 인구 통계, 추가 비용, 환자의 이전 치료적 경험), 이는 대부분 효과성을 증명하는 효과적인 치료에 꼭 필요하다.

더군다나 확장된 문헌 연구에서는 치료 개입의 효과성이 소수 문화권의 내담자를 대상으로 발전하는 것(예 : 비영어권 환경; Sonderegger & Barrett, 2004)이나 다양한 환경의 내담자에게 치료 개입을 적용하는 것(예 : Forehand & Kotchick, 1996; Santisteban et al., 2003)을 조사하였다. 물론, 다양한 환자를 대상으로 한 치료 연구 결과를 직접 조사하는 것은 다양한 환자에게 품행 문제 치료를 적용하는 것보다 효과적이다. 치료와 치료 결과 연구에 대해 풀리지 않은 의문뿐 아니라, 이런 분야에서 만들어진 진전에 대한 부분은 이번 논의에서 다루기는 너무 광범위하다.

아동기 품행 문제 치료는 비슷한 수준이기 때문에 이러한 개입에서 어떤 요소가 더 중요하고 덜 중요한지 명확하지 않다. 이와 같은 의문점을 설명하기 위해서 복합적인 개입 조건을 벗어난 연구가 필요하고, 여기에는 과정 평가와 결과 평가가 함께 이루어져야 한다(Kazdin & Nock, 2003). 이러한 연구는 다소 어려울 수 있지만, 앞으로 그 시각에 맞는 치료의 중요한 측면에 합리적인 개입을 하고, 수행자에게 정보를 제공하는 데 유용할 수 있다. 이 주제에 관한 포괄적인 연구가 이루어지지 않아도, 치료패키지가 청소년과 가족의 삶, 기능을 향상시킬 수 있다는 점에서 볼 때 현재 우리는 청소년 품행 문제 치료 형태에 대해서 여전히 낙관적인 입장이다.

품행장애 아동의 발달단계에 관한 문헌에서 확실하게 결론 내린 점은 이러한 문제의 치료는 초기 예방과 개입이 꼭 필요하다는 것이다. Webster-Stratton과 Reid(2003)는 "청소년기와 성인기의 심각한 품행 문제의 초기 발달 경로는 초기 학령기 동안 형성된다."라는 점을 강조하였다. 특히 어린 아동에 대한 이러한 시도에는 부모 중심이나 가족 중심 시각을 포함하여 가족이 가장 잘 도울 수 있는 활용 방법에 관심을 두어야 한다(Centers for Disease Control, 2004). 증거 기반 개입 측면에서 보면, 이러한 점에서 충분히 노력하는 것은 위험 요인이 있는 아동(품행 문제의 초기 발병)에게 좋지 않은 결과가 일어날 가능성을 줄여 줄 수 있다. 또한 집중적인 거주 치료, 감금, 충격 피해 같은 형태의 초기 치료는 청소년 범죄와 성인의 반사회적 행동으로 인해 지불해야 할 것을 줄여 줄 수 있다.

참고문헌

American Psychiatric Association (2000). *Diagnostic and statistical manual of mental disorders* (4th edition, Text Revision). Washington, DC: Author.

Anastopoulos, A. D., & Fairley, S. E. (2003). A cognitive-behavioral training program for parents of children with attention-deficit/hyperactivity disorder. In A. E. Kazdin & J. R. Weisz (Eds.). *Evidence-based psychotherapies for children and adolescents.* (pp. 187–203). New York: Guilford Press.

Anastopolous, A. D., Shelton, T. L., & Barkley, R. A. (2005). Family-based psychosocial treatments for children and adolescents with attention-deficit/hyperactivity disorder. In E. D. Hibbs & P. S. Jensen (Eds.), *Psychosocial treatments for child and adolescent disorders: Empirically based strategies for clinical practice* (pp. 327–350). Washington, DC: American Psychological Association.

Barker, P. (1993). The future of residential treatment for children. In C. E. Schaefer & A. J. Swanson (Eds.), *Children in residential care: Critical issues in treatment* (pp. 1–16). Northvale, NJ: Jason Aronson.

Barkley, R. A. (1997). Defiant children: A clinician's manual for assessment and parent training (2nd ed.). New York: Guilford Press.

Barkley, R.A., Edwards, G. H., & Robins, A. L. (1999). *Defiant teens: A clinician's manual for assessment and family intervention.* New York: Guilford Press.

Barry, C. T., Frick, P. J., DeShazo, T. M., McCoy, M. G., Ellis, M. & Loney, B. R. (2000). The importance of callous-unemotional traits for extending the concept of psychopathy to children. *Journal of Abnormal Psychology, 109,* 335–340.

Barry, C. T., Frick, P. J., & Killian, A. L. (2003). The relation of narcissism and self-esteem to conduct problems in children. *Journal of Clinical Child and Adolescent Psychology, 32,* 139–152.

Barry, C. T., Grafeman, S. J., Adler, K. K., & Pickard, J. D. (2007). The relations among narcissism, self-esteem, and delinquency in a sample of at-risk adolescents. *Journal of Adolescence, 30,* 933–944.

Beauchaine, T. P., Gartner, J., & Hagen, B. (2000). Comorbid depression and heart rate variability as predictors of aggressive and hyperactive symptom responsiveness during inpatient treatment of conduct-disordered, ADHD boys. *Aggressive Behavior, 26,* 425–441.

Beauchaine, T. P., Webster-Stratton, C., & Reid, M J. (2005). Mediators, moderators, and predictors of 1-year outcomes among children treated for early-onset conduct problems: A latent growth curve analysis. *Journal of Consulting and Clinical Psychology, 73* (3), 371–388.

Bierman, K. L., Nix, R., Maples, J., & Murphy, S. (2006). Examining clinical judgment in an adaptive intervention design: The fast track program. *Journal of Consulting and Clinical Psychology, 74* (3), 468–481.

Borduin, C. M., Mann, B. J., Cone, L. T., Henggeler, S. W., Fucci, B. R., Blaske, D. M., Williams, R. A. (1995). Multisystemic treatment of serious juvenile offenders: Long-term prevention of criminality and violence. *Journal of Consulting and Clinical Psychology, 63,* 569–578.

Brestan, E. V., & Eyberg, S. M. (1998). Effective psychosocial treatments of conduct-disordered children and adolescents: 29 years, 82 studies, and 5,272 kids. *Journal of Clinical Child Psychology, 27,* 180–189.

Brinkmeyer, M. Y., & Eyberg, S. M. (2003). Parent–child interaction therapy for oppositional children. In A. E. Kazdin & J. R. Weisz (Eds.). *Evidence-based psychotherapies for children and adolescents.* (pp. 204–223). New York: Guilford Press.

Brunk, M. A., Henggeler, S. W., & Whelan, J. P. (1987). Comparison of multisystemic therapy and parent training in the brief treatment of child abuse and neglect. *Jour-*

nal of Consulting and Clinical Psychology, 55, 171–178.

Centers for Disease Control. (2004). National Service of youth violence prevention: A sourcebook for community action.

Chorpita, B. F. (2003). The frontier of evidence-based practice. In A. E. Kazdin & J. R. Weisz (Eds.). Evidence-based psychotherapies for children and adolescents. (pp. 42–59). New York: Guilford Press.

Christian, R. E., Frick, P. J., Hill, N. L., Tyler, L., & Frazer, D. R. (1997). Psychopathy and conduct problems in children: II. Implications for subtyping children with conduct problems. Journal of American Academy of Child and Adolescent Psychiatry, 36, 233–241.

Christophersen, E. R., & Mortweet, S. L. (2001). Treatments that work with children: Empirically-supported strategies for managing childhood behavior problems. Washington, DC: American Psychological Association.

Chronis, A. M., Chacko, A., Fabiano, G. A., Wymbs, B. T., & Pelham, W. E. (2004). Enhancements to the behavioral parent training paradigm for families of children with ADHD: Review and future directions. Clinical Child and Family Psychology Review, 7, 1–27.

Conduct Problems Prevention Research Group. (1992). A developmental and clinical model for the prevention of conduct disorder: The FAST Track Program. Development and Psychopathology, 4, 509–527.

Crick, N.R., & Dodge, K.A. (1996). Social information-processing mechanisms on reactive and proactive aggression. Child Development, 67, 993–1002.

Dadds, M. R. & McHugh, T. A. (1992). Social support and treatment outcome in behavioral family therapy for child conduct problems. Journal of Consulting and Clinical Psychology, 60 (2), 252–259.

Dennis, M. L.,Godley, S. H., Diamond, G., Tims, F. M., Babor, T., Donaldson, J., et al. (2004). The Cannabis Youth Treatment (CYT) study: Main findings from two randomized trials. Journal of Substance Abuse Treatment, 27, 197–213.

Dulcan, M. K. (2005). Practitioner perspectives on evidence-based practice. Child and Adolescent Psychiatric Clinics of North America, 14, 225–240.

Dumas, J. E. (1986). Parental perception of treatment outcome in families of aggressive children: A causal model. Behavior Therapy, 17, 420–432.

Farmer, E. M. Z., Compton, S. N., Burns, B. J., & Robertson, E. (2002). Review of the evidence base for treatment of childhood psychopathology: Externalizing problems. Journal of Consulting and Clinical Psychology, 70, 1267–1302.

Farrington, D. P., & Welsh, B. C. (1999). Delinquency prevention using family-based interventions. Children and Society, 13, 287–303.

Feindler (1990). Adolescent anger control: Review and critique. In M. Hersen, R.M. Eisler, & P.M. Miller (Eds.), Progress in behavior modification (pp. 11–59). Thousand Oaks, CA: Sage Publications.

Feindler, E. L., Ecton, R. B., Kingsley, D., Dubey, D. R. (1986). Group anger-control training for institutionalized psychiatric male adolescents. Behavior Therapy, 17, 109–123.

Feindler, E. L. & Guttman, J. (1994). Cognitive-behavioral anger control training. In C. W. LeCroy (Ed.), Handbook of child and adolescent treatment manuals (pp. 170–199). New York: Simon & Schuster Free Press.

Feindler, E.L., Marriott, S.A., & Iwata, M. (1984). Group anger control training for junior high school delinquents. Cognitive Therapy and Research, 8, 299–311.

Forehand, R & Kotchick, B. A. (1996). Cultural diversity: A wake-up call for parent training. Behavior Therapy, 27, 187–206.

Forehand, R. J., & McMahon, R. L. (2003). Helping the noncompliant child: Family-based treatment for oppositional behavior (2nd ed.). New York, NY: Guilford Press.

Frick, P. J. (1998). Conduct disorders. In T. H. Ollendick & M. Hersen (Eds.), Handbook of child psychopathology, (3rd ed., pp. 213–237). New York: Plenum Press.

Frick, P. J., Bodin, D. S., & Barry, C. T. (2000). Psychopathic traits and conduct problems in community and clinic-referred samples of children: Further development of the psychopathy screening device. *Psychological Assessment, 12,* 382–393.

Friman, P. C., Toner, C., Soper, S., Sinclair, J., & Shanahan, D. (1996). Maintaining placement for troubled and disruptive adolescents in voluntary residential care: The role of reduced youth-to-staff ratio. *Journal of Child and Family Studies, 5,* 337–347.

Gardner, F., Burton, J., & Klimes, I. (2006). Randomised controlled trial of a parenting intervention in the voluntary sector for reducing child conduct problems: Outcomes and mechanisms of change. *Journal of Child Psychology and Psychiatry, 47* (11), 1123–1132.

Gardner, F., Sonuga-Barke, E., & Sayal, K. (1999). Parents anticipating misbehaviour: An observational study of strategies parents use to prevent conflict with behaviour problem children. *Journal of Child Psychology and Psychiatry, 40,* 1185–1196.

Gardner, F., Ward, S., Burton, J., & Wilson, C. (2003). The role of mother-child joint play in the early development of children's conduct problems: A longitudinal observational study. *Social Development, 12,* 361–379.

Greene, R. W., Ablon, J. S., & Goring, J. C. (2002). Effectiveness of collaborative problem solving in affectively dysregulated children with oppositional-defiant disorder: Initial findings. *Journal of Consulting and Clinical Psychology, 72,* 1157–1164.

Greene, R. W., Ablon, J. S., & Martin, A. (2006). Use of collaborative problem-solving to reduce seclusion and restraint in child and adolescent inpatient units. *Psychiatric Services, 57,* 610–612.

Greene, R. W., Ablon, J. S., Monuteaux, M. C., Goring, J. C., Henin, A., Raezer-Blakely, L., Edwards, G., Markey, J., & Rabbitt, S. (2004). Effectiveness of collaborative problem-solving in affectively dysregulated children with oppositional defiant disorder: Initial findings. *Journal of Consulting and Clinical Psychology, 72,* 1157–1164.

Greene, R. W., Biederman, J., Zerwas, S., Monuteaux, M., Goring, J. C., & Faraone, S. V. (2002). Psychiatric comorbidity, family dysfunction, and social impairment in referred youth with oppositional defiant disorder. *American Journal of Psychiatry, 159,* 1214–1224.

Hart, K. J., Nelson, III, W., M., & Finch, Jr., A. J. (2006). Comparative treatments of conduct disorder: Summary and conclusions. In W. M. Nelson, III, A. J. Finch, Jr., and K. J. Hart (Eds.), *Conduct Disorders: A Practitioner's Guide to Comparative Treatments* (pp. 321–343). New York: Springer.

Hawes, D. J., & Dadds, M. R. (2005). The treatment of conduct problems in children with callous-unemotional traits. *Journal of Consulting and Clinical Psychology, 73,* 737–741.

Henggeler, S. W., Borduin, C. M., & Melton, G. B. (1991). Effects of multisystemic therapy on drug use and abuse in serious juvenile offenders: A progress report from two outcome studies. *Family Dynamics of Addiction Quarterly, 1,* 40–51.

Henggeler, S. W., & Lee, T. (2003). Multisystemic treatment of serious clinical problems. In A. E. Kazdin & J. R. Weisz (Eds.). *Evidence-based psychotherapies for children and adolescents.* (pp. 301–322). New York: Guilford Press.

Henggeler, S. W., Melton, G. B., & Smith, L. A. (1992). Family preservation using multisystemic treatment: An effective alternative to incarcerating serious juvenile offenders. *Journal of Consulting and Clinical Psychology, 60,* 953–961.

Henggeler, S. W., Pickrel, S. G., Brondino, M. J., & Crouch, J. L. (1996). Eliminating (almost) treatment dropout of substance abusing or dependent delinquents through home-based multisystemic therapy. *American Journal of Psychiatry, 153,* 427–428.

Henggeler S. W., Schoenwald, S. K., Borduin, C., Rowland, M. D., & Cunningham, P. B. (1998). *Multisystemic treatment of antisocial behavior in children and adolescents.* New York: Guilford Press.

Hobbs, N. (1966). Helping disturbed children: Psychological and ecological strategies. *American Psychologist, 21,* 1105–1151.

Hogue, A., Dauber, S., Samuolis, J., Liddle, H. (2006). Treatment techniques and outcomes in multidimensional family therapy for adolescent behavior problems. *Journal of Family Psychology, 20,* 535–543.

Hussey, D. L., & Guo, S. (2002). Profile characteristics and behavioral change trajectories of young residential children. *Journal of Child and Family Studies, 11,* 401–410.

Hutchings, J., Lane, E., & Gardner, F. (2004). Making evidence-based interventions work. In D. Farrington, C. Sutton, & D. Utting (Eds.), *Support from the start: Working with young children and families to reduce risks of crime and antisocial behaviour.* London: DFES.

Kazdin, A. E. (1987). Treatment of antisocial behavior in children: Current status and future directions. *Psychological Bulletin, 102,* 187–203.

Kazdin, A. E. (1996). Dropping out of child therapy: Issues for research and implications for practice. *Clinical Child Psychology and Psychiatry, 1, 133–156.*

Kazdin, A. E. (2003). Problem-solving skills training and parent management training for conduct disorder. In A. E. Kazdin & J. R. Weisz (Eds.). *Evidence-based psychotherapies for children and adolescents.* (pp. 241–262). New York: Guilford Press.

Kazdin, A. E., & Nock, M. K. (2003). Delineating mechanisms of change in child and adolescent therapy: Methodological issues and research recommendations. *Journal of Child Psychology and Psychiatry, 44,* 1116–1129.

Kazdin, A. E., & Wassell, G. (2000). Therapeutic changes in children, parents, and families resulting from treatment of children with conduct problems. *Journal of the American Academy of Child and Adolescent Psychiatry, 39,* 414–420.

Kazdin, A. E., & Weisz, J. R. (1998). Identifying and developing empirically supported child and adolescent treatments. *Journal of Consulting and Clinical Psychology, 66,* 19–36.

Kazdin, A. E. & Whitley, M. K. (2006). Comorbidity, case complexity, and effects of evidence-based treatment for children referred for disruptive behavior. *Journal of Consulting and Clinical Psychology, 74* (3), 455–467.

Liberman, D. M. (2006). The psychoanalytic approach to the treatment of conduct disorder. In W. M. Nelson, III, A. J. Finch, Jr., and K. J. Hart (Eds.), *Conduct disorders: A practitioner's guide to comparative treatments* (pp. 27–47). New York: Springer.

Liddle, H. A. (2002). *Multidimensional family therapy for adolescent cannabis users* (Cannabis Youth Treatment Series, Vol. 5; DHHS Publication No. 02–3660). Rockville, MD: Center for Substance Abuse Treatment, SAMHSA.

Liddle, H. A., Rodriguez, R. A., Dakof, G. A., Kanzki, E., & Marvel, F. A. (2005). Multidimensional family therapy: A science-based treatment for adolescent drug abuse. In J. Lebow (Ed.), *Handbook of clinical family therapy* (pp.128–163). New York: Wiley.

Liddle, H. A., Rowe, C. L., Dakof, G. A., Ungaro, R. A., & Henderson, C. (2004). Early intervention for adolescent substance abuse: Pretreatment to posttreatment outcomes of a randomized controlled trial comparing multidimensional family therapy and peer group treatment. *Journal of Psychoactive Drugs, 36,* 49–63.

Lochman, J. E. (1990). Modification of childhood aggression. In M. Hersen, M. Eisler & P. Miller (Eds.), *Progress in behavior modification* (Vol. 25). San Diego, CA: Academic Press.

Lochman, J. E., Barry, T. D., & Pardini, D. A. (2003). Anger control training for aggressive youth. In A. E. Kazdin & J. R. Weisz (Eds.). *Evidence-based psychotherapies for children and adolescents.* (pp. 263–281). New York: Guilford Press.

Lochman, J. E., & Lampron, L. B. (1988). Cognitive behavioral intervention for aggressive boys: Seven month follow-up effects. *Journal of Child and Adolescent Psychotherapy, 5,* 15–23.

Lochman, J. E., Lampron, L. B., Gemmer, T. C., & Harris, S. R. (1987). Anger coping intervention with aggressive children: A guide to implementation in school settings. In P. A. Keller & S. R. Heyman (Eds.), *Innovations in clinical practice: A source book* (Vol. 6, pp. 339–356). Sarasota, FL: Professional Resource Exchange.

Lochman, J. E., & Wells, K. C. (1996). A social cognitive intervention with aggressive children: Prevention effects and contextual implementation issues. In R. Dev. Peters & R. J. McMahon (Eds.), *Preventing childhood disorders, substance abuse, and delinquency* (pp. 111–143). Newbury Park, CA: Sage.

Loeber, R., Green, S. M., Lahey, B. B., Christ, M. A. G., & Frick, P. J. (1992). Developmental sequences in the age of onset of disruptive child behaviors. *Journal of Child and Family Studies, 1,* 21–41.

Loeber, R., Wung, P., Keenan, K., Giroux, B., Stouthamer-Loeber, M., Van Kammen, W. B., Maughan, B. (1993). Developmental pathways in disruptive child behavior. *Development and Psychopathology, 5,* 101–131.

Lyman, R. D., & Barry, C. T. (2006). The continuum of residential treatment care for conduct-disordered youth. In W. M. Nelson, III, A. J. Finch, Jr., and K. J. Hart (Eds.), *Conduct disorders: A practitioner's guide to comparative treatments* (pp. 259–297). New York: Springer.

Lynam, D. R., & Henry, R. (2001). The role of neuropsychological deficits in conduct disorders. In J. Hill & B. Maughan (Eds.), *Conduct disorders in childhood and adolescence* (pp. 235–263). New York, NY: Cambridge University Press, Inc.

McMahon, R. J., & Forehand, R. (2003). *Helping the noncompliant child: A clinician's guide to parent training* (2nd ed.). New York: Guilford Press.

McMahon, R. J. & Frick, P. J. (2005). Evidence-based assessment of conduct problems in children and adolescents. *Journal of Clinical Child and Adolescent Psychology, 34,* 477–505.

McMahon, R. J., & Wells, K. C. (1998). Conduct problems. In E. J. Mash & R. A. Barkley (Eds.), *Treatment of childhood disorders* (2nd ed., pp.111–210). New York: Guilford Press.

Miller, G. E., & Prinz, R. J. (1990). Ehancement of social learning family interventions for childhood conduct disorder. *Psychological Bulletin, 108,* 291–307.

Minuchin, S., Montvalo, B., Guerney, B. G., Rosman, B. L., & Schumer, F. (1967). *Families of the slums.* New York: Basic Books.

Moffitt, T. E. (2006). Life-course-persistent versus adolescence-limited antisocial behavior. In D. Cicchetti & D. J. Cohen (Eds.), *Developmental Psychopathology (Vol. 3)* (2nd ed., pp. 570–598). Hoboken, NJ: John Wiley & Sons.

Nock, M. K. (2003). Progress review of the psychosocial treatment of child conduct problems. *Clinical Psychology Science and Practice, 10,* 1–28.

O'Brien, B. S., & Frick, P. J. (1996). Reward dominance: Associations with anxiety, conduct problems, and psychopathy in children. *Journal of Abnormal Child Psychology, 24,* 223–239.

Oxford, M., Cavell, T. A., & Hughes, J. N. (2003). Callous-unemotional traits moderate the relation between ineffective parenting and child externalizing problems: A partial replication and extension. *Journal of Clinical Child and Adolescent Psychology, 32,* 577–585.

Patterson, G. R. (1982). *Coercive family process.* Eugene, OR: Castalia.

Patterson, G. R., & Guillion, M. E. (1968). *Living with children: New methods for parents and teachers.* Champaign, IL: Research Press.

Reyno, S. M. & McGrath, P. J. (2006). Predictors of parent training efficacy for child externalizing behavior problems – A meta-analytic review. *Journal of Child Psychology and Psychiatry, 47,* 99–111.

Santisteban, D., Coatsworth, J. D., Perez-Vidal, A., Kurtines, W., Schwartz, S., LaPerriere, A., & Szapocznik, J. (2003). Efficacy of brief strategic family therapy in modifying Hispanic adolescent behavior problems and substance use. *Journal of Family Psychology, 17* (1), 121–133.

Schmidt, S. E., Liddle, H. A., & Dakof, G. A. (1996). Changes in parenting practices and adolescent drug abuse during multidimensional family therapy. *Journal of Family Psychology, 10,* 12–27.

Schoenwald, S. K., Henggeler, S. W., Brondino, M. J., & Rowland, M. D. (2000). Multisystemic therapy: Monitoring treatment fidelity. *Family Process, 39,* 83–103.

Sonderegger, R. & Barrett, P. M. (2004). Assessment and treatment of ethnically diverse children and adolescents. In P. M. Barrett & T. H. Ollendick (Eds.). *Handbook of interventions that work with children and adolescents: Prevention and treatment* (pp. 89–111). Hoboken, NJ: John Wiley & Sons.

Speltz, M. L., DeKlyen, M., Calderon, R., Greenberg, M. T., & Fisher, P. A. (1999). Neuro psychological characteristics and test behaviors of boys with early onset conduct problems. *Journal of Abnormal Psychology, 108,* 315–325.

Stanton, M. D., & Shadish, W. R. (1997). Outcome, attrition, and family-couples treatment for drug abuse: A meta-analysis and review of the controlled, comparative studies. *Psychological Bulletin, 122,* 170–191.

Stewart-Brown, S., Patterson, J., Mockford, C., Barlow, J., Klimes, I., & Pyper, C. (2004). Impact of a general practice-based group parenting programme: Quantitative and qualitative results from a controlled trial at 12 months. *Archives of Disease in Childhood, 89,* 519–525.

Webster-Stratton, C. (1985). *Dyadic Parent-Child Interaction Coding System—Revised (DPICS—R): Manual.* Seattle: School of Nursing, University of Washington.

Webster-Stratton, C., & Hammond, M. (1997). Treating children with early-onset conduct problems: A comparison of child and parent training interventions. *Journal of Consulting and Clinical Psychology, 65,* 93–109.

Webster-Stratton, C., & Reid, J. (2003). The incredible years parents, teachers, and children training series: A multi-faceted treatment approach for young children with conduct problems. In A. E. Kazdin & J. R. Weisz (Eds.). *Evidence-based psychotherapies for children and adolescents.* (pp. 224–240). New York: Guilford Press.

Weisz, J. R., Jensen-Doss, A., & Hawley, K. M. (2006). Evidence-based youth psychotherapies versus usual clinical care: A meta-analysis of direct comparisons. *American Psychologist, 61,* 671–689.

Westen, D., Novotny, C. M., & Thompson-Brenner, H. (2004). The empirical status of empirically supported psychotherapies: Assumptions, findings, and reporting in controlled clinical trials. *Psychological Bulletin, 130,* 631–663.

Wilson, D. R., & Lyman, R. D. (1982). Time-out in the treatment of childhood behavior problems: Implementation and research issues. *Child and Family Behavior Therapy, 4,* 5–20.

Wootton, J. M., Frick, P. J., Shelton, K. K., & Silverthorn, P. (1997). Ineffective parenting and childhood conduct problems: The moderating role of callous-unemotional traits. *Journal of Consulting and Clinical Psychology, 65,* 301–308.

주의력결핍 및 과잉행동장애(ADHD)의 치료

DITZA ZACHOR, BART HODGENS, and CRYSHELLE PATTERSON[18]

주의력결핍 및 과잉행동장애(ADHD)는 학령기 아동에게 가장 흔하게 나타나는 신경행동학적 (neurobehavioral) 장애이다. 연구들은 약 8~12%의 아동(남아 9.2%, 여아 3%)이 ADHD 임상적 장애 진단 준거에 부합한다고 제안하였다(Faraone, Sergeant, Gillberg, & Biederman, 2003). ADHD로 진단된 아동의 약 40~70% 정도는 청소년기와 성인기까지 불안정한 직업, 기분 및 불안장애, 교통사고 그리고 약물남용의 큰 위험과 함께 증상이 지속될 것이다. ADHD는 부주의와 충동성의 다양한 증상이 있으며 이는 스펙트럼상 정상 행동에서 경미하게 벗어난 것부터 만성적이고 심각한 수준으로까지 나타난다. ADHD는 개인, 가족, 그리고 사회뿐만 아니라 다양한 기능 영역에서도 부정적인 영향을 끼칠 수 있다(Wolraich, Hannah. Baumgaertel, & Feurer, 1988, American Academy of Pediatrics, 2000). 이 장애가 있는 아동은 종종 가족 및 또래와의 손상된 대인 관계, 학업에서의 낮은 성취, 그리고 낮은 자존감으로 괴로워한다(Goldman, Genel, & Bezman, & Slanetz, 1998). 게다가 ADHD 증상을 보이는 아동은 일반적으로 치료 중재 계획을 복잡하게 하는 다른 심리장애와 발달적인 공존질환을 보인다(표 6.1; Pliszka, 1998; Spencer, Biederrman & Wilens, 1999).

ADHD 증상을 보이는 아동을 진단하고 치료하는 임상가는 이 질병의 복잡하고 만성적인 본질을 이해할 수 있는 포괄적인 치료 계획을 발전시켜야만 한다. 우선 ADHD는 주 증상, 발병 시기, 지속기간, 기능적 손상과 같은 영역이 한 가지 상황 이상에서 DSM-Ⅳ 준거에 부합해야 진단할 수 있다

18. DITZA ZACHOR*Tel Aviv University, Tel Aviv, Israel.
    BART HODGENS*Civitan International Research Center, University of Alabama at Birmingham.
    CRYSHELLE PATTERSON*Sparks Clinics, University of Alabama at Birmingham.

표 6.1 ADHD 공존장애

ADHD : 일반적 공존장애
발달 차원(developmental dimension)
낮은 학업 수행(poor academic performance)
학습장애(learning disability)
지적장애(mental retardation)
자폐스펙트럼장애(autism spectrum disorder)
틱장애(예 : 뚜렛장애)(tic disorder, 예 : tourette syndrome)
행동장애들(behavioral disorders)
적대적 반항장애(oppositional defiant disorder)
품행장애(conduct disorder)
불안(anxiety)
우울 · 기분부전장애(depression · dysthymia)
강박성 장애(obsessive compulsive disorder)

(American Academy of Pediatrics, 2001). 임상가는 초기 평가에서 아동의 기질적 증상 (주로 부주의, 행동적 어려움 등)에 대해 먼저 알아본 후, ADHD 주 증상의 심각성, 공존 여부, 다른 환경에서 나타나는 손상의 범위를 측정한다.

ADHD의 진단과 장기적인 의학적 치료가 필요할 수도 있다는 가능성은 가족과 아동에게 걱정과 불안을 유발시킬 수 있기 때문에, 치료에 앞서 상담을 하는 것이 중요하다. 또한 임상가는 치료에 대한 가족의 기대와 선호를 알아야만 한다. 그럼으로써 가족의 협소와 임상적 결과를 최적화할 수 있다.

두 번째로, 개별화된 치료 목표를 세우는 것이 중요하다. 미국소아과학회(APP : the American Academy of Pediatrics) 지침에서는 가장 손상된 ADHD 핵심 증상을 기반으로 하여 몇 가지 결과측정도구를 제안하였다(예 : 부산한 행동의 감소, 학업 성취의 향상, 가족 · 교사 · 친구와의 관계 증진, 자존감 향상 등). 그리고 여기에서는 기본 상태에서 발전한 부분을 평가할 수 있는 측정 가능한 목표를 선택하는 것이 중요하다(American Academy of Pediatrics, 2001).

ADHD의 치료는 일반적으로 약물 관리와 행동 치료 전략 등 2개의 범주로 이루어져 있다. 다음 절에서는 이 같은 치료 전략을 자세하게 기술하고, 더불어 다중모델 전략의 이점을 설명한다. 다중모델 접근에서는 신중한 약물치료 관리와 부모 교육, 교육적 중재, 종합적인 접근에서의 행동치료와 같이 입증된 심리사회적 중재를 결합한다. 이 장에서는 ADHD를 대상으로 가장 큰 무선화된 임상실험연구를 수행한 'ADHD 증상을 보이는 아동의 다양한 치료 연구(MTA)'를 많이 인용하였다 (MTA 협력집단, 1999a). 따라서 치료 접근법을 자세하게 논의하기 전에 MTA를 먼저 살펴보는 것이 의미 있을 것이다.

국립정신보건원의 ADHD에 대한 다양한 치료 연구

1992년 국립보건원(NIMH)과 6개의 연구팀은 ADHD를 위한 약물과 행동 치료의 효과성을 체계적으로 조사하기 위해 다양한 지역에서 임상실험을 시작하였다. MTA는 현재까지 가장 큰 ADHD

임상실험으로 남아 있고, 그 연구 결과들은 계속해서 보고되고 논의되고 있다(예 : Arnold, et al., 2004). 이 연구에서 6개 임상 현장의 대표로 구성된 운영위원회는 치료 계획서의 설계, 연구 방법론, 조사 계획에 대해 신중하게 고려하였고, 여기에 최신의 절차를 반영하였다(Arnold, Abikoff, & Cantwell, 1997). 동질집단을 구성하기 위해 7~9세 사이의 아동 576명(각 지역에서 96명씩)은 네 가지 치료집단, 즉 (1) 약물 관리-단일 전략집단 (2) 행동 치료-단일 전략집단 (3) 병행 전략(약물+행동 치료)집단 (4) 지역사회-보호 비교집단 중 한 집단에 무선 할당하였다. 이 표본은 그 당시 ADHD 치료에 참여한 통제된 임상실험 표본의 거의 2배에 가까운 수준이었다(Jensen, Hinshaw, Swanson, et al., 2001). 여기에 참여한 아동들은 여러 공존장애(예 : 적대적 반항장애, 불안), 다양한 소개 환경(예 : 학교, 정신건강클리닉), 사회경제적 수준의 범위 등을 고려하여 표집되었다.

치료 기간은 14개월이었다. MTA 약물 전략에는 초기의 적정 기간-위약 효과와 메틸페니데이트(methylphenidate)의 세 가지 다른 복용량(아동의 몸무게에 따라 5mg, 10mg, 15 · 20mg)의 비교실험 기간이 포함되었다. 한 달 후에 바람직한 반응이 나타나지 않으면, 다른 약물들이 도입될 수 있다. 치료가 진행되는 동안 가족과 한 달에 한 번 정도 만날 수 있었고, 아동의 교사와도 한 달에 한 번 연락을 한다. 약물치료는 14개월 동안 지속되었다. MTA 행동 치료 전략은 처음에는 집중적으로 이루어지다가, 그 이후 치료 후반의 4~6개월에는 한 달에 한 번 만남으로 점점 줄었다. 부모는 행동 관리 기술과 학교에서의 아동 보살핌을 배우고 적용하는 것을 가르치는 35회기 행동적 부모 훈련을 받았다(8명씩, 27개 집단).

또한 아동은 8주 동안 여름 치료 프로그램에 참여했는데, 이 프로그램은 집중적으로 구조화된 프로그램으로 이 장의 다른 절에서 자세하게 논의하였다. 학교 생활의 첫 12주 동안 행동 보조교사가 각 아동을 맡았는데, 이 보조교사는 행동적 부모 훈련을 담당하고, 여름 치료 프로그램 상담자의 슈퍼바이저인 치료자에게 슈퍼비전을 받았다. 그리고 이 치료사는 자문을 하기 위해서 각 아동의 담임교사를 봄과 가을에 만난다. 부모와 교사를 교육시키는 행동적 치료요소로서의 노력은 추후 방문 때 한 달에 한 번으로 줄었던 것을 제외하고는 지속되었다.

병행적인 MTA 치료 전략은 가족에게 될 수 있는 한 효과적으로 실행될 수 있는 것에 초점을 둔 두 가지 전략으로 구성되었다. 지역사회-보호 비교집단(community-care comparison group)에는 지역사회 안에서 의뢰할 수 있는 기관과 부모, 주치의가 동의한 치료목록이 제공되었다. 전반적으로 지역사회 보호집단(community-care group)은 주치의와의 접촉 기회가 매우 부족하였고(1년에 2~3회), 약물도 평균보다 적게 제공되었다(하루 총 복용량 : 18.7mg).

ADHD의 주 증상(즉, 부주의, 충동성, 과잉행동)에 대한 효과적인 치료를 고려하였을 때, 가장 효과적인 단일 치료는 신중한 약물 관리였다. 즉, 약물치료와 병행 전략이 행동 전략과 지역사회-

보호집단에 비해 훨씬 효과적이었다. 그리고 ADHD 증상의 결과 측정에서 약물치료집단과 병행적 치료집단 간의 차이는 나타나지 않았다. 하지만 기능의 다른 영역(사회 기술, 학습 기능, 부모-자녀 상호작용)을 평가했을 때 병행 치료를 한 집단에서 몇 가지 이점이 있는 것으로 나타났으나, 이는 MTA 작업팀에서 초기에 세운 엄격한 기준에 부합할 정도로 통계적으로 유의하지 않았다.

다양한 환경에서 측정하고(Hinshaw, 2007), 모든 결과 척도를 근거로 총합을 산출했을 때 (Conners et al. , 2001), 병행 치료 전략이 다른 치료들에 비해 유의하게 효과가 더 있는 것으로 밝혀졌다. 또한 부모와 교사도 두 가지 행동 치료 전략(병행 치료와 행동 치료)에서 더 높은 만족도를 보고하였다. 그 이후에 불안장애가 공존질환으로 있는 아동을 분석한 연구들에서는 행동 치료 전략만 하든지 약물치료를 병행하든지 간에 행동 치료 전략을 추가하는 것이 확실히 더 효과적이라고 밝혔다. 또한 이 결과는 공적 부조(생활보조)를 받는 가족에게도 유효하였다. 잠재적 중재 요인의 다른 분석 결과들은 초기 분석만큼 유의하게 나타나지 않았다.

MTA에서 초기에 발견한 연구 결과는 행동 중재로 "ADHD 치료 효과가 없다."라고 보고하였고, 이러한 결과가 새로운 연구단체에 널리 확산되었다(Arnold, et al., 2004). 하지만 MTA의 주요 연구자들은 후속 논문에서 진상은 그렇지 않다고 주장하였다(Jensen, 2001). MTA 연구는 비교를 위해 '치료하지 않은(no treatment)' 통제집단을 포함하지 않았고, 치료를 한 4개 집단 모두 치료가 진행됨에 따라 증상이 상당히 감소하였다고 보고하였다. ADHD 증상에 대한 자극제 치료가 꾸준한 효과가 있다는 것을 고려해 볼 때, 행동 치료 전략들의 결과는 사실 상당히 견고하다(Arnold, Chuang, Davies, Abikoff, Conners, & Elliot, 2004). 예를 들어, 행동 치료집단의 아동은 적어도 대부분 각성제 약물치료를 받아 온 지역사회-보호집단의 아동만큼 좋아졌다. 또한, 행동 치료집단의 아동 75%는 어떠한 약물치료를 받지 않고도 14개월의 치료 동안 충분히 관리되었다.

초기 MTA 연구 결과에 대한 또 다른 비판은 행동 중재 후에 치료 효과는 점점 사라지고 약물치료는 여전히 효과가 있었다는 점이다(Pelham, 1999). 이 연구의 계획은 집중적인 프로그램요소를 철회함으로써 행동 치료 효과의 일반화를 촉진하고자 하는 입장을 기반으로 고안되었고, 이는 좀 더 바람직하고 '실제'와 가장 비슷하게 반영하기 위해서였다(Jensen, 1999). 행동 중재가 ADHD 치료에 실제로 얼마나 기여하는지에 대한 평가에서 연구 계획의 이러한 측면의 영향은 추후 지속되는 토론 주제로 남았다(Arnold et al., 2004). 추후 연구 노력의 주요한 목표는 이득을 주기 위해 행동 중재의 '양'이 어느 정도이어야 하는가를 결정하는 것이다. 즉, 얼마나 치료가 집중적으로 이뤄져야 하는가이다.

행동 중재 효과의 평가를 둘러싼 쟁점들에 상관없이, MTA 연구는 분명히 ADHD 증상에는 신중하게 관리되는 약물치료가 매우 효과적이라고 증명하였다. 이러한 연구 결과는 14개월의 치료 기간 중에 단기간의 강력한 약물 관리 효과를 증명한 선행연구 결과와 일치한다(Schachar, Tannock, Cunningham, & Corkum, 1997). 24개월 이후 이 치료집단을 추후조사하였는데, 약물을 복용하고 치료 효과가 가장 높았던 두 집단의 많은 참여자가 약물복용을 그만두면서 그 효과성이 약화된 것으로 나타났다. 이러한 약화는 효과적인 중재가 유지되지 않는다는 점을 반영하는 것일 수 있다. 행동 치료의 효과는 약물치료의 효과보다 약할지라도 지속되었다. 이는 그 효과성이 일반화가 되었음을 시사한다(MTA Cooperative Group, 2004a).

약물치료

ADHD에 대한 약물치료의 신경생물학적 근거는 중추신경계(CNS)에서 카테콜아민계(catecholamine mechanism)에 기반을 둔다. 전두엽 피질 하부-소뇌 영역(frontal subcortical-cerebellar circuit)은 도파민 시냅스가 풍부하고, 실행 기능을 조절한다(억제, 작업 기억, 과제 이행, 계획, 주의 유지, 보상 체계와 각성 상태 조절; Castellanos & Tannock, 2002). ADHD의 신경생물학적 손상의 패턴은 이 중추신경계 회로가 조절되지 않는 것에서 비롯되었을 수 있다. ADHD의 근원적인 원인에 대해 확실하게 알 수 없지만, ADHD는 도파민과 노르아드레날린 신경 전달에서 조절이 잘 되지 않기 때문이라는 많은 증거가 있으며, 여러 연구가 이 개념을 지지한다.

- ADHD 증상에 있어 도파민과 노르에피네프린의 시냅스 유용성을 증가시키는 약의 작용
- ADHD의 동물모델(이는 도파민 경로의 손상을 거쳐 생성되었다.)
- 도파민 신경 전달이 풍부한 뇌 영역은 ADHD와 관련 있다고 밝힌 구조적이고 기능적인 뇌 영상 연구
- 도파민을 활성화하는 신경 전달 물질을 포함한 단백질 정보를 가진 다양한 유전자는 ADHD와 연관되어 있었다(Cheon et al., 2003; Castellano, & Tannock, 2002; Krause, Dresel, Krause, Kung, & Tatsch, 2000; Solanto, 2002).

지난 수십 년간 ADHD의 주요 약물치료는 자극제인 메틸페니데이트와 암페타민이었고, 이 약물은 도파민과 에피네프린의 신경 전달 물질을 활성화한다고 알려졌다. 메틸페니데이트는 우선 도파민 수송체의 재흡수를 막지만, 암페타민은 노르아드레날린 수송체를 막고 신경 전달 물질의 방출을 가능하게 함으로써 효과가 나타난다고 여겨진다. ADHD의 부주의와 과잉행동·충동성은 모노아민 체계에서 조절이 잘 되지 않을 수 있다는 가능성을 반영하기 때문에, 자극제는 도파민과 노르

에피네프린의 신경 전달 물질을 활성화시킴으로써 뇌 영역의 기능을 정상화한다고 알려졌다.

AAP 지침은 ADHD 아동 치료를 위해서는 미국식품의약국(FDA)이 ADHD 치료제로 승인한 자극제만 사용할 것을 권고하였다. 대다수의 연구에서 ADHD 증상 치료에 자극제의 효과성을 입증하고 있으며, 약물치료가 가장 중요한 치료임을 지지한다(Biederman, & Faraone, 2005; Lopez, 2006에서 재인용). 무작위 통제실험연구는 자극제가 과잉행동, 충동성, 부주의와 같은 주 증상을 줄인다고 일관되게 입증하고 있다.

또한 여러 연구는 ADHD 증상을 보이는 소아청소년의 자존감, 품행, 학업 성취, 교실에서의 행동이 향상되었다고 보고하였다. 대다수의 ADHD 증상을 보이는 아동(70%)은 자극제 약물치료로 효과적으로 치료되었다. 아동에게 적절한 복용량을 고려하고 가장 효과적인 약물을 선택한다면, ADHD 증상을 보이는 아동의 90%까지 순조롭게 약물에 반응할 것이다(Hechtman et al., 2004; Mannuzza & Klein, 2000).

가장 일반적으로 사용되는 자극제는 메틸페니데이트와 암페타민이다(덱세드린; Dexedrine과 아데랄; Adderall, 4개의 중성 암페타민 염류 혼합물). 두 약물집단 모두, Schedule Ⅱ[19]의 통제되는 물질로 분류되며, 단시간용(4시간), 중간 시간용(8시간), 장시간용(12시간; 표 6.2)으로 이용할 수 있다. 즉각적으로 분비되는 자극제는 상대적으로 작용의 지속 기간이 짧은데, 이러한 부분이 학교 생활을 하는 데 제한점이 된다. 단시간용 자극제로 치료받는 아동은 학교 생활과 방과 후 활동에서 ADHD 증상을 줄이기 위해 약을 여러 번 복용해야 할 것이다. 학교에서나 여가활동 시간에 두세 번째 약을 먹어야 하는 것은 학령기 아동에게 곤란함, 오명, 친구들의 조롱을 야기할지도 모른다. 이러한 문제로 아동이 약물복용을 이행하지 않아 오후에는 약물의 효과가 없어지고 증상조

표 6.2 즉각 분비되는 자극성 약물

활동 성분	약 이름	작용 시간	특별히 고려할 것
메틸페니데이트(MPH) 최대 복용량 : 60mg	리탈린 메틸린 포칼린	3~4시간	하루에 2~3번 하루에 2~3번 정제를 씹어 복용할 것 하루에 2~3번 d-MPH 이성체
암페타민 : 덱스트로암페타민 최대 복용량 : 40mg	덱스트로스태트 덱세드린	4~5시간	하루에 2번
암페타민의 혼합된 염 최대 복용량 : 40mg	아데랄	4~6시간	분할선이 있는 정제의 복용량에 따라 하루 2~3번

---

19. 미국의 약물관리법에서는 약물의 남용 가능성, 의학적 사용 여부, 안전성을 기준으로 약물을 Schedule I, II, III, IV, V로 분류한다. Schedule I은 남용 가능성이 크고 치료 용도가 없으며 안전성이 확립되지 않은 약물이고, Schedule V로 갈수록 남용 가능성이 적고 치료 용도로 널리 쓰이며 비교적 안전한 약물이다.

절에 더 많은 문제를 야기할 수 있다.

자극성 약물치료에서는 약물 작용의 빠른 시작, 융통성 있는 복용 계획, 개인 치료 계획의 발달을 촉진하는 다양한 약물의 선택이 가능하다. 이러한 종류의 약물치료를 시작하기 위해서는 연령, 원하는 약효 지속 시간, 반응 유형, 부작용, 유용성을 고려하여 결정해야 한다.

새롭게 개발된 중추신경자극제 전달시스템

새로운 자극성 약물치료의 발달로 인해 질적으로 더 나은 치료를 하게 되었다. 자극제 약물치료의 주요한 진보 중 하나는 8~12시간 동안 장기간 지속되는 제제를 개발한 것이다(표 6.3). 이 약물들은 하루 종일 약물 효과를 지속하고, 또래에게 창피당하는 것을 예방하고, 숙제를 완수하며, 방과 후 활동에 참여하게 한다. 최근에 제약회사들은 기술적으로 진보된 메틸페니데이트의 제제를 개발하였으며, 이는 혁신적인 전달 체계를 사용함으로써 메틸페니데이트의 즉각적인 분비(IR)와 작용 시간이 길어진 분비(ER)의 두 가지 이점을 결합한다. 이러한 진보는 하루에 한 번 투여하지만 효과가 빠르게 시작되면서 약효의 지속 시간은 길어져 장기간 활성화하는 약의 생산을 가능하게 했다.

표 6.3 지속적으로 방출되는 자극성 약물

활동 성분	약 이름	작용 시간	특별히 고려할 것
메틸페니데이트 (MPH)	리탈린 SR	4~8시간	알약을 쪼개거나 씹지 말고, 반드시 있는 그대로 삼켜서 복용한다. 최대 복용량 : 60mg
	리탈린 LA	4~8시간	두 가지 분비방식의 캡슐은 반드시 통째로 삼키거나 사과즙에 뿌려 먹어야 한다. 최대 복용량 : 60mg
	메타데이트 ER	4~8시간	알약을 쪼개거나 씹지 말고, 반드시 있는 그대로 삼켜서 복용한다.
	메타데이트 CD	4~8시간	캡슐은 복용량을 지키고, 쪼개거나 씹지 말고 반드시 있는 그대로 삼켜서 복용한다. 최대 복용량 : 60mg
	메틸린 ER	4~8시간	알약은 쪼개거나 씹지 말고 반드시 있는 그대로 삼켜서 복용한다.
	포칼린 XR	4~8시간	d-MPH 이성체 최대 복용량 : 20mg
	콘서타	12시간	OROS(Oral Osmotic System : 서방정) 최대 복용량 : 72mg
	데이트라나	9시간 착용	피부 부착용 패치
암페타민 : 덱스트로암페타민	덱세드린 스팬슐	6~8시간	최대로 권유되는 하루 복용량 : 45mg
암페타민의 혼합염	아데랄 XR	10~12시간	최대로 권유되는 하루 복용량 : 40mg
암페타민 프로드러그 : 리스덱스암페타민	바이반스	10~12시간	최대로 권유되는 하루 복용량 : 70mg

리탈린 LA는 중간 정도로 분비되는 약물의 한 예로, 하루에 2번 복용하며 복용량의 반은 바로 분비되고 나머지는 대략 4시간 뒤에 분비된다. 리탈린 LA™은 이같이 약물이 2번 분비되도록 하기 위해서 SODAS[즉각적으로 약효가 나타나는 구슬모양의 약은 원당류(sugar sphers) 안에 메틸페니데이트를 함유하고, 이 알약이 바로 녹아서 분비되는 것을 지연하기 위해서 중합체로 겉에 막을 입혔다. 이는 알약의 효과가 퍼지는 것을 조절한다.] 기술을 사용한다. 이 약은 즉각 분비되는 메틸페니데이트의 효과와 유사한 임상적 효능이 있다(Biederman et al., 2003).

서방정의 한 예로 오로스가 있는데, 이는 메틸페니데이트(12시간용)를 3번 복용한 효과(Concerta™)를 내도록 구성되어 있다. 복용량의 22% 정도는 알약 코팅막에 포함되어 바로 녹아서 분비되고, 나머지는 삼투압에 의해 약물이 서서히 방출되는 오로스 절차로 분비된다(Wolraich, Greenhill & Pelham, 2001).

또 다른 예로는 미립자 구슬 분출방식인 디퓨캡스(diffucaps) 기술을 이용한 서방 캡슐(Metadate CD™)로 메틸페니데이트의 용출을 조절한 것이 있다. 각 캡슐 안은 메틸페니데이트의 30%는 신속하게, 나머지 70%는 지속적으로 용출되도록 되어 있고, 약동학(pharmacokinetics)[20] 프로파일에서 약물의 내성이 생기는 것을 예방하기 위한 복용비율이 높아졌다(Hirshey-Drisken, D'Imperio, Birdsall & Hatch, 2002).

다른 전달 방법은 메틸페니데이트 경피 투여(MTS) 패치이다. 이것은 접착 속성과 효과적인 약물 분비 운송 수단을 결합한 DOT 매트릭스 기술을 활용해 피부를 통해 혈류 안으로 약물이 지속적으로 흡수되도록 하는 것이다(Anderson & Scott, 2006). MTS 패치는 간에서 1차 대사율(fist-pass)을 예방하는 동안 인체에 균등하게 약물이 침투된다. 경피 투여 패치(Daytrana™)는 미국식품의약국에서 승인한 먹지 않는 유일한 ADHD 치료 약물이다. 의사는 MTS 패치를 활용할 때, 패치 크기와 붙이는 시간을 다르게 하여 하루 복용량과 효과 지속 시간을 조절한다. 패치를 떼었다 붙였다 할 수 있는 것은 치료를 하다가 다른 시간대에 멈추었다 해야 하는 아동에게 좀 더 적절하다. 또한 이것은 알약을 삼키기 어려운 아동, 약물 때문에 신진대사가 매우 빨라지는 아동, 약물의 부작용이 있는 아동에게 적합한 해결책이 될 수 있다.

ADHD에 가장 널리 처방되는 약물은 메틸페니데이트의 d-threo와 l-threo 거울상이성질체(enantiomer)가 결합한 라세미 혼합물이다(National Institute of Health, 1998). 하지만 d,l-메틸페니데이트의 임상적 효능은 d-거울상이성질체(d-enantiomer)에 의해 중재되는 것으로 여겨진다(Weiss, Wasdell & Patin, 2004). 활동성 d-이성체의 새로운 제제인 Focalin™(d-MPH)은

---

20. 약물동태학(pharmacokinetics; 약동학)은 생체에 투여한 약물의 체내 움직임과 그 해석 방법에 대해 연구하는 학문이다.

ADHD 치료를 위해 복용하는 d,l,-메틸페니데이트의 복용량의 반만 먹어도 그와 비슷한 효과가 나타난다. 따라서 이것은 가장 적지만 효과적인 복용량을 제공하고, 가능한 심각한 부작용의 발생을 제한한다.

암페타민 집단에서 아데랄은 두 가지 성분의 서방정(50%가 먼저, 나머지 50%가 지속적으로 용출됨.)이며, 오전에 한 번 복용하면 저녁까지 약물 효과가 지속되도록 펄스 방출 암페타민 염 혼합물로 구성되어 있다(Biederman, Lopez, Boellner, & Chandler, 2002).

리스덱스암페타민 디메실레이트(바이반스; Vyvance™)는 d-암페타민의 프로드러그(신체 내에서 효소와 화학 물질로 인해 약으로 활성화되는 비활성 물질)로, 최근에 ADHD에 사용되는 약물로 미국식품의약국의 승인을 받았다. 이 화합물은 암페타민의 조건에 따른 생가역적 유도체이고, 이것은 특정 아미노산에 결합되었다는 것을 의미한다. 이 화합물은 신진대사 중 아미노산이 암페타민 분자에서 격리될 때만 활성화된다. 복용하면, 약물학적으로 활성화된 s-암페타민 분자가 가수 분해 속도를 점차 제한함으로써 방출된다. 이 약은 서방정으로 온종일 약효가 지속되므로 약물 남용 · 과용, 약물 교체 등을 줄인다. 임상연구들에서는 위약집단과 세 가지 용량의 약물복용집단(30, 50, 70mg)을 비교하여 아동의 유의한 행동 개선을 ADHD 평정 척도를 통해서 입증하였다(Biederman, Krishnan, Zhang, McGough, & Finding, 2007).

모다피닐(Modafinil™)은 새로운 자극제로, 다른 ADHD의 자극제와 구조적 · 약물학적으로 다르며, 남용의 가능성이 적다. 모다피닐은 기면증을 위해 깨어있는 것을 촉진하는 데 활용되었다. 이 약물의 메카니즘이 완전히 알려지지 않았지만, 모다피닐은 감마 아미노뷰티르산(gamma-aminobutyric acid)과 글루타메이트(glutamate)의 균형을 바꾼다고 알려졌고, 결과적으로 시상 하부를 활성화하여 시상, 편도, 해마의 신진대사율을 증가하는 역할을 한다(Rugino & Copley, 2001; Rugino & Samsock, 2003). ADHD 증상을 보이는 아동을 대상으로 한 이중맹목 위약 통제 연구에서는 하루에 한 번 모다피닐 300mg을 복용하였을 때 임상가, 교사, 부모가 보고한 아동의 증상은 많이 개선되었지만, 400mg을 복용하는 것이 300mg을 복용하는 것보다 더 나은 효과를 보이지는 않았다. 약물의 복용량은 모두 내성이 있었고, 일반적인 약물 부작용으로 불면증, 두통, 식욕 감퇴, 복부의 통증, 기침, 열, 비염이 나타났다(Turner, Clark, Dawson, Robbins, & Sahakian, 2004).

중추신경자극제의 부작용

자극제의 부작용은 일반적으로 경미한 편이고, 복용량, 시간, 약물의 종류를 변경함으로써 관리할 수 있다. 가장 일반적인 부작용은 식욕 감퇴, 일시적인 두통과 복통, 수면 문제, 본래 문제행동을 보이는 것이다. 약물복용 첫날에 신체적인 불편함을 보고하는데, 그런 불편함은 1~2주 안에 사라진다. 드물게는 식욕 저하로 인해 체중 감소와 성장 억제가 있을 수 있다. 장기적인 자극성 약물 치료가 성장에 끼치는 영향에 대한 연구는 논쟁의 여지가 있는데, 초기 연구에서 자극제가 성장 억제를 유발할 수도 있다고 제안하였다(Poulton & Powel, 2003). 또한 MTA 연구에서 10개월 간 지속적으로 자극성 약물을 복용한 후 키 성장을 측정하였는데, 경미한 저하를 보고하였다(MTA Cooperative Group, 2004b). 한편, 최근에 BMI 차트와 Z-점수와 같은 표준화된 도구를 사용한 연구는 약물을 복용한 아동의 키와 몸무게에서 유의한 저하가 나타나지 않는다고 보고하였다. 이와 더불어 몇몇의 종단연구에서는 성장이 지연된 몸무게와 키는 회복될 수 있고, 심지어 2~3년간 지속적으로 약물치료를 한 경우에도 임상적으로 유의하게 차이가 없음을 보고하였다(Faraone, Biederman, Moonuteau, & Spence, 2005; Zachor, Roberts, Hodgens, Isaacs, & Merrick, 2006).

일반적이진 않지만, 자극성 약물의 부작용으로 아동이 사회적으로 내성적이고 극도로 둔감하며 어지러워하고, 사소한 정보에 지나치게 몰두하는 모습을 보일 수도 있다. 이러한 부작용은 지적장애나 다른 발달 문제가 있는 어린 아동에게서 더 흔하게 나타난다. 부작용의 대부분은 장기 치료를 하면 경감되지만, 극히 드물게 환각, 틱 증상의 악화, 심장혈관의 역류와 같은 심각한 부작용이 발생할 수 있다.

ADHD 아동의 20% 정도는 만성틱장애가 공존하며, 만성틱장애나 뚜렛장애 아동은 절반 정도가 ADHD 진단 준거에 부합한다. 일반적으로 처음 틱이 발병하기 2~3년 전에 ADHD로 진단받는다. 그래서 자극제가 틱의 발병률을 높이거나 기존의 틱 증상을 악화할지도 모른다는 시각이 있다. 초기 연구들은 자극제가 틱의 가족력이나 개인력이 있는 환자에게 틱의 위험 요인을 높일 수도 있다고 보고하였다(Lowe, Cohen, Deltor, Kremenitzer, & Shaywitz, 1982). 이 연구자들은 뚜렛장애나 틱 증상을 보이는 아동에게 자극제를 사용하지 않아야 한다고 주장하였다. 하지만 최근 연구는 이런 입장을 반박하였는데, 질적으로 상위 방법론인 메타분석 연구(이중맹목 위약 통제)에서는 자극제 치료 동안 틱의 발병 위험률이 높아지지 않는 것 같다고 밝혔다(Roessner, Robatzek, Knapp, Banaschewski, & Rothenberger, 2006).

더욱이 자극제는 발작의 역치 수준을 낮춘다고 보지만, 간질 진단에서 자극제를 확실하게 금지하지는 않는다. 몇몇 연구에서 자극제가 잘 통제된 간질(well-controlled epilepsy)을 악화하지 않는다고 밝혔지만, 아동은 약물치료를 하는 동안 간질이 악화되지 않는지 면밀히 관찰해야 한다. 최근 연구에서 자극제 치료를 받는 ADHD 아동집단에서 2%가 발작을 보였다고 보고하였다. 이 비율은 표집되지 않은 아동을 대상으로 측정한 결과, 14세까지 적어도 1%의 아동이 무발열성 발작을 일으킨다는 결과를 고려했을 때 그렇게 높지 않은 비율이다. 이 연구에서 발작 위험이 20% 정도 있는 ADHD의 하위집단을 간질형 뇌파로 식별할 수 있었으며, 정상적 뇌파는 발작 위험이 최소한(1% 미만)으로 나타났다. 즉, 이런 간질의 위험은 자극제의 사용으로 발생했다고 보기 어렵다(Hemmer, Pasternak, Zecker, & Trommer, 2001).

자극제는 중독 가능성이 있는 규제 약물이므로, 부모는 약물 장기 치료 이후 자녀에게 약물남용·중독 경향성이 있는 것은 아닌지 염려한다. 이러한 의문에 주목한 연구들은 ADHD 약물요법은 유의하게 '보호 효과'가 있고 물질남용을 야기하는 것이 아니라 ADHD 장애의 위험률을 50%까지 감소시킨다고 보고하였다(Wilens, Faraone, Biederman, & Guanawardene, 2003).

최근에는 아데랄 XR의 라벨에 암페타민의 오용은 심각한 심장혈관 문제와 돌연사를 일으킬 수 있다는 경고가 추가되었다. 따라서 이러한 사례가 거의 없다고 할지라도, 심장 구조의 이상 징후를 확인하고, 자극제 치료 전에 심장마비의 가족력이 있는지 확인한 후 충분한 심장검사를 받는 것이 중요하다. 최근 연구에서 ADHD 증상을 보이는 아동 3천여 명을 대상으로 혼합된 암페타민 염 서방정이 심장혈관에 안전한가를 평가하였는데, 그 결과 약물 효력과 심장 안정성 모두 입증되었다(Donner, Michaels, & Ambrosini, 2007).

ADHD 치료의 적정 수준과 부작용 관리 전략

초기 치료를 무엇으로 받을 것인지 결정할 때는 연령, 원하는 효과 지속 기간, 유용성을 고려해야 한다. 메틸페니데이트와 암페타민은 ADHD 증상을 약 70% 정도 경감시키는 효과가 있다. 자극제를 포기하기 전에 이 두 가지 약물을 같이 복용한 연구에서 약물의 공동 효과성이 90%까지 향상되었다. 처음 시작할 때는 가능한 한 복용량을 최소 수준으로 시작하는 것을 추천한다. 유의한 부작용이 없으면, 긍정적 효과를 보일 때까지 매주 복용량을 적정한 수준으로 올릴 수 있다. 부모와 교사의 보고, ADHD 척도를 통해 약물 반응을 최대화하는 것이 중요하다.

행동 문제가 있거나, 복합 유형의 ADHD 증상을 보이는 아동은 아침에 한 번 복용하면 12시간 지속되는 약으로 치료하는 것이 도움이 될 것이다. 이러한 약물치료는 필요하다면 여가와 가족과의 시간 동안 아동의 기능을 개선하기 위해 주말이나 방학 기간에도 계속할 수 있다. 한편, 부주의 유형 ADHD 아동은 오직 학교에 있는 시간이나 학업을 수행할 때만 약물을 복용하기도 한다(짧거나 중간 정도 지속되는 약). 그리고 몸무게가 감소하거나 늘지 않는 특별한 상황에서는 휴약 기간이 필요하다.

6개월마다 키, 몸무게, 혈압을 측정하고 참고할 상황이 있을 때(체중의 감소, 식욕 부진)는 더욱 자주 확인하여 아동의 성장을 모니터하는 것을 권고한다. 연구들은 정기적인 피검사의 필요성에 대해서는 언급하지 않는다(혈구 수를 채우는 것 또는 간장과 신장의 프로파일 같은 것). 하지만 소아과 의사는 아동이 의학적인 문제(성장 저하, 복부 통증)를 보일 때는 그런 검사들을 해야 하는지를 결정해야 한다.

만약 아동에게서 약물 부작용으로 심각한 문제가 나타난다면, 의사는 아동의 불편함을 감소할 대안적 접근을 시도해야 한다. 예를 들어, 부작용으로 수면 문제가 발생한다면 오후에는 약물복용을 줄이거나 중단하고, 좀 더 이른 시간에 복용하도록 할 수 있다. 또한 즉각적으로 약효가 나타나는 약물의 부작용으로 문제행동이 다시 생길 때에는, 약효가 지속적으로 유지되는 약물을 처방하여 문제를 개선할 수 있고, 오후에 추가적으로 적은 양을 복용하도록 하는 것도 도움이 된다. 심각하게 식욕이 감소한 부작용에는 식사 후 약을 복용하도록 하거나, 낮 동안 고칼로리 건강 스낵을 자주 먹도록 제안한다. 또한 이러한 경우에는 휴약 기간을 두는 것을 고려해야 한다.

비중추신경자극제

ADHD의 하위 유형 중 하나로 진단받은 아동의 80~90%는 자극제에 반응하지만, 소수의 아동은 ADHD 증상이 효과적으로 통제되지 않거나 과민해서 자극제 약물을 먹지 못할 수 있다. 아토목세틴(스트라테라), 항우울제, 알파-교감신경흥분제 같은 비중추신경자극제는 중추신경자극제만큼 효과적이진 않지만, ADHD 증상을 조절한다고 보고되었다(표 6.4).

가장 광범위하게 잘 이루어진 ADHD의 비중추신경자극제 치료에 대한 연구는 삼환계 항우울제 집단이었다. 연구들은 이러한 약물치료집단이 위약 효과집단보다 ADHD 증상을 조절하는 데 우수하다고 보고한다. 하지만 이러한 약물의 사용은 심장에 부작용을 일으킬 가능성이 있고 안정성이 낮으며, 부작용과 복용 수준과 관련하여 주의 깊은 관찰이 필요하기 때문에 소아 ADHD에게 승인되지 않는다. 데시프라민으로 치료받았던 아동 4명이 갑작스럽게 사망한 일이 있는데, 이 사건과 치료가 관련 있는지는 밝혀지지 않았지만 삼환계 항우울제는 심각한 심장혈류의 이상 징후를 가져올 잠재적 위험이 있다(Biederman, Thisted, Greenhill, & Ryan, 1995).

도파민에 유의한 영향을 끼치지 않는 아토목세틴(스트라테라; Strattera™)은 선택적으로 노르에피네프린의 재흡수를 억제하는데, 이것은 아동과 성인 ADHD 치료제로 미국 식품의약국의 승인을 받은 새로운 비중추신경자극제이다.

표 6.4 비중추신경자극제

집단 이름	약물
삼환계 항우울제	아마트리프탈린
	데시프라민
	이미프라민
	클로미프라민
	노르트리프탈린
알파 2 확장제	클로니딘
	구안파신
기타	아토목세틴
	모다피닐
	부프로피온

통제된 실험 결과, ADHD 증상 치료, 자존감, 가족 관계, 전반적인 기능 증진은 위약 효과보다 아토목세틴이 우월하다고 입증되었다(Barton, 2005). 그러므로 아토목세틴은 내성이 없거나 중추신경자극제에 반응하지 않는 아동을 위한 대안적 치료제가 될 수 있다. 아토목세틴의 반응 정도는 자극제에 대한 반응보다 약간 낮고, 그 효과는 몇 주 뒤에 나타난다.

이 약물의 장점은 작용 기간이 길다는 것, 약물남용의 가능성이 거의 없다는 것, 수면에 영향을 주지 않는 것, 내약성이 좋다는 것이다. 이와 더불어, 아토목세틴은 Schedule Ⅱ에 해당하는 물질도 아니다. 아토목세틴의 반감기는 약 5시간이지만, 효과성이 가장 높은 2~4주 후부터는 임상적 효과가 길게 지속된다. 약물을 중단할 때는 점차 줄이는 방식으로 해야 한다. 아토목세틴은 성장에 주요한 영향을 끼치지 않는다. 또한 아토목세틴(약한 항우울제)은 불안, 수면장애, 틱이 있는 아동에게 유용하며, 기존의 틱을 더 악화시키지 않는다. 보고된 아토목세틴의 가장 흔한 부작용으로 위장의 불편함, 식욕 저하, 메스꺼움, 소화 불량, 구토, 피로감, 어지러움, 비몽사몽함, 기분의 두드러진 변화가 있다. 이러한 부작용은 약물치료 초기에 일시적으로 발생하는 경향이 있다. 미국식품의약국에서는 아토목세틴이 드물게 심각한 수준의 간 손상, 아동과 청소년의 자살사고 위험을 증가시킬 가능성이 있음을 알려 주는 블랙박스 경고를 붙여야 한다고 요구하였다(http://www.fda.gov).

때로는 ADHD 치료에 클로니딘, 구안파신과 같은 알파 아드레날린 항진제가 유용하게 활용될 수 있다. 아직까지 두 약물은 미국식품의약국에서 ADHD 치료제로 승인하진 않았지만, 특히 극도의 충동성을 조절하는 치료제로 활용된다. 임상가는 아동이 ADHD 증상과 함께 틱이나 뚜렛장애가 있으며, 중추신경자극제 치료를 받는데 틱 증상이 악화되는 경우에 알파 아드레날린 항진제 치료를 고려해야 한다. 클로니딘(약한 혈압 약물)에 관한 임상실험연구의 메타분석 결과, 클로니딘이 자극제에 비해 임상적 효과는 낮지만 이차적인 치료로 효과적이라고 나타났다. 클로니딘 치료의 부작용으로 진정 작용, 과민성, 수면장애, 혈압의 급강하, 저하증(새로운 증상으로 혈압이 나이와 성별의 다섯 번째 백분위보다 낮은 경우), 입이 메마름, 현기증이 많이 나타난다(Connor, Fletcher, & Swanson, 1999).

구안파신은 클로니딘을 복용했을 때보다 덜 진정되고 약효 시간이 더 길다. ADHD와 틱장애 아동을 대상으로 한 무작위 구안파신 위약 통제 연구에서는 구안파신이 내성이 좋고, 다른 비중추신경자극제와 비교하여 ADHD 증상 개선이 비슷하거나 더 좋은 편이지만, 중추신경자극제에 비해서는 효과가 낮다고 보고하였다(Schahil et al., 2001). 구안파신의 복용량은 저혈압과 진정 증상과 같은 부작용을 방지하기 위해 적은 양으로 시작하여 조금씩 늘려야 한다. 더불어 구안파신 복용은 갑자기 중단되지 않도록 해야 하며, 혈압측정을 자주 해야 한다.

환자가 메틸페니데이트와 함께 알파 항진제를 복용한 후에 갑자기 사망했다는 보고는 이 두 약물의 혼합 안정성에 대해 의구심을 갖게 하였다. 세 번째 단계의 임상실험에서 구안파신 서방제(하루 한 번 복용)의 이점이 임상적으로 유의하다고 밝혔다. 하지만 이러한 새로운 약물이 ADHD 치료에 일상적으로 활용되기 전에 앞으로 이 약물의 부작용 프로파일에 대한 더 많은 연구가 이루어져야 한다.

항우울제인 부프로피온은 공개 실험연구와 통제된 실험연구에서 나타났듯이 ADHD 증상을 개선하는 데 보통의 효과가 있다(Wilens et al., 2005). 몇몇의 연구는 부프로피온은 우울, 양극성 장애, 물질남용을 공존으로 하는 환자에게 도움을 줄 수 있다고 제안한다(Wilens, Prince, Spencer et al., 2003). 이 약물은 틱 증상을 악화하며, 복용량을 증가함에 따라 발작의 역치 수준을 높일 수 있다. 그러므로 틱장애와 발작을 보이는 아동에게는 이 약물을 처방하지 않아야 한다.

오메가-3 지방산은 긴 사슬 다가불포화지방산의 집합체다. 몇몇 자연적 관찰연구는 ADHD 증상을 보이는 사람의 신체 내 오메가-3 지방산의 수준이 더 낮음을 발견하였다. 지방산을 섭취하는 식이요법을 강화하는 무선화된 통제 연구들은 모호한 결과를 내놓았다. 2개의 연구에서는 ADHD와 관련된 증상이 전혀 나아지지 않았다고 하였고, 한 연구에서는 오직 몇 가지 부분에서만 나아졌다고 하였다. 오메가-3 지방산 치료에서의 심각한 부작용은 보고되지 않았다(Hirayama, Hamazaki, & Terasawa, 2004; Richardson & Puri, 2002). 최근 접근에서는 ADHD 증상을 보이는 아동에게 오메가-3 지방산의 식이요법을 보충하는 것이 이론상 효과가 있을 것이라고 보았다. 그러나 아직까지는 이런 치료의 효과성과 안정성을 입증하기에는 증거가 불충분한 상태이다.

ADHD와 일반적인 공존장애들의 치료(표 6.1)

하나 또는 그 이상의 공존장애가 있는 ADHD 아동은 추가적인 이환율과 유의미하게 관련이 있기에 ADHD 치료가 더 복잡하다(Spencer, Biederman & Wilens, 1999). 공존장애의 치료 접근은 약물치료의 강조와 함께 논의되고 있는데, ADHD와 파괴적 행동장애(적대적 반항장애, 품행장애, 분노발작)일 경우는 다음과 같다.

적대적 반항장애(ODD)는 성인 권력에 대해 끊임없이 부정적이고 반항적인 패턴을 드러내는 반면, 품행장애(CD)는 반복적으로 더욱 심각한 방식으로 규칙 어기기, 사회적 규범 위배의 패턴을 드러낸다. 때때로 이러한 장애는 좀 더 심각한 ADHD 증상과 함께 발생한다. 적대적 반항장애만 있을 때의 초기 치료는 행동 중재이다. 하지만 공존장애일 때 중추신경자극제와 아토목세틴으로 치료하는 것이 적대적 반항장애와 품행장애 증상을 포함한 파괴적 행동 영역을 다루는 데 매우 효과적일 수 있는데, 이는 설사 파괴적 행동이 단지 ADHD로만 명명되었을지라도 그렇다. MTA 연구는 ADHD 증상이 적대적 반항장애와 품행장애 치료를 위한 자극제에 강하게 반응한다는 것을 발견하였다. ADHD, 품행장애, 적대적 반항장애를 대상으로 한 MTA 연구에서 이들은 행동과 약물치료를 병행한 치료의 결과 반응이 가장 좋았다고 보고하였다(MTA 협력집단, 1999b). 공격성, 다른 파괴적 행동장애 증상을 보이는 ADHD 아동이 중추신경자극제 치료에 반응하지 않을 때에는, 다른 약물이나 자극제를 결합하는 것이 효과적일 수 있다.

다양한 약물치료관리자는 자극제를 추가할 수 있다. 세로토닌 기제가 공격성과 관련이 있다는 연구에서처럼 선택적 세로토닌 재흡수 차단제(SSRI)는 공격성의 증상을 개선할 수 있다. 또한 카르바마제핀(carbamazepine), 발프로에이트 나트륨(sodium valporate)과 같은 항경련 기분안정제는 일시적으로 통제되지 않는 행동과 ADHD의 부수적인 치료에 효과적이다(Newcorn & Ivanov, 2007에서 재인용). 품행장애와 공격성을 지닌 공존 ADHD에 가장 효과적인 것은 리스페리돈과 쿼티아핀(항정신병 약물)이다(Aman, DeSmedt, Derivan, Lyons, & Findling, 2002; Findling et al., 2007).

기분장애를 공존한 ADHD

ADHD 증상을 보이는 아동 대부분은 사기 저하를 경험하는데, 이는 ADHD 특성으로 인해 아동이 학업·사회적 수행과, 운동 수행에서 어려움을 겪기 때문이다. 이렇게 사기가 저하된 기분 때문에 ADHD 증상이 나아진 것처럼 보일 수 있다. 하지만 두 장애의 발달 궤도는 독립적이기 때문에, 심한 우울 증상에는 ADHD 약물치료가 끼치는 영향력이 거의 없다(Biederman, Mick, & Faraone, 1998). 우울 증상이 경미할 때는 ADHD 치료를 먼저 하는 것이 합리적인데, 이는 항우울제보다 중추신경자극제가 더 빠른 속도로 작용하기 때문이다. 그런 후 만약 우울이 있다면 기분상태를 재평가해야 하고, 더욱 집중적인 치료가 이루어져야 한다. 만약 아동이 우울감이나 자살 사고를 가지고 있다면, 우선적으로 정서 치료가 이루어져야 하고 그러한 증상이 나아졌을 때 ADHD 치료를 해야한다. 일반적으로 정서장애에 가장 효과적인 중재 방법은 약물치료와 심리사회적 치료(인지행동치료와 같은 것)를 결합하여 제공하는 것이다. 약물치료를 고려할 때, 우울을 동반한 ADHD를 위한 가장 일반적인 치료는 선택적 세로토닌 재흡수 억제제군과 중추신경자극제의 결합이다(TADS 연구팀, 2003).

불안을 공존한 ADHD

ADHD와 불안이 공존한다는 것은 여러 연구에서 보고되고 있다(Waxmonsky, 2003에서 재인용). 초기 연구들은 중추신경자극제가 일반적으로 덜 효과적이고, 불안을 유발할 가능성이 있다고 하였다. 하지만 최근 연구들과 MTA 연구 결과에서는 중추신경자극제가 ADHD 증상에 매우 효과적이고 불안을 가중시키지 않는다고 보고하였다. 더불어 MTA 연구에서 행동 중재는 불안과 ADHD가 공존하는 아동에게 매우 효과적이며, 학업과 사회적 기능에 긍정적인 영향을 끼치는 것으로 나타났다. 실제로 불안을 동반한 아동이 MTA에서 하는 모든 치료(행동 치료와 약물치료)에서 ADHD만 있는 아동보다 그 효과가 더 좋았다(Jensen et al, 2001). ADHD 증상을 보이는 아동 중 불안, 적대적 반항장애 · 품행장애의 행동을 함께 보일 때, 어떠한 단일 치료보다도 약물과 행동 중재를 병행하여 치료하는 것이 훨씬 효과적이었다.

자폐스펙트럼장애를 공존한 ADHD

자폐스펙트럼장애와 ADHD의 공존은 흔히 나타나며, 자폐스펙트럼장애 아동의 50% 정도가 ADHD가 있다. 자폐스펙트럼장애 내에서 ADHD와 같은 증상은 종종 기능을 손상시키고 아동에게 행동 중재와 교육적 중재를 통해 긍정적인 영향을 끼치는 데 방해가 된다. 자폐스펙트럼장애에 자극제의 안전성과 효과성을 조사한 연구는 조금 있다. 초기 연구들에서 약물치료는 이점이 거의 없고 성마름, 상동증, 과잉행동과 같은 여러 부작용을 보인다고 보고하였다(Sporn & Pinkster, 1981).

반면, 최근 연구들은 약물의 부작용과 효과성에 대해 대부분 더 낙관적으로 보고한다. 약물의 효과는 주의집중 폭의 향상, 과잉행동과 분노발작의 감소, 반항과 공격성의 감소, 부적절한 언어와 상동행동의 감소로 나타났다. 그리고 최근 연구에서 보고된 약물 부작용은 성급함, 짜증, 눈물 어림, 사회적 철회, 공격성, 피부 뜯기이다. 부작용이 거의 없는 임상적인 이점은 자극제의 소량 사용에서 관찰되었다(Posey et al., 2007).

전반적으로 자폐스펙트럼장애와 ADHD 증상을 보이는 아동에게 자극제를 활용하는 것은 50%의 아동에게 효과적인 보조 치료가 될 수 있다. 그러므로 의사는 약물을 처음에 써 본 후, 원치 않는 효과가 ADHD 증상만 있는 아동보다 더 많이 나타나는지 아동을 주의 깊게 살펴보아야 한다.

최근 연구들은 자폐스펙트럼장애 아동을 대상으로 아토목세틴의 효과성에 대해서 조사하였다. 그 연구 결과, ADHD 증상은 유의한 수준으로 개선되었으나, 성급함, 사회적 철수, 상동증, 반복적인 행동 면에서는 더 적게 개선되었다(Arnold et al., 2006; Posey et al., 2006).

알파 아드레날린군은 자폐스펙트럼장애에서 과민 반응 증상의 치료에 자주 활용된다. 이 약물의 일반적인 부작용은 비몽사몽 하는 것과 진정되는 것(침체되는 것)이다. 하지만 매우 소수의 연구에서 이 약물이 자폐스펙트럼장애에 주는 이점에 대해 조사하였다(Frankhauser, Karumanchi, German, Yates, & Karamanchi, 1992). 한편, 부정형 항정신병제(리스페리돈)는 때때로 자폐스펙트럼장애의 과잉행동과 부주의를 치료하는 데 사용된다(Williams et al., 2006). 그리고 이중맹목 위약 통제 연구에서 자폐스펙트럼장애 아동에게 오메가-3 지방산을 제공하였는데, 그 결과 부작용 없이 과잉행동과 상동증이 유의하게 개선되었다(Amminger et al., 2007).

자폐스펙트럼 아동이 ADHD와 같은 증상을 보일 때, 앞서 언급한 몇 가지 약물치료를 시행하는 것과 함께 집중적인 행동 중재가 유용하다. 자폐스펙트럼장애 아동에게 하는 행동적 중재들은 소집단 또는 개별적 행동 중재, 일주일에 적어도 10~15시간 동안 하는 교육적 중재를 포함한다. 이러한 프로그램으로는 UCLA 청년자폐사업(UCLA Young Autism Project), 자폐와 대화에 어려움이 있는 아동을 위한 치료와 교육(Treatment and Education of Autistic and Related Communication Handicapped Children), 덴버모델(Denver Model)이 잘 알려져 있다(Shattuck & Gross, 2007).

심리사회적 중재

ADHD를 효과적으로 치료하기 위해서 수많은 중재와 치료가 발전하고 권유되어 왔지만, 단지 세 가지 중재만이 통제된 과학 연구의 무작위 실험연구에 해당하며, 지속적으로 이 중재들이 ADHD 증상을 보이는 아동에게 상당한 이점을 준다고 밝혀졌다. 중재법에는 행동적 부모 훈련, 교실 행동 관리, 여름 치료 프로그램이 있다(예 : Chronis. Jones, & Raggi, 2006; Pelham & Fabiano, 2008). 이렇게 증거에 기초한 치료적 접근은 다음 절에서 자세하게 살펴볼 것이다.

행동적 부모 훈련 : 개관

ADHD로 진단받은 아동을 양육하는 것은 가족 관계와 가족 기능에 긴장감을 주기 때문에 부모 훈련과 같은 가족 중심 치료가 필요하다(Pelham, Wheeler, & Chronis, 1998). 이런 가정에서는 종종 양육 스트레스가 높아지고 양육자의 자신감이 줄어들 수 있다(Mash & Johnston, 1990). 행동적 부모 훈련은 ADHD로 진단받은 아동의 치료를 위해 잘 구성된 중재법이다(Pelham & Fabiano, 2008). 물론 이전에도 효과적일 것이라고 가정을 했었으나, 최근에는 Pelham과 Fabiano(2008)의 연구를 통해 행동적 부모 훈련이 ADHD 치료를 위해 잘 고안된 중재법이라는 것이 증명되었다. Pelham과 Fabiano(2008)의 연구에서는 1998년부터 출판된 행동적 부모 훈련의 효과를 평가한 22개의 연구를 검토하였다. 인용된 연구는 대부분 8~16회기의 집단 중심 행동적 부모 훈련을 사용하였다. 이 연구에서는 행동적 부모 훈련을 플라세보집단, 비지시적 부모 상담, 대기자집단과 비교했을 때 행동적 부모 훈련이 더욱 효과적이라고 밝혔다. 이와 더불어, 행동적 부모 훈련은 ADHD 증상을 보이는 아동을 치료하는 데 효과적일 뿐만 아니라, 적대적 반항장애와 품행장애 아동을 치료하는 데도 성공적이었다는 전례가 있다(Brestan & Eyberg, 1998).

부모 훈련은 부모의 자녀 관리 기술을 향상시키며(Barkley, Guevremont, Anastopoulos, & Fletcher, 1992; Pelham & Fabiano, 2008; Wells, Chi, Hinshaw, Epstein, Pfiffner, Nebel-Schwain et al., 2006), ADHD의 전반적인 증상을 줄여 주고 다른 파괴적인 문제행동을 개선한다(Anastopoulos, Shelton, DuPaul, & Guevremont, 1993). 더불어 부모 훈련은 양육 자신감을 증가시키고, 양육 스트레스를 감소하며, 가족 관계를 개선한다고 여겨진다(Anastopoulos et al., 1993). 부모 훈련은 일반적으로 4~12세 아동에게 가장 효과적이다(Anastopoulos & Farley, 2003). 그리고 대개 개별이나 집단의 형태로 8~12회기를 진행할 수 있다. 개별 회기는 1회당 1시간 이내로, 집단 회기는 90분 정도로 이루어진다. 개별적 부모 행동 훈련은 집단 회기에 비해 회기 내에서 치료 속도와 내용을 융통성 있게 구성할 수 있다는 장점이 있다. 하지만 집단 회기는 개별 회기에 비해 비용효과적이고, 부모에게 사회적 지지를 제공할 수 있으며, 때로는 개별 부모 훈련 회기와 동등한 효과를 주는 것으로 여겨진다(Chronis, Chako, Fabiano, Wymbs, & Pelham, 2004). Chronis 외(2004)는 우선 모든 부모에게 집단으로 구성된 행동적 부모 훈련에 참여하도록 제안하였고, 집단에서 최대한의 이점을 얻지 못한 부모나 집단 회기를 따라가지 못하는 부모에게는 계획된 개별 회기를 추가적으로 진행하였다.

다양한 행동 관리 전략은 부모 훈련 회기 동안에 다룬다. 부모는 이 전략들을 매일 가정, 자녀의 학교, 공공장소에서 수행한다. 물론 부모 훈련에는 다양한 프로그램이 있지만(Cunningham, Bremner, & Secord, 1997; Forehand & McMahon, 1981; Pfiffner, Mikami, Huang-Pollock, Easterlin, Zalecki, & McBurnett, 2007), 그것들은 많은 공통점이 있다. Barkley와 Anastopoulos가 개발한 행동적 부모 훈련 프로그램 내용에 대해 다음 절에서 구체적으로 살펴볼 것이다(Barkley, 1987; Anastopoulos & Barkley, 1990; Barkley, 1997).

부모 훈련의 구성요소

부모 훈련의 초기 회기에서는 ADHD에 대한 개괄적인 정보를 제공한다. 여기에는 ADHD의 신경학적인 기반, 장애에 대한 진단 범주, 전형적인 공존 특성, 장애의 발달 경로가 포함된다. 그리고 부모에게 추가적인 웹 사이트와 문헌자료를 제공하는데, 이는 그들이 ADHD와 이와 관련된 특징에 대한 지식을 지속적으로 쌓을 수 있도록 하기 위해서이다.

이 프로그램의 두 번째 회기에서는 흔히 부모-자녀 갈등을 유발하는 가족요소에 관해 토론한다. 좀 더 구체적으로 살펴보면, 아동의 기질적 특성(즉, 기질, ADHD 진단), 부모의 특성(즉, 부모의 정신병리, 의학적 질병, 기질), 가족 스트레스(즉, 시간 관리, 경제적 어려움), 그리고 양육 방법(즉, 상황을 조정할 수 있는 능력 : 선행사건; 부적절한 행동과 적절한 행동에 대응할 수 있는 능력 : 결과)에 대해서 토론한다. 여기서는 자신의 양육방식을 바꾸기 위한 부모의 능력을 크게 강조하는 반면에, 다른 가족요소의 변화는 덜 중요하다. 이 회기에서는 부모가 선행사건과 결과를 어떻게 활용하여 아동의 적절한 행동을 이끌어 낼 수 있도록 하는지에 관한 일반적인 행동 원칙을 논의한다. 또한 그런 원칙을 위해 정적 강화, 무시하기, 처벌 전략에 대해서 자세하게 논의한다.

세 번째 회기에서는 정적 관심과 더불어 특별한 시간과 같은 특정한 정적 관심 전략을 다룬다. 특별한 시간은 아동의 적절한 행동에 대한 부모의 정적인 관심이 증가하도록 고안되었다. 부모, 또래, 교사와 ADHD 증상을 보이는 아동이 부정적인 상호작용을 하는 경향성에 대해 논의할 때, 아동에 대한 정적 관심의 중요성이 매우 강조된다. 이러한 부정적인 상호작용의 결과, 아동은 흔히 부정적이고, 지나치게 지시적이며, 교정적인 환경에서 기능한다. '특별한 시간'은 부모에게 비지시적이고 교정적이지 않은 방법으로 긍정적인 관심을 두도록 하는 전략으로 소개된다. 또한 이런 기회는 때로 부정적이고 지나치게 지시적이며 교정적인 상호작용으로 손상된 부모-자녀 관계를 개선하는 데 도움이 된다. 특별한 시간 외에도 부모에게 '자녀의 좋은 점을 발견'하고 칭찬할 만한 다른 행동의 사례를 적도록 격려한다.

네 번째 회기에서도 부가적인 정적 관심에 대해 계속 토론한다. 부모에게 자녀가 독립적인 놀이를 하는 동안 자녀에게 긍정적인 관심을 보이도록 격려한다. 또한 부모는 자녀에게 적절한 기대와 요구를 한다(예 : "나는 전화할 곳이 있어. 나는 네가 여기 조용히 앉아 네 장난감을 가지고 놀았으면 해."). 부모가 전화할 때, 자녀가 통화를 방해하기 전에 부모는 잠깐 통화를 중단하고 자녀가 조용하게 노는 것을 칭찬해 준다. 이러한 방법으로, 자녀는 방해하는 행동을 하기보다는 적절한 행동을 하여 긍정적인 관심을 받는다.

또한 아동의 순응적인 행동에 관심을 기울이는 것의 중요성 역시 논의된다. 부모는 자녀에게 순응할 가능성이 큰 상황(예 : 식탁에서 쿠키 가져오기, 강아지 돌보기)을 만들어 주고, 순응행동에 긍정적인 관심을 준다. 요구하기 역시 ADHD로 진단받은 아동의 특성을 고려하여 논의한다(예 : 자녀가 지시하는 말을 듣고 있는지 확인하기 위해 눈 맞춤을 먼저 하여라. 한 번에 한 가지만 요구하여라. 끝까지 수행할 수 있는 것만 요구하여라. 간단하게 요구하여라. 지시하는 진술을 만들어라.). 부모는 자녀가 부모의 요구를 알아듣고 이해했는지 확인하기 위해 자녀에게 요구한 바를 다시 반복해서 말해 보라고 한다.

다섯 번째 회기에서는 가정 내 보상 체계를 확립하도록 돕는다. 부모는 자녀가 가정 내에서 얻을 수 있는 특권에 대해 논의하는데, 이러한 특권이 보통 아동의 적절한 행동과 부적절한 행동에 유관되어 있지 않음을 발견한다. 그리고 난 후, 아동이 가정에서 해야 하거나 따라야 하는 규칙이나 사소한 일을 최대 열 가지 정도 만들어서 요구목록을 작성한다. 그리고 나머지 목록에는 아동이 매일, 매주, 장기간 얻을 수 있는 보상 · 특권을 작성한다. 포인트의 가치는 해야 할 일의 목록과 보상 목록에 따라 결정한다.

이러한 방법은 적합한 행동과 유관된 보상, 특권을 얻기 위해서 아동의 순응성을 향상하는 것으로 고안되었다. 보상으로 9세 이하의 어린 아동에게는 플라스틱 토큰을 사용하고, 9세 이상의 아동에게는 포인트 보상방식을 사용하도록 한다. 토큰 · 포인트는 부모가 먼저 요구한 일에 참여했을 때 얻을 수 있다. 그리고 아동은 획득한 포인트나 토큰을 특권목록에 있는 보상으로 바꿀 수 있다. 또한 보너스 토큰 · 포인트는 부모가 지시하지 않았는데도 규칙을 따르고, 해야 할 일을 완수하거나 긍정적인 태도로 할 일을 완수했을 때 얻을 수 있다. 이러한 가정 보상 체계를 설립하는 것은 부모 훈련 프로그램에서 어려운 단계일 수 있는데, 이는 부모가 예전에 이와 비슷한 방법을 적용했을 때 성공하지 못했던 감정이 들 수 있기 때문이다. 따라서 부모에게 이 전략에서 일관성의 효과를 다시 상기시키고, 필요시에는 회기 외에 치료자가 전화하여 부모를 지지해 줄 수 있다.

여섯 번째 회기에서는 반응대가조건을 소개한다. 이 프로그램에서 이 단계까지 부정적인 요소가 없었다는 것은 중요하다. 부모는 아동이 요구목록에서 한두 가지 비순응적인 행동을 할 때 토큰이나 포인트를 제거하도록 격려받는다. 이러한 반응대가조건은 부모의 요구에 대한 아동의 순응 수준을 증가시킬 것이다. 왜냐하면 아동은 흔히 그동안 획득한 토큰이나 포인트를 잃고 싶어 하지 않기 때문이다. 부모는 아동의 부정적인 행동에 휘말리지 않도록 주의를 받는다. 좀 더 구체적으로 살펴보면, 만약 아동이 세 번째 요구사항의 지시를 이행하지 않는다면, 부모는 토큰이나 포인트를 차감하는 것 대신 특권 제거나 타임아웃을 시행하도록 한다.

일곱 번째 회기에서는 타임아웃에 대해 자세하게 다룬다. 처음에는 부모가 과거에 사용했던 전략을 평가하기 위해서, 부모에게 자신이 사용했던 타임아웃 경험에 대해 토론하라고 한다. 많은 부모가 과거에 자신의 방식대로 타임아웃 절차를 적용하여 실패했다 할지라도, 치료사는 부모에게 다시 이 타임아웃 절차를 고려하도록 격려한다. 그리고 부모에게 타임아웃을 적용해야 하는 아동의 심각한 행동을 한두 가지 생각하도록 요구한다(즉, 때리기, 재물 파손, 반복되는 비순응적 행동). 그런 후 다음과 같은 타임아웃의 구성요소를 토론한다. 아동에게 최소한의 시간에 타임아웃을 하도록 한다(즉, 1세에게는 1분). 아동의 부적절한 행동을 강화하지 않도록 하기 위해 부모는 타임아웃이 30초 남았을 때만 타임아웃 구역에 접근한다. 부모가 타임아웃을 한 그 지시를 다시 하는데, 아동이 또 부모의 지시에 순응하지 않거나 거역한다면 바로 타임아웃 절차를 다시 시작한다.

여덟 번째 회기에서는 공공장소(예 : 식료품 가게, 백화점, 도서관, 교회)에서 행동 관리 전략을 활용하는 것을 다룬다. 여기서는 공적인 상황을 먼저 논의하고, 부모에게 잠재적으로 문제가 되고 문제행동을 가져올 수 있는 상황에 대해 생각해 보도록 한다. 그런 후 부모에게 그 상황에 대한 자신의 기대를 정립한 후, 이를 아동에게 명료하게 설명하도록 한다. 그 상황에서 비순응적인 행동을 하면 부정적인 결과를 주고, 순응적인 행동을 하면 격려를 한다. 부모는 반드시 아동에게 논의되었던 기대와 아동의 순응적 행동에는 보상을, 비순응적 행동에는 처벌을 반복적으로 제공해야 한다.

아홉 번째 회기에서는 부모나 아동이 학교 영역에 포함되는 주제에 대해 다룬다. 여기서는 부모 권리, 교실 관리나 교과과정의 변경(즉, Section 504 Plans; 개별화된 교육 계획; IEP)에 관한 일반적인 교육을 제공하고, 치료 종결을 준비한다. 하지만 이 회기의 처음에는 학교 문제를 토론한다. 부모는 아동의 담임교사와 학교와 긍정적이고 협력적인 관계를 유지하도록 격려받는다. 또한 특정 양육방식과 아동 권리를 다룬다. 이와 더불어, ADHD로 진단받은 아동을 위한 학급 관리(즉, 매일의 행동 기록 카드; DRC)에 대해 설명한다. 매일의 행동 기록 카드를 어떻게 구성할지 논의하는 것에는 교사와의 면담, 매일의 행동 기록 카드에 적절한 목표행동 세우기, 아동의 행동을 평가할 시간 정하기, 교실이나 가정에서 적절한 행동 유관하기가 포함된다.

부모 훈련 프로그램 과정에서 전략을 다루고 난 후, 이것들을 다시 검토한다. 부모는 후에 문제가 될 것이라 생각하는 상황을 어떻게 다룰지에 대해 토론한다. 자연스러운 결과와 유관성에 의지하는 방식을 수행하기에 앞서서, 부모는 일정 시간 프로그램에 충실하게 임하도록 격려받는다. 그런 후 필요할 때에는 추가 서비스(예 : 의학적인 평가, 학교 상담)를 포함하는 종결과 관련된 주제를 논의한다. 추후 회기는 그 이후에 계획한다.

열 번째이자 마지막 회기는 일반적으로 추후 회기로 진행되며, 이는 9회기를 하고 거의 한 달 후에 이루어진다. 이 회기에서는, 부모 훈련 회기 동안에 진행했던 전략을 다시 검토하고, 가족에게 특히 어려웠던 상황이나 전략에 대해 주의를 기울여 다룬다. 마지막에는 가족과 치료사가 추가적인 추후 회기를 진행할지를 결정하고 마무리한다(Anastopoulos & Farley, 2003).

치료 효과에 영향을 주는 요인

치료에 충실히 참여하기 위해서 치료를 받는 장소는 중요한 요인이다(Pelham & Fabiano, 2008). Barkley 외(2000)의 연구는 병원에서 수행한 행동적 부모 훈련에서 효과성을 발견하지 못했다고 보고하였다. 이 연구에 대해 심도 있게 분석한 결과, 이런 환경에서는 대다수의 부모가 프로그램에 참여하지 않았다는 것을 발견하였다. 또 다른 프로그램인 Cunningham의 지역 부모 교육 프로그램(COPE, 1988)은 학교, 초기 학령기 교육환경, 지역센터, 가족이 접근하기 더 쉬운 장소에서 제공되어 성공했다고 보고하였다. 더욱이 이 프로그램은 융통성 있게 주중과 저녁 시간에 집단 프로그램으로 진행한다. 또한 COPE 프로그램은 부모 프로그램의 회기마다 아동의 사회 기술집단을 함께 제공한다(Cunningham et al., 1998).

물론 초기 연구에서 이런 프로그램이 부모 훈련의 효과적인 접근법이라는 것을 입증했지만, 지역사회에 이러한 치료가 제공되는 것을 실증적으로 지지하기 위해서 COPE 프로그램에 대한 연구가 더욱 필요하다(Chronis et al., 2004). 그럼에도 불구하고, 이런 프로그램에서 부모 훈련집단의 장소, 회기 시간을 조정할 수 있는 유연성, 아동 프로그램의 이용 가능성은 부모가 충실하게 치료에 임하도록 하는 데 중요한 요인이며 치료 효과에도 영향을 줄 수 있다.

이와 더불어, 여러 통제되지 않은 요인 역시 치료 결과에 영향을 줄 수 있다. 구체적으로 살펴보면, 치료 효과에 영향을 주는 중재 요인으로는 아동과 가족의 특성(예 : 성별, 연령, 공존, 사회경제적 지위, 부모의 정신병리), 치료사의 특성(예 : 훈련 수준), 치료 정도(예 : 치료의 강도)가 있다. 양육자의 정신병리는 치료 효과의 잠재된 부정적 중재 요인이다. 하지만 부정적인 효과를 지지하는 증거는 명확하지 않다. 이에 대해 자세히 살펴보면, 몇몇 연구에서는 양육자의 정신병리가 부정적인 영향을 주지 않는다고 했지만(Pelham & Hoza, 1996), 또 다른 연구에서는 ADHD 증상을 보이는 어머니가 치료에 부정적인 효과를 주는 요인이라고 보고하기도 하였다(Sonuga-Barke, Daley, & Thompson, 2002). 이 연구 결과는 아마도 ADHD 증상을 보이는 어머니는 치료 회기 동안 주의를 지속하는 것이 어렵고, 행동 전략과 약물을 일관적으로 수행하는 데 어려움이 있기 때문일 것이라고 추측된다(Chronis et al., 2004).

ADHD로 진단받은 아동의 어머니를 위한 행동적 부모 훈련에 어머니의 우울도 부정적인 영향을 끼칠 수 있다고 하였다. 하지만 어머니의 우울과 부모 훈련 효과성 감소의 관계를 실증적으로 입증하는 연구는 없다. 몇 가지 연구에서는 어머니의 우울을 다루는 요소를 포함한 행동적 부모 훈련 프로그램의 수행을 연구하였다(Sanders & McFarland, 2000; Chronis, Gamble, Roberts, & Pelham, 2002). 그 결과, 앞의 연구처럼 긍정적인 효과를 보인다고 나타났다. 하지만 현재까지 이루어진 연구에 대한 논쟁점은 어머니의 우울에 대한 추가적인 중재가 부모 훈련 이후에 이루어졌다는 것이다. 그렇기 때문에 이것이 어머니의 우울을 다루는 적절한 접근법인지 아닌지, 또는 행동적 부모 훈련에 어머니가 참여하기 전에 치료적 중재를 하는 것이 더 효과적인지 아닌지에 대해 말하는 것은 어렵다. 따라서 이러한 치료적 논쟁들을 다루는 후속 연구가 이루어져야 한다.

또한 행동적 부모 훈련을 하는 동안 아동의 개선 정도와 부모의 참여도에 대한 부모의 기대는 중요하게 고려해야 할 점이다(Plunket, 1984). 결과적으로 이런 중재 요인은 치료 구성요소로 현재 부모 훈련 프로그램에 추가되어야 할 주제이다. 부모 훈련에서 다루진 않았지만 부모와 아동의 특정 요인의 부가적인 중재가 효과적인지를 확인하기 위해서는 추가적인 연구가 이루어져야 한다(Chronis et al., 2004). 그렇더라도 이런 요인들은 가족의 치료적 의지와 부모 훈련 프로그램에서 얻는 이점을 평가할 때 반드시 고려하여야 한다.

학급 행동 관리 : 개관

ADHD 증상을 보이는 아동은 학교에서 종종 어려움을 경험한다. 구체적으로 살펴보면, 아동의 학교 생활에서는 계획하기, 조절하는 능력, 어른이나 친구와 적절한 상호작용을 평가하는 것, 수업 과정에 적극적으로 참여하는 것이 필요하다. 그러나 이런 과업들은 종종 ADHD 증상을 보이는 아동에게 좀 더 어려울 수 있다. 이런 어려움으로 인해서 ADHD로 진단받은 아동은 학교 생활에서 사회적인 거절감을 경험한다(Miranda, Jarque, & Tarrage, 2006). 따라서 학교 중심 중재법은 약물치료와 행동적 부모 훈련과 더불어 추가되어야 하는 중요한 영역이다(Chronis et al., 2004). 자극제가 ADHD 증상을 줄이는 데 도움을 주지만, 대인 관계나 학업 수업 능력의 장기적인 변화를 줄 수 있는지는 증명되지 않았다. Pelham과 Gnagy(1999)는 "ADHD 증상을 보이는 아동에게 필요한 행동과 수행을 개선하는 기술을 가르치지 않고 단순하게 약물치료만 하는 것은 장기적으로 볼 때 아동의 예후를 좋게 하지는 않는다."라고 언급하였다.

학급 행동 관리 전략으로는 토큰 경제법, 행동 계약법, 반응대가, 타임아웃이 있다. 자기 평가 역시 ADHD로 진단받은 아동의 행동을 개선하는 데 효과적인 전략이다. 이와 더불어, 다른 교수법들 역시 효과적이다(예 : 사회 기술 훈련, 과제 변경). 이런 전략들은 이 장 끝 부분에서 설명할 것이고, 그 전에 학급 행동 관리에 관한 문헌을 간단하게 살펴보겠다.

문헌

행동 관리는 ADHD로 진단받은 아동에게 잘 고안된 중재법이라는 문헌이 상당수 있다(Pelham & Fabiano, 2008). Barkley 외(2000)의 연구는 학급 행동 관리 전략의 효과성을 입증하였다. 실제로 Barkley 외(2000)의 연구는 학교 중심 치료요소를 포함한 집단에서만 치료 효과가 나타났다고 보고하였다. 이 연구자들은 ADHD 증상을 교사, 교사가 평가한 사회적 기술, 교실 행동의 독립적인 관찰로 평가하였다. 모든 측정 결과, 통제조건에 비해 유의한 개선을 보였다.

또한 Van Lier, Muthen, Van der Sar과 Crijnen(2004)의 연구에서 좋은 행동 게임(Good Behavior Game)이라고 불리는 행동 관리 게임을 사용했는데, 이 게임 안에서 아동은 좋은 행동에 따르는 보상을 얻을 수 있었다. 교사와 아동은 학급 내에서 일반적인 규칙과 그에 따른 보상을 선택하였고, 아동은 고르게 조 배정이 되었다. 이 시스템의 결과, ADHD와 관련된 문제들이 유의하게 감소하였다. Northup 외(1999)의 또 다른 연구에서는 메틸페니데이트와 다양한 학급 유관성의 상호적인 효과를 보고하였다. 이 프로그램은 다음과 같이 네 가지 조건으로 구성되었다. (1) 교사의 꾸지람과 유관한 것 (2) 짧은 시간 동안 배타적이지 않은 타임아웃 : 만약 특정한 부정적인 행동을 할 때 다른 모든 활동, 사람, 책상에서 쫓겨난다. (3) 상호작용을 하지 않는 것 : 모든 학생의 행동을 무시하기 (4) 혼자 하기 : 교사 없이 못했던 과제를 아동 혼자 수행하도록 한다.

학생의 파괴적 행동은 다른 조건에서보다 유관성 행동 관리 전략(예 : 꾸지람과 타임아웃)에서 유의하게 줄었다. 그리고 약물치료로 변회한 아동도 있었다. 아동은 플라세보와 행동 관리조건만을 제시할 때보다 약물치료와 행동 관리조건을 같이 제시할 때 좀 더 나은 수행을 보였다.

DuPaul과 Hoff(1998)는 자기 평가에 주목하여 이를 ADHD 초등학생의 파괴적 행동을 다루기 위한 유관성 관리 전략의 대안법으로 제시하였다. 이 연구에서는 먼저 아동의 파괴적 행동을 조절하기 위해 아동에게 유관성 관리 전략을 적용한 후, 자기관리시스템으로 전환하였다. 학생들은 자기 평가를 활용함으로써 교사의 피드백 없이도 자신의 변화된 행동을 유지하였다. Ardoin과 Martens(2004)는 자기 평가 훈련 전후에 학생의 평가에 대한 정확성과 민감성을 조사하였다. 모든 학생이 훈련받은 이후 목표행동에 대해서 정확하게 평가하였고, 이 훈련은 파괴적 행동을 감소하는 것으로 나타났다. 이런 연구가 있음에도 불구하고, 자기 관리 전략이 ADHD로 진단받은 아동에게 지속적으로 성공적이라는 것을 입증하는 증거는 제한적이다.

사회 기술 훈련은 학교 중재법의 교육적 구성요소이다. 훈련은 짝꿍 체계와 다른 스포츠 관련 활동을 통해서 매일 교실에서 할 수 있다. 전반적으로 부모와 교사는 아동의 행동적 문제와 부주의 증상이 더 줄었다고 보고하였고(Anahalt, McNeil, & Bahl, 1998; Evans, Axelrod, & Langberg, 2004), 학급 중재ㆍ교육 이후에 또래 관계가 정상화되었다고 보고하였다(Hoza, Mrug, Pelham, Greiner, & Gnagy, 2003).

몇몇의 연구자는 학급 내에서 토큰 경제법, 반응대가, 타임아웃, 자기 교수법, 강화된 자기 평가, 사회 기술 훈련, 학습 기술 훈련이나 학습 관리 절차 등 다양한 전략을 조사하였다(Anahalt et al., 1998; Barkley et al., 2000; Shelton et al., 2000; Hoza et al., 2003). 일반적으로 이런 중재들은 부모와 교사로부터 긍정적인 결과를 보고받았다(예 : 문제행동의 감소, 적응 기능의 개선).

추후 평가를 포함한 연구들은 이런 중재 이후 2개월까지 지속적으로 개선되었다고 보고하였다 (Miranda & Presentacion, 2000). 그러나 장기 추후검사(2년)에서는 이전에 치료를 받았던 아동과 치료를 받지 않은 아동 간의 행동에 차이가 없는 것으로 나타났다(Shelton et al., 2000). 이러한 연구 결과는 만성적이고 보편적인 기질이 있는 ADHD 아동은 지속적인 치료와 학급 내 지지가 필요하다는 것을 강조한다. 또한 이 연구들이 다양한 요인을 포함했기 때문에 어떤 특정 기술이 개선을 가져왔는지를 결정하는 것은 어렵다(Miranda et al., 2006).

다음에는 토큰 경제법, 행동 계약, 반응대가, 타임아웃을 포함한 학급 행동 관리 전략에 대해 살펴보고, 자기 평가와 다른 교육 전략 역시 간단하게 논의할 것이다.

행동에 관한 학급 관리 전략 : 개관

학습 중재의 목표는 ADHD로 진단받은 아동의 사회적·행동적 기능을 최대화하고, 학급 내에서 수행과 학업 성취를 다루는 것이다. 이런 부분이 수행되고 나면, 아동의 문제행동을 줄이는 것에만 초점을 두지 않고 대안적인 친사회적 행동을 가르치는 교육적 접근을 취하는 것이 더 중요하다. 그렇게 하기 위해서는 행동적 계획을 만들고 발전시켜야 하며, 이는 학급과 교사의 지지가 필요하다 (DuPaul & Stoner, 2003).

교사들은 중재 방법을 구상하고 전달하며, 결과를 평가하는 방법에 대해 훈련받아야만 한다. 그리고 치료 개발은 실증을 근거로 하여 계획하는 것이 중요하다. 또한 학급에서 적합한 평가측정도구를 활용하는 것 역시 중요하다. 구체적으로 말하면, 강화물의 가치와 문제행동의 기능이 체계적으로 평가되어야만 한다는 것이다. DuPaul과 Stoner(2003)는 학급 중재의 개발을 위한 지침으로 다음과 같은 것을 제안하였다. (1) 중재법 개발, 평가, 개정은 자료에 기초한 활동들이다. (2) 중재법 개발, 평가, 개정은 아동을 옹호하는 방향으로 하며, 확실하게 확인되고 사회적으로 가치가 있는 성과에 초점을 둔다. (3) 중재 절차는 심사숙고하여 확인하고 규정해야 하며, 책임감이 있는 사람이 성실하게 수행해야만 한다. (4) 효과적인 중재 절차는 단지 부적절한 행동을 줄이는 것만이 아니라 학습이나 적절한 행동을 향상시킨다. (5) 중재를 수행하기 전에 이 중재 절차가 아동, 교사, 학급에 끼치는 영향력을 알 수가 없다.

유관성 관리 전략(즉, 선행사건과 결과 변경하기)은 행동에 가장 긍정적인 영향력을 끼친다고 알려져 있다. 게다가 긍정적 강화는 학급 중심 행동적 관리 프로그램의 초석으로 여겨진다. 대부분의 프로그램에서는 사회적 칭찬을 유관하는 것을 포함한다. 그러나 ADHD로 진단받은 아동은 행동 변화를 촉진하기 위해서 좀 더 강력한 유관성 전략(예: 토큰 경제법, 유관적 행동 계약, 반응대가, 강화물로부터 타임아웃하기)이 필요하다(Barkley, 1998). Dupaul과 Stoner(2003)는 좀 더 예방적이고 반응적인 접근법을 제시하였는데, 여기서는 문제행동이 발생하는 것을 예방하기 위해서 부주의와 파괴적인 행동에 앞서 나타나는 증후를 다루어야 한다고 하였다. 반응적인 전략은 처벌적인 반응만이 아니라, 적절한 행동을 할 때 긍정적인 반응을 해 주는 것도 포함한다. 그리고 학급 내의 중재에서 또 다른 중요한 요인은 수행하는 바로 그 시점에 진행하는 것이 가장 효과적이라는 점이다(Goldstein & Goldstein, 1998). 따라서 전략을 반드시 목표행동과 매우 근접한 시기에 수행하는 것이 좋다.

이와 더불어, 중재는 아동의 학업 기술, 행동의 기능, 목표행동, 교실의 환경과 연관된 제한적 요인(즉, 교사의 접근)을 고려하여 개별화되어야 한다. ADHD 증상을 보이는 아동에게 효과적인 중재는 여러 사람이 프로그램을 수행할 수 있도록 도와주는 것이다(즉, 교사, 부모, 또래, 동일시되는 학생; Teeter, 1998). 이런 방식으로 프로그램을 제공하면 문제행동에 포괄적으로 접근할 수 있고, 교사가 혼자서 학급 내 모든 행동에 보상하는 것이나 프로그램을 수행하지 않아도 된다.

ADHD로 진단받은 아동을 위한 학급 프로그램을 고안하기 전에, Dupaul과 Stoner(2003)는 아동 치료구성원이 고려할 사항으로 다음과 같은 주제를 제안하였다.

(1) 우선 기능적 사정 평가를 포함하여 현재 문제를 정확하게 평가해야만 한다.
(2) ADHD로 진단받은 아동은 일반적으로 더욱 빈번하게 구체적인 피드백이 필요하다. 따라서 지속적으로 유관성을 전달하는 방식으로 하다가 점차 강화 계획이 소거되도록 한다.
(3) 프로그램은 유관적 정적 강화를 근거로 이루어져야 한다. 그리고 문제행동을 했다면 꾸중하는 것 역시 효과적인데, 이는 중립적이고 일관적이며, 문제행동을 한 이후 즉각적으로 수행되어야 한다(Pfiffner & O'Leary, 1993).
(4) 목표행동이 독립적인 과제 수행 동안에 발생하는 것일 때에는 그 과제 수행에 더 많은 단계를 포함하지 않아야 한다. 그리고 아동에게 교사 앞에서 그 과정을 다시 반복해 보도록 요구한다.
(5) 학급 내에서 목표는 특정 과제와 관련된 행동(즉, 과제 집중 또는 착석 유지)보다는 학업 성과와 수행(즉, 정확성과 과업 완성)을 포함해야만 한다. 이것은 교사가 정확하게 모니터링하고 조직화하는 기술을 향상시키기 때문에 중요하다. 그리고 이러한 행동은 부주의와 파괴적 행동과 양립할 수 없기 때문에 아마도 그러한 행동을 줄이는 데 도움이 될 것이다(Pfiffner & O'Leary, 1993).
(6) 아동이 더 선호하는 활동(즉, 자유로운 선택, 컴퓨터 사용하기)은 강화물로 사용할 수 있다. 아동이 강화물에 지속적인 관심을 보이도록 하기 위해 강화물은 아동이 원하는 것으로 바꾸

어가며 제공한다. '보상목록'은 아동에게 원하는 것을 직접 물어보고 작성해야 한다. 교사 역시 보상목록을 작성하기 위해 아동이 선호하는 활동을 잘 관찰해야 한다.

(7) 아동이 수업 시간에 적절한 행동을 할 가능성을 향상시키기 위해서 아동에게 그와 '관련된 것'을 미리 말해 주는 것을 추천한다. 그러한 방법에는 교사가 아동에게 수업 시간 전에 적절한 행동을 했을 때 받을 수 있는 보상목록을 다시 알려 주는 것이 포함된다. 이런 방식을 통해 아동은 자신이 목표행동을 했을 때 수업 시간 이후에 보상을 받을 것이라는 명확한 생각을 하게 된다.

(8) 마지막으로 중재 프로그램은 반드시 일상적으로 모니터링하고 평가해야만 한다. 유관성 프로그램을 바꿀 때는 교사가 그 체계 안에서 관찰한 문제를 근거로 할 수 있다. 이와 더불어, 프로그램의 효과성과 충실성을 평가하기 위해 독립적인 관찰 역시 이루어져야 한다. 여기에서 얻은 정보는 추가적인 교사 훈련이나 지지가 필요한지를 결정할 때 도움을 줄 수 있다.

이후 단락에서 학급 관리 전략들에 대해 더욱 자세하게 살펴보도록 하겠다.

토큰 경제법

토큰 경제법은 즉각적인 강화물, 특별하고 강력한 보상물을 제공한다. 그리고 이것은 보통 ADHD로 진단받은 아동에게 필요하다. 토큰 경제법은 한두 가지 문제행동을 목표로 한다. 목표행동으로는 학업 성취(즉, 여러 문제를 완수하는 것, 정확성 정도)나 특정한 행동(즉, 또래와 적절한 상호작용하기)이 적합하며, 행동은 쉽게 관찰하고 모니터할 수 있는 것으로 선택해야 한다. 더불어 이차적 강화물 유형을 정해야 한다. 여기에는 포커칩, 체크 표시, 카드에 스티커 붙이기, 포인트 등이 포함된다. 어린 아동은 흔히 좀 더 실질적인 보상을 하는 반면, 연령이 높은 아동은 체크 표시나 포인트에도 반응을 잘할 수 있다. 그리고 토큰 경제법은 5세 이하의 어린 아동에게는 추천되지 않으며 그보다는 일차적 강화물(즉, 칭찬, 사회적 관심)이 더 적절하다고 본다. 강화물 유형을 정한 후 목표행동의 가치를 결정한다. 즉, 목표행동의 수행에 따른 토큰의 수가 정해진다.

이후 교사와 아동은 토큰과 교환할 수 있는 보상물이나 특권의 목록을 작성한다. 이 목록은 저가, 중간, 고가의 물품으로 구성되어야 하며, 부모가 이 과정에 참여하여 비슷한 강화물 유관성을 가정에서도 제공할 수 있도록 격려되어야만 한다. 그런 후 아동은 새로운 체계를 배워야만 한다. 초기 목표는 아동이 성공할 수 있는 수준으로 한다. 토큰은 교실에서 적어도 하루에 한 번 특권으로 교환될 수 있어야 한다. 이와 더불어, 이러한 시스템을 지속적으로 평가하면서 새로운 행동을 추가하고, 숙달된 행동은 목록에서 지우며, 보상물을 바꾸거나 더 좋은 것으로 변경하는 것이 필요하다. 반응대가시스템(즉, 토큰 뺏기)은 몇몇의 적절한 행동이 달성되었을 때 포함될 수 있다. 이러한 방식은 행동을 개선하고 일반화하는 것을 촉진하기 위해 지속적으로 변화되어야 한다. 예를 들어, 아동이 다양한 과제를 숙달하는 경우 아동은 과제 완수를 하면 토큰을 받기 시작하고, 나머지 단계를 수행해서 받는 토큰은 점차 사라져야 한다(DuPaul & Stoner, 2003).

행동 계약

학급 행동 관리의 또 다른 방법에는 행동 계약이 있다. 이 기법은 교사와 학생 간의 협상된 계약적 동의가 있어야 하고, 교사와 학생은 적절한 행동과 행동 결과를 유관하는 것에 대해 논의한다. 이 전략은 7세 이상의 아동에게 가장 효과적이다. 이와 더불어 ADHD로 진단받은 아동에게 행동 계약을 시행할 때에는 행동과 결과 간의 간격이 넓게 지연되어서는 안 된다. 수업이 끝날 때나 학교에서 마칠 때 강화물을 주는 것이 가장 적절하다(DuPaul & Stoner, 2003).

반응대가

반응대가는 부정적인 행동에 따라 특권이나 토큰을 빼앗는 것을 유관하는 것이다. 정적 강화 절차와 일치하는 반응대가를 수행하는 것은 주로 성공적이다. 정적 강화 절차를 반응대가와 함께 시행할 때 ADHD로 진단받은 아동은 학업의 정확성, 자습의 동기화, 과업행동이 향상된다(DuPaul, Guevremont, & Barkley, 1992). 반응대가를 포함한 시스템방식에서 고려할 점은 그 프로그램의 부정적인 반응대가요소보다 긍정적인 면(즉, 포인트, 토큰, 스티커 획득)을 강조해야 한다는 것이다. 이러한 방법은 아동에게 적절한 행동을 하도록 동기를 끊임없이 부여하기 위해서 중요할 것이다.

타임아웃

타임아웃은 가벼운 처벌 전략의 또 다른 유형으로, 교실에서 활용할 수 있다. 이 기법은 정적 강화물에서 아동을 격려하는 것이다. 이 전략이 효과적이기 위해서는 우선 강화를 받는 환경에서 격리될 수 있을 때, 아동의 행동 기능이 교사의 환심을 얻고자 하는 것일 때, 부정적인 행동이 일어난 즉시 적용할 수 있을 때 전략을 활용해야 하고, 또한 최소한의 시간 동안(예 : 1~5분) 효과적으로 이 전략을 적용해야 한다. 반응대가 전략과 유사하게 타임아웃도 정적 강화물과 함께 활용해야 한다. 타임아웃은 좀 더 긍정적이고 덜 제한적인 행동 전략이 부정적 행동을 다루는 데 실패했을 때만 사용하지만, 공격적이고 심각한 파괴적인 행동이 나타날 때는 즉각적으로 타임아웃과 같은 전략을 시행해야만 한다(DuPaul & Stoner, 2003).

매일의 행동 기록 카드

매일의 행동 기록 카드 같은 가정-학교 의사소통방식은 학급에서 행동 변화를 촉진하는 데 효과적이다. 이 시스템의 이점은 아동이 행동과 유관된 피드백을 직접 받고, 교사의 일일 피드백을 부모가 받을 수 있으며(Chronis et al., 2004), 학교와 가정 모두에서 보이는 적절한 행동에 정적 강화물을 제공한다는 점이다. 그림 6.1에서 매일의 행동에 대한 기록 카드{Barkley(1997)에서 인용}에 아동을 위한 목표행동을 제시하였다. 이 행동목록은 주제의 영역별로 학교 생활을 하는 동안 측정될 것이다.

날짜 : _____

매일의 행동 기록 카드
아래에 제시된 (표)공란에 오늘의 행동을 평가하십시오.
다음의 1~5점 척도를 사용하십시오. :
5 = 매우 우수하다   4 = 우수하다   3 = 적당하다   2 = 나쁘다   1 = 매우 나쁘다
척도가 표시된 칸 아래에 있는 네모 칸에 표시하십시오.
이 카드를 집에 매일 보내십시오!
카드의 아래 또는 뒤에 행동에 관한 의견을 적으십시오.

척도로 표시된 행동의 예 :　　　　학급시간표

	8~9	9~10	10~11	점심시간	12~1	1~2	2~3
1. 숙제/학급 과업을 제출했다.							
2. 3분 또는 3분 이내에 숙제를 시작했다.							
3. 80%의 정확성이 있는 숙제를 완성했다.							
4. 학급의 규칙을 따랐다.							
교사의 사인							

_____를 대상으로(당신이 한 것을 표시하십시오.) :

□ 숙제를 썼다.
□ 교사가 숙제를 점검하였다.
□ 숙제에 필요한 책을 챙겼다.
□ 숙제함(homework folder)
□ 수학책
□ 과학책
□ 읽기책
□ 사회책

교사의 논평 또는 추가할 것

그림 6.1 매일의 행동 기록 카드(Barkley, 1997에서 인용)

이 척도는 아동이 질문에 있는 행동을 얼마나 잘 수행했는지 1~5점 척도로 측정하도록 구성되어 있다. 이것은 학교와 가정에서의 토큰 경제법을 제공하는데, 아동은 적절한 점수에 따라 특정 토큰 수를 획득할 수 있다. 이와 마찬가지로 반응대가조건에도 적용할 수 있는데, 아동은 부정적인 점수일 경우 토큰이나 포인트를 잃는다. 물론 교사가 학교에서의 아동 행동을 보상해 주는 것을 조절할 수 있지만, 학교 행동을 가정 중심 보상물로 조절하는 것은 어렵다. 이 시스템의 또 다른 제한점은 가정 중심 보상과 연관된 지연인데, 이는 ADHD로 진단받은 아동에게는 어려울 수 있다(DuPaul & Stoner, 2003).

이러한 시스템이 성공적으로 수행되기 위해서는 목표행동이 긍정적인 태도로 언급되어져야 한다. 더불어 학업과 행동적 목표가 이 시스템 안에 포함되어 있어야만 하며 한두 가지 목표행동은 아동이 쉽게 이룰 수 있어야 한다. 이것은 아동이 이 시스템을 수행하는 데 동기화되고, 마침내 더 어려운 목표행동을 완수할 수 있도록 도울 수 있다. 또한 교사와 아동이 압도되지 않도록 하기 위해 이 시스템에는 목표행동을 3~4개 정도만 포함하도록 한다. 그리고 매일의 행동 기록 카드는 학교 생활 동안 자주 특정한 양적 피드백을 받을 수 있도록 한다. 이런 빈번한 피드백은 아동의 동기화를 지속하는 데 도움이 된다. 예를 들어, 아동이 아침에 목표행동을 달성하지 못했다고 하더라도 학교 생활을 하는 동안 목표행동을 달성할 기회는 있다. 이와 더불어, 이러한 방식이 성공하도록 하기 위해서는 가정에서도 장기간과 단기간의 보상을 제공하는 것이 반드시 필요하다. 지속적인 모니터링과 평가 역시 이러한 시스템에서 중요하다.

자기 관리 체계

ADHD 증상을 보이는 아동의 치료 목적은 자기 통제력을 향상하는 것인데, 이는 부주의, 과잉행동, 충동성을 지닌 ADHD 아동에게는 매우 어려운 일이다. ADHD를 위한 자기관리시스템에는 자기 모니터링과 자기 강화가 있다. 이러한 전략은 종종 인지와 행동을 변화시키는 데 초점을 두는 인지행동 치료에서 언급된다. 언어의 내면화 문제가 있는 ADHD 아동에게는 일반적으로 이런 전략을 활용하지 않는다(Miranda et al., 2006). 이 전략이 일관적으로 성공적인지 연구에서 입증되지 않아서(Abikoff, 1985) 이 전략에 대해서는 간단하게 다룰 것이다.

자기 관찰

이 전략에는 목표행동의 사례를 관찰하고 자기 기록을 하는 것이 포함된다. 청각 · 시각적 단서는 주로 아동이 특정 시간에 자신의 행동을 기록하는 것을 상기시키기 위해 활용된다. 그런 후 아동은 자신의 책상에서 행동 그래프를 기록한다. 이 같은 전략을 활용하면서 주의력과 관련된 행동이 향상된다(Barkley, Copeland, & Sivage, 1980). 하지만 일부 연구자들은 자기 관찰은 주의력과 관련된 행동 대신 과제 완수나 정확성을 관찰할 때 가장 효과적이라고 제안한다.

자기 강화

자기 강화와 함께 아동은 자신의 수행을 모니터하고, 평가하고, 강화하는 것이 필요하다. 이 방식은 다른 외부 중심 시스템을 점차 줄일 때 종종 유용하다(Barkley, 1989). 이와 더불어, 이런 전략은 이차적 수준에 적용하는 것이 더 적절한데, 그것은 이 연령 범위의 아동은 과도하게 직접적인 유관적 관리 전략에 참여하는 것을 좋아하지 않는 것과 연관이 있어 보인다(DuPaul & Stoner, 2003). ADHD로 진단받은 아동은 자기 행동을 정확하게 평가하는 것에 어려움을 느낄 수 있다는 점을 염두에 두어야 한다. 그리고 보통 부정적인 행동이나 과제 수행을 하지 않는 행동보다는 긍정적인 행동을 더 잘 기억하는 경향이 있다. 그러므로 아동과 행동에 대한 기대와 어떤 행동이 더 낮은 점수를 받는 이유에 대해 토론하는 것이 매우 중요할 것이다. 또한 아동은 자신이 얻을 수 있는 특권에 대해 설명을 들어야 한다. 이 방식의 목표는 궁극적으로 교사의 지속적인 피드백을 받지 않고도 스스로 자신의 행동을 모니터링할 수 있도록 훈련하는 것이다(DuPaul & Stoner, 2003).

교육 전략

유관적 관리 전략과 더불어, 교육 전략은 ADHD 증상을 보이는 아동에게 학업, 배우는 것, 사회 기술 영역에서 더 도움이 된다(DuPaul & Stoner, 2003). 또래 교사는 ADHD로 진단받은 아동에게 도움을 줄 수 있는 교육 전략 중 하나이다. 이 전략은 학생 2명이 함께 학업활동을 하는데, 한 학생에게 도움을 주고 피드백을 주고 가르쳐 주는 것이다. 이 전략이 성공적으로 이루어지기 위해서는 일대일 관계로 이루어지고, 배우는 사람의 진도에 맞춰서 교육을 진행하며, 지속적으로 격려해 주고, 수행에 따라 즉각적이고 빈번한 피드백을 주는 것이 중요하다.

이와 더불어, ADHD로 진단받은 아동의 수행을 촉진하기 위해서 과제를 조절할 수 있다. 여기에는 문제행동을 줄이기 위한 시도 측면에서 교과과정을 변경하는 것을 포함한다. 이 전략 중 하나는 선택하기로, 아동은 2개나 그 이상의 옵션 중에서 학업과제를 선택한다. Dunlap 외(1994)의 연구에서는 이런 조절 방법을 조사하였는데, 그 결과 믿을 만하고 일관되게 파괴적 행동은 감소하였고 과제 수행이 증진되었다. 과제 구조화를 늘리는 것 역시 학급에서 행동적 기능을 개선하는 것으로 나타났다(Zentall & Leib, 1985).

친구를 사귀고 유지하는 것이 어려운 ADHD 아동에게 사회적 기술 훈련 역시 중요한 전략이다. 일반적으로 사회적 기술 훈련은 다양한 기술의 역할극으로 이루어져 있으며, 이는 질문하기, 듣기, 협동하기, 칭찬하기로 구성된다. 연구자들은 여러 영역에서 사회 기술 훈련 접근을 활용한다. 구체적으로 살펴보면, 아동은 학급 내에서 매일 이 기술을 연습한다(Anahalt et al., 1998). 그리고 또 다른 방법으로는 짝꿍 체계를 통해 또래와 함께 사회 기술을 검토하는 것이다(Hoza et al., 2003). 또한 사회 기술 훈련은 스포츠활동에서도 이루어질 수 있는데, 이를 통해 아동은 덜 구조화된 환경에서 사회적 기술을 연습할 수 있다(Evans et al., 2004, Hoza et al., 2003).

요약하면, 학급 행동 관리 전략에는 토큰 경제법, 행동 계약, 반응대가, 타임아웃이 포함된다. 자기 평가와 다른 교육 전략 역시 ADHD로 진단받은 아동의 몇 가지 행동과 사회성을 향상시키는 데 도움을 준다. 이 같은 방식은 아동의 욕구를 다루는 개별화된 접근으로 이루어져야 하며, 이와 동시에 프로그램의 개발, 수행, 수정을 지도하기 위해서 정보를 활용해야 한다. ADHD로 진단받은 아동에게 가장 성공적인 학교 행동 계획에는 팀 접근법(예 : 교사, 부모, 또래)이 포함되고, 이는 각 팀 구성원이 적절한 지지를 해 주고 훈련하는 것으로 구성된다. 이와 더불어 ADHD는 만성적이고 기질적이기 때문에, 학급 행동 계획은 지속적으로 시행되어야 한다.

여름 치료 프로그램

학급 내에서 행동적 부모 훈련과 행동 유관성 관리를 적용하는 것은 ADHD 증상을 보이는 아동을 위해 잘 설립된 치료적 접근이라는 사실이 여러 연구에서 입증되었다(예 : Chronis, Jones, & Raggi, 2006; Lonigan, Elbert, & Johnson, 1998; Pelham & Fabiano, 2008). 최근에는 집중적인 여름 치료 프로그램의 치료 효과가 입증되었다(Pelham & Fabiano, 2008). 이 프로그램은 또래 중심 중재법이기 때문에 적절한 사회적 맥락 안에서 사회적 기술의 개발을 강조한다. 이같이 여름 치료 프로그램은 또래를 활용하는 다른 사회 기술 프로그램과 유사하지만, 다른 프로그램들은 일반적으로 ADHD를 위해서 실증에 근거를 두고 잘 설립된 엄중한 기준을 충족하지 못하였다(예 : Antshel & Remer, 2005). 여름 치료 프로그램은 집중도가 있고 광범위한 중재라는 측면에서 다른 행동적 또래 중재와는 차이가 있다.

여름 치료 프로그램(STP) 중재는 일반적으로 몇 주간 종일 프로그램(예 : 5~8주)으로 구성되었기 때문에, 다른 외래 프로그램에 비해 치료 시간이 100시간 이상 길다. 이 중재법은 광범위한 사회 기술 형성 접근과 함께 포인트나 토큰시스템과 같은 유관성 관리 체계와 타임아웃 절차를 사용한다. 그리고 사회적으로 중요한 기능 기술을 개발하고 또래 집단 상호작용 동안 직접 관찰하는 방식을 활용하는 것이 이 프로그램의 특징이다.

3개 집단의 여름 치료 프로그램 일일 계획을 그림 6.2에 제시하였다. 일반적인 여름 치료 프로그램은 다각적인 접근

오전	오후
8 : 00~8 : 15 – 사회 기술	12 : 15~1 : 15 – 소프트볼
8 : 15~9 : 00 – 축구 기술	1 : 30~2 : 30 – 미술/간식
9 : 15~10 : 15 – 축구 게임	2 : 45~3 : 00 – 요가
10 : 30~11 : 30 – 학습센터	4 : 00~5 : 00 – 휴식/출발
11 : 30~12 : 00 – 컴퓨터 기술	
11 : 45~정오 – 점심	

그림 6.2 전형적인 여름 치료 프로그램 계획

법이고, 사회 기술 훈련, 문제 해결 토론, 스포츠 기술, 팀 결속력 강화, 학업과 예술 교육, 유관적 관리시스템, 부모 교육, 가정 중심 보상 프로그램과 같은 수많은 구성요소를 통합하였다(Pelham, Greiner, & Gnagy, 2004). 이 프로그램의 확장된 과정은 메뉴얼화되었는데, 이는 광범위한 아동 행동과 상담가, 교사의 성실성을 매일 모니터하도록 구성되어 있다(Pelham, et al., 2004). 그러나 이 프로그램의 집중적이고 포괄적인 특성 때문에, 이를 수행하는 것은 일반적인 심리사회적 중재를 수행하는 것보다 상당히 어려울 수 있으며, 일반적인 지역사회에서 임상적으로 적용하는 데 제한이 있을 수 있다(Pelham & Fabiano, 2008).

여름 치료 프로그램모델은 본래 ADHD 증상을 보이는 아동과 ADHD와 관련된 장애를 위한 집중적인 여름 종일 치료 프로그램으로 고안되었다. 여름 치료 프로그램모델은 처음에 플로리다주립대학교에서, 그 이후 피츠버그대학교, 현재는 뉴욕주립대학교 버팔로에서 William Pelham에 의해 25년 동안 발전하였다(Pelham et al., 2004). 또한 이 프로그램은 미국 전역뿐만 아니라, 국제적으로 수립되고 반복되었다(Yamashita et al., 2006). ADHD의 치료를 위한 가장 큰 무선화된 연구인 다양한 형태의 치료 연구에서 여름 치료 프로그램은 심리사회적 치료패키지에 필수적인 구성요소이다(MTA 협력집단, 1999a). 임상, 훈련, 연구자 노력 부분에서 기대했던 것 이상의 결과로, 1993년에 아동 임상심리와 미국심리학회의 아동, 청소년, 가족 서비스에서 여름 치료 프로그램이 아동과 가족의 정신건강을 위한 서비스 프로그램모델로 명명되었다(Pelham, Fabiano, Gnagy, Greiner, & Hoza, 2005).

1998년 이전에는 여름 치료 프로그램 효과를 지지하는 연구는 상대적으로 미비했으며, 그때는 주로 통제되지 않은 사전-사후검사(예 : Pelham & Hoza, 1996)와 아날로그 연구 정도가 지지하였다(예 : Pelham & Bender, 1982). 여름 치료 프로그램모델이 약물 효과를 평가하기 위한 최상의 환경을 제공하였기 때문에, 대부분의 초기 연구에서는 ADHD 약물실험에 초점을 맞췄다(Pelham, McBurnett, Milich, Murphy, & Thiele, 1990). 예를 들어, 현재 미국식품의약국에서 ADHD 치료제로 승인한 피부를 통해 투약되는 메틸페니데이트 패치를 개발하는 데 여름 치료 프로그램이

중요한 장이 되었다(Pelham, Manos et al., 2005). 하지만 최근에는 체계적이고 잘 통제된 연구에서 여름 치료 프로그램의 행동적 구성 요인의 치료적 효과성을 연구하는 데 초점을 두고, 이 프로그램의 치료적 잠재성이 입증되고 있다. 이러한 변화가 생긴 것은 부분적으로 여름 치료 프로그램이 MTA 연구의 치료 구성 요인으로 포함되었기 때문이다.

이 장의 다른 부분에서 논의했던 바와 같이, 다양한 공동 연구 결과로 인해 어떤 방법이 최선인지 지속적으로 논의되고 있으나(예 : Pelham, 1999), 여름 치료 프로그램 같은 집중적인 행동적 중재가 ADHD와 관련된 기능적 손상을 개선한다고 입증하는 연구가 많다(예 : Chronis, Fabiano, & Gnagy, 2004). 실제로 최근 몇몇의 연구들에서는 여름 치료 프로그램 효과의 크기가 중추신경 자극제에서 보고된 효과성과 견줄 만하다고 밝혔다.

MTA 연구 중 일부인 Pelham 외(2000)의 연구에서는 잘 통제된 약물치료를 집중적인 여름 치료 프로그램과 병행하였을 때 부모와 교사 평가, 교실 관찰, 학업 수행을 포함한 다양한 범위에서 측정 결과가 향상된 것으로 나타났다. 이 연구는 초기 MTA 연구 결과와 다른데, 이는 각각의 중재(즉, 행동적 치료와 약물치료)를 적용했을 때 치료 효과를 측정했기 때문이다. 1999년에 MTA 초기 연구(MTA 협력집단, 1999a,b)에서는 행동적 중재만 적용한 것보다 약물치료가 더 큰 효과가 있으며 약물치료만 한 집단보다 병행 치료를 한 집단이 약간 더 효과적이라고 보고했으나, 이는 대부분 행동 치료 프로그램(여름 치료 프로그램 포함)이 중단되거나 줄어든 기간에 조사된 결과이다.

Pelham 외(2000)의 연구에서는 두 가지 치료가 수행될 때를 비교하였는데, 그 결과 여름 치료 프로그램이 수행되고 있을 때 약물치료를 도입한 것은 개선에 영향을 주지 못했고, 실제 기능측정에서는 비교적 적은 향상이 있었다. 복합적 치료집단 35개 중 30개의 치료 결과측정은 여름 치료 프로그램과 부모 훈련 같은 행동적 중재법과 다르지 않았다. 약물 사용으로 주목할 만큼 향상된 척도는 또래 수용 평가였고, 이는 아마도 또래가 약물 반응 면에서 더욱 민감할 수 있다는 것을 제안한다. 이 연구의 연구자는 더욱 집중적인 절차가 점차 사라지고 중단되는 일반적인 행동적 중재 접근은 ADHD와 같은 외현화 행동장애 등 만성적인 장애에는 적합하지 않을 수 있다고 논쟁하고 있다.

단지 2개의 연구에서만 치료요소를 제거한 통제조건과 비교하여 여름 치료 프로그램의 행동적 중재의 전체적인 다양한 구성 요인을 평가하였다. Kolko, Bukstein과 Barrett(1999)는 파괴적 행동장애가 공존하는 ADHD 아동을 대상으로 도시에서 이루어진 여름 치료 프로그램에서 학급과 레크레이션환경으로 약물치료와 행동적 중재 모두를 다루었다. 이 연구에서는 약물치료와 행동적 중재를 각각 설명하였고, 환경과 개인에 따라 행동에 영향력이 다르다고 보고하였다. 행동적 중재는 두 환경에서 반항적 행동을 개선하였고, ADHD 증상, 친사회적 행동, 교실에서 또래 간 다툼을 개선하였다. 레크레이션환경에서의 행동적 중재는 부정적 행동에 있어 약물치료보다 더 좋은 치료적 효과가 있었다.

약물치료는 양쪽 환경 모두에서 ADHD 증상을 개선하였고, 반항성 행동과 또래 갈등은 레크레이션환경에서 개선되었다. 교실에서의 행동적 중재는 약물치료의 효과를 향상시키지 못했다. Chronis 외(2004)는 여름 치료 프로그램의 행동적 구성요소(즉, 유관성 관리 절차, 타임아웃, 그리고 사회적 기술 훈련·문제 해결)에 BAB 치료 철회 실험 설계를 적용하여 6주 안에 프로그램에서 철수하였다. 44명의 아동이 이 연구에 참여하여 4개의 집단으로 구성되었다. 철회단계는 온전한 프로그램에서 유지되고 있는 것들을 제거하는 것이다(즉, 성인 슈퍼비전, 스태프와 아동의 비율이 높은 것, 행동 피드백 스포츠 기술 훈련). 치료단계는 이틀 후에 도입되는데, 파괴적 행동으로 안전성이 염려되는 두 집단은 이틀보다 빨리 시작한다. 행동, 학업 기능, 교사, 상담자, 아동 평가와 같은 수많은 측정에서 철회 동안 행동 부분이 상당히 악화되었다. 행동적 중재 절차를 다시 수행하면 행동이 이전 수준으로 되돌아간다.

다양한 범위의 세부적 행동 절차를 통합한 여름 치료 프로그램은 효과성이 입증되었으며, 여기에는 타임아웃, 포인트시스템, 개별화된 목표행동, 매일의 행동 기록 카드, 사회 기술 훈련, 부모 훈련 프로그램이 포함된다. 부모 훈련 구성요소는 프로그램 기간에 주별 회기로 이루어지며, 매우 높은 출석률을 보인다. 부모는 양육 문제에 도전해 보고 소집단 안에서 문제 해결을 하도록 격려받는다(Cunningham, Bremmer, & Boyle, 1995). 여름 치료 프로그램에서 사회 기술 훈련 구성요소는 일반적으로 소수의 사회 기술(예 : 확인, 협력)을 강조하는 것으로 이루어져 있고, 이는 매일 시작하는 시점과 각 활동 전후에 역할극과 문제 해결 회기에서 토론한다.

최근에는 Brimingham에 있는 Alabama 대학의 여름 치료 프로그램에서 14개의 세부 행동을 포함한 더욱 포괄적인 사회 기술 훈련을 개발하였는데, 여기에는 상담자와 아동에게 역할극 대본과 주별 보상을 제공하는 것이 포함되었다(Patterson & Guion, 2007). 일반적인 여름 치료 프로그램에서 타임아웃 절차는 적절한 타임아웃(즉, 감소된 시간)을 수행했을 때 대가를 주고 협조가 부족한 타임아웃(즉, 시간 추가하기)에는 대가를 주지 않는 것에 주목할 만하다. 개별화된 목표행동은 첫 번째 주 끝 무렵에 아동마다 따로 정한다.

그러므로 프로그램의 다른 구성요소를 지속하면서 각 과정에 끼치는 영향에 대해 체계적인 평가도 없이, 이 광범위한 내용에서 어떤 특정한 절차가 효과적인지를 결정하는 것은 매우 어려운 일이다. 최근 Fabiano 외(2004)의 연구에서 타임아웃 절차에 관해 다루었다. 여름 치료 프로그램에서 타임아웃 절차는 세 가지 행동 유형, 즉 1) 의도된 신체적 공격, 2) 의도된 재물 파괴, 3) 반복적인 비순응적 행동을 보이는 아동에게 적용하였다.

상대적으로 여름 치료 프로그램에서 타임아웃 절차의 독특한 측면(연구되었던 변인 관점에서 볼 때)은 타임아웃 동안 적절한 행동을 할 때 대가를 얻을 수 있는데, 즉 시간을 줄여 주는 것이 있다. 예를 들어, 아동이 신체적 공격성을 보여 20분간 타임아웃을 받았을 때, 불평 없이 타임아웃 지역으로 가서 조용히 있다면 타임아웃은 10분으로 감소한다. 반면, 타임아웃 동안 아동이 부정적인 행동을 보인다면 타임아웃 시간은 최대 1시간까지 늘어날 수 있다.

Fabiano 외는 세 가지 타임아웃 절차와 타임아웃을 하지 않은 조건의 효과성을 비교하였다. 세 가지 타임아웃의 종류는 일반적으로 앞에서 설명한 상승·하강 절차, 짧은 기간(5분), 장기간(15분) 타임아웃으로, 타임아웃 행동에 어떠한 것도 유관하지 않는다. 타임아웃을 하지 않은 조건보다 세 가지 타임아웃 조건이 더 효과적이었고, 교실 상황과 레크레이션 상황에서 모두 비순응적인 행동 반복, 재물의 파손, 신체적 공격성 발생이 감소하였다. 이런 결과는 집중적인 치료 효과가 모든 면에 남아 있을 동안 얻을 수 있었다. 그리고 세 가지의 타임아웃 절차 간에는 차이가 없었는데, 이는 공통성(예 : 강화하는 활동에서 격리하는 것)이 연구의 변수보다 더 중요하다는 것을 제안한다. 치료패키지에 타임아웃 절차를 추가했을 때의 영향력을 평가하였는데, 연구자는 약물치료를 추가할 때만큼의 효과는 아닐지라도 상당한 효과가 있다고 보고하였다.

두 가지 연구는 여름 치료 프로그램 행동적 중재 치료와 자극제 치료의 효과를 특정 프로그램의 교실환경에서 비교 평가하였다(Carlson, Pelham, Milich, & Dixon, 1992; Pelham, et al., 1993). 두 연구에서 교차 실험연구를 시행하였는데, 다른 치료를 하지 않는 몇 주간 행동 절차를 수행하였고, 행동 절차를 자극제 치료와 교차하여 수행하였다.

두 연구 결과, 행동 중재 절차가 효과적일 때 측정한 교사 보고 척도와 광범위한 목표에서 상당한 개선을 보고하였다. 그러나 행동 중재의 효과가 모든 척도에서 유의하게 나타난 것은 아니었고, 자극제를 최대로 복용한 효과보다는 적게 나타났다. 행동 중재 효과가 상대적으로 약한데, 이것을 아동이 교실에 없을 때(예 : 레크레이션 활동과 예술 시간)도 행동적 중재를 계속해서 받았다면 교실에서 효과가 좀 더 있었을 것이라고 설명하였다.

최근 Pelham, Burrow-MacLean 외(2005)는 이 연구 설계를 여름 치료 프로그램으로 확장하였다. 이 연구는 네 가지 약물 복용량을 교차하여 연구하였고, 여기에는 약물치료를 하지 않는 것도 포함되었다. 4주간 행동 중재는 약물치료로 대체하였고, 약물조건은 각 아동에게 맞게 변화를 주었다. 그 결과, 교실과 레크레이션환경에서 행동적 중재와 약물치료의 효과가 유의하게 나타났다. 약물 복용량을 최소한으로 하고 행동 중재를 결합하였을 때, 약물 복용량을 최대로 했을 때와 비슷한 효과가 나타났다고 하였다. Pelham 외는 승산비를 적용해 볼 때 약물과 행동 중재를 결합하는 것이 다른 치료를 단독으로 시행하는 것보다 치료 반응에서 유의한 수준을 보였다고 보고하였다. 예를 들어, 약물 복용량을 최소한으로 하고 지속적으로 행동 중재를 늘렸을 때 매일의 행동

기록 카드에서 점수가 10배 증가하였으나, 행동 중재에 적은 약물을 지속적으로 추가했을 때는 4배 증가하였다.

여름 치료 프로그램의 치료 효과를 지지하는 연구는 인상 깊다. 하지만 치료에서 얻은 것이 학교와 가정까지 일반화되는지에 대한 증거는 부족하다(Barkley et al., 2005). 이러한 염려는 ADHD 치료는 포괄적인 사회적 맥락 안에서 여름 치료 프로그램을 수행해야 한다는 입장으로 확장되었으며, 이는 집중적인 중재와 잠재적으로 장기간 참여가 필요하다고 보는 것이다(Pelham, Fabiano et al., 2005).

Pelham 외는 여름 치료 프로그램 이후에 토요일 치료 프로그램을 포함한 치료적 접근을 보고하였다. 이것은 9월부터 다음 해 5월까지 격주로 이루어지는 프로그램이며, 여름 치료 프로그램의 틀과 목표와 유사하다. 이 프로그램은 부모를 위한 정기적 추후 회기와 아동이 교실로 돌아왔을 때 중재를 위해 학교와 협력을 맺었고, 이 모든 것은 아동이 학교를 다니는 동안 아동과 부모를 위해 지속적으로 제공된다.

여름 치료 프로그램에 관한 또 다른 염려는 이런 서비스 유형에 드는 비용 · 이득 부분이다(Jensen, Hinshaw, Swanson et al., 2001). 더 나아가 이와 관련된 주제는 두 가지 의문점을 제시한다. 즉, 원하는 결과를 얻기 위해 필요한 최소한의 행동 중재 수준은 어느 정도이고, 중재를 통해 어떤 아동이 이점을 가장 많이 얻을 수 있는가이다. 현재 연구는 이 두 가지 질문에 초점을 두어 이루어지고 있다. Pelham 외는 행동 변화에 가장 중요한 변수를 알아보고 집중적인 서비스를 가장 효과적으로 전달하기 위해서 치료 기간, 스태프와 아동의 비율, 여름 치료 프로그램모델의 다른 측면을 체계적으로 평가하였다.

요약

ADHD에 효과적인 치료라고 권유되는 여러 가지 방법과 절차가 있지만(예 : Feingold, 1974), 이와 관련해서 소수만이 무작위 통제실험연구에서 시험되고 되풀이되면서 검증받고 있다. 이 장에서는 증거 기반 접근들을 기술하였는데, 여기에는 약물치료(주로 중추신경자극제), 행동적 부모 훈련, 학급 관리 전략, 이 모든 접근을 포괄적으로 함께 제공하는 여름 치료 프로그램과 같은 집중적인 또래 중심 중재가 있다. 설사 이 접근들이 과학적으로 타당화되었다고 하더라도, 이것은 활성화되었을 때만 효과가 있고 중재가 중지되면 지속적인 변화를 주기 어려울 수 있다.

점차 연구자와 임상가는 ADHD가 만성적이고 치료하기 어려운 장애라고 인식하면서 지속적이고 장기적인 치료와 치료 효과를 유지하는 데 필요한 중재 방법을 더욱 발전시키고 개선하기 위한 시도를 하고 있다. ADHD 행동 표현형에서뿐만 아니라 이질성과 변화성은 기질적 근원으로 본다. 점차 병리와 관계있는 많은 유전적 · 신체적 · 심리적 요인들은 전체적으로 볼 때 ADHD를 효과적으로 다룰 수 있는 치료 전략 고안에 복잡성을 증가시키는 것으로 인식되고 있다. 신경과학, 분자유전학, 다른 과학 분야에서의 계속적인 발전과 단일 치료 접근법으로 인해, 치료와 직접적으로 관련된 중요한 ADHD 하위 유형의 확인과 더 나은 개선으로 이어질 가능성이 높은 것은 명백하다.

최근 임상가들은 ADHD 아동 개개인의 치료 반응을 주의 깊게 관찰하고, 이 장에서 기술된 전략 중 일부를 결합한 다양한 치료적 접근의 장점을 비교하고 있다. 또한 연구자들은 다양한 접근법의 주요 요인을 평가하고, 특히 원하는 변화 수준과 시간이 흘러도 지속적으로 유지되는 결과에 필요한 치료마다의 '복용량'을 비교하고 다른 치료들을 끊임없이 발표하고 있다. ADHD 아동의 부모는 가족을 위해 원하는 변화 수준을 명확히 해야 하며, 그 수준에는 ADHD 증상을 줄이는 것을 넘어 일상생활에서 중요한 모든 영역의 기능을 향상시키는 것이 포함된다.

참고문헌

Abikoff, H. (1985). Efficacy of cognitive training intervention in hyperactive children: A critical review. *Clinical Psychology Review, 5,* 479–512.

Aman, M. G., DeSmedt, G., Derivan, A., Lyons, B., & Findling, R. L. (2002). Risperidone disruptive behavior study group. Double-blind, placebo controlled study of risperidone for the treatment of disruptive behaviors in children with subaverage intelligence. *American Journal of Psychiatry. 159*: 1337–1346.

American Academy of Pediatrics. (2000). Clinical practice guidelines: Diagnosis and evaluation of the child with attention deficit/hyperactivity disorder. *Pediatrics. 105*: 1158–1170.

American Academy of Pediatrics. (2001). Subcommittee on attention deficit/hyperactivity disorder and committee on quality improvement clinical practice guideline: Treatment of the school-aged child with attention deficit/hyperactivity disorder. *Pediatrics. 108 (4)*: 1033–1044.

Amminger, G. P., Berger, G. E., Schafer, M. R., Klier, C., Friedrich, M. H. & Feucht, M. (2007). Omega-3 fatty acids supplementation in children with autism: A double-blind randomized, placebo-controlled pilot study. *Biological Psychiatry. 61*: 551–553.

Anahalt, K., McNeil, C. B., & Bahl, A. B. (1998). The ADHD Classroom Kit: A whole-classroom approach for managing disruptive behavior. *Psychology in the Schools, 35,* 67–79.

Anastopoulos, A. D., & Barkley, R. A. (1990). Counseling and training programs. In R. A. Barkley (Ed.), *Attention-deficit hyperactivity disorder: A handbook for diagnoses and treatment* (pp. 397–431). New York: Guilford Press.

Anastopoulos, A. D., & Farley, S. E. (2003). A cognitive-behavioral training program for parents of children with attention-deficit/hyperactivity disorder. In A. E. Kazdin & J. R. Weisz (Eds), *Evidence-based psychotherapies for children and adolescents* (pp. 187–203). New York: The Guilford Press.

Anastopoulos, A. D., Shelton, T. L., DuPaul, G. J., & Guevremont, D. C. (1993). Parent training for attention-deficit hyperactivity disorder: Its impact on parent functioning. *Journal of Abnormal Child Psychology, 21,* 581–596.

Anderson, V. R. & Scott L. J. (2006) Methylphenidate transdermal system in attention-deficit hyperactivity disorder in children. *Drugs, 66,* 1117–1126.

Antshel, K. M., & Remer, R. (2003). Social skills training in children with attention deficit hyperactivity disorder: A randomized-controlled clinical trial. *Journal of Clinical Child and Adolescent Psychology, 32,* 153–165.

Ardoin, S. P., & Martens, B. K. (2004). Training children to make accurate self-evaluations: Effects on behavior and the quality of self-ratings. *Journal of Behavioral Education, 1,* 1–23.

Arnold, L. E., Abikoff, H. B., & Cantwell, D. E. (1997). NIMH collaborative multimodal treatment study of children with ADHD (MTA): Design, methodology, and protocol evolution. *Journal of Attention Disorders, 2,* 141–158.

Arnold, L. E., Aman, M. G., Cook, A. M., Witwer, A. N., Hall, K. L., Thompson, S. et al. (2006). Atomoxetine for hyperactivity in autism spectrum disorders: Placebo-controlled crossover pilot study. *Journal of the American Academy for Child and Adolescent Psychiatry, 45,* 1196–1205.

Arnold, L. E., Chuang, S., Davies, M., Abikoff, H. B., Conners, K. C., Elliot, G. R., et al. (2004). Nine months of multicomponent behavioral treatment of ADHD and effectiveness of MTA fading procedures. *Journal of Abnormal Child Psychology, 32,* 39–51.

Barkley, R. A. (1987). Defiant children: A clinician's manual for parent training: New York: Guilford Press.

Barkley, R. A. (1989). Attention-deficit hyperactivity disorder. In E. J. Mash & R. A. Barkley (Eds.), *Treatment of childhood disorders* (pp. 39–72). New York: Guilford Press.

Barkley, R. A. (1997). *Defiant child: A clinician's manual for parent training* (2nd ed.). New York: Guilford Press.

Barkley, R. A. (1998). *Attention-deficit hyperactivity disorder: A handbook for diagnosis and treatment* (2nd ed.). New York: Guilford Press.

Barkley, R. A., Copeland, A., & Sivage, C. (1980). A self-control classroom for hyperactive children. *Journal of Autism and Developmental Disorders, 10*, 75–89.

Barkley, R. A., Guevremont, D. C., Anastopoulos, A. D., & Fletcher, K. E. (1992). A comparison of three family therapy programs for treating family conflicts in adolescents with attention deficit hyperactivity disorder. *Journal of Consulting and Clinical Psychology, 60*, 450–462.

Barkley, R. A., Shelton, T. L., Crosswait, C, Moorehouse, M., Fletcher, K., Barrett, S., et al. (2000). Multi-method psychoeducational intervention for preschool children with disruptive behavior: Preliminary results at posttreatment. *Journal of Child Psychology and Psychiatry and Allied Disciplines, 41*, 319–332.

Barton, J. (2005). Atomoxetine: a new pharmacotherapeutic approach in the management of attention deficit/hyperactivity disorder. *Archives of Disease in Childhood, 90*, 26–29.

Biederman, J., & Faraone, S.V. (2005). Attention-deficit hyperactivity disorder. *Lancet, 366*, 237–48.

Biederman, J., Krishnan, S., Zhang, Y., McGough, J. J., & Findling, R. L. (2007). Efficacy and tolerability of lisdexamfetamine dimesylate (NRP-104) in children with attention-deficit/hyperactivity disorder: A phase III, multicenter, randomized, double blind, forced-dose, parallel-group study. *Clinical Therapeutics, 29*, 450–463.

Biederman, J., Lopez, F. A., Boellner, S. W. & Chandler, M. C. (2002). A randomized, double-blind, placebo-controlled, parallel-group study of SLI381 (Adderall XR) in children with attention-deficit/hyperactivity disorder. *Pediatrics, 110*, 258–266.

Biederman, J., Mick, E., & Faraone, S.V. (1998) Depression in attention-deficit hyperactivity disorder: "True" depression or demoralization? *Journal of Affective Disorders, 47*, 113–122.

Biederman, J., Quinn, D., Weiss, M., Markabi, S., Weidenman, M., Edson, K. et al. (2003). Efficacy and safety of Ritalin LA™, a new, once daily, extended-release dosage form of methylphenidate, in children with attention deficit hyperactivity disorder. *Pediatric Drugs, 5*, 833–841.

Biederman, J., Thisted, R., Greenhill, L., & Ryan, N. (1995) Estimation of the association between desipramine and the risk for sudden death in-5 to 14-year-old children. *Journal of Clinical Psychiatry, 56*, 87–93.

Brestan, E. V., & Eyberg, S. M. (1998). Effective psychosocial treatments of conduct-disordered children and adolescents: 29 years, 82 studies, and 5,272 kids. *Journal of Clinical Child Psychology, 27*, 180–189.

Carlson C. L., Pelham W. E. Jr., Milich R., & Dixon J. (1992). Single and combined effects of methylphenidate and behavior therapy on the classroom performance of children with attention-deficit hyperactivity disorder. *Journal of Abnormal Child Psychology, 20*(2), 213–32.

Castellanos, F. X., & Tannock, R. (2002). Neuroscience of attention deficit/hyperactivity disorder: the search for endophenotypes. *Nature Review Neuroscience, 3*, 617–28.

Cheon K. A, Ryu, Y. H., Kim, Y. K., Namkoong, K., Kim, C. H. & Lee, J. D. (2003). Dopamine transporter density in the basal ganglia assessed with [123I] IPT SPECT in children with attention deficit/hyperactivity disorder. *European Journal of Nuclear Medical and Molecular Imaging, 30*, 306–11.

Chronis, A. M., Chacko, A., Fabiano, G. A., Wymbs, B. T., & Pelham, W. E. (2004). Enhancements to the behavioral parent training paradigm for families of children with ADHD: Review and future directions. *Clinical Child and Family Psychology Review, 7(1)*, 1–27.

Chronis, A. M., Fabiano, G. A., & Gnagy, E. M., (2004). An evaluation of the Summer Treatment Program for children with ADHD using a treatment withdrawal design. *Behavior Therapy, 35*, 561–585.

Chronis, A. M., Gamble, S. A., Roberts, J. E., & Pelham, W. E. (2006). Cognitive-behavioral depression treatment for mothers of children with Attention Deficit/ Hyperactivity Disorder. *Behavior Therapy, 37(2)*, 143–158.

Chronis A. M., Jones H. A., & Raggi V. L. (2006). Evidence-based psychosocial treatments for children and adolescents with attention-deficit/hyperactivity disorder. *Clinical Psychology Review, 26(4)*, 486–502.

Conners, C., Epstein, J. N., March, J. S., Angold, A., Wells, K. C., Klaric, J., et al. (2001). Multimodal treatment of ADHD in the MTA: An alternative outcome analysis. *Journal of the American Academy of Child and Adolescent Psychiatry, 40:2*, 159–168.

Connor, D. F., Fletcher, K. E., & Swanson, J. M. (1999). A meta-analysis of clonidine for symptoms of attention-deficit/hyperactivity disorder. *Journal of the American Academy of Child and Adolescent Psychiatry, 158*, 1067–1074.

Cunningham C. E., Bremmer R, & Boyle, M. (1995). Large group community-based parenting programmes for families of preschoolers at risk for disruptive behaviour disorders: utilization, cost-effectiveness, and outcome. *Journal of Child Psychology Psychiatry and Allied Disciplines; 36(7);* 1141–1159.

Cunningham, C. E., Bremner, R. B., & Secord, M. (1998). COPE: The community parent education program: A school-based family systems oriented workshop for parents of children with disruptive behavior disorders. Ontario, Canada: COPE Works.

Donner, R., Michaels, A. M., & Ambrosini, P. J. (2007). Cardiovascular effects of mixed amphetamine salts extended release in the treatment of school-aged children with attention-deficit/hyperactivity disorder. *Biological Psychiatry, 61*, 706–712.

Dunlap, G., de Perczel, M., Clarke, S., Wilson, D., Wright, S., White, R., et al. (1994). Choice making to promote adaptive behavior for students with emotional and behavioral challenges. *Journal of Applied Behavior Analysis, 27*, 505–518.

DuPaul, G. J, Guevremont, D. C., & Barkley, R. A. (1992). Behavioral treatment of attention-deficit hyperactivity disorder in the classroom: The use of the Attention Training System, *Behavior Modification, 16*, 204–225.

DuPaul, G. J., & Hoff, K. E. (1998). Reducing disruptive behavior in general education classrooms. The use of self-management strategies. *School Psychology Review, 27*, 290–303.

DuPaul, G. J., & Stoner, G. (2003). ADHD in the schools: Assessment and intervention strategies (2nd ed.). New York: Guilford.

Evans, S. W., Axelrod, J., & Langberg, J. M. (2004). Efficacy of a school-based treatment program for middle school youth with ADHD: Pilot data. *Behavior Modification, 28*, 528–546.

Fabiano, G. A., Pelham, W. E., Manos, M. J., Gnagy, E. M., Chronis, A. M., Onyango, A. D., et al. (2004). An evaluation of three time-out procedures for children with ADHD. *Behavior Therapy, 35*, 449–469.

Faraone, S. V., Biederman, J., Monuteaux, M., & Spence, T. (2005). Long-term effects of extended release mixed amphetamine salts treatment of ADHD on growth. *Journal of Child & Adolescent Psychopharmacology, 15*, 191–202.

Faraone, S. V., Sergeant, J., Gillberg, C., & Biederman, J. (2003). The worldwide prevalence of ADHD: Is it an American condition? *World Psychiatry, 2*, 104–113.

Feingold, B. (1974). *Why your child is hyperactive.* New York: Random House.

Findling, R. L., Reed, M. D., O'Riordan, M. A., Demeter, C. A. Stansbrey, R. J., & McNanara, N. K. (2007). A 26-week open-label study of quetiapine in children with conduct disorder. *Journal of Child and Adolescent psychopharmacology, 17*, 1–9.

Forehand, R. L., & McMahon, R. M. (1981). *Helping the noncompliant child: A clinician's guide to parent training.* New York: Guilford.

Frankhauser, M., Karumanchi, V. C., German, M. L., Yates, A., & Karamanchi, S. D. (1992). A double-blind, placebo-controlled study of the efficacy of transdermal clonidine in autism. *Journal of Clinical Psychiatry, 53,* 77–82.

Goldman, L. M., Genel, M., Bezman, R. J., & Slanetz, P. J. (1998). Diagnosis and treatment of attention deficit/hyperactivity disorder in children and adolescents. *JAMA, 279,* 1100–1107.

Goldstein, S., & Goldstein, M. (1998). *Managing attention-deficit hyperactivity disorder in children: A guide for practitioners* (2nd ed.). New York: Wiley.

Hechtman, L., Abikoff, H., Klein, R G., Greenfield, B., Ectovitch, J., Cousins, L. et al., (2004). Academic achievement and emotional status of children with ADHD treated with long-term methylphenidate and multimodal psychosocial treatment. *Journal of the American Academy of Child and Adolescent Psychiatry, 43,* 812–819.

Hemmer, S. A., Pasternak, J. F., Zecker, S. G., & Trommer, B. L. (2001). Stimulant therapy and seizure risk in children with ADHD. *Pediatric Neurology, 24,* 99–102.

Hinshaw, S. P. (2007). Moderators and mediators of treatment outcome for youth with ADHD: Understanding for whom and how interventions work. *Journal of Pediatric Psychology, 32(6).*

Hirayama, S., Hamazaki, T., & Terasawa, K. (2004). Effects of docosahexaenoic acid-containing food administration on symptoms of attention deficit/hyperactivity disorder- A placebo-controlled double-blind study. *European Journal of Clinical Nutrition, 58,* 467–473.

Hirshey-Drisken, S. J., D'Imperio, J. M., Birdsall, D., & Hatch, S. J. (2002). A post-marketing clinical experience study of Metadate CD. *Current Medical Research and Opinion, 18 (7),* 371–380.

Hoza, B., Mrug, S., Pelham, W. E., Jr., Breiner, A. R, & Gnagy, E. M. (2003). A friendship intervention for children with attention-deficit/hyperactivity disorder: Preliminary findings. *Journal of Attention Disorders, 6,* 87–98.

Jensen, P. (1999). Fact versus fancy concerning the Multimodal Treatment Study for attention-deficit hyperactivity disorder. *Canadian Journal of Psychiatry, 44,* 975–980.

Jensen, P. (2001). Introduction to Special Section: ADHD comorbidity and treatment outcomes in the MTA. *Journal of the American Academy of Child and Adolescent Psychiatry, 40:2,* 134–136.

Jensen, P., Hinshaw, S., Swanson, J., Greenhill, L. L., Conners, K. C., Arnold, E. L., et al. (2001). Findings from the NIMH Multimodal Treatment Study of ADHD (MTA): Implications and applications for primary care providers. *Developmental and Behavioral Pediatrics, 22,* 60–73.

Jensen, P. S., Hinshaw, S. P., Kraemer, H. C., Lenora, N., Newcorn, J. H., Abikoff, H. B., et al. (2001). ADHD comorbidity findings from the MTA study: Comparing comorbid subgroups. *Journal of the American Academy of Child & Adolescent Psychiatry, 40,* 147–158.

Kolko, D. J., Bukstein, O. G., & Barron, J. (1999). Methylphenidate and behavior modification in children with ADHD and comorbid ODD and CD: Main and incremental effects across settings. *Journal of the American Academy of Child and Adolescent Psychiatry, 38,* 578–586.

Krause, K. H., Dresel, S. H., Krause, J., Kung, H. F., & Tatsch, K. (2000). Increased striatal dopamine transporter in adult patients with attention deficit hyperactivity disorder: Effects of methylphenidate as measured by single photon emission computed tomography. *Neuroscience letter, 285,* 107–10.

Lonigan, C. J., Elbert, J. C., & Johnson, S. B. (1998). Empirically supported psychosocial interventions for children: An overview. *Journal of Consulting and Clinical Psychology, 27,* 138–145.

Lopez, F. A. (2006). ADHD: New pharmacological treatments on the horizon. *Journal of Developmental and Behavioral Pediatrics, 27,* 410–416.

Lowe, T. L., Cohen, D. J., Deltor, J., Kremenitzer, M. W., & Shaywitz, B. A. (1982). Stimulant medication precipitate Tourette syndrome. *JAMA, 247,* 1168–1169.

Mannuzza, S., & Klein, R. G. (2000). Long-term prognosis in attention-deficit/hyperactivity disorder. *Child and Adolescent Psychiatric clinics of North America, 9,* 711–726.

Mash, E. J., & Johnston, C. (1990). Determinants of parenting stress: Illustrations from families of hyperactive children and families of physically abused children. *Journal of Clinical Child Psychology, 19,* 313–328.

Miranda, A., Jarque, S., & Tarraga, R. (2006). Interventions in school settings for students with ADHD. *Exceptionality, 14(1),* 35–52.

Miranda, A., & Presentacion, M. J. (2000). Efficacy of cognitive-behavioral therapy in the treatment of children with ADHD, with and without aggressiveness. *Psychology in the Schools, 37,* 169–182.

MTA Cooperative Group. (1999a). A 14-month randomized clinical trial of treatment strategies for attention deficit/hyperactivity disorder. *Archives of General Psychiatry, 56,* 1073–1086.

MTA Cooperative Group. (1999b). Moderators and mediators of treatment response for children with ADHD: The MTA Study. *Archives of General Psychiatry, 56,* 1088–1096.

MTA Cooperative Group. (2004a). National Institute of Health multimodal treatment study of ADHD follow-up: 24-months outcomes of treatment strategies for attention-deficit/hyperactivity disorder. *Pediatrics, 113,* 754–761.

MTA Cooperative Group. (2004b). National Institute of Health multimodal treatment study of ADHD follow-up: Changes in effectiveness and growth after the end of treatment. *Pediatrics, 113,* 762–769.

National Institutes of Health. (1998). Diagnosis and treatment of attention deficit hyperactivity disorder (ADHD). *NIH Consensus Statement.* Bethesda, MD.

Newcorn, J. H., & Ivanov, I. (2007). Psychopharmacologic treatment of attention deficit hyperactivity disorder and disruptive behavior disorder. *Pediatric Annals, 36,* 564–574.

Nigg, J. T., & Casey, B. J. (2005). An integrative theory of attention-deficit/ hyperactivity disorder based on the cognitive and affective neurosciences. *Developmental Psychopathology, 71(3),* 785–806.

Northup, J., Fusilier, I., Swanson, V., Juete, J., Bruce, T., Freeland, J., et al. (1999). Further analysis of the separate and interactive effects of methylphenidate and common classroom contingencies. *Journal of Applied Behavior Analysis, 40,* 168–179.

Patterson, C. S. & Guion, K. (2007). ADHD summer treatment program (STP) social skills curriculum. (unpublished manuscript)

Pelham W. (1999). The NIMH multimodal treatment study for attention-deficit hyperactivity disorder: Just say yes to drugs. *Canadian Journal of Psychiatry, 44,* 981–990.

Pelham, W., & Bender, M. E. (1982). Peer relationships in hyperactive children: Description and treatment. In K. Gadow & I. Bialer (Eds.), *Advances in learning and behavioral disabilities, 1,* 366–436. Greenwich, Conneticut: JAI Press.

Pelham, W. E., Burrows-Maclean, L., Gnagy, E. M., Fabiano, G. A., Coles, E. K., Tresco, K. E., et al. (2005). Transdermal methylphenidate, behavioral, and combined treatment for children with ADHD. *Experimental and Clinical Psychopharmacology, 13,* 111–126.

Pelham, W. E., Carlson, C., Sams, S. E., Vallano, G., Dixson, M. J., & Hoza, B. (1993). Separate and combined effects of methylphenidate and behavior modification on boys with ADHD in the classroom. *Journal of Consulting and Clinical Psychology, 61,* 506–515.

Pelham, W. E., & Fabiano, G. A. (2008). Evidence-based psychosocial treatments for children and adolescents: A ten year update. *Journal of Clinical Child and Adolescent Psychology, 37(1).*

Pelham, W. E., Fabiano, G. A., Gnagy, E. M., Greiner, A. R., & Hoza, B. (2005). The role of summer treatment programs in the context of comprehensive treatment for attention-deficit/hyperactivity disorder. In E. Hibbs & P. Jensen (Eds), *Psychosocial treatments for children and adolescent disorders: Empirically based strategies for clinical practice* (2nd ed., pp. 377–411). New York: APA Press.

Pelham, W. E., & Gnagy, E. M. (1999). Psychosocial and combined treatments for ADHD. *Mental Retardation, 5,* 225–236.

Pelham, W. E., Gnagy, E. M., Greiner, A. R., Hoza, B., Hinshaw, S. P., Swanson, J. M. et al. (2000). Behavioral versus behavioral and pharmacological treatment in ADHD children attending a summer treatment program. *Journal of Abnormal Child Psychology, 28:6,* 507–525.

Pelham, W. E., Greiner, A. R., & Gnagy, E. M. (2004). *Children's Summer Treatment Program manual:* State University of New York- Buffalo.

Pelham, W. E., & Hoza, B. (1996). Intensive treatment: A summer treatment program for children with ADHD. In E. Hibbs & P. Jensen (Eds.), *Psychosocial treatments for children and adolescent disorders: Empirically based strategies for clinical practice.* (pp. 311–340). New York: APA Press.

Pelham W. E., Manos M. J., Ezzell C. E., Kresco, T. E., Gnagy, E. M., Hoffman, M. T., et al. (2005). A dose-ranging study of a methylphenidate transdermal system in children with ADHD. *Journal of the American Academy of Child and Adolescent Psychiatry, 44,* 522–529.

Pelham, W. E., McBurnett, K., Milich, R., Murphy, D. A., & Thiele, C.J. (1990). Methylphenidate and baseball playing in ADHD children: Who's on first? *Journal of Consulting and Clinical Psychology, 58:1,* 130–133.

Pelham, W. E., Wheeler T., & Chronis, A. (1998). Empirically supported psychosocial treatments for attention deficit hyperactivity disorder. *Journal of Clinical Child Psychology, 27,* 190–205.

Pfiffner, L. J., Mikami, A. Y., Huang-Pollock, C., Easterlin, B., Zalecki, C., & McBurnett, K. (2007). A randomized, controlled trial of integrated home-school behavioral treatment for ADHD, predominantly inattentive type. *Journal of the American Academy of Child and Adolescent Psychiatry, 46(8),* 1041–1050.

Pfiffner, L. J., & O'Leary, S. G. (1993). School-based psychological treatments, In J. L. Matson (Ed.), *Handbook of hyperactivity in children* (pp. 234–255). Boston: Allyn & Bacon.

Pliszka, S. (1998). Comorbidity of attention-deficit/hyperactivity disorder with psychiatric disorder in children and adolescents. *Journal of Clinical Psychiatry, 9,* 711–726.

Plunket, J. W. (1984). Parents' treatment expectancies and attrition from a child psychiatric service. *Journal of Clinical Psychology, 40,* 372–377.

Posey, D. J., Aman, M. G., McCraken, J. T., Scahill, L., Tierney, L., Arnold, L. E., et al. (2007). Positive effects of methylphenidate on attention and hyperactivity in pervasive developmental disorders: an analysis of secondary measures. *Biological Psychiatry, 61,* 538–544.

Posey, D. J., Wiegand, R. E., Wilkerson, J., Maynard, M., Stigler, K. A. & Mcdougle, C. J. (2006). Open label atomoxetine for attention deficit/hyperactivity disorder symptoms associated with high-functioning pervasive developmental disorders. *Journal of Child and Adolescent Psychopharmacology, 16,* 599–610.

Poulton A., & Powel, C. T. (2003). Slowing of growth in height and weight on stimulants: A characteristic pattern. *Journal of Pediatrics and Child Health, 39,* 180–185.

Richardson, A. J., & Puri, B. K. (2002). A randomized double-blind placebo controlled study of the effects of supplementation with highly unsaturated fatty acids on ADHD-related symptoms in children with specific learning difficulties. *Progress in Neuropsychopharmacology and Biological Psychiatry, 26,* 467–473.

Roessner, V. Robatzek, M., Knapp, G., Banaschewski, T., & Rothenberger, A. (2006). First-onset tics in patients with attention-deficit-hyperactivity disorder: Impact of stimulants. *Developmental Medicine & Child Neurology, 48*, 616–621.

Rugino, T. A., & Copley, T. C. (2001). Effects of modafinil in children with attention-deficit/hyperactivity disorder: An open-label study. *Journal of the American Academy of Child & Adolescent Psychiatry, 40*, 230–235.

Rugino, T. A., & Samsock, T. (2003). Modafinil in children with attention-deficit/hyperactivity disorder. *Pediatric Neurology, 29*, 136–142.

Sanders, M. R., & McFarland, M. (2000). Treatment of depressed mothers with disruptive children: A controlled evaluation of cognitive behavioral family intervention. *Behavior Therapy, 31*, 89–112.

Schachar, R. J., Tannock, R., Cunningham, C., & Corkum, P. V. (1997). Behavioral, temporal and situational effects of treatment of ADHD with methylphenidate. *Journal of the American Academy of Child and Adolescent Psychiatry, 36*, 754–763.

Schahill, L., Chappell, P. B., Kim, Y. S., Schultz, R. T., Katsovich, L., Shepherd, E., et al. (2001). A placebo-controlled study of guanfacine in the treatment of children with tic disorders and attention-deficit/hyperactivity disorder. *The American Journal of Psychiatry, 158*, 1067–1074.

Shattuck, P. T. & Gross, S. D. (2007). Issues related to the diagnosis and treatment of Autism Spectrum Disorders. *Mental Retardation and Developmental Disabilities, 13*, 129–135.

Shelton, T. L., Barkley, R. A., Crosswait, C., Moorehouse, M., Fletcher, K., Barret, S., et al. (2000). Multimethod psychoeducational intervention for preschool children with disruptive behavior: Two-year post-treatment follow-up. *Journal of Abnormal Child Psychology, 28*, 253–266.

Solanto, M. V. (2002). Dopamine dysfunction in ADHD: Integrating clinical and basic neuroscience research. *Behavioral Brain Research, 130*, 55–71.

Sonuga-Barke, E. J. S., Daley, D., & Thompson, M. (2002). Does maternal ADHD reduce the effectiveness of parent training for preschool children's ADHD? *Journal of the American Academy of Child and Adolescent Psychology, 41*, 696–702.

Spencer, T., Biederman, J., & Wilens, T. (1999) Attention-deficit/hyperactivity disorder and comorbidity. *Pediatric Clinics of North America, 46*, 915–927.

Sporn, A., & Pinkster, H. (1981). Use of stimulant medication in treating pervasive developmental disorder. *American Journal of Psychiatry, 138*, 997.

TADS Study Team. (2003). Treatment for adolescents with depression study (TADS): rational, design and methods. *Journal of the American Academy of Child and Adolescent Psychiatry, 42*, 531–542.

Teeter, P. A. (1998). *Interventions for ADHD: Treatment in developmental context.* New York: Guilford Press.

Turner, D. C., Clark, L., Dawson, J., Robbins, T. W., & Sahakian, B. J. (2004). Modafinil improves cognition and response inhibition in adult attention-deficit/hyperactivity disorder. *Biological Psychiatry, 55*, 1031–1040.

Van Lier, P. A. C., Muthen, B. O., Van der Sar, R. M., & Crijnen, A. A. M. (2004). Preventing disruptive behavior in elementary school children: Impact of a universal classroom-based intervention. *Journal of Consulting and Clinical Psychology, 3*, 467–478.

Waxmonsky, J. (2003). Assessment and treatment of attention deficit hyperactivity disorder in children with comorbid psychiatric illness. *Current Opinion in Pediatrics, 15*, 476–482.

Weiss, M., Wasdell, M., & Patin, J. (2004). A post-hoc analysis of d-threo-methylphenidate hydrochloride (Focalin) versus d,l,-threo-methylphrnidate hydrochloride (Ritalin). *Journal of the American academy of Child and Adolescent Psychiatry, 43*, 1415–1421.

Wells, K. C., Chi, T. C., Hinshaw, S. P., Epstein, J. N., Pfiffner, L. J., Nebel-Schwain, M., et al. (2006). Treatment related changes in objectively measured parenting behaviors in the multimodeal treatment study of children with ADHD. *Journal of Consulting and Clinical Psychology, 74*, 649–657.

Wilens, T., Faraone, S. V., Biederman, J., & Guanawardene, S. (2003). Does stimulant therapy of attention deficit hyperactivity disorder beget later substance abuse? *Pediatrics, 111*, 179–85.

Wilens, T., Haight, B. R., Horrigan J. P., Hudziak, J. J., Rosenthal, N. E., Connor, D. F., et al. (2005). Bupropion XL in adults with ADHD: A randomized, placebo controlled study. *Biological Psychiatry, 57*, 793–801.

Wilens, T., Prince, J., Spencer T., Van Patten, S. L., Doyle, R., Girard, K., et al. (2003). An open trial of bupropion for the treatment of adults with attention deficit hyperactivity disorder and bipolar disorder. *Biological Psychiatry, 54*, 9–16.

Williams, S. K., Scahill, L., Vitiellio, B., Aman, M. G., Arnold, M. G., McDougle, C. J., et al. (2006). Risperidone and adaptive behavior in children with autism. *Journal of The American Academy of Child and Adolescent Psychiatry, 45*, 431–439.

Wolraich, M., Greenhill, L. L., & Pelham W., Swanson, J., Wilens, T., Palumbo, D., et al. (2001). Randomized controlled trial of OROS methylphenidate once a day in children with attention deficit/hyperactivity disorder. *Pediatrics, 108*, 883–892.

Wolraich, M. L., Hannah, J. N., Baumgaertel, A., & Feurer, I. D. (1998). Examination of DSM–IV criteria for attention deficit/hyperactivity disorder in a country-wide sample. *Journal of developmental and Behavioral Pediatrics, 19*, 162–168.

Yamashita, Y., Ohya, T., Nagamitsu, S., Matsuishi, T., Gnagy, E., Greneir, A., & Pelham, W. (2006). The first summer treatment program for children with attention deficit hyperactivity disorder in Krume City, Japan. *Neuropediatrics, 37*, 105–108.

Zachor, D. A., Roberts, A. W., Hodgens, J. B., Isaacs, J., & Merrick, J. (2006). Effects of long-term psychostimulant medication on growth of children with ADHD. *Research in Developmental Disabilities, 27*, 162–174.

Zentall, S. S., & Lieb, S. L. (1985). Structured tasks: Effects on activity and performance of hyperactive and comparison children. *Journal of Educational Research, 79*, 91–95.

제7장

외상 후 스트레스장애, 불안과 공포증

THOMPSON E. DAVIS III[21]

소개

임상심리학에서 가장 흥미롭고 만족스러운 결과를 얻는 치료 분야 중 하나는 아동기 불안장애 치료 영역이다. 예를 들어, 공포자극 노출과 같은 전략을 활용함으로써 단일 회기만으로도 청소년의 몇몇 장애에서 정신병리 증상이 유의하게 감소하는 것을 볼 수 있다(예 : 특정 공포증; Öst, Svensson, Hellström & Lindwall, 2001). 이와 더불어, 이전의 일반적인 치료로 성과가 없는 경우에는 임상가에게 다양한 자극(예 : 뱀, 개, 곤충)을 활용할 기회를 갖도록 격려한다. 모든 불안장애가 빠른 치료 효과를 보이는 것은 아니지만, 지난 십년간 아동을 위한 증거 기반 치료(EBPs)와 경험적으로 입증된 치료(ESTs)[22]가 도입된 이후 아동기 불안 치료 연구는 활성화되었다.

한편, 이러한 관심과 연구는 늦은 감이 있으나, 위의 두 가지를 동시에 주목할 필요가 있다. 아동 치료 연구, 특히 불안장애 분야는 지속적으로 연구가 이루어져야 한다. 최근 연구에 근거하면 장애, 표본, 기간, 방법론에 따라 다르지만 초기 청소년기의 2.4~23.9%가 불안장애가 있다고 추정된다(Cartwright-Hatton, McNicol, & Doubleday, 2006). 이와 더불어, 한 연구에서는 16세까지 아동 중 적어도 36.7%가 DSM-IV(즉, 정신장애의 진단 및 통계 편람 제4판, 미국정신의학회, 1994) 장애 진단 준거 중 최소 1개 이상에 부합하고, 9.9%는 불안장애 범주에 부합한다고 보고하

---

21. THOMPSON E. DAVIS III*Louisiana State University
22. 경험적으로 입증된 치료(Empirically Supported Treatment) : 이하 EST로 표기

였다(Costello, Mustillo, Erkanli, Keeler, & Angold, 2003).

아동의 불안장애는 학업 수행에 어려움을 주고(Last, Hansen, & Franco, 1997), 정신병리가 없는 아동과 비교했을 때 불안장애 아동의 지적 능력(예 : IQ) 역시 통계적으로 유의한 차이를 보인다(Davis, Ollendick, & Nebel-Schwalm, 2008). 또한 아동기 불안장애는 일반적으로 사회적 어려움(예 : 사회 부적응), 정서적 어려움(예 : 우울)을 갖게 하고, 이는 더 나아가 아동이 건강하게 성장하는 것에도 영향을 끼칠 수 있다(예 : Grills & Ollendick, 2002; Kovacs, Gatsonis, Paulauskas, & Richards, 1989; McGee, Feehan, Williams, & Anderson, 1992). 게다가 이러한 불안이 끼치는 영향력은 초기 성인기까지 지속될 뿐만 아니라, 정신병리와 학습 문제의 위험률을 높인다(Cantwell & Baker, 1989; Seligman & Ollendick, 1999; Woodward & Fergusson, 2001).

물론 아동기 불안 치료 연구는 지난 십년 동안 이루어진 연구를 비롯하여 26개의 무작위 임상실험연구(RCTs : randomized clinical trials)로 활성화되었지만, 현재 대다수의 문헌자료는 최선의 아동기 불안장애 치료 방법에 대해 합의되지 않았다. 예를 들어, 연구가 이루어지긴 하지만 무작위 임상연구는 이루어지지 않고 있으며, 특히 일반화된 불안장애, 분리불안장애의 치료 효과 검증에 대한 연구는 게재되지 않았다(몇몇 연구는 다른 장애와 공존할 경우 일반화된 불안장애와 분리불안장애에 대해 검증해 왔다. 예 : Kendall, 1994).

이 장에서는 불안과 불안장애가 아동에게 끼치는 영향에 대해 간단하게 살펴본 후, 입증된 행동 치료와 인지행동 치료의 최근 현황에 대해 상세히 살펴볼 것이다. 인지행동 치료와 약물치료에 대해 더 관심 있는 사람은 이 책의 제3장과 제5장을 참고하길 바란다. 이와 더불어, 더 자세한 평가 과정과 논의사항을 살펴보고자 한다면, 이 작업과 함께 진행된 자매편(companion volume; Matson, Andrasik & Matson, 출간물)인 『아동기 심리장애와 발달장애의 평가』 제10장에서 Silverman과 Ollendick(2005)의 최근 비평을 참고하여라.

아동기의 불안장애

규범적 진단 고려사항

불안과 공포는 일반적 정서 반응이기 때문에 대개 이런 반응이 매우 격렬하거나 빈번하게 나타나거나 지속되지 않는다면 임상적 관심을 받지 못한다(DSM-Ⅳ-TR, 미국정신의학회, 2000). 비임상적인 공포와 불안은 발달 과정에 따라 일반적인 형태로 나타나며, 이는 적응적이고 건강한 정서적 표현이다. 일반적으로 연령에 따라 공포의 발생과 격렬함은 감소하지만(Gullone, 2000), 인지 발달과 연령에 따라 근심의 양은 증가하는 경향이 있다(Muris, Merckelbach, Meesters, & van den Brand, 2002). 아동의 정서 발달은 인지 발달과 관련 있을 수 있다(즉, 구상적인 사고에서 좀 더 정교하고 추상적인 사고로 발달하는 것) 아동은 유아기 동안에는 주변환경의 매우 세부적이고 구체적인 공포(예 : 큰 소음, 분리)를 느끼며 아동기에는 공포의 대상이 초자연적이고 신체적인 위해, 그리고 비난(혼나는 것)으로 바뀌고 결국 사회적 상황, 국제적 사건, 그리고 더욱 추상적이거나 예기되는 근심에 대한 공포로 변화한다(Gullone, 2000). 이런 공포는 연령에 따라 대부분 진정되지만, 죽음과 위험에 대한 공포는 발달하는 동안 지속되는 편이다(Gullone, 2000).

　두려움과 불안 반응의 강도와 지속 정도에 따라 위와 같은 일반적인 발달 과정과 임상 수준의 공포 · 걱정이 구분된다. 인지 능력이 발달하면서 불확실한 경험(예 : 수정된 정보, 긍정적인 경험, 부정적 상황에서의 대처행동, 반복적인 노출)에 대한 공포와 불안은 거의 교정된다. 따라서 지속적이고 정도가 심한 공포와 걱정은 임상에서 흥미로운 주제이다. DSM-Ⅳ-TR은 진단적 준거 기간에 따라 이 같은 정신병리의 발달 과정을 통합적으로 이해할 수 있도록 제시하였다. 불안장애에 따라 차이는 있지만 아동의 증상이 1개월에서 6개월 정도 지속되어야 진단을 내릴 수 있다. 예를 들어, 공포 수준이 전반적으로 정상 발달을 넘는 수준이라 해도 확진하기 전에 아동기 정신병리적 공포가 최소 6개월 이상 지속되어야만 한다(특정공포증; DSM-Ⅳ-TR 참고). 이 같은 사실과 다른 소수 발달적 적응의 범위를 포함하여 아동의 평가, 진단, 치료는 비록 아동을 기반으로 한 접근에서 서서히 나타나고 있지만, 여전히 성인 연구의 이론과 실행에 많은 영향을 받고 있다(Barrett, 2000).

　한 가지 장애가 DSM-Ⅳ-TR에 어떻게 분류되는지에 따라 아동에게 적용되는 불안 관련 장애 범주는 13개 정도로, 즉 분리불안장애, 공황장애, 광장공포증, 특정공포증, 사회공포증, 강박장애, 외상 후 스트레스장애, 급성 스트레스장애, 일반화된 불안장애, 의학적 상태로 인한 불안장애, 물질로 유발된 불안장애, 달리 분류되지 않는 불안장애 그리고 불안을 동반하는 적응장애 또는 불안과 우울한 기분의 공존으로 나뉜다. 물론 DSM 질병분류학의 타당성 검증이 지속적으로 이루어지고 있어서 아직 이의 제기를 받고 있지만(Achenbach, 2005), 일반적으로 불안장애는 불안 또는 공포, 그리고 그것의 부적응적인 표현(예 : 사회적 걱정, 분리 걱정, 보편적인 걱정)에 초점을 맞추어 변화를 기록한다. 이 장에서는 초기 아동 연구에서 주목해 왔던 몇 개의 장애를 중심적으로 다루었다.

병인학

불안장애는 아동 정신건강에서 가장 주목받는 분야 중 하나이지만, 아직까지 불안과 관련된 다양한 경로는 확실하지 않다. 이러한 연구는 연관적 · 비연관적 · 통합적 설명으로 나뉜다. 이와 관련된 논의는 이 장의 범위에서 벗어나지만(Fisak & Grills-Taquechel, 2007; Muris,

표 7.1 DSM-Ⅳ-TR에서 살펴본 불안장애의 특성

장애	설명
분리불안장애 (SAD)	분리불안장애는 DSM-Ⅳ-TR에서 오직 아동기에만 있는 불안장애다. 초기 특징은 지속되는 걱정, 과도한 고민, 그리고 가정이나 초기 애착 인물로부터의 실질적 분리 또는 상상적 분리(예 : 유괴범)와 연관된 걱정이다.
공황장애 (PD)	공황장애의 초기 특징은 강렬하고 되풀이되고 일반적으로 예상치 못하게 나타나며, 극단적인 근심, 걱정 그리고 회피행동을 이끄는 심리학적 반응과 불안 증상(즉, 공황발작)이다.
특정공포증 (SP)	특정공포증의 초기 특징은 구체적으로 확인할 수 있는 물체, 동물, 자극, 환경 그리고 불안 반응을 일으키는 것과 유의한 회피 또는 고통을 가져올 수 있는 것에 대한 상당히 강렬한 두려움의 존재다.
사회공포증 (SoP)	사회공포증의 초기 특징은 사회적 평가가 이뤄질지도 모르는 사회적 상황에서의 수행에 대한 상당히 강렬한 공포의 존재인데, 이는 과도한 회피 또는 고통을 가져올 수 있다.
강박장애 (OCD)	강박장애의 초기 특징은 강박관념(생각 또는 충동) 또는 강박 현상(반복되는 보상행동), 그리고 이 두 가지 증상 모두 존재하는데, 이는 매일 하루에 한 시간 이상 생활을 방해한다.
외상 후 스트레스장애 (PTSD)	외상 후 스트레스장애의 초기 특징은 죽음 또는 생명을 위협하는 상황에 노출되었을 때 속수무책이거나 공포스럽거나 희망이 없거나 오싹한 기분을 강렬하게 경험한 뒤 나타나는 증상이다. 특징은 충격의 재경험, 감정 회피 또는 마비 그리고 지속적인 신체적 과민이다.
일반화된 불안장애 (GAD)	일반화된 불안장애의 초기 특징은 강렬한 신체 증상 또는 마음의 동요와 관련된 무수히 많은 영역과 주제에 대해 과도하고 통제할 수 없는 걱정의 존재이다.

Merckelbach, de Jong, & Ollendick, 2002), 단독으로 또는 병행하여 작용할 수 있는 네 가지 획득 경로가 있으며, 이는 직접적인 조절 경험을 거친 획득, 대리 학습에 의한 획득, 자극에 관한 정보에 의한 획득, 그리고 비연관적인 수단에 의한 획득(Ollendick & King, 1991; Rachman, 2002)이다.

이와 더불어, 공포와 불안이 선천적이거나 학습되었다는 설명은 실제로 같은 연속선상에 있는 양극단적인 면일 수 있다(Marks, 2002). 아동기 발달상 경험과 독특한 성향으로 인해 격렬한 불안이나 공포에 대한 예민성, 선천적 반응, 방어가 나타날 수 있고, 또는 다른 외상적 경험 때문에 조건화된 장애가 나타나기도 한다. 불안의 병인론에 관한 발달적인 의문점은 얼마나 많은 자극이 특정 아동, 청소년의 본질적 특성과 연관이 있는지, 그리고 그 자극에 생리적 반응이 강렬하게 나타나는가이다(Marks, 2002).

가족

가족 역시 불안을 유지하고 발달시키는 데 중요한 역할을 한다. 반면, 실제 치료에서는 아동이 환자로 가장 많이 비춰지는데, 사실은 가족환경과 구성원 간 관계가 아동의 불안에 다양한 영향을 끼칠 수 있다. 아동의 가족과 불안 간의 관계에 대한 논문은 일반적으로 수용적 양육방식, 과통제 또는 과보호, 그리고 불안행동의 양육모델링에 중점을 둔다. Wood, McLeod, Sigman, Hwang과 Chu(2003)가 비회고적(nonretrospective) 연구를 재검토한 바에 따르면, 부모가 비판적이고 덜 수용적인 경우 아동의 불안이나 불안장애에 영향을 준다고 보고하였다. 이와 유사하게 아동의 불안은 부모의 과통제, 과보호와도 연관이 있었다. 마지막으로 불안한 부모의 양육모델링도 아동기 불안을 가중시킨다. 대개 행동 관찰 연구가 자기 보고 연구에 비해 연구 결과가 더 강력하였다(Wood et al., 2003).

이러한 연관성으로 치료 방향을 설립하진 못했지만, 임상가는 반드시 가족환경과 가족구성원을 치료에 통합해야 할 변수임을 고려해야 한다. 예를 들어, 가족 문제를 다루도록 설계된 인지행동치료를 받은 아동은 가족 문제를 다루지 않은 아동에 비해 장기적 치료 반응이 조금 더 지속되는 경향이 있었다(Barrett, Dadds, & Rapee, 1996).

이론

전형적인 일상에서 나타나는 특정한 '감정'방식에 초점을 두어 논의하였다. 객관적으로 이 '감정'은 생리, 행동, 인지로 구성된 매우 복합적인 결과물이며(Lang, 1979), 이는 수십 년간 심리학적 이론과 경험주의의 주제였다. 몇 가지 정서이론은 생리, 행동, 인지가 정서 반응에 영향을 준다고 설명하면서 발전하였다. 예를 들어, Beck과 Clark(1997)은 "위협에 대한 초기 지각은 자동적 처리단계와 전략적 처리단계를 통해 점차 정교화된다."라는 3단계 도식이론을 제안하였다. 이에 따르면, 불안은 인지적 편향 체계와 부정확하거나 과도한 위협에 대한 사고로 인해 생긴다고 보았다. Barlow(2002)는 3중 취약성 이론을 발전시켰는데, 이 이론에서는 생물학적·일반적인 심리적 취약성, 특정한 심리적 취약성이 스트레스와 상호작용하여 공황 증상(즉, 거짓 정보)이 함께 나타나 정신병리를 만든다고 하였다. 이와 유사하게, Mineka와 Zinbarg(2006)는 사전 학습 경험과 기질을 결합하여 학습이론을 개발하였고, 여기에서는 사회적 학습과 대리 학습 경험을 더욱 강조하였다. 이와 더불어, 직접적인 경험과 연합이론에 대한 일반적인 오해를 구체화하였다.

하지만 최근에 정보처리접근이 아동기 불안 치료를 평가하는 데 더욱 적절한 이론이라고 제시되고 있다(Davis & Ollendick, 2005). 생물정보학적 이론은 성인기 공포의 정보처리모델을 기반으로 하지만, 정서와 정서적 반응의 구조이론으로 발전하였고, 이는 더욱 정교하게 정서처리이론(EPT)으로 구체화되었다(Foa & Kozak, 1986, 1998). Lang, Cuthbert, Bradley(1998)에 따르면 정서는 장기 기억에 포함된 관련 연합망을 자극함으로써 나타나는 '행동 성향'이다. 이러한 연합망은 동기 구성요소와 직접 관련되어 통합하는 다른 지식 구조와 다르며, 광범위한 욕구 체계와 회피 체계 안에서 조직된다(Lang et al., 1998).

정서망(emotional network)과 정서적 반응은 접근에 따라 크게 즐거운 연합망(pleasure networks)과 도전-회피 연합망(fight and flight networks)으로 나눌 수 있다. 이런 연합망은 정보의 단위와 개념의 연상으로 구성되어 있다. 정보의 단위는 다시 세 가지 개념, 즉 반응, 자극, 그리고 의미 단위로 세분화된다(Drobes & Lang, 1995; Foa & Kozak, 1998; Lang et al., 1998). Lang의 초기 연구에서 반응 단위는 세 가지 정서적 반응 구성요소인 생리·행동·인지와 관련이 있다. 자극 단위는 자극물과 연관된 감각에 관한 정보를 포함하며, 수많은 연합망의 촉발을 돕는다. 의미 단위는 의미론적인 지식 또는 진술적인 지식을 포함하고, 감각과 반응을 연결한다(Drobes & Lang, 1995; Lang et al., 1998).

Lang 외(1998)가 진술한 생물정보학적 이론의 두 가지 주요 가설은 다음과 같다. 첫째, 정서망은 장기 기억에 표상된 정보 단위와 맞는 정보가 축적되면서 촉발한다. 그러므로 새로 들어온 정보의 특성과 맥락에 따라 정서망이 활성화되는 정도가 다르다(거의 활성화가 안 되거나, 조금 되거나, 전체적으로 된다.). 그리고 언어는 이 과정에서 필요한 요소가 아니다(Lang et al., 1998). 정서망은 무수한 정보 단위로 이루어지는데, 앞서 언급했듯이 정보 단위는 크게 세 가지 범주로 나뉜다. 언어는 부호화하기 위해 활용되거나, 정서망의 일부분을 활성화한다. 하지만 언어가 정서 처리나 부호화하는 유일한 방법은 아니다.

정서망은 조건화된 경험, 자극 특성의 표상, 행동적 반응, 생리적 반응, 언어적 반응과 같은 정보 단위 간의 복잡한 연합으로 구성된다. 이러한 여러 연합의 의식적 처리 과정이 정서망의 암호화 또는 활성화의 필요조건은 아니다. 인과적인 연관성은 때로 의식적인 집중에서 벗어난다(예 : 고전적 조건형성). 즉, 언어는 정서망의 활성화를 촉발하는 일부의 정보에 지나지 않는다(Lang et al., 1998). 그러나 이 이론은 표상이 의식에 의한 처리 과정이 될 수 있다고 본다. 표상은 주관적 정서 경험으로 해석된다.

둘째, Lang 외(1998)는 정서망 내의 결합이 증가하면 연합망의 활성화 가능성도 증가할 거라고 가정하였다. 구체적으로 살펴보면, 정서망 안의 정보 단위 간 연합이 더 강해지면(즉, 더 큰 결합력) 한 부분의 활성화로 다른 표상 부분을 더 쉽게 자극하고 정서 반응을 일으킬 가능성이 커질 수 있다. 이와 더불어, 반복적으로 정서망을 활성화하는 것은 점화 효과(priming effect)를 가져오고 활성화를 더욱 촉진한다고 보았다. 결과적으로 이런 결합은 정서망에서 모호한 자극도 더 즉각적으로 수용하도록 하며, 다양한 범위의 정서 반응이 활성화되도록 한다. 예를 들어, 잔디밭에 꼬여 있는 호스는 뱀 공포증이 있는 사람의 연합된 정서망 처리 과정을 즉각적으로 발동시킬 것이다(Lang et al., 1998). 이런 식으로 서로 다른 다양한 자극은 더욱 결합하여 정서망을 활성화할 수도 있다.

자극 단위의 활성화는 세 가지 유형의 자극 단위 중 정서망에 있는 자극 단위와 관련 있다. 정서망에 포함된 정보 단위와 새로 들어온 정보가 일치할 때 정서망이 활성화되며, 일치한 정보는 작업기억에 축적된다. 이런 세 가지 유형인 생리적 · 행동적 · 인지적 반응의 부차적인 형태가 정서이다. 그리고 정서적 강도, 진실성, 반응은 정서망 안에서 활성화된 정보 단위의 양과 유형에 따라 결정된다. 즉, 결과적으로 정서는 감각적 · 근육활동 · 생리적 · 의미론적인 구성요소가 차별적으로 모인 혼합물이다.

앞에서 설명한 과정은 역동적이다. 즉, 과정의 한 부분은 다른 부분 없이 발생하지 않는다. 새로 들어온 정보는 정서망을 활성화하고, 더 나아가 정서 반응은 더 많은 새로운 정보를 이끌어 낸다. 이러한 정서망 과정은 정서망을 변화시키거나 똑같이 유지하도록 하는 실질적인 구조에서 주요한 역할을 한다(Lang, 1977). 한편, 초기 연구에서는 아동이 정서적 측면을 처리하는 데 있어 아마도 성인의 처리방식과 유사하게 생리적 · 행동적 · 인지적 방식으로 처리할 것이라고 제안하였다(예 : 정서적 심상; McManis, Bradley, Berg, Cuthbert, & Lang, 2001).

앞서 설명한 바와 같이, 생물정보학적 이론은 공포와 불안에 대한 정서망의 활성화, 그리고 그와 관련된 반응에 관하여 설명한다. 본질적으로 공포와 불안은 위험이나 위협에서 벗어나고 회피하도록 하는 신경계를 활성화한다(Foa & Kozak, 1986). 인간은 누구나 공포와 불안을 경험하며, 위험 가능성이 줄면 공포와 불안은 사라진다. 하지만 병리적 공포와 걱정은 다른 연합망과 몇 가지 중요한 방식의 차이가 있다. 병리적 연합망은 세상에 대한 잘못된 시각을 반영하여 과도한 정서적 반응, 무해한 자극 회피, 전반적으로 변화에 저항하는 것 등을 동반한다(Foa & Kozak, 1986, 1998).

또한 생물정보학적 이론은 자극물에 대한 불완전한 정서적 반응에 대해서도 설명한다. Rachman(1976)은 정서적 반응을 고려할 때, 생리적 문제, 회피행동, 주관적 공포(인지)는 여덟 가지로 결합될 수 있다고 제안하였다. 이 세 가지 요소가 정서적 반응과 일치하고(즉, 정적 상관) 동시에 일어날 때(즉, 함께 변화; Rachman & Hodgson, 1974), 연합망이 전적으로 활성화된다고 하였다(Lang, 1977). 하지만 자극의 특성이 전체 연합망을 활성화하는 데 적당하지 않다면, 아무런 반응도 일어나지 않거나 부분적인 반응만 보일 수 있다(Lang, 1977). 반응 구성요소 간 공분산이 작은 것을 불일치라고 하며, 정서 반응이 서로 독립적이거나 반비례하여 변화하는 것은 비동시성이라고 한다(Rachman & Hodgson, 1974). 이 경우, 자극물 상태의 특성상 정서적 반응을 전체적으로 촉발하기에는 불충분하다. 또한 비동시성은 반복적으로 활성화된 후 특정 반응이 향상된 결과일 수 있다. 이 경우에 연상망은 주로 특정 반응요소를 활성화하는 자극 주변에서 조직화된다.

비동시성(desynchrony)은 몇 가지 요인에 의해 결정되며, 그 요인은 다음과 같다. 정서적 반응의 비동시성은 정서를 불러일으키는 강렬함, 요구 수준, 치료적 기술, 추후검사 기간, 생리적 척도 선택에 따라 작용한다(Hodgson & Rachman, 1974). 비동시성은 정서를 불러일으키는 강렬함이 강할 때는 감소하고, 요구 수준이 높아지면(즉, 동기 부여 증가) 증가하며, 치료 양상에 따라 바뀌기도 한다. 하지만 치료 결과의 중요한 구성요소는 정서망을 전체적으로 활성화할 수 있다고 보았다(Foa & Kozak, 1986, 1998; Lang, 1979). 그럼에도 불구하고, 치료 기술(예 : 노출법)에는 행동적 회피와 공포(즉, 신체적 정서 반응과 언어-인지 반응)를 분리하는 기술이 포함되어야 한다(Hodgson & Rachman, 1974). 그리고 주관적 걱정 영역과 심장박동비율의 동시성은 치료 이점을 더욱 향상하고, 치료 반응의 부족과 관련된 구성요소는 비동시성과 관련이 있다(Vermilyea, Boice, & Barlow, 1984).

실행에 이론을 응용하기

정서망의 변화를 위한 치료

생물정보학적 이론과 정서처리이론(EPT)에 따르면(Foa & Kozak, 1986, 1998), 정신병리적 공포와 불안을 유지하는 결정적 요인은 정서 처리 과정의 부족이다. 정서 처리 과정은 정서 반응의 증감을 가져올 수 있는 정서망의 변화를 촉진한다(Foa & Kozak, 1986). Lang(1977)은 정서망의 변화는 그 연합망의 최소한 부분적 활성화에 따라서도 나타날 수 있다고 제안하였다. 생생한 이미지나 자극의 표상은 더 많은 정보 단위를 활성화함으로써 점차 광범위한 연합망을 처리할 수 있게 한다.

정서 처리 과정이 이루어지려면 연합망으로의 접근과 새로운 정보의 도입이 필요하다(Foa & Kozak, 1986). 여기에서 새로운 정보란, 새로운 학습을 의미하는 것이지 이전의 반응을 '탈학습(unlearning)'[23]하는 것이 아니라는 점에 주목해야 한다(예 : Myers & Davis, 2002). 본래 새로운 문맥 의존[24] 억제 반응(context-dependent inhibitory response)은 기존에 학습한 것을 없애는 것이 아니라, 그 대신 제시된 대안을 배우는 것이다(Bouton, 2004). 불안, 공포 반응과 관련된 회피행동은 행동을 부적 강화(즉, 불안을 자극하는 상황을 떠날 수 있도록 하는 것)할 뿐만 아니라 정서 처리 과정 활성화를 방해한다. 또한 정서 처리 과정은 현재의 병리적 공포 정서망을 더욱 악화할 수도 있다. 만약 병리적 공포 반응이 새롭게 도입되는 부정적 정보와 관련된다면, 공포 반응이 증가할 수 있음을 예상할 수 있다(Foa & Kozak, 1986). 예를 들어, 개 공포증이 있는 사람이 개에게 물린다면 그 공포증은 더 심각해질 수 있다.

---

23. 탈학습(unlearning) : 잘못되거나 필요 없는 기존의 지식을 버리고 새로운 지식의 습득을 용이하게 하기 위한 학습 방법이다.
24. 문맥 의존(context-dependent) : 어떤 프로세스나 데이터 문자 집합의 의미가 주변환경에 따라서 달라지는 것을 나타내는 용어이다.

정서처리이론(EPT)에 따르면, 정서 처리 과정은 성공적 치료의 중요한 중재 요인이다. 이전에 언급한 바와 같이, 연합망에 기억 연합망이 관여해야 하고, 새로운 정보는 그 연합망에 반드시 동화되어야 한다. 하지만 치료에서 정서망에 도입된 정보는 이전의 공포 경험 및 그와 연관된 기억 구조와 일치하면 안 된다(Foa & Kozak, 1998). 유의미한 치료 효과는 결과적으로 연합망의 변화를 통해 얻을 수 있다. 만약 치료가 성공적으로 이루어졌다면, 병리적 공포 정서망이 수정되어 활성화됨으로써 공포 반응의 강도는 감소할 것이다. 예를 들어, 체계적 둔감화는 병리적 연합망에 대응하는 신체적 정보를 제시하는 것처럼 새로운 생리적 · 행동적 정보(즉, 이완)를 제공하고 노출하면서 기억에 접근하는 방식으로 설명할 수 있다.

발달정신병리학

아동기 불안의 통합적 접근을 위해서는 발달정신병리학에 대한 이해와 더불어, 정서 · 인지 · 사회적 성장과 정신병리가 어떻게 상호작용하는지에 대한 맥락적 이해도 필요하다. 성공적인 발달을 위해서는 여러 발달적 주요 과업을 수행하고, 각각의 성공적인 성과는 점차 적응적인 결과로 통합되어야 한다. 역설적으로 주요 발달과업을 완수하지 못하거나 심리적 외상 및 손상 때문에 아동 발달의 결정적 시기와 주요 민감기 동안 발달과업에 실패하면 발달이 지연되어 부적응적 결과를 가져올 수 있다는 것이다(Ollendick & Vasey, 1999; Toth & Cicchetti, 1999). 특히 어떤 아동이든지 개별적인 차이가 보일 때 동일결과론(equifinality)[25]의 견해(즉, 다른 발달적 경로와 경험이 동일한 결과를 이끌 수도 있다는 것)와 다중결정론(multifinality)[26]의 견해(즉, 유사한 발달적 경로와 경험은 다른 결과를 이끌 수 있다는 것)를 반드시 고려해야 한다.

결과적으로 아동의 특정 장애를 치료하기 위해서는 복합적인 시도를 해야 하며, 아동의 기억 · 경험 · 가족 · 관계 · 외상 · 반응 등이 특정 정서망에 통합되어 부적응과 정신병리를 가져올 수 있고, 또한 특정 발달적 손상과 연관될 수도 있다. 예를 들어, 분리불안이 있는 연령이 높은 아동은 교정적 정보(즉, 치료)가 필요한 저항적이고 부적응적인 정서망 때문에 어려움을 겪을 뿐만 아니라, 부모와 분리되는 정상 발달 실패와 관련된 사회정서적 손상 때문에 힘들 것이다. 그러므로 이 경우 아동 치료를 통해 교정적인 정보를 제공하고 심리교육과 사회적 기술 훈련을 통해 발달적 손상 및 결핍을 개선해야 하며, 더불어 정신병리가 발전하고 유지되는 맥락적 상황 역시 다루어야 한다(예 : 과통제적인 부모 행동을 다루는 것). 즉, 정신병리를 유지하는 다양한 변수를 치료하고 최

---

25. 동일결과론(equifinality) : 출발 초기에 조건이나 상태가 서로 달라 각각 다른 진로를 거치더라도, 종착점에 이르러서는 동일한 조건이나 상태가 될 수 있는 속성이다.
26. 다중결정론(multifinality) : 체계를 구성하는 요소들의 상호작용 성격에 따라 유사한 조건이라도 각기 다른 결과를 초래하는 것이다.

선의 치료 방법을 계획하기 위해 아동 치료는 아동과 가족에 대해 명확히 사정 평가하는 것이 필요하다.

요약

생물정보학적 이론과 정서처리이론에 따르면, 불안장애와 관련된 병리적 공포와 걱정은 다양한 개념 단위로 구성된 정서망의 유형이다. 매우 응집된 이 개념 단위는 기억에 저장되고, 자극의 다양한 측면에서 나타나며, 자극에 반응하고, 자극에 관한 지식으로 표현된다. 정서망을 전체적으로 활성화하기 불충분하거나(즉, 약간 환기시키는 정도) 한두 가지 반응 구성요소를 활성화하는 자극은 비동시성 반응을 만든다.

정서 처리 과정을 이끌어 내는 치료는 정서 반응과 일치하고 전체 정서망에 접근할 수 있을 때 가장 효과적이다. 이런 치료방식으로는 노출법이 가장 적절하다(예 : Kendall et al., 2005). 자극에 대한 새로운 정보 때문에 연합망의 활성화, 잘못된 연상과 신념, 회피행동, 강렬한 생리적 반응이 생길 수 있다. 새로운 정보는 병리적인 정서적 반응의 강도를 줄이기 위해 대안적 억제 학습을 제공하는 정보 구조로 통합된다(즉, 주관적 공포, 신체적 증상, 회피행동, 그리고 파국적 인지 감소).

또한 발달적 접근도 아동의 정신병리를 이해할 때 아동의 가족, 발달단계 과업 달성의 여부, 동일결과론과 다중결과론에 의한 개인적 차이의 여부 등에 대해서 맥락적으로 고려해야 한다. 마지막으로 유일무이한 한 아동의 개인 차이를 이해하고 포괄적인 치료를 계획하기 위해 철저한 사정 평가가 이루어져야 한다.

평가

증거 기반 평가

저항망(resistant network)의 과장된 정서적 반응 때문에 불안이 발생한다고 본다면(Foa & Kozak, 1986, 1998), 평가는 정서 평가와 불안 반응 구성요소 평가(즉, 생리, 행동, 인지)를 포함해야 하며 추가적으로 전반적이고 주관적인 정서 경험 평가도 이루어져야 한다(Davis & Ollendick, 2005). 최근 아동과 관련된 증거 기반 지침은 다양한 기술을 포함한다. 즉, (1) 구조화 면담 또는 반구조화 진단적 면담과 함께 불안장애의 유무를 결정하기 위한 개방형 임상 면담 활용, (2) 증상의 특성과 치료 과정 모니터를 위해 여러 정보제공자에게 얻은 평정 척도 정보 활용, (3) 추가적 정보를 제공하고 특히 노출법을 사용할 때 치료 계획에 도움을 주기 위한 행동적 회피과제 또는 직접 관찰 활용(Silverman & Ollendick, 2005) 등이 있다.

아동기 불안을 포괄적으로 평가하기 위해 활용되는 도구로는 DSM-Ⅳ에 따른 ADIS-C/P (Anxiety Disorders Interview Schedule for Children; Silverman & Albano, 1996), CBCL(Child Behavior Checklist and other Achenbach forms; Achenbach, 1991), MASC(Multidimensional Anxiety Scale for Children; March, Parker, Sullivan, Stallings, & Conners, 1997), RCMAS(Revised Children's Manifest Anxiety Scale; Reynolds & Richmond, 1978; 아동기 불안의 증거 기반 평가를 재검토한 Silverman & Ollendick, 2005 참고)가 있다.

아동기 불안을 평가할 때는 반드시 다른 환경에서 다양한 정보를 활용하여 평가해야 한다. 일반적으로 불안장애는(특히, 아동기 장애에서) 장애에 대한 심각성, 장애 여부 등에 대해 정보제공자 간의 의견이 일치하지 않는다(예 : Grills & Ollendick, 2002; Jensen et al., 1999; Silverman & Ollendick, 2005). 이런 의견 차이는 사소한 문제가 아니며, 아동을 부분적으로 오해한 것으로도 볼 수 없다. 예를 들어, Jensen 외(1999)는 부모와 아동 간의 불안장애 여부에 대한 의견은 일치하지 않으며, 임상가는 사례의 60% 정도만 부모와 아동 모두 불안장애를 정확히 확인할 수 있다고 보고하였다.

다시 말해, 아동은 불안장애 증상을 호소하는 반면 부모는 증상이 없다고 하거나 반대로 보고한다는 것이다. 이런 결과는 정보를 제공한 사람의 연령에 따라 불안이 다르다는 것을 의미한다. 예를 들어, 어린 아동은 자신의 반응이 유별나다고 인식하지 못하지만 부모는 그 반응을 유별나다고 볼 수 있고, 청소년은 불안을 드러내는 것에 너무 당황하거나 숨기려고 할 수 있다(Jensen et al., 1999). 어쨌든 정보제공자 간의 의견 불일치는 아동의 연령 때문이라는 의견은 연구마다 다양하게 나타나고 있다(예 : Choudhury, Pimentel, & Kendall, 2003; Grills & Ollendick, 2003). 그러므로 장애 자체보다 장애 증상에 대해 부모와 아동이 함께 합의하는 것이 더 나을 수 있다(Comer & Kendall, 2004). 비록 정보제공자 간의 의견 불일치가 일반적일지라도 고립되거나 특정 상황에서만 공포나 불안을 일으키는 자극이 있을 수 있기 때문에, 그 상황에서 의미 있는 추가적 응답자(예 : 교사 보고)에게 정보를 얻어야 한다. 여러 정보제공자에게 얻은 정보를 정리해야 한다는 점이 연구를 간략하게 살펴보는 것보다 더 복잡할지라도(De Los Reyes & Kazdin, 2005; Grills & Ollendick, 2003; Silverman & Ollendick, 2005), 독립적인 임상 검증을 확실하게 하기 위해서 추가적인 여러 정보를 얻는 것이 필요하다.

장애의 차원과 진단 평가에 대해 논의하는 것은 이 장의 범위를 벗어나지만(즉, 정신병리의 연속 척도나 비율 척도 vs 정신병리의 범주나 진단 평가), 차원과 진단의 관점을 모두 포함하는 평가는 타당성과 신뢰성을 가지며, 현재 증거 기반 평가에서 이러한 평가는 매우 중요하다. 또한 이 두 관점이 꼭 서로 배타적인 것은 아니다(Achenbach, 2005). Silverman과 Ollendick(2005)이 지적한 것과 같이, '만약 연구를 바탕으로 한 치료적 접근을 하고자 한다면, 신뢰성을 가지는 것이 중요하다. 우선 치료에서는 청소년이나 그 외 사람이 임상 수준의 불안으로 고통받는다는 사실을 다룬다.' 이 영역에서 증거 기반 치료가 점차 증가하다는 점을 고려할 때 신뢰성과 확신은 더욱 중요하다. 즉, 아동 정신병리의 차원과 범주적 측면을 모두 고려해야 한다.

치료 계획에서 증거 기반 평가 절차의 필요성을 지지하는 경험적 연구와 치료 성과에 대한 관계는 아직 파악되지 않았다(예 : 더 나은 치료적 성과를 얻는 진단적 면담의 사용; Nelson-Gray, 2003). 그렇지만 EST는 주로 구체적이고 자세한 평가를 사용하는 무작위 임상실험연구에서 그 증거를 가져온다는 점을 고려해야 한다. 그래서 EST를 의도했음에도 임상에서 증거 기반 평가를 하지 못했다면, 이상적인 결과에 부합하지 못할 수도 있다. 범주적 진단 체계에 일치하지 않는다면(예 : 기준이 거의 겹치지 않는데 같은 진단을 받는 아동), 불충분한 평가 수행으로 인해 진단이 하나로 몰리거나 전혀 효과 없는 치료를 선택하게 된다. 즉, 무작위 임상실험연구에서 사용하는 방법 이외의 것으로 아동을 평가한다는 것은 (아직 검증되지는 않았지만) 전혀 다른 불안을 치료하고 있음을 의미하는 것이다.

공황 증상과 어지러움을 보이며 과거력에 불안이 있었던 아동을 사례로 들면, 이 아동의 수술 이후 주 증상은 마치 후 효과가 없다는 점이었다(즉, 아동은 반의식 상태였고 수술 과정을 느꼈으며 다소 통증을 느꼈다고 보고하였다.). 이 사례에 관한 논의에서는 아동의 과거력과 외상적 경험 중 하나에 초점을 두어 공황장애 또는 외상 후 스트레스장애로 진단할 수 있다. 하지만 진단 기준에서 벗어난 특정공포증 역시 정확한 평가가 필요하다(즉, 혈액-주사-상흔 유형). 증거 기반 치료로 세 가지 진단이 가능하지만, 좀 더 효과적인 치료를 적용하기 위해서는 정확한 진단이 필요하다. 특히 노출법은 다른 임상방식과 달라서 적절하게 적용하지 않는다면 부정적 결과를 가져올 수 있다(예 : 자극이 있을 때 이완하기와 노출 시 긴장 또는 긴장된 근육에 적용하는 학습 비교하기). 증거 기반 치료를 한다 할지라도 진단이 부정확할 경우, 특정공포증[그리고 혈관 미주신경성 절도(vasovagal syncope), 즉 실신하려는 경향]이 있는 사람에게 노출된 상황에서 이완을 적용하는 식으로 적합하지 않은 치료를 할 수 있다.

기능적 평가

차원적 체계와 범주적 체계 모두 아동기 정신병리의 기능을 제대로 설명하지 못한다고 제기되어 왔다(Scotti, Morris, McNeil, & Hawkins, 1996). 이러한 정신병리의 기능은 치료에서 직간접 적으로 자주 언급되었지만, 현재 진단 체계나 치료 연구에 반영되지 않는다. 지적장애와 발달장애 아동의 문제행동을 평가하기 위해 기능분석이 널리 사용되었음에도(Hanley, Iwata, & McCord, 2003), 다른 장애에서는 이 중요한 행동적 평가가 거의 이루어지지 않고 있다.

기능분석은 '문제행동의 발생에 영향을 끼치는 변인을 확인하는 것'이다(Hanley et al., 2003). 문제행동에는 확실한 기능적 원인이 있으며, 이것은 실질적인 보상을 얻기 위한 것, 요구에서 벗 어나기 위한 것, 관심을 받기 위한 것, 확인되지 않은 이유들(즉, 자동적 기능)이다. 이런 기능은 상 황의 유관성을 조절할 수 있는 신중하고 오랜 실험적 치료 회기를 통해 파악하거나(예 : 실험적 기 능분석; Iwata, Dorsey, Slifer, Baumna, & Richman, 1982, 1994), 면담법을 통해 효과적으 로 파악할 수도 있다(예 : QABF : Questions About Behavioral Funtion; Matson, Bamburg, Cherry, & Paclawskyj, 1999). 비록 이런 수행이 장애가 있는 아동의 행동 평가의 기준이 되 어 왔지만, 정신병리가 있는 정상 발달 아동의 기능을 평가하고 치료하기 위한 수행은 아직 미 흡하다(『behavioral assessment techniques in those with intellectual or developmental disabilities』 1권의 제7 · 14 · 15장 참고; Matson, Andrasik, & Matson).

마찬가지로 불안행동의 기능을 설명하기 위한 시도는 제한적이었으며, 가족구성원을 포함하여 광범위한 치료를 한다 할지라도 다른 집단(예 : 지적장애 그리고 발달지연이 있는 아동)에 비해 이 점이 충분하지 않았다. 그렇지만 기능분석은 등교 거부나 학교공포증이 있는 아동을 평가할 때보 다 일반적으로 활용된다(예 : Kearney & Silverman, 1993). 또한 인지행동 기능분석은 일반적으 로 인지행동 중재를 하기 전에 수행되었지만, 이렇게 비구조화 면담은 위와 같은 체계적인 관찰과 거리가 멀다. 인지행동 기능분석 면담은 일반적으로 여섯 가지 포괄적인 구성요소를 포함하는데, ⑴ 불안장애의 근원을 탐색하기, ⑵ 공포자극에 노출되었을 때 동반되는 파국적 인지가 무엇인지 확인하기, ⑶ 노출 시 행동 반응목록 만들기, ⑷ 경험했던 공황이나 정신병리적 증상에 대해 묘사 하기, ⑸ 불안 또는 무서워하는 행동을 유지하는 유관된 환경 찾기, ⑹ 위계적인 노출 등급을 정하 기 위해서 공포 단위를 만들기(Ollendick, Davis, & Muris, 1994)가 그것이다.

이런 과정은 대개 아동과 보호자에게 인지행동 치료에 대한 이론적 설명을 제공하고 치료가 어 떻게 진행될 것인지 개별적으로 설명하는 데 도움을 줄 수 있다. 인지행동 기능분석은 아동, 부모 나 보호자, 또는 얼마나 정확하게 정보를 보고할 수 있는가에 따라 모두에게 수행할 수 있다. 이와 더불어, 면담 동안 또는 그 이후에 부모가 존재하는 것은 평가에서 생길 수 있는 불일치와 모순을 해결하는 데 도움이 될 수 있다(앞에서 언급한 다양한 정보제공자에 대한 설명 참고).

증거 기반 치료와 아동의 불안장애

증거 기반 실천(EBP)을 논의하지 않고서는 아동기 장애를 위한 치료 도입이 완전할 수 없다(예 : EBA; 증거 기반 평가, EBT; 증거 기반 치료, EST; 경험적으로 입증된 치료). 1990년대에 치료가 의료계에서 심리학으로 넘어가면서 증거 기반 실천이 시작되었고, 특히 환자에게 가장 효과적이고 효율적인 관리를 제공하기 위해 치료 연구에 힘썼다. 아동 심리 치료의 긍정적인 영향을 보고하는 연구와 메타분석이 추진되기 위해 더 많은 연구가 필요했고(예 : Casey & Berman, 1985; Kazdin, Bass, Ayers, & Rodgers, 1990), 이런 움직임은 심리학적 절차의 촉진과 보급에 관한 대책본부(Task Force on Promotion and Dissemination of Psychological Procedures; 즉, 대책본부; Task Force, 1995)가 주요 보고서를 발표하면서 정점을 이루었다.

앞으로 심리 치료의 효과성을 증명하기 위해 위의 보고서와 새롭게 정한 다양한 기준이 평가되어야 하고, 다양한 '경험적으로 입증된 치료' 역시 문헌에 근거하여 보고해야 한다(ESTs에 관한 주제를 위해 Task Force, 1995; Chambless, 1996, 1998; Chambless & Ollendick, 2001; the Journal of Clinical Child psychology, volume 27, 1998과 the Journal of Consulting and Clinical Psychology, Volume 66, 1998). 그들이 지지하는 연구에 따르면 중재는 '잘 확립된', '효과적일 수 있는', '실험적인' 것으로 분류한다.

대책본부가 발표한 최고의 기준을 충족할 만큼 잘 확립된 치료를 탐색하였다(1995). 이러한 연구에는 최소한 2개의 무작위 임상실험연구 또는 일련의 사례연구(9개 이상), 잘 확립된 치료가 있고, 이는 반드시 잘 확립된 다른 치료와 동등하거나 알약, 심리적 플라세보, 경험적으로 입증되지 않은 다른 치료보다는 뛰어나야만 했다. 또한 동등한 결과일 경우, 차이를 발견하기 위해서 반드시 표본 크기가 충분해야 한다(즉, 대략 한 집단당 참여자 30명 정도; Kazdin & Bass, 1989).

추가적으로 '잘 확립된 치료'에 대한 연구는 반드시 치료 매뉴얼을 활용하고 참여자의 특성을 명시해야 한다. 마지막으로 잘 확립된 치료를 지지하는 무작위 임상실험연구는 반드시 최소한 2명의 다른 연구자나 2개의 연구팀으로 구성된다. '효과가 있을 수 있는 치료'에 관한 연구는 의미 있는 방법이 부족하거나 잘 확립된 치료의 엄격한 기준을 충족하지 못하는 경우이다. 그래서 이 같은 치료를 지지하는 연구에서는 대기자 통제집단보다 치료 효과가 더 나은지만 보면 된다. 또는 잘 확립된 기준을 충족하지만, 연구자나 연구팀이 단일로 수행된 경우도 포함된다. '실험적인 치료'를 지지하는 연구는 효과성을 확인하는 데 필요한 방법론이나 기준에 부합하지 않거나 아직 연구에서 실험하지 않은 것일 수 있다.

그러나 치료의 경험적 연구를 강력히 주장한 이후에 그 영역에서 증거 기반 실천 운동에 강경히 반대하는 입장이 발달했다고 볼 수 없다(Ollendick, King, & Chorpita, 2006). 이러한 경험적 실증과 임상적 수행 평가에 대한 압력은 예상치 못한 논쟁이 되었다. 그 결과, 이 논쟁에 관한 간단한 연구는 이후 아동기 불안장애에 관해 EST를 살펴본 것으로 이루어졌고, 이는 선택된 연구 기준의 내용을 제공하였다.

증거 기반 접근을 지지하는 사람 간에도 연구의 초점이 치료(즉, 경험적으로 입증된 치료; ESTs) 또는 치료적 구성요소 · 기술(즉, 경험적으로 지지된 변화 원리; ESPs[27]) 등으로 일치하지 않을 수 있다. EST에 관한 연구에서 치료의 중요성이 일관되게 입증된 것은 아니지만(Rosen & Davison, 2003), 연구 초기에 EST를 확인하는 것을 중시하였다(Task Force, 1995; Chambless et al., 1996, 1998; Chambless & Olledick, 2001). 하지만 비평가는 이 같은 노력은 EST를 남용할 뿐만 아니라, 변화의 기제를 식별하는 것을 간과한다고 비판하였다(예 : Tryon, 2005). Rosen과 Davison(2003)이 설명한 '자주빛 모자 치료(Purple Hat Therapy)'는 EST 기준을 적용하였다. 이들은 변화 기제를 소홀히 하면서 이점을 얻기 위해 부적절하게 EST로 구성될 수 있다고 지적하였다(예 : 효과 있는 노출법과 함께 독점적인 시장을 가진 '새로운' EST를 만들기 위해 환자에게 자주빛 모자를 착용하도록 하기). 그렇다면 의미 있는 쟁점은, 증거 기반 치료의 연구는 EST에 초점을 맞추어야 하는가 또는 경험적으로 지지된 변화의 원리에 초점을 맞추어야 하는가일 것이다.

두 가지 접근 모두 필요하지만, 다중 구성 치료 연구가 개별 치료 구성의 효과성을 지지할 때 부적절한 가정이 생길 수 있다. 예를 들어, Menzies와 Clark(1993)은 물 공포증이 있는 아동을 치료하는 데 강화 훈련과 모델링을 사용하였다. 이 연구는 '단순공포증을 위한 노출법'을 지지하였다(Chambless et al., 1998). 하지만 노출법은 강화 훈련과 모델링 조건과 독립적으로 실험되지 않으면, 노출법 그 자체에 대한 결론을 측정할 수 없다(예 : 노출법에 의한 결과인가 아니면 강화 훈련을 노출법과 병행할 필요가 있는가?).

심지어 노출법을 구성하는 요인에 대해서도 논의하였다(예 : 형식, 기간, 변화 기제; 아래 제시된 공포에 직면하기 : 노출법; Facing Your Fears : Exposure). 그 결과 이 질문을 진척시키기 위하여 격리된 곳에서 치료 구성요소를 상세하게 실험한 연구가 필요하게 되었다. 그리고 임상에서 ESP를 함께 적용하는 것이 효과적인 접근인지 증명하는 일이 남아 있다. 그래서 그 절충안으로 개별 회기의 단일 프로그램에 다양한 인지행동 기술을 매뉴얼화하여 치료를 평가하고자 노력한 것이

---

27. 이하 ESP로 표기

다(예 : Chorpita, Taylor, Francis, Moffitt, & Austin, 2004).

　비록 증거 기반 실천에 대한 논쟁과 의견 불일치가 있지만, 또 다른 부분에서는 치료 연구에 대한 엄격한 평가로 지지받는다. 특히 아동기 불안에 관한 Davis와 Ollendick의 연구는 아동을 치료하는 데 있어 경험적이고 윤리적인 접근으로 발전시켰다. 모든 장애에 EST가 있을 수 없기 때문에 임상가가 가능한 모든 증거를 모으고 작업하는 윤리적인 책임을 지면서 증거 기반 실천이 발전하였다(Ollendick & Davis, 2004). 더불어 컴퓨터로 탐색하는 전략 체계와 EST 웹 사이트는 바쁜 전문가들이 쉽게 활용할 수 있도록 촉진하였다. 결과적으로 그들은 "잘못된 치료는 부적절한 수행뿐만 아니라 비윤리적인 것이다."라고 주장하였고, 이런 상황의 EST는 실패한다고 강조하였다(Ollendick & Davis, 2004).

　Davis와 Ollendick(2005)은 현재 EST 기준의 약점과 비판을 인용하면서 EST의 기준을 정서 치료와 결합하여 좀 더 세부적으로 평가하는 것을 제안하였다(즉, 생물정보학적 이론 : 앞의 설명 참고). EST 기준을 적용하면서 특별한 중재 개입을 입증하는 연구와 함께 정서 반응 구성요소에 치료 개입이 끼치는 영향(즉, 전반적인 주관적 정서 경험뿐 아니라, 생리적·행동적·인지적인 것도)을 재점검하였다. 그들이 살펴본 아동기 공포증과 공포에 관한 대부분의 연구는 행동측정과 주관적 공포측정을 포함한 반면, 인지적 또는 정신생리학적 측정은 거의 포함하지 않았음을 발견하였다. 이러한 발견은 놀라운 것이었고, 결국 효과적인 연구와 이론 사이가 '단절'되어 있다고 결론지었다(Davis & Ollendick, 2005).

　공포 반응의 특정 구성요소를 목표로 하는 치료에 관한 연구는 이론화된 변화 기제나 중재의 특정 목표를 측정하지 않는다(예 : 인지행동 치료에 관한 여섯 가지 연구 중 한 연구만 인지 평가를 포함하였다.). 비록 모든 정서 반응 구성요소에서 효과성이 설명되어야 하는지에 대한 의견이 일치하지는 않지만(예 : Bergman & Piacentini, 205), 이와 관련된 논쟁이 진척되기 위해서는 앞으로 치료 연구에서 이런 구성요소측정을 포함해야 한다는 의견에 연구자들은 동의한다.

아동기 불안장애의 치료

공포에 직면하기 : 노출법

기술

노출법은 불안장애 치료에서 가장 중요한 구성 요인이다. 노출법을 간단히 정의하면, 단순하게 직면하기 또는 공포나 불안자극을 경험하기이다. 노출법이 불안 치료이자 가장 기본적인 치료라는 점에서 그 중요성이 강조되었는데, 불행히도 이런 시각이 사라지고 있다. 구체적으로 노출법에 대해 두 가지 중요한 의문이 있는데, 어떻게 노출법이 이행되어야 하는가 그리고 어떤 메커니즘으로 노출법이 효과를 보는가이다.

실행

노출법은 두 가지 방법으로 구성된다. 실제적 노출법(vivo exposure)은 실제로 개인을 자극에 노출하는 것이고, 이는 개인이 상상한 자극과 연관시키는 심상적 노출법(vitro exposure)과 대비된다. 생물정보학적 이론과 정서처리이론에서는 일반적으로 정서망의 더 많은 부분을 활성화하기 위해 실제 상황에서 노출하는 것을 지지한다. 하지만 불안장애에서 중요한 안정감과 개인의 안녕감, 자극의 가능성 등을 반드시 고려해야 한다.

예를 들어, 실제 상황에 노출하는 것은 특정공포증, 외상 사건을 둘러싼 특성(예 : 환경과 주위상황), 그리고 쉽게 얻을 수 있고 다룰 수 있는 자극(예 : 강아지)일 때 더 적합하다. 이와 반대로 일반화된 걱정, 실제 외상 경험(예 : 폭행), 그리고 특이하거나 금지된 자극(예 : 고소공포증을 위해 시골에서 높은 빌딩을 찾는 것, 비행기 공포증에 접근하기 위해 비용을 쓰는 것)에는 적합하지 않다. 마지막으로 복합적인 접근법으로 실제 상황에서 노출 기술의 효과를 보충하고 강조하기 위해 심상 노출을 대안으로 사용할 수 있다.

또한 노출법에 대한 연구는 '노출량(doses)'을 두 가지로 제시한다. 즉, 점차 노출하거나 한 번에 노출하는 것이다. 노출법은 '홍수법(실제 상황)'이나 '내파법(심상)'이라고 불리는 절차로, 한 번에 두 가지 모두를 적용할 수도 있다. 대부분 홍수법과 내파법은 위해한 것에 노출하거나 자극 표상 또는 상황을 불러일으키는 것이다. 예를 들어, 고소공포증인 사람을 매우 높은 빌딩 꼭대기로 데려가거나 그런 빌딩이 있다고 상상하도록 하는 것이 있다. 이와 대조적으로 점진적인 노출은 실제 상황이나 심상 기술 중 하나를 골라서 개인의 증가된 공포와 불안을 위계적인 방법으로 천천히 안내한다. 위와 같은 예를 들어서 살펴보면, 실제 상황에서 점진적인 노출은 빌딩의 2층에 노출하였다가 3층으로 차츰 이동하는 것이고, 심상 노출 역시 이러한 방법으로 상상하도록 하는 것이다. 최근에 특히 아동에게는 노출법이나 내파법이 불필요하게 혐오적일 수 있는 반면, 점진적 노출법이 더 인간적이고, 마음을 끌며, 동기화의 위험을 줄인다는 의견에 합의되고 있다(Kendall et al., 2005).

그리고 노출법을 적용하는 것과 관련된 또 다른 이슈는 '노출량' 또는 '특별한 노출량'을 계획하는 것이다. 이와 관련된 연구 결과는 다양하며, 특히 아동에게 노출 접근을 부분적으로 제공하는 것이 나은지 다량으로 제공하는 것이 나은지는 불명확하다. 연장된 기간의 단일 회기 동안 노출법이 모두 다루어지는 것이 최선인가, 또는 노출을 하는 사이에 시간을 두고 몇몇 회기 동안 다루는 것이 최선인가(즉, 다량 노출), 또는 몇 주간 일주일에 한 시간씩 주별 회기 동안 다루는 것이 최선인가(즉, 대부분 매뉴얼화된 치료처럼 분리된 회기)에 관한 논쟁의 여지는 있으나, 성인 연구를 살펴보았을 때는 다량 접근 또는 노출 사이를 최소한의 간격으로 하는 것이 지지받았다(즉, Chaplin & Levine, 1981; Foa, Jameson, Turner, & Payne, 1980; Lang & Craske, 2000).

반면에 불필요하게 회기를 분리하는 것은 거의 지지받지 못하였다(Chambless, 1990; Herbert, Rheingold, Gaudiano, & Myers, 2004; Lang & Craske, 2000). 한 연구에서는 아동을 대상으로 다량 노출과 분리된 노출을 연구하였다. Davis, Rosenthal과 Kelly(1981)는 실제의 자극물(즉, 사실과 대조적으로/장난감)을 사용하여 3시간 동안 다량 노출 치료를 받은 아동이 1시간씩 3주간 노출 치료를 받은 아동보다 훨씬 나은 치료 성과를 보였음을 발견하였다.

이와 유사하게 Öst 외(2001)의 연구에서도 비록 분리된 노출과 비교하진 않았지만, 특정공포증이 있는 아동에게 3시간의 다량의 중재 개입을 한 이후 효과가 있었다고 밝혔다. 이와 더불어, 대부분의 아동은 연구자가 예상한 대로 치료가 진행되었고(75.4%), 이 개입법에 만족한다(82.1%)라고 보고하였다(Svensson, Larsson, & Öst, 2002). 따라서 아동은 다량의 노출 치료에 참여할 수 있는 최소한의 능력이 있으며, 이런 방법을 과도하게 잔혹하거나 혐오스럽게 받아들이지 않는다는 것을 발견하였다. 그러므로 이런 방식이 분리된 회기보다 더욱 효과적일 수 있다. 복합적인 불안장애를 치료하기 위한 최선의 방법은 최근 EST 매뉴얼과 형식, 임상적 판단, 환자와 부모의 선택으로 요약할 수 있다.

변화의 기제

비록 노출법은 가장 기본적인 용어로 쉽게 정의할 수 있지만, 노출법의 어떤 측면이나 변화의 기제가 치료적 이점을 가져다주는가에 대한 의문은 여전히 남아 있다. 몇 가지 잠재된 기제는 다음과 같다. 예를 들어, 반대조건 부여, 습관화, 소거, 인지적 변화, 그리고 대처 기술의 발달(Kendall et al., 2005; Tryon, 2005) 등이 있다. 이런 다양한 변화의 기제는 치료적 개입과 이론적인 차이가 있겠지만, 모든 노출 치료에서 어느 정도 변화를 가져온다. 이후에 살펴본 무작위 임상실험(RCT)에서 결과의 잠재적 변수를 조사한 연구는 하나뿐이었다(Treadwell & Kendall, 1996; Prins & Ollendick, 2003). 결과적으로 이러한 연구는 아동기 불안장애를 위한 주요 EST에 초점을 두었고, 치료는 정서적 반응의 다양한 구성요소를 목표로 하였다. 따라서 지난 수십 년간 많은 중재 개입이 이루어졌음에도, 변화 기제를 밝히는 연구와 이론 간의 단절을 해결하고자 하는 노력이 매우 부족했다고 느낄 것이다(Davis & Ollendick, 2005).

체계적 둔감화(SD)

기술

체계적 둔감화는 고전적 조건형성과 근육이완을 기반으로 한다(Jacobson, 1938). Wolpe(1958)는 실험실에서 관찰한 것과 유사하게, 치료 절차는 인과 관계의 원리를 기반으로 하였다. 체계적 둔감화의 가설은 기존의 무조건자극이 외상 또는 자극과 짝지어 노출되면서 조건화된 공포 반응을 일으키는 조건자극으로 형성된다는 것이다. 이 가설을 통해서 나온 치료적 중재는 '불안을 억제하고 신경증적 경향성을 줄이는 특정 반응을 적용하는 것'이다(Wolpe, 1958). 따라서 치료 목표는 반대조건 부여를 적용하는 것이다. 임상가는 공포 위계를 정하고 난 후, 여기에 반대조건 부여 기술 (예 : 이완 훈련)을 선택하여 적용한다. 반면에, 불안 억제 반응은 이완 또는 호흡법의 한 형태인데, Wolpe(1958)는 위계적 노출을 하는 동안 불안 억제 반응을 수행한 것이 적절했다고 보고하였다 (예 : 유머, 먹기, 심지어 성적 행동). 환자는 억제 반응을 선택하여 수행하는 동안 심상 노출이나 실제 노출 중 한 가지를 진행한다. 결과적으로 조건자극과 무조건자극의 연관성이 감소하는데, 이는 현재 있는 곳에서 예상되는 반응이 멈추기 때문이다.

Wolpe(1958)는 체계적 둔감화의 목표를 '자동적 반응 패턴 또는 유해한 자극에 반응하는 특성의 패턴'을 억제하여 회피행동을 제거하는 것이라고 하였다. 이렇게 억제하여 회피행동을 제거하는 것은 신체적 훈련(예 : 이완 훈련)을 통해 가능하다. 이는 위계적 공포단계에 맞게 새로운 반응을 짝지어 제공하는 것이다. 또한 이차적 목표는 회피하지 않고 연속으로 점차 노출을 증가하는 것이다. 이를 위한 중재 개입은 '자동적 반응 패턴'을 다루는 것이므로, 우선적으로 신체의 정서적 반응이 초기 목표이다(Davis & Ollendick, 2005). 회피를 예방하기 위해서 노출 강도를 조절하는 것뿐 아니라, 환자의 조절력 역시 행동 구성요소에 포함된다. 인지적 구성요소의 변화는 대부분 강조하지 않는다(Davis & Ollendick, 2005).

불안 치료에 반대조건 부여 접근을 적용하는 것에 대한 관심이 증가하고 있다. 이론적으로 정서망 활성화를 제지하려는 기법은 노출법의 효과를 손상시킬 수 있다(Lang, 1977). 성인에게는 이완법이 인지적 기법과 노출법을 병행한 것보다 효과가 적었고(Craske, Brown, & Barlow, 1991), 아동에게도 이완법이 노출법을 적용한 다른 행동적 기술보다 효과적이지 않았다(Bandura, Blanchard, & Ritter, 1969). 결과적으로 체계적 둔감화의 반대조건 부여 설명은 현존하는 연구에서 지지받지 못하였다(Tryon, 2005).

강화 실행(RP)

기술

1960년대와 1970년대의 연구에서는 반복적인 훈련, 정적 강화, 임상가 지시와 피드백이 불안을 약화하는 데 강력한 기술이라고 보고하였다(Ollendick & Cerny, 1981). 복합적으로 이런 절차는 '강화 훈련' 또는 '유관성 관리'라고 하였고, 강화물과 언어적 피드백으로 환자의 접근행동을 격려하는 동안 반복된 위계적 노출(즉, 실행)을 한다(Leitenberg & Callahan, 1973). 조작적 원리에 증가된 공포와 공포증을 직접적으로 연관 지어 다음과 같이 설명하였다. "공포는 분비기관과 근육의 반응일 뿐만 아니라, 공포스런 대상물에 접근할 가능성을 줄이고 도망갈 가능성을 증가시킨다."라는 개념으로 볼 수 있다(Skinner, 1988). 공포와 불안을 위한 강화 훈련은 강화 계획, 과거에 학습된 것, 공포와 불안이 동시에 발생하는 감정·감각·생각에 관심을 기울이지 않도록 조작화하는 것에 초점을 둔다.

결과적으로 강화 훈련에서 공포나 불안을 일으키는 자극물과 긍정적인 연관이 있도록 강화함으로써 부정적인 연관성이 약화되었다. 또 다른 한 가지 목표는 조작적 원리를 통해 접근행동을 증가시키는 것이다(Davis & Ollendick, 2005). 행동적 구성요소의 정서적 반응을 강조하지만, 인지 및 신체적인 것은 강조하지 않는다. 강화 훈련과 체계적 둔감화는 종종 연구에서 혼동되는데, 이두 방법은 노출되는 동안 서로를 위한 것이거나 방해하기 위한 것 중 하나이다. 특히 이러한 혼동은 체계적 둔감화에서 이완 훈련 대신 실질적인 보상물을 활용할 때 더 많이 나타난다(예 : Rapp, Vollmer, & Havanetz, 2005). 실질적인 보상물을 아동에게 제공할 때 강화 훈련인지 체계적 둔감화 개입법인지 결정한다. 예를 들어, 임상가가 노출 회기 동안 아동이 좋아하는 인형을 활용하기로 결정할 수 있다. 만약 그 인형을 노출 초기에 제공하였다면, 그것은 아마 노출 기간에 반대조건 부여 효과를 가질 것이다(즉, 체계적 둔감화). 하지만 인형을 단지 위계적 단계를 완수했을 때만 제공한다면, 임상가는 그 인형을 적절한 행동을 위한 강화물로 사용한 것이다(즉, 강화 실행).

모델링과 참여자 모델링(PM)

기술

Ritter(1965, 1968)는 사회학습이론에 근거하여 참여자 모델링(접촉둔감법; contact desensitization)을 개발하였다. 참여자 모델링(PM)은 모델링이나 타인을 관찰하면서 대리 학습할 수 있다는 이론에 기반을 둔다. Bandura(1969)에 따르면, 모델링은 사회적 모델을 관찰함으로써 행동이 변화하는 것이다. 이것을 치료에 적용하면, 무서운 자극이나 상황과 상호작용하는 모델을 관찰함으로써 공포와 불안이 감소될 수 있다. 관찰의 결과는 조건자극과 무조건자극 사이의 연합을 약하게 함으로써 대리적 소거(즉, 새로운 억제 학습)를 한 것이다(Bandura, 1969; Bouton, 2004; Myers & Davis, 2002).

참여자 모델링에서 임상가는 단순한 사회적 모델 역할만 하는 것이 아니라, 더 많은 상호작용 접근을 제공한다. 여기에서 목표는 임상가가 추가한 언어적·비언어적 교육을 내담자가 과제로 터득하는 것이다. 임상가는 반응하는 역할을 하면서 내담자가 반응을 완성할 수 있도록 돕는다. 그리고 참여자 모델링은 임상가가 복잡한 과제부터 쉬운 과제를 분리할 수 있고 직접 상호작용하는 단계를 관리할 수 있다는 이점이 있다. 예를 들어, 노출하는 동안 더욱 광범위해진 강아지 기르는 단계를 임상가의 모델링 과제에서 다루게 되며, 그 이후 관찰자는 임상가의 신체적·언어적 지시를 통해 비슷한 형태로 행동을 형성할 수 있다.

모델링을 통해 중요한 기술을 습득하기도 하지만, 더욱 근본적인 목적은 행동을 변화시키는 것이다(Bandura, 1969). 또한 회피 제거도 중요하며, 이와 더불어 이득을 얻기 위해 관찰자가 모델링과 참여자 모델링에서 모델을 관찰하는 것 역시 매우 중요하다. "참여자 모델링을 통해 환자가 혐오스러워하는 것을 보고, 접근하고, 다양한 행동적 경험을 함으로써 결국 그것을 혐오스러워하지 않아야 한다(Davis & Ollendick, 2005)." 물론 이 절차는 사회학습이론에 기반을 두지만, 인지적으로 개념화할 수 있는 중요한 구성요소도 포함한다. 또한 치료는 "예측되는 부정적 결과가 일어나지 않는 것이 공포 소거의 필요조건이다."라는 말처럼 치료에는 자극과 상황에 관한 왜곡된 믿음을 확인하지 않고 평가하는 것을 포함한다(Bandura, Blanchard, & Ritter, 1969). 확인하지 않는 절차를 위해 추가될 선행조건은 다양한 소거법에 대한 신념 밖의 것과 인지적인 것을 별개로 구분하는 것이라고 강조하였다.

인지행동 치료(CBT)

기술

명칭에서 암시하듯이, 인지행동 치료는 명백하고 유력한 두 가지의 중재 개입, 즉, 인지 치료와 행동 치료를 통합한 것이다. 인지행동 치료는 앞서 언급한 행동 기법의 일부 또는 전부를 활용하며 여기에 부적절한 인지를 다루는 기술까지 추가한 것이다. 정신병리는 정보 처리 과정의 오류를 반영하며 이런 오류는 행동과 인지를 지배하는 안정적 도식(인지 구조)으로 통합된다는 이해를 바탕으로 두 가지 개입을 통합하였다(Beck, 1993). 이러한 통합은 정보 처리 오류와 역기능적 행동과 걱정이 상호 연관되어 있을 때 이루어진다(Beck, 1993). 결과적으로 인지행동 치료는 행동 치료 기술(예: 모델링, 노출, 조작적 조건형성, 이완; Kendall, 1993; Kendall et al., 2005)을 적용하는 동시에, 아동의 인지적 왜곡을 다룬다. 즉, 이는 혼합적인 접근법이 되었고, 치료는 공포의 자동적 사고, 취약성, 의식적 마음을 괴롭히는 위험을 증명하고, 평가하며, 맞서는 동안 회피행동을 제거하는 데 초점을 둔다(Beck, 1991, 1993).

결과적으로 정신병리는 역기능적 행동이나 장애행동과 연관된 부정적 인지 구조(즉, 도식)가 우세한 경우에 생긴다(Beck, 1991). 인지적 측면의 치료는 이 같은 인지적 구조를 바꾸거나 환경에 대해 '재해석'할 수 있는 새로운 구조를 발전시키는 것에 초점을 둔다(Kendall, 1993). Kendall과 Suveg(2006)에 따르면, 인지 구조에서 왜곡(예 : 큰 재앙에 대한 생각, 부적응적인 생각, 기대)과 결핍(예 : 발달과업의 미완성된 달성, 낮은 문제 해결 능력, 충동성)에 대한 설명이 우선시되어야 한다고 보았다. 그렇긴 하지만 행동 기술 역시 다양한 수준으로 활용된다.

행동 기술만 따로 분리해 생각하면 이것은 단순한 행동 치료에 불과하다. 하지만 인지적 왜곡과 결핍을 다루는 복합적인 치료를 할 때, 노출법, 사회 학습, 조작적·고전적 조건형성 기술과 같은 행동 기술을 활용하는 것이 더 효과적이다. 행동적 중재는 인지적 왜곡을 평가하거나 결핍을 도울 수 있는 심리교육, 문제 해결 능력, 그리고 기능 강화를 통합하는 구체적인 기회를 제공한다. 한편, 치료에 가족 중심 기술 역시 통합할 수 있는데, 이는 가족의 잠재된 위험 요인을 완화하고 치료 효과를 일반화하도록 도울 수 있다.

이전의 정서처리이론에 관한 논쟁을 살펴보면(Foa & Kozak, 1986, 1998), 이론적으로 불안장애를 위한 인지행동 치료에서는 임상가가 정서망을 활성화시키고 그 구조 안에 추가적인 정보를 통합할 수 있다. 이러한 정보는 아마도 자극물의 특성, 의미, 정서적 반응의 구성요소인 인지(예 : 비관적이거나 왜곡된 사고를 지지하지 않는 정보), 행동(예 : 효과적인 노출, 새로운 유관성에 기반한 강화, 처벌의 새로운 계획에 관한 정보), 또는 생리(예 : 위계적인 공포와 불안단계 동안 습관화된 결과)와 관련될 것이다.

예를 들어, 공공장소에서 말하는 것에 대해 공포가 있는 아동을 위한 인지행동적 노출 치료는 다양한 방법으로 조정될 수 있다. 첫째, 인지행동 치료는 비관적인 생각(예 : '나는 정신적 충격을 받을 거야!')에 도전하고 평가함으로써 새로운 의미와 인지 반응을 접하게 한다. 둘째, 대처하고 다른 것을 설명하고, 공공장소에서 말하는 데 필요한 기술을 가르칠 수 있다(예 : 스트레스와 걱정을 어떻게 다루는가, 연설대와 마이크를 어떻게 사용하는가, 어떻게 적절한 예의를 갖추는가). 셋째, 인지행동 치료는 회피행동을 감소하고, 과제에 대한 성공적인 접근을 강화하는 데 사용될 수 있다(예 : 조절 가능한 접근을 적용하기 위해 공포 위계 사용하기, 접근이 일어날 가능성을 증가시키기 위한 언어적 강화를 사용하기). 마지막으로, 생리적 반응에 익숙해지도록 경험 기회를 제공한다(예 : 심장의 두근거림, 땀 흘리기). 이런 사례에서는 인지행동 치료의 다양한 구성요소를 고르게 섞어서 활용한다. 궁극적으로 인지행동 치료는 전체적 연합망을 활성화하고, 자극물의 다양한 측면에 관한 정보를 제공함으로써 그것의 의미와 반응을 불러일으킨다(Davis & Ollendick, 2005). 결과적으로 인지행동 치료는 불안 반응의 세 가지 구성요소가 변화하는 것을 강조한다(Davis & Ollendick, 2005).

아동기 불안장애를 위한 경험적으로 입증된 치료

이후 아동기 불안장애 치료에 대해 ESTs(즉, ESPs가 아니라)를 중점으로 살펴볼 것이며, 전반적인 효과와 반응 구성요소의 효과성에 대해서도 살펴볼 것이다(즉, 성분분석; Davis & Ollendick, 2005). 이런 연구는 EST 기준을 엄격하게 적용하였고(Task Force, 1995), 이에 대해 Chambless 외(Chambless et al., 1996, 1998)가 다음과 같이 기술하였다. '연구 관점에서 볼 때 어떠한 치료도 타당성이 완전하게 입증되지 않았고, 항상 더 많은 질문이 제기'되어서 초기 목표는 '… 광범위한 임상적 훈련과 수단을 보급하는 데 충분한 경험적인 타당성을 보증할 수 있는 치료인지 결정하는 것…'을 통해 내담자에게 더욱 나은 치료를 제공하는 것이다(Task Force, 1995).

이 목표는 보급, 훈련, 환자 보호를 위한 협의사항을 정하는 것으로 경험적 상태를 결정하는 데 높은 기준이 적용되어야 한다. 최근 연구에서는 청소년, 또는 심각한 수준의 정신병리가 있는 청소년에게도 증거 기반 치료가 일반 치료보다 더 나은 성과를 낸다고 강조하였다(Weisz, Jensen-Doss, & Hawley, 2006). 하지만 안타깝게도 현재 증거 기반 운동은 정치적 토론에 빠져 있고, 최선의 치료를 수행하기 위한 훈련과 보급에 대한 초기 의도를 확신하는 데 비용을 들이면서 EST '상'을 받기 위해 노력하고 있다(Rosen & Davison, 2003).

이후 연구는 불안장애 아동을 대상으로 본래 기준을 적용한 무작위 임상실험연구에 초점을 두었고(Task force, 1995; Chambless et al., 1996, 1998), 이에 따라 가장 엄격한 근거(자료)가 축적된 치료를 고르기 위해 노력을 기울였다. 이러한 연구는 연구 표본이 명확한 진단 상태이거나 다수의 임상 평가 근거(자료)와 표본자료를 통해 특정 진단 및 진단 범주가 합리적으로 정해져야 한다고 강조한다(Chambless & Ollendick, 2001). 만약 참여자가 무선 할당되지 않았거나, 표본의 가장 기본적인 특성(예 : 나이, 남 vs 여)조차 구체화되지 않은 연구, 임상 수준에서 특수 불안장애(예 : 시험불안, 사회적 고립)인지 확실하지 않은 증상을 사정 평가하고 치료한 연구, 그리고 조건 간 동등한 결과를 보이지만 차이점을 분별하는 검증력이 부족하고 EST에 동등한 기준을 가진 연구는 재검토 연구에서 제외된다(Kazdin & Bass, 1989). 더불어 소수 연구에서만 ESP를 독립적으로 수행하며, 이 재검토 연구는 EST가 현재 연구에서 가장 지지받고 있다는 점을 확인하는 데 중점을 둔다.

마지막으로 치료의 전반적인 경험적 상태를 살펴보는 것과 더불어 성분분석을 통해 치료가 정서적 반응 구성 요인에 끼친 효과를 설명하였다(Davis & Ollendick, 2005). 구체적으로 살펴보면, 결과자료는 실험을 통해 얻었고, 이후 치료가 정서에 대한 주관적 경험, 생리적 반응, 행동적 반응, 인지적 반응에 끼친 영향력을 EST의 기준 지침에 따라 분류하였다. 이 분석에 필요한 결과자료는 엄격한 형식이어야 하거나 단일한 형태의 정보제공자나 매개체일 필요는 없다. 예를 들어, 행동 구성 요인은 행동적 과제, 관찰의 부호화, 자기 보고, 부모 보고를 활용하여 측정된다. 이러한 연구의 결과는 표 7.2와 7.3에 요약하여 제시하였다. 표 7.2는 검증된 결과를 가져온 연구에 대한 증거를 제시하였고, 표 7.3은 특수장애를 위한 특별 치료에 대한 이점을 제시하였다.

현재까지 위와 같은 연구 기준을 충족하는 아동을 대상으로 한 게재되지 않은 무작위 임상실험은 공황장애·광장공포증(다양한 기저선 설계 연구의 결과를 위해 Ollendick, 1995), 분리불안장애, 일반화된 불안장애를 증명하였다(즉, 그 장애에 효과적인 치료를 결정하기 위해 계획된 무작위 임상실험연구). 하지만 몇 가지 연구에서는 다양한 불안장애를 결합하여 실험하기도 하였다(예 : 잘 알려진 Kendall의 CBT RCT, 1994). 이러한 시각으로 본다면, 연구에서 특정공포증, 사회공포증, 강박성 장애, 외상 후 스트레스장애, 그리고 마지막 분류인 '아동기 불안'에 대한 치료를 검증해야 한다. 이렇게 결합된 집단은 Task Foce의 지침에 맞는 연구로 구성된다. 그러나 이런 연구는 불안장애 하나에만 초점을 두지는 못하였다(예 : 단일 표본의 일반화된 불안장애, 사회공포증, 분리불안장애).

특정공포증(SP)

세분화된 연구 기준을 적용한 네 가지 무작위 임상실험에서는 경험적으로 입증된 행동 치료와 인지행동 치료가 특정공포증에 임상적으로 유의했다고 보고하였다. 행동 치료를 하기 위해 Cornwall, Spence와 Schotte(1996)는 어둠에 공포를 느끼는 아동에게 체계적 둔감화(정서적 심상 : '영웅'을 상상하게 하면서 위계적으로 노출하는 기법)를 적용하였다. 실험적 상태에서 검증하기 위하여(예 : 더욱 엄격한 중재·위약 효과를 위한 응답이나 대조의 필요성) 체계적 둔감화를 한 아동의 자기 보고와 행동 부분을 대기자 통제집단과 비교하였는데, 체계적 둔감화를 한 아동이 유의하게 더 나은 성과를 보였다. 3개의 연구에서 특정공포증을 대상으로 인지행동 치료의 효과성을 실험하였다(Muris, Merkelbach, Holdrinet, & Sijsenaar, 1998; Muris, Merkelbach, Van Haaften, & Mayer, 1997; Öst et al., 2001). 비록 Muris 외는 교차 연구(crossover studies)를 했음에도 불구하고, 교차 전에 사전 처리부터 치료 이후까지 비교한 정보 결과는 무작위 임상실험 설계와 동일한 결과를 보였다. 다른 치료를 한 두 연구와 대기자 통제집단과 비교한 세 번째 연구에서 인지행동 치료가 훨씬 나은 결과를 보고함으로써, 이러한 무작위 임상실험연구 결과에 따르면 전반적으로 아동기 특정공포증에 인지행동 치료가 효과적이라고 밝혀졌다. 구체적으로 살펴보면, Muris 외의 연구에서 안구운동 민감소실 및 재처리요법(EMDR)을 한 것보다 인지행동 치료가 우세하였고, 여러 가지 척도에서 대기자 통제집단에 비해 훨씬 우수하였다(Öst et al., 2001).

그리고 정서 반응의 구성요소에 체계적 둔감화가 끼친 영향을 분석하기 위해 주관적 불안 경험뿐 아니라, 세 가지 반응 모두(예 : 생리, 행동, 인지)를 포함하였다. Cornwall 외(1996)는 치료집단이 대기자 통제집단보다 더 낫다는 것을 알려 줄 수 있는 주관적 공포 척도와 행동 척도를 포함하였다. 하지만 이러한 결과를 발견하기 위해서는 임상 아동 모집단의 응답이 필요하다. 더욱이 정신생리학적인 부분은 측정할 수 있지만(예 : 생리적 불안 : 아동용 불안 척도 개정판; Reynolds & Richmond, 1978), 실험할 수는 없다. 인지행동 치료의 성분분석은 생리적 구성요소와 인지적 구성요소 모두 실험적 상태에서 측정한다(예 : 유의한 차이가 없는 집단을 대상으로 한 2개의 연구). 인지행동 치료의 행동적 구성요소가 한 연구자집단뿐만 아니라 2개의 다른 치료조건에서도 우월함이 증명된다면 효과적이라고 볼 수 있지만(표 7.2와 7.3 참고), 반면 효과성 상태는 주관적 공포

표 7.2 불안장애 치료의 경험적으로 지지된 실험연구

치료 반응 구성요소 증상의 효과성 증거					
장애/치료	연구	생리	행동	인지	자각
특정공포증					
ISD vs. W-L	Cornwall et al.(1996)	NR	TX>W-L	*	TX>W-L
ICBT vs. EMDR	Muris et al.(1997)	ns	CBT>TX	*	CBT>TX
ICBT vs. EMDR vs. Psychological Placebo	Muris et al.(1998)	*	=	*	CBT>TX
ICBT vs. ICBT+ParCBT vs. W-L	Ost et al.(2001)	ns	TXs>W-L	*	TXs>W-L
사회공포증					
I+GBT vs. Psychological Placebo	Beidel et al.(2000)	*	TX>Placebo	*	TX>Placebo
GCBT vs. GCBT+Par vs. W-L	Spence et al.(2000)	NR	ns	*	TXs>W-L
GCBT vs. W-L	Gallagher et al.(2004)	*	TX>W-L	*	TX>W-L
강박장애				*	
ICBT vs. Med	de Haan et al.(1998)	*	=	NR	*
ICBT+Med vs. ICBR vs. Med vs. Pill Placebo	POTS(2004)	*	NR	NR	*
ICBT vs. GCBT vs. W-L	Barrett et al.(2004)	NR	NR	NR	=
외상 후 스트레스장애					
ICBT vs. ParCBT vs. ICBT+ParCBT vs. Com	Deblinger et al.(1996)	*	ns	*	ns

표 7.2 불안장애 치료의 경험적으로 지지된 실험연구(계속)

장애/치료	연구	치료 반응 구성요소 증상의 효과성 증거			
		생리	행동	인지	자각
ICBT vs. ICBT+ParCBT vs. W–L	King et al.(2000)	NR	TXs>W–L	ns	TXs>W–L
GCBT vs. W–L	Stein et al.(2003)	*	ns	*	TX>W–L
ICBT+ParCBT vs. Child–centered	Cohen et al.(2004)	*	CBT>TX	*	ns
아동기 불안장애(혼합형)					
ICBT vs. W–L	Kendall(1994)	NR	TX>W–L	TX>W–L	TX>W–L
ICBT vs. ICBT+ParBT vs. W–L	Barrett et al.(1996)	NR	TXs>W–L	*	ns
ICBT vs. W–L	Kendall et al.(1997)	NR	TX>W–L	TX>W–L	TX>W–L
GCBT vs. GCBT+ParBT vs. W–L	Barrett(1998)	*	TXs>W–L	*	ns
ICBT+ParBT vs. W–L	King et al.(1998)	NR	TX>W–L	TX>W–L	TX>W–L
GCBT vs. W–L	Silverman et al.(1999)	NR	TX>W–L	*	TX>W–L
ICBT vs. GCBT vs. W–L	Flannery–Schroeder et al.(2000)	NR	TX>W–L	TX>W–L	TX>W–L
GCBT+ParCBT vs. W–L	Shortt et al.(2001)	NR	TX>W–L	*	TX>W–L
GCBT vs. Psychological Placebo	Ginsburg et al.(2002)	*	*	*	TX>Placebo
GCBT vs. Psychological Placebo	Muris et al.(2002)	*	*	*	TX>Placebo
ICBT vs. ICBT+ParCBT vs. W–L	Nauta et al.(2003)	*	TXs>W–L	*	TX>W–L
GCBT vs. GCBT+Internet vs. W–L	Spence et al.(2006)	NR	TXs>W–L	*	TX>W–L

주요사항 : '*'=측정하지 않은 집단, '='=동등한 집단, Com=지역사회보호(Community Care)·일반 치료(Treatment as usual), E/RP=반응 방지를 포함한 노출(exposure with response prevention), G=집단(group), I=개별 (individual), NR=측정했지만 보고되지 않은 구성요소(예 : 전체 점수는 제시했으나 필요한 정보를 하위 척도에 포함), ns=유의한 차이가 없음, Par=부모가 치료에 참여함, TX(s)=치료나 여러 가지 치료, SD=체계적 둔감법, W-L=대기자 통제집단

및 불안 경험으로 증명될 수 있다. EST에 관한 이런 결과와 연구는 Davis와 Ollendick(2005)의 연구 결과와 차이가 있고 Ollendick과 King(1998)의 연구와도 다르다. 이런 차이점은 최근 재검토 한 연구에 적용된 좀 더 엄격한 기준에 직접적인 영향을 받은 것일 수 있고, 또는 임상 연구는 유사 공포가 아닌 실제 특정공포증이 있는 아동을 대상으로 하기 때문에 나타날 수 있다.

사회공포증(SoP)

아동의 사회공포증 치료에 대한 무작위 임상실험에는 다음과 같은 두 가지 치료가 있다. 하나는 집단 형식의 인지행동 치료이고(Gallagher, Rabian, & McCloskey, 2004; Spence, Donovan, & Brechman-Toussaint, 2000), 다른 하나는 개별과 집단 형식을 결합한 행동 치료이다

표 7.3 불안장애를 위한 경험적으로 입증된 치료가 아동과 정서 반응의 구성요소에 끼치는 영향

DSM–IV–TR 장애와 치료	경험적 지지 수준				
	전반적 상태	생리	행동	인지	자각
특정공포증					
SD	실험적인	Exper	Exper	Exper	Exper
CBT	대개 효과적인	Exper	Prob	Exper	Prob
사회공포증					
BT	대개 효과적인	Exper	Prob	Exper	Prob
CBT	대개 효과적인	Exper	Exper	Exper	Prob
강박장애					
CBT	잘 확립된	Exper	Exper	Exper	Exper
외상 후 스트레스장애					
CBT	잘 확립된	Exper	Prob	Exper	Prob
아동기 불안장애(혼합형)					
CBT	잘 확립된	Exper	Prob	Prob	Well Est

주요사항 : BT=행동 치료, CBT=인지행동 치료, Exper=경험적 실험 상태, Prob=대개 효과적인 경험적 상태, Well Est=잘 확립된 경험적 상태, SD=체계적 둔감법

(Beidel, Turner, & Morris, 2000). 인지행동 치료는 노출법, 인지적 도전 · 치료(cognitive challenge · therapy), 모델링이나 참여자 모델링, 심리교육 등 다양한 기술을 통합한다(이완도 포함됨.; Spence et al., 2000). 인지행동 치료 실험 결과, 집단 치료가 대기자 통제조건에 비해 여러 척도 및 진단 결과에서 우월하였다. 결과적으로, 사회공포증에 대한 집단 인지행동 치료는 효과적인 장점이 있다. 한편, 행동 치료 실험연구에는 다른 실험연구에 포함되는 심리교육, 사회 기술 훈련, 모델링, 노출법 등과 유사한 여러 기술을 포함하지만, 인지적 구성요소는 포함하지 않는다. 행동 치료 실험연구 결과도 심리적 위약 효과보다 유의한 수준으로 우수하였다. 결과적으로 행동 치료 또한 더욱 엄격한 기준을 충족하면서 효과를 보인다는 장점이 있다. 구체적으로 말하면, Beidel 외(2000)는 EST의 기준에 따라 반복 검증을 통해 잘 확립된 치료의 기준을 모두 충족하였다.

세 가지 성분분석 연구는 인지적인 부분을 측정하는 어떤 것도 포함하지 않았다. Spence 외(2000)는 생리적인 부분을 측정하였지만, 그 자료에 대해서는 보고하지 않았다(생리적 불안, 아동기 불안 척도 개정판). 하지만 세 가지 무작위 임상실험연구에 행동적 구성요소와 주관적인 정서 경험을 측정하는 것을 포함하였다. 그리고 Beidel 외(2000)는 비율 척도와 더불어 행동 관찰을 추가하였다. 결과적으로 심리적 위약 효과보다 행동 치료를 받은 집단이 측정과 관찰에서 더 우월하

였고, 이는 행동 치료가 행동 반응을 치료하는 데 효과적이라는 것을 의미한다. 게다가 주관적 불안 경험에 대한 자기 보고 척도에서 심리적 위약 효과집단에 비해 행동 치료집단이 우수하여 행동 치료가 효과적이라고 할 수 있다. 인지행동 치료를 다시 살펴보면, Spence 외(2000)는 부모 보고 질문지와 직접 관찰법을 모두 사용하여 평가하였다. 그러나 인지행동 치료와 대기자집단 간의 유의한 차이는 없었다. 반면 Gallagher 외(2004)의 부모 보고측정에서는 인지행동 치료가 대기집단보다 더 나음을 발견하였다. 이 연구를 함께 고려하고 근거 수준을 살펴보건대(즉, 대기자집단과 유의하게 대조되는 것), 사회공포증를 위한 인지행동 치료는 행동적 반응에 대해 실험적 상태로 타당성을 입증해야 한다. 이와 대조적으로 2개의 연구에서는 대기자 통제집단이 인지행동 치료집단에 비해 자기 보고 척도 점수가 낮아서 주관적인 불안 경험에 인지행동 치료의 효과가 있다고 보았다.

강박장애(OCD)

연구 기준을 충족한 3개의 무작위 임상실험연구를 확인하고, 확인된 이 연구는 강박장애를 위한 EST의 전반적인 성분 상태를 결정하기 위해 활용되었다(Barrett, Healy-Farrell, & March, 2004; de Haan, Hoogduin, Buitelaar, & Keijsers, 1998; POTS, 2004). 이 세 가지 연구 모두 심리교육, 인지적 개입, 노출법과 반응 방지(E/RP)을 포함한 인지행동 치료의 매뉴얼 형식을 사용하였다. 전반적으로 이 연구 결과, 개별 인지행동 치료가 항우울제인 클로미프라민(clomipramine), 알약 위약 효과(POTS, 2004), 4~6주 대기자 통제집단(Barrett et al., 2004)에 비해 더욱 효과적이었다(de Haan et al., 1998). 또한 다른 연구자집단에서도 이런 효과가 입증되었으며, 세 연구 모두 강박증 환자를 대상으로 하였다. Barrett 외(2004)는 집단 인지행동 치료를 하였는데, 그 결과 대기자 통제집단보다는 더 우월하였으나, 개별 인지행동 치료 결과와는 동등하였다. 이러한 근거를 통해 강박성 장애의 인지행동 치료는 잘 확립된 중재 개입의 기준을 충족한다고 볼 수 있다.

이런 결과는 임시적인 것이기 때문에 반복적인 검증이 필요하다는 것에 주목해야 한다. 즉, 이러한 연구와 다른 여러 연구 결과를 근거로 인지행동 치료는 강박장애에 적절한 치료라고 여겨지지만(예 : 개방형 실험; Turner, 2006), 더욱 심도 깊은 연구가 이루어져야 한다. POTS(2004)의 연구 결과, 강박장애에 대한 복합적 접근(즉, 약물과 인지행동 치료 둘 다)에서 인지행동 치료와 서트랄린(sertraline; 항우울증제) 약물치료를 따로 하는 것이 병행하는 것보다 낫다는 것이 밝혀졌는데, 이에 대한 결과는 (비록 장소의 차이는 있지만) 서로 차이가 없어서 흥미롭다. 결과적으로 심각한 사례의 경우에 가장 좋은 치료적 실행은 복합적인 접근을 하는 것일지도 모른다. 마지막으로 세 가지 실험연구는 부모를 다양한 수준으로 포함하여 성공적인 치료를 이끌었다.

EST 상태에 대한 성분분석 결과, 인지행동 치료는 정서적 반응의 구성요소를 실험적 상태에서 설명할 때만 집단이나 개별 형식에 이점을 준다고 하였다. 이러한 결과는 세 연구 모두 아동용 예일 브라운 강박 척도(CY-BOCS; Goodman et al., 1989; Scahill et al., 1997)를 포함하였고, 한 연구에서는 생리적 증상 척도를 포함했다는 점에서 특히 실망스럽다(아동용 다차원 불안 척도; MASC; March, 1997). 특히 이 연구는 인지와 행동적 구성요소를 입증하는 강박관념의 심각도 점수와 강박행동의 심각도 점수를 조사하는 대신에, 단지 총합 점수만 일관되게 보고하고 분석하였다. Barrett 외(2004)는 주관적 불안측정을 포함하였으나, 시간에 따른 집단 간 차이는 관찰되지 않았다.

외상 후 스트레스장애(PTSD)

Cohen, Deblinger, Mannarino, Steer(2004), 그리고 Deblinger, Lippman, Steer(1996), King 외(2000), 그리고 Stein 외(2003)는 외상 후 스트레스장애(PTSD) 또는 임상적으로 유의미한 외상 후 스트레스장애 증상을 위한 인지행동 치료에 관한 실험연구를 진행하였다. 이전에 살펴본 연구와 더불어 4개의 연구 모두 인지행동 치료 매뉴얼을 포함하였고, 인지 대처 기술, 심리교육, 점진적 노출법, 인지 치료, 그리고 다른 기법들을 포함하였다. 이러한 연구 결과를 살펴보면, 외상 후 스트레스장애를 위한 인지행동 치료는 잘 확립된 기준에 충족한다. 부모와 아동의 인지행동 치료는 아동 중심 치료보다 더 나은 결과를 보고하였고(Cohen et al., 2004), 아동 인지행동 치료와 아동-부모 인지행동 치료(즉, 2개의 분리된 집단이 실패한 경우)를 결합한 것은 부모만 인지행동 치료를 한 것과 지역사회에서 관리하는 것에 비해 효과적이었다(Deblinger et al., 1996). 이와 더불어 두 가지 실험연구에서 대기자 통제집단조건보다 인지행동 치료집단이 더 나은 결과를 보고하였다(King et al., 2000; Stein et al., 2003). 결과적으로 최소한 2개의 다른 연구집단 실험 결과를 비교할 때, 외상 후 스트레스장애를 위한 인지행동 치료가 위약이나 다른 치료보다 더 우수하였다.

정서 반응 구성요소에 인지행동 치료가 끼치는 효과는 생리적 · 인지적 측면의 실험적 기준을 충족한다고 보았다. 하지만 효과성은 행동적 구성요소와 주관적인 불안 경험으로 입증되어야 한다. King 외(2000)는 연구에서 인지(즉, 자기 효능감 대처; 집단 사이에 어떤 유의한 차이를 나타내지 않음.)와 생리적(즉, 아동용 불안 척도 개정판; 생리적 불안 척도는 측정되지 않음.) 척도만 포함하여 평가하였다. 외상 후 스트레스장애가 행동에 끼친 영향력을 네 가지 연구에서 측정하였는데, 두 연구에서만 차이를 보고하였다. King 외(2000)는 대기자 통제집단보다 인지행동 치료가 유의한 차이를 나타낸다고 보고하였고, Cohen 외(2004)는 인지행동 치료가 다른 치료보다 더 우수함을 발견하였다. 마지막으로 네 가지 실험연구에서 주관적 불안을 측정하였는데, 단지 King 외(2000)와 Stein 외(2003)의 연구에서만 인지행동 치료가 대기자 통제집단조건보다 낫다고 보고하였다.

아동기 불안

이 범주의 연구는 인지행동 치료를 대기자 통제집단, 인지행동 치료와 비교되는 치료(즉, 집단 vs 개별 형식, 아동과 부모 또는 가족 치료 vs 아동 치료)와 비교하였다. 하지만 인지행동 치료와 대조 집단을 구분하고 차이점을 발견하기 충분치 않아 어려움이 있다(Kazdin & Bass, 1989). 결과적으로 연구 결과의 전반적인 느낌은 종종 일치하지 않는 내용을 요약하거나(예 : 어머니 vs 아버지, 아동 vs 임상가 보고), 유동적인 결과(예 : 사전·사후조사에서 우세한 집단이 바뀌는 것)를 보수적으로 보고하는 것 같다는 것이다. 게다가 선호하는 결과 해석방식은 포괄적으로 측정하고 진단을 설명하는 것이었다(CBCL, RCMAS, FSSC-R).

일반적으로 동등한 결과가 나오는 몇 가지 연구를 제외하고(예 : Manassis et al., 2002), 12개의 무작위 임상실험연구를 확인하여 조사하였다. Ginsburg와 Drake(2002), Muris, Meesters와 van Melick(2002)의 연구에서도 인지행동 치료가 심리적 위약 효과보다 더 우수했다고 밝힌 것처럼 전반적으로 아동에게 인지행동 치료가 잘 확립된 치료라고 본다. 이와 더불어, 10개의 추가적 연구에서 역시 인지행동 치료가 대기자집단에 비해 변화를 가져오는 데 우수했다고 보고하였다(표 7.2와 7.3 참고; Barrett, 1998; Barrett et al., 1996, Flannery-Schroeder & Kendall, 2000; Kendall, 1994; Kendall et al., 1997; King et al., 1998; Nauta, Scholing, Emmelkamp, & Minderaa, 2003; Shortt, Barrett, & Fox, 2001; Silverman et al., 1999; Spence, Holmes, March, & Lipp, 2006). 하지만 그중에서도 집단 인지행동 치료가 개별 인지행동 치료 또는 가족이나 부모구성원이 하는 인지행동 치료에 비해 더 효과적으로 잘 설립되었다(표 7.2 참고).

아동기 복합적 불안장애를 위한 인지행동 치료의 성분분석에는 생리적 반응이 실험조건이다. 하지만 살펴본 12개의 연구 중 어떤 것도 생리적 결과를 조사하거나 보고하지 않았고, 8개의 연구는 측정했음에도 성분분석에 포함하지는 않았다. 12개의 연구 중 10개의 연구에서 행동의 일부를 측정하였고, 모두 인지행동 치료가 대기자 통제집단에 비해 더 낮다고 보고함으로써 인지행동 치료의 효과성을 입증하였다. 단지 4개의 연구에서만 인지측정을 포함하였지만, 모두 인지행동 치료가 대기자집단보다 더 낮다고 보고함으로써 효과성을 입증하였다. 마지막으로 12개의 연구에서 주관적 불안 경험을 측정하였고, 8개의 무작위 임상실험연구에서 인지행동 치료가 대기자 통제집단보다 더 우월하였다. 또 2개의 무작위 임상실험연구에서는 인지행동 치료가 심리적 위약 효과보다 더 우세하였다고 밝혔다. 이러한 증거들을 살펴보건대, 주관적 불안 경험에 대한 인지행동 치료의 효과성이 입증되었다고 볼 수 있다.

그리고 인지행동 치료의 사용, 영향력, 적용에 대해 12개의 연구를 다양한 수준으로 관찰한 Kendall의 연구는 주목할 만하다(즉, 『Coping Cat Workbook』, Kendall, 1999; Kendall &

Hedtke, 2006). 요약하면, 이 인지행동 치료는 '불안한 느낌과 불안에 대한 신체적 반응, 불안을 불러일으키는 상황을 명백하게 인식하기, 상황에 대처하기 위한 계획 세우기, 그리고 수행을 평가하고 자기 강화를 적절하게 관리하는 것'에 초점을 둔다(Kendall, 1994). 아동은 『Coping Cat Program』으로 FEAR 앞 문자를 따서 자신의 대처방식, 회기 내 노출, 주중에 할당된 과제를 통해 교육받는다. 구체적으로 살펴보면, 'F' 공포를 느끼기, 'E' 나쁜 일이 일어날 것을 기대하기, 'A' 도울 수 있는 행동과 태도, 그리고 'R' 결과와 보상으로 이루어져 있다(Kendall, 1990). 대략 16회기 또는 그 이상 회기의 절반 가량은 심리교육, 대처, 이완 훈련 등이 이뤄지고 남은 회기 동안은 노출에 초점을 둔다.

결론과 향후 방향

아동기 불안장애를 위한 EST에 대해 앞서 살펴본 연구는 지난 수십 년간 치료 연구의 성장을 증명한다. 임상적 표본을 구성한 무작위 임상실험연구는 네 가지 특정 불안장애를 위해 이루어졌으며, 이러한 연구는 각 장애에 맞게 잘 확립된 치료를 확인하고 효과성을 증명하였다. 더욱이 복합적인 아동기 불안장애에 대한 연구는 효과성을 지지하였고, 더불어 개별 아동, 아동과 가족 또는 부모, 다양한 집단 형식과 같이 다양한 치료 형태에서 더 적합한 것을 확인하였다.

이런 연구는 전반적으로 행동적 구성요소와 주관적 불안 경험측정을 포함하였으나, 생리적 구성요소와 인지적 구성요소에 더욱 초점을 둘 필요가 있다. 구체적으로 살펴보면, 26개의 무작위 임상실험연구 중 단 2개의 연구에서만 생리적 구성요소를 측정하여 조사하였다. 더욱 실망스러운 점은 24개의 무작위 임상실험연구 중 12개는 치료 결과에 대한 보고를 하지 않고, 정신생리학을 설명하는 척도만 포함하였다(예 : RCMAS 생리적 불안). 이와 비슷한 맥락으로 26개의 무작위 임상실험연구 중 5개는 치료 결과를 보고하지 않고 다른 세 가지 척도와 인지 척도를 포함하였다(즉, CY-BOCS 강박).

요컨대, Davis와 Ollendick(2005)은 연구들을 살펴본 결과 모든 아동기 불안장애에 포괄적으로 적용되는 무작위 임상실험 연구 수행과 치료이론 간에 단절감이 있다고 보았다. 따라서 인지행동 치료의 무작위 임상실험연구는 인지적 평가와 생리적 평가를 포함하는 것과 더불어 인지행동 치료 대조집단과 인지행동 치료집단, 대기자 통제집단, 위약 효과집단을 적용하는 데 더욱 노력해야한다. 표 7.3의 실험은 행동 구성요소(26개 무작위 임상실험 중 22개에 포함되고 보고됨.)를 조사한 24개의 무작위 임상실험연구에서 대기자 통제집단, 인지행동 치료와 대조집단을 사용하였고,

또는 개입이 없어서 잘 확립된 상태를 이루지 못하는 것과 같이 부적절한 검정력(Kazdin & Bass, 1989)으로 어려움을 겪기도 하였다.

앞으로 무작위 임상실험연구는 과거에 행동적 기술과 인지행동 치료와 비교했던 부분에 초점을 두어야 한다. 이러한 기법(예 : 참여자 모델링, 강화 훈련, 체계적 둔감화)은 앞에서 살펴본 연구의 유사 공포(analogue fear) 표본 대부분에서 상당히 경험적인 전망을 가지며(Davis & Ollendick, 2005; Ollendick & King, 1998), 인지행동 치료 계획에 통합될 수 있다. 이는 임상적 표본에서 CBT만의 이점을 검증하는 데 도움이 될 수 있다.

앞에서 살펴본 연구는 주로 잠재적인 ESP와 변화 기제를 검증하지 못하였는데, 이 역시 실망스럽다. 이러한 검증은 현존하는 자료를 통해 얻기 쉬우며 효과적이다(Treadwell & Kendall, 1996, 그리고 부정적인 자기언어에 관한 치료의 영향). 더욱이 이런 중재적 실험(Baron & Kenny, 1986; Holmbeck, 1997; Kraemer, Wilson, Fairburn, & Agras, 2002)은 EST뿐만 아니라, 연구와 ESP를 입증할 수 있다. 이 같은 분석과 정밀한 검증은 앞으로 치료가 발전하기 위해서 중요하며, 치료를 받는 불안장애 아동에게 특히 중요하다. 구체적으로 살펴보면, 가장 광범위하게 연구되고 널리 퍼진 인지행동 치료 또는 적응 · 변화 치료(즉, 『The Coping Cat』)를 복합적 아동기 불안을 대상으로 12개의 연구에서 검증하였는데, 인지행동 치료를 받은 아동의 43%가 사후 평가에서 초기 불안장애 기준을 여전히 충족시켰다(11.8~50%). 이러한 대략적인 평가(예 : 표본의 차이, 평가의 시점, 측정)는 앞으로 잘 확립된 중재가 이뤄지기 위해서 더 많은 연구가 이루어져야 함을 의미한다.

현재 수행되는 연구 기준은 EST의 중요한 기능을 입증하기 위해서 엄격해야 할 필요가 있다. 이는 훈련, 보급, 실행을 강조할 만한 치료를 확인하기 위해서이다. EST 상태의 '상'에 대해 의문시하는 것을 피하기 위한 노력은 보수적인 접근을 취하면서 구체화되었다(예 : Task Force 기준의 지지, 임상적 장애 또는 장애에 포함되기 위한 증상들을 제안하는 다수의 증거). 이러한 접근이 이전의 EST 연구와 보고 결과보다 더욱 보수적인 결과를 가져온다 할지라도, 이러한 노력은 정신병리 치료에 과학적 특성을 더욱 정확히 반영하는 것이라고 본다. 예를 들어, 앞서 언급했듯이 Menzies 와 Clarke(1993)는 '물 공포증(Menzies & Clarke, 1993)'에 '노출법(Cchambless et al., 1998)'이 효과적이라고 제안하였고, 그 예로 사전 치료에서 평균 수준이었던 참여자가 노출법을 사용함으로써 주저 없이 수영장에 거의 목 깊이까지 들어갈 수 있게 된 것을 들 수 있다.

아동기 불안장애에 대한 발달적 접근과 치료도 필요하다. 성인 치료가 지속적으로 아래로 확장되는 것과 비교하여, 아동 치료의 연구자는 앞으로 무작위 임상실험연구를 좀 더 발달적으로 민감하고 정보에 근거한 모델로 발전시켜야 한다(Barrett, 2000). 이런 작업은 치료의 중재 변인과 매개 변인을 검증함으로써 발전할 수 있는데(예 : Barrett 외의 가족 치료, 1996), 이는 아동기 특정 불안을 유지하는 요인과 잠재적 병인요소를 목표로 다양한 치료 기술을 조사하고 심각한 인지적 · 정서적 · 발달적 지연을 보이는 아동의 불안을 위한 인지행동 치료 효과를 검증하면서 이루어졌다(예 : Davis, kurtz, Gardner & Carman, 2007). 하지만 아동기 불안이 발달에 끼치는 영향과 정신병리학적 발달 손상 원인을 치료하는 치료의 가능성에 대한 부분 역시 연구가 이루어져야 한다. 발달적으로 적절한 접근은 단지 진단적 사정 평가만 하는 것을 넘어, 아동의 발달적 기능과 발달 궤도의 지표에 전체적인 정서 반응의 성과측정을 통합해야 한다. 이러한 관점은 현재 치료 연구와 차이가 있기 때문에, 정신병리 너머에 있는 요인인 아동의 정서조절, 발달과업과 발달 가능성에 대한 과정, 전반적인 환경을 함께 고려해야 한다(Southam-Gerow & Kendall, 2000, 2002).

요컨대, 아동기 불안장애의 치료에 관한 연구는 인지행동적 증거 기반 치료와 함께 최근 몇 년간 발전하였다. 이렇게 부활한 것이 정밀한 치료에 대한 연구와 발전을 이끌어 왔지만, 아직까지 평가와 연구에 대한 논쟁은 지속되고 있다. 향후 연구는 변화 기제와 결과의 중재 변인에 더욱 초점을 두어야 할 것이다(즉, 무엇을 위하여 개인은 치료 작업을 하는가? 또는 어떤 치료가 가장 효과적인가?). 아동기 불안을 위한 인지행동 치료의 다양한 형태는 정신병리의 다중목적론과 동일목적론을 고려하는 데 도움을 줄 수 있다. 아동기 불안의 발달 경로가 다르다면, 조절변인과 중재변인을 설명할 수 있는 특성화된 치료가 이상적일 것이다(예 : 불안한 행동 기능이 강화되는 가족을 위한 인지행동 가족 치료, 치료 과정에 가족의 지지가 없는 아동을 위한 개별 인지행동 치료). EST의 적용 가능성에 관한 복합적인 의문점은 증거 기반 실천의 비판가나 의사에게 좀 더 흥미로울 것이다.

마지막으로 향후 증거 기반 수행 절차를 위한 구성 체계는 다음과 같은 순환 과정으로 제시되었다. (1) 무작위 임상실험연구자는 논문에서 제기되었던 약점을 다루어야 한다. (2) 적극적 치료나 위약 효과 대조조건은 대기자집단에 더욱 엄격한 대조가 추가되어 무작위 임상실험연구에 통합되어야 한다. (3) 불안과 발달의 다양한 구성요소측정은 반드시 포함하여 검증해야 한다, (4) 중재 변수와 중재 변수분석을 위해서는 경험적으로 지지된 변화의 원리(ESPs)와 변화 기제, 발달 변수조사가 먼저 이루어져야 한다. (5) 앞으로 치료 연구에 대한 평가 시에는 전문위원회(Task Force)의 기준을 엄격하게 고수해야만 한다. 그리고 (6) EST의 결과를 학계, 연구, 지역사회 실천에 보급하려고 노력해야 한다.

참고문헌

Achenbach, T. (1991). *Integrative guide for the 1991 CBCL/4-18, YSR, and TRF profiles.* Burlington: University of Vermont.

Achenbach, T. (2005). Advancing assessment of children and adolescents: Commentary on evidence-based assessment of child and adolescent disorders. *Journal of Clinical Child and Adolescent Psychology, 34,* 541–547.

American Psychiatric Association. (1994). *Diagnostic and statistical manual of mental disorders* (4th ed.). Washington, DC: Author.

American Psychiatric Association. (2000). *Diagnostic and statistical manual of mental disorders* (4th ed., text rev.). Washington, DC: Author.

Bandura, A. (1969). *Principles of behavior modification.* New York: Holt, Rinehart, & Winston.

Bandura, A., Blanchard, E. B., & Ritter, B. (1969). Relative efficacy of desensitization and modeling approaches for inducing behavioral, affective, and attitudinal changes. *Journal of Personality and Social Psychology, 13,* 173–199.

Barlow, D. (2002). *Anxiety and its disorders: The nature and treatment of anxiety and panic* (2nd ed.). New York: Guilford Press.

Baron, R., & Kenny, D. (1986). The moderator-mediator variable distinction in social psychological research: Conceptual, strategic, and statistical considerations. *Journal of Personality and Social Psychology, 51,* 1173–1182.

Barrett, P. (1998). Evaluation of cognitive-behavioral group treatments for childhood anxiety disorders. *Journal of Clinical Child Psychology, 27,* 459–468.

Barrett, P., Dadds, M., & Rapee, R. (1996). Family treatment of childhood anxiety: A controlled trial. *Journal of Consulting and Clinical Psychology, 64,* 333–342.

Barrett, P., Healy-Farrell, L., & March, J. (2004). Cognitive-behavioral family treatment of childhood obsessive-compulsive disorder: A controlled trial. *Journal of the American Academy of Child and Adolescent Psychiatry, 43,* 46–62.

Barrett, P. M. (2000). Treatment of childhood anxiety: Developmental aspects. *Clinical Psychology Review, 20,* 479–494.

Beck, A. T. (1991). Cognitive therapy: A 30-year retrospective. *American Psychologist, 46,* 368–375.

Beck, A. T. (1993). Cognitive therapy: Past, present, and future. *Journal of Consulting and Clinical Psychology, 61,* 194–198.

Beck, A. T. & Clark, D. A. (1997). An information processing model of anxiety: Automatic and strategic processes. *Behavioral Research Therapy, 35,* 49–58.

Beidel, D., Turner, S., & Morris, T. (2000). Behavioral treatment of childhood social phobia. *Journal of Consulting and Clinical Psychology, 68,* 1072–1080.

Bergman, L., & Piacentini, J. (2005). Targeting discrete response channels in the treatment of childhood specific phobia. *Clinical Psychology: Science and Practice, 12,* 166–169.

Bouton, M. (2004). Context and behavioral processes in extinction. *Learning and Memory, 11,* 485–494.

Cantwell, D., & Baker, L. (1989). Stability and natural history of DSM–III childhood diagnoses. *Journal of the American Academy of Child and Adolescent Psychiatry, 28,* 691–700.

Casey, R. J., & Berman, J. S. (1985). The outcome of psychotherapy with children. *Psychological Bulletin, 98,* 388–400.

Cartwright-Hatton, S., McNicol, K., & Doubleday, E. (2006). Anxiety in a neglected population: Prevalence of anxiety disorders in pre-adolescent children. *Clinical Psychology Review, 26,* 817–833.

Chambless, D. L. (1990). Spacing of exposure sessions in treatment of agoraphobia and simple phobia. *Behavior Therapy, 21,* 217–229.

Chambless, D. L., Baker, M. J., Baucom, D. H., Beutler, L. E., Calhoun, K. S., Crits-Christoph, P., Daiuto, A., DeRubeis, R., Detweiler, J., Haaga, D. A. F., Johnson, S. B., McCurry, S., Mueser, K. T., Pope, K. S., Sanderson, W. C., Shoham, V., Stickle, T., Williams, D. A., & Woody, S. R. (1998). Update on empirically validated therapies, II. *The Clinical Psychologist, 51,* 3–16.

Chambless, D. L., & Ollendick, T. H. (2001). Empirically supported psychological interventions: Controversies and evidence. *Annual Review of Psychology, 52,* 685-716.

Chambless, D. L., Sanderson, W. C., Shoham, V., Johnson, S. B., Pope, K. S., Crits-Christoph, P., Baker, M. J., Johnson, B., Woody, S. R., Sue, S., Beutler, L., Williams, D. A., & McCurry, S. (1996). An update on empirically validated therapies. *The Clinical Psychologist, 49,* 5–18.

Chaplin, E. W., & Levine, B. A. (1981). The effects of total exposure duration and interrupted versus continuous exposure in flooding therapy. *Behavior Therapy, 12,* 360–368.

Chorpita, B. F., Taylor, A. A., Francis, S. E., Moffitt, C. E., & Austin, A. A. (2004). Efficacy of modular cognitive behavior therapy for childhood anxiety disorders. *Behavior Therapy, 35,* 263–287.

Choudhury, M. S., Pimentel, S. S., & Kendall, P. C. (2003). Childhood anxiety disorders: Parent-child (dis)engagement using a structured interview for the DSM–IV. *Journal of the American Academy of Child and Adolescent Psychiatry, 42,* 957–964.

Cohen, J., Deblinger, E., Mannarino, A., & Steer, R. (2004). A multisite, randomized controlled trial for children with sexual abuse-related PTSD symptoms. *Journal of the American Academy of Child and Adolescent Psychiatry, 43,* 393–402.

Comer, J. S. & Kendall, P. C. (2004). A symptom level examination of parent-child agreement in the diagnosis of anxious youths. *Journal of the American Academy of Child and Adolescent Psychiatry, 43,* 878–886.

Cornwall, E., Spence, S., & Schotte, D. (1996). The effectiveness of emotive imagery in the treatment of darkness phobia in children. *Behaviour Change, 13,* 223–229.

Costello, E. J., Mustillo, S., Erkanli, A., Keeler, G., & Angold, A. (2003). Prevalence and development of psychiatric disorders in childhood and adolescence. *Archives of General Psychiatry, 60,* 837–844.

Craske, M., Brown, T., & Barlow, D. (1991). Behavioral treatment of panic disorder: A two year follow-up. *Behavior Therapy, 22,* 289–304.

Davis, A., Rosenthal, T., & Kelley, J. (1981). Actual fear cues, prompt therapy, and rationale enhance participation modeling with adolescents. *Behavior Therapy, 12,* 536–542.

Davis III, T. E., Kurtz, P., Gardner, A., & Carman, N. (2007). Cognitive-behavioral treatment for specific phobias with a child demonstrating severe problem behavior and developmental delays. *Research in Developmental Disabilities, 28,* 546–558.

Davis III, T. E., & Ollendick, T. H. (2005). A critical review of empirically supported treatments for specific phobia in children: Do efficacious treatments address the components of a phobic response? *Clinical Psychology: Science and Practice, 12,* 144–160.

Davis III, T. E., Ollendick, T. H., & Nebel-Schwalm, M. (2008). Intellectual ability and achievement in anxiety-disordered children: A clarification and extension of the literature. *Journal of Psychopathology and Behavioral Assessment, 30,* 43–51.

Deblinger, E., Lippmann, J., & Steer, R. (1996). Sexually abused children suffering posttraumatic stress symptoms: Initial treatment outcome findings. *Child Maltreatment, 1,* 310–321.

de Haan, E., Hoogduin, K., Buitelaar, J., & Keijsers, G. (1998). Behavior therapy versus clomipramine for the treatment of obsessive-compulsive disorder in children and adolescents. *Journal of the American Academy of Child and Adolescent Psychiatry, 37,* 1022–1029.

De Los Reyes, A., & Kazdin, A. (2005). Informant discrepancies in the assessment of childhood psychopathology: A critical review, theoretical framework, and recommendations for further study. *Psychological Bulletin, 131,* 483–509.

Drobes, D. J., & Lang, P. J. (1995). Bioinformational theory and behavior therapy. In W. O'Donohue & L. Krasner (Eds.), *Theories of behavior therapy: Exploring behavior change* (pp.229–257). Washington, DC: American Psychological Association.

Fisak, B., & Grills-Taquechel, A. E. (2007). Parental modeling, reinforcement, and information transfer: Risk factors in the development of child anxiety? *Clinical Child and Family Psychology Review, 10,* 213–231.

Flannery-Schroeder, E., & Kendall, P. (2000). Group and individual cognitive-behavioral treatments for youth with anxiety disorders: A randomized clinical trial. *Cognitive Therapy and Research, 24,* 251–278.

Foa, E. B., Jameson, J. S., Turner, R. M., & Payne, L. L. (1980). Massed vs. spaced exposure sessions in the treatment of agoraphobia. *Behaviour Research and Therapy, 18,* 333–338.

Foa, E. B., & Kozak, M. J. (1986). Emotional processing of fear: Exposure to corrective information. *Psychological Bulletin, 99,* 20–35.

Foa, E. B., & Kozak, M. J. (1998). Clinical applications of bioinformational theory: Understanding anxiety and its treatment. *Behavior Therapy, 29,* 675–690.

Gallagher, H., Rabian, B., & McCloskey, M. (2004). A brief cognitive-behavioral intervention for social phobia in childhood. *Journal of Anxiety Disorders, 18,* 459–479.

Ginsburg, G., & Drake, K. (2002). School-based treatment for anxious African-American adolescents: A controlled pilot study. *Journal of the American Academy of Child and Adolescent Psychiatry, 41,* 768–775.

Goodman, W. L., Price, L. H., Rasmussen, S. A., & Mazure, C., Fleischman, R. L., Hill, C. L., et al. (1989). The Yale-Brown obsessive-compulsive scale. Part I. Development, use, and reliability. *Archives of General Psychiatry, 46,* 1006–1011.

Grills, A., & Ollendick, T. H. (2002). Peer victimization, global self-worth, and anxiety in middle-school children. *Journal of Clinical Child and Adolescent Psychology, 31,* 59–68.

Grills, A. & Ollendick, T. H. (2003). Multiple informant agreement and the Anxiety Disorders Interview Schedule for Parents and Children. *Journal of the American Academy of Child and Adolescent Psychiatry, 42,* 30–40.

Gullone, E. (2000). The development of normal fear: A century of research. *Clinical Psychology Review, 20,* 429–451.

Hanley, G., Iwata, B., & McCord, B. (2003). Functional analysis of problem behavior: A review. *Journal of Applied Behavior Analysis, 36,* 147–185.

Herbert, J., Rheingold, A., Gaudiano, B., & Myers, V. (2004). Standard versus extended cognitive behavior therapy for social anxiety disorder: A randomized-controlled trial. *Behavioural and Cognitive Psychotherapy, 32,* 131–147.

Hodgson, R. I., & Rachman, S. (1974). Desynchrony in measures of fear. *Behaviour Research and Therapy, 12,* 319–326.

Holmbeck, G. (1997). Toward terminological, conceptual, and statistical clarity in the study of mediators and moderators: Examples from the child-clinical and pediatric psychology literatures. *Journal of Consulting and Clinical Psychology, 65,* 599–610.

Iwata, B. A., Dorsey, M. F., Slifer, K. J., Bauman, K. E., & Richman, G. S. (1982/1994). Toward a functional analysis of self-injury. *Journal of Applied Behavior Analysis, 27,* 197–209 (reprinted from *Analysis and Intervention in Development Disabilities, 2,* 3–20, 1982).

Jacobson, E. (1938). *Progressive relaxation.* Chicago: University of Chicago Press.

Jenson, P. S., Rubio-Stipec, M., Canino, G., Bird, H.R., Dulcan, M. K., Schwab-Stone, M. E., et al. (1999). Parent and child contributions to diagnosis of mental disorder: Are both informants always necessary? *Journal of the American Academy of Child and Adolescent Psychiatry, 38,* 1569–1579.

Kazdin, A., & Bass, D. (1989). The power to detect differences between alternative treatments in comparative psychotherapy outcome research. *Journal of Consulting and Clinical Psychology, 57,* 138–147.

Kazdin, A. E., Bass, D., Ayers, W. A., & Rodgers, A. (1990). Empirical and clinical focus of child and adolescent psychotherapy research. *Journal of Consulting and Clinical Psychology, 58,* 729–740.

Kearney, C., & Silverman, W. (1993). Measuring the function of school refusal behavior: The school refusal assessment scale. *Journal of Clinical Child Psychology, 22,* 85–96.

Kendall, P. (1990). *Coping cat workbook.* Ardmore: PA: Workbook.

Kendall, P. (1994). Treating anxiety disorders in children: Results of a randomized clinical trial. *Journal of Consulting and Clinical Psychology, 62,* 100–110.

Kendall, P., Flannery-Schroeder, E., Panichelli-Mindel, S., Southam-Gerow, M., Henin, A., & Warman, M. (1997). Therapy for youths with anxiety disorders: A second randomized clinical trial. *Journal of Consulting and Clinical Psychology, 65,* 366–380.

Kendall, P., & Hedtke, K. (2006). *Coping cat workbook* (2nd ed.). Ardmore: PA: Workbook.

Kendall, P., Robin, J., Hedtke, K., Suveg, C., Flannery-Schroeder, E., & Gosch, E. (2005). Considering CBT with anxious youth? Think exposures. *Cognitive and Behavioral Practice, 12,* 136–150.

Kendall, P., & Suveg, C. (2006). Treating anxiety disorders in youth. In P. Kendall (Ed.), *Child and adolescent therapy: Cognitive-behavioral procedures* (3rd ed., pp. 492–520). New York: The Guildford Press.

Kendall, P. C. (1993). Cognitive-behavioral therapies with youth: Guiding theory, current status, and emerging developments. *Journal of Consulting and Clinical Psychology, 61,* 235–247.

King, N., Tonge, B., Heyne, D., Pritchard, M., Rollings, S., Young, D., et al. (1998). Cognitive-behavioral treatment of school-refusing children: A controlled evaluation. *Journal of the American Academy of Child and Adolescent Psychiatry, 37,* 395–403.

King, N., Tonge, B., Mullen, P., Myerson, N., Heyne, D., Rollings, S., et al. (2000). Treating sexually abuse children with posttraumatic stress symptoms: A randomized clinical trial. *Journal of the American Academy of Child and Adolescent Psychiatry, 39,* 1347–1355.

Kovacs, M., Gatsonis, C., Paulauskas, S., & Richards, C. (1989). Depressive disorders in childhood: IV. A longitudinal study of comorbidity with and risk for anxiety disorders. *Archives of General Psychiatry, 46,* 776–782.

Kraemer, H., Wilson, T., Fairburn, C., & Agras, S. (2002). Mediators and moderators of treatment effects in randomized clinical trials. *Archives of General Psychiatry, 59,* 877–883.

Lang, A. J., & Craske, M. G. (2000). Manipulations of exposure-based therapy to reduce return of fear: A replication. *Behaviour Research and Therapy, 38,* 1–12.

Lang, P. J. (1977). Imagery in therapy: An information processing analysis of fear. *Behavior Therapy, 8,* 862–886.

Lang, P. J. (1979). A bio-informational theory of emotional imagery. *Psychophysiology, 16,* 495–512.

Lang, P. J., Cuthbert, B. N., Bradley, M. M. (1998). Measuring emotion in therapy: Imagery, activation, and feeling. *Behavior Therapy, 29,* 655–674.

Last, C., Hansen, C., & Franco, N. (1997). Anxious children in adulthood: A prospective study of adjustment. *Journal of the American Academy of Child and Adolescent Psychiatry, 36,* 645–652.

Leitenberg, H., & Callahan, E. J. (1973). Reinforced practice and reduction of different kinds of fears in adults and children. *Behaviour Research and Therapy, 11,* 19–30.

Manassis, K., Mendlowitz, S. L., Scapillato, D., Avery, D., Fiksenbaum, L., Freire, M., et al. (2002). Group and individual cognitive-behavioral therapy for childhood anxiety disorders: A randomized trial. *Journal of the American Academy of Child and Ado-*

lescent Psychiatry, 41, 1423–1430.

March, J., Parker, J., Sullivan, K., Stallings, P., & Conners, C. K. (1997). The Multidimensional Anxiety Scale for Children (MASC): Factor structure, reliability, and validity. *Journal of the American Academy of Child and Adolescent Psychiatry, 36*, 554–565.

Marks, I. (2002). Innate and learned fears are at opposite ends of a continuum of associability. *Behaviour Research and Therapy, 40*, 165–167.

Matson, J. L., Andrasik, F., & Matson, M. L. (Eds.). (in press). *Assessing childhood psychopathology and developmental disabilities* (Vol. 1). New York: Springer Science and Business Media.

Matson, J. L., Bamburg, J. W., Cherry, K., & Paclawskyj, T. (1999). A validity study on the Questions About Behavioral Function (QABF) Scale: Predicting treatment success for self-injury, aggression, and stereotypies. *Research in Developmental Disabilities, 20*, 163–175.

McGee, R., Feehan, M., Williams, S., & Anderson, J. (1992). DSM–III disorders from age 11 to 15 years. *Journal of the American Academy of Child and Adolescent Psychiatry, 31*, 50–59.

McManis, M. H., Bradley, M. M., Berg, W. K., Cuthbert, B. N., & Lang, P. J. (2001). Emotional reactions in children: Verbal, physiological, and behavioral responses to affective pictures. *Psychophysiology, 38*, 222–231.

Menzies, R. G., & Clarke, J. C. (1993). A comparison of in vivo and vicarious exposure in the treatment of childhood water phobia. *Behaviour Research and Therapy, 31*, 9–15.

Mineka, S. & Zinbarg, R. (2006). A contemporary learning theory perspective on the etiology of anxiety disorders: It's not what you thought it was. *American Psychologist, 61*, 10–26.

Muris, P., Meesters, C., & van Melick, M. (2002). Treatment of childhood anxiety disorders: A preliminary comparison between cognitive-behavioral group therapy and a psychological placebo intervention. *Journal of Behavior Therapy and Experimental Psychiatry, 33*, 143–158.

Muris, P., Merckelbach, H., de Jong, P., & Ollendick, T. H. (2002). The etiology of specific fears and phobias in children: A critique of the non-associative account. *Behaviour Research and Therapy, 40*, 185–195.

Muris, P., Merckelbach, H., Holdrinet, I., & Sijsenaar, M. (1998). Treating phobic children: Effects of EMDR versus exposure. *Journal of Consulting and Clinical Psychology, 66*, 193–198.

Muris, P., Merkelbach, H., Meesters, C., & van den Brand, K. (2002). Cognitive development and worry in normal children. *Cognitive Therapy and Research, 26*, 775–787.

Muris, P., Merckelbach, H., Van Haaften, H., & Mayer, B. (1997). Eye movement desensitisation and reprocessing versus exposure in vivo: A single-session crossover study of spider-phobic children. *British Journal of Psychiatry, 171*, 82–86.

Myers, K. & Davis, M. (2002). Behavioral and neural analysis of extinction. *Neuron, 36*, 567–584.

Nauta, M., Scholing, A., Emmelkamp, P., & Minderaa, R. (2003). Cognitive-behavioral therapy for children with anxiety disorders in a clinical setting: No additional effect of a cognitive parent training. *Journal of the American Academy of Child and Adolescent Psychiatry, 42*, 1270–1278.

Nelson-Gray, R. O. (2003). Treatment utility of psychological assessment. *Psychological Assessment, 15*, 521–531.

Ollendick, T. H. (1995). Cognitive-behavioral treatment of panic disorder with agoraphobia in adolescents: A multiple baseline design analysis. *Behavior Therapy, 26*, 517–531.

Ollendick, T. H., & Cerny, J. A. (1981). *Clinical behavior therapy with children.* New York: Plenum.

Ollendick, T. H., & Davis III, T. E. (2004). Empirically supported treatments for children and adolescents: Where to from here? *Clinical Psychology: Science and Practice, 11*,

289–294.

Ollendick, T. H., Davis III, T. E., & Muris, P. (2004). Treatment of specific phobia in children and adolescents. In P. Barrett & T. H. Ollendick (Eds.), *The handbook of interventions that work with children and adolescents—From prevention to treatment* (pp. 273–300). West Sussex, UK: John Wiley & Sons.

Ollendick, T. H., & King, N. J. (1991). Origins of childhood fears: An evaluation of Rachman's theory of fear acquisition. *Behaviour Research and Therapy, 29*, 117–123.

Ollendick, T. H., & King, N. J. (1998). Empirically supported treatments for children with phobic and anxiety disorders: Current status. *Journal of Clinical Child Psychology, 27*, 156–167.

Ollendick, T. H., King, N., & Chorpita, B. (2006). Empirically supported treatments for children and adolescents. In P. Kendall (Ed.), *Child and adolescent therapy: Cognitive-behavioral procedures* (3rd ed., pp. 492–520). New York: Guildford Press.

Ollendick, T. H., & Vasey, M. (1999). Developmental theory and the practice of clinical child psychology. *Journal of Clinical Child Psychology, 28*, 457–466.

Öst, L. G., Svensson, L., Hellstrom, K., & Lindwall, R. (2001). One-session treatment of specific phobias in youths: A randomized clinical trial. *Journal of Consulting and Clinical Psychology, 69*, 814–824.

Pediatric OCD treatment study (POTS) team. (2004). Cognitive-behavior therapy, sertraline, and their combination for children and adolescents with obsessive-compulsive disorder: The pediatric OCD treatment study (POTS) randomized controlled trial. *Journal of the American Medical Association, 292*, 1969–1976.

Prins, P., & Ollendick, T. H. (2003). Cognitive change and enhanced coping: Missing mediational links in cognitive behavior therapy with anxiety-disordered children. *Clinical Child and Family Psychology Review, 6*, 87–105.

Rachman, S. (1976). The passing of the two-stage theory of fear and avoidance: Fresh possibilities. *Behaviour Research and Therapy, 14*, 125–131.

Rachman, S. (2002). Fears born and bred: Non-associative fear acquisition? *Behaviour Research and Therapy, 40*, 121–126.

Rachman, S., & Hodgson, R. I. (1974). Synchrony and desynchrony in fear and avoidance. *Behaviour Research and Therapy, 12*, 311–318.

Rapp, J. T., Vollmer, T. R., &Hovanetz, A. N. (2005). Evaluation and treatment of swimming pool avoidance exhibited by an adolescent girl with autism. *Behavior Therapy, 36*, 101–105.

Reynolds, C. R., & Richmond, B. O. (1978). What I think and feel: A revised measure of children's manifest anxiety. *Journal of Abnormal Child Psychology, 6*, 271–280.

Ritter, B. (1965). *The treatment of a dissection phobia.* Unpublished manuscript, Queens College.

Ritter, B. (1968). The group desensitization of children's snake phobias using vicarious and contact desensitization procedures. *Behaviour Research and Therapy, 6*, 1–6.

Rosen, G., & Davison, G. (2003). Psychology should list empirically supported principles of change (ESPs) and not credential trademarked therapies or other treatment packages. *Behavior Modification, 27*, 300–312.

Scahill, L., Riddle, M. A., McSwiggin-Hardin, M., Ort, S. I., King, R. A., Goodman, W., K., et al. (1997). Children's Yale-Brown obsessive-compulsive scale: Reliability and validity. *Journal of the American Academy of Child and Adolescent Psychiatry, 36*, 844–852.

Scotti, J. R., Morris, T.L., McNeil, C. B., & Hawkins, R.P. (1996). DSM–IV and disorders of childhood and adolescence: Can structural criteria be functional? *Journal of Consulting and Clinical Psychology, 64*, 1177–1191.

Seligman, L., & Ollendick, T. H. (1999). Anxiety disorders. In H. C. Steinhauser & F. Verhulst (Eds.), *Risks and outcomes in developmental psychopathology* (pp. 103–120). New York: Oxford University Press.

Shortt, A., Barrett, P., & Fox, T. (2001). Evaluating the FRIENDS program: A cognitive-behavioral group treatment for anxious children and their parents. *Journal of Clinical Child Psychology, 30*, 525–535.

Silverman, W., Kurtines, W., Ginsburg, G., Weems, C., Lumpkin, P., & Carmichael, D. (1999). Treating anxiety disorders in children with group cognitive-behavioral therapy: A randomized clinical trial. *Journal of Consulting and Clinical Psychology, 67*, 995–1003.

Silverman, W., & Ollendick, T.H. (2005). Evidence-based assessment of anxiety and its disorders in children and adolescents. *Journal of Clinical Child and Adolescent Psychology, 34*, 380–411.

Silverman, W. K., & Albano, A. M. (1996). *Anxiety Disorders Interview Schedule for DSM–IV, Child and Parent Versions.* San Antonio, TX: Psychological.

Skinner, B. F. (1988). The operant side of behavior therapy. *Journal of Behavior Therapy and Experimental Psychiatry, 19*, 171–179.

Southam-Gerow, M. A., & Kendall, P. C. (2000). A preliminary study of the emotion understanding of youths referred for treatment of anxiety disorders. *Journal of Clinical Child Psychology, 29*, 319–327.

Southam-Gerow, M. A., & Kendall, P. C. (2002). Emotion regulation and understanding: Implications for child psychopathology and therapy. *Clinical Psychology Review, 22*, 189–222.

Spence, S., Donovan, C., & Brechman-Toussaint, M. (2000). The treatment of childhood social phobia: The effectiveness of a social skills training-based, cognitive-behavioural intervention, with and without parental involvement. *Journal of Child Psychology and Psychiatry and Allied Disciplines, 41*, 713–726.

Spence, S., Holmes, J., March, S., & Lipp, O. (2006). The feasibility and outcome of clinic plus Internet delivery of cognitive-behavior therapy for childhood anxiety. *Journal of Consulting and Clinical Psychology, 74*, 614–621.

Stein, B., Jaycox, L., Kataoka, S., Wong, M., Tu, W., Elliot, M., & Fink, A. (2003). A mental health intervention for schoolchildren exposed to violence: A randomized controlled trial. *Journal of the American Medical Association, 290*, 603–611.

Svensson, L., Larsson, Asa, & Öst, L. G. (2002). How children experience brief exposure treatment of specific phobias. *Journal of Clinical Child and Adolescent Psychology, 31*, 80–89.

Task Force on Promotion and Dissemination of Psychological Procedures. (1995). Training in and dissemination of empirically-validated psychological treatments: Report and recommendations. *The Clinical Psychologist, 48*, 3–23.

Toth, S. L., & Cicchetti, D. (1999). Developmental psychopathology and child psychotherapy. In S. W. Russ & T. H. Ollendick (Eds.), *Handbook of psychotherapies with children and families* (p.15–44). New York: Kluwer Academic/Plenum.

Treadwell, K., & Kendall, P. (1996). Self-talk in youth with anxiety disorders: States of mind, content specificity, and treatment outcome. *Journal of Consulting and Clinical Psychology, 64*, 941–950.

Tryon, W. W. (2005). Possible mechanisms for why desensitization and exposure therapy work. *Clinical Psychology Review, 25*, 67–95.

Turner, C. (2006). Cognitive-behavioural theory and therapy for obsessive-compulsive disorder in children and adolescents: Current status and future directions. *Clinical Psychology Review, 26*, 912–938.

Vermilyea, J. A., Boice, R., & Barlow, D. (1984). Rachman and Hodges (1974) a decade later: How do synchronous response systems relate to the treatment of agoraphobia? *Behaviour Research and Therapy, 22*, 615–621.

Weisz, J., Jensen-Doss, A., & Hawley, K. (2006). Evidence-based youth psychotherapies versus usual clinical care. *American Psychologist, 61*, 671–689.

Wolpe, J. (1958). *Psychotherapy by reciprocal inhibition.* Stanford, CA: Stanford University Press.

Wood, J. J., McLeod, B. D., Sigman, M., Hwang, W. C., & Chu, B. C. (2003). Parenting and childhood anxiety: Theory, empirical findings, and future directions. *Journal of Child Psychology and Psychiatry, 44,* 134–151.

Woodward, L., & Fergusson, D. (2001). Life course outcomes of young people with anxiety disorders in adolescence. *Journal of the American Academy of Child and Adolescent Psychiatry, 40,* 1086–1093.

제8장

소아청소년 우울을 위한 치료 전략

MARTHA C. TOMPSON and KATHRYN DINGMAN BOGER[28]

성인기 우울에 관한 연구는 위험요소, 현상학, 상관관계, 과정, 생물학적 기질을 포함하며 전반적으로 잘 확립되었다(Kessler et al., 2003). 약물치료와 심리사회적 치료에 관한 연구는 광범위하게 이루어졌고(de Maat, Dekker, Schoevers & de Jonghe, 2007), 실질적인 임상 치료 개입을 위한 치료지침도 개발되었다(American Psychiatric Association, 2006). 그러나 소아청소년의 우울에 관한 연구는 최근에 시작되었고, 치료지침에 대한 연구문헌 역시 아직 확립되지 않았다. 지난 25년 동안 청소년기 우울과 병인론의 상관관계, 과정, 현상학 등의 시각으로 이해하려는 시도가 증가하였다. 많은 의문점이 있음에도 불구하고, 이 분야는 효과적인 치료 전략이 개발되면서 지속적으로 발전하고 있다.

최근 자료에서 소아청소년 우울 치료로 선택적 세로토닌 재흡수 억제제(SSRIs : selective sero-tonin reuptake inhibitors)의 사용은 지지하지만(Emslie et al., 1997; 2002; Keller et al., 2001; Wagner et al., 2003, 2004) 삼환계 항우울제의 효과성은 지지받지 못하였다(Keller et al., 2001). 이렇게 청소년기 임상실험연구에서 상반된 결과(Cheung, Emslie & Mayes, 2005)가 보고되고, 우울증 치료제의 제한된 효율성(Hamrin & Scahill, 2005) 및 SSRIs와 관련한 청소년

---

28. MARTHA C. TOMPSON and KATHRYN DINGMAN BOGER*Boston University

의 자해 잠재 위험률의 증가에 관한 최근 연구 보고를 고려한다면(United States Food and Drug Administration, 2004), 청소년기 우울의 광범위한 치료적 접근에는 효과적인 심리사회적 치료가 약물치료의 대안 및 보충적 치료로 포함되는 것이 중요하다.

학령기에 우울이 발병하는 것은 3%에 불과하며, 청소년기 이전에 우울이 생기는 것은 상대적으로 드물다(Costello et al., 1996). 반면, 우울 삽화를 경험한 20세 이하 청소년의 비율은 20%로 보고되었다(Lewinsohn et al., 1993). 이같이 우울은 사춘기 이후에 상당히 증가한다(Costello et al., 1996; Lewinshon, Hops, Roberts, Seeley & Andrew, 1993; Kessler & Walters, 1998). 최근 연구에서는 우울이 청소년기에 발병하는 것과 청소년기 이전에 발병하는 것의 중요한 차이점을 다음과 같이 제시하였다. 첫째, 초기에 발병한 우울은 더 늦게 발병한 우울보다 치명적인 과정을 가져올 수 있다(Kokvacs, Feinberg, Crouse-Novak, Paulauskas, & Finkelstein, 1984).

둘째, 초기에 발병한 우울은 초등학교 시기의 중요한 발달 과정을 방해하고 심리사회적 유능감을 감소시킬 수 있다(Puig-Antich et al., 1985a; 1985b). 그러므로 우울하지 않은 학령기 아동과 비교할 때 우울한 학령기 아동은 청소년기가 되면서 환경적 변화에 대처하는 기술이 부족할 수 있다.

셋째, 일반적으로 연구에서는 청소년 우울에 관한 부정적 귀인 과정의 역할을 지지하지만(Garber & Flynn, 2001), 청소년기 이전 아동의 우울에 관해서는 인지적 역할을 명확하게 제시하지 못하고 있다(Nolen-Hoeksema & Girgus, 1995). 왜냐하면 초등학교 연령은 사건에 대한 상식 및 이해와 관련된 도식이 계속 발달하는 시기이기 때문이다.

넷째, 연구에서는 청소년기 우울과 성인기 우울 간의 강한 연관성을 보고한다(Bardone, Moffitt, Caspi, & Dickson, 1996; Fleming, Boyle, & Offord, 1993; Lewinsohn, Rohde, Klein, & Seeley, 1999; Pine, Cohen, Gurley, Brook, & Ma, 1998; Weissman et al., 1999). 청소년기 이전에 발병하는 우울에 관한 연구에서는 만성적인 부적응과 정신병리장애의 비율이 높지만, 이후의 우울에 더 특별한 영향을 주지는 않는다고 하였다. 즉, 우울이 청소년기에 발병하는 것과 청소년기 이전에 발병하는 것에 관한 연구는 주요 관점이 다르다. 이런 이유로 청소년기 우울과 청소년기 이전 우울을 분리하여 연구하였다.

이 장에서는 청소년기 우울에 관한 주요 심리사회적 치료 연구에 대해 기술하였다. 우선 청소년기 우울 치료에서 고려해야 할 주요 요인을 알아보고, 치료 효과성에 관한 연구를 살펴보았다. 마지막으로 향후 연구를 위한 방향을 제시하였다.

청소년기 우울 치료에서 중요한 문제

아동기 우울의 중요한 문제를 발견하고 결정하는 것은 우선적인 치료 과정 절차일 뿐만 아니라, 가장 어려운 과업 중 하나이다. 아동이 문제나 증상에 대해서 인식할 수 있다 할지라도 이런 문제가 우울에 영향을 줄 수 있다는 점을 방심하거나 거부하기 쉽다. 하지만 발달단계의 영향, 공존장애, 가족력, 스트레스, 문화적 배경을 포함하여 아동 발달단계에서 맥락적인 이해를 하는 것은 적절한 치료를 평가하는 데 매우 중요하다.

이 장에서 청소년기 이전 아동의 치료 연구 결과를 표로 제시하였으나, 대부분의 소아청소년 우울에 관한 주요 치료 연구 결과는 청소년 위주로 이루어져 있다. 몇 가지 치료 발달 연구는 우울로 진단된 학령기 아동을 대상으로 이루어졌으나(Flory, 2004; Kaslow, Baskin, Wyckoff, & Kaslow, 2002; Kovacs et al., 2006; Tompson et al., 2007), 우울로 진단된 청소년 이전의 아동만을 대상으로 한 단일 무작위 통제실험연구는 아니었다. 청소년기 이전의 아동을 대상으로 한 연구는 장애로 진단될 수 있는 수준보다 더 높은 수준의 우울 증상을 보이는 아동을 중심으로 이루어졌다.

그리고 아동의 연령과 치료 간의 상관관계에 대한 연구 결과는 다양하다. Weisz 외(Weisz, Thurber, Sweeney, Proffitt, & LeGagnoux, 1997)는 아동(4~12세)의 치료가 청소년(13~18세)보다 더 효과적이라고 보고하였다. 반면, Weisz 외(Weisz, Weiss, Han, Granger, & Morton, 1995)는 우울한 소아청소년의 심리 치료 효과성에 대한 150개의 다른 연구를 재검토한 결과, 아동에 비해 청소년의 치료 효과가 더 우세하다고 밝혔다. 그 연구 결과는 12세 이하의 아동은 평균 효과가 0.48이었고, 12세 이상의 연령은 평균 효과가 0.65였다.

최근 메타분석은 연구 대상 표본에 소아청소년이 혼합된 실험연구는 배제하고 청소년기 우울 치료에 관한 연구만으로 이루어졌는데(Weisz, McCarty, & Valeri, 2006), 13세 이하 청소년을 대상으로 한 연구에서 나타난 치료 효과크기와 청소년기 치료 효과크기 간의 유의한 차이는 없었다(13세 이하 청소년, 0.41 vs 청소년, 0.33). 반면, 청소년보다 더 어린 아동의 치료 효과크기는 아동 표본에서 덜 심각한 우울로 진단된 아동과 우울 증상을 근거로 선택된 아동으로 이루어진 매우 작은 표본을 대상으로 한 실험연구(n=7)에 기초하였다.

확실히 연령과 치료 결과 간의 상관관계를 더욱 잘 이해하기 위해서는 특히 청소년기의 우울에 대해 더 많은 연구가 이루어져야 한다. 이러한 연구는 초기 청소년기와 청소년기의 발달과업 및 변화, 다양한 치료 접근법과 상호작용하는 방식에 관해서 잘 알아야만 한다.

청소년기에 각 발달단계의 과업을 잘 수행해야 다음 발달단계로 갈 수 있다. 이런 특정 과업은 다양한 발달단계에 따라 소아청소년의 취약성과 증상 표현에 서로 다른 영향을 주고받는다. 예를 들어, 청소년기 이전의 아동과 청소년기에 따라 고려해야 할 특정 발달과업은 그들의 인지 능력과 사회적 영향의 변화에 따라 다르다.

청소년기 이전 아동의 인지 발달단계에서 표현하는 우울 증상은 청소년기나 성인기와 다르게 나타난다(Harter, 1999). 청소년기 이전의 아동은 우울과 관련된 내적이고 포괄적인 사고 능력과 안정적인 설명 인지 양식을 형성하는 추상적 추론 능력, 형식적 조작 사고 능력을 획득하지 못한다고 보고하였다(Turner & Cole, 1994). 예를 들어, 청소년기 이전의 아동은 청소년보다 절망에 대해 적게 보고하는데, 이는 그 개념을 이해하는 데 필요한 일반화 수준을 획득하지 못했기 때문이라고 보았다(Carlson & Kashani, 1988; Stark, Sander, & Hauser, 2006). 또한 청소년기 이전의 아동은 외부 세상과 소통할 때 부모의 안내, 피드백, 지지에 상당히 의존하는 경향이 있지만, 청소년은 사회화의 주요 단위가 가족에서 친구로 이동한다.

청소년기에는 친구들로부터 외부 정보를 획득하기 시작하며, 이는 친구와 관련된 스트레스가 더 높아지는 것과 관련이 있다(Rudolph & Hammen, 1999; Wagner & Compas, 1990). 또한 청소년기에 인지적 타인 조망 능력이 발달함으로써 사회적 비교가 가능하게 되고, 자신의 가치를 평가할 수 있다(Stark, Sander, & Hauser, 2006). 그러므로 효과적인 치료 전략은 발달단계에 맞는 특정한 사회화 욕구와 인지적 능력을 반영할 수 있어야 한다.

청소년 우울은 다른 장애와 공존하는 경우가 많다. 실제로 우울로 진단된 청소년의 반 이상이 또 다른 축 1 장애 범주에 해당한다(Lewinsohn, Rohde & Seeley, 1998). 공존율은 어린 아동에게서 더 높게 나타난다(Kovacs, 1996). 일반적으로 청소년기 이전의 아동과 청소년기에 우울과 공존하여 나타나는 장애로는 주의력결핍장애와 불안장애가 있으며, 청소년기에는 물질남용도 포함된다(Kovacs, 1996). 특히 아스퍼거증후군, 자폐증, 발달장애가 있는 아동에게서는 우울의 위험이 높아지기 때문에(Ghaziuddin, Ghaziuddin, & Greden, 2002; Matson & Nebel-Schwalm, 2007; Saulnier & Volkmar, 2007), 우울을 평가하기 위한 전략을 강화해야 한다(Matson & Nebel-Schwalm, 2007). 청소년기 우울에 영향을 주며 그에 대응하는 장애에 대해 아는 것은 아동의 지속적인 우울과 심리사회적 어려움을 이해하는 데 매우 중요하다.

가족력도 청소년기 우울의 위험 및 취약성과 연관된 중요한 요인이다. 부모의 정신병리는 종종 소아청소년 우울과 관련이 있다(Beardslee, Versage, & Gladstone, 1998). 연구에서는 우울한 부모의 아동이 우울하지 않은 부모의 아동에 비해 우울 발병률이 3배 이상 높다고 보고하였다(Downey & Coyne, 1990). 다각적 연구 결과 역시, 우울한 부모의 아동이 우울하지 않은 부모의 아동보다 더 높은 비율로 우울 진단을 받고, 재발률이 높으며, 만성적이라고 보고하였다(Hammen, Burge,

Burney, & Adrian, 1990; Wickramaratne & Weissman, 1998; Beardslee, Keller, Lavori, Staley, & Sacks, 1993; Billings & Moos, 1986; Lee & Gotlib, 1991).

이런 연관성은 유전과 생물학적 위험요소로 설명할 수 있으며, 이와 더불어 가족 내 심리사회적 요소도 우울에 기여할 것이라고 보았다(Goodman & Gotlib, 2002). 첫째, 부모의 우울은 아동을 보살피는 부모의 역할에 영향을 줄 수 있다(Downey & Coyne, 1990). 보고된 자료를 보면, 자녀와 상호작용할 때 우울한 어머니가 우울하지 않은 어머니보다 더 슬프고, 성마른 감정을 많이 나타낸다(Cohn, Campbell, Matias, & Hopkins, 1990; Hops et al., 1987; Radke-Yarrow & Nottelmann, 1989). 둘째, 부모의 우울은 가족 안에서 스트레스를 증가시키며 이것이 아동의 스트레스 수준에 영향을 끼칠 수 있다. 예를 들어, 우울한 어머니의 아동은 우울하지 않은 어머니의 아동보다 만성적인 스트레스 및 스트레스 경험을 더 많이 보고한다(Adrian & Hammen, 1993). 종합적으로 살펴보면, 이런 연구 결과 청소년기 우울의 병인론과 이를 유지하는 요인으로써 복합적인 가족의 역할을 이해하는 것이 중요하다는 점을 알 수 있다. 이런 이해를 통해 가장 적절한 치료 전략(약물치료, 가족 중심 치료, 개별 치료)과 치료 대상(아동, 부모, 모두)을 결정하는 데 도움을 줄 수 있다.

연구자는 스트레스가 청소년기 우울의 발달과 징후의 예측 요인 중 하나라고 하였다(Stark, Sander & Hauser, 2006). 그러므로 청소년기 환경에서 스트레스의 역할이 무엇인지 인식하는 것은 효과적인 치료를 계획하고 시행하는 데 매우 중요하다. 청소년기 우울의 병인론에 관한 스트레스 취약성 모델(diathesis-stress model)에서는 스트레스가 장애를 유발하는 근본적인 취약성을 활성화한다고 지적하였다(Monroe & Simons, 1991). 이 모델에서 청소년의 부적응적 인지(maladaptive cognition)가 병적 요소라고 제안한 연구가 있다. 예를 들어, Rudolph 외(Rudolph, Kurlakowsky, & Conley, 2001)의 연구에서는 스트레스가 우울 증상 수준을 더 높이는 통제 관련 신념(control-related beliefs)의 전조 증상이라고 보았다.

이러한 원인적인 역할 외에도 스트레스는 우울을 유지시키기도 한다. 우울한 아동은 생활 스트레스 면담에 기초한 객관적 스트레스 척도와 질문지(Compas, 1987)에서 부정적인 생활사건과 만성적인 스트레스를 더 많이 보고하였다(Garber & Robinson, 1997; Hammen, 2002). 우울한 청소년기의 가족도 높은 수준의 스트레스와 부정적 생활사건에 대해 보고하였다(Hammen, 2002). 아동기 우울은 특히 부정적 대인 관계사건(또래와의 충돌)(Monroe, Rohde, & Seeley, 1999)과 자신에 의해 일어나는 우울한 사건(학급 내에서 낙제; Rudoph et al., 2000)과 연관이 있다. 우울한 아동과 외현화 장애 아동을 비교했을 때, 우울한 아동이 더 의존적이고 대인 관계의 스트레스가 더 높았다. 그러나 독립된 생활 스트레스에서는 집단 간 차이가 나타나지 않았다(Rudolph et al.,

2000).

　다른 연구는 아동기 우울 증상과 연관된 아동의 억제의 독립변인인 몇 가지 스트레스 요인에 대해 보고하였다. 예를 들어, 연구자는 경제적으로 어려운 가정의 아동은 상대적으로 부유한 아동에 비해 더 많은 우울 증상(교사의 보고)을 경험한다고 보고하였다(Aber, Brown, & Jones, 2003). 이와 더불어 스트레스 경험이 더 많은 아동과 청소년 역시, 스트레스를 다룰 때 회피적 대처 전략을 더 쉽게 사용한다(Chan, 1995). 반면, 스트레스를 다루기 위해 더욱 적응적인 대처 전략을 활용하는 아동은 우울 증상을 더 적게 보인다고 하였다(Jeney-Gammon, Daugherty, & Finch, 1993). 청소년기 우울에 영향을 주는 스트레스 및 대처방식에 관한 증거 기반 치료로 'IPT-A(Interpersonal Psychotherapy for Depressed Adolescents; Mufson et al., 1999, 2004)'가 있고, 이 치료의 구성요소에는 우울을 다루기 위한 기술 및 대처 전략과 더불어 부정적인 상황과 문제에 대한 주의 깊은 사정 평가도 포함된다.

　문화적 배경도 청소년기 우울과 치료에 관련된 또 다른 중요한 요소이다. 민족성과 우울에 관한 연구에서는 다양한 인종집단에 따라 우울의 심각성 수준, 다양한 증상, 치료받을 가능성의 차이가 있다고 보고하였다(Stark, Sander, & Hauser, 2006). 예를 들어, Iwata, Turner와 Lloyd(2002)는 '역학연구센터 우울 척도(CES-D : Center for Epidemiologic Studies Depression Scale)'를 통해 아프리카계 미국인, 미국에서 태어난 히스패닉계인, 미국에서 태어나지 않은 히스패닉계인, 히스패닉계가 아닌 백인 청소년과 청년을 대상으로 조사하였는데, 이 검사에서 집단 간 증상에 대한 응답에 차이가 있었다. 특히 아프리카계 미국인은 우울 감정 증상에서는 낮은 점수가, 신체적 증상에서는 높은 점수가 나왔다. 반면, 미국에서 태어난 히스패닉계 사람은 대인 관계적 증상에서도 낮은 점수가, 낮은 긍정적 감정(low positive affect)에서는 높은 점수가 나왔다.

　이와 더불어, 연구자는 인종을 넘어 정신건강 서비스를 받는 수준의 차이점을 발견하였다. 예를 들어, Cuffe 외(Cuffe, Waller, Cuccaro, Pumariega & Garrison, 1995)의 연구에서는 비록 아프리카계 미국인 청소년이 우울측정 점수가 더 높을지라도 유럽계 미국인 청소년보다 치료받을 기회가 적을 것이고, 초기 치료에서 중단할 확률도 더 높을 것이라고 보고하였다. 이러한 연구 결과를 종합적으로 살펴보면, 내담자의 민족 배경에 따라 치료의 반응 결과가 달라질 수 있다. 실제로 많은 연구자는 민족 배경과 문화에 관한 임상실험연구의 현재 주요 결과를 소수 인종까지 일반화시킬 수 없다고 본다(Bernal, Bonilla, & Bellido, 1995; Bernal & Scharron-Del-Rio, 2001; Hall, 2001; Sue, 1998). 우울한 청소년(그리고 그들의 치료사)은 그들의 다양한 문화적 배경에 따라 심리장애와 치료에 관한 믿음과 가치관을 가진다(Weisz, Jensen Doss, & Hawley, 2005). 그러므로 이러한 차이점을 세심하게 이해하는 것은 정확한 사정 평가와 효과적인 치료 계획, 치료 연구에 매우 중요하다.

청소년기 우울 치료의 효과성

청소년 우울

앞에서 살펴보았듯이 청소년기 우울에 관한 상관 연구에서는 부정적 인지(Garber & Flynn, 2001), 병리적 대인 관계(Kaslow, Jones, Palin, Pinsof, & Lebow, 2005), 스트레스(Rudolph et al., 2000) 간의 상관관계를 강조하였다. 따라서 청소년을 위한 치료에서는 부적응적 인지를 광범위하게 변화시키는 것과 대인 관계 기능을 향상하는 것에 초점을 두었다. 우울장애를 진단받은 사람부터 우울 증상이 심한 사람까지 다양한 대상을 연구하였다. 우울 증상이 심한 청소년의 연구 결과를 우울장애로 진단될 가능성이 있는 청소년에게 일반화할 수 있는지는 확실치 않다. 표 8.1은 우울장애로 진단받은 청소년을 대상으로 한 연구를 포함하여 제시하였다. 11개의 연구는 인지행동 치료조건 3개, 사회적 기술 훈련조건 2개, 가족 치료조건 2개로 이루어져 있다. 그리고 4개의 연구는 약물치료조건과 비교하였다. 표 8.2는 우울 증상이 심한 청소년에게 실시한 치료 개입을 제시하였고, 이 연구는 6개의 인지행동 치료 접근을 검토하였다.

부적응적 인지

표 8.1과 표 8.2에 제시된 바와 같이, 청소년기 우울의 치료 개입은 다른 중재 접근법보다 인지행동적 중재 위주로 이루어져 왔다. 특정 인지적 중재는 치료 연구에서 다양하게 활용되었다. 이 같은 연구에서는 인지행동 치료를 다른 치료조건, 다른 형태(집단 vs 개인)로 비교연구하였고 장기간 추후검사를 살펴보았으며, 치료 효과를 향상시키는 부모 대응집단의 역할도 조사하였다.

우울이라고 진단받은 청소년을 대상으로 인지행동 치료를 한 12개 연구 중 9개에서는 통제집단과 비교하였을 때 인지행동 치료가 우월하다고 입증하였다. 대기자집단이나 개입하지 않은 조건인 3개의 연구와 비교하였을 때, 인지행동 치료 중재가 효과적이었다. 대기자 통제집단과 비교한 모든 연구에서 인지행동 치료의 우월성이 입증되었으나(Clarke, Rohde, Lewinsohn, Hops, & Seeley, 1999; Lewinsohn, Clarke, Hops, & Andrews, 1990; Rosello & Bernal, 1999), 일반 치료와 비교한 3개의 연구에서는 단 한 가지 연구만 인지행동 치료가 우월하다는 결과를 보고하였다(Asarnow et al., 2005).

일반 치료가 주로 약물(SSRI) 개입으로 구성된 인지행동 치료 연구에서는 이점이 발견되지 않았

표 8.1 우울로 진단된 청소년을 위한 무작위 임상실험연구

참고문헌	피실험자	진단과 위험률 사정 평가	치료 형식	중재 개입 유형	사전 치료 사정 평가	치료의 영향력
Asarnow, Jaycox, Duan, LaBorde, Rea, Murray, et al., 2005	연령 13~21세 (n=418)	(1) CIDI-12에서 MDD 또는 DD를 보일 때, 지난달 우울 증상이 1주나 그 이상 보이고 전체 CES-D 점수≥ 16 또는 (2) CES-D 점수≥ 24	개별	(1) 6개월 질적 향상 게임 (2) 일반 치료	즉시	게임 치료를 한 환자는 일반 치료 환자와 비교했을 때, 정신건강 관리가 유의하게 높았고, 우울 증상은 감소하고 삶의 질과 연관된 정신건강이 향상되었다. 또한 정신건강 관리에 대한 만족감이 더 높아졌다.
Brent, Holder, Kolko, Brimaher, Baugher, Roth, et al., 1997	연령 13~18세 (n=107)	K-SADS 면담 기준으로 MDD 진단 그리고 BDI ≥ 13	가족 개별	(1) 체계적 행동 가족 치료 (2) CBT (3) 지지 치료	즉시	CBT 치료집단의 반응이 빨랐고, 치료 종결 시기에 MDD 진단이 사례가 줄었으며, 다른 치료집단에 비해 우울 증상이 감소하였다. 또한 가족 치료와 지지 치료 간의 차이는 나타나지 않았다.
Clarke, Rohde, Lewinson, Hops, & Seeley, 1999	연령 14~18세 (n=123)	K-SADS 면담 기준으로 MDD 또는 DD 진단	집단	(1) 청소년 우울 과정 대처(CWD-A) (2) 부모집단 9회기 CWD-A (3) 대기자 통제집단	즉시, 12개월, 24개월	CBT 치료집단은 우울 회복비율이 높았고(66.7% vs. 48.1%), 우울 증상이 많이 감소했다. 부모집단을 추가하는 것은 유의한 효과를 주지 않았다. 치료 종결 시에 여전히 우울한 청소년을 대상으로 한 추후 회기 결과, 우울 회복을 촉진하였으나 재발률을 감소시키지는 못했다.
Claker, Hornbrook, Lynch, Polen, Gale, O'Conner, et al., 2002	연령 13~18세 (n=88)	K-SADS 면담 기준으로 DSM-III-R의 DD 또는 MDD 진단	집단	(1) 일반 치료에 CBT 집단 추가 (2) 일반 치료	즉시, 12개월, 24개월	CBT와 일반 치료를 비교했을 때 우울 진단, 지속적인 우울족성, 비정상적 정신건강(증족), 기능적 결과 간 유의한 차이는 나타나지 않았다.
Clarke, Debar, Lynch, Powell, Gale, O'Conner, et al., 2005	연령 12~18세 (n=152)	K-SADS 면담 기준으로 DSM-IV의 MDD 진단	개별	(1) 일반 치료(SSRI)에 간략한 CBT 추가 (2) 일반 치료	즉시, 26주, 52주	CBT 프로그램을 받은 집단은 단기 12회 정신건강요소 척도(Short-Form-12 Mental Component Scale)에서 이점을 보고하였고, 외래환자 방문 치료와 낮게 제공하는 약물 치료가 감소하였다. MDD 실환에는 영향력을 기치지 못했다. 이는 CES-D를 통해 CBT를 지지하는 경향성이 통계적으로 유의미하지 않다는 것을 알아냈다.
Diamond, Reis, Diamond, Siqueland, & Isaacs, 2002	연령 13~17세 (n=32)	K-SADS 면담 기준으로 DSM-III-R의 MDD 진단	가족	(1) 애착 중심 가족 치료(ABFT) (2) 최소한의 접촉, 대기자 통제집단	즉시, 6개월	치료 후에 조사한 결과, MDD 범주에 속하지 않는 환자는 대기집단이 47%인 반면, 치료집단은 81%로 나타났다. ABFT 치료를 받은 환자는 가족 갈등, 우울, 불안 증상이 더 많이 감소하였다. ABFT의 추후검사 결과 환자의 87%가 지속적으로 MDD 범주에 속하지 않았다.

연구	대상	진단	형태	치료 조건	시기	결과
Fine, Forth, Gilbert & Haley, 1991	연령 13~17세 (n=66) 83% 여성	K-SADS 면담 기준으로 MDD 또는 DD 진단	집단	(1) 치료적 지지집단 (TSG) (2) 사회적 기술집단 (SSG)	즉시, 9개월	두 집단 모두 치료 이후 개선되었다. K-SADS에서 비임상적 범주까지 우울이 감소한 것은 SSG보다 TSG가 더욱 효과적인 것으로 나타났다. 집단 간 차이는 추후에도 지속되었다.
Lewinsohn, Clarke, Hops & Andrews, 1990	연령 14~18세 (n=59)	청소년과 어머니와의 K-SADS 면담을 기준으로 주요 우울, 가벼운 정도의 우울장애(miner depression), 간헐적인 우울장애에 진단	집단, 가족	(1) 청소년을 위한 CBT 훈련집단 (2) 청소년-부모 CBT 훈련집단 (3) 대기자 통제집단	즉시, 1개월, 6개월, 12개월, 24개월	치료받은 청소년집단은 치료 이후 추후검사에서 우울 범주에 속하는 경우가 유의하게 낮았다. 또한 우울, 불안, 즐거운 활동, 우울한 사고의 자기 보고에서 유의하게 향상하였다. 청소년-부모조건은 외부에서 청소년집단만 구성하는 것으로 바뀐다.
Melvin, Tonge, King, Heyne, Gorden & Klimkeit, 2006	연령 12~18세 (n=73)	K-SADS 면담 기준으로 DSM-IV의 MDD, DD, DDNOS 진단	개별	(1) CBT (2) 항우울 약물치료 (세로트랄린) (3) CBT와 약물 혼합 치료	즉시, 6개월	모든 집단이 결과측정에서 유의한 개선을 보였고, 이는 추후검사까지 유지되었다. 혼합 치료집단이 단일 치료집단보다 더 낫지는 않았다. CBT만 수행한 집단이 약물치료만 한 집단보다 우월했다.
Mufson, Weissman, Moreau, & Garfinkel, 1999	연령 12~18세 (n=48)	HRSD 기준으로 임상적인 MDD 진단	개별	(1) 우울 청소년을 대상으로 한 대인 관계 심리 치료 (2) 임상적 모니터링	즉시	IPT-A를 받은 참여자는 통제집단보다 우울 증상이 더욱 감소하였고, 문제 해결 기술과 사회적 기능 둘 것에 향상되었다. 통제집단 참여자의 46% 정도가 회복된 것에 비해 IPT-A 참여자는 74%가 회복되었다.
Mufson, Dorta, Wickramaratn, Nomura, Olfson, & Weissman, 2004	연령 12~18세 (n=63)	DSM-IV의 MDD, DD, 우울한 감정으로 부적응행동장애, 또는 DDNOS 진단 그리고 HAMD ≥ 10과 C-GAS 점수 ≤ 65	개별	(1) IPT-A (2) 일반 치료	즉시	IPT-A를 받은 참여자는 HAMD에서 우울 증상 보고가 낮아졌고, C-GAS에서 기능이 더 나아졌다고 나타냈다. 사회 적응 자기 보고식 척도(Social Adjustment Scale-Self-Report)에서 전반적으로 사회적 기능이 더 나아졌으며, 전반적 임상 인상 척도(Clinical Global Impressions Scale)에서는 임상적으로 심각한 부분이 낮아졌다.
Reed, 1994	연령 14~19세 (n=18)	MDD 또는 DD의 임상적 진단	집단	(1) 사회적 기술 훈련 (2) 플라세보 통제집단	즉시, 6~8주	기술 훈련집단은 임상적 중재비율보다 유의한 수준으로 더 높은 점수를 얻었다. 참여자 중 남자는 향상하였으나, 여자는 저하되었다.

표 8.1 우울로 진단된 청소년을 위한 무작위 임상실험연구(계속)

참고문헌	피실험자	진단과 위험률 사전 평가	치료 형식	중재 개입 유형	사전 치료 사정 평가	치료의 영향력
Rohde, Clarke, Mace, Jorgensen & Seeley, 2004	연령 13~17세 (n=91)	K-SADS-E-5 기준으로 DSM-IV의 MDD와 품행장애에 진단	집단	(1) CWD-A (2) 일상적 기술 지도/통제집단	즉시, 6개월, 12개월	사후 치료에서 MDD 회복률은 기술/지도(19%)에 비해 CWD-A 집단(36%)이 더 좋았다. CWD-A에 참여한 사람은 BDI-II와 HDRS 점수가 감소하였고, 사후 치료에서 사회적 기능이 향상되었다. 주후검사에서 MDD 회복률의 집단 간 차이는 유의하지 않았다.
Rosello & Bernal, 1999	연령 13~18세 (n=71)	MDD, DD 또는 두 가지 모두 진단	개별	(1) CBT (2) IPT (3) 대기자 통제집단	즉시, 3개월	대기자집단과 비교했을 때 적극 치료는 유의한 수준으로 우울을 감소시켰다. 사회적 기능이 차이 강도를 향상시키는 데 IPT가 CBT보다 우세하였다.
TADS Team, 2004	연령 12~17세 (n=439)	K-SADS-PL 기준으로 DSM-IV의 MDD 진단	개별	12주 : (1) 단일 플루옥세틴 치료 (2) 단일 CBT (3) 플라세보 통제집단	즉시	CDRS-R에서 플라세보집단과 혼합 치료집단 간 유의한 차이가 나타났다. 혼합 치료와 단일 플루옥세틴 치료, 단일 CBT 치료를 비교했을 때 혼합 치료가 더 우세하였다.
Vostanis, Feehan, Grattan, & Bickerton, 1996	연령 8~17세 (n=56)	K-SADS 기준으로 가벼운 정도의 우울장애(minor depression) 또는 MDD, DD의 진단	개별	(1) 우울 치료 프로그램 (2) 플라세보	즉시, 9개월	완화비율은 차이가 없이 두 집단 모두 높게 나타났다.
Wood, Harrington, & Moore, 1996	연령 9~17세 (n=48)	부모와 아동을 함께 K-SADS로 면담한 것을 근거로 MDD 또는 연구 진단에 따른 가벼운 정도의 우울장애 진단(RDC minor depression)	개별	(1) CBT (2) 이완 훈련	즉시, 6개월	CBT 집단의 결과, 전반적으로 이점을 보였고, 사후검사에서 우울 증상이 더욱 감소하였다. 추후검사에서 집단 간 차이는 악화되었다.

주요사항 : MDD=주요우울장애, DD=기분부전장애, DDNOS=달리 분류되지 않는 우울장애, K-SADS=학령기 아동용 기분장애와 정신분열증 척도, BDI=Beck의 우울 척도, CDI=아동용 우울 척도, GAF=전반적인 기능 평가 척도, CES-D=역학연구센터 우울 척도, CDRS-R=소아우울증 평가 척도 개정판, BID=Bellevue의 우울 척도

표 8.2 우울 증상이 있거나 위험 요인을 가진 청소년을 위한 무작위 임상실험연구

참고문헌	피실험자	진단과 위험률 사정 평가	치료 형식	중재 개입 유형	사전 치료 사정 평가	치료의 영향력
Ackerson, Scogin, McKendree-Smith, & Syman, 1998	연령 9~17세 (n=48)	CDI≥10 그리고 HRSD≥10	자기 관리	(1) 인지 독서 치료 (좋은 감정 읽어 주고 전화로 주말마다 모니터링하기) (2) 지연된 치료 통제집단	즉시, 1개월	치료 후 우울 증상이 통계적·임상적으로 향상되었고 이후에 효과가 유지되었다. 역기능을 유의하게 감소하였으나 부정적 자동적 사고는 그렇지 않았다.
Clarke, Hawkins, Murphy, scheeber, Lewinsohn, & Seeley, 1995	연령 14~18세 (n=22)	CES-D ≥ 23 그러나 MDD 또는 DD 진주로 나눌 수 없음(K-SADS).	집단	(1) CWD-A (2) 개입하지 않음.	즉시, 6개월, 12개월	CWD-A를 한 청소년의 경우 MDD, DD 진단이 유의하게 더 낮았다. CWD-A 집단이 사후검사에서 CES-D는 더 낮게, GAF는 높게 나타났으며 주후검사에서는 차이가 나타나지 않았다.
Clarke, Hornbrook, Lynch, Polen, Gale, Beardslee, et al., 2001	9학년과 10학년 (n=150)	최근 우울한 부모의 자녀인 청소년의 정후에 대해 F-SADS로 평가	집단	(1) 집단 인지 치료에 HMO 일반 치료 추가 (2) HMO 일반 치료	즉시, 12개월, 24개월	집단 치료 개입은 우울 증상을 감소시켰고, 실험비율이 지역사회에서 정상 범주로 나타났으며 주후검사에서 MDD 발병률이 감소하였다.
Kerfoot, Harrington, Rogers, & Verduyn, 2004	연령 13~19세 (n=94)	2년 안에 사회적 서비스에 접촉, 기분과 감정 우울설문 ≥ 23	개별	(1) 간단한 CBT (2) 일반 치료	최초 사정 평가 1주 이후, 최초 사정 평가 33주 이후	우울집단이나 전반적 적응 간에 유의한 차이가 없었다. 사후치료에서 CBT 집단은 77%, 일반 치료집단은 80%가 우울 증상이나 장애의 후유증을 앓았다.
Marcotte & Baron, 1993	연령 14~17세 (n=25)	우울 증상에 조점을 맞춘 반구조화 면담에서 두 번 시행하고 평가된 점수로 CDI ≥ 15	집단	(1) 합리적 정서 치료 (2) 치료하지 않음.	즉시, 8주	두 가지 치료 간 차이는 나타나지 않았다. 두 집단 모두 사후 치료에서 우울 증상이 감소하였다.
Reynolds & Coats, 1986	9~12학년 (n=30)	(1) BDI 점수>11 (2) RADS>71 (3) BID>20 (4) 최근에 다른 치료를 하지 않음.	집단	(1) CBT (2) 이완 훈련 (3) 대기자 통제집단	즉시, 5주	대기자집단과 비교했을 때 적극 치료를 받은 집단에서는 우울 증상이 유의하게 감소하였고, 학습적 자기 개념이 향상하였다. 이완 치료는 불안을 줄이는 좋았다.

다(Clarke et al., 2005). 이렇게 더 유리하지 않다고 밝힌 연구(Clarke et al., 2002; 2005)는 참여자가 받는 '일반 치료'조건에 대해 이해하는 것이 중요하다는 점을 강조한다.

인지행동 치료와 다른 심리사회적 치료를 비교한 다섯 가지 연구에서 인지행동 치료가 체계적 가족 치료, 지지적 치료(Brent et al., 1997), 이완 훈련(Wood, Harrington, & Moore, 1996), 생활 기술 훈련(Rohde, Clarke, Mace, Jorgensen, & Seeley, 2004)보다 우세하다는 것을 보여 주었다. 그러나 인지행동 치료와 대인 관계 치료(IPT)를 비교한 한 연구에서는 대인 관계 치료가 사회적 기능과 자존감을 더 많이 증진시키고, 효과크기 역시 더 크게 나타났다고 보고하였다(Rosello & Bernal, 1999).

약물치료를 포함한 세 가지 연구 중 하나는 다른 두 가지 개입과 비교하는 설계를 하지 않았고(Asarnow et al., 2005), 또 다른 한 연구에서는 단일 약물치료조건이 인지행동 치료 개입보다 더 우세하다고 보고하였으며(TADS team, 2004), 마지막 한 연구는 인지행동 치료 개입이 약물치료보다 더 효과적이라고 밝혔다(Melvin et al., 2006). Asarnow 외(2005)의 연구에서는 청소년(13~21세) 418명을 1차 치료환경(primary care setting)에서 6개월간 '질적 개선' 중재나 일반 치료를 받도록 무선 배정하였다. 질적 개선 중재에 배정받은 청소년은 우울과 치료 선택에 관련된 교육을 실시하는 매니저가 있고, 약물이나 인지행동 치료를 직접 선택할 수 있다. 비록 이 연구에서 인지행동 치료와 약물치료의 효과성을 평가하기 위해 설계되지는 않았지만, 질적 개선 중재를 받은 청소년은 전반적으로 우울 증상이 더 낮게 보고되었고, 인지행동 치료를 더욱 선호하는 것으로 나타났다.

Melvin 외(2006)의 연구에서는 단일 인지행동 치료조건, 단일 약물치료조건(세르트랄린; sertraline), 인지행동 치료와 약물치료를 결합한 중재조건에 청소년 73명(12~18세)을 무선 배정하였다. 단일 인지행동 치료조건은 단일 약물치료조건보다 더 우세한 결과를 보였고, 복합 치료가 단일 치료조건에 비해 더 효과적이지는 않았다. 이 연구 결과, 연구자는 약물치료 효과가 미비한 것은 부적절한 복용 때문일 수 있다고 보았다.

마지막으로 청소년 우울 치료 연구(2004)에서는 단일 인지행동 치료조건, 단일 플루옥세틴조건, 인지행동 치료와 플루옥세틴을 결합한 조건, 위약 통제조건을 비교하였다. 복합 치료가 다른 모든 조건 치료보다 우세하였고, 단일 플루옥세틴조건이 단일 인지행동 치료조건보다 효과적이었으며, 위약 효과와 비교했을 때 단일 인지행동 치료조건이 유의한 수준으로 효과적이지는 않았다. TADS 연구에서 인지행동 치료 중재의 효과크기가 다른 연구에서 보고된 인지행동 치료 효과보다 유의한 수준으로 낮았는데, 이는 이 연구방식 때문에 '효과가 낮게' 보고된 것으로 여겨진다(Weisz, McCarty, & Valeri, 2006). 실제로 다른 연구자는 TADS 연구에서 활용한 특정 인지행동 치료 개입 척도에 의문점을 제기하였는데, 가장 효과적으로 활용하는 데 필요한 융통성이 부족하고 매우 구조화되어 있다는 점을 제안하였다(Hollon, Garber, & Shelton, 2005). 이와 동시에 약물-심리 치료를 결합한 치료의 역할도 혼합적인 결과를 보고하면서 미해결 과제로 남아 있다.

여섯 가지 연구에서는 우울장애로 진단된 청소년보다 우울 증상이 심한 청소년을 대상으로 인지행동 치료를 개입하여 조사하였다. 이 연구의 참여자는 진단받지 않은 청소년에게 치료를 적용하였기 때문에 표본이 동질하지 않다. 우울 증상의 연속적 척도에서 확정 범위를 정하기 위해 일부 연구자는 우울 진단이 가능한 청소년을 많이 포함하겠지만(Kerfoot, Harrington, Harrington, Rogers, & Verduyn, 2004; Reynolds & Coats, 1986; Marcotte & Baron, 1993), 실질적인 이유 때문에 특정 진단을 할 수는 없다. 다른 연구자는 위험-표본(이차적 예방 연구)의 정신병리 이환율을 예방하는 데 초점을 두기 위해서 우울 진단을 받은 대상은 제외하고 우울증후군이 있는 청소년을 대상으로 하였다(Clarke et al., 1995; 2001). 표본의 이질성 때문에 이 연구에서 나온 결과를 우울장애 청소년에게까지 일반화할 수 있는지 결정하기는 어렵다. 인지행동 치료에 관한 네 가지 연구에서는 치료를 받지 않은 비교집단에 비해 우세한 결과를 보였다.

Clarke 외(1995, 2001)의 두 가지 연구에서 우울 과정에 대한 대처방식(CWD : coping with depression course) 15회기를 조사하였다. 첫 번째 연구는 CES-D 점수가 높지만 우울장애 기준에 부합하지 않는 9~10학년을 CWD나 치료 개입을 받지 않는 집단으로 무선 할당하였고, 치료 종결 이후 6~12개월 간격으로 추후조사를 하였다. 두 번째 연구는 부모가 최근 우울을 겪은 적이 있거나 본인이 우울 증상이 있는(그러나 주요우울장애나 기분부전장애 기준에 부합하지 않는 경우) 13~19세 청소년을 일반 치료집단 또는 CWD와 일반 치료를 결합한 집단에 무선 배정하였다. 치료 종결 이후 12개월, 24개월째에 사후검사를 실시하였다. 두 연구의 사후검사에서 CWD 치료집단의 우울장애비율이 일반 우울과 비교할 수 있는 수준으로 유의하게 낮아졌다.

경도에서 중등도 우울 증상이 있는 청소년을 대상으로 한 소수 연구에서 Ackerson 외(Ackerson, Scogin, Mckendree-Smith, & Lyman, 1998)는 치료하지 않은 집단보다 인지 독서 치료를 한 집단이 더 유의한 이점을 보였다고 밝혔으며, 이는 경도 우울 증상을 위한 인지 중심 개입으로 단기적이고 경제적인 방식이라고 제안하였다.

마지막으로 Reynolds와 Coats(1986)는 인지행동 치료를 이완 훈련조건, 치료를 받지 않는 조건과 비교하였다. 비록 인지행동 치료조건이 치료를 받지 않는 조건보다 우세했지만, 이완 훈련보다 이로운 점을 보여 주지는 않았다. 전반적으로 우울 증상이 있는 청소년에게 인지행동 치료를 한 연구 결과는 인지행동 치료를 지지하였다. 그러나 심리 사회 치료 또는 인지행동 치료 중 어떤 치료가 치료를 받지 않은 조건보다 특별히 더 우세한지는 설명할 수 없다.

두 연구에서는 인지 치료의 이점을 발견하지 못하였다. Kerfoot 외(Kerfoot, Harrington, R., Harrington, V., Rogers, & Verduyn, 2004)는 단기 인지행동 치료와 사회 서비스기관에서 청소년을 대상으로 한 일반 치료 간의 차이점을 발견하지 못했다. 그러나 이 표본에서 장애의 만성성, 공존장애, 거주의 불안정성은 치료를 완수하지 못하게 하는 요인이었다. 실제로 이 연구에서 참여 자의 1/2도 안 되는 사람만이 4회기 인지행동 치료를 완수하였다. Marcotte와 Baron(1993)은 우 울 증상이 심한 10대 청소년 소수 표본을 대상으로 치료받지 않은 조건과 합리적 정서 치료를 받은 조건을 비교하였다. 사후검사에서 두 집단 모두 증상이 감소하였다. 그러나 표본이 매우 작아서 통 계적 영향력이 제한되어 이 연구 결과를 유의미한 결과로 이끌어 내기에는 어려움이 있다.

인지적 개입은 개인과 집단 등 다양한 형태로 실시되었다. 우울로 진단된 청소년을 대상으로 한 연구 중 8개는 개별 치료를 하고 4개는 집단 치료를 실시하였는데, 이 모든 연구에서 우울 증상이 상당히 개선되었다. 또한 우울 증상이 심한 청소년을 대상으로 한 연구에서 4개는 집단 형태로, 3 개는 개별 형태로 이루어졌으며, 이는 치료를 받지 않은 통제집단에 비해 인지행동 치료가 효과 적이었다고 밝혔다(Clarke, Rohde, Lewinsohn, Hops, & Seeley, 1999; Clarke et al., 2001; Reynolds & Coats, 1986). 실제로 메타분석에서 두 가지 형태 모두, 청소년 우울 치료에 효과적이 었다고 지지하였다(Weisz, McCarty, & Valeri, 2006).

청소년 우울을 위한 인지행동 치료의 즉각적인 효과는 평가했지만, 장기간 효과에 대해 조사 한 연구는 거의 없다. 실제로 표 8.1과 표 8.2에 제시했듯이 사후 평가를 한 연구는 제한적이었다. Clarke 외의 연구에서 12개월(Rohde et al., 2004)과 24개월(Clarke et al., 1999, 2002, 2005; Lewinsohn et al., 1990)까지 가장 긴 사후검사 간격을 포함하였고, 연구 결과는 혼합적으로 나타 났다. 초기에 집단 간 차이가 있었던 두 가지 연구 중 한 연구에서는 치료 효과가 24개월 사후검사 에서 유지되었지만(Lewinsohn et al., 1990), 또 다른 연구에서는 12개월 사후검사에서 치료 효 과가 감소하였다(Rohde et al., 2004). 한편, 두 연구에서 인지행동 치료조건과 일반 치료조건에 따라 즉각적인 효과와 24개월 이후의 사후검사에서 보고된 효과의 차이는 없었다(Clarke, 2002, 2005). 또 다른 연구에서는 8주간 집단 인지행동 치료 이후 우울이 남아 있는 청소년의 회복을 증진하고, 회복된 청소년의 재발을 예방하기 위해 진행된 추후 회기에 대해 조사하였다(Clarke et al., 1995). 추후 회기를 통해 청소년의 우울 증상이 회복되는 시간은 상당히 줄었지만, 재발 을 예방하지는 못하였다. 대안적인 작은 예비 연구에서 Kroll과 Harrington, Jayson, Fraser, Gowers(1996)는 지속적으로 인지행동 치료를 받은 청소년을 통제집단과 비교했을 때 우울 재발률 이 더 낮았다고 보고하였다. 전반적으로 인지행동 치료 개입이 지속되는 정도는 명확하지 않기 때 문에 앞으로의 연구에는 실질적인 사후 기간을 포함해야 한다.

마지막으로 두 가지 연구는 인지행동 치료와 관련된 부모의 역할을 조사하였다. 두 연구 모두 단 일 청소년 우울 과정 대처(CWD)조건과 여기에 인지행동적 부모 훈련을 추가한 조건, 대기자 통제집단을 비교하였다. 두 연구에서 치료받은 집단의 우울 회복비율이 더 높았고 우울 증상도 더 많이 감소하였다. 한편, 부모 참여조건을 추가하는 것을 강력하게 지지하지는 않았다. 이 같은 연구에서 단일 CWD 조건과 CWD에 부모집단을 추가한 조건 사이에서 차이점을 발견하지 못하였고(Clarke et al., 1999), 다른 연구에서는 청소년-부모조건이 청소년만 대상으로 한 조건보다 근소한 차이로 더 우세하다고 보고하였다(Lewinsohn et al., 1990). 따라서 일반적으로 청소년 치료에 부모가 참여하는 것이 중요해 보이지만, 인지행동 치료 개입에서 부모 참여를 추가하는 것은 지지받지 못하고 있다.

대인 관계 기능

대인 관계 기능을 강화하는 치료는 집단 중심 사회적 기술 훈련, 개별 중심 대인 관계 심리 치료, 가족 중심 치료를 포함하며 여러 분야에서 다양하다. 이런 치료는 대인 관계 증진, 사회적 고립 감소, 대인 기술 증진과 같은 공통 목표를 가지지만, 각 접근방식의 형태, 기술, 초점 등에서 차이가 있다.

우울증 청소년을 위한 사회 기술 훈련의 효과성을 조사한 두 가지 연구에서 혼재된 결과를 보고하였다. 첫째, Find, Forth, Gilbert와 Haley(1991)는 12회기 사회적 기술 훈련집단과 치료적 지지집단을 비교하였다. 두 집단 모두 치료를 받은 후 상당한 기술 증진을 보였으나, 예상과 다르게 치료적 지지집단에서 우울 증상이 비임상 범주까지 감소하였다. 두 번째, Reed(1994)는 사회적 기술 훈련집단을 위약 통제집단과 비교하였다. 전반적으로 사회적 기술집단 참여자들이 더 많이 향상되었지만 성별에 따라 효과성에 유의한 차이가 나타났는데, 남자청소년은 향상되었고 여자청소년은 악화되었다. 하지만 이 연구는 표본 크기가 작기 때문에 정확한 결과를 이끌어 내는 데 한계가 있다. 결국 제한된 자료이기 때문에 단일 사회적 기술 훈련이 청소년 우울에 효과적인 치료라고 제안할 수 없다.

세 가지 연구에서 청소년 우울 치료를 위한 대인 관계 심리 치료(IPT)를 조사하였고, 대인 관계 심리 치료를 지지한 결과는 다음과 같다. 대인 관계 심리 치료 임상가는 우울 증상을 줄이는 것과 적극적 상호작용으로 대인 관계 기능을 증진하는 것, 그리고 한두 가지 주요한 대인 관계 문제를 중점적으로 다룬다. 더 구체적으로 살펴보면, 첫 번째 초기 연구에서는 Mufson 외(Mufson, Weissman, Moreau, & Garfinkel, 1999)가 우울 청소년 48명을 대상으로 임상가 모니터링과 대인 관계 심리 치료를 비교하였다. 대인 관계 심리 치료에 참여한 청소년이 임상적 모니터링조건에 참여한 청소년에 비해 우울 증상과 사회적 기능, 문제 해결 측면에서 더 향상되었다. 또한 대인 관계 심리 치료에 참여한 청소년이 우울로부터 더 많이 회복하였다는 점이 주목할 만하다. 두 번째 연구는, Rossello와 Bernal(1999)이 대인 관계 심리 치료를 푸에토리코 청소년들에게 적용하였다. 이 연구에서 대인 관계 심리 치료집단과 인지행동 치료집단, 대기자 통제집단을 비교하였다. 인지행동 치료집단과 대인 관계 심리 치료집단이 대기자 통제집단에 비해 우울이 더 많이 감소하였고, 대인 관계 심리 치료집단(.73)이 대기자 통제집단과 인지행동 치료집단(.43)에 비해 사회적 기능과 자존 감에서 효과가 더 컸다. 세 번째 연구는, Mufson 외(2004)가 대인 관계 심리 치료와 학교 보건소의 일반 치료를 비교함으로써 본래 연구 결과를 재검증하였다. 대인 관계 심리 치료를 받은 사람은 우울 증상이 더 많이 줄었고, 사회적 기능과 전체적 기능에서 더 큰 향상을 보였다.

전반적으로 대인 관계 심리 치료는 다른 문화에도 적용할 수 있을 만큼 융통성이 있는, 청소년 우울 치료 중에 매우 효과적인 치료이다. 대인 관계 기능에 초점을 둔 대인 관계 심리 치료는 가족 관계를 강조하고 회기 중에 부모를 참여시킨다(Mufson et al., 2004). 그러나 대인 관계 심리 치료 의 장기 효과는 아직 입증되지 않았고, 치료 종결 이후 즉각적인 효과(Mufson et al., 1999; 2004) 나 3개월 이후 사후검사만 입증되었다.

청소년 치료에서 가족의 참여와 지지가 중요하다는 것은 임상에서 기정화된 사실이지만, 청소년 우울에서 가족 치료의 역할을 조사한 연구는 소수이다. Brent 외(1993)는 두 시간 심리교육 회기를 통해 부모는 치료와 우울에 대한 지식을 더 많이 쌓게 되었고, 역기능적 신념도 줄었다고 밝혔다. 대부분의 부모(97%)는 이런 효과적인 심리교육을 받고자 하였다. 실제로 대집단 청소년 우울 치료 연구에서 Brent 외(1997)는 치료 중단을 최소화하고 치료를 지지하기 위해 모든 치료조건에 간략 한 가족 심리교육을 포함하였다. 그러나 가족 관계 변화를 목표로 한 확장된 연구의 결과는 혼합적 으로 나타났다.

첫째, Brent 외(1997)는 주요 우울장애 청소년 치료를 위해 체계적 행동 가족 치료와 개별 인지 행동 치료, 개별 비지시적 지지 치료를 비교하였다. 체계적 행동 가족 치료는 틀의 재구성, 의사소 통, 문제 해결 기술 개입을 활용하여 가족 관계 패턴을 변화시키는 데 초점을 둔다. 그러나 이런 가 족 치료는 인지행동 치료와 비지시적 지지 치료보다 효과성이 유의하게 낮았다. 둘째, Diamond 외는 애착이론에서 개발된 우울 청소년을 위한 가족 치료적 모델인 애착 중심 가족 치료(ABFT : attachment-based family therapy; Diamond, Reis, Diamond, Siqueland, & Isaacs, 2002) 를 연구하고 발전시켰다. 이 치료에서는 부모와 청소년 모두 치료사와 동맹을 맺고, 부모의 지지 와 함께 청소년의 유능성을 증진시키면서 부모-자녀 유대 관계를 회복하는 것에 초점을 맞춘다. 이 접근의 초기 평가에서 대기자 통제집단과 비교했을 때 우울 회복률이 더 크게 나타났으며(81% vs 47%), 이 회복률은 6개월 후의 사후검사에서도 유지되었다.

전반적으로 청소년 우울 치료에서 대인 관계 기능에 초점을 둔 치료 개입법이 효과적인 것으로 나타났다. 한편 이 발달단계에서 우울을 치료하는 데 적절한 가족 참여와 지지는 확실히 중요하며,

임상가는 청소년의 자율성 발달을 지지하면서 가족 역할과 기능 강화의 균형을 유지해야 한다.

청소년기 이전의 아동 우울

우울증이 있는 청소년 치료에 관한 연구는 점차 증가하고 있지만, 청소년기 이전의 아동기 우울 치료에 대한 문헌은 거의 없다. 실제로 8세 이하 아동을 대상으로 한 연구는 단 한 개뿐이었다. 이와 더불어, 표 8.3에서 제시한 바와 같이, 심각한 수준의 우울 증상을 보이는 청소년기 이전의 아동을 대상으로 한 연구는 소수이며, 우울증으로 진단받은 아동을 독립적으로 표집한 연구는 없다. 두 연구에서는 우울증이 있는 12세 이하의 아동을 표본에 포함하였지만(Wood, Harrington & Moore, 1996; Vostanis, Feehan, Grattan, & Bickerton, 1996), 어린 아동에 대한 치료 효과가 나타나지 않아서 개별적인 분석은 이루어지지 않았다. 한 연구에서는 사춘기 이전의 아동을 8명만 포함하였고(Wood, Harrington, & Moore, 1996), 또 다른 연구에서는 사춘기 상태를 측정하지는 않았으나 12세 아동 6명과 12세 이하 아동 13명을 포함하였다(Vostanis, Feehan, Grattan, & Bickerton, 1996; Vostains, personal communication, February, 2007). 몇 가지 치료 발달 연구에서 우울증으로 진단받은 학령기 아동을 포함하였으나(Flory, 2004; Kaslow et al., 2002; Tompson et al., 2007), 이 영역에서 앞으로 이루어져야 할 부분은 여전히 많이 남아 있다.

청소년을 대상으로 하는 치료 연구와는 다르게 청소년기 이전의 아동을 대상으로 하는 연구에서는 대인 관계 기능을 향상시키는 인지행동 치료를 종종 포함한다. 대부분의 연구는 집단 형태로 구성하여, 인지행동 치료와 기술 훈련 개입을 중심으로 이루어진다. 표 8.3에서 제시된 바와 같이, 모든 치료 연구는 집단 형태로 기술을 연습하고, 적극적으로 상호작용하도록 설계되었다. 또한 대부분의 인지행동 구성요소는 광범위한 기술 훈련패키지로 이루어져 있다. 목표 기술에는 문제 해결, 자기 모니터링, 사회적 능력이 포함된다. 예를 들어, Asarnow 외(Asarnow, Scott, & Mintz, 2002)는 특히 초등학교 후기 아동과 중학교 청소년의 발달적 사회 기술의 획득을 돕기 위해 친교 훈련을 포함하였다. 따라서 이러한 인지행동 치료는 광범위하며 차이가 있다.

효과성에 관한 아홉 가지 연구 중 여덟 가지에서 치료를 받지 않은 집단보다 치료받은 집단의 우울 증상이 유의하게 감소하였다고 보고하였다(Asarnow et al., 2002; Butler, Meizitis, Friedman, & Cole, 1980; DeCuyper, Timbremont, Braest, Backer, & Wullaert, 2004; Jaycox, Reivich, Gillham, & Seligman, 1994; Kahn, Kehle, Jenen, & Clark, 1990; King & Kirschenbaum, 1990; Stark, Reynolds, & Kaslow, 1987; Weisz et al., 1997). 한 연구에서는 사회성 치료조건, 관심 통제조건, 치료를 받지 않는 조건 간의 차이점을 밝히지 못하였고, 시간에 따라 모든 집단이 향상되었다(Liddle & Spence, 1990). 이와 대조적으로, 다른 치료조건과 비교한

표 8.3 청소년기 이전의 아동 우울을 위한 무작위 임상실험연구

참고문헌	피실험자	진단과 위험률 사정 평가	치료 형식	중재 개입 유형	사전 치료 사정 평가	치료의 영향력
Asarnow, Scott, & Mintz, 2002	4~6학년 (n=23)	학교에서 이루어지는 검사 : CDI	집단	(1) CBT와 가족 교육 (2) 대기자 통제	즉시	아동 치료집단의 우울 증상, 부정적 인지, 내면화 대처방식이 더 감소하였다.
Butler, Miezitis, Friedman, & Cole, 1980	5~6학년 (n=56)	교사가 보낸 경우 : CDI에서 높은 점수	집단	(1) 문제 해결 역할극 (2) 인지 재구조화 (3) 통제	즉시	역할극 치료집단은 CDI 점수가 유의하게 감소하였고, 교실 기능이 향상되었다. 인지 재구조화 한 두 집단 중 한 집단의 CDI 점수가 유의하게 감소하였다.
De Cuyper, Timbremont, Braet, De Backer, & Wullaert, 2004	연령 10~12세 (n=20)	CDI 점수 ≥11 또는 CBCL 내면화와 우울·불안 척도의 T 점수 ≥23 세분할 것 : 적어도 MDD 범주 중 한 가지에 속하지만 다른 축 1을 보이지 않아야 함.	집단	(1) CBT 프로그램 (행동 취하기) (2) 대기자 통제집단	즉시, 4개월, 12개월	기저선과 4개월 이후 추후검사를 비교해 볼 때, CBT 집단에서만 CDI와 자기 인식 프로파일에서 유의한 수준으로 향상되었다. 12개월 추후검사에서 CBT 집단은 더욱 향상되었고, CDI·STAI·CBCL 점수가 유의하게 감소하였다.
Jaycox, Reivich, Gillham, & Seligman, 1994; Gillham, Reivich, Jaycox, & Seligman, 1995	연령 10~13세 (n=143)	CDI에서 Z 점수+아동 인식 설문지 >0.50	집단	(1) 인지 (2) 사회적 문제해결 (3) 위의 두 가지 치료 결합 (4) 대기자 통제 (5) 참여자 통제되지 않음.	즉시, 6개월, 12개월, 18개월, 24개월	치료받은 집단 간 차이는 나타나지 않았으며, 치료를 받지 않은 집단에 비해 사후검사와 추후검사에서 우울 증상이 더 감소하였고 학급 내 행동(교사 보고)이 향상되었다. 가족 갈등이 큰 아동에게 더욱 효과적이었다. 추후검사에서 시간이 지남에 따라 그룹 간 우울 증상 차이는 더 커졌다.
Kahn, Kehle, Jensen, & Clark, 1990	연령 10~14세 (n=68)	순차적 단계 단계 1 : CDI>14, RADS>71 단계 2 : CDI와 RADS로 한 달 후 재평가 단계 3 : 면담; BDI>19 다른 우울 치료를 하지 않음.	집단	(1) 인지행동 (2) 이완 훈련 (3) 자기모델링 (4) 대기자 통제	즉시, 1개월	모든 적극 치료집단은 통제집단에 비해 우울 증상이 유의한 수준으로 향상되었다. CBT와 이완 훈련에 참여한 대부분의 아동은 우울 증상의 비임상적 범주가 기능적 범주로 변화되었다. 자기모델링집단은 다른 집단에 비해 덜 향상될 것으로 보였다.

연구	학년/연령 (n)	기분 검사 질문	집단	치료 조건	시기	결과
King & Kirschenbaum, 1990	학년 KG~4학년 (n=135)	활동 기분 검사 질문(Activity Mood screening question-naire)에서 기준 점수 이상의 아동	집단	(1) 사회 기술 훈련과 함께 부모, 교사 상담 (2) 상담 치료만	즉시	혼합 프로그램은 상담만 한 집단에 비해 우울이 더 많이 감소하였다. 다차원적 행동비율과 기술은 두 집단 모두 향상되었다.
Liddle & Spence, 1990	연령 7~11세 (n=31)	CDI≥19 CDRS-R≥40	집단	(1) 사회 적응 훈련 (2) 플라세보 통제집단 (3) 대기자 통제	즉시, 3개월	사전검사, 사후검사, 추후검사에서 집단 간 차이는 없었다. 모든 집단에서 CDI 점수가 낮아졌고, 교사의 문제 보고는 증가하였다.
Stark, Reynolds, & Kaslow, 1987	4~5학년 (n=29)	보고자 2명 모두 CDI 점수>12	집단	(1) 행동 문제 해결 (2) 자기 통제 (3) 대기자 통제	즉시, 8주	모든 적극 치료집단에서 우울 증상이 유의한 수준으로 감소하였다. 그러나 행동 문제 해결에 관해서는 어머니와 아동 모두 차이가 있다고 보고한 반면, 자기 통제는 아동만 차이가 있다고 보고하였다.
Weisz, Thurber, Sweeney, Proffitt, & LeGagnouz, 1997	3~6학년 (n=48)	교사나 상담가가 우울로 확인했거나 CDI≥10, 그리고 CDRS-R 면담 점수≥34	집단	(1) 1·2차 조절 강화 훈련 (2) 치료받지 않은 통제집단	즉시, 9개월	치료받은 집단은 사후검사와 추후검사에서 CDI와 CDRS-R 점수가 더 많이 좋았다.

주요사항 : MDD=주요우울장애, DD=기분부전장애, DDNOS=달리 분류되지 않는 우울장애, K-SADS=학령기 아동용 기분장애와 정신분열증 척도, BDI=Beck의 우울 척도, CDI=아동용 우울 척도, GAF=전반적 기능 평가 척도, CES-D=역학연구센터 우울 척도, CDRS-R=소아우울증 평가 척도 개정판, BID=Bellevue의 우울 척도

다섯 가지 연구 중 두 연구에서 집단 간 차이를 보고하였다. Butler 외(1980)와 Stark 외(1987)는 문제 해결에 우세한 자기 통제, 인지 재구조화 개입법을 넘어 문제 해결 개입법의 이점을 보고하였다. 그러나 또 다른 연구(Jaycox et al., 1994; Gillham et al., 1995)에서는 인지 중심 치료보다 사회적 문제 해결 개입법이 더 우세하다는 것을 지지하지 못하였다. 따라서 청소년기 이전의 아동 우울 치료에 심리사회적 개입법이 효과적이라고 해도, 특정한 우울에 따라 개입법이 달라지기 때문에 더 일반적인 개입이라고 할 수 없다.

대부분의 연구는 치료 후 즉각적인 치료 효과에 중점을 두어 사후검사가 제한적이지만, 장기간 이후의 사후 평가를 한 세 가지 연구가 있다. 첫째, Jaycox, Gillham 외(Jaycox et al., 1994; Gillham et al., 1995)의 연구는 5개 집단을 비교하는데, 인지적 개입집단, 사회 문제 해결 개입집단, 복합적 집단, 대기자 통제집단, 치료를 받지 않은 통제집단이다. 치료 후 즉시 실시한 사후검사에서는 치료받은 모든 집단이 치료받지 않은 집단에 비해 우세하였고, 2년 후 사후검사에서 차이점이 더욱 두드러졌다. 둘째, 인지행동 치료 18회기를 받은 집단과 대기자 통제집단을 비교하였는데, DeCuyper 외(2004)는 학령기 아동 참여자를 대상으로 일 년 후 사후검사를 실시하였다. 그 결과 아동과 부모의 보고에서 긍정적 자기 지각은 지속적으로 증가하였고, 우울 증상은 감소하였다. 셋째, Weisz 외(1997)는 1·2차 통제 강화 치료(primary and secondary control enhancement therapy)를 받은 학령기 아동을 대상으로 9개월 이후 사후검사를 실시하였으며, 검사에서 집단 간 차이가 확실하게 지속되었다.

기술 훈련 개입의 목표는 대처 기술과 유능성을 향상시키는 것이며, 이를 통해 시간이 지나도 개입의 효과성이 지속될 것이라고 기대한다. 실제로 제한적인 이 연구의 사후검사자료는 최소한 치료의 이점이 유지되고 강화될 것이라고 제안하였다. 이 개입의 효과가 지속되는 것을 입증하기 위해서는 장기간 사후 평가를 포함해야 한다.

학령기 아동의 우울 치료는 가족의 역할이 매우 중요하다. 그래서 개입을 집단 형태로 하고, 몇몇 연구자는 가족 참여를 여기에 포함하였다(Asarnow et al., 2002; Stark, 1990). 가족 안에 학령기 아동이 있을 때 가족 중심 접근이 강력하다고 믿는 근거가 있다. 실제로 Barrett, Dadds와 Rapee(1996)는 아동기 불안장애를 위한 가족 개입 연구에서 개별 인지행동 치료집단, 인지행동 치료와 가족 치료를 결합한 집단, 대기자 통제집단을 비교하였는데 그 결과 연령 효과를 발견하였다. 어린 아동은 인지행동 치료와 가족 치료를 결합한 치료에서 더 좋은 결과를 보여 주는 반면, 좀 더 연령이 높은 아동은 두 가지 치료 모두에서 좋은 결과가 나타났다. 이러한 연구 결과를 통해 학령기 아동은 가족 중심 치료가 중요하다는 점에 주목하게 되었다.

치료 발달 연구에서 세 가지 연구가 청소년기 이전 아동의 우울을 위한 가족 중심 치료를 설명하였다. 첫째, Schwartz, Kaslow, Racusin과 Carton(1998)은 가족 체계, 인지행동 접근, 애착이론, 대인 관계 치료, 기본적인 정신병리학의 이론과 기술을 통합하여 복합적인 가족치료모델을 설명하였다. 대인 관계 가족 치료는 우울 증상을 감소시키고 부적응 인지를 변화시키며 가족 정서와 의사소통을 향상시키는 것으로 추정되나, 정확한 평가는 아직 이루어지지 않았다.

둘째, Kovacs 외(2006)는 특히 만성적 우울이 있는 학령기 아동을 위해 '맥락적 정서조절 치료(CERT : contextual emotion regulation therapy)'를 개발하였다. CERT는 불쾌한 정서 반응을 '맥락적 지도 그리기(contextual mapping)'를 통해 개별적으로 활용하고, 불쾌한 정서 반응의 억제-조절을 강화하는 기술 개발을 강조한다. 만성적 우울 아동 20명을 대상으로 한 개방실험에서 CERT는 유의한 수준으로 우울 증상을 감소시켰고, 아동의 우울과 불안 증상 감소 및 어머니의 우울과 불안 증상 감소에 영향을 주었다.

셋째, Flory(2004)는 내면화 장애가 있는 청소년에게 부모-자녀 관계의 증진을 목표로 하는 '정서적으로 적절한 양육방식(emotionally attuned parenting)'을 설명하였다. 이 개입법은 부모의 공감 능력을 강화하는 것에 중점을 두어 부모만 포함한다. 우울과 불안 증상이 혼합된 아동 표본을 대상으로 한 작은 개방실험 결과, 아동의 중요한 증상이 개선되었고 부모의 양육 스트레스가 감소하였으며 긍정적 효과는 6개월 이후 사후검사에서도 유지되었다.

넷째, 마지막으로 Tompson 외(2007)는 우울 아동을 위한 '가족 중심 치료(FFT : family focused treatment)'를 개발하였다. 이 치료는 가족 체계와 인지행동모델을 통합하여 가족 맥락 안에서 가족 심리교육과 기술 훈련을 제공한다. 이 개입법은 가족의 독특한 상호작용 과정을 이해하며, 긍정적인 상호작용 과정을 증가시키고 부정적 상호작용 과정을 감소시키는 것에 초점을 두었다. 치료는 다음과 같은 내용에 초점을 둔 기본 요소를 포함한다.

(1) 우울의 대인 관계 특성에 초점을 두어 가족에게 우울을 교육하기
(2) 긍정적 상호작용 강화하기
(3) 의사소통 기술 연습하기
(4) 문제 해결 기술 가르치기

초기 개방실험에서는 가족 중심 치료가 우울, 우울과 관련된 증상의 감소, 본인과 부모가 보고한 우울 증상의 감소, 가족 기능의 향상에 영향을 주었다고 보고하였다. 요컨대 학령기 아동의 우울 치료에는 가족 중심 접근이 중요하다는 것을 제안하였다.

향후 연구의 방향

지금까지 치료 연구는 청소년기 우울 치료를 위한 심리사회적 접근의 중요성을 입증하였다. 하지만 여러 제한점이 있으며, 더 나아가 포괄적인 우울 치료를 위한 최선의 전략을 결정하기 위해 후속 연구가 더 이루어져야 한다. 현재 고려해야 할 사항은 제한된 치료 효과, 치료 전략의 지속성에 대한 불충분한 연구, 제한된 치료 결과, 어린 아동기 우울 치료에 관한 연구 부족, 특정 대상을 위한 치료 부족, '실제 세상' 같은 임상환경에서 이루어진 치료의 연구자료가 부족한 점 등이 있다.

첫째, 지금까지 치료에서는 제한된 효과성에 대해 입증하였다. 청소년기 우울을 위한 심리사회적 치료에 대한 초기 메타분석 연구에서 매우 큰 효과크기를 낙관적으로 보고하였지만(Lewinsohn & Clarke, 1999; Reinecke, Ryan, & DuBois, 1998), 최근 메타분석은 더 포괄적인 치료 연구 결과를 분석하였고 그 결과 효과크기는 작은 범위부터 중간 범위까지 나타났다(Weisz, McCarty, & Valeri, 2006). 최근 임상적으로 우울한 청소년에 관한 연구에서는 40~50%가 약물치료나 심리사회 치료에 관한 실험연구에서 우울이 감소하거나 유의한 수준으로 회복되는 데 실패한다고 하였다. 이런 결과는 효과적인 치료 전략을 개발하고, 현재 치료 영향력을 강화시킬 필요가 있다는 점을 강조한다.

둘째, 우울증이 있는 대상을 표본으로 한 최근 치료 연구에서는 즉각적 치료 효과에 중점을 두었고, 소수의 연구만 치료 종결 후 사후검사를 실시하였다. 심리사회적 치료(Vostanis et al., 1996; Wood et al., 1996)와 약물치료(Emslie et al., 1997) 실험연구 이후 재발 위험이 높은 경우는 치료 전략의 지속성을 연구해야 할 필요가 있다. 하지만 소수의 연구만 일정 기간 후 사후검사를 실시하였고, 시간이 지나도 치료 이점이 유지 및 강화되는 치료 전략 지속성에 관한 연구는 거의 없다.

셋째, 청소년기 우울을 위한 심리사회적 치료 연구는 거의 증상 결과에 초점을 두었는데, 증상이 개선됨에 따라 어느 정도 기능적 결과가 향상되는지 명확하지 않다. 대인 관계 심리 치료(Mufson et al., 1999; Rosello & Bernal, 1999) 이후 사회적 기능이 강화된다는 최근 증거를 통해 이런 결과에 대한 추가적 평가가 촉진될 것이다. 앞으로의 연구에서는 관련 증상, 사회적·학습적 기능을 포함한 다양한 결과 영역에 대한 평가가 이루어져야 한다.

넷째, 앞에서 살펴본 바와 같이 청소년기 우울에 관한 임상적 치료 연구 대부분은 청소년 중심으로 이루어지고 있다. 따라서 더 어린 아동기 우울에 대한 최선의 치료 전략 연구가 추가적으로 이루어질 필요가 있다. 부모에게 더 많이 의지하고 인지적 능력의 변화가 빠른 아동기 중기부터 후기까지 아동의 발달단계를 고려해야 하며, 이를 고려하여 그 연령에 적합한 치료가 이루어진다면, 단순히 성인 치료를 아동에게 확장하여 적용하지는 않을 것이다. 이런 관점에서 발달적 치료 접근은 청소년기 이전의 아동을 위하여 발달단계에 맞는 치료 전략을 목표로 해야 하며, 더불어 이 영역의 임상적 연구가 더 이루어져야 한다.

다섯째, 일반적으로 발달장애와 정신지체가 있는 사람의 우울에 관한 연구가 부족하다(Lowry, 1998). 소수의 연구에서 발달장애나 정신지체가 있는 사람이 높은 우울 증상을 경험할 수 있으며, 특히 아스퍼거증후군이 있는 사람이 위험요소를 가진다고 제안하였으나(Ghaziuddin, Ghaziuddin & Greden, 2002; Matson & Nebel-Schwalm, 2007; Saulnier & Volkmar, 2007), 이 같은 특정한 사람들을 위한 우울 치료의 임상적 실험연구는 없다. 몇 가지 사례연구에서는 정신지체(Frame et al., 1982; Matson, 1982)와 자폐스펙트럼장애(Matson & Nebel-Schwalm, 2007)가 있는 사람에게 행동적 치료 접근이 유용하다고 제안하였다. 이런 특별한 대상을 위한 치료 연구가 더욱 이루어지고 발전되어야 한다.

마지막으로 무작위 임상실험연구에서 우울한 청소년기 아동을 위한 인지행동 치료의 효과성이 입증되었지만, 효과성 연구에서는 인지행동 치료의 효과성이 일반 사회환경에서 약하게 나타났다(Clarke et al., 2002, 2005; TADS, 2004, Weisz et al., 1995). 한편, 우울에 관한 임상연구에서는 인지행동 치료를 받은 청소년과 일반 사회 정신건강센터에서 치료받은 청소년을 비교하였는데, 그 결과 인지행동 치료를 받은 청소년에게서 치료 효과가 더 크게 나타났다(Weersing & Weisz, 2002). 전반적으로 위와 같은 결과는 실제 환경에서 우울 치료를 강화하고 연구하는 것이 필요하다는 점을 강조한다.

결론

지난 20년 간 청소년기 우울에 관한 시각이 상당히 발전하였다. 치료 효과성을 입증하였고, 임상적 수행을 위한 안내지침도 발전하였다. 이와 더불어 약물치료 전략, 대인 관계 치료 전략, 개별과 집단 중심 인지행동 치료 전략이 청소년기 우울을 위한 치료로 개발되었다. 소수 자료에서는 간략한 가족 심리교육을 활용하는 것을 제안하였고, 더 나아가 확장된 가족 개입법의 유용성에 관한 연구가 진행되고 있다. 또한 추가적인 연구에서 강화되어야 할 부분은 발달적 치료 접근, 결합된 치료 연구, 치료 결정 알고리즘을 그리는 것, 재발을 예방하고 회복을 촉진하기 위한 장기간 개입법을 개발하는 것이다. 마지막으로 실험실 환경에서 개발된 치료는 아동과 청소년이 치료를 받는 실제 환경에서도 효과가 있어야 한다.

참고문헌

Aber, L. J., Brown, J. L., & Jones, S. M. (2003). Developmental trajectories toward violence in middle childhood: Course, demographic differences, and response to school-based intervention. *Developmental Psychology, 39,* 324–348.

Ackerson, J., Scogin, F., McKendree-Smith, N., & Lyman, R. D. (1998). Cognitive bibliotherapy for mild and moderate adolescent depressive symptomatology. *Journal of Consulting and Clinical Psychology, 66,* 685–690.

Adrian, C. & Hammen, C. (1993). Stress exposure and stress generation in children of depressed mothers. *Journal of Consulting and Clinical Psychology, 61,* 354–359.

American Psychiatric Association. (2006). *American Psychiatric Association Practice Guidelines for the Treatment of Psychiatric Disorders: Compendium 2006.*

Asarnow, J. R., Jaycox, L. H., Duan, N., LaBorde, A. P., Rea, M. M., Murray, P., Anderson, M., Landon, C., Tang, L., & Wells, K.B. (2005). Effectiveness of a quality improvement intervention for adolescent depression in primary care clinics. *Journal of the American Medical Association, 293,* 311–319.

Asarnow, J. R., Scott, C. V., & Mintz, J. (2002). A combined cognitive-behavioral family education intervention for depression in children: A treatment development study. *Cognitive Therapy and Research, 26,* 221–229.

Bardone, A. M., Moffitt, T., Caspi, A., & Dickson, N. (1996). Adult mental health and social outcomes of adolescent girls with depression and conduct disorder. *Development and Psychopathology, 8,* 811–829.

Barrett, P. M., Dadds, M. R., & Rapee, R. M. (1996). Family treatment of childhood anxiety: a controlled trial. *Journal of Consulting and Clinical Psychology, 64,* 333–342.

Beardslee, W. R., Keller, M. B., Lavori, P. W., Staley, J., & Sacks, N. (1993). The impact of parental affective disorder on depression in offspring: A longitudinal follow-up in a nonreferred sample. *Journal of the American Academy of Child and Adolescent Psychiatry, 32,* 723–730.

Beardslee, W. R., Versage, E. M., & Gladstone, T. R. (1998). Children of affectively ill parents: A review of the past ten years. *Journal of the American Academy of Child and Adolescent Psychiatry, 37,* 1134–1141.

Bernal, G., Bonilla, J., & Bellido, C. (1995). Ecological validity and cultural sensitivity for outcome research: Issues for the cultural adaptation and development of psychosocial treatments with Hispanics. *Journal of Abnormal Child Psychology, 23,* 67–82.

Bernal, G. & Scharron-Del-Rio, M.R. (2001). Are empirically supported treatments valid for ethnic minorities? Toward an alternative approach for treatment research. *Cultural Diversity and Ethnic Minority Psychology, 7,* 328–342.

Billings, A. G. & Moos, R. H. (1986). Children of parents with unipolar depression: A controlled 1-year follow-up. *Journal of Abnormal Child Psychology, 14,* 149–166.

Brent, D. A., Holder, D., Kolko, D., Birmaher, B., Baugher, M., Roth, C., Iyengar, S., & Johnson, B. A. (1997). A clinical psychotherapy trial for adolescent depression comparing cognitive, family, and supportive therapy. *Archives of General Psychiatry, 54,* 877–885.

Brent, D. A., Poling, K., McKain, B., & Baugher, M. (1993). A psychoeducational program for families of affectively ill children and adolescents. *Journal of the American Academy of Child and Adolescent Psychiatry, 32,* 770–774.

Butler, L., Miezitis, S., Friedman, R., & Cole, E. (1980). The effect of two school-based intervention programs on depressive symptoms in preadolescents. *American Educational Research Journal, 17,* 111–119.

Carlson, G. A. & Kashani, J. H. (1988). Phenomenology of major depression from childhood through adulthood: Analysis of three studies. *American Journal of Psychiatry, 145,* 1222–1225.

Chan, D. W. (1995). Depressive symptoms and coping strategies among Chinese adolescents in Hong Kong. *Journal of Youth and Adolescence, 24,* 267–279.

Cheung, A. H., Emslie, G. J., & Mayes, T. L. (2005). Review of the efficacy and safety of antidepressants in youth depression. *Journal of Child Psychology and Psychiatry, 46,* 735–754.

Clarke, G., Debar, L., Lynch, F., Powell, J., Gale, J., O'Connor, E., Ludman, E., Bush, T., Lin, E. H. B.,van Korff, M., & Hertert, S. (2005). A randomized effectiveness trial of brief cognitive-behavioral therapy for depressed adolescents receiving antidepressant medication. *Journal of the American Academy of Child & Adolescent Psychiatry, 44,* 888–898.

Clarke, G. N., Hawkins, W., Murphy, M., Scheeber, L. B., Lewinsohn, P. M., & Seeley, J. R. (1995). Targeted prevention of unipolar depressive disorder in an at-risk sample of high school adolescents: A randomized trial of a group cognitive intervention. *Journal of the American Academy of Child and Adolescent Psychiatry, 34,* 312–321.

Clarke, G. N., Hornbrook, M., Lynch, F., Polen, M., Gale, J., Beardslee, W., O'Connor, E., & Seeley, J. (2001). A randomized trial of a group cognitive intervention for preventing depression in adolescent offspring of depressed parents. *Archives of General Psychiatry, 58,* 1127–1134.

Clarke, G. N., Hornbrook, M., Lynch, F., Polen, M., Gale, J., O'Connor, E., Seeley. J. R., & Debar, L. (2002). Group cognitive-behavioral treatment for depressed adolescent offspring of depressed parents in a health maintenance organization. Journal of the American Academy of Child & Adolescent Psychiatry, 41, 305–313.

Clarke, G. N., Rohde, P., Lewinsohn, P. M., Hops, H., & Seeley, J. R. (1999). Cognitive-behavioral treatment of adolescent depression: Efficacy of acute group treatment and booster sessions. Journal of the American Academy of Child and Adolescent Psychiatry, 38, 272–279.

Cohn, J. F., Campbell, S. B., Matias, R., & Hopkins, J. (1990). Face-to-face interactions of postpartum depressed and nondepressed mother-infant pairs at 2 months. Developmental Psychology, 26, 15–23.

Compas, B.E. (1987). Coping with stress during childhood and adolescence. Psychological Bulletin, 101, 393–403.

Costello, E. J., Angold, A., Burns, B. J., Stangl, D. K., Tweed, D. L., Erkanli, A., & Worthman, C.M. (1996). The Great Smoky Mountains Study of Youth: Goals, designs, methods, and prevalence of DSM–III–R disorders. Archives of General Psychiatry, 53, 1129–1136.

Cuffe, S. P., Waller, J. L., Cuccaro, M. L., Pumariega, A. J., & Garrison, C. Z. (1995). Race and gender differences in the treatment of psychiatric disorders in young adolescents. Journal of the American Academy of Child and Adolescent Psychiatry, 34, 1536–1543.

De Cuyper, S., Timbremont, B., Braet, C., De Backer, V., & Wullaert, T. (2004). Treating depressive symptoms in school children: A pilot study. Journal of European Child and Adolescent Psychiatry, 13, 105–114.

De Maat, S. M., Dekker, J., Schoevers, R. A., & de Jonghe, F. (2007). Relative efficacy of psychotherapy and combined therapy in the treatment of depression: A meta-analysis. European Psychiatry, 22, 1, 1–8.

Diamond, G. S., Reis, B. F., Diamond, G. M., Siqueland, L., & Isaacs, L. (2002). Attachment-based family therapy for depressed adolescents: A treatment development study. Journal of the American Academy of Child & Adolescent Psychiatry, 41, 1190–1196.

Downey, G. & Coyne, J. C. (1990). Children of depressed parents: an integrative review. Psychology Bulletin, 108, 50–76.

Emslie, G., Rush, J. A., Weinberg, W. A., Kowatch, R. A., Hughes, C. W., Carmody, T., & Rintelmann, J. (1997). A double-blind, randomized, placebo-controlled trial of fluoxetine in children and adolescents with depression. Archives of General Psychiatry, 54, 1031–1037.

Emslie, G. J., Heiligenstein, J. H., Wagner, K. D., Hoog, S. L., Ernest, D. E., Brown, E., Findling, R. L., McCracken, J. T., Nilsson, M. E., & Jacobson, J. G. (2002). Fluoxetine for acute treatment of depression in children and adolescents: A placebo-controlled randomized clinical trial. Journal of the American Academy of Child & Adolescent Psychiatry, 41, 1205–1214.

Fine, S., Forth, A., Gilbert, M., & Haley, G. (1991). Group therapy for adolescent depressive disorder: A comparison of social skills and therapeutic support. The Journal of American Academy of Child and Adolescent Psychiatry, 30, 79–85.

Fleming, J. E., Boyle, M. H., & Offord, D. R. (1993). The outcome of adolescent depression in the Ontario Child Health Study follow-up. Journal of the American Academy of Child & Adolescent Psychiatry, 32, 28–33.

Flory, V. (2004). A novel clinical intervention for severe childhood depression and anxiety. Clinical Child Psychology and Psychiatry, 9, 9–23.

Frame, C. L. (1982). Behavioral treatment of depression in a prepubertal child. Journal of Behavior Therapy and Experimental Psychiatry, 13, 239–243.

Garber, J. & Flynn, C. (2001). Vulnerability to depression in childhood and adolescence. In Ingram, R. E. & Price, J. M. (Eds.), Vulnerability to psychopathology: Risk across the lifespan (pp. 175–225). New York, New York: Guilford Press.

Garber, J. & Robinson, N. S. (1997). Cognitive vulnerability in children at risk for depression. Cognition and Emotion, 11, 619–635.

Ghaziuddin, M., Ghaziuddin, N., & Greden, J. (2002). Depression in persons with autism: implications for research and clinical care. Journal of Autism and Developmental Disorders, 32, 292–306.

Gillham, J., Reivich, K., Jaycox, L. H., & Seligman, M. (1995). Prevention of depressive symptoms in school children: Two year follow-up. Psychological Science, 6, 343–351.

Goodman, S. H. & Gotlib, I. H. (2002). Children of depressed parents: Mechanisms of risk and implications for treatment. Washington, DC, US: American Psychological Association.

Hall, G. C. N. (2001). Psychotherapy research with ethnic minorities: Empirical, ethical, and conceptual issues. Journal of Consulting and Clinical Psychology, 69, 502–510.

Hammen, C. (2002). Context of stress in families of children with depressed parents. In Goodman, S.H. & Gotlib, I.H. (Eds.), Children of depressed parents: Mechanisms of risk and implications for treatment (pp. 175–199). Washington: American Psychological Association.

Hammen, C., Burge, D., Burney, E., & Adrian, C. (1990). Longitudinal study of diagnoses in children of women with unipolar and bipolar affective disorder. Archives of General Psychiatry, 47, 1112–1117.

Hamrin, V. & Scahill, L. (2005). Selective serotonin reuptake inhibitors for children and adolescents with major depression: current controversies and recommendations. Issues in Mental Health Nursing, 26, 433–450.

Harter, S. (1999). The construction of the self: A developmental perspective. New York: Guilford Press.

Hollon, S. D., Garber, J., & Shelton, R. C. (2005). Treatment of depression in adolescents with cognitive behavior therapy and medications: A commentary on the TADS Project. Cognitive and Behavioral Practice, 1290, 149–155.

Hops, H., Biglan, A., Sherman, L., Arthur, J., Friedman, L., & Osteen, V. (1987). Home observations of family interactions of depressed women. Journal of Consulting and Clinical Psychology, 55, 341–346.

Iwata, N., Turner, R. J., & Lloyd, D. A. (2002). Race/ethnicity and depressive symptoms in community-dwelling young adults: A differential item functioning analysis. Psychiatry Research, 110, 281–289.

Jaycox, L. H., Reivich, K. J., Gillham, J. E., & Seligman, M. E. P. (1994). Prevention of depressive symptoms in schoolchildren. Behavioral Research and Therapy, 32, 801–816.

Jeney-Gammon, P., Daugherty, T. K., & Finch, A. J. (1993). Children's coping styles and report of depressive symptoms following a natural disaster. Journal of Genetic Psychology, 154, 259–267.

Kahn, J. S., Kehle, T. J., Jensen, W. R., & Clark, E. (1990). Comparisons of cognitive-behavioral, relaxation, and self modeling interventions for depression among middle school students. School Psychology Review, 19, 196–211.

Kaslow, N. J., Baskin, M. L., Wyckoff, S. C., & Kaslow, F. W. (2002). A biopsychosocial treatment approach for depressed children and adolescents. In Comprehensive handbook of psychotherapy: Integrative/eclectic, Vol. 4 (pp. 31–57) New York: John Wiley & Sons, Inc.

Kaslow, N. J., Jones, C. A., Palin, F., Pinsof, W. M., & Lebow, J. L. (2005). A relational perspective on depressed children: Family patterns and interventions. New York: Oxford University Press.

Keller, M. B., Ryan, N. D., Strober, M., Klein, R. G., Kutcher, S. P., Birmaher, B., Hagino, O. R., Koplewicz, H., Carlson, G. A., Clarke, G. N., Emslie, G. J., Feinberg, D., Geller, B., Kusumakar, V., Papatheodorou, G., Sack, W. H., Sweeney, M., Wagner, K. D., Weller, E. B., Winters, N. C., Oakes, R., & McCafferty, J. P. (2001). Efficacy of paroxetine in the treatment of adolescent major depression: A randomized, controlled trial. Journal of the American Academy of Child & Adolescent Psychiatry, 40, 762–772.

Kerfoot, M., Harrington, R., Harrington, V., Rogers, J., & Verduyn, C. (2004). A step too far? Randomized trial of cognitive-behaviour therapy delivered by social workers to depressed adolescents. European Child and Adolescent Psychiatry, 13, 92–99.

Kessler, R. C., Berglund, P., Demler, O., Jin, R., Koretz, D., Merikangas, K. R., Rush, J. A., Walters, E. E., & Wang, P. S. (2003). The epidemiology of major depressive disorder: Results from the National Comorbidity Survey Replication (NCS-R). Journal of the American Medical Association, 289, 3095–3105.

Kessler, R. C. & Walters, E. E. (1998). Epidemiology of DSM–III–R major depression and minor depression among adolescents and young adults in National Comorbidity Survey. Depression and Anxiety, 7, 3–14.

King, C. A. & Kirschenbaum, D. S. (1990). An experimental evaluation of a school-based program for children at-risk: Wisconsin early intervention. Journal of Community Psychology, 18, 167–177.

Kovacs, M. (1996). Presentation and course of major depressive disorder during childhood and later years of the life span. Journal of the American Academy of Child & Adolescent Psychiatry, 35, 705–715.

Kovacs, M., Feinberg, T. L., Crouse-Novak, M. A., Paulauskas, S. L., Pollock, M., & Finklestein, R. (1984). Depressive disorders in childhood. Archives of General Psychiatry, 41, 643–649.

Kovacs, M., Sherrill, J., George, C. J., Pollock, M., Tumuluru, R. V., & Ho, V. (2006). Contextual emotion-regulation therapy for childhood depression: Description and pilot testing of a new intervention. Journal of the American Academy of Child & Adolescent Psychiatry, 45, 892–903.

Kroll, L., Harrington, R., Jayson, D., Fraser, J., & Gowers, S. (1996). Pilot study of continuation cognitive-behavioral therapy for major depression in adolescent psychiatric patients. Journal of the American Academy of Child & Adolescent Psychiatry, 35, 1156–1161.

Lee, C. M. & Gotlib, I. H. (1991). Adjustment of children of depressed mothers: A 10-month follow-up. Journal of Abnormal Psychology, 100, 473–477.

Lewinsohn, P. M. & Clarke, G. N. (1999). Psychosocial treatments for adolescent depression. Clinical Psychology Review, 19, 329–342.

Lewinsohn, P. M., Clarke, F. N., Hops, H., & Andrews, J. (1990). Cognitive-behavioral treatment for depressed adolescents. Behavior Therapy, 21, 385–401.

Lewinsohn, P. M., Hops, H., Roberts, R. E., Seeley, J. R., & Andrews, J. A. (1993). Adolescent psychopathology: I. Prevalence and incidence of depression and other DSM–III–R disorders in high school students. Journal of Abnormal Psychology, 102, 133–144.

Lewinsohn, P. M., Rohde, P., & Seeley, J. R. (1993). Psychosocial characteristics of adolescents with a history of suicide attempt. Journal of the American Academy of Child and Adolescent Psychiatry, 32, 60–68.

Lewinsohn, P. M., Rohde, P., & Seeley, J. R. (1998). Major depressive disorder in older adolescents: Prevalence, risk factors, and clinical implications. Clinical Psychology Review, 18, 765–794.

Lewinsohn, P. M., Rohde, P., Klein, D. N., & Seeley, J. R. (1999). Natural course of adolescent depression. Journal of the American Academy of Child and Adolescent Psychiatry, 38, 56–63.

Liddle, B. & Spence, S. H. (1990). Cognitive-behaviour therapy with depressed primary school children: A cautionary note. Behavioral Psychotherapy, 18, 85–102.

Lowry, M. (1998). Assessment and treatment of mood disorders in persons with developmental disabilities. Journal of Developmental and Physical Disabilities, 10, 387–406.

Marcotte, D. & Baron, P. (1993). L'efficacite d'une stategie d'intervention emotion-rationelle aupres d'adolescents depressifs du milieu scolaire (The efficacy of a school-based rational-emotive intervention strategy with depressive adolescents). Canadian Journal of Counseling, 27, 77–92.

Matson, J. L. (1982). The treatment of behavioral characteristics of depression in the mentally retarded. Behavior Therapy, 13, 209–218.

Matson, J. L. & Nebel-Schwalm, M. S. (2007). Comorbid psychopathology with autism spectrum disorder in children: An overview. Research in Developmental Disabilities, 28, 341–352.

Melvin, G. A, Tonge, B. J., King, N. J., Heyne, D., Gordon, M. S., & Klimkeit, E. (2006). A comparison of cognitive-behavioral therapy, sertraline, and their combination for adolescent depression. Journal of the American Academy of Child & Adolescent Psychiatry, 45, 1151–1161.

Monroe, S. M., Rohde, P., & Seeley, J. R. (1999). Life events and depression in adolescence: Relationship loss as a prospective risk factor for first onset of major depressive disorder. Journal of Abnormal Psychology, 108, 606–614.

Monroe, S. M. & Simons, A. D. (1991). Diathesis–stress theories in the context of life stress research: Implications for the depressive disorders. Psychological Bulletin, 110, 406–425.

Mufson, L., Fendrich, M., & Warner, V. (1990). The stability of temperament by child and mother reports over two years. Journal of the American Academy of Child & Adolescent Psychiatry, 29, 386–391.

Mufson, L., Weissman, M. M., Moreau, D., & Garfinkel, R. (1999). Efficacy of interpersonal psychotherapy for depressed adolescents. Archives of General Psychiatry, 56, 573–579.

Mufson, L., Dorta, K. P., Wickramaratne, P., Nomura, Y., Olfson, M., & Weissman, M. M. (2004). A randomized effectiveness trial of interpersonal psychotherapy for depressed adolescents. Archives of General Psychiatry, 61, 577–584.

Nolen-Hoeksema, S. & Girgus, J.S. (1995). Explanatory style and achievement, depression, and gender differences in childhood and early adolescence. In: G. M. Buchanan & M. E. P. Seligman (Eds.) Explanatory style (pp. 57–70). Hillsdale, NJ: Lawrence Erlbaum.

Pine, D. S., Cohen, P., Gurley, D., Brook, J., & Ma, Y. (1998). The risk for early-adulthood anxiety and depressive disorders in adolescents with anxiety and depressive disorders. Archives of General Psychiatry, 55, 56–64.

Puig-Antich, J., Lukens, E., Davies, M., Goetz, D., Brennan-Quattrock, J., & Todak, G. (1985a). Psychosocial functioning in prepubertal major depressive disorders. I.

Interpersonal relationships during the depressive episode. Archives of General Psychiatry, 42, 500–507.

Puig-Antich, J., Lukens, E., Davies, M, Goetz, J. Brennan-Quattrock, J., & Todak, G. (1985b). Psychosocial functioning in prepubertal depressive disorders. II. Interpersonal relationships after sustained recovery from affective episode. Archives of General Psychiatry, 42, 511–517.

Radke-Yarrow, M. & Nottelmann, E. (1989). Affective development in children of well and depressed mothers. Paper presented at the Society for Research in Child Development, Kansas City, MO.

Reed, M. K. (1994). Social skills training to reduce depression in adolescents. Adolescence, 29, 293–302.

Reinecke, M. A., Ryan, N. E., & DuBois, D. L. (1998). Cognitive-behavioral therapy of depression and depressive symptoms during adolescence: A review and meta-analysis. Journal of the American Academy of Child & Adolescent Psychiatry, 37, 26–34.

Reynolds, W. M., & Coats, K. I. (1986). A comparison of cognitive-behavioral therapy and relaxation training for the treatment of depression in adolescents. Journal of Consulting and Clinical Psychology, 54, 653–660.

Rohde, P., Clarke, G. N., Mace, D. E., Jorgensen, J. S., & Seeley, J. R. (2004). An efficacy/effectiveness study of cognitive-behavioral treatment for adolescents with and without comorbid major depression and conduct disorder. Journal of the American Academy of Child & Adolescent Psychiatry, 43, 660–668.

Rosselló, J. & Bernal, G. (1999). The efficacy of cognitive-behavioral and interpersonal treatments for depression in Puerto Rican adolescents. Journal of Consulting & Clinical Psychology, 67, 734–745.

Rudolph, K., Kurlakowsky, K. D., & Conley, C. S. (2001). Developmental and social-contextual origins of depressive control-related beliefs and behavior. Cognitive Therapy and Research, 25, 447–475.

Rudolph, K. D. & Hammen, C. (1999) Age and gender as determinants of stress exposure, generation, and reactions in youngsters: A transactional perspective. Child Development, 70, 660–677.

Rudolph, K. D., Hammen, C., Burge, D., Lindberg, N., Herzberg, D., & Daley, S. E. (2000). Toward an interpersonal life-stress model of depression: The developmental context of stress generation. Developmental Psychopathology, 12, 215–234.

Saulnier, C. & Volkmar, F. (2007). Mental health problems in people with Autism and related disorders. In N. Bouras & G. Holt (Eds.), Psychiatric and behavioural disorders in intellectual and developmental disabilities (2nd ed., pp. 215–224). New York: Cambridge University Press.

Schwartz, J. A. J., Kaslow, N. J., Racusin, G. R., & Carton, E. R. (1998). Interpersonal family therapy for childhood depression. In V. B. Van Hasselt, Hersen, Michel (Eds.), Handbook of psychological treatment protocols for children and adolescents (pp. 109–151). Mahwah, NJ: Lawrence Erlbaum.

Stark, K. D. (1990). Childhood depression: School-based intervention. New York: Guilford Press.

Stark, K. D., Hoke, J., Ballatore, M., Valdez, C., Scammaca, N., & Green, J. (2005). Treatment of child and adolescent disorders. In: Psychosocial Treatments for Child and Adolescent Disorders (2nd ed., pp. 239–265). Washington DC: American Psychological Association.

Stark, K. D., Reynolds, W. M., & Kaslow, N. J. (1987). A comparison of the relative efficacy self-control therapy and a behavioral problem-solving therapy for depression in children. Journal of Abnormal Child Psychology, 15, 91–113.

Stark, K. D., Sander, J., & Hauser, M. (2006). Depressive disorders during childhood and adolescence. In: Treatment of childhood disorders (3rd ed., pp. 336–407). New York: Guilford Press.

Sue, S. (1998). In search of cultural competence in psychotherapy and counseling.

American Psychologist, 53, 440–448.

Tompson, M. C., Pierre, C. B., McNeil Haber, F., Fogler, J. M., Groff, A., & Asarnow, J. R. (2007). Family-focused treatment for childhood-onset depressive disorders: Results of an open trial. Clinical Child Psychology and Psychiatry, 12, 403–420.

Treatment for Adolescents with Depression Study (TADS) Team. (2004). Fluoxetine, cognitive-behavioral therapy, and their combination for adolescents with depression. Journal of the American Medical Association, 292, 807–820.

Turner, J. E. & Cole, D. A. (1994). Developmental differences in cognitive diathesis for child depression. Journal of Abnormal Child Psychology, 22, 15–32.

United States Food and Drug Administration. (2004). Labeling change request letter for antidepressant medications. (Accessed November 30, 2004) [On-line]. Available at: http://www.fda.gov/cder/drug/antidepressants/SSRIlabelChange.htm.

Vostanis, P., Feehan, C., Grattan, E., & Bickerton, W. (1996). A randomized controlled out-patient trial of cognitive-behavioural treatment for children and adolescents with depression: 9-month follow-up. Journal of Affective Disorders, 40, 105–116.

Wagner, B. M. & Compas, B. E. (1990). Gender, instrumentality, and expressivity: Moderators of the relationship between stress and psychological symptoms during adolescence. American Journal of Community Psychology, 18, 383–406.

Wagner, K. D., Ambrosini, P., Rynn, M., Wohlberg, C., Yang, R., Greenbaum, M. S., Childress, A., Donnelly, C., Deas, D. (2003). Efficacy of sertraline in the treatment of children and adolescents with major depressive disorders. Journal of the American Medical Association, 290, 1033–1041.

Wagner, K. D., Robb, A. S., Findling, R. L., Jin, J., Gutierrez, M. M., & Heydorn, W. E. (2004). A randomized, placebo-controlled trial of citalopram for the treatment of major depression in children and adolescents. American Journal of Psychiatry, 161, 1079–1083.

Weersing, V. R., & Weisz, J. R. (2002). Community clinic treatment of depressed youth: Benchmarking usual care against CBT clinical trials. Journal of Consulting & Clinical Psychology, 70, 299–310.

Weissman, M. M., Wolk, S., Wickramaratne, P., Goldstein, R. B., Adams, P., Greenwald, S., Ryan, N. D., Dahl, R. E., & Steinberg, D. (1999). Children with prepubertal-onset major depressive disorder and anxiety grown up. Archives of General Psychiatry, 56, 794–801.

Weisz, J. R., Jensen Doss, A. J., & Hawley, K. M. (2005). Youth psychotherapy outcome research: A review and critique of the evidence base. Annual Review of Psychology, 56, 337–363.

Weisz, J. R., McCarty, C. A., & Valeri, S. M. (2006). Effects of psychotherapy for depression in children and adolescents: A meta-analysis. Psychological Bulletin, 132, 132–149.

Weisz, J. R., Thurber, C., Sweeney, L., Proffitt, V., & LeGagnoux, G. (1997). Brief treatment of mild to moderate Child depression using primary and secondary controlled enhancement training. Journal of Consulting and Clinical Psychology, 65, 703–707.

Weisz, J. R., Weiss, B., Han, S. S., Granger, D. A., & Morton, T. (1995). Effects of psychotherapy with children and adolescents revisited: a meta-analysis of treatment outcome studies. Psychological Bulletin, 117, 450–468.

Wickramaratne, P. J. & Weissman, M. M. (1998). Onset of psychopathology in offspring by developmental phase and parental depression. Journal of the American Academy of Child and Adolescent Psychiatry, 37, 933–942.

Wood, A., Harrington, R., & Moore, A. (1996). Controlled trial of a brief cognitive- behavioural intervention in adolescent patients with depressive disorders. Journal of Child Psychiatry and Allied Disciplines, 37, 737–746.

소아청소년기 양극성 장애의 약물치료

ZINOVIY A. GUTKOVICH and GABRIELLE A. CARLSON[29]

소개

양극성 장애 소아청소년의 치료에 대한 체계적인 자료가 부족하며, 특히 발달장애 아동의 양극성 장애 치료에 관한 정보는 거의 없다. 연령에 상관없이 자폐증이나 지적장애와 관련된 어린 아동을 진단하는 것도 문제가 되지만, 대안적인 치료를 개발하기 위해 무작위로 충분한 표본자료를 수집하는 데 필요한 재정적인 지원 역시 어려울 수 있다. 이 장에서는 우선 정상 발달 아동의 양극성 장애(BD) 치료에 대해 살펴보고, 성인 발달장애의 양극성 장애 치료에 대해 알아볼 것이다. 또한 발달장애 아동과 성인의 양극성 장애 치료에 관한 문헌을 살펴봄으로써 소수 집단 치료에 대한 우리의 시각을 제시하였다.

우리는 양극성 장애를 병전 기능 상태로 돌아가 기분 또는 활동성이 상당히 증감하면서 재발하는 질병(경조증, 조증 또는 우울)이라고 이해한다. 이러한 증상은 Kraepelin이 20세기 초에 이와 비슷한 증상이 있는 백여 명의 환자에게서 확인한 것처럼, 대부분 임상 경험이 풍부한 정신과 의사에 의해 알려졌다. 그러나 초기에는 소아과에서 청소년기 양극성 장애에 대해 성인 정신과 의사가 설명한 것과 동일한 방식으로 설명하려고 하였다(Glovinsky, 2002; Carlson, 2005). 조울증

29. ZINOVIY A. GUTKOVICH*Assistant Professor of Clinical Psychiatry, Attending Child Psychiatrist, St. Luke's Roosevelt Hospital, 1090 Amsterdam Avenue, 17th Floor, New York, NY 10025.
   GABRIELLE A. CARLSON*Stony Brook University School of Medicine, Stony Brook, NY, USA.

형태는 청년기에 확실하게 나타나고, 대부분 청소년기에 발병하며 우울과 가족력이 있다. 1950년 대 초 「The Nervous Child」라는 한 학술지는 양극성 장애의 '동형검사(alternative form)'[30]에 이의 제기를 하면서, 아동의 행동은 변화하고 순환하면서 구성될 수 있다고 제시하였다. Anthony와 Scott(1960)는 의문점을 확실히 알아보기 위해 기존의 '조울정신증'에 대해 문헌 고찰을 하였고, 그 결과 그것은 흔하지 않은 병리이며 보통 11세쯤 처음 발생한다고 하였다.

지난 30년 간 DSM-Ⅲ-Ⅳ-TR을 적용하여 다면적 진단을 하였으며, 패턴 인식보다는 증상에 대한 체크리스트를 활용하였다. 이 같은 방식으로 더 많은 성인과 아동이 양극성 장애 진단을 받았으며, 이 방법을 통해 다른 여러 조건과 함께 발생하는 요인을 확인했을 뿐만 아니라 증상의 강도와 심각성의 스펙트럼도 밝혔다. 이렇게 재확인된 대상의 증상 수준이 초기에 양극성 장애를 설명했던 수준과 어느 정도 일치하는지에 관한 근본적 논쟁이 남아 있다(Carlson & Meyer, 2006; Andreasen, 2007).

청소년기의 급성 조증이나 심한 우울증에 대한 진단은 정신분열증과 혼동되어 간과하기 쉬웠다(예 : Carlson & Strober, 1978). 청소년 이전 시기에 다양한 행동장애로 인한 활동성, 집중력 부족, 만성적인 과민성과 같은 특성을 조증과 분리하여 진단하는 것은 어려운 문제이다. 그리고 심한 감정 변화와 과민성의 빈도 및 짧은 삽화로 '사춘기 이전의 조증'으로 볼지 또는 성인의 양극성 장애와 같은 '청소년기 양극성 장애'로 봐야 할지가 근본적인 의문점이다(Leibenluft, Charney, Towbin, Bhangoo, & Pine, 2003; McClellan, 2005). 지난 세기 동안 개념화된 양극성 장애에 관한 설명에서 한 부분으로 나뉜 아동의 결과를 통계적으로 측정하는 것은 더욱 어렵다. 특히 발달장애 아동을 진단하는 것은 매우 어려운 일이다. 흥미롭게도 기존 조울증·양극성 장애는 성인 양극성 장애·발달 장애에서도 볼 수 있듯이 발달상 연령과 상관없이 후기 아동기와 청소년의 병력에서 쉽게 확인할 수 있다(Carlson, 1979).

정상 발달 소아청소년의 임상 관리

양극성 장애 치료의 첫 단계에서는 생물학적 연령과 발달상의 연령에 상관없이 평가가 적절하게 이루어져야 한다. 이를 통해 목표 증상이 만성인지 급성인지, 그리고 주된 특성이 공격성, 정서불안, 우울, 불면, 다른 증상으로 나타나는지, 또한 치료에서 조증이나 우울증을 다룰 것인지 명확하

---

30. 동형검사 : 첫 번째 검사와 유사한 항목들로 구성된 두 번째 검사를 같은 사람에게 실시하여 개인에 해당하는 두 점수 간의 상관을 구하는 신뢰도 분석 방법이다.

게 하는 것이 필요하다. 치료 개입 후 치료가 효과성이 있는지 확인하기 위해서는 주요 증상의 지속 기간, 횟수, 강도, 빈도의 기저선을 먼저 기록해야 한다. 마지막으로 환경적 맥락에 대한 이해가 반드시 필요한데, 이런 행동이 집, 학교, 거주 치료, 낮 시간, 구조의 안팎, 사람들에 따라 어떻게 변화하는지를 살펴본다. 이런 사람은 신의 간섭으로 방해를 받는다는 식으로 자신의 '기분의 두드러진 변화(mood swing)'를 설명하고자 하지만, 그들은 대부분 감정 변화의 빈도와 강도를 증가시키는 촉발변인과 이를 감소시키는 중재변인을 가지고 있다.

증거 기반의 평가

성인의 조증, 경조증, 우울증과 관련된 약물의 위험성과 효과성은 잘 알려져 있지만, 정상 발달 소아청소년에 관해 알려진 것은 아래에 제시한 바와 같이 늘어나는 추세이지만 아직 미비한 수준이다. 치료의 안정성과 효과성을 증명하기 위한 연구 기준은 무작위 실험연구, 이중맹목, 위약·통제 실험연구로 이루어져야 한다. 이 연구에서는 다수의 표준화된 구성요소를 포함한다.

(1) 임상 병력에서 양극성 장애 환자를 변별하기 위해서는 다른 조건을 배제할 수 있어야 한다. 이는 정신분열증, 물질남용, 섭식장애, 의학적·신경학적 조건과 같은 다른 조건이 본래의 연구를 방해할 수 있기 때문이다. 이와 관련하여 이 장에서는 지적장애(IQ 70 이하)와 광범위성 발달장애를 이 기준에서 배제한다.

(2) 조증 또는 우울증을 확인하기 위해 구조화·반구조화 면담법을 자주 사용한다(설명될 수 있는 상태의 측면에 따라 다름.).

(3) 마지막으로 상태의 심각성을 측정하기 위해 표준화된 여러 평가 척도를 활용한다. 조증에서는 Young 조증 평가 척도(Y-MRS : Young Mania Rating Scale; Young et al., 1978)가 가장 많이 사용된다. 이 척도의 준거 점수는 20점이며, 치료 필요성을 확인하기 위해 이 준거 점수가 조증연구에 포함된다. 이런 면담 척도는 면담자가 환자, 보호자, 또는 두 사람과의 대화 및 관찰을 통해 측정한다. 청소년기 우울증에는 소아우울증 평정 척도 개정판(CDRS-R : the children's depression rating scale-revised; Poznanski et al., 1984)이 가장 많이 활용되며, 40점 이상부터 우울증으로 진단한다. 성인에게는 다양한 척도를 활용할 수 있다. 조증에 관한 실험연구는 약의 약리학적 특성에 따라(즉, 약의 용량과 지속 기간에 따라) 보통 3~8주 정도 걸린다. 위약 효과를 적용한 집단이 치료받지 못하는 기간을 최소화하기 위해 연구 기간을 가능한 한 짧게 해야 하지만, 측정 기간이 충분히 길지 않다면 약의 정확한 효과를 평가하기는 어려울 수 있다. 기대하는 증상 완화의 수준이 높을지라도(Y-MRS 점수에서는 12점 미만, CDRS-R에서는 28점 이하) '결과 반응'이나 예상된 증상 감소는(예 : 기저선보다 50%

감소) 일반적으로 합리적인 목표에서 합의된다. 많은 연구에서 '전반적 개선 척도(아동이 조금, 많이, 매우 많이 개선·악화됨.)'도 사용한다. 이 척도는 치료가 끝난 이후 약물치료집단과 위약 통제집단 간 평정 척도 점수를 비교하고, 응답자의 반응비율도 비교한다.

아동의 연구에서 무작위 추출, 이중맹목, 위약 통제집단 실험연구가 증가하고 있지만, 우리가 알고 있는 대부분의 정보는 여전히 공개실험연구의 결과이다. 여기에서 최선의 방법은 구조화된 질문으로 구성된 엄격한 측정도구로 초기에 심리·발달적 평가를 하는 것이다. 그리고 시간이 지남에 따라 얼마나 변화가 가능한지 차단하기 위해서 이 측정도구로 실험연구를 하는 동안과 마지막에 반복측정을 한다. 이를 통해 '부작용'에 대한 치료측정과 기저선도 획득할 수 있다.

양극성 장애가 있는 정상 발달 아동을 위한 추천 치료 방법

미국소아청소년정신과학회(the American Academy of Child and Adolescent Psychiatry)는 최근에 수정한 실행지침을 게재하였다(McClellan, Kowatch, & Findling, 2007). 그 이전에 2003년 7월 소아청소년양극성장애재단에서 후원하여 협의회가 소집되었다. 소아청소년 양극성 장애 전문가는 현존하는 정보를 근거로 이 영역에 추천된 치료방식을 요약하여 제시하였다(Kowatch et al., 2005). 이것은 같은 전문가들이 여러 연구에 참여해서 추천하는 치료와 부분적으로 상당히 일치한다.

조증과 경조증의 급성 치료

'양극성 장애'는 '조증'과 동의어로 쓰이지만, 과거나 현재의 조증 삽화는 양극성 장애를 의미할 수 있으므로 두 가지 용어를 구분하는 것이 중요하며, 환자가 나아질 수도 있고 또는 최근 조증, 경조증, 우울증, 기분부전장애를 경험했을 수도 있다. 미국식품의약국(FDA)에서는 '급성 조증'을 구성하는 현재 주 증상에 어떤 약이 어떤 조건에서 승인되는지 좀 더 구체적으로 제시하였다. 2002년에 의회는 성인에게 허가된 약물을 소아청소년에게 적용하여 약물의 기본적인 안정성과 효과성을 검증하도록 하는 '아동을 위한 최선의 약물법안'을 통과시켰다. 이렇게 함으로써, 제약회사는 180일의 특허 연장을 받을 수 있게 되었다. 성인 조증 치료를 위한 FDA 약물 승인을 받은 약이 급증하였고, 이에 따라 FDA는 관련 제약회사에 10~17세를 대상으로 더 많은 연구를 수행하도록 하였다. 이 연령은 2002년에 열린 협의회를 근거로 결정되었다(Carlson et al., 2003). 약물 연구에 대한 다른 지침 역시 게재되었다. 표 9.1은 성인 조증 치료 약물을 소아청소년에게 적용한 정보와 현재 상태를 증거 수준에 따라 요약한 것이다.

Kowatch 외(2005; JAACAP, 2005)의 성인 조증 치료 지침에 따른 알고리즘을 제시했을 뿐 아

표 9.1 소아청소년의 조증 약물치료 증거 요약

양극성 장애의 상태	
리튬	FDA는 리튬을 12세 이상 청소년과 성인의 조증 치료 약물로 승인하였다. 급성 조증이 있는 소아청소년이 위약 통제실험연구에 포함되었으나, 연구가 명확하게 이루어지지 않았고 결과도 복합적이었다. 반면, 공개실험연구와 치료 중단 실험연구의 결과는 대부분 긍정적이었다.
디발프록스	FDA는 디발프록스를 성인 조증 치료 약물로 승인하였다. 발작 치료 약물로 승인받았기 때문에 청소년에게도 안전하다. 소아청소년의 조증 치료 연구는 개방실험연구, 폐쇄실험연구, 추가실험, 무작위 통제실험연구로 이루어진다. 그리고 최근 재단에서 후원받아서 진행한 이중맹목, 위약 통제실험연구(DBPC)에서는 위약 효과와 차이가 나타나지 않았다고 보고하였다. 국립정신위생연구소(NIMH)에서 후원하여 작은 실험연구가 진행되었다.
카르바마제핀	성인과 아동에게 FDA의 승인 없이 처방된 약품(off-label)이다. 소아청소년의 항경련제로 승인되었기 때문에 청소년에게 안전하다. 소아청소년의 조증에 대한 공개적 무작위 실험연구와 사례 보고의 결과는 매우 긍정적이었다.
토피라메이트	성인과 아동에게 FDA 승인 없이 처방된 약품(off-label)이다. 2~16세 아동의 부분발작 증상에 승인되었기 때문에 청소년에게 안전하다. 성인 연구의 일부로 청소년 조증에 대한 위약 통제실험연구 결과는 너무 미약하여 결론에 이르지 못하였다.
옥스카바제핀	성인과 아동에게 FDA 승인 없이 처방된 약품(off-label)이다. 4~16세 청소년의 복합적인 부분발작 증상의 부속적인 치료 약물로 승인되었기 때문에 청소년에게 안전하다. 조증에 대한 사례 보고와 이중맹목, 위약 통제실험 결과에서 위약 통제실험집단과 차이가 나타나지 않았다.
리스페리돈	FDA는 리스페리돈을 성인 조증 치료 약물로 승인하였다. 성마른 공격성이 있는 품행장애 아동과 자폐 아동을 대상으로 일련의 차트분석, 공개실험연구, 추가실험연구, 위약 통제실험연구가 이루어졌다. FDA는 자폐 아동의 과민성 치료 약물로 승인하였고, 최근에는 10세 이상의 심하고 혼합된 조증의 치료 약물로 승인하였다.
올란자핀	FDA는 올란자핀을 성인의 조증 치료 약물로 승인하였다. 소아청소년을 대상으로 한 10개의 긍정적 실험연구와 사례 보고, 13~17세 청소년을 대상으로 한 이중맹목, 위약 통제실험연구에서 올란자핀이 위약보다 조증 증상을 유의하게 줄인다고 보고하였다.
쿠에티아핀	FDA는 쿠에티아핀을 성인의 조증 치료 약물로 승인하였다. 청소년을 대상으로 쿠에티아핀과 디발프록스를 비교한 긍정적인 추가실험연구와 무작위 실험연구를 하였다. 10~17세 청소년을 대상으로 이중맹목, 위약 통제실험연구가 진행 중이다.
지프라시돈	FDA는 지프라시돈을 성인의 조증 치료 약물로 승인하였다. 소아청소년을 대상으로 차트 재검토, 소수 사례연구가 이루어지고 있다. 10~27세 청소년을 대상으로 이중맹목, 위약 통제실험연구가 진행 중이다.
아리피프라졸	FDA는 아리피프라졸을 성인의 조증 치료 약물로 승인하였다. 소아청소년을 대상으로 차트 재검토가 이루어지고, 10~17세 청소년을 대상으로 이중맹목, 위약 통제실험연구(DBPC)가 이루어졌다. FDA는 최근에 아르피프라졸을 10세 이상의 심하고 혼합된 조증의 치료 약물로 승인하였다.
클로자핀	FDA는 클로자핀을 정신분열증 치료에 저항한 성인에게만 치료 약물로 승인하였다. 성인 조증에 FDA 승인 없이 처방된 약품(off-label)이다. 소아청소년의 사례연구가 이루어졌다.
라믹탈	FDA는 라믹탈을 Ⅰ형 양극성 장애 성인의 기분 삽화(우울증, 조증, 경조증, 혼합 증상)가 발생하는 시간을 지연하기 위한 유지 치료 약물로 승인하였다. 2세 이상의 단순 또는 복합 부분발작 환자에게 승인되었기 때문에 청소년에게 안전하다. 10대의 양극성 장애를 위한 추가연구와 차트 재검토가 이루어지고 있다.
심비악스 : 자이프렉사와 플루옥세틴의 결합	FAD는 심비악스를 성인 양극성 우울증 치료 약물로 승인하였다. 소아청소년의 우울증 치료제로 플루옥세틴이 FDA의 승인을 받았음에도 불구하고, 이 약물에 관한 소아청소년의 양극성 우울증 연구가 없다.

니라, Pavuluri 외(2004)도 치료 알고리즘을 권고하였고, 이러한 권고안(AACAP, 2007)을 채택하였다. 여기에는 정신병을 동반하거나 그렇지 않은 조증에 따라 두 가지 알고리즘이 있다. 정신분열증 없이 조증 또는 혼합 증상이 있는 소아청소년의 경우, 초기에는 보통 안전성 문제 때문에 약물 단일 처방을 선호한다. 초기 치료는 리튬, 진정성 항경련제(발프로에이트에 관한 데이터가 가장 많음.), 또는 비정형 항정신병 약물(올란자핀, 쿠에티아핀, 리스페리돈, 그리고 최근 데이터가 가장 많은 아리피프라졸)로 시작할 수 있다. 임상적 반응 결과가 부분적으로 나타날 때는 부작용을 최소화하기 위해 약물을 적절히 조절하면서 다른 종류의 약물을 늘리는 방식을 추천한다(기분안정제에 비정형 약물을 추가하는 것 또는 그 반대의 경우). 그리고 초기 약물 단일 처방에 반응이 없다면, 다른 종류의 약물로 전환하는 것을 추천한다(리튬에서 항경련제로 전환하거나 항경련제에서 비정형 약물로 전환). 두 번째 방법을 적용해도 만족할 만한 경과가 나타나지 않는다면, 소아청소년 정신병리에 대해 입증된 혼합된 치료를 적용하는 것이 적합하다.

한편, 환자에게서 정신병적 증상과 심한 흥분 상태, 공격성 같은 주요 증상이 조증 또는 혼합 증상과 함께 나타난다면, 기분안정제와 비정형 항정신병제를 혼합하여 치료를 하는 것이 적합하다. 성인 자료에 근거하면 반응이 부분적으로만 나타날 경우, 일반적으로 기분안정제를 추가한다(즉, 세 가지 약물 : 항경련제, 리튬, 비정형 약물을 함께 사용). 초기 치료로 기분안정제와 비정형 약물을 혼합한 경우에도 반응(또는 내성)이 없을 때는 대안적으로 기분안정제(항경련제에 반응이 없을 때 리튬을 시도하거나 그 반대로 적용) 또는 비정형 약물을 시도할 수 있다.

위의 세 가지 복합적 약물치료에도 반응이 없는 소아청소년에게는 클로자핀을 권한다. 또한 할로페리돌(haloperidol) 역시 여러 실험연구에서 보조치료제로 활용되었다(Kafantaris, Coletti, Dicker, Padula, & Kane, 2001). 전기경련 치료는 청소년에게만 추천한다(Ghazziuddin et al., 2004).

입원은 정신병리 약물치료는 아니지만, 구조화, 자극 감소, 스트레스 제거를 필요로 하는 소아청소년에게 이런 개입을 제공할 수 있다.

양극성 우울증의 치료

양극성 장애의 첫 번째 단계가 우울증일 때에는 환자가 양극성 장애라고 확실하게 증명할 수 없다. 양극성 장애의 우울단계는 항우울제 효과가 크지 않고(Sachs et al., 2007) 우울증 환자를 조증 상태로 바꿀 수 있는 위험이 있기 때문에 성인도 치료하기 어렵다(Ghaemi, Hsu, Soldani, & Goodwin, 2003). 성인의 양극성 우울증에 사용하는 약물치료에는 약간의 항우울 효과가 있는 리튬, 가장 최근에는 라믹탈, 쿠에티아핀, 플루옥세틴과 올란자핀을 혼합한 것이 있다(Calabrese et al., 2005; Goodwin et al., 2004; Tohen et al., 2003).

리튬은 양극성 장애의 가능성이 있거나 없는 사춘기 이전의 소아청소년 우울을 개선하지 못하였다(Geller et al., 1998; Ryan, Meyer, Dachille, Mazzie, & Puig-Antich, 1988; Strober, Freeman, Rigali, Schmidt, & Diamond, 1992). 청소년 입원환자를 대상으로 한 공개실험연구에서 30%만이 6주 후에 반응 기준을 충족하였다(점수≤28, CGI 개선≤2). 치료 반응이 확실한 집단은 위약 통제집단이 없었고(아동의 우울증에는 위약 효과가 매우 큼.), 더욱이 첫 2주간 입원을 해서 개입 자체의 잠재적 영향력이 있으므로 주된 감정 증상의 개선에 대한 결과를 분석하기 어렵다.

라믹탈에 대한 연구가 진행되었는데, 그 결과 공개실험연구와 일련의 사례에서 양극성 우울증 일부가 개선되었다고 나타났다(Carandang Maxwell, Robbins, & Oesterheld, 2003; Chang, Saxena, & Howe, 2006; Kusumaker & Yatham, 1997). 라믹탈을 사용할 때는 드물지만 매우 치명적인 합병증인 스티븐존슨증후군의 위험성을 낮추기 위해서 낮은 용량부터 시작하여 점차 늘려야 한다(Messenheimer, 2002).

불행하게도 조증 삽화가 생기거나 어린 연령에 양극성 과정이 촉발될 위험성이 있기 때문에, 의사는 조증 · 경조증 · 양극성 과정을 촉발할 위험성에 대해 항우울제나 기분안정제를 단일 처방할 것인지(소아청소년에게 적용한 기분안정제의 효과에 대한 자료는 매우 적거나 거의 없다.), 둘 중 하나는 필요 없을지도 모르지만 두 가지 약물을 모두 적용할 것인지 잘 결정해야 한다. 양극성 장애 소인을 암시하는 정확한 과거력(일촌 친척의 확실한 양극성 병력을 포함), 부모 관찰의 신뢰도와 치료에 대한 아이의 순응성, 가족의 선호도는 치료 과정을 결정할 때 신중하게 살펴야 할 것들이다.

유지 관리

앞서 논의한 바에 의하면(Kowatch et al., 2005), 양극성 장애가 치료되지 않으면 평생 재발될 확률이 높고, 확실하게 장애가 있는 환자에게는 장기 약물치료가 권고된다. 그리고 환자와 가족은 지속적인 기분 삽화에 불법 약물이 특히 유해할 수 있을 뿐만 아니라, 청소년의 경우 악화될 확률이 높다는 것을 이해할 수 있도록 교육받아야 한다. 양극성 장애의 형태가 심각하지 않다면 '평생 약물치료 받는 것'을 확실히 덜 추천한다. 그러나 약물에 안정된 반응을 보이는 환자는 고등학교 · 대학교 · 직업학교를 마칠 때까지 또는 주요 스트레스 인자가 지나갈 때까지(새 직장, 결혼 등) 지속적인 약물치료를 권장한다. 조증 재발이나 자살 가능성 때문에 약물을 중단할 때에는 약물을 점진적으로 줄여야 하고, 만약 삽화가 재발했을 때 신속하게 병원에 의뢰할 수 있도록 지속적인 모니터링과 사회적 지지가 필요하다.

발달장애 성인의 치료 연구 요약

리튬

발달장애(DD)와 양극성 장애를 설명하는 대부분의 연구와 사례(보통 지적장애가 있는 30~40명의 성인 환자들로 이루어짐.)는 1980년 이전에 DSM-Ⅱ 현상학을 근거로 이루어졌고, 그 이후 리튬이 주요 치료 개입이 되었다. 이 연구는 공개 연구였고 이런 장애가 있는 집단에서 임상적으로 나타나는 조울증 특성을 설명하고 진단과 관련된 특정 문제를 기술하는 데 초점을 두었다. 기술된 사례에서는 활동적이고 힘이 넘치는 시끄러운 기간의 삽화가 철회되면서 인사불성 기간의 삽화로 확실한 변화를 보인다. 심한 정신지체가 있는 대부분의 사람의 경우 언어 내용은 의미가 없지만, 행동 변화는 꽤 현저하게 드러나며 진단을 내리는 데도 종종 도움이 된다.

이 사례에서 확인된 바로는 가족력에 인지적으로 정상인데 정서장애가 있는 사람이 있고, 이를 대상으로 신경안정제 처방을 하거나 리튬 치료를 했을 때 그에 대한 반응을 보였다(Carlson, 1979; Hasan & Mooney, 1979; Naylor, Donald, Le Poidevin, & Reid, 1974; Reid, Naylor, & Kay, 1981; Sovner & Hurley, 1981). 일부 사례에서는 리튬에 반응한 것이 거의 기적적인 것이라고 하였다. 왜냐하면 정신지체인 사람의 반응과 인지적으로 정상인 성인에게서 관찰된 반응이 비슷하다는 것을 의미하기 때문이다.

발프로에이트와 카르바마제핀

1980년대 후반부터 발달장애 성인(자폐증이 있는 환자를 일부 포함하여)을 대상으로 항경련제 발프로에이트(VPA)과 카르바마제핀(CBZ) 약물치료에 대한 연구가 산발적으로 수행되었다(Sovner 1989; 1991). 이 연구의 대상자에는 비삽화적 장애 또는 급속 순환형 장애가 많았고, 발프로에이트 반응은 혈중치 50~100μg/ml에서 가장 좋았다.

과도하게 활동적이거나 감정요소가 없는 급속 순환 또는 혼합적 반응을 보이는 양극성 장애의 우울단계와 같은 특성이 있는 다른 지적장애 환자를 대상으로 카르바마제핀을 적용하였다(Reid et al., 1981). 행동상 부작용이 우려되어 복용량은 매우 낮게 유지하였다(400~600mg/day) (정신병리적 부작용은 이후 논의를 참고). Glue(1989)는 지적장애와 급속 순환형 정서장애가 있는 환자 중 일부는 리튬에 반응이 없는 반면, 카르바마제핀을 복용했을 때는 임상적으로 유의한 수준의 개선을 보인다고 하였다.

가바펜틴

가바펜틴(gabapentin)에 대한 수많은 사례 보고와 통제되지 않은 연구는 이 약물을 인지적으로 정상인 성인의 조증과 혼합 양상에 보조치료제로 사용하면 효과적이라고 제안하였다(Altshuler et al., 1999, Ketter, Wang, Nowakowska, & Marsh, 2004). 그러나 Pande 외(2000)는 리튬, 발프로에이트 또는 두 가지 혼합 치료를 받는 조증 환자에게 보조치료제로 가바펜틴을 적용한 효과가 위약 효과보다 더 적다고 밝혔다. 양극성 장애나 분열정동장애가 있는 발달장애 성인 외래환자를 대상으로 Hellings(2006)는 발프로에이트만 투여한 환자(n=13) 또는 발프로에이트와 리튬을 함께 투여한 환자(n=17)에게 가바펜틴을 추가하였고, 3개월, 1년, 그리고 그 이상의 기간 사이에 개선이 있었는지를 조사하기 위하여 '전반적 개선 척도'를 활용하였다. 그 결과 발프로에이트에 가바펜틴을 추가한 환자는 개선된 반면, 리튬을 가바펜틴으로 대체한 환자는 복합적인 결과가 나타났다. 거의 반절 정도가 양극성 장애의 재발 없이 리튬을 가바펜틴으로 대체하는 것을 견뎌내지 못했다. 나머지 환자는 400~2400mg(평균 1200mg)의 가바펜틴 투여에서 안정을 보였다. 이와 더불어, 리튬을 대체해야 했던 일차적인 부작용의 발병률이 낮았다. 이 연구는 공개실험연구였고 환자를 무작위 추출하지 않았으며, 리튬과 발프로에이트를 함께 처방받은 환자는 증상을 관리하는 데 어려움이 더 많았기 때문에(더욱이, 발프로에이트와 가바펜틴 동시 투여 환자의 46%는 다른 항정신병 약물을 추가 복용했고, 발프로에이트와 리튬 대신 가바펜틴을 동시 투여한 환자 중 82%는 다른 항정신병약물을 추가 복용하였다.), 혼합 치료에서 개선될 때 어떤 것이 더 근원적인 영향을 주었는지 결론을 내리는 것은 매우 어렵다.

급속 순환형(즉, 일 년에 4회 이상 발병)의 양극성 장애가 있는 모든 연령대 사람을 대상(대부분 성인)으로 한 비교적 많은 사례연구가 최근에 보고되었다. 이와 관련된 연구 결과는 표 9.2에 요약하여 제시하였다. Vanstraelen과 Tyrer(1999)의 논문에서는 사례에 관한 문헌 고찰을 하였는데, 여기에 아동과 성인을 대상으로 한 리튬과 항경련제 치료에 관한 것이 포함되어 있다. 연구 결과, 효과는 대체로 좋지 않았다. King(2000)의 사례연구는 비정형 항정신병약, 리스페리돈에 식이요법을 추가한 소수 연구 중 하나였다.

비정형 항정신병 약물

조증이 있는 발달장애 성인에게 비정형 항정신병 약물을 적용한 연구는 거의 없다. Antonacci와 Groot(2000)는 지적장애가 있고 정신질환이 공존하는(클로자핀 약물치료하는) 성인 33명을 대상으로 후향적 의무 기록 조사연구를 실시하였다. 표본 중 4명은 I형 양극성 장애가 있었다. 이 연구에서는 양극성 장애 환자를 포함하여 모든 환자에게 임상적으로 유의한 수준의 개선이 나타났음에도 불구하고, 진단에 따른 연구 결과를 설명하지 않았다. 부작용은 약하고 일시적으로 나타났다. Buzan 외(1998)는 현존하는 문헌에 대한 통합적 고찰을 발표하고, 지적장애와 공병하는 정신질환이 있는 성인 10명을 대상으로 클로자핀을 적용한 임상 경험을 보고하였다. 표본 중 3명이 I형 양극성 장애가 있었으며, 그중 한 명은 과립구감소증으로 2주 만에 클로자릴(clozaril) 투약을 중단하

표 9.2 발달장애의 급속 순환형 양극성 장애

연구자	표본 크기와 연령	정신병리학적 특징	방법론	결과	비고
Vanstraelen and Tyrer (1999)	N=40 연령: 5~59세 여성: 16명 남성: 24명	조증 삽화: 불면증, 불안, 활동성 증가, 언어 압박 우울 삽화: 기면증, 활동 저하, 침묵, 사회성 위축, 흥미	게재된 사례연구와 RCBD와 DD가 있는 환자에 대한 일련의 소수 사례연구에 대해 체계적인 재검토. 개별 순환성에 대한 정보만 제공한 연구와 일 년 이상 삽화의 길이와 빈도를 나타낸 연구	Li 단일 투여: N=25, 4명은 매우 개선됨. 5명은 부분적으로 개선됨. 13명은 거의 개선되지 않음. 2명은 악화됨. 1명은 부작용으로 인해 투여 중단됨. CBZ 단일 투여: N=15, 12명은 개선되지 않음. 1명은 발진으로 중단, 2명은 간질에 도움이 됨. VPA 단일 투여: N=6, 1명은 완전히 완화됨. 2명은 상당한 개선을 보임. 3명은 변화 없음. Li + CBZ: N=10. 6명은 개선되지 않음. 1명은 완전히 개선됨. 2명은 부분적 개선, 1명은 감성선호르몬 투여 후 증상 감소됨. VPA + CBZ: N=1. 개선 없음. Li + VPA: N=1. 개선 없음.	연구자는 대체로 반응이 좋지 않다고 결론내림.
King et al. (2000)	N=26 연령: 16~71세 여성: 10명 남성: 4명 급속 순환형 0년 양극성 장애: 12명 급속 순환형 양극성 장애: 14명	정서: 감정 변화, 공격성, 정신병, 수면장애, 자해, 과잉행동	후향적 사례연구, RCBD인 있는 환자에 대한 결과 보고: N=14(연령: 21~71세) 유효 시 약물 복용량과 농도: VPA 750~2500mg, 농도 158~701μmol/L(치료 범위 350~690) CBZ 200~1600mg, 농도 17~49μmol/L(치료 범위 17~50) Li 300~1350mg, 농도 0.30~1.11μmol/L(치료 범위 0.5~1.5)	임원 감소, 순환성 빈도, 급성 증상의 강도에서 긍정적인 결과가 보고된 주요 사례는 문서화되었음(14명 중 12명). 반응: 치: VPA 단독: N=4 VPA + R: N=2, VPA + CBZ: N=1 VPA + CBZ + R: N=3 VPA + CBZ + Li: N=1 CBZ + Li + R: N=1	5개 사례에 리스페리돈을 추가 시 유의

* Li=리튬, CBZ=카르바마제핀, VPA=발프로에이트, R=리스페리돈

였다. 발프로에이트를 투여한 2명의 양극성 장애 환자는 클로자핀을 계속 투여하였고, 2~3년간의 추적 결과 350mg과 650mg의 용량으로 중간 이상의 개선을 보였다. 정신정동장애 조증을 포함해 다른 질병이 있는 나머지 환자들도 개선되었다.

전기경련 치료

전기경련 치료(ECT)는 발달장애 성인의 기분장애 치료에 효과적이다. Reinblatt 외(2004)가 성인 20명의 병력을 살펴본 결과, 12명이 기분장애였다. 임상 개선 점수 1 또는 2점(장애가 없거나 거의 없는 수준)으로 반응 기준을 엄격하게 적용하였고, 기분장애가 있는 집단의 66.7%가 전기경련 치료에 반응하였으며 부작용도 없었다. 또 다른 몇 가지 사례에서도 정신병리가 있는 환자가 전기경련 치료에 반응하였다고 보고하였다. 다른 연구에서도 전기경련 치료를 받은 지적장애와 정서장애 환자가 일반적으로 긍정적인 반응을 보였다.

증상의 강도와 치료 결과를 측정하는 표준화된 척도가 없어서, 위의 모든 논문의 효과성을 비교할 수는 없었다. 그러나 일반적으로 혼합적인 반응을 살펴보면 발달장애 환자에게 약물치료는 경이로운 수준이고, 양극성 장애인 정상발달의 성인에게는 실망적일 수 있다고 하였다.

발달장애가 있는 청소년 양극성 장애의 치료

양극성 장애는 이미 심각한 장애가 있는 환자를 더 악화시킨다. Matson 외(2005)는 양극성 장애가 있는 발달장애 환자가 양극성 장애가 없는 경우보다 사회적 기술이 더 부족하다고 보고하였다. '부적절하게 반복하여 말하기', '난처한 말하기', '욕설', '과도한 관심이나 칭찬을 요구하기', '다른 사람 방해하기'와 같은 증상이 조증의 증상과 관련된다고 보았다(예 : 과민성, 언어 압박, 목표지향적인 활동성 증가). 관심을 끄는 행동, 거슬리는 행동, 또래와 상호작용 곤란은 지적장애의 모든 수준과 동등한 수준이다(Cain et al., 2003; Ruedrich, 1993; Lowry, 1993). 흥미롭게도 이런 증상이 자폐증 환자에게 나타난다면 자폐적 증상이 감소한 것처럼 보일 수 있다(Kerbeshian, Burd, & Fisher, 1987). 청소년기의 초기 발현은 때로는 정신병과 우울증을 동반하고(McCracken & Diamond, 1988), 정상 발달 청소년의 일부는 정신분열증으로 오진을 받기도 한다.

광범위성 발달장애가 있는 아동의 양극성 장애는 신중한 평가를 통해 확실히 밝혀낼 수 있음에도 불구하고, 대다수가 발견되지 못하고 있다(DeJong & Frazier, 2002; Towbin, Pradella, Gorrindo, Pine, & Leibenluft, 2005). 광범위성 발달장애는 스펙트럼으로 존재하며, 이렇게 경계를 확장함으로써 현재까지 생각했던 것보다 더 많다는 것을 확인하였다. 양극성 장애도 스펙트럼으로 존재한다. 더욱이 양극성 장애의 공존질환 빈도는 각각 어느 정도 넓은 범위로 정의되는지에 따라 달라지며, 광범위성 발달장애 아동 그리고 자폐증 또는 아스퍼거 장애, 양극성 장애뿐만 아니라 정서조절의 문제가 있는 아동을 포함한다(Wozniak et al., 1997).

공격적이고 예민한 행동들은 양극성 장애 아동이 내원하는 주 증상이며, 광범위성 발달장애가 있는 아동은 과민성, 불안정하고 격앙된 감정, 산만함, 정신 운동 초조, 결과를 생각하지 않은 과도한 고집적인 흥미에 대한 몰두와 떠벌림 같은 증상을 보일 수 있다(Towbin et al., 2005). 일상 기능에서 변화를 보이는 삽화가 있을 때 이러한 행동이 나타난다면, 광범위성 발달장애와 양극성 장애 모두로 진단할 수 있다(예 : Gutkovich, Carlson, Carlson, Coffey, & Wieland, 2007; Wozniak et al., 1997).

그러나 이런 증상에 정서조절과 언어 처리 문제가 함께 나타난다면, 이는 광범위성 발달장애의 특징으로 볼 수 있다(Carlson & Meyer, 2006; Sovner, 1986). 즉, 이런 아동은 특정 감각자극, 환경변화에 따라 '기분의 두드러진 변화'를 보일 수 있으며, 비전문가는 이러한 변화 추이에 당황할 수 있다. 더군다나 아동이 자신의 감정과 생각을 인식하고 구체적인 언어로 표현하는 것이 어렵다면, 행복감, 당당함, 우울함, 무쾌감증에 대해 정확하게 설명하는 것은 더욱 어렵다. 모든 공존질환과 마찬가지로 주요 장애 증상을 공존질환과 구분하고, 실제로 함께 발생하는 두 조건의 범위를 결정하는 것은 특히 광범위성 발달장애는 그 범위가 복잡해서 더욱 어렵다. 이후 논의한 것처럼 자폐 아동의 '과민성'은 약물치료에서 주목받았고, 성인의 조증 치료에 승인된 약물이 광범위성 발달장애 아동의 과민성을 치료하는 데 효과적일 수 있다.

리튬

감별 진단과 평가는 제8장에서 이미 다루었지만, 이 장에서는 표에 제시한 환자에 대해 독자가 현상학적 관점으로 평가할 수 있도록, 치료 결과만 간단하게 요약하여 제시하지 않고 상세한 설명을 덧붙였다. 리튬은 가장 오랫동안 사용된 약물이기 때문에 발달장애 아동에게 리튬 단일 처방을 하는 것에 대해 많이 알려져 있다. 표 9.3과 표 9.4는 진단이 다른 아동과 10대 청소년을 표본으로 소수의 일련 사례와 사례 보고에서 위약 통제를 하고 수행한 초기 리튬 실험연구에 대한 것이다.

우리가 보고한 16개 사례에서 리튬 농도는 1.0mEq/L 정도에 하루 1200mg 이상의 복용량으로 반응이 나타났다. 리튬 치료는 조증만 있었던 사례뿐만 아니라 우울증과 조증이 함께 있는 사례에서도 성공적이었으나, 급속 순환형이나 다른 상태에서는 효과가 없었다. 지속적인 치료와 추후조사를 통해 리튬이 상태를 유지하는 데 대체로 효과적이라는 잠정적인 결론을 얻었다. 정상 발달 청소년도 마찬가지로 정신질환을 수반할 때는 가장 급성단계에 항정신 약물을 추가해야 한다. 리튬

표 9.3 다양한 조건에서 소아청소년을 대상으로 한 초기 리튬의 위약 통제실험연구

연구자	표본 크기와 연령	정신병리학적 특징	방법론	결과	비고
Gram and Rafaelsen (1972)	N=18 연령 : 8~22세 남성 : 13명 여성 : 5명 덴마크 특수학교 학생들	'정신병리 또는 확인된 정신병리적 특성'을 지닌 자폐 아동 7명, PDD 2명 '경계선'; 2명 정신병리; 성격장애 1명 언어장애; 1명 MR; 2명	두 집단 : Li 6개월 치료한 후 위약 치료와 반대 과정 Li 농도 : 0.6~1.0mEq/L 부모/교사가 11개 목록에 대해 평가함 : 과잉·과소 행동, 우울증, 불안, 강박 행동 또는 고정관념, 언어 장애, 타인·자신에 대한 공격성, 집중, 학업성과	8명 변화 없음. 1명은 위약에 최고 효과 보임, 9명은 Li에 최고 효과 보임. 7명은 Li 중단 시 악화됨 카이제곱검증에서 p<0.001로 상당한 개선을 보임. 증상이 완전히 사라진 환자는 없었음. 공격성, 우울·흥분이 개선됨. 학교에서 개선, 언어장애와 고정관념 개선	자폐 또는 정신병 리스펙트럼장애로 추정. 양극성은 아니나 감정요소가 중요함. 2명의 반응자(10~22세)가 BD 가족력이 있었고, 활동성과 기분 변화에 상당한 개선을 보였음. 심각한 부작용은 관찰되지 않음.
Campbell et al.(1972)	N=10 연령 : 3~6세 입원환자	심각한 정신장애 취학전 아동, 60 이하의 발달지수가 50%, 대부분 자폐·PDD, '과잉활동' 2명, '위축행동을 동반한 기질성' 1명	과소·과잉행동 아동 Li과 CPZ 비교 7~10주 각 약물치료, 교체 사이 동안 4주 휴약 Li 농도 : 0.25~1.19meq/l CPZ 농도 : 90mg	전반적 개선 척도 사용. Li : 1명 상당히 개선, 4명 약간 개선, 5명 개선 없음, 1명 악화됨. CPZ : 3명 상당히 개선, 6명 약간 개선[1명은 타이오신 (thiothixene) 사용], 1명은 변화 없음. P=ns Li이 공격성, 폭발성, 과잉행동, 정신병적 언어를 개선시킨 것으로 추정	적절한 용량과 독성을 보이는 용량 사이의 차이가 적음. 개선이 독성을 넘어서지 못했음. 치료가 매우 어려운 집단이었음.

은 관리 가능한 정도의 부작용으로 안전하게 사용되고 있다. 정상 발달 아동과 마찬가지로 리튬은 일부 지적장애 아동의 공격성, 충동성, 심한 흥분성을 줄여준다는 증거가 있다(예 : Campbell et al., 1984; Malone, Delaney, Luebbert, Cater, & Campbell, 2000).

Dostal과 Zvolsky(1970)는 리튬 농도 92mEq/L 정도에서 집단에서의 갑작스러운 감정폭발이 65% 감소했고, 더불어 버릇없는 행동과 정신운동항진, 공격성이 통계적으로 유의한 수준으로 감소하였다고 보고하였다. 반대로 9명의 환자는 조갈증과 다뇨증이 생겼다.

Sovner와 Hurley(1981)는 문헌을 포괄적으로 검토하여 자신들의 사례 2개를 발표하였고, 지적장애가 있는 사람의 '만성적 행동장애'를 치료하기 위해 리튬탄산염(lithium carbonate)을 적용한 총 다섯 사례를 보고하였다. 그중 2개의 사례는 ABA 설계를 적용하여 리튬탄산염 투여를 중단했을 때의 증상 재발과 리튬 치료를 재개했을 때의 안정화를 확인하였다. 연구자는 리튬탄산염이 안전하고 효과적인데, 특히 장기간 지속되는 과잉행동, 공격성, 자해행동과 같은 증상에 효과적이라고 하였다. 요컨대, 리튬은 발달장애 아동과 성인의 양극성 장애 치료에 긍정적이다. 반면 좀 더 전

표 9.4 발달장애 소아청소년을 대상으로 리튬 사용에 관한 사례 보고와 사례들

연구자	환자 수와 연령	정신병리학적 특징	사용된 약물	반응과 비고
Adams et al.(1970)	N=1 경도 MR과 염색체 재배열을 지닌 18세 여아	우울증 : 우울한 기분, 무기력함, 사회적 위축, 불면증, 9kg 가량 체중 감소, 학업 저하. 몇 달 후 조증 : 정상한 억압 언어, 과잉행동, 3~4일 깨어 있음, 난청함, 전화 비용이 많이 듦. 논쟁적이고 공격적	사용된 Li의 복용량과 농도가 보고되지 않음.	정서 증상이 개선. 엄마의 조증 우울증
Kelly et al.(1976)	N=1 경도 MR이 있는 15세 여아	조증 : 2~3시간 수면, 방황, 빠른 식사, 억압 언어, 사고의 비약, 웃음 자주 터뜨림. 집중 시간 감소와 적대적 태도, 우울 : 우울한 기분, 눈물이 많음. 피로, 다양한 신체적 불만	4년 동안 Li 900mg/d. 농도는 0.5~1.1mEq/L	지장을 주는 조증행동, 정서 안정에서 뛰어난 개선을 보임. 인지와 정신운동이 개선을 보임. 반면 앉선 항정신병 약물치료는 성공적이지 못했음.
Goetzl et al.(1977)	N=2 (1) 경도 MR이 있는 16세 남성 (2) 중등도의 MR이 있는 20세 남성	(1) 불안함, 과잉행동, 두드러진 억압 언어, 3~4시간 수면 (2) 과잉행동, 공격성, 매우 불안정한 기분, 흥분성, 3시간 수면	(1) 2달 동안 Li 900mg/d. 농도는 0.8mEq/L (2) 7달 동안 치료 : Li 농도는 0.6~0.7mEq/L. 낮은 지역 의사의 이해에 의해 중단됨. 항경련제만 사용한 1년간의 추적조사에서 안정을 보임.	모든 증상에서 두드러진 개선을 보임. 그후 GI 부작용 때문에 Li d/c-d로 함. 증상이 재발하였고 Li의 재도입으로 증상이 약화됨. 감정기분 · 순환적 행동이 과거처럼 아버지의 우울증으로 변화될 수 있음. 과잉행동과 공격적 행동의 순환적 패턴에 앉선 모든 증상의 두드러진 개선을 보임. 간질 대발작 블루페나진은 목표 증상을 제어할 수 없었음. 디페닐히단토인과 페노바비탈이 간질을 제어했으나 행동은 통제하지 못함.
Kerbeshian et al.(1987)	N=2 (1) 4세 10개월 (2) 자폐 · MR이 있는 5세, Li 반응 가족병력 있음.	(1) 일회 순환 기간이 일주일 순환형으로 나타남. 키득거리는 웃음, 울음, 지칭거리는 등 유쾌하게 증가하고 성마름. (2) 전반적으로 과잉행동을 보임. 계속 달리고, 박수 치고, 손을 입에 집어넣고, 사탕구니를 긁고, 몸체를 흔듦.	(1) Li 975~1050mg/d, 농도는 1.0mEq/L + CBZ 100mg. 2년간의 추적조사 Li 농도 감소 시 목표 증상이 두드러지게 감소, Li 농도를 1.0으로 되돌렸을 때 정상화됨. (2) 리튬 탄산염 농도 1.0mEq/L	목표 증상의 극적인 개선 (1) 눈 맞춤이 크게 개선되고, 부모를 향한 일시적인 애정과 함께 사회적 반응성이 증가함. 발작 병료; CBZ가 발작을 제어했으나 정서 증상은 개선하지 못했음. (2) 광범위한 과잉행동은 극적인 개선 보이지 않음. 언어에 개선을 보임. 애정이 생기고 고정관념적 매너리즘이 감소함.

연구	대상	증상	Li 치료	결과
Steingard and Biederman (1987)	N=2 (1) 9세 저배 이동 (2) 24세 MR	(1) 6세에 발병, 강한 불안감, 불면증, 우울함, 부적절하고 반복한 큰 웃음, 두려움 소실, 심각한 조절 문제 (2) 20세에 발병, 관리불능행동, 불면증, 불안, 머리 흔들기, 확장된 정서, 빈정상적이고 과도한 미소와 웃음 장애는 계절성이며 가을에 최악의 상태임.	(1) Li 1200mg/d, 농도는 1.0mEq/L인 치료를 6세에 시작 + 티오리다진 200mg 4년간의 추적조사 (2) Li 농도 1.0~1.2mEq/L인 치료를 20세에 시작 + 클로르프로마진 800mg/d 4년간의 추적조사	(1) 불안, 불면, 지나친 애정 욕구, 부적 합한 행동, 공격성 목발이 사라짐. 하교와 가족 기능이 향상됨. Li 농 도를 줄이고 티오리다진을 줄이자 원래 증상이 돌아옴. 조울증 기증력 이 있음. (2) 수면 정상화됨. 계절성 분노 사라 짐. 관리가 덜 필요해짐. 두 약물을 줄이려는 시도에서 불안정해지고 용량 조절을 통해 다시 안정화됨. 2개 모두 우울증 증상은 안 보임. 항 정신병 약물 단독 투여는 안정시키기에 충분치 않았음.
Fukuda et al. (1986)	N=2 MR이 있는 청소년	급속 순환형 삽화가 초기 청소년기에 나타났고, 청소년 후기에는 삽화가 장기적으로 지속됨.	Li 용량은 모름. 치료 기간은 5~9년	2년간의 Li 치료도 꽤 통제가 되었으나, 예방적인 효과는 없었음.
Linter (1987)	N=1 MR이 있는 12세 남아	우울증의 순환형 패턴 먹거나 말하려 하지 않음. 불면증, 울음, 실금, 조증 삽화로 즐거운 기분으로 머리 흔들기, 시끄럽게 떠들어대며, 환상적인 내용을 빠르게 말함. 산만함, 휴식 부족, 사고의 비약, 공격성 폭발, 증상 사이에는 정상 기능	Li 치료. 복용량과 농도는 모름.	두드러진 증상 악화와 혈압 개선을 보임. Li의 12개월 후 부모의 요청에 따라 중단함. 두 달 후에 조증이 발생했으나, Li 재사용으로 증상 감축.
McCracken and Diamond (1988)	입원 청소년 (1) 중등도 MR의 18세 남아 (2) 경도 MR의 17세 여아 (3) 경도 지체의 15세 여아 (4) 중등도 MR의 21세 남성, 소나마 비 별력이 있음.	(1) 급속 순환형 우울증: 자기 관리 저하, 사회적 위축, 집중력 저하, 학업 저하 조증: 불안, 과잉행동, 소리 지르기, 실금, 수면 감소, 편집증, 망상; 증상 사이에서 정상 가능 (2) 발병(onset): 14세 이상한 신체적 망상과 과민성과 증가움이 1번 걸이 나타남; 정신분열병으로 진단, 항정신병 약물로 치료 성공하지 못함. (3) 발병(onset): 과잉행동: 언어 암박, 비약증상; 수면 요구 감소, 논쟁적, 충동적; 과음약, 시간감수 상실, 환영 초기 증상: 불안 반복, 편집증 증가귀하며 과민한 기분 상태(반 친구에게 가스함), 공동연한 지나친 수다, 수면 욕구 감소, 항정신병 약물에 최소한의 반응 (4) 5일의 우울증성 혼미가 불면증 정신운동성 저하, 자기 관리 감소, 침묵, 혼란, 환청과 함께 나타난 뒤이어 조증이 빠른 말, 불안, 경솔, 과잉행동, 혼란, 수면 욕구 감소, 망상과 함께 나타남.	(1) Li 800mg/d, 농도는 1.2mEq/L, CBZ 1600mg/d, 농도는 12ㅅg/ml 티오리다진 300mg/d, 티록신 0.2mg/d (2) Li 1200mg/d, 15개월 동안 후약. Li 중단: 9개월 후 대상부전. Li 1500mg/d와 신경안정제(0.9mEq/L)로 재안정화됨 8개월 후 Li 단독으로도 괜찮음. (3) Li 1200mg/d, 농도는 1.0mEq/L (4) Li 1500mg/d, 농도는 0.9mEq/L, 10개월 추적조사	(1) 순환성 악화와 함께 부분적 개선. 부작용은 티록신으로 TSH 상승 (2) 완전 휴약, 부작용은 체중 증가 (3) 완전 휴약 (4) 완전 휴약, 부작용은 다뇨 (5) 급성기에 부분적 개선, 2.5년의 합 토페리듬 복용 후 완전 안정화되고 결국 EPS 때문에 중단함. 심한 발 진으로 CBZ 중단

표 9.4 발달장애 소아청소년을 대상으로 리튬 사용에 관련 사례 보고와 사례들(계속)

연구자	환자 수와 연령	정신병리학적 특징	사용된 약물	반응과 비고
	(5) 심한 수준의 지체 17세 남아	(5) 급속 순환형 우울증 : 흥미, 식사 거부, 설금, 기상, 경련, 쥐 흘림, 두드러진 불면증, 두려움 소실, 환청, 망상적 좌책감; 가족을 못 알아봄. 조증 : 과잉행동, 성적 흥미 증가, 공격성, 유머스러운 기분 상태	(5) Li 2100mg/d, 농도는 1.2mEq/L, CBZ 600mg/d, 할로페리돌 110mg/d, 토리다진 3년 추적조사	
Frazier et al. (2002)	이소파거 장애가 있는 13세 5개월 남아	만성적 수면장애 : 망상, 슬픔, 과민성, 공격성, 생각이 정신없이 막 돌아감. 체계가 없음. 시끄럽고 불안한 표현, 독심술과 종교적 망상, 시각적 환영, 실제로 존재하지 않는 여자친구를 봄.	Li 2100mg/d, 농도는 1.0mEq/L, 리스페리돈 3mg/d, 클로나제팜, 리스페리돈 1mg으로 안정화됨.	공격성, 충동성, 파괴적 행동 감소
Gutkovich et al.(2007)	N=1 14세 이소파거 장애아	장기 ADHD 병력이 있는 기분고앙(hyperthymia), 흥분, 신체적 공격성, 시끄럽게 말함. 과잉됨, 편집증, 환영 저하	Li 600mg BID, 농도는 1.02mEq/L 리스페리돈 1.25mg BID, 테네스 1.5mg BID, 2년간 추적조사	사회적 관계에 관련된 목표 증상 해결됨. 두드러진 하위형적 개선

표 9.5 정서장애가 있는 정신지체 환자에게 지체 환자에게 적용한 2개의 발프로에이트(VPA) 공개실험연구

연구자	표본 크기와 연령	정신병리학적 특징	방법론	결과	비고
Kastner et al. (1993)	아동 N=18 경도에서 중등도 MR 여아 2명 청소년 N=10, 13~18세 청소년(여자=3, 남성=7) 성인 N=6	포함 기준 4개 증상 중 3개를 충족 : 과민성, 수면장애, 공격성 또는 자해행동, 순환성 행동	2년의 공개실험 : 보호자 와 반구조화 면담 평가, 'CGI-향상성 척도'로 주요결 과를 평가함. 50~125μg/ml의 농도로 VPA 치료(보고되지 않음.)	아동 : 1명이 매우 개선, 1명은 개선되지 않음. 청소년 : 8/10 개선되거나 매우 개선됨. 2/10 거의 개선되지 않음. 성인 : 4/6 매우 개선됨. 2/6 변화 없거나 악화됨. 혈청 VPA는 반응과 차이 없음.	8명의 환자가 추가 투여를 필요로 했음(CBZ, 리, 벨라파믹, 부스피론, 티오 리다진). 낮은 용량의 VPA가 관련됨. 간질이나 발작으로 의심되는 병력이 VPA에 좋은 반응과 매우 연관이 높음.
Hollander et al. (2001)	정서장애를 동반한 PDD (아동 1명, BP가 있는 3명 (10대 1명, 성인 2명)	충동성·공격성, 정서 불안과 세 가지 해심무 인 지체 범위(사회성, 의사소통, 반복행동)	지체증이 DVP에 대해 후 향적 조사 : 주요 결과측정 CGI-I	지체증 : 기타 정서장애, 강박장애, 종 동조절장애를 지난 10세 남아, IQ=87. 최소 한으로 악화됨. 청소년 : 지체증, IQ=55, 15세, BP, 불안감, 불면증, 충동성, 과잉행동	청소년 포함 플루옥세틴 20mg과 암포 로졸람 1mg 복용함.

반적으로 감정조절장애가 있는 환자에게는 효과가 덜 한 것으로 나타났다.

발프로에이트 : 단일 치료와 병행 치료

항경련 약물치료가 양극성 장애의 약물치료목록에 포함되면서 이 약물을 발달장애 청소년에게 사용하는 것 역시 증가하였다. Kastner 외(1993)는 정동 증상이 있는 소아청소년, 성인을 대상으로 발프로에이트 치료에 대한 공개실험연구를 진행하였다. Hollander 외(2001)는 정서불안, 충동성, 공격성이 있는 10명의 자폐 환자를 대상으로 공개실험연구를 실시하였고, 그중 4명은 정서장애 또는 양극성 장애 진단을 받은 사람이었다. 치료 이후에 자폐증, 경도지적장애, 양극성 장애를 공병으로 하는 15세 청소년을 포함하여 4명 중 2명은 개선되었다.

발프로에이트 농도 50~85μg/ml 정도로 하루 250~1000mg 복용량에 10명 중 8명은 전반적으로 지속적인 반응을 보였다. 2명은 행동 활성화 때문에 투약을 중단하였으나, 발프로에이트에 대한 내성은 잘 생겼다. 발프로에이트에 관한 공개실험연구는 표 9.5에 요약하였고, 사례 보고는 표 9.6에 제시하였다.

흥미롭게도 자료에 따르면, 발프로에이트는 발달장애 아동의 양극성 장애 증상 중 특정 증상에만 효과가 있다고 하였다. Helling 외(2005)는 광범위성 발달장애 소아청소년의 공격성을 치료하기 위해 발프로에이트를 적용하였고, 이 약물의 효과와 안전성을 연구하였다. 이 연구는 이중맹목, 위약 통제실험연구로서, 외래환자 중 광범위성 발달장애와 심한 공격성이 있는 6~20세를 대상으로 30명의 참여자(남아 20명, 여아 10명)를 무작위로 추출하여 8주간 발프로에이트와 위약 치료를 받도록 설계하였다. 발프로에이트 치료집단과 위약 통제 치료집단 간에 통계적으로 치료적 차이가 나타나지 않았다(표 9.6과 표 9.7).

카르바마제핀 : 단일 치료와 병행 치료

아동에 관한 자료는 매우 한정적이다. Komoto 외(1984)는 자폐 아동 2명을 대상으로 카르바마제핀을 사용하였는데, 정서 증상에서 극적인 개선을 보고하였다. 이 연구에서 주목할 만한 점은 2명 중 1명은 조증 상태도 있긴 했지만, 주 호소가 우울증이라는 점이다.

비정형 항정신병 약물

비정형 또는 2세대 항정신병 약물은 발달장애 청소년의 양극성 장애를 대상으로 작은 규모의 연구조차 이루어지지 않았다. 두 논문에서만(Frazier & Jackson 2008; Gutkovich, Carlson, Coffey, & Wieland, 2007) 자폐아동의 양극성 장애 치료에 리스페리돈의 효과성을 설명한다. 반

표 9.6 발달장애 소아청소년의 양극성 장애 치료를 위해 발프로에이트(VPA)를 사용한 사례

연구자	환자 수와 연령	정신병리학적 특징	사용된 약물	반응과 비평
Kastner et al.(1990)	N=3 (1) 중등도 MR이고 실명된 16세 청소년 (2) 시각과 청각장애가 있는 심한 MR의 13세 여아 (3) 다운증후군인 심한 MR의 8세 여아	(1) 과민증, 공격적, 수면 감소, 심하게 자주 머리를 침. (2) 7년간의 과잉행동, 과민증, 다소 공격적인 행동, 자해행동(얼굴 때리기), 느르드립립으로 악화됨. (3) 심한 자해행동, 과잉행동, 과민증, 주의산만성, 제어하기 힘듦. RTF로 대체함.	(1) VPA 2,750mg/d, 농도 109μg/ml : 10개월 이상 안정됨 (2) VPA 3,000mg/d, 농도 75μg/m : 7개월 동안 후속 치료 (3) VPA 1,500mg/d, 농도 111μg/ml : 8개월 동안 후속 치료	(1) 이상 조증에 대한 증상이 없음. 환경적 스트레스로 인한 머리치기 심화 4개 (2) 뛰어난 임상적 반응으로 얼굴 따리가 제거됨. (3) 매우 치료해졌으며 조절을 잘하게 되었고, 자해행동이 없어짐, 위탁/가정에 동아갈 수 있게 됨. 세 가지 나 실험에서 모두 실패함; 두 가지는 CBZ 치료에서 조증이 됨.
Kastner and Friedman (1992)	N=1 심한 MR이고 실명된 18세 남아	4세에 심한 수면장애에 발생, 8세에 심한 자해행동, 18세에 부적절한 울음, 웃음, 민감성, 수면 부족증, 심각한 자해행동과 함께 활동 수준이 증가하고 기분 변화가 심해짐.	복용량 VPA 2,750mg/d, 농도 또는 111μg/ml, 베라파밀 320mg/d	환자는 니과 CBZ의 실험연구에서 실패함. VPA에서 최조로 반응했으며, 단일요법으로는 지속되지 못함. 베라파밀 제공으로 오래 지속 또는 효과를 증대시킴. 이것은 환자의 비밥자 성 뇌파 변화에 주의해야 함(일반적으로 느림).
Whittier et al.(1995)	N=1 정신지체인 13세 여아	12세에 MDD 발병. 서트릴린 50mg/d로 치료받음. 그 후 언어 야박, 사고의 비약, 과장, 행동증가, 4일간 지속되는 과잉행동과 함께 조증이 발달됨. 치료 중단 세 달 후 극도의 인감증과 자살사고, 언어 야박, 사고의 비약, 과장, 행동 증가, 그리고 불분면증, 환청과 환시 증상이 나타남.	복용량 VPA 1,250mg/d, 농도 또는 109.2μg/ml, 페리페나진과 벤조핀(치료 지속 기간은 보고되지 않음.)	YMRS(Young Mania Rating Scale) 척도의 점수가 29점에서 11점까지 감소하였고, 급속적이고(24시간 내 시작) 극적인 반응을 보임. Hamilton 우울 평가 척도 점수가 27점에서 9점으로, 그리고 GAF 250에서 55로 향상됨. 환자에게 증상이 의미 있는 감소가 보인 후 향정신병 약물을 도입함.
Damore et al.(1998)	N=3 조증 증상으로 플루옥세틴 치료를 받은 아동 (1) 10세, 남아, 아스퍼거 장애, ADHD (2) 9세, 남아, 아스퍼거 장애, ADHD, OCD(강박장애) (3) 9세 남아, 아스퍼거 장애, DSM-IV 양극성 II, 장애의 기준에 맞음.	(1) 충동성, 공격적 행동, 기분이 급변과 민감성으로 5주 동안 플루옥세틴 20mg/d 치료 후 경조증 심화 발생 (2) 플루옥세틴 20mg/d 2년 5개월 치료 후 언어 야박, 사고 우원증, 부적절한 성적 관심, 그리고 민감성과 함께 심각한 경조증 발생 (3) 환자는 심한 우울증 삽화를 가짐. 1개월 동안 플루옥세틴 10mg/d 치료 후 과민성이 증가하였고, 과민한 충동성과 통제의 어려움, 학교에서 바보 같고 부적절한 행동 증가, 교실에서 격리됨.	(1) PA 250mg/d(농도는 보고되지 않음.) (2) VPA 500mg/d(농도는 보고되지 않음.) 메틸페니데이트는 20mg/d, VPA 250mg BID(농도는 보고되지 않음.)	(1) 3주 안에 충동성, 공격적 행동, 과민성이 사라지면서 개선됨. 정동장애의 유이한 가족력이 있음. (2) 조증의 종합적 증상은 2주 후 염증. 사회적 관계, 고립적 행동이 개선되었으며, 붙인이 의미 있게 감소함. (3) 3주 안에 눈에 띄는 행동 개선으로 교실로 돌아갈 수 있게 되었음. 환자는 정동장애의 의미 있는 가족력이 있음.

표 9.7 PDD가 있는 공격적인 어린 연령에서의 발프로에이트 사용에 관한 이중맹목 실험연구

연구자	표본 크기와 연령	정신병리학적 특징	방법론	결과	비고
Hellings et al.(2005)	N=30 ASD인 소아청소년 6~20세 외래환자 (남성=20 여성=10) 평균 지능=54	자신, 타인, 물건에 최소한 일주일에 3번 이상 나타나는 상당한 공격성	8주간 무작위, 통제실험연구 기저선 평가, DSM-IV 중심 면담 자폐 진단목록 – 수정된 자폐 진단 관찰 계획 일차 결과 평가 – 부모와 교사가 평가함. 문제행동 체크리스트 – 일주일마다 'ABC-C(cummunity scale)'로 이차 결과 평가 : 부모와 교사가 보고한 공격성 폭발이 OAS(과잉 공격성 척도)와 CGI-하위 척도에서 향상됨.	어떤 측정에서도 통계적으로 유의한 향상을 보이지 않음.	위약에 대한 큰 반응, 표본의 이질성, 작은 집단 크기가 이 연구의 제한점임.

표 9.8 발달장애 청소년의 양극성 장애를 치료하는 데 카르바마제핀을 사용한 사례 보고

연구자	환자 수와 연령	정신병리학적 특징	사용된 약물	반응과 비고
Komoto and Usui (1984)	N=2 (1) MR이 있는 13세 청소년 자폐 남아, WISC 검사 불가능 (2) 경도 MR인 13세 6개월 자폐 여아, WISC 검사상 IQ=49	(1) 발생(onset) : 9세 이후 한 달에 1~2주 동안 주기적인 경도조증 삽화 후 경도우울 삽화가 2~3일 동안 보임. 우울 상태 : 슬픈 상태, 우는 시간이 김, 말하거나 먹으려 하지 않음. 작업 능력이 현저히 떨어짐. 침대에서 일어나려 하지 않음. 조증 상태 : 비정상적으로 활기차거나 유치함. 종종 웃고 TV 광고를 따라함. 게걸스럽게 먹음. 극단적으로 활동이 과하고 잠이 없음. (2) 발생(onset) : 10세 9개월 이후로 1주에 걸친 약한 우울 삽화가 주기적으로 있음. 우울 상태 : 일반적으로 흐느껴 우는 것으로 시작함. 'Yuki(환자 이름)는 무서워하면서' 울고, 얼굴을 계속 내리고 있음. 말하지 않고 침대에서 나오지 않고 먹지 않고, 수면장애가 있음.	(1) CBZ 400mg/d (2) CBZ 300mg/d	Li 복용량 600mg/d에 반응이 없고 사전실험에서 삽화가 중단됨. 12세 2개월 환자의 우울 삽화는 단일 삽화를 제외하고 초경이 있을 때 증상이 멈춤. 환자의 다섯 번째 우울 삽화 동안 첫 번째 경련이 있었고, 13세 5개월에 두 번째 경련이 있었음. EEG가 비정상이었음. 디페닐히단토인 60mg/day 추가됨. 가족력은 두 사례 모두 없었음.

면에, 조증의 행동 특성 치료와 관련되는 자폐 소아청소년의 과민성, 흥분행동의 치료에 리스페리돈을 적용한 것은 광범위하게 연구되었고(예 : McCracken et al., 2002), 이는 최근에 자폐아동의 과민성, 자해행동의 치료 수단으로 FDA 승인도 받았다. 특히 이중맹목, 위약 통제실험연구를 8주 동안 하였는데 리스페리돈이 자폐 아동의 공격성, 분노발작, 자해행동에서 위약보다 효과적인 것으로 밝혀졌다(McCracken et al., Pediatric Psychopharmacology Autism Network의 연구팀, RUPP 2002). 이 연구에는 5~17세 아동 101명이 참여하였다(남아 82명, 여아 19명). 리스페리돈을 투여(0.5~3.5mg/day)하고 문제행동 체크리스트(Aberrant Behavior Checklist; Aman,

Singh, Stewart, & Field, 1985)를 한 결과, 과민성이 리스페리돈 투여집단에서는 56.9%, 위약 투여집단에서는 14.1% 감소하였다.

Hellings 외(2006)는 지적장애와 광범위성 발달장애가 있는 아동(N=13), 청소년(N=8), 성인 (N=19)을 대상으로, 공격성과 파괴적 행동 치료에 리스페리돈이 효과적이고 안전한가를 조사하기 위해 46주 동안 위약 교차 투여 실험을 시행하였다. 이 장기간 연구는 RUPP의 연구에서 사용한 '동일 주요 결과 척도'를 적용하였는데, 그 결과도 매우 비슷하게 도출되었다. 22주의 급성단계 동안 40명 중 23명(57.5%)이 충분한 반응을 보였고(Aberrant Behavior Checklist-Community Irritability subscale score; 문제행동 체크리스트 중 성마른 집단 생활 하위 점수가 50% 감소함.), 반면에, 35명(87.5%)의 문제행동은 25% 정도 감소하였다. 소아청소년의 반응 패턴은 전체 집단과 비슷하였다. 정서장애가 공존해도 결과가 바뀌지 않는다는 점은 주목할 만하다. 24주 유지하는 동안 아동은 청소년과 성인에 비해 전반적으로 반응이 낮았다(청소년과 성인은 차이가 없었음.). 낮은 용량의 리스페리돈(소아청소년 기준 평균 용량 1.67mg/day)은 공격적 행동과 성마름에 효과적이었다.

한편 소아청소년에게 나타나는 부작용은 식욕과 체중의 증가이다(아동은 7.9kg, 청소년은 8.3kg). 특히 지적장애가 있는 환자는 체중을 조절할 능력과 자율성이 떨어지기 때문에 발달장애집단의 경우 체중 증가의 부작용은 더욱 문제가 된다. 그러나 Klein 외(2006)의 최근 연구에서 지적장애와 광범위성 발달장애 아동을 대상으로 체중 증가를 제어하기 위하여 메트포르민(metformin)을 사용하였다.

또한 품행장애(즉, 성마른 공격성)가 있는 지능이 낮은 아동을 대상으로 리스페리돈을 적용한 연구가 광범위하게 이루어졌다(무작위 추출, 위약 통제, 이중맹목 실험연구). Aman 외(2002)는 심각한 파괴적 행동을 보이는 평균 이하의 지능인 아동을 대상으로 위약 통제실험을 하였다. 최대 하루 0.06mg/kg 가량의 리스페리돈 복용을 한 경우, 위약보다 아동의 성마른 행동과 공격성에서 상당한 개선을 보였다. 리스페리돈은 안전하고 내성 반응이 좋았다. Turgay 외(2002)는 이와 비슷한 표본을 대상으로 리스페리돈(0.02~0.06mg/kg/d의 용량)에 대해 장기 공개실험연구를 시행하였다. 그 결과 리스페리돈은 안전하고 내성이 좋았으며, 평균 이하의 지능을 지닌 5~12세 아동의 파괴적 행동장애 치료 시 효과가 유지되었다.

다른 비정형 약물 연구는 아리피프라졸에 관해 등록된 실험연구를 포함하여 현재 여러 연구가 진행되고 있다(www.clinicaltrials.gov). 2개의 후향적 의무 기록 조사연구(Corson, Barkenbus, Posey, Stigler, & McDougle, 2004; Hardan, Jou, & Handen, 2005)는 발달장애를 대상으로 쿠에티아핀의 효과와 안전성에 대해 설명하였고, 복용량은 하루에 25~600mg 정도였다. 목표 증상인 과민성, 자해행동, 공격성, 과잉행동이 전자의 연구에서는 20명 중 8명, 후자에서는 10명 중

6명이 감소하였다. 부작용은 지연성 운동장애와 체중 증가로 나타났다.

비록 발달장애 청소년을 대상으로 조증 치료 약물 효과에 관한 구체적인 연구는 부족하지만, 정상 성인과 10대 청소년의 조증과 자폐 아동의 과민성 치료에 긍정적인 약물 효과가 보고됨으로써, 이는 발달장애 아동의 조증 증상에도 긍정적인 반응을 가져올 것이라고 예측할 수 있다.

전기경련 치료

Thuppal과 Fink(1999)는 긴장증, 정서, 정신장애가 있는 경도에서 중등도 지적장애 입원환자 5명을 대상으로 연구하였는데, 약물치료에 반응이 없어서 양측성 전기경련 치료를 시행한 결과, 정서와 공격성 증상이 개선되었다. 중등도 지적장애와 양극성 장애가 있는 18세의 한 남성은 전기경련 치료를 17회 받고 증상이 매우 개선되어 퇴원하였다. 그 이후 전기경련 치료를 4회 더 받고 하루에 300mg의 클로자핀을 복용함으로써 안정된 상태가 유지되었다. 이 연구가 지적장애와 양극성 장애가 있는 청소년 환자를 대상으로 한 치료 연구로, 우리가 참고할 수 있는 유일한 논문이다. Guze 외(1987)는 양극성 우울증, 경도의 지적장애, 뇌성마비가 있는 21세 남성을 대상으로 한 전기경련 치료 연구를 보고하였다. 연구 결과, 우울 증상은 해결되었으나 증상이 조증으로 전환되어 리튬으로 안정시켰다.

소아청소년의 정신의학 부작용에 대한 현재 상황

활성화, 억제 불능, 조증 증상, 자살행동과 같은 약물로 유발된 행위 독성(behavioral toxicity)은 청소년기에는 흔하지 않다. 활성화의 정도는 다양하지만, 항우울제의 임상실험(Safer & Zito, 2006)에서는 청소년(약 3%)보다 아동(약 10%)에게서 더 흔한 걸로 나타났다(Carlson & Mick, 2003). 성인에게서는 광범위하고 다양한 비율로 나타나지만, 양극성 우울비율이 20% 정도로 더 높게 나타난다. 성인 연구에서 급속 순환형 양극성 환자의 경우, 특히 불안정성에 취약한 것으로 나타났다(Ghaemi, Hsu, Soldani, & Goodwin, 2003). 이는 연구에 따라 급속 순환형 비율의 범주가 19%(Faraone, Biederman, Wozniak, Mundy, Mennin, & O'Donnell, 1997)에서 83%(Tillman, Geller, Bolhofner, Craney, Williams, & Zimerman, 2003)에 이르는 소아 양극성 환자와 관련이 있다.

발달장애집단에서 행위 독성은 카르바마제핀을 적용한 경우와 가장 관련 있었다. Friedman 외 (1992)는 발달장애 환자 65명 중 6명(9.2%)이 약물 부작용으로 과민성, 조증과 같은 증상을 경험했으며, 특히 정신질환 치료를 받는 환자에게 부작용이 주로 나타났다고 보고하였다(정신질환 환자 20명 중 4명으로 20% vs 간질발작 환자 21명 중 없음.). 이러한 약물의 행동적 부작용은 나이, 성별, 카르바마제핀의 혈중농도와 상관없이 발생하였다. 연구자는 카르바마제핀의 화학 구조가 삼환계 항우울제와 비슷하기 때문에 행동 부작용이 나타난다고 보았다. 그러나 이전에 정서불안이 있는 환자는 질병 경과에서 약물 효과를 구분하는 것이 어렵기 때문에 주의해야 한다.

항우울제로 유발되는 '자살행동'에 대한 의문은 혼란스럽고 논쟁이 되는 주제이다. 발달장애집단을 대상으로 약물 관련 자살행동에 대한 조사는 거의 이루어지지 않았지만, FDA(2004)는 24명의 소아를 대상으로 한 항우울제 실험을 통해, 자살행동의 위험성이 위약 통제집단은 약 2%, SSRI 투여집단은 약 4% 정도 증가하였다고 밝혔다(자살을 한 사람은 없었다.; Hammad, Laughren, & Racoosin, 2006). 최근 FDA에서 경고한 바에 따르면(2007년 2월), 낮지만 의의가 있을 정도로 상승한 자살률은 특히 성인기 전기(young adulthood; 20~40세)에서 뚜렷하게 나타난다고 하였다.

소아청소년의 양극성 약물치료와 관련된 약물 부작용

약물 부작용에 대한 광범위한 토론은 이 장의 범위를 벗어난다. 이에 관련된 여러 연구는 발달장애와 아동을 대상으로 이루어졌다. 예를 들어, 리튬은 다른 집단과 마찬가지로 발달장애집단에서도 내성이 좋지만(Pary, 1991), 잠재적으로 치명적인 위험성이 있는 리튬 독성은 발달장애집단에 더 위험할 수 있다. 발달장애가 있는 사람은 자기 조절이 어렵고 모든 증상을 보고할 능력이 부족한 환자이기 때문에 더욱 그렇다. 이와 더불어, 발달장애집단은 간질발작이 악화될 가능성이 크고, 불능성 진전, 조갈증, 다뇨증, 요실금에도 특별한 주의를 기울여야 한다(Elliot, 1986; Hellings, 2006; Maruta, 2003). 또한 심각한 지적장애 아동은 뇌성마비, 운동장애, 방광조절장애가 있을 수 있기 때문에 진전이나 실금이 나타날 가능성이 크다(Kastner, Friedman, Plummer, Ruiz, & Henning, 1990). 하지만 이 장의 앞부분에서 설명했던 바와 같이, 심한 지적장애 아동 중 일부는 리튬 복용으로 감당 가능한 부작용이 동반되나 긍정적인 치료적 반응을 보이기 때문에, 이 환자에게 리튬을 활용할 것인지는 각 사례에 따라 결정해야 한다고 본다. 이와 비슷하게 정상 발달인 역시 갑상선호르몬제로 치료는 가능하지만, 그에 따른 갑상선의 기능 저하와 신장질환 같은 부작용이 나타날 수 있다. 발프로에이트와 리튬을 함께 복용하는 것은 몇 가지 증상을 악화시키기도 한다.

다낭성 난소증후군(PCOS; 실질적인 다낭성 난소를 동반하거나 동반하지 않는 만성 무배란과 안드로겐 과잉증은 월경이 적은 횟수로 나타나는 희발월경, 다모증, 여드름과 관련 있다.)과 관련된 발프로에이트를 사용할 때 우려점은 발달장애가 있는 사람에게서 간질성 발작이 일어날 수 있다는 것이다(Isojarvi, Timo, Laatikainen, Pakarinen, Juntunen, & Myllyla, 1993). 월경 불규칙이 청소년에게 흔하다는 것을 고려하여 발프로에이트의 영향을 측정하기 위해서는 기준이 될 만한 월경 기록을 미리 얻는 것이 중요하다.

생명에 치명적인 피부질병인 '스티븐존슨증후군'은 라막탈과 연관이 있고, 어린 연령에게서는 드물다(Messinheimer, 2002). 적은 용량부터 점진적으로 복용량을 증가함으로써 그 위험성이 낮아질 수는 있지만, 치료 시에 항상 신중하게 관찰해야만 한다.

특히 어린 아동의 경우, 상당한 체중 증가를 보이는 부작용은 비정형 항정신병 약물, 리튬, 디발프록스와 관련 있다. 어린 연령에서 대사성 증후군이 생기면 성인기에 초기 죽상경화증(atherosce-rosis; 혈관이 막히면서 좁아지는 것)과 혈관질환을 가져올 수 있다. 그리고 성인 비만보다 청소년기 비만에서 이후 관상동맥질환이나 대장암이 생길 확률이 훨씬 높다. 성인의 자료(ADA Consensus Development Conference, 2004; Allison et al., 1999; Casey, Haupt, Newcomer, Henderson, Sernyak, & Davidson, 2004)와 소아청소년을 대상으로 광범위하게 이루어지는 자연적 연구(naturalistic study)에서 대사성 증후군을 일으키고 체중 증가를 촉진하는 순위를 다음과 같이 밝혔는데, 클로자핀 = 올란자핀 > > 리스페리돈 > /= 쿠에티아핀 > 지프라시돈 > /= 아리피프라졸 순이다.

그리고 발달장애, 특히 불편을 말로 표현할 수 없을 정도로 심각한 정신지체가 있는 사람, 기질적 뇌증후군이 있는 환자를 약물치료할 때, 특히 리튬을 신경이완제와 항경련제와 함께 처방할 때는 좀 더 신중한 관찰과 주의가 필요하다.

결론

Aman 외(2000)는 "경험적 자료는 매우 부족하지만, 그 대신 임상가가 지적장애가 있는 성인과 정상 발달 아동의 자료를 통해 유추할 수 있어야 한다. 가장 좋은 방법은 그런 환자를 주의 깊게 다루는 동시에 그 치료의 효과성에 관한 자료를 수집하는 것이다."라고 결론 내렸다.

우리가 찾은 대부분의 일화성 보고에서는 심한 지적장애를 포함하여 모든 지적장애 범위의 환자에게 기분안정제가 효과적이었다. 발달장애의 병인론도 문제되지는 않아 보인다(Adams, Kivowitz & Ziskind, 1970, Kastner et al., 1990; Reid et al., 1981; Sovner, 1991). 감정 상태가 좀 더 명확한 환자(즉, 더 전형적인 양극성 장애)는 삽화 중간에 정상 기능을 하며, 좀 더 나은 반응을 보였다. 정상 발달 청소년에게도 마찬가지로 이 질환의 초기 징후는 때로 정신병적 증상을 포함하기 때문에 쉽게 정신분열증으로 오진하기도 한다. 발달장애가 아닌 집단 연구 결과와 같이 일반적으로 조증 이전에 우울증 단계가 흔하게 보고된다.

한편, 환자가 치료에 극적인 반응을 보여야 사례연구에 확실히 게재할 수 있기 때문에, 우리는 다양한 양극성 식이요법의 반응 빈도에 대해 다룰 수 없었다. 그리고 치료의 안전성에 대해서는 특히 정서장애가 있는 환자는 퇴행(예 : 실금), 혼란, 혼미가 장애 안에 나타나는 특성이라서, 치료의 잠재적 독성과 질환의 증상을 구분하는 것은 매우 어렵다.

우리는 양극성 장애와 발달장애가 있는 환자 191명(그중 아동은 12명, 청소년은 27명)을 대상으로 한 신체 치료 연구를 살펴보았는데, 이 연구 중 3개 연구는 이중맹목, 1개 연구는 단일맹목, 2개는 공개실험연구, 5개는 후향적 의무 기록 연구조사, 나머지는 단일사례 보고 또는 소수 사례로 이루어져 있었다. 우리는 다음과 같은 잠정적인 논평을 제안하였다.

1. 발달장애 집단의 경우, 리튬은 불특정한 과잉행동과 공격성보다 조증 증상에 더욱 효과가 있었다. 모든 사례에 주의 깊은 관찰과 신중함을 요해야 하며, 특히 기질성 뇌손상 환자나 병용 투여를 하는 환자는 자신의 증상을 표현할 수 없는 취약집단이기 때문에 더욱 주의를 해야 한다. 진전과 실금은 아동의 기능에 상당히 부정적인 영향을 끼친다. 연구자료에서 리튬이 유지 관리에 소용없다고 제안하였다.

2. 발프로에이트는 효과적이고 안전한 약물이며, 간질발작이나 비발작성 EEG 활동이 있는 사례에서는 리튬보다 선호되는 것으로 나타났다.

3. 카르바마제핀은 보조약물로 더 유용하게 활용되지만, 일부 사례에서는 단일 투여가 더욱 유용할 수도 있다. 우울 증상이 있는 환자에게 더욱 적절하지만, 행위 독성이 있을 수 있다.

4. 항경련제는 이러한 질병에 실질적인 효과가 없음에도 불구하고, 급속 순환성 환자에게 사용되며, 다른 약과 함께 처방 시 더욱 유용할 수 있다

5. 가바펜틴은 특히 리튬이 내성이 없을 때, 발프로에이트와 함께 투여하는 보조약물로 활용된다.

6. 일부 비정형 항정신병 약물은 양극성 장애가 있는 광범위성 발달장애, 과민성 장애행동 환자를 위해서 체계적으로 실험되어야 하고, 이 약물이 구체적으로 확인되지 않아도 양극성 장애를 확실하게 설명할 수 있다. 지금까지 리스페리돈에 대한 자료가 가장 많다.

7. 클로자핀은 치료 저항을 보이는 사례에서 고려된다.

8. 성인에게 촉망받는 전기경련 치료에 관해서는 더욱 많은 자료가 필요하다.

정상발달 소아청소년에게서와 마찬가지로 공존질환을 반드시 다루어야 하고, 적합한 심리사회적 · 교육적 방안을 제공해야 한다.

참고문헌

Adams, G. L., Kivowitz, J., & Ziskind, E. (1970). Manic depressive psychosis, mental retardation, and chromosomal rearrangement. *Archives of General Psychiatry, 23*, 305–309.

Allison,D. B., Mentore, J. L., Heo, M., Chandler,L. P., Cappelleri, J. C., Infante, M. C. & Weiden, P. J. (1999). Antipsychotic-induced weight gain: A comprehensive research synthesis. *American Journal of Psychiatry, 156*, 1686–1696.

Altshuler, L. L., Keck, P. E. Jr., McElroy, S. L., Suppes, T., Brown, E. S., Denicoff, K., Frye, M., Gitlin, M., Hwang, S., Goodman, R., Leverich, G., Nolen, W., Kupka, R., & Post, R. (1999). Gabapentin in the acute treatment of refractory bipolar disorder. *Bipolar Disorder, 1*, 61–65.

Aman, M. G., Collier-Crespin, A., & Lindsay, R.L. (2000). Pharmacotherapy of disorders in mental retardation. *European Child & Adolescent Psychiatry, 9*, I98–107.

Aman, M. G., De Smedt, G., Derivan, A., Lyons, B., & Findling, R.L. (2002). Risperidone disruptive behavior study group. Double-blind, placebo-controlled study of risperidone for the treatment of disruptive behaviors in children with subaverage intelligence. *American Journal of Psychiatry, 159*, 1337–1346.

Aman, M. G., Singh, N. N., Stewart, A. W., & Field, C. J. (1985). The aberrant behavior checklist: A behavior rating scale for the assessment of treatment effects. *American Journal of Mental Deficiencies, 89*, 485–491.

Andreasen, N. (2007). DSM and the death of phenomenology in America: an example of unintended consequences. *Schizophrenia Bulletin, 33*, 108.

Anthony, E. J., & Scott, P. (1960). Manic-depressive psychosis in childhood. *Journal of Child Psychology and Psychiatry 1*, 53–72.

Antonacci, D. J., & de Groot, C. M. (2000). Clozapine treatment in a population of adults with mental retardation. *Journal of Clinical Psychiatry, 61*, 22–25.

Baldessarini, R. J., Tondo, L., & Viguera, A. C. (1999). Discontinuing lithium maintenance treatment in bipolar disorders: risks and implications. *Bipolar Disorder, 1*, 17–24.

Buitelaar, J. K., van der Gaag, R. J., Cohen-Kettenis, P., & Melman, C. T. (2001). A randomized controlled trial of risperidone in the treatment of aggression in hospitalized adolescents with subaverage cognitive abilities. *Journal of Clinical Psychiatry, 62*, 239–248.

Buzan, R. D., Dubovsky, S. L., Firestone, D., & Dal Pozzo, E. (1998). Use of clozapine in 10 mentally retarded adults. Journal *of Neuropsychiatry and Clinical Neuroscience, 10*, 93–95.

Cain, N. N., Davidson, P. W. Burhan, A. M., Andolsek, M. E., Baxter, J. T., Sullivan, L., Florescue, H. List, A. & Deutsch, L. (2003). Identifying bipolar disorders in individuals with intellectual disability. *Journal of Intellectual Disability Research, 47*, 31–38.

Calabrese, J. R., Keck, P. E., Jr., Macfadden, W., Minkwitz, M., Ketter, T. A., Weisler, R. H., Cutler, A. J., McCoy, R., Wilson, E., & Mullen, J. (2005). A randomized, double-blind, placebo-controlled trial of quetiapine in the treatment of bipolar I or II depression. *American Journal of Psychiatry, 162*, 1351–1360.

Calabrese, J. R., Shelton, M. D., Rapport, D. J., Youngstrom, E. A., Jackson, K., Bilali, S., Ganocy, S. J., & Findling, R. L. (2005). A 20-month, double-blind, maintenance trial of lithium versus divalproex in rapid-cycling bipolar disorder. *American Journal of Psychiatry, 162*, 2152–2161.

Campbell, M., Fish, B., Korein, J., Shapiro, T., Collins, P., & Koh, C. (1972). Lithium and chlorpromazine: a controlled crossover study of hyperactive severely disturbed young children. *Journal of Autism and Child Schizophrenia, 2*, 234–263.

Campbell, M., Small, A. M., Green, W. H., Jennings, S. J., Perry, R., Bennett, W. G.,

& Anderson, L. (1984). Behavioral efficacy of haloperidol and lithium carbonate. A comparison inhospitalized aggressive children with conduct disorder. *Archives of General Psychiatry, 41,* 650–656.

Carandang, C. G., Maxwell, D. J., Robbins, D. R., & Oesterheld, J. R. (2003). Lamotrigine in adolescent mood disorders. *Journal of the American Academy of Child Adolescent Psychiatry, 42,* 750–751.

Carlson, G. A. (1979). Affective psychoses in mental retardates. *Psychiatric Clinics of North America, 2,* 499–510.

Carlson, G. A. (2005). Early onset bipolar disorder: Clinical and research considerations. *Journal of Clinical Child and Adolescent Psychology, 34,* 333–343.

Carlson, G. A., & Meyer, S. E. (2006). Diagnosis of bipolar disorder across the lifespan: complexities and developmental issues. *Developmental Psychopathology, 18,* 939–969.

Carlson, G. A., & Meyer, S. E. (2006). Diagnosis of bipolar disorder across the lifespan: complexities and developmental issues. *Developmental Psychopathology, 18,* 939–969.

Carlson, G. A., & Mick, E. (2003). Drug-induced disinhibition in psychiatrically hospitalized children. *Journal of Child and Adolescent Psychopharmacology, 13,* 153–164.

Carlson, G. A., & Strober, M. (1978). Manic-depressive illness in early adolescence. A study of clinical and diagnostic characteristics in six cases. *Journal of the American Academy of Child Psychiatry, 17,* 138–153.

Casey, D. E., Haupt, D. W., Newcomer, J. W., Henderson, D. C., Sernyak, M. J., & Davidson, M. (2004). Antipsychotic-induced weight gain and metabolic abnormalities: implications for increased mortality in patients with schizophrenia. *Journal of Clinical Psychiatry, 65,* 4–18.

Chang, K., Saxena, K., & Howe, M. (2006).An open-label study of lamotrigine adjunct or monotherapy for the treatment of adolescents with bipolar depression. *Journal of the American Academy of Child and Adolescent Psychiatry,45,* 298–304.

Correll, C. U., Lencz, T., Smith, C. W., Auther, A. M., Nakayama, E, Y., Hovey, L., Olsen, R., Shah, M., Foley, C., Cornblatt, B. A. (2005) Prospective study of adolescents with subsyndromal psychosis: characteristics and outcome. *J Child Adolesc Psychopharmacol, 15*(3):418–433.

Corson, A. H., Barkenbus, J. E., Posey, D. J., Stigler, K. A., & McDougle, C. J. A retrospective analysis of quetiapine in the treatment of pervasive developmental disorders. *Journal of Clinical Psychiatry, 65,* 1531–1536.

Damore, J., Stine, J., & Brody, L. (1998). Medication-induced hypomania in Asperger's disorder. *Journal of the American Academy of Child and Adolescent Psychiatry, 37,* 248–249.

DeJong, S. & Frazier, J. A. (2002). Bipolar disorder in children with pervasive developmental disorder. In B. Geller & M. P. DelBello (Eds.), *Bipolar Disorder in Childhood and Early Adolescence* (51–75). New York: Guildford Press.

Dostal, T., & Zvolsky, P. (1970). Antiagressive effects of lithium salts in severe mentally retarded adolescents. *International Pharmacopsychiatry, 5,* 203–207.

Elliott, R. L. (1986). Lithium treatment and cognitive changes in two mentally retarded patients. *Journal of Nerve and Mental Disorders, 174,* 689–692.

Faraone, S. V., Biederman, J., Wozniak, J., Mundy, E., Mennin, D., & O'Donnell, D. (1997). Is comorbidity a marker for Juvenile-onset mania? *Journal of the American Academy of Child and Adolescent Psychiatry, 36,* 1046–1055.

Frazier, J. A., Doyle, R., Chiu, S., & Coyle, J. T. (2002). Treating a child with Asperger's disorder and comorbid bipolar disorder. *American Journal of Psychiatry, 159,* 13–21.

Frazier J. A. & Jackson J. A. (2008). Atypical Antipsychotics in the Treatment of Early Onset Bipolar Disorder, In: B. Geller & M. Delbello (Eds). *Treating Child and Adolescent Bipolar Disorder,* pp. 69–108.

Friedman, D. L., Kastner, T., Plummer, A. T., Ruiz, M. Q., & Henning, D. (1992). Adverse behavioral effects in individuals with mental retardation and mood disorders treated with carbamazepine. *American Journal of Mental Retardation, 96*, 541–546.

Fukuda, K., Etoh, T., & Okuma, T. (1986). Affective disorders in mentally retarded adolescents—Report of two cases with lithium treatment. *Japanese Journal of Psychiatry and Neurology, 40*, 551–557.

Geller, B., Cooper, T. B., Zimerman, B., Frazier, J., Williams, M., Heath, J., Warner, K. (1998). Lithium for prepubertal depressed children with family history predictors of future bipolarity: a double-blind, placebo-controlled study. *J Affect Disord, 51*(2), 165–175.

Ghaemi, S. N., Hsu, D. J., Soldani, F., & Goodwin, F. K. (2003). Antidepressants in bipolar disorder: The case for caution. *Bipolar Disorders, 5*, 421–433.

Ghaziuddin, N., Kutcher, S.P., & Knapp, P. (2004). American Academy of Child and Adolescent Psychiatry Work Group on Quality Issues. Summary of the practice parameter for the use of electroconvulsive therapy with adolescents. *Journal of the American Academy of Child and Adolescent Psychiatry, 43*, 119–122.

Glovinski, I. (2002). A brief history of childhood-onset bipolar disorder through 1980. *Child and Adolescent Psychiatric Clinics of North America, 11*, 443–460.

Glue, P. (1989). Rapid cycling affective disorders in the mentally retarded. *Biological Psychiatry, 26*(3), 250–256.

Goetzl, U., Grunberg, F., & Berkowitz, B. (1977). Lithium carbonate in the management of hyperactive aggressive behavior of the mentally retarded. *Comprehensive Psychiatry, 18*, 599–606.

Goldberg, J. F. (2003). When do antidepressants worsen the course of bipolar disorder? *Journal of Psychiatric Practice, 9*, 181–194.

Goodwin, G. M., Bowden, C. L., Calabrese, J. R., Gunze, H., Kasper, S., White, R., Greene, P., & Ledbetter, R. (2004). A pooled analysis of 2 placebo-controlled 18 month trials of lamotrigine and lithium maintenance in bipolar I disorder. *Journal of Clinical Psychiatry, 65*, 431–441.

Gram, L. F., & Rafaelsen, O. J. (1972). Lithium treatment of psychotic children and adolescents. A controlled clinical trial. *Acta Psychiatrica Scandinavica, 48*, 253.

Gutkovich, Z. A., Carlson, G. A., Carlson, H. E., Coffey, B., & Wieland, N. (2007). Asperger's disorder and co-morbid bipolar disorder: Diagnostic and treatment challenges. *Journal of Child and Adolescent Psychopharmacology, 17*, 247–256

Guze, B.H., Weinman, B., & Diamond, R.P. (1987). Use of ECT to treat bipolar depression in a mental retardate with cerebral palsy. *Convulsive Therapy, 3*, 60–64.

Hammad, T. A. (2004). Relationship between psychotropic drugs and pediatric suicidality. *Report to U.S. Food & Drug Administration, August 16*.

Hammad, T. A., Laughren, T. P., & Racoosin, J. A. (2006). Suicide rates in short-term randomized controlled trials of newer antidepressants. *Journal of Clinical Psychopharmacology, 26*, 203–207

Hardan, A. Y., Jou, R. J., & Handen, B. L. (2005). Retrospective study of quetiapine in children and adolescents with pervasive developmental disorders. *Journal of Autism and Developmental Disorders, 35*, 387–391.

Hasan, M. K., & Mooney, R. P. (1979). Three cases of manic-depressive illness in mentally retarded adults. *American Journal of Psychiatry, 136*, 1069–1071.

Hellings, J. A. (2006). Much improved outcome with gabapentin-divalproex combination in adults with bipolar disorders and developmental disabilities. *Journal of Clinical Psychopharmacology, 26*, 344–346.

Hellings, J. A., Weckbaugh, M., Nickel, E. J., Cain, S. E., Zarcone, J. R., Reese, R. M., Hall, S., Ermer, D. J., Tsai, L. Y., Schroeder, S. R., & Cook, E. H. (2005). A double-blind, placebo-controlled study of valproate for aggression in youth with pervasive developmental disorders. *Journal of Child and Adolescent Psychopharmacology, 15*, 682–692.

Hollander, E., Dolgoff-Kaspar, R., Cartwright, C., Rawitt, R., & Novotny, S. (2001). An open trial of divalproex sodium in autism spectrum disorders. *Journal of Clinical Psychiatry, 62*, 530–534.

Isojarvi, J., Laatikainen, T. J., Pakarinen, A. J., Juntunen, K., & Myllyla, V. V. (1993). Polycystic ovaries and hyperandrogenism in women taking valproate for epilepsy. *New England Journal of Medicine, 329*, 1383–1388.

Kafantaris,V., Coletti, D. J., Dicker, R., Padula, G., & Kane, J. M. (2001). Adjunctive antipsychotic treatment of adolescents with bipolar psychosis. *Journal of the American Academy of Child and Adolescent Psychiatry, 40*, 1448–1456.

Kastner, T., Finesmith, R., & Walsh, K. (1993). Long-term administration of valproic acid in the treatment of affective symptoms in people with mental retardation. *Journal of Clinical Psychopharmacology, 13*, 448–451.

Kastner, T., & Friedman D. L. (1992). Verapamil and valproic acid treatment of prolonged mania. *Journal of the American Academy of Child and Adolescent Psychiatry, 31*, 271–275.

Kastner, T., Friedman, D. L., Plummer, A. T., Ruiz, M. Q., & Henning, D. (1990). Valproic acid f or the treatment of children with mental retardation and mood symptomatology. *Pediatrics, 86*, 467–472.

Kelly, J. T., Koch, M., & Buegel, D. (1976). Lithium carbonate in juvenile manic- depressive illness. *Diseases of the Nervous System, 37*, 90–92.

Kerbeshian, J., Burd, L., & Fisher, W. (1987). Lithium carbonate in the treatment of two patients with infantile autism and atypical bipolar symptomatology. *Journal of Clinical Psychopharmacology, 7*, 401–405.

Ketter T. A., Wang P. W., Nowakowska C., & Marsh W. K. (2004). *New medication treatment options for bipolar disorders. Acta Psychiatr Scand Suppl, 422*, 18–33.

King, R., Fay, G., & Croghan, P. (2000). Rapid cycling bipolar disorder in individuals with developmental disabilities. *Mental Retardation, 38*, 253–261.

Klein, D. J., Cottingham, E. M., Sorter, M., Barton, B. A. & Morrison, J. A. (2006). A randomized, double-blind, placebo-controlled trial of metformin treatment of weight gain associated with initiation of atypical antipsychotic therapy in children and adolescents. *American Journal of Psychiatry, 163*, 2072–2079.

Komoto, J., Usui, S., & Hirata, J. (1984). Infantile autism and affective disorder. *Journal of Autism and Developmental Disorders, 14*, 81–84.

Kowatch, R. A., Fristad, M., Birmaher, B., Wagner, K. D., & Findling, R. (2005). Treatment guidelines for children and adolescents with bipolar disorder. *Journal of the American Academy of Child and Adolescent Psychiatry, 44*, 213–235.

Kusumakar, V., & Yatham, L. N. (1997). An open study of lamotrigine in refractory bipolar depression. *Psychiatry Research, 72*, 145–148.

Leibenluft, E., Charney, D. S., Towbin, K. E., Bhangoo, R. K., & Pine, D. S. (2003). Defining clinical phenotypes of juvenile mania. *American Journal of Psychiatry, 160*, 430–437.

Lowry, M. A. (1993). Behavioral psychology update: A clear link between problem behaviors and mood disorders, *The Habilitative Mental Healthcare Newsletter, 12*, 105–110.

Malone, R. P., Delaney, M. A., Luebbert, J. F., Cater, J., & Campbell, M. (2000). A double-blind placebo-controlled study of lithium in hospitalized aggressive children and adolescents with conduct disorder. *Archives of General Psychiatry, 57*, 649–654.

Maruta, K. (2003). Lithium intoxication in a patient with severe motor and intellectual disabilities. *No To Hattatsu,35*, 422–425.

McClellan, J. (2005). Commentary: treatment guidelines for child and adolescent bipolar disorder. *Journal of the American Academy of Child and Adolescent Psychiatry, 44*, 236–239.

McClellan, J., Kowatch, R., & Findling, R. L. (2007). Work Group on Quality Issues. Practice parameter for the assessment and treatment of children and adolescents with bipolar disorder. *Journal of the American Academy of Child and Adolescent*

Psychiatry, 46, 107–125.

McCracken, J.T., & Diamond, R.P. (1988). Bipolar disorder in mentally retarded adolescents. Journal of American Academy of Child and Adolescent Psychiatry, 27, 494–499.

McCracken, J. T., McGough, J., Shah, B., Cronin, P., Hong, D., Aman, M. G., Arnold, L. E., Lindsay, R., Nash, P., Hollway, J., McDougle, C. J., Posey, D., Swiezy, N., Kohn, A., Scahill, L., Martin, A., Koenig, K., Volkmar, F., Carroll, D., Lancor, A., Tierney, E., Ghuman, J., Gonzalez, N. M., Grados, M., Vitiello, B., Ritz, L., Davies, M., Robinson, J., McMahon, D. (2002). Research units on pediatric psychopharmacology autism network. Risperidone in children with autism and serious behavioral problems. New England Journal of Medicine, 347, 314–321.

Messenheimer, J. (2002). Efficacy and safety of lamotrigine in pediatric patients. Journal of Child Neurology, Suppl 2, 2S34–2S42.

Naylor, G. J., Donald, J. M., Le Poidevin, D., & Reid, A. H. (1974). A double-blind trial of long-term lithium therapy in mental defectives. British Journal of Psychiatry, 124, 52–57.

Pande, A. C., Crockatt, J. G., Janney, C. A., Werth, J. L., & Tsaroucha, G. (2000). Gabapentin in bipolar disorder: a placebo-controlled trial of adjunctive therapy. Gabapentin Bipolar Disorder Study Group. Bipolar Disorders 2 (3 Pt 2), 249–255.

Pary, R. (1991). Side effects during lithium treatment for psychiatric disorders in adults with mental retardation. American Journal on Mental Retardation, 96, 269–73.

Pavuluri, M. N., Henry, D. B., Devenini, B., Carbray, J. A., Naylor, M. W., & Janicak, P. G. (2004). A pharmacotherapy algorithm for stabilization and maintenance in bipolar disorder. Journal of the American Academy of Child and Adolescent Psychiatry, 43, 859–867.

Poznanski, E. O., Grossman, J. A., Buchsbaum, Y., Banegas, M., Freeman, L., & Gibbons, R. (1984). Preliminary studies of the reliability and validity of the children's depression rating scale. Journal of the American Academy of Child Psychiatry, 23, 191–197.

Reid, A. H., Naylor, G. J., & Kay, D. S. (1981). A double-blind, placebo controlled, crossover trial of carbAmericanazepine in overactive, severely mentally handicapped patients. Psychological Medicine, 11(1), 109–113.

Reinblatt, S. P., Rifkin, A., & Freeman, J. (2004). The efficacy of ECT in adults with mental retardation experiencing psychiatric disorders. Journal of ECT, 20, 208–212.

Ruedrich, S. (1993). Bipolar mood disorders in persons with mental retardation: Assessment and diagnosis. In R. J. Fletcher & A. Dosen, (Eds.), Mental health aspects of mental retardation: Progress in assessment and treatment (pp. 111–129). New York: Lexington Books.

Ryan, N. D., Meyer, V, Dachille, S, Mazzie, D, & Puig-Antich, J. (1988). Lithium antidepressant augmentation in TCA-refractory depression in adolescents. Journal of the American Academy of Child and Adolescent Psychiatry, 27, 371– 376.

Sachs, G. S., Nierenberg, A. A., Calabrese, J. R., Marangell, L. B., Wisniewski, S. R., Gyulai, L., Friedman, E. S., Bowden, C. L., Fossey, M. D., Ostacher, M. J., Ketter, T. A., Patel, J., Hauser, P., Rapport, D., Martinez, J. M., Allen, M. H., Miklowitz, D. J., Otto, M. W., Dennehy, E. B., & Thase, M. E. (2007). Effectiveness of adjunctive antidepressant treatment for bipolar depression. New England Journal of Medicine, 356, 1711–1722.

Safer, D. J. & Zito, J. M. (2006). Treatment-emergent adverse events from selective serotonin reuptake inhibitors by age group: Children versus adolescents. Journal of Child and Adolescent Psychopharmacology, 16, 159–169.

Sovner, R. (1986). Limiting factors in the use of DSM–III criteria with mentally ill/mentally retarded persons. Psychopharmacology Bulletin, 22, 1055–1059. Handbook (179–200). OH: The Ohio State University.

Sovner, R. (1989). The use of valproate in the treatment of mentally retarded persons with typical and atypical bipolar disorders. Journal of Clinical Psychiatry, 50, 40–43.

Sovner, R. (1991). Divalproex-responsive rapid cycling bipolar disorder in a patient with Down's syndrome: implications for the Down's syndrome-mania hypothesis. Journal of Mental Deficiency Research, 35, 171–173.

Sovner, R., & Hurley, A. (1981). The management of chronic behavior disorders in mentally retarded adults with lithium carbonate. *Journal of Nerve and Mental Disorders, 169,* 191–195.

Sovner, R., Pary, R. J., Dosen, A., Gedye, A., Barrera, F. J., Cantwell, D. P. & Huessy, H. R. (1998). Antidepressant drugs. In S. Reiss & M. G. Aman (Eds), *Psychotropic Medications and Developmental Disabilities: The International Consensus Columbus, OH: The Ohio State University Nisonger Center,* pp.179–200.

Steingard, R., & Biederman, J. (1987). Lithium responsive manic-like symptoms in two individuals with autism and mental retardation. *Journal of the American Academy of Child and Adolescent Psychiatry, 26,* 932–935.

Strober, M., Freeman, R., Rigali, J., Schmidt, S., & Diamond, R. (1992). The pharmacotherapy of depressive illness in adolescence: II. Effects of lithium augmentation in nonresponders to imipramine. *Journal of the American Academy of Child and Adolescent Psychiatry, 31,* 16–20.

Suppes, T., Baldessarini, R. J., & Faedda, G. L. (1991). Risk of recurrence following discontinuation of lithium in bipolar disorder. *Archives of General Psychiatry, 48,* 1082–1088.

Thuppal, M., & Fink, M. (1999). Electroconvulsive therapy and mental retardation. *Journal of ECT, 15,* 140–149.

Tillman, R., Geller, B., Bolhofner, K., Craney, J.L. Williams, M., & Zimerman, B. (2003). Ages of onset and rates of syndromal and subsyndromal comorbid DSM–IV diagnoses in a prepupbertal and early adolescent bipolar disorder phenotype. *Journal of the American Academy of Child and Adolescent Psychiatry, 42,* 1486–1493.

Tohen, M., Vieta, E., Calabrese, J., Ketter, T. A., Sachs, G., Bowden, C., Mitchell, P. B., Centorrino, F., Risser, R., Baker, R. W., Evans, A.R., Beymer, K., Dube, S., Tollefson, G. D., & Breier, A. (2003). Efficacy of olanzapine and olanzapine- fluoxetine combination in the treatment of bipolar I depression. *Archives of General Psychiatry, 60,* 1079–1088.

Towbin, K. E., Pradella, A., Gorrindo, T., Pine, D., & Leibenluft, E. (2005). Autism spectrum traits in children with mood and anxiety disorders. *Journal of Child and Adolescent Psychopharmacology, 15,* 452–464.

Turgay, A., Binder, C., Snyder, R., & Fisman, S. (2002). Long-term safety and efficacy of risperidone for the treatment of disruptive behavior disorders in children with subaverage IQs. *Pediatrics, 110,* e34.

Vanstraelen, M., & Tyrer, S. P. (1999). Rapid cycling bipolar affective disorder in people with intellectual disability: A systematic review. *Journal of Intellect Disability Research, 43(Pt 5),* 349–359.

Whittier, M. C., West, S. A., Galli, V. B., & Raute, N. J. (1995). Valproic acid for dysphoric mania in a mentally retarded adolescent. *Journal of Clinical Psychiatry, 56,* 590–591.

Wozniak, J., Biederman, J., Faraone, S. V., Frazier, J., Kim, J., Millstein, R., Gershon, J., Thornell, A., Cha, K., & Snyder, J. B. (1997). Mania in children with pervasive developmental disorder revisited. *Journal of the American Academy of Child and Adolescent Psychiatry, 36,* 1552–1559.

Young, R. C., Biggs, J. T., Ziegler, V. E., & Meyer, D. A. (1978). A rating scale for mania: reliability, validity and sensitivity. *British Journal of Psychiatry, 133,* 429–435.

제10장

자폐스펙트럼장애의 치료

MARY JANE WEISS, KATE FISKE, and SUZANNAH FERRAIOLI[31]

소개

이 장에서는 자폐스펙트럼장애(ASD : Autism Spectrum Disorders)에 대한 치료 개관을 기술하였다. 여기에는 자폐증 치료에서 겪는 흥미로운 부분과 혼란스러운 부분을 모두 다루었다. 즉, 조기 진단은 좀 더 집중적이고 효과적인 초기 치료 중재를 지속시킬 수 있고, 통계상 자폐증의 유병률 추정치에서 자폐증 발병률이 증가하고 있다고 보고하기 때문에 여러 가지 효과적인 치료가 필요하다. 그래서 환자들은 수많은 치료 중에서 선택하는 어려움에 직면하였고, 다양한 시각과 훈련을 통한 전문가의 의견과 요구를 조정하는 것 역시 어려운 실정이다.

이 장에서 우리는 자폐증에 대한 행동분석 중재의 효과성에 관한 증거와 비행동분석 중재에 관한 증거를 살펴볼 것이다. 또한 아스퍼거증후군이 있는 사람을 대상으로 진행한 연구에 관해 설명하고, 자폐스펙트럼장애가 있는 사람을 대상으로 효과적인 행동 중재 계획을 개발하기 위해 기능 사정 평가 절차의 적용 및 적합성에 대해 논의할 것이다. 또한 조기 진단에 관한 정보와 사회 기술 중재를 다룸으로써 치료의 새로운 방향을 강조하였다.

31. MARY JANE WEISS, KATE FISKE, and SUZANNAH FERRAIOLI*Rutgers, The State of New Jersey

자폐스펙트럼장애 : 개요

가장 보편적으로 받아들여지는 자폐증의 기준은 DSM-Ⅳ-TR에 제시되어 있다(DSM-Ⅳ-TR; American Psychiatric Association, 2000). 이 자료에 따르면, 자폐를 세 가지 주요 특징으로 정의한다. 즉, 상호호혜적인 사회적 상호작용의 질적 장애, 언어 및 비언어적 의사소통과 상상력의 질적 장애, 그리고 행동·활동·관심이 현저하게 제한적이고 반복적인 레퍼토리로 나타나는 것이다.

그러나 이 세 가지 특징이 표출되는 방법은 극히 다르다. 자폐증인 몇몇 사람은 냉담하고 사회적으로 무관심한 특징을 지닌 반면, 또 다른 사람은 애정적이며 타인과 상호작용을 시도하려는 모습을 보이기도 한다. 또한 어떤 사람은 말하는 능력이 부족하고, 또 다른 사람은 간단하게 언어 모방이나 언어 표현을 함으로써 의사소통을 하기도 한다. 물론 언어를 잘 사용하더라도 여전히 언어 사용에 특이한 점이 있거나 대화의 전체적 맥락을 파악하여 중요한 부분을 표현하는 것을 어려워한다. 예를 들어, 자신이 원하는 물건을 단순하게 요구할 뿐 대화할 수 있는 것은 아니거나, 특정 관심 분야에 관한 주제만 대화할 수 있다. 흔들거나 회전하는 것 같은 제한된 행동과 흥미는 그것 자체로 전형적인 자폐적 특징을 보여 주며, 인형 줄 세우기, 기계적인 순서 고집하기, 또는 하나의 대상이나 주제에 집착하는 행동으로 나타날 수도 있다.

통계적으로 자폐 아동의 75%가 발달지체를 보인다(APA, 2000). 또한 이런 아동이 불균형적인 발달을 보이는 경향이 있다는 많은 증거가 있다. 자폐가 있는 사람의 약 90%는 행동장애를 동반하며, 적어도 10~20%는 공격성과 자해 같은 심각한 행동을 보인다(Lovaas, 1987; Smith, McAdam, & Napolitano, 2007).

DSM-Ⅳ-TR(APA, 2000)에서는 자폐와 다른 광범위성 발달장애를 레트장애, 소아기 붕괴성 장애, 아스퍼거 장애, 그리고 달리 분류되지 않는 광범위성 발달장애(PDD-NOS)로 분류하였다. 레트장애는 퇴행성 장애로 여아에게서 발생하며, 자폐와 비교하여 그 과정과 예후가 다르기 때문에 분류되었다. 소아기 붕괴성 장애는 드물고, 잘 정의되어 있지 않다(Mouridsen, 2003).

아스퍼거 장애에 대한 최근 진단목록에서 가장 중요한 부분은 비언어적 의사소통과 인지적·언어적 기능의 발달지연이 없는데 사회적 상호작용에 손상이 있다는 것이다(APA, 2000). 아스퍼거 장애가 있는 사람은 의사소통과 상호작용 시 상호적인 대화 능력 부족, 비유와 추상적 개념의 언어 이해에 대한 어려움, 타인과 진실한 상호적 교감 발달을 방해하는 특별한 관심에 대한 집착과 같은 다양한 어려움을 겪는다. 일반적으로 달리 분류되지 않는 광범위성 발달장애로 분류되는 사람은 자폐의 특성을 보이지만, 자폐장애에 대한 완전한 진단 기준을 만족하지는 않는다.

최근 많은 임상가와 연구자는 자폐, 달리 분류되지 않는 광범위성 발달장애, 아스퍼거 장애에 대해 논의하고 있다. 이런 그룹 간에 특징지을 명백한 기준이 아직은 없고, 같은 장애가 연속선상에서 나타나는 것으로 보기도 하지만, 수준의 심각성에 따라 본질적으로 다를 수 있다(Wing, 1988). 그래서 우리는 이 장의 나머지 부분에서는 자폐스펙트럼장애(ASDs)로 언급하였다.

자폐스펙트럼장애의 행동 치료

자폐 아동에 대한 행동분석 치료는 1960년대부터 시작되었다. Ferster와 DeMyer(1962)는 행동원리가 자폐가 있는 아동의 적절한 행동을 증가시키는 데 사용될 수 있음을 처음으로 입증하였다. 그 당시, 자폐는 근본적으로 바뀔 수 없는 것으로 인식되었기 때문에 이것은 근본적인 개념이었다. 이후 수년 동안 행동적 중재는 기능을 향상시키는 데 효과적이고 저항행동을 감소시킨다고 입증하였다(예 : Lovaas, Freitag, Gold, & Kassorla, 1965). 응용행동분석(ABA)이 기능을 향상시키고 결점을 치료하는 데 매우 효과적이었다.

응용행동분석은 자폐 아동의 학습 능력과 행동 변화 능력을 확인함으로써, 자폐 아동이 배우는 데 어떤 특정 과정이 다른 방법보다 더 도움이 되는지 파악할 수 있게 한다(예 : Lovaas, Schreibman, Koegel, & Rehm, 1971). 특히 자폐 아동의 옳은 반응에 즉각 강화, 반복과 연습, 간결한 가르침과 같은 형식으로 가르치는 것이 효과적이라는 것이 명백해졌다.

불연속 개별 시도 훈련

불연속 개별 시도 훈련(DTT)은 연속적인 훈련과 반복을 통해 자폐 학생이 다양한 기능을 습득하도록 돕는다(Lovaas, 1981; Lovaas, Koegel, Simmons, & Long, 1973; Smith, 1993). 이 훈련은 구조적으로 형식화된 내용 안에서 포괄적인 핵심 기술의 다양성을 가르치는 데 효과적이다. 효과적으로 활용하기 위한 요소에는 오류가 없는 식별 학습 방법(예 : Etzel & LeBlanc, 1979; Lancioni & Smeets, 1986; Terrace, 1963; Touchette & Howard, 1984)과 과제의 다양성, 분배 등이 있다(예 : Dunlap, 1984; Mace et al., 1988; Winterling, Dunlap, & O'Neill, 1987; Zarcone, Iwata, Hughes, & Vollmer, 1993). 이러한 계획은 동일한 목표 시도와 반복되는 오류를 인정하는 절차를 사용한 몇몇 역사적인 불연속 개별 시도 훈련의 적용으로부터 파생되었다. 최근 DTT의 임상에서는 오류를 막고 예방하는 것과 더불어, 새롭고 숙달된 것을 혼합하여 적용한다. DTT는 자폐스펙트럼장애 아동에게 광범위하고 다양한 기술을 가르치는 데 매우 유용하며, 최근에 자연 접근법 이상으로 강조되면서 그 유용성이 더욱 확실해졌다. 불연속 개별 시도 훈련은 반복을 요구하는 교육 기술, 본질적으로 동기 부여를 하지 않는 교육 기술과 요령, 모방, 그리고 수용적 기능의 확고한 레퍼토리를 만드는 것과 조화를 이룬다(예 : Sundberg & Partington, 1998; 1999).

이와 더불어, DTT를 일상생활에 효과적으로 일반화하기 위한 전략으로 활용한다면 더욱 효과적일 것이다(Smith, McAdam, & Napolitano, 2007; Stokes & Baer, 1977). 교육이 환경과 어우러지고 부모와 친구가 훈련에 참여하며, 불연속 개별 시도 교육이 자연 접근법보다 다른 접근법과 함께 결합되어 사용될 때 가르침의 효과는 더 크다.

자연 교육법[32]

지난 25년 동안 응용행동분석에서는 발달에 중점을 두어 자폐가 있는 학습자의 요구에 맞는 자연주의 교육방법론을 적용하는 것에 관심을 두었다. 이 접근에서 가장 오랫동안 많이 연구된 것은 우연 교수법(incidental teaching)[33]이다. 우연 교수법은 개인이 특정 물건이나 주제에 대한 흥미를 처음 나타낸 이후 정교한 반응을 수렴하는 것을 강조한다. 우연 교수법은 초기 기술과 다양한 언어적 대화 기능을 만드는 데 매우 효과적인 교육법이라고 밝혀졌다(예 : Farmer-Dougan, 1994; McGee, Krantz, & McClannahan, 1985, 1986). 아마도 가장 중요한 것은 우연 교수법의 절차가 DTT와 비교했을 때 실질적으로 일반화의 이점을 가지고 있다는 점이다(McGee et al., 1985). DTT의 강점이 반응을 만들어 내는 데 있기 때문에 이러한 점은 상당한 장점이라고 할 수 있다. 그러나 DTT는 기술을 시작하고 일반화를 촉진할 때 부가적인 훈련 없이는 다소 어려울 수 있다.

우연 교수법에서 교사는 학습자의 흥미를 이끌어 내기 위해 필요한 환경을 조성한다. 그러면 학습자는 특별한 물품 또는 주제에 대해서 대화하거나 이를 요구하기 시작한다. 교사는 그 행동의 시작에 대한 노고를 격려하고, 더욱 상세한 의사소통을 함으로써 학습자는 결과적으로 자신이 원하는 물품을 직접 얻을 수 있다(Fenske, Krantz, & McClannahan, 2001). DTT 접근법보다 우연적 접근법의 가장 큰 이점 중 하나는 학습자가 교육적 상호작용을 주도한다는 것이다. 학습자의 흥미는 교육 기회를 만들 수 있다(Fenskeet et al., 2001). 우연 교수법은 시작과 자발성, 그리고 복잡한 상호작용을 증가시키기 위한 가장 훌륭한 방법이다.

응용행동분석에 포함된 또 다른 자연방법론은 학습자의 흥미를 강조한다. 중심축 반응 훈련

---

32. 자연의 질서와 법칙에 따른 교육이다.
33. 우연한 상황 또는 학습자가 우연히 어떤 상황이 발생하였다고 생각하는 것을 이용하여 목표로 하는 교육 효과가 일어나도록 하는 교수법이다.

(PRT)[34]과 자연적 언어 패러다임(NLP)[35]은 동기요소와 높은 흥미를 활용하고, 자연적 상황에서 교육하는 것을 중시한다. 그리고 언어의 결핍된 부분을 목표로 하여 아동의 흥미를 이용한다(Koegel & Koegel, 2005; Koegel, Koegel, & Surrat, 1992; Koegel, O'Dell, & Koegel, 1987; Laski, Charlop, & Schreibman, 1988).

중심축 반응 훈련과 자연적 언어 패러다임에서처럼 자연환경 훈련(NET : natural environment training; Sundberg & Partington, 1998)에서도 내재적 동기요소의 사용과 이러한 요소가 아동의 언어교육을 주도한다는 점에 중점을 두었다. 한편, 자연적 환경 훈련도 언어교육 안내를 위해 스키너의 언어적 행동언어 분류법 체계(Skinner's Verbal Behavior language classification system)를 사용하였다(Skinner, 1957). 이 분류법 체계를 통해 포괄적인 언어의 기능 범위를 이해할 수 있다. Sundberg와 Partington은 요구하기 기술(manding/requesting skills)을 목표로 정하는 것이 반응 시작단계에서 매우 중요하다고 강조하였다. 다른 행동분석법에서도 스키너의 분류법 체계를 활용하여 상호작용 기술 개발에 좋은 결과를 보고하였다. 예를 들어, 그림 교환 의사소통 체계(PECS : Picture Exchange Communication System)인데(Frost & Bendy, 2002), 이는 그림 표상의 교환을 통해 의사소통을 하기 위한 방법으로, 자폐가 있는 사람에게 타인과 상호작용하는 것을 가르치는 것이다. PECS를 통해 기능적 의사소통이 증가하고 문제행동이 감소하였다고 보고하였다(Charlop-Christy, Carpenter, Le, LeBlanc, & Kellet, 2002; Bondy, Tincani & Frost, 2004).

우연 교수법과 같은 불연속 개별 시도 훈련과 자연적 방법은 자폐스펙트럼장애에서 나타나는 여러 가지 결손을 목표로 한다. 각각의 방법론은 서로 다른 이점과 독특한 적용방식이 있다. 불연속 개별 시도 훈련이 넓고 다양한 기술교육에 효율적이고 효과적일지라도 일반화 훈련 과정을 항상 추가해야 할 필요가 있다. 반응성은 불연속 개별 시도 훈련에서 극적으로 향상되지만, 초기 기술, 요구하기, 대화와 같은 부분은 자연적 방법을 통해서 배우는 것이 더 나을 수 있다.

결과자료

지금까지 행동분석 중재를 통한 수많은 종단연구 결과가 게재되었다. 그 연구 중 가장 잘 알려진 연구는 Lovaas(1987)가 2년 이상의 기간 동안 일주일에 40시간 치료 중재를 받은 4세 이하 아동

---

34. PRT의 주요 목표는 광대한 수의 행동들을 목표로 정하고 자폐가 있는 아동에게 자연적이고 총괄적인 상황에서의 의미 있는 삶을 영위할 기회를 제공함으로써, 전형적인 발달 귀도를 향해 자폐증 아동을 움직이는 것이다.
35. 자연적 언어 패러다임은 아동의 언어 사용 기회를 지원하고 증가시키기 위해 아동의 환경을 구성하는 것이다.

집단과 치료 중재를 거의 받지 않았거나, 받지 않은 아동집단을 비교한 것이다. 집중적인 치료 중재를 받은 집단의 아동 중 절반 정도는 보조지원이 없는 정규 교육반에 들어갈 수 있었고 IQ도 정상 범주까지 이르렀다. 다른 연구자들은 초기 집중 행동 중재를 받은 아동에게서 유의한 수준의 결과가 나왔다고 보고하였다(예 : Green, Brennan, & Fein, 2002; Smith, 1999). 그리고 효과적인 요소, 중재 수준의 정도, 결과에 영향을 주는 변수에 대해 완전히 이해하기 위해서 좀 더 많은 연구가 진행되어야 한다. 또한 결과는 아직 변수이며, 결과에 대한 믿을 만한 예측 요인 역시 확실하게 확인되지 않았다.

다른 방향

최근에 자폐의 행동분석 치료는 유창성을 성취하기 위해 비율 수립(rate-building)의 구성요소를 통합하기 시작하였다. 유창성이란 정확하고, 신속하게, 주저하지 않는 반응으로 정의한다(Binder, 1996; Dougherty, Johnston, 1996). 정밀한 교육(PT : precision teaching)은 유창성을 목표로 하며, 이는 수년 동안 응용행동분석 교육 훈련의 한 분야로 많은 사람이 도움을 받았다(예 : Lindsley, 1992). 하지만 최근에는 자폐가 있는 학습자를 위한 목표에 중점을 둔다(Fabrizio & Moors, 2003). 비율 수립 과정은 기술을 시연하고 촉진하며 유창성을 얻는 활동으로 구성된다.

비율 수립은 자폐가 있는 학습자의 특정한 장해와 요구에 대해 설명한다. 자폐스펙트럼이 있는 많은 학습자는 운동 비유창성을 보인다. 정확도로 성공을 추정했을 때 그들이 숙달할 수 있다 할지라도, 여전히 업무 수행의 곤란, 비효율성, 느릿느릿함 등이 두드러진다. 더군다나 자폐스펙트럼장애가 있는 사람은 교육 또는 사회적 입문과 시도에 반응을 보이는 데 긴 잠복기가 있다고 하였다. 반응 시기가 느려 기회를 놓칠 수 있으며, 특히 사회적 상황에서는 그럴 소지가 더욱 크다(Weiss, 2001, 2005).

비율 수립 과정은 반응의 비율에 중점을 두어 수행할 수 있도록 지도한다. 연습 회기는 매우 짧은 단기(예 : 10초)부터 시작하고, 점차 수행을 늘리면서 시간이 증가한다.

수행 목표는 일상생활을 안내하는 것이고(Facrizio & Moors, 2003), 표준 촉진 차트(standard celeration chart)에 근거한 촉진선(celeration line)에 따라 결정될 수 있다(또는 좀 더 개별적으로 학습자 자신의 비율에 따라 결정될 수 있다.). 이 과정은 일상을 기저선으로 추적하고 학습자는 이 추적 과정에 적극적으로 참여하는 것이다.

유창성을 달성하는 것은 진정한 숙달을 보여 주는 수많은 학습 결과와 관련이 있다(Binder, 1996; Fabrizio & Moors, 2003; Haughton, 1980; Johnson & Layng, 1992). Johnson과 Layng(1992)은 결과의 안정성, 지속성(연장된 기간에서 행동적인 능력 포함), 적용(광범위하게 일반화하고 연합할 수 있는 기술의 능력), 그리고 보유(주된 기술에 대한 능력)를 강조하였다.

자폐 아동을 위한 거의 모든 교육모델에서는 숙달 정도를 평가하기 위해 비율이 아닌 정확도에만 관심을 두는 반면, 비율 수립에 관한 연구는 유창성을 획득하는 데 초점을 둔다(Fabrizio & Moors, 2003). Fabrizio와 Moors(2003)는 자폐 학생의 교육 목표에서 빈도를 사용하는 것을 제안하였고, 학습자집단의 핵심 기술에 관한 목표 범주를 제공하였다.

비율 수립과 유창성 성취에 대한 이점은 유창성 교육의 결과(안정성, 지속성, 적용, 보유), 비율자료의 추가, 추적할 수 있는 능력, 정확한 반응에서 표적 오류를 분리하는 것이 있다.

이 분야의 연구에서는 비율 수립을 통해서 유창성이 획득되는지 또는 다른 훈련요소로 인해 획득되는지에 관한 논쟁이 지속되고 있다(Doughty, Chase, & O'Shields, 2004). 사실 몇 가지 잠재 변수와 실험 변수가 영향을 끼칠 수 있으며, 여기에는 비율 강화뿐 아니라, 자체적인 수행(연습)의 경험도 포함될 수 있다(Samuels, 2002). 학습자에게 시범을 보여 주는 것과 수행의 기회를 여러 차례 제공하는 것은 학습자의 숙달에 영향을 끼칠 수 있다(Ericsson, Krampe, & Tesch-Romer, 1993). 또한 학습자가 즉각적인 피드백을 받는 것과 여러 차례 시도해 보는 것 역시 그들의 정확성과 속도를 모두 증가시킬 수 있다. 더욱이 비율 수립에서 높은 비율 강화를 활용하는 것은 긍정적인 영향 및 결과를 가져올 수 있다. 마지막으로 비율 수립의 또 다른 이점은 유창성을 획득하게 하는 과정(Binder, 1996)이나 반응의 중요한 질적 측면에 대해 민감한 연구자가 쉽게 추후 추적을 할 수 있다는 점이다.

또 다른 자폐스펙트럼 학습자와 관련된 교육적 접근으로 직접 교수법이 있다. 직접 교수법은 특정 행동적 목표, 원고화된 교수 형식, 자폐스펙트럼 학습자에게 기술을 가르치기 위한 또 다른 응용행동분석 접근 형식에 맞는 자료 중심 결정하기에 중점을 두어 진행된다. 몇 가지 상업적으로 유용한 교육과정은 이 접근법의 구성요소를 활용하여 자폐스펙트럼 학습자에게 기본 기술을 가르치는 방법을 증진시킬 수 있다.

직접 교수법은 언어, 읽기, 수학, 쓰기를 포함한 다양한 교육과정 영역에서 이루어진다. 물론 자폐스펙트럼장애 외의 영역을 대상으로 위와 같은 중재와 연구가 이루어져 왔지만, 자폐스펙트럼 학습자에게도 직접 교수법 과정을 적용할 수 있다. 자폐 아동을 위한 여러 교육과정은 완전하게 교육 기술을 강조하지 않는다. 직접 교수법은 자폐스펙트럼장애 학습자에게 필요한 효과적인 방법이지만, 그들의 요구를 좀 더 효과적으로 다루기 위해서 교사에게 방법론적 매뉴얼을 제공하는 것과 같이 유용한 교육과정의 틀이 필요하다. 한편, 직접 교수법 과정의 몇 가지 요소는 위와 같은 학습자집단의 특성에 맞게 수정되어야 한다.

요약

자폐스펙트럼장애의 치료는 전문가와 공동사회에서 지속적으로 많은 관심을 받으며 이루어지고 있다. 응용행동분석은 자폐와 관련된 결손에 대해 재조정하는데, 그 효과성을 실질적으로 증명한다. 경험적 타당도, 과학적 근거, 결과의 신뢰도에 관해 접근하는 치료는 없으며, 응용행동분석 접근 역시 그렇다.

응용행동분석에서 핵심 기술을 형성하기 위해 불연속 개별 시도 훈련을 사용하며, 최근에는 과제 산재법 절차(task interspersal procedures) 사용하기, 오류가 없는 식별 학습 방법(errorless learning procedures), 내재된 일반화 전략(embedded generalization strategies), 높은 훈련 비율(high rates of instruction)의 활용을 강조한다(Weiss, 2001, 2005). 불연속 개별 시도 훈련은 반응 형성과 광범위하고 다양한 핵심 기술 형성을 효과적으로 유지한다. 또한 다른 결손을 목표로 하는 응용행동분석 과정과 불연속 개별 시도 훈련을 결합해서 사용하는 것이 최고의 방법이다. 우연 교수법과 같은 자연적 응용행동분석 교육과정은 행동의 시작을 증가시키고 일반화하는 데 도움을 줄 수 있다. 비율 수립 과정은 반응 속도의 문제나 잠재적인 반응 문제를 설명할 수 있고, 이는 자연적 환경에서 기능적인 반응의 유용성을 확립하는 데 매우 중요하다. 한편 직접 교수법은 효과적인 훈련 계획, 개별 평가 과정, 원고화된 교수법과 같은 방식으로 이런 집단에 도움을 줄 수 있다. 이러한 모든 과정은 자폐스펙트럼장애 학습자 간의 다양한 프로파일과 특성을 포괄적으로 설명할 수 있는 접근을 돕는다.

비행동적 접근

증거 기반 원칙에 기반한 응용행동분석의 원리는 부모와 전문가에게 가장 매력적인 특성일 수 있다. 하지만 경험적 지지가 부족한 중재의 광범위한 수행에 대해 문서화가 잘 되어 있다(Levy, Mandell, Merhar, Ittenbach, & Pinto-Martin, 2003). Smith와 Wick(2008)은 자료에 따라 처리하는 방식에 대항하는 치료에 대중미디어의 초점이 맞춰지면서, 이러한 변화는 비행동적 접근에 공헌할 수 있다고 제안하였다. 1990년 이래로 미디어에서 대안적 치료라고 보고한 그들의 연구는 100개 이상 수행되었고, 현재는 이런 치료에 대해 중립적 또는 긍정적 시각이 대부분이다. 비록 이 수치는 지난 몇 년간 감소하고 있지만, 자폐 아동을 대상으로 한 효과성의 경험적 증거가 부족한 대안적 치료를 부모가 활용하는 것은 74% 정도로 추정된다(Hanson et al., 2006).

Sally Rogers(1998)는 자폐 아동을 위한 치료 유형을 두 가지로 구분하였다. 첫 번째 유형은 행동적 치료로, 이는 긍정적 증상의 감소(예 : 부적절한 행동)와 같이 자폐와 관련된 확실한 기술 결핍(예 : 사회 기술, 모방, 놀이, 의사소통 등)을 목표로 한다. 두 번째 유형은 전체적으로 심각한 자폐와 관련된 증상을 목표로 한다. 후자가 이 단락에서 흥미를 보이는 부분이다. 따라서 우리는 생물학적, 감각 운동, 그리고 외적-행동적 치료에 대한 다양한 정보를 제공하였다.

생물학적 중재

글루텐과 카세인이 없는 식이요법

자폐 아동에게 나타나는 위장 이상에 대한 다양한 연구와 사례를 통해 글루텐과 카세인이 없는 (GFCF) 식이요법에 대한 이론적 배경이 확립되었다. Panksepp(1979)는 자폐증에서 관찰된 비정상적 행동과 사회적 결핍 유형을 동물의 마취제 과잉과 관련지었다. 더군다나 이 이론적 가정은 자폐가 있는 사람은 글루텐과 카세인의 불충분한 소화 때문에 장에서 펩티드가 분비되어 졸릴 수 있고, 이 때문에 사회적 관계를 제한하고, 부적응행동의 원인이 되는 체계가 형성된다는 것이다('장 누수증후군' 이론; the 'leaky gut' theory). 이와 더불어, 자폐집단에서 아미노산 결핍(Arnold, Hyman, Mooney, & Kirby, 2003)뿐만 아니라, 비뇨의 펩티드 이상의 결과(Knivsberg, Reichelt, Hoien, & Nodland, 2003; Reichelt et al., 1981; Shattock et al., 1990)도 보고되었다.

이름에 걸맞게 GFCF 식이요법은 음식에서 모든 글루텐(밀 제품에서 발견되는 혼합된 단백질)과 카세인(우유 단백질)을 제거하는 것이다. 그리고 식이요법을 하는 사람은 글루텐과 카세인(예 : 플레이도)이 포함된 제품을 만지는 것도 피해야 하는데, 이는 피부를 통해 화합물로 전이될 수 있기 때문이다. 교실 도구(예 : 플레이도, 풀)나 다른 학생으로부터 글루텐 또는 카세인에 노출될 수 있는 학교환경에 있는 아동에게 이 부분은 중요한 고려사항이다.

GFCF 식이요법에 대한 자료는 혼합적이다. 이 중재의 효과성에 대한 평가는 부모와 교사 보고 (Cade et al., 2000; Whiteley, Rodgers, Savery, & Shattock, 1999), 펩티드에 대한 비뇨분석 (Elder et al., 2006; Knivsberg, Reichelt, Nodland, & Hoien, 1995; Knivsberg, Wiig Lind, Nodland, & Reichelt, 1990), 또는 다양한 행동 관찰 척도(Elder et al., 2006; Knivsberg, 1990; Lucarelli et al., 1995)를 근거로 한다. Knivsberg 외는 무선화된 식이요법 중재 통제실험을 수행하였는데, 그 결과 행동, 비행동적 인지, 운동장애에서 유의미한 수준의 향상을 보고하였다.

Christianson과 Ivany의 2006년 연구에서는 자폐 아동을 대상으로 GFCF 식이요법을 한 결과를 부모 보고와 교사 보고, 비뇨 펩티드분석, 자폐행동과 인지 기술 평가를 근거로 6개의 연구를 분석하였는데, 그 결과 유의미한 수준으로 개선되었다고 보고하였다. 하지만 이 같은 분석 방법은 몇 가지 방법론적인 의문을 제기하게 한다. 4개의 연구에서 모두 통제집단을 포함하지 않았다.

그리고 한 연구는 비맹목법 대조집단으로 수행하였고, 교사와 부모 보고의 비율 향상을 근거로 하였다(Whiteleyet et al., 1999). 또 다른 연구는 식이요법집단과 통제집단 간 비뇨 펩티드 또는 증상의 심각도에서 차이가 없거나(Elder et al., 2006), 혼재된 결과가 보고되었다(Whiteley et al., 1999). 또한 문헌에서도 부모 보고와 교사 보고, 부모·교사 보고와 표준화된 측정 점수 간의 빈번한 불일치가 보고되었다.

다른 유형의 식이요법 역시 임시적인 방편이다. 발작성 장애(seizure disorder)가 있는 사람에게 일반적으로 적용되는 케톤 식이요법(Wilder, 1921)은 지방이 많고 탄수화물이 적다. 자폐 아동에게 케톤 식이요법이 유용한지에 대한 증거는 아직 초기 단계라서 많지 않다(Evangeliou et al., 2002). 좀 더 일반적인 제거 식이요법(elimination diets) 역시 아동의 다양한 음식에 대한 민감성 검사를 포함하며, 검사 후 식단에서 음식을 제거한다. 주로 검사받는 음식은 콩, 우유, 땅콩, 옥수수, 달걀, 초콜릿이 포함된다. 이런 식이요법을 통해 자폐 아동의 행동을 증진시킬 수 있다(Torisky, Torisky, Kaplan, & Speicher, 1993). 이 결과는 광범위하게 이루어진 통제분석 없이 보고된 것으로, 매우 초기적이라는 것을 고려해야 한다. 최근에는 이런 유형의 중재법은 경험적 지지를 받지 못하고 있다.

비타민 치료

자폐가 있는 사람은 일반 사람보다 더 많은 영양소가 필요하며, 영양소 결핍은 감각 정보의 정상적 과정을 방해할 수도 있다(Rimland & Larson, 1981). 비타민 치료에는 특정 화합물 관리가 포함되는데, 가장 일반적인 화합물은 비타민 B-6(pyridoxine)와 마그네슘이다. 이 중재의 이점은 증상 행동의 감소(Barthelemy et al., 1981; Lelord, Muh, Barthelemy, Martineau, & Garreau, 1981; Martineau et al., 1989; Rimland, Callaway, & Dreyfus, 1978)와 항독소 결핍의 정상화(Menage, Thibault, Barthelemy, Lelord, & Bardos, 1992)라는 점이 지난 25년 넘게 제안되었다. 아스코르빈산 제공 역시 일반적으로 사용하는 행동측정 결과, 비정상적 지각 운동 점수를 감소시킨다고 하였다(Dolskeet et al., 1993). 반면, 비타민 치료에 대해서는 표준화된 복용량 또는 측정 단위가 문서로 제시되지 않았고, 방법론에 대한 비판(예 : 은폐되지 않음, 통제 결여, 무선 할당의 부족; Pfeiffer, Norton, Nelson, & Shott, 1995) 때문에 이 방법은 논쟁이 되고 있다. 좀 더 최근 연구에서는 이중맹목, 플라세보로 통제된 임상적 실험연구를 통해 비타민 치료가 유익하지 않다고 밝혔다(Findling et al., 1997; Tolbert, Haigler, Waits, & Dennis, 1993).

약물

자폐 아동은 다른 치료에 약물치료를 추가로 받을 수 있다. 일반적으로 공급되는 약물은 비정형 항정신병제(예 : 리스페리돈, 아리피프라졸), 향정신약(예 : 메틸페니데이트) 그리고 선택적 세로토닌 재흡수 억제제(플루옥세틴; SSRIs)가 있다. 이런 약들은 전형적으로 공격성, 의례적이고 강박적인 성향, 주의력결핍과 같은 특정 행동을 목표로 처방된다.

비전형 항정신병제

리스페리돈은 FDA가 승인한 최근에 가장 잘 연구된 약 중 하나이다. 학령기 전 연령의 어린 아동은 이 약물에 내성이 좋고 경미한 부작용이 있는데, 가장 일반적인 것은 살이 찌는 것, 과도한 식욕, 침 과다분비가 있다(Aman et al., 2005; Lubyet et al., 2006; Williams et al., 2006). 몇 가지 연구에서 보고한 리스페리돈의 효과는 과잉행동 · 반복행동(Barnard, Young, Pearson, Geddes, & Brien, 2002) · 공격성(Bernard et al., 2002; AJP, 2005) · 자폐증의 심각성과 자해행동을 감소시키는 것(소아 정신양리학 자폐 연구; Research Units on Pediatric Psychopharmocology Autism Network, 2005)과 의사소통 · 일상생활 기술 · 사회화를 촉진시키는 것이라고 밝혔다(Williams et al., 2006). 또한 리스페리돈이 다른 대안적인 비전형 항정신병제보다 더욱 효과적일 수 있다는 증거도 있다(Barnard et al., 2002). 하지만 이런 연구는 통제가 부족하기 때문에, 이 약물의 효과성을 평가하기 위해서는 앞으로 무선화된 통제실험연구가 진행되어야 한다.

선택적 세로토닌 재흡수 억제제

선택적 세로토닌 재흡수 억제제(SSRIs)는 주로 자폐 아동의 강박적이고 충동적인 행동을 치료하는 데 사용한다. 문헌에서 다양한 약물의 효과성에 대해 혼재된 결과를 보고하고 있다. 최근 무작위 실험연구에서 Hollander 외는 플루옥신을 복용한 아동을 대상으로 Yale-Brown 강박적 행동 척도(Yale-Brown obsessive-compulsive scale, 2005)와 자폐 진단 관찰 척도(autism diagnostic observation schedule, 2006)로 효과성을 측정한 결과 아동의 반복행동이 감소하였지만, 전체적 측정에서 유의미한 감소를 보이지는 않았다고 보고하였다. 모든 사람이 치료에 반응하는 것은 아니지만, 플루보사민(fluvoxamine; McDougle, 1996) 복용 시 반복적 행동이 비슷한 수준으로 감소하였다. 파록세틴(paroxetine; Posey, Litwiller, Koburn, & McDougle, 1999)과 서트랄린(sertraline; Steingard, Zimnitzky, DeMaso, Bauman, & Bocci, 1997)과 같은 다른 약물은 공격성과 자해행동을 감소시키는 것과 관련이 있었다. 비전형적 항정신병제와 더불어 SSRIs의 효과 역시 플라세보 통제실험연구가 더 이루어져야 한다.

세크레틴 치료

세크레틴(secretin)은 복부와 췌장의 pH 균형을 조절하는 호르몬으로, 이것은 일반적으로 자폐 아동 위장장애를 경감시키기 위해 복용한다. 자폐의 주요 특성에 긍정적인 효과를 부모가 보고함으로써 직접 이 증상을 목표로 하여 세크레틴을 사용하게 되었다. 1998년에 Hovarth 외는 세크레틴 치료를 한 번 받은 3명의 자폐 아동이 언어성과 사회성을 획득했다고 보고하였다.

세크레틴의 효과에 대한 무작위 통제실험연구에서는 일반적으로 세크레틴과 자폐징후론 간의 인과적 관계가 없다고 제안하였다. 비록 몇 가지 연구에서는 긍정적 결과를 보고하였지만(Kern, Miller, Evans, & Trivedi, 2002), 대부분의 사례에서는 보고된 행동의 변화가 나타나지 않거나(Dunn-Geier et al., 2000; Sandler et al., 1999) 치료집단과 플라세보집단에서 동시에 같은 이점이 관찰되기도 하였다(Handen & Hofkosh, 2005; Unis et al., 2002). 예를 들어, 세크레틴 치료집단은 다른 약물치료와 병행 시에 자폐 심각성이 더 심해졌고(Carey, Ratliff-Schaub, Funk, Weinle, Myers, & Jenks, 2002), 기술이 악화되었다(Ratcliff-Schaub, Carey, Reeves, & Rogers, 2005). Esch, Carr(2004)와 Sturmey(2004)는 세크레틴에 관한 포괄적인 연구문헌을 제공하였다.

그들은 자료와 상관없이 자폐가 있는 사람에게 세크레틴 치료를 하는 것을 지속적으로 지지하였다. 반면, Handen과 Hofkosh(2005)는 일치하지 않는 결과를 보고하였는데, 몇 가지 사례에서는 참여자 8명 중 7명이 보고한 길리암자폐증 평정 척도(Gilliam Autism Rating Scale) 점수는 더욱 악화되었고, 의사소통과 사회적 관계는 개선되었다. Sandler 외는 행동에 유의미한 개선이 부족함에도 불구하고, 연구에 참여한 아동의 부모 중 69%는 세크레틴 치료에 대해 지속적인 관심을 보인다는 점에 주목하였다.

킬레이션

킬레이션은 중금속에 중독될 것 같은 상황에서 체내의 중금속을 제거하는 해독 과정이다. 자폐 아동에게 킬레이션을 사용하는 것을 지지하는 사람은 중금속(주로 수은)과 자폐 증상(예 : 언어 결손, 운동장애, 감각 이상, 반복적 행동) 간에 연관이 있다고 본다. 이는 MMR(예방접종)에 보존제인 티메로살을 포함하는 것으로, 다른 아동기 백신은 체내에서 수은을 방출시키는 것을 촉진한다.

최근에는 킬레이션의 효과에 대한 임상적 실험연구가 게재되지 않았고, 자폐증 치료에 킬레이션이 적절한 치료가 될 수 있다고 제안한 어떤 증거도 없다(Sinha, Silove, & Williams, 2006). 더군다나 근본적인 이론에 결점이 많다는 논쟁이 있고, 수은 중독의 증상은 명확한 자폐 증상과는 다르며(Nelson & Bauman, 2003), 킬레이션이 신경 손상을 회복시킨다는 어떠한 예도 없다

(Shannon, Levy, & Sandler, 2001). 또한 Shannon 외는 신경과 간의 손상, 심각한 알레르기 반응을 언급하며 이 치료에 대한 위험성을 강조하였다. 또한 이 과정의 총체적 관리에 반대하는 이유는 킬레이션 치료를 하던 5세 소년이 최근에 사망했기 때문이다(DeNoon, 2005).

감각 운동 치료

자폐가 있는 사람에게 감각과 청각의 통합은 비정상적 감각 처리 과정에서 발생한 증상을 완화시킨다는 것이 기정사실화되고 있다. 자폐가 있는 사람은 보통의 감각자극에도 각성과민을 경험한다는 증거가 있다(Frith, 1989; Ke, Wang & Chen, 2004; Ornitz, 1974). 이러한 비정상적인 처리 과정은 발달에 영향을 끼칠 수 있고, 주의산만, 사회 능력 결핍, 부적응행동을 초래할 수 있다(Ornitz, 1974).

감각 통합

감각 통합 치료는 다양한데, 자기 자극 수용(예 : 마사지; deep pressure massage), 촉감(빛 터치, 빗질), 또는 전정기관(돌기, 구르기, 뛰기)을 통해 할 수 있다. 자폐 아동의 행동적 결과와 주의력에 관한 감각 통합의 효과는 혼합적으로 보고된다. Smith와 Bryan(1999)은 돌기, 빗질, 마사지 중재에 따라 아동의 참여하지 않는 행동이 줄고, 성인과 또래 간 상호작용, 놀이행동, 참여가 증가하였다고 보고하였다. Linderman과 Stewart(1999) 역시 사회적 상호작용, 접근, 반응 등에서 전반적인 이점이 있다고 증명하였다. 그러나 반전 없이 AB 설계로 측정한 연구 결과를 해석하는 부분은 조심스럽다.

터치 치료에 관한 간단한 연구에서는 22명의 자폐 아동이 공동 관심, 행동조절, 사회적 행동, 모방을 통한 부수적 이점을 얻은 것과 더불어, 혐오감과 과제 외 행동도 감소하였다고 보고하였다(Fieldet et al., 1997). Vatting(2004)은 더욱 혼합적인 결과를 보고하였는데, 40분씩 33회기 감각 통합 치료로 아동의 참여행동은 증가하였지만 부적응행동에는 영향을 주지 못하였다. 다른 연구에서도 행동에 끼친 긍정적인 영향은 발견하지 못하였고(Gillberg, Johansson, Steffenburg, & Berlin, 1997; Kane, Luiselli, Dearborn, & Young, 2004), 무거운 조끼 착용(weighted vest intervention)의 결과로 상동증이 증가했다고 보고하였다(Kane et al., 2004). 통제된 조건에서 좀 더 일관된 증거가 발표될 때까지 감각 통합 훈련의 결과는 확실하지 않은 것으로 간주하고, 그 치료법은 가능한 금지되어야 한다.

청각 중재 훈련(AIT)

청각 통합 훈련은 과민한 특정 주파수만을 걸러내는 장치가 있는 아동에게 적용된다. 그리고 무선화된 고저주파수는 30분 동안 듣는 시간을 가지는 20회기 동안 민감성 임계치보다 높거나 낮은 주파수에 대한 민감성을 줄이도록 내이와 뇌를 단련한다(Berard, 1993). 몇몇 문헌에서 혼합된 결과가 나타났다. 인지지수(Bettison, 1996), 관찰지수(Rimland & Edelson, 1995, 1994)에 대한 긍정적 결과와 문제행동의 감소(Rimland & Edelson, 1994; Zollweg, Palm & Vance, 1997)가 AIT의 결과로 관찰되었다. 추후 결과는 임상적으로 AIT에 대한 상당한 이점이 없다는 점(Gillberg et al., 1997; Link, 1997; Mudford et al., 2000)을 언급하며, 추천하지 않는다고 제안한다.

촉진적 의사소통(FC)

이 중재는 Rosemary Crossley가 신체적 질병이 있는 사람에 관한 연구로 시작하였고, 이후 언어로 의사소통을 하지 못하는 자폐증인 사람을 돕기 위해 변형되었다(Biklen, 1993a). 촉진적 의사소통에서 자폐가 있는 사람은 뒤에 위치한 보조자의 물리적 지침으로 단어를 키보드에 입력한다. 촉진적 의사소통을 사용함으로써 이전에 표현하지 못했던 욕구와 필요한 바를 전달할 수 있고, 이와 더불어 잠재된 지능 역시 보일 수 있다고 가정하였다(Biklen & Schubert, 1991; Bilken, 1992d).

자폐가 있는 사람의 촉진적 의사소통에 대한 몇 가지 제한적 성공이 소수 연구에서 보고되었다(Biklen, Saha, & Kliewer, 1995; Cardinal, Hanson, & Wakeham, 1996; Janzen-Wilde, Duchan, & Higginbotham, 1995; Simon, Toll & Whitehair, 1994; Simpson & Myles, 1995b). 많은 연구에서는 촉진자의 영향력 때문에 촉진적 의사소통이 광범위하게 수행되었다고 보았으며(Kezuka, 1997; Oswald, 1994; Shane & Kearns, 1994; Perry, Bryson, & Bebko, 1998), 부차적인 개선은 거의 없다고 보고하였다(Beck & Pirovano, 1996; Myles, Simpson, & Smith, 1996a). 게다가 그림 교환 의사소통 체계 같은 다른 방식의 촉진적 의사소통법이 더 효과적이라고 증명하였다(Simon, Whitehair, & Toll, 1996). 촉진적 의사소통은 효과만 없는 것이 아니라 해가 될 수 있어서 권고하지 않는다.

심리교육, 심리사회 치료

TEACCH

노스캐롤라이나대학교에서 Mesibov, Schopler 외가 개발한 TEACCH 전략은 자폐가 있는 사람에게 일상생활을 통해서 서비스를 제공하는 것에 초점을 둔다. TEACCH의 기본 이념은 매우 구조화된 환경과 일상, 풍부한 시각적 단서, 부모 협력, 그리고 개별화된 접근이다(Schopler, 1998). 그러나 TEACCH는 문제행동을 감소시키지 않는다는 비판을 받는다.

현재 이 접근에 대해 광범위하게 평가하여 게재된 논문은 거의 없다. 몇 가지 조사에서 놀이 기술(Francke & Geist, 2003), 업무 숙달(Hungelmann, 2001), 독립적 기능과 상호적 행동(Persson, 2000), 학업과 인지 기능을 획득하고(Ozonoff & Cathcart, 1998; Schopler & Hennike, 1990), 자해행동이 감소되었다고 보고하였다(Norgate, 1998). 그러나 Smith(1999)는 이런 자료들은 준실험 설계(quasi-experimental), 잠재적 변수(potential confounds), 사전조사 집단 차이로 인해 제한적이라고 하였다. TEACCH를 타당화하기 위한 다른 노력의 결과는 혼합적으로 보고되었다. Van Bourgondien 외는 실험집단에서 기술 습득의 증가를 발견하지 못했지만, 비정상적 행동은 감소하였다고 보고하였다(비록 연구자가 '탐색적 결과'로 증명했지만). 또한 이러한 프로그램에서 습득한 기술은 믿을 만하게 일반화되지는 않는다고 하였다(Tutt, Powell, & Thornton, 2006).

TEACCH 모델에 대한 부모의 만족도를 지지하는 상당히 중요한 결과가 있다(Van Bourgondien, Reichler, & Schopler, 2003). 이는 아마도 이 접근에 부모가 통합되기 때문일 것이다. 더군다나 TEACCH 프로그램은 자폐가 있는 성인에게 좋은 종단적 지지 결과를 제공하였다. Division TEACCH하에 이루어진 일자리 고용 프로그램의 연구에서는 자폐가 있는 성인 중 89%가 일자리를 유지한다고 밝혔다(Keel, Mesibov, & Woods, 1997). 이 프로그램은 대략 이전에 직업이 없는 사람의 1/3, 자폐가 있거나 그와 관련된 장애가 있는 성인이 고용되는 데 중요한 역할을 한다.

발달적 개인차, 관계 중심 모델(DIR)

'마루놀이(floor time)'라고도 하는 이 놀이 중심 접근은 자폐 아동과 부모, 교사 간의 의사소통과 사회적 관계를 증진하기 위해 사회적 상호작용을 목표로 한다(Greenspan, 1993). DIR은 아동 중심 치료로, 부모와 치료사는 아동의 요구, 눈 맞춤 대화, 그리고 다른 사회적 접촉을 증진시키기 위해 아동이 선호하는 재료를 가지고 마루에서 놀이를 한다. Greenspan과 Wieder(1997)는 자폐 아동 200명을 대상으로 DIR 치료를 받은 자폐 아동과 전형적인(특별히 정해지지 않은) 치료를 받은 아동의 결과를 비교한 차트를 살펴보았다. 2년 후에 전형적인 치료를 받은 아동은 2%, DIR 치료를 받은 아동은 58%가 '현저하게 좋은'으로 분류되었다고 보고하였다. 10~15세인 16명의 가장 고기능 참여자를 대상으로 한 최근 연구에서는 사회성과 학교 적성에서 종단적으로 긍정적인 결과가 나타났고, 우울과 불안의 공존율이 낮았으며, 감각 운동 측면은 일정치 않은 결과가 보고되었다(Wieder & Greenspan, 2005). 이 연구의 한계점은 비실험연구이고 치료에 관한 정보가 부족하다는 점이며, 결과가 이 접근에 의한 것이라고 확실하게 말하기 어렵다는 것이다.

관계 발달 중재

관계 발달 중재(RDI)는 가족 중심 치료이며 감정이입과 감정공유로 개인의 삶을 풍부하게 하기 위해 제안되었고, 사회적 상호작용을 위해서 선행되어야 한다고 보았다. RDI는 개인적 기술을 목표로 하기보다 더 넓은 접근법을 활용한다. RDI 프로그램에 참여한 자폐 아동 17명과 초기 집중적 중재를 받은 아동 14명은 자폐증 진단 관찰 척도(ADOS : autism diagnostic observation schedule)에서 긍정적인 결과가 나타났다(Gutstein, 2005). 현재 RDI에 관해 게재된 다른 경험적 연구는 없다.

결론

대안적인 비행동적 치료가 보급되어 활용되는 것은 우리의 입장을 표명한다. 이러한 중재법은 널리 사용되고 있지만, 엄격한 기준의 과학적 자료가 매우 부족하기 때문에 경험적 분석이 추가되어야 한다. 자료가 충분히 모일 때까지는 서비스제공자, 교사, 의사, 부모가 그것들의 잠재적인 이득, 손상의 위험, 그리고 나올 수 있는 단점과 이런 치료에 대해 주의해야 한다.

아스퍼거증후군

아스퍼거증후군(AS)은 사회적 행동의 결핍, 동일성에 대한 고집, 빈약한 비언어적 발달, 부적절한 정동, 그리고 한정된 행동으로 특징지을 수 있다(Asperger, 1944; Wing, 1981). APA에 따르면 진단적 기준에서 아스퍼거증후군과 자폐증은 서로 다른 장애로 구분되며, 아스퍼거증후군인 사람(자폐증인 사람과 다름.)은 의사소통, 언어, 상상, 인지 또는 자조 기술의 결핍이 특징이라고 설명하지 않는다(APA, 1997). 그럼에도 불구하고, 연구자와 임상가는 자폐증과 아스퍼거증후군이 있는 사람 간의 차이를 종종 혼동하며, 감별 진단을 하기 전에 추가적인 연구가 필요하다고 본다(Barnhill, Hagiwara, Myles, & Simpson, 2000).

아스퍼거증후군과 자폐증 진단을 받은 아동집단에 대한 부모의 보고에 따르면, 아스퍼거증후군 아동이 좀 더 친사회적 행동에 참여하며 눈 맞춤을 하고, 자폐 아동이 하는 놀이보다 더 자발적으로 교우 관계에 참여한다고 설명하였다. 비록 아스퍼거증후군 아동이 자폐증 아동과 비교했을 때 언어의 시발점이 더 늦지만, 부모 보고에 의하면 두 집단 모두 의사소통 기술이 유의미한 수준으로 방해받는다고 하였다. 이러한 의사소통 결함은 빈약한 운율 체계, 또래 언어의 직역, 대화를 지속하는 것의 어려움, 말의 반복 사용에서 명백하게 나타난다. 전반적으로 두 집단 모두 사회적 기술과 의사소통의 결함을 보이지만, 아스퍼거증후군 아동은 일반적으로 자폐 아동에 비해 더 많은 사회적인 흥미를 보이며 발달지연이 덜 한 것으로 보인다(Eisenmajer et al., 1996).

사회성 결핍

Myles와 Simpson(2002)이 지적한 바에 따르면, '아스퍼거증후군은 최초의 사회성 장애이다.' 연구자가 보고한 아스퍼거증후군 아동이 자폐 아동과 다른 특성 중 하나는 사회적 상호작용을 원하며 시도하는 것이다. 그러나 아스퍼거증후군 아동은 어렸을 때부터 관계를 맺고 유지하는 데 명백한 어려움이 나타난다. Church, Alisank와 Amanullah(2000)는 학령 전기부터 10대까지의 자폐 아동을 분석하였다. 그 결과 학령기 전 아동일지라도, 그리고 성인과 상호작용을 잘하는 아동이라고 부모가 보고할지라도 아스퍼거증후군 아동은 또래 아동과 상호작용하는 데 어려움을 보이며, 사회집단의 주변에서 더 편안한 것처럼 보인다고 하였다. 이런 아동은 사회적 단서와 상황을 파악하고 행동을 조절하는 부분에 어려움이 있어서 타인과 관계를 맺고 지속하는 데 어려움이 가중되는 것으로 보인다. 아스퍼거증후군 아동은 중학생이 되어서도 부적절한 감정을 보이는데, 이는 결과적으로 부적절한 큰 소리, 공격성, 종종 어리석은 행동으로 나타날 수 있다.

아스퍼거증후군에 속하는 아동은 자신의 무능력한 부분으로 인해 여러 가지 어려움을 경험하는데, Myles와 Simpson(2001)은 이러한 부분을 이해하고 배우기 위해 '숨겨진 교과과정(hidden curriculum)'이라는 것을 개발하였다. 아스퍼거증후군 아동은 사회적 상호작용과 행동의 규칙을 고지식하게 습득하고 상황, 청중과 상관없이 모든 상황에서 완고하게 적용한다. 상호작용의 규칙을 융통성 있게 적용하는 능력(일반 아동은 노력하지 않아도 되는 것)은 모든 사람이 예상할 수 있기 때문에 직접적으로 가르치지 않는 기술이다. 그렇기 때문에 아스퍼거증후군 아동은 사회적으로 서투르고 부적절한 모습이 두드러진다(Myles & Simpson, 2001).

이런 집단에서 사회적 기술을 향상시키기 위한 한 가지 접근법은 소아청소년의 사회 기술집단을 개발하는 것이며, 이는 적절한 목표행동, 언어와 비언어적 사회적 단서 인식하기(Barnhill, Cook, Tebbenkamp, & Myles, 2002), '숨겨진 교육과정'을 이해하기 위한 것이다(Myles & Simpson, 2001). 예를 들어, Myles와 Simpson(2001)은 숨겨진 교육과정에 대해 다양한 방법을 사용하여 아스퍼거증후군 아동에게 가르칠 수 있다고 제안하였고, 여기에는 직접 상호작용(행동의 근본적 원리, 기술 표현, 모델링, 평가, 그리고 일반화의 사정과 같은 방법)과 특정 상황에 관한 정보, 그 상황에 적절한 행동, 다른 상황에서 사고와 신념을 설명하는 사회적 이야기 쓰기가 포함된다(Gray, 1995).

다른 기술 만들기 활동에는 행동하기 수업이 포함되며, 감정을 개방적으로 표현하고 또래와 교사에게 자신의 수행에 대한 피드백을 받는다. 그 예로는 아동이 다른 시각에 대해 이해할 수 있도록 돕기 위한 만화, 실수가 일어나지 않도록 아동의 발달단계와 최초의 사회적 실수를 분석하기 위해 아동과 성인이 만나는 '사회적 검증'(Bieber, 1994, as cited in Myles & Simpson, 2001), 문제해결행동이 있다.

이 같은 방법은 사회 기술집단에서 광범위하게 사용되고 있지만, 그런 사회 기술집단의 결과는 혼합적이다. 물론 몇몇 집단에서 아동의 사회적 기술이 향상되었다는 증거도 있지만, 심리측정에서 수행과 같은 개선 척도에서는 향상되지 않을 수 있다(Barnhill et al., 2002). 이와 더불어, 많은 아동은 사회 기술집단에서 배운 기술을 새로운 상황 및 환경으로 일반화하는 것 역시 어려워한다(Barnhill et al., 2002). 그러나 Church 외(1999)는 아스퍼거증후군이 있는 초등학생을 대상으로 연구하였는데, 이 장애에서 사회성 결핍이 가장 근원적인 문제 중 하나로 논의되는데도 단지 23%만이 사회적 기술 교육을 받았다는 점에 중점을 두었다. 이와 대조적으로 중학생 표집 아동의 76%는 사회 기술 교육을 받았다고 나타났다. 최적의 방법으로 습득하고 결핍되었지만 결정적 기술을 일반화할 수 있도록 돕기 위해 아동 초기 발달에 사회적 기술과 사회적 기술집단을 활용하는 것이 필요하다.

사회적 기술집단 말고도 다른 아동이 아스퍼거증후군 아동을 이해하도록 교사가 도와줌으로써 사회적 상호작용을 향상시킬 수 있다. 예를 들어, 아스퍼거증후군 아동이 표현하는 것을 어려워한다는 점에 대해 교사가 다른 친구들을 교육하는 것이 있다. 협력적으로 배우는 집단을 발달시킴으로써 그 안에서 아동들은 공동 목표를 위해 함께 작업해야 하거나 '짝꿍 체계(buddy system)'를 통해 적절한 모델과 짝꿍이 되어 하루 동안 함께 과제를 할 수 있다. 또한 이 같은 체계는 아스퍼거증후군 아동이 사회적 환경에서 자신의 학업적 장점을 발휘할 기회도 제공한다. 그리고 이러한 접근을 통해 아스퍼거증후군 아동의 사회적 수용을 증진하고, 자아 강도도 향상시킬 수 있다(Barnhill & Myles, 2001; Tsatsanis, Foley, & Donehower, 2004; Williams, 1995).

행동장애

아스퍼거증후군이 있는 어린 아동은 완고한 행동적 과정과 의례적인 행동을 보이며, 정형화된 몸 움직임과 부적절한 사물 사용에 몰두한다. 이런 일련의 과정이 변형되고 방해받으면서 결국 울화행동과 같은 부적응행동으로 나타난다(Church et al., 1999). 이러한 행동은 아동이 성장하면서 점차 사라지지만, 여전히 부적응행동이 많은 시기는 분명히 존재한다. 예를 들어, 초등학생은 종종 혼잣말(self-talk), 콧노래(humming), 보측(pacing)과 같은 행동을 한다. 또한 이런 아동은 타인과 상호작용할 때 문자 그대로 사용하는 것과 규칙 중심적 태도가 과도하게 남아 있다(Church et al., 1999). 이렇게 아스퍼거증후군 아동의 제한적인 상호작용을 조절하는 것은 어렵겠지만, 일상생활을 유지하고 예상치 못한 변화는 피하며 아동이 예측할 수 있는 환경을 만들어 줌으로써, 아동의 일상생활에서 변화시켜야 하는 부적절한 반응을 최소화할 수 있다. 필연적으로 변화가 필요할 때에는 새로운 환경에 맞는 행동을 만드는 것처럼 변화에 아동을 점진적으로 노출시켜야 한다(Wlliams, 1995).

이와 더불어, 아스퍼거증후군 아동은 자신의 흥미에 관한 특정 주제에 너무 몰입한다(Myles & Simpson, 2001). 그래서 부모와 교사는 이런 아동의 흥미를 활용하지 않고 아동을 동기화하기 어렵다고 보고한다(Wlliams, 1995). 이런 제한된 흥미의 발생에 관한 몇 가지 가정이 나올 수 있다. 예를 들어, 아동은 촉진적 대화, 이완을 위한 질서와 지속성, 개인의 즐거운 활동을 위해 이러한 흥미를 발전시킬 수 있다(Barnhill, 2001b). 흥미의 발전은 마지막으로 성인기까지 지속될 수 있다.

이 행동을 관리하기 위해서 부모와 교사는 주어진 주제에 대해 아동의 고집을 제한하는 규칙을 적용할 수도 있다. 예를 들어, 부모는 하루에 특정 시간에만 아동이 고집하는 흥미에 대해 말할 수 있도록 허락하는 것, 그리고 고집을 부리지 않고 적절한 대안행동을 할 때 강화하는 것이 있다. 이와 더불어, 교사도 아동의 제한된 흥미와 다른 기술 또는 과제를 접목하고 이를 활용하여 아동에게 과제를 완성하고자 하는 동기를 부여할 수 있다. 예를 들어, 기차에 집착하는 아동에게 역사보고서를 쓰도록 할 때 이 방법을 적용한다면, 기차길 확장과 미국 서부의 발달을 연관 지어 아동이 보고서를 쓰도록 도모할 수 있다(Wlliams, 1995).

많은 아스퍼거증후군 아동은 감정적 행동조절에 어려움을 겪으며, 결과적으로 감정폭발과 분노발작을 일으키기 쉽다. 이런 아동은 자신의 내면 상태를 말하기 어려워하기 때문에(Barnhill, Hagiwara, Myles, Simpson, Brick, & Griswold, 2000), 목소리나 신체언어로 증가된 스트레스를 표현하지 않고, 예고 없이 감정 상태가 급작스럽게 증폭된다(Myles & Southwik, 1999, as citied in Myles & Simpson, 2002). 따라서 아스퍼거증후군 아동의 감정폭발을 예방하기 위해서 가족과 교사는 아동이 예상할 수 있는 구조화된 환경을 유지해 줄 수 있다. 이와 더불어, 아스퍼거증후군 아동은 문제 해결 기술과 단계적 기술을 수행하는 방식으로 자신의 행동을 스스로 관리할 수 있는 대처 전략을 활용하는 것을 배울 수 있다(Tsatsanis, Foley & Donehower, 2004; Williams, 1995). 문제행동의 사정과 치료는 이 장의 뒷부분에서 더욱 포괄적으로 논의할 것이다.

언어와 인지 기술

APA 진단 매뉴얼에 따르면 아스퍼거증후군 아동은 언어 및 인지 발달이 유의미한 수준으로 지연되지는 않는다지만, 실제로는 결핍의 범주에 속한다. Church 외(1999)는 아스퍼거증후군 아동의

88%는 초기에는 정상적 언어 발현을 보고하지만, 이런 아동의 90%가 학령기 이전에 실용적인 언어 문제를 보인다고 보고하였다. 초등학생 96%, 중학생 76%가 대화 기술, 목소리 조절과 억양, 표현언어의 어려움을 보고하며 말과 언어 서비스를 받는다.

이런 아동은 학업 수행이 평균 이상일지라도 개인적 수행은 광범위하고 다양하게 나타난다. Griswold, Barnhill, Myles, Hagiwara와 Simpson(2002)은 Wechsler 개인용 학업성취검사(Wechsler individual achievement test)를 사용하여 6~17세 아스퍼거증후군 아동의 학업을 평가하였는데, 그 결과 평가 점수의 총점은 평균 이하 수준임에 비해 각 점수의 범주는 평균 이상에서 평균 이하로 유의한 수준으로 분포되어 있었다. 아스퍼거증후군 아동은 언어와 독해(Churchet et al., 1999; Barnhill et al., 2000; Griswold et al., 2002), 수 개념과 원리(Barnhill et al., 2000; Griswold et al., 2002) 부분이 특히 약점으로 나타났다. 이러한 약점은 아동이 문자 그대로 사고하고 해석하며, 취약한 문제 해결 기술 과제와 관련된 사회성 및 의사소통에서 어려움을 겪게 할 수 있다(Frith, 1991; Siegel, Minshew, & Goldstein, 1996).

반면, 읽기, 비언어적 추론과 사실 기억에 관한 검사(Barnhill et al., 2000)에서의 수행은 평균 이상 수준이었다. 하지만 교사가 주목하는 것은, 읽기 숙달은 뛰어난 이해력의 지표가 될 수 없으며, 이런 아동은 이해력 부분에서 약점을 보인다는 것이다(Griswold et al., 2002). 이와 더불어, 아스퍼거증후군 아동은 종종 일반적인 지식과 개인적 사고를 구분하지 못하고, 자신의 개인적 사고에 의거한 응답(구두 및 쓰기 응답 모두)을 하기 때문에 교사가 이해하기 어렵다(Wlliams, 1995).

연구자는 아스퍼거증후군 아동 지능 식별에 조심하여 아동의 특정한 강점과 약점에 관한 정보를 제공하지 않는다. 대신 모든 학생에게 포괄적인 사정 평가를 수행한다(Griswold et al., 2002). 많은 아스퍼거증후군 아동은 예측할 수 없는 영역의 무수한 강점과 결손이 있기 때문에 성공적인 학습을 위해서는 개별화된 프로그램을 수행해야 한다. 이런 아동은 특히 추상적 개념의 경우, 추가적인 설명과 교육이 필요하다. 말하기와 쓰기 자료에 대해 아동이 이해하는 것을 주의 깊게 평가해야 한다(Williams, 1995).

일반 학급 내에서 아스퍼거증후군 아동에게 추가적인 지원을 해 줌으로써 아동이 어려워하는 영역에 집중하는 기술을 향상시켜 줄 수 있다. 예측할 수 있도록 구조화된 교실환경에서 집중을 촉진하는 자리 배치[예 : 교사 가까이 앉히기, 아동 옆에 '짝꿍(buddy)' 앉히기]를 통해 아동의 주의 집중을 향상시킬 수 있다. 그리고 이런 아동에게 시각적 자극을 활용함으로써 학습과 새로운 활동 참여를 좀 더 촉진할 수 있다(Williams, 1995). 또한 아스퍼거증후군 아동은 청각적 훈련과 기술 과정에 어려움이 있기 때문에 시각적 자극은 청각적 과제 수행을 향상시키는 데 도움이 된다. 따라서 아스퍼거증후군 아동에게 강의 형식으로 수업하면 아동이 참여하는 데 어려울 수 있고, 이런 아동에게는 역할극이나 비디오를 활용하는 추가적인 시각적 학습법이 더 많은 정보를 제공할 수 있다 (Griswold et al., 2002).

정서적 특성

아스퍼거증후군에 관한 가장 중요한 논의점은 이 장애가 끼치는 감정적 부적응의 근원적인 영향력에 관한 것이다. 앞서 언급한 바와 같이, 아스퍼거증후군은 자폐증과 다르며 이들은 사회적 관계 발전을 원하지만 주로 실패한다. 또한 아스퍼거증후군 아동의 이해 능력은 타인과 다르며 조화롭지 않다(Myles & Simpson, 2002). 이런 사실은 아동의 자존감과 자기 개념에 영향을 줄 수 있으며, 이로써 아동기, 청소년기, 성인기에 우울과 불안을 동반할 위험이 가중된다(Barnhill et al., 2000; Kim, Szatmari, Bryson, Streiner, & Wilson, 2000). 아스퍼거증후군 성인의 20% 이상은 자신의 삶에서 특정 기간 우울을 경험한다고 보고하지만(Kim et al., 2000; Tantam, 2001), 연구에서는 이러한 아동의 내적 상태에 대한 보고가 빈약하다고 지적하였다.

Barnhill 외(2000)는 아스퍼거증후군 청소년을 대상으로 내면화와 외현화 문제행동에 대한 분석을 실시하였다. 그 결과, 부모와 교사는 아동의 내면화 문제가 위험하다고 보고하였지만 청소년은 어떠한 내면화 문제도 보고하지 않았다. 통찰력이 취약한 부분 때문에 아스퍼거증후군인 사람의 내면화 문제를 진단하기 어려울 수 있지만, 이렇게 진단을 확인하는 것은 치료를 결정하는 데 결정적이다.

많은 연구는 아스퍼거증후군 소아청소년에게서 나타나는 우울의 근본적인 원인에 중점을 두어 다루었다. 최근 연구자들은 아스퍼거증후군과 우울이 공존하는 청소년의 경우, 상황을 무력하고 희망이 없는 것으로 지각하는 경향이 더욱 크다고 지적하였다. 그들은 자신의 삶에서 부정적인 사건은 대부분 자신의 책임 및 통제력 밖의 일이라고 지각한다(Barnhill & Myles, 2001). 이와 더불어, 연구자는 이러한 결과와 IQ 간에 부적 상관이 있음을 발견했는데, 즉 IQ가 높은 청소년은 이같이 사고하지 않고 그 대신 외부 상황이 자신의 사회적 성공에 영향을 준다고 지각한다(Barnhill, 2001a).

이러한 연구 결과를 통해 연구자는 공존장애가 있는 아스퍼거증후군 환자에게 인지행동 치료를 시작하게 되었다(문제 중심 치료에서는 감정적 어려움을 심리학과 환경적 원인으로 발생한다고 보았다.). 인지행동 치료는 불안과 우울 증상을 개선하기 위해 그 사람의 사고와 행동 변화에 초점을 둔다. 예를 들어, Sofronoff, Attwood와 Hinton(2005)은 아스퍼거증후군 아동을 대상으로 인지행동 치료패키지를 적용하였다. 여기에는 아동이 감정, 사고 패턴, 행동을 확인하도록 교육하고,

다양한 대처 기술과 사회적 이야기를 활용하여 불안을 조절하는 방식을 가르치는 것이 포함된다. 이는 아스퍼거증후군 아동의 불안 증상을 감소시키는 데 효과적이며, 부모가 함께 치료에 참여할 때 가장 효과적이었다.

하지만 아스퍼거증후군을 대상으로 인지행동 치료를 적용한 연구는 아직 시작단계에 불과하다. 아스퍼거증후군을 대상으로 인지행동 치료를 적용한 연구는 Anderson과 Morris(2006)가 게재한 연구 5개뿐이다(그중 4개는 사례연구). 따라서 아스퍼거증후군을 대상으로 활용될 치료의 복잡성을 완전하게 이해하기 위해서 더 많은 연구가 이루어져야 한다. 연구자는 매우 구조화된 치료 형식, 정서 인지 발달과 사고 평가에 중점을 두어 심사숙고함으로써 공존장애가 있는 아스퍼거증후군 환자에게 도움을 줄 수 있으며, 특히 시각적 자료, 추상적 개념보다는 규칙을 강조하는 것, 직접적 접근, 가족 참여를 동반하면 더욱 유용할 수 있다(Anderson & Morris, 2006).

아스퍼거증후군의 진단과 치료를 잘 이해하기 위해서 앞으로 더 많은 연구가 필요하지만, 아스퍼거증후군 치료는 발달 초기에 중재되어야 한다는 점에는 모든 연구자가 동의한다. 많은 아스퍼거증후군 아동은 학업 기능이 좋아서 자폐 아동에 비해 진단이 더 늦을 수 있다(Eisenmajer et al., 1990). 따라서 사회적 기술 및 이해 영역의 문제에 대한 초기 발견은 아스퍼거증후군 치료에서 가장 중요하며, 재차 강조하지만 아동의 강점과 약점에 대한 세부적인 사정 평가 역시 그 아동에게 적합한 개별화된 교육을 계획하기 위해서 매우 중요하다. 그리고 습득한 기술 일반화를 촉진하기 위해서는 모든 치료 전략에 가족이 참여하는 것이 좋다(Tsatsanis, Foley, & Donehower, 2004). 사회적·행동적·인지적·감정적 발달 영역의 포괄적인 치료는 아스퍼거증후군 아동의 삶의 질을 향상시키는 데 도움이 된다.

기능 평가와 치료

자폐 범주에 있는 아동은 공격성, 자해, 그리고 파괴적 행동을 포함하는 광범위한 저항행동을 보인다. 어떤 행동은 기능행동 평가(FBA)의 행동 중재 계획이 필요할 만큼 심각하고 침범적일 수 있다. 기능행동 평가는 '문제행동에 숨은 목적을 설명하기 위한 탐색 과정'이며(OSEP 질문과 응답, 1999), 1997년에 개정된 장애인교육법(IDEA)에 따르면 아동의 행동이 부정적인 교육적 결과를 가져오는 경우 기능행동 평가를 하도록 권고하였다. 특히 10일 동안 대체환경에 배치되거나 정학을 받아야 하는 행동은 기능행동 평가를 해야 하는데, 이러한 행동이 자신 또는 타인에게 위험한지 법원 직원의 증언 과정에 따라 결정되기 때문이다. 그리고 학생이 무기나 약물과 관련된 전과가 있을 때는 45일 간 대체환경에 배치된다.

자폐 아동이 이러한 명령을 받는 것은 매우 드문 일이지만, 장애인교육법에 따르면 개인의 행동이 자신이나 타인의 학습을 방해한다면 그 행동을 설명하기 위해 기능행동 평가를 해야 하며, 그 자료에서 제공된 행동 중재 계획을 학생의 개인별 맞춤 교육 프로그램(IEP : individual education plan) 팀이 이행해야 한다는 규정이 있다. 많은 자폐 아동에게 이 규정이 적용된다. 아쉬운 점은 장애인교육법에서 기능행동 평가 또는 효과적 중재를 구성하는 요소에 대해 일일이 제시하지 않았다는 것이다. 그래서 우리는 기능행동 평가의 구성요소를 여기에서 요약하고, 저항행동을 위한 기능 중심 중재를 알리고 발전시키기 위해서 기능행동 평가 결과를 활용하는 것이 얼마나 중요한지에 대해 논의하였다.

기능 평가

Iovannone, Dunlap, Huber와 Kinkaid(2003)는 자폐증 아동을 위한 포괄적인 치료 연구를 살펴보았는데, 모든 효과적인 치료의 구성요소 중 하나는 저항행동에 기능적 접근을 하는 것이었다. 아동의 행동이 예측하지 못할 때 무선적으로 나타나기도 하지만, 이 분야의 전문가 대부분은 모든 적응행동과 비적응행동은 기능적이고 환경의 사건과 규칙적인 관련이 있으며, 자신을 위한 목적이 있다는 점에 동의한다(Northup et al., 1991). 기능행동 평가는 이런 행동의 기능을 적절하게 확인하기 위해 활용되며, 기능 중심 치료에서 도구가 될 수 있다.

기능 평가의 내용에서 행동은 정적 강화 또는 부적 강화로 유지되는데, 즉 추가적으로 외부 자극물을 제공하거나(즉, 정적 강화) 행동을 하면 그 환경을 제거(즉, 부적 강화)함으로써 앞으로 그 행동을 다시 할 가능성을 지속적으로 증가시키는 것이다. 정적 강화의 예로 관심, 원하는 보상, 선호하는 감각자극을 제공하는 것이 있고, 부적 강화의 예는 요구하기, 다른 혐오적 환경자극 및 신체적 감각에서 벗어나기를 들 수 있다. 행동은 어떠한 형태이든 강화를 얻기 위한 기능일 수 있고, 또한 그 행동은 일제히 몇 가지 강화 형태에 접근하기 위한 기능일 수도 있다(Northup et al., 1991). 기능 평가의 목적은 효과적인 중재를 개발하기 위해서 현재 부적응행동을 유지하는 수많은 기능을 확인하는 것이다.

기능 평가 또는 행동 중재 계획에 앞서서 저항행동에 대한 조작적 정의를 먼저 해야만 한다. 조작적 정의를 통해 행동을 관찰 가능한 사건으로 규정지음으로써 행동 보고의 오류를 줄이고 행동 측정의 신뢰도를 높일 수 있다(Cooper, Heron, & Heward, 2007). 행동에 대한 정확한 평가와 치료는 정확한 자료수집과 행동 평가에 달렸다. 자료와 측정도구 없이 행동이 감소했다고 확실하게 결론지을 수 없다.

간접 평가

기능 평가는 세 가지 평가 유형, 즉 간접 평가, 기술 평가, 기능분석으로 구성된다(O'Neill, Horner, Albin, Sprague, Storey, & Newton, 1997). 간접 방법은 비율 척도와 면담법 같은 평가 기술을 포함하며, 이는 환경적 선행조건과 결과에 대한 정보를 제공하기 위해 아동과 친밀한 사람에게 해야 한다. 행동이 나타나기 전에 자주 일어나는 선행사건이나 조건에는 시간, 특정한 사람이나 활동·특정 환경이 포함된다. 행동 이후에 자주 발생하는 사건이나 결과에는 앞에서 설명한 정적 강화와 부적 강화의 예가 포함된다(예 : 관심 주기, 관심 제거 등). 정보제공자는 아동의 현재 기술 수준과 의사소통 능력에 관한 정보를 제공할 수 있어야 한다. 이러한 모든 답변은 기능 중심 중재를 하는 데 도움이 될 것이다(O'Niell et al., 1997).

비율 척도와 면담법은 주로 구성하기에 효과적이고 간단하지만, 이것이 치료에 근거하는 유일한 평가 형식은 아니다. 비율 척도와 면담법은 정보제공자의 주관적인 편견이나 오류가 있을 수 있어서 신뢰할 수 없는 결과를 제공할 수도 있다(LaRue & Handleman, 2006; Sturmey, 1994; Zarcone, Rogers, Iwata, Rourke, & Dorsey, 1991). 결과적으로 간접 평가도구는 매우 적은 예외(예 : 자살행동)와 함께 지속적인 평가를 위한 정보 탐색단계로 활용되며, 중재에서는 간접 평가도구만 근거로 하지는 않는다.

기술 평가

간접 평가 방법과 대조적으로 기술 평가는 자연스러운 환경에서 목표행동을 직접 관찰하거나 녹음하는 것을 포함한다. 기술분석에서 많이 사용하는 방법은 선행사건-행동-결과(ABC) 기록인데, 이는 관찰자가 자연스러운 환경에서 생생하게 아동을 관찰하며, 선행사건, 행동, 결과를 기록한다. 이때 정확한 기록을 위해서 모든 것은 조작적 정의를 해야 한다(LaRue & Handleman, 2006; Sasso et al., 1992). 그런 후 관찰자는 행동 이전의 특정 선행조건과 행동에 따른 특정 결과를 통해 행동 백분율을 계산함으로써 각각의 선행사건과 결과의 조건적 가능성을 계산할 수 있다. 그 행동 또는 최대의 조건적 가능성이 있는 행동을 하게 하는 가장 빈번한 선행사건과 결과가 바로 그 행동의 기능(예 : 요구 벗어나기, 실제 물품 획득, 관심 받기)을 의미한다(LaRue & Handleman, 2006; Sasso et al., 1992). 만약 이 자료가 환경적 사건과 행동 간의 기능적 관계를 확실하게 나타낸다면, 기술분석은 기능 평가의 마지막 단계일 수 있다(LaRue & Handleman, 2006).

기술분석은 간접 평가 방법보다 행동에 대해 객관적인 정보를 제공한다. 자연스러운 환경에서 행동을 관찰하기 때문에 관찰자가 행동의 기능을 확인하는 데 생길 수 있는 오류의 가능성을 줄일 수 있다. 그러나 기술 평가의 한계점은 그들이 통제할 수 있는 행동 범위가 너무 좁아서 어떤 부분은 사건과 행동 간의 기능적 관계를 가정할 수 없다는 점이다(Sasso et al., 1992). 두 가지 사건의 일시적 접촉을 관계라고 볼 수 없고, 두 가지 사건이 전혀 관련 없을 수도 있으며, 단지 각각 일시적으로 비슷하게 발생한 것일 수도 있다. 이와 더불어, 많은 사건은 행동이 발생한 후 동시적으로 또는 그 전에 일어날 수 있어서 관찰 기록을 만들어 선행사건과 결과를 분석하기에는 한계가 있다(LaRue & Handleman, 2006).

기능분석

기능분석은 환경적 선행조건과 결과를 체계적으로 조작하여 더욱 통제적인 환경사건에서 유의한 수준으로 반응을 일으키는 것이다(Carr & Durand, 1985; Iwata, Dorsey, Slifer, Bauman, & Richman, 1982, 1994). 조건으로 언급되는 조작은 자연스러운 환경에서 나타나는 강화 유관성을 대표한다. 그리고 행동은 다양한 조건에서 기록되고, 가장 높은 비율의 행동이 일어나는 조건은 목표행동을 위한 기능을 의미한다.

　기능분석에서 일반적으로 수행하는 조건에는 사회적 관심, 요구, 실제 물품, 혼자 두기 · 무시하기, 장난감놀이가 있다(LaRue & Handleman, 2006). 사회적 관심조건에서는 우선 치료사나 교사의 관심 없이 아동이 중립적인 물품으로 놀이를 하도록 한다. 목표행동이 발생하면 치료사와 교사는 아동에게 관심을 기울인다. 이 조건에서 높은 행동비율이 나타난다면 이는 사회적 관심에 의해 행동이 유지된다는 것을 의미한다.

　그리고 요구하기 조건에서는 우선 아동에게 요구활동에 참여하도록 하고, 아동의 목표행동 결과로 치료사는 아동에게 모든 요구를 제거하고 쉬는 시간을 제공한다. 만약 이 조건에서 높은 비율의 행동이 나타난다면, 이는 요구에서 벗어나기로 이 행동이 유지된다는 것을 의미한다.

　실제 물품조건에서는 우선 아동은 선호하는 실제 물품을 얻지 못하고 목표행동의 결과로 선호하는 물품을 받는다. 이 조건에서 높은 비율의 행동이 나타나는 것은 선호하는 물품을 얻음으로써 그 행동이 유지된다는 것을 의미한다.

　혼자 두기 · 무시하기 조건은 우선 아동에게 중립적인 물품으로 놀이를 하도록 한 후 목표행동에 따른 결과를 주지 않는다. 이 조건에서 높은 비율의 행동이 나타난다면 그 행동은 자동적 강화가 된다는 것을 의미하는데, 즉 아동은 정적 강화(예 : 즐거운 감각) 또는 부적 강화(예 : 눈 지압으로 머리 압력을 경감시키는 것과 같은 신체적 불쾌감 감소)를 통해 감각적 자극을 받기 위해 행동한다. 위의 모든 조건은 요구를 하지 않고 사회적 관심, 선호하는 실제 물품에 지속적으로 접근할 수 있는 장난감놀이조건과 비교된다. 어떠한 결과도 행동을 위해 제공되는 것이 없다. 이 조건은 통제조건으로서,이 조건에서는 행동이 낮은 비율로 발생할 수 있다.

　Hanley 외(2003)는 지난 2000년대에 게재된 기능분석 결과 연구를 살펴보았는데, 그 결과 문제행동의 기능을 확인하는 데 기능분석이 매우 유용하였다. 즉, 연구자는 결과의 95%가 '구분된 결과'라고 설명하였고, 유지되는 변수의 의미는 목표행동으로 확인되었다. 성공적인 평가 방법임에도 불구하고, 일반적인 제한점은 방법이 너무 복잡하고 진행 절차를 완벽히 수행하려면 너무 길다는 점이다(Axelrod, 1987). 이에 대한 해결책으로 몇몇의 연구에서는 기능분석의 간단한 형식을 사용함으로써 평가 시간을 많이 단축하였고, 이와 더불어 행동을 위해 유지되는 유관성 역시 믿을 수 있게 확인되었다(Derby et al., 1992; Northup et al., 1991).

　기능분석에 관한 또 다른 우려사항은 조작한 과정이 자연스러운 환경에서 행동을 유지하는 유관성을 활용하지 못할 수 있다는 것이다(Mace & Lalli, 1991). 그러나 교실환경에서 교사가 기능분석을 수행한 결과는 유사한 기능분석 및 ABC 자료 결과와 차이가 있었다. 이와 더불어, 교사의 보고에서 이 기술은 행동을 통제하는 통제적인 환경적 사건과 중립적 환경에서 평가할 수 있다고 하였다(Sasso et al., 1992).

기능 중심 행동 중재

장애인교육법에서 행동 중재 계획은 저항행동을 줄이기 위한 것으로, 기능행동 평가를 기초로 해야 한다고 명시하였다. 비록 장애인교육법에서 성공적인 중재 계획의 구성요소에 대해 구체적으로 기술하지는 않았지만(Drasgow & Yell, 2001), 효과적인 행동 중재 계획에 비유관적 강화와 기능적 의사소통 훈련과 같은 선행조건 중심 구성요소나 소거와 같은 결과 중심 구성요소를 포함하였다. 각 구성요소는 행동의 기능에 의존하는 다양한 방법의 도구가 될 수 있으므로, 이를 통해 서로 다른 행동의 기능에 근거한 행동 변화 원리를 해석할 수 있고 이해하는 데 도움을 줄 수 있다(Iwata, Pace, Cowdery, & Miltenberger, 1994).

비유관적 강화

비유관적 강화는 시간 중심적으로 그 사람에게 강화 물품 또는 활동을 반응 독립적으로 전달한다(Vollmer, Marcus, & Ringdahl, 1995; Vollmer, Iwata, Zarcone, Smith, & Mazaleski, 1993). 이 강화의 전달은 저항행동을 하고자 하는 개인의 동기를 줄이기 위해 의도된 것이다. 만약 그가 부적응행동을 통해 얻는 강화와 비슷하거나 더 높은 비율로 강화활동을 얻는다면, 부적응행동을 하고자 하는 동기가 점차 감소하여 결과적으로 부적응행동이 낮은 비율로 감소할 것이다(Vollmer et al., 1993).

　비유관적 강화를 효과적으로 수행하기 위해서는 아동의 행동 기능에 잘 맞는 강화를 아동이 받는 것이 가장 좋다. 예를 들어, 아동의 비순응적 행동이 관심을 받으면서 유지된다면 교사는 비유관적 관심을 10분마다 아동에게 제공하는 것이다. 반대로 아동의 비순응적 행동이 과제 수행에서 벗어나는 것으로 유지된다면 교사는 10분마다 쉬는 시간을 비유관적으로 아동에게 제공할 수 있다. 또한 연구자는 감각자극에 의해 자동으로 강화된 저항행동에 같은 감각자극을 비유관적으로 제공함으로써 목표행동이 줄어든다는 것을 발견하였다. 즉, 행동을 줄일 수 있는 비유관적 감각 강화 형태를 확인하기 위해, 그 행동을 하면서 받는 강화에 대해 포괄적으로 평가하는 것이 필요하다 (Piazza, Adelinis, Hanley, Goh, & Delia, 2000).

기능적 의사소통 훈련

저항행동을 하려는 동기를 감소시키기 위해서 아동은 안전한 대안행동을 강화하도록 배워야 한다. 부적응행동으로 얻는 강화와 같은 형식의 효과성을 가져오기 위해서 대안행동은 부적응행동과 잘 맞아야 한다. 기능적 의사소통 훈련은 주로 아동에게 대안적 기술을 가르치는 방법으로 활용된다. 기능적 의사소통 훈련을 통해서 아동은 의사소통 사용을 강화하도록 배우는데, 이는 수화, 그림 교환, 언어적 반응이 될 수 있다(Carr & Durand, 1985). 이 기술교육에서 대안행동이 부적응행동보다 효과적이어야 한다. 즉, 대안행동이 부적응행동보다 더 일관되고 믿을 만하게 강화 전달이 이루어져야 하고, 이로써 저항행동이 줄어들 것이다(Carr & Durand, 1985).

기능적 의사소통 훈련의 장점은 아동이 안전한 강화에 적극적인 역할을 하도록 한다는 것이다. 아동이 기능적 의사소통 기술을 사용할 수 있도록 교육함으로써, 아동은 비유관적 강화 계획으로 결정한 빈도보다 더 많이 그리고 독립적으로 강화물을 얻을 수 있게 되었다(Carr & Durand, 1985). 기능적 의사소통 훈련은 행동 감소 계획에서 단독으로 사용해도 효과적이지만(Carr & Durand, 1985), 여러 연구자는 부적응행동을 줄이기 위한 다른 절차(예: 소거)에 기능적 의사소통 훈련을 추가하여 사용하는 것을 제안하였다(Hagopian, Fisher, Sullivan, Acquisto, & LeBlanc, 1998).

강화 절차

강화를 비유관적 또는 대안행동에 반응하여 전달하는 것과 더불어 아동의 행동이 없을 때에도 유관적으로 정적 또는 부적 강화를 전달할 수도 있다(Lalli et al., 1999). 아동이 특정 시간 동안 행동을 하지 않을 때(Vollmer et al., 1993) 또는 부적응행동과 양립할 수 없는 행동을 시켜야 할 때(예: 반복적인 운동 움직임을 하는 것 대신에 주머니에 손을 넣는 것) 기능 중심 강화를 전달함으로써(Cooper, Heron, & Heward, 2007) 점차 아동의 적절한 행동을 하려는 동기를 증가시킬 수 있다.

소거

행동 중재 계획에서 가장 비판받는 요소 중 하나가 바로 소거이다. 소거는 부적응행동에 강화를 제거하는 것으로, 이전에 유지된 강화가 행동 발생 이후 철회되는 것이다(Iwata et al., 1994). 소거는 기능적 의사소통 훈련과 강화 절차 같은 다른 중재요소와 함께 구성될 때 더욱 유용한데, 소거를 통해 문제행동을 유지하는 유관성을 제거하지만 그동안 아동이 적절한 행동을 하려는 동기가 증가하기 때문이다(Hagopian, Fisher, Sullivan, Acquisto, & LeBlanc, 1998; MaZaleski, Iwata, VOllmer, Zarcone, & Smith, 1993).

소거는 형식이 많으며, 각각의 형식은 행동 기능의 차이에 따라 구분된다. 예를 들어, 관심으로 유지된 행동은 소거의 한 방법으로 그 행동이 발생한 이후 관심을 철회하는 것(즉, 계획된 무시)이 있다. 요구에서 벗어나기로 유지된 행동은 그 행동(즉, 요구에서 벗어나기)이 발생한 이후에 현재 과제를 통해 학생을 격려하는 방식으로 '도피 소거'를 활용할 수 있다(예 : Iwata, Pace, Kalsher, Cowdery & Cataldo, 1990). 자동으로 강화된 행동은 그 행동의 특성을 제거하거나 막는 과정을 적용하여 소거할 수 있는데, 예를 들어 자동으로 머리를 치는 학생의 머리에 헬멧을 씌워 그 행동을 소거하는 것 등이 있다.

소거 절차를 적용하기 전에 행동의 기능을 확인하는 것이 매우 중요하며, 독단적으로 적용한 소거 절차는 효과가 없거나 금지될 수 있다. 예를 들어, 문제행동의 기능이 요구에서 벗어나기인데 그 행동에 무시하기를 소거 계획으로 세웠다면, 문제행동은 더욱 강화될 것이다(Iwata et al., 1994).

기능 평가와 분석의 요약

자폐증이 있는 사람이 빈번하게 부적응행동을 보이지만, 광범위한 연구에서는 이런 부적응행동에 기능 평가와 기능 중심 행동 중재 계획을 적용하는 것을 지지한다. 초기 간접 평가는 기술 평가와 기능분석보다 더 많은 정보를 제공하며, 이는 부모, 교사, 다른 서비스제공자가 아동의 부적응행동을 지속시키는 근본적 동기를 확인할 수 있도록 하는 도구이다. 이렇게 중요한 정보로 효과적인 치료는 기능 중심으로 견고하게 발전하였다. 행동 중재 계획에 비유관적 강화, 기능적 의사소통 훈련, 강화, 소거를 포함하여 행동의 기능에 잘 매치된 경우 부적응행동을 매우 효과적으로 줄일 수 있다고 입증되었다.

앞으로는 가정과 학교를 포함한 다양한 환경에서 가장 효과적인 방법의 평가요소와 치료 적용에 대해 지속적으로 평가하는 연구가 이루어져야 한다. 기능 중심 평가와 치료의 유용성에 의심할 여지는 없고 장애인교육법에서 명시한 규정이 있어서 기능 평가와 치료를 사용하지 않을 수 없지만, 그래도 연구자와 전문가는 이 분야의 과학적 사용을 더욱 용이하게 하기 위해 지속적으로 방법을 개발해야 한다. 그리고 미래 과업은 자폐증이 있는 사람에게 가장 적절한 평가와 가능한 치료가 무엇인지에 대한 정보에 접근할 수 있도록 하는 것이다.

마음이론의 미래 연구와 공동의 관심과 초기 중재

여러 분야에서 자폐스펙트럼장애의 정의와 치료에 대해 매우 흥미를 보이고 있다. 사회적 기술은 가장 어려운 결핍 부분으로 남아 있지만, 이러한 결핍을 어떻게 개념화하고 치료할 것인지에 대한 몇 가지 과정이 있다. 특히 조망 수용과 공동 관심의 기술을 어떻게 향상시킬 것인가에 가장 주목하였다. 이와 더불어, 이 과정은 자폐스펙트럼장애를 유아기에 조기 발견하고 더욱 어린 연령의 치료를 가능하게 하였다.

마음이론[36]

마음이론은 타인의 현재 마음 상태(예 : 신념, 욕구, 의지)를 이해하기 위한 능력과 다양한 상황에서 이런 마음 상태를 합리적으로 예측할 수 있는 능력을 포함한다. 자폐증이 있는 사람에게서 마음이론의 손상이 분명히 나타나며, 이 손상은 자폐의 핵심 문제에 의한 것이라는 몇 가지 주장이 있다. 최근 연구에서는 메커니즘, 구조, 마음이론의 손상에 대한 새로운 가능성을 보고하며, 따라서 미래 연구를 위해 새로운 영역에도 관심을 두고 있다.

생물학적 메커니즘

전전두엽(PFC)이 자폐증의 어떤 핵심 손상과 연관이 있으며, 이는 사회성 · 정서 · 기억 기술의 발달에 영향을 준다. 최근에 연구자는 마음이론과 뇌의 주요 특정 영역에 대한 가정을 입증하는 데 목적을 둔다. Sabbagh(2004)는 자폐증 환자를 대상으로 감정적 정신 상태 판단과제를 수행하는 동안, 사건 관련 전위(ERP)[37]로 측정하였다. 연구 결과, 특히 우반구의 하전두엽(inferior frontal)

---

36. 다른 사람의 의도, 바람, 신념, 지식, 생각 등 마음 상태를 추론하는 능력이다. 자폐 아동에게서 이러한 마음이론의 결손이 나타난다. 타인의 말, 행동, 동기를 이해하기 어렵고, 감정이입이 어렵다. 또한 마음 용어를 이해하기 어렵고 거짓말, 비유, 농담 등을 이해하지 못한다. 가상놀이에 어려움이 있고 잘못된 신념을 지닌다.
37. 뇌파측정의 다른 한 부류는 사건 관련 전위측정 기법으로서, 동일한 자극을 반복 제시하고 이들의 평균 전위를 획득하여 측정치를 얻는 기법이다. 일반적으로 이 방법은 피험자에게 자극을 주고(빛을 비추거나, 신호를 들려주거나, 문장을 읽거나 들려주거나, 운동 반응을 우발하게 하는 등), 그 관련 사건에 따라 일어나는 전기적 뇌파의 변화를 시간 경과상에서 측정하며 이를 평균화하여 전체적 패턴을 파악한다. 이 ERPs 기법은 시간 경과상의 두뇌활동의 특성을 반영하여 인지 과정에 대한 정보를 제공한다. 대체로 초기의 ERP들은 자극의 물리적 특성을, 반응 지연 시간이 긴 후기의 ERP들은 피험자의 인지적 처리 과정의 특성을 반영한다고 본다. 자극 제시 후의 정보 처리 과정상에서 개인의 주의, 기대 외의 인지적 정보 처리의 미세한 차이가 이러한 ERP들을 사용하여 측정된다.

과 전측두엽(anterior tempora) 영역이 마음 상태(mental state)를 해석하는 데 영향을 준다고 나타났다. 이와 대조적으로 좌측 전전두엽(left PFC) 영역은 실행적 기능, 억제조절, 사회적 상호작용에서 감정 발달과 관련이 있었다. 또한 전전두엽 영역은 공동 관심과 시각적 조망 변화를 포함한 마음이론의 다른 구성요소와도 관련이 있었다.

Sabbagh의 연구 결과는, 마음이론의 인지적 과정은 일반 신경계가 아니라 특정 영역의 손상 때문일 것이라고 제안하였다. 앞으로 연구는 자폐증인 사람의 피질 뇌 활동에 대한 발달 궤도에 초점을 둘 필요가 있다. 마지막으로 Sabbagh는 자폐증의 핵심 손상에 따른 마음 상태 해석을 목표로 두었다. 전형적인 발달에서 해석은 추론 이전에 나타난다. 그래서 해석이 이루어지는 대뇌 피질 간의 유사성, 사회적 기술 과정(예 : 마음 상태 추론, 안면 감정 인식), 다른 마음이론은 이 연구 영역에서 추가적인 관심을 받고 있다.

다른 연구에서는 마음이론을 설명하기 위해 신경학적 기능에 초점을 두었다. '폰 에코노모 뉴런(VENs : Von Economo neurons)'에 관한 최근 연구에서는 마음이론의 손상을 이 관점에서 설명할 수 있다고 제안하였다(Allman, Watson, Tetreault, & Hakeem, 2005). VENs는 fronto-편협한 피질(fronto-insular cortex)과 전대상회피질(anterior cingulate cortex)의 결과를 전두엽과 측두엽에 전달한다. 이러한 전달 과정은 직관력 또는 복잡한 사회적 상황에서 빠른 판단에 필요한 능력과 관련 있을 것이라 여겨진다. Allman 외는 VENs가 인간의 진화적 발달에서 늦게 나타난 영역이기 때문에 특히 기능장애에 취약할 수 있다고 하였다. VENs는 사회적 상황에서 유입된 다양한 정보에서 보상과 처벌 간의 균형을 통합하는 영역이고, 기대와 경험 중심으로 빠르게 비용효과적 분석을 하는 영역일 수 있다. 자폐증인 사람의 뇌에서 VEN 영역을 분석하고 구분하는 것은 이 영역의 연구를 더욱 확장시키고, 더 나아가 마음이론 손상과 연관된 특정 뇌 손상을 관련지을 수 있다.

마음이론의 인지 과정

마음이론에서 특정 과정 손상에 대한 다양한 이론이 있는데, 이 모든 이론은 상호배타적이 아닐 수 있다. 자폐증의 사회적 결함에 근거하는 인지 유형으로 약한 중앙응집력이론(WCC)을 제안하였다(Frith, 1989). 이 이론은, 자폐증인 사람은 세부목록을 더욱 전체적인 내용으로 통합하지 못한다고 가정하였다. Burnette 외(2005)의 연구는 소리 구성(sound construct)에서 WCC의 혼합적인 증거에 주목하였다. 그들의 분석에서 WCC의 언어 영역(예 : 정확하게 해석하고 철자를 발음하는 능력)은 마음이론과제 수행에 직접적인 연관이 있었다. 그러나 이것은 실제의 시각적 공간 측면(블록 쌓기, 패턴 인식, 숨은 그림 찾기)에 해당하지 않는다. 더군다나 가정된 것처럼 WCC는 증상 표현과는 관련이 없었다. 연구자는 공존하는 불안이 중재 변수일 것이라 예상했지만, 결과는 그렇지 않았다. 이 연구에서 마음이론과 WCC 간의 관계에 대한 혼합적인 결과가 추가적으로 보고되었다 (Brian & Bryson, 1996; Ozonoff, Pennington, & Rogers, 1991a). 감정, 생각에 제한이 있는 마음이론처럼 WCC도 이와 비슷한 손상이 있다고 볼 수 있다. 만약 이것이 사실이라면, 이 일반적 패러다임이 잘못된 상관관계를 도출한 것인지 아니면 통합적 절차 어려움이 실제로 중요한 구성요소인지 확인하기 위해서 더 많은 연구가 필요하다.

'3요인 도식(three-element schema)'은 좀 더 근본적인 모델로 마음이론과제의 각 수준에 영향을 주는 행동적 요소에 초점을 맞춘 것이다(Bowler, Briskman, Gurvidi & Fornells-Ambrojo, 2005). 이 이론은 자폐 아동을 대상으로 수행한 두 가지 틀린 믿음과제에서 나온 결과로 시작되었다. 과제 중 하나는 '행위자가 없는 것(agentless)'인데, 이는 색을 보고 기차 위치를 결정하는 것이다. 또 다른 하나는 Sally-Anne 과제이다. 즉, Sally는 박스 2개 중 한 박스에 자신의 구슬을 넣은 후 그 방을 떠나고 Anne이 들어와서 다른 상자에 구슬을 옮긴다. 그런 후 아동에게 묻는다. "Sally는 자신의 구슬을 어디에서 찾을까?" "첫 번째 상자"라고 대답한 아동은 자신의 마음이론을 증명한다. 자폐 아동은 Sally-Anne 과제보다 행위자 없는 과제에서 유의미하게 더 나은 수행을 보였다. 대응이론(correspondant theory)은 이 과제를 세 가지 주요 구성요소, 즉 목표(구슬), 신호(Sally의 믿음), 행위자(Sally의 행동)로 분류하였다. Bowler 외의 연구에 따르면, 행위자는 기차과제에 세 번째 요소로 포함되며, 이 사례에서 반응은 신호로 받은 정보에 근거하여 목표가 변화하는 것에 따라 변한다. 연구자는 이 관계를 이해하는 것이 마음 상태(사회성 장해)를 이해하는 능력 안에 있지 않지만, 두 가지 원인(결손 과정 절차)에서 나온 변화된 정보를 통합한다고 주장하였다. 행위자 없는 과제를 통과하기 위한 능력은 복잡한 상황의 마음이론 체계의 선행조건이다. 이 현상의 종단적 실험연구는 마음이론의 수준에 대한 타당성을 설명할 수 있다.

마음이론의 손상은 기질적 사회성 또는 좀 더 전반적인 어려움의 현상인가? 이는 마음이론 연구에서 중요한 질문 중 하나이다. 장애는 사회성(예 : 직면 과정, 감정 확인)과 비사회성(예 : 모호한 형태 지각, 패턴 인지) 범주에서 나타나며, 특히 마음이론은 둘 다에서 나타난다. 표상능력결손이론(representational deficit theory)을 설명하기 위해 Sobel, Capps와 Gopnik(2005)은 자폐 아동과 정상 아동을 대상으로 그들의 지각 변화 능력을 측정하기 위해 불명확한 형상과제를 제시하였다. 정상 아동은 불명확한 형상을 성공적으로 지각하였는데, 이는 마음이론 수행과 관련 있다 (Gopnilt & Rosati, 2001). 2005년 연구 결과, 단일 이미지 또는 다수 이미지 정보에 의거한 지각에 따른 진단의 차이는 없었다. 그러나 자폐 아동은 정상 아동에 비해 다양한 이미지(반전)를 자연스럽게 확인하는 부분이 유의한 수준으로 부족하였다. 다양한 마음이론과제의 결과는 혼합적으로 보고되었다. 즉, 자폐증이 있는 사람은 반전(reversal)과 틀린 믿음과제 간에 관계가 없었으나, 이미지 반전과 구별, 그리고 언어와 비언어적 이야기 간에는 상관관계가 있었다. 연구 결과는 특정 사회성 또는 표상 능력 결손에 반하여 마음이론과 실행 기능 간에 관련이 있다고 지지하며, 혼합적인 결과는 이후 연구에서 증명하였다.

마음이론과 다른 사회성 구성요소

마음이론과 다른 사회성 간의 관계 역시 최근 연구의 초점이 되고 있다. 예를 들어, 마음이론과 협력성, 공평성 간의 흥미로운 관계는 연관성이 있다. 자폐 아동을 대상으로 두 번째로 제시한 마음이론과제의 성공적인 수행은 협력성과 유의미한 상관이 있다(Sally & Hill, 2006). 협력성에 관한 이론은 모두에게 이득이 되기 위해서(다른 사람의 의도 이해) 다른 사람도 협력할 것이라고 예상할 수 있어야 협력성이 일어난다고 제안하였다. 그러므로 첫 번째 제시했던 마음이론과제 수행 결과와 협력성은 부적 상관을 보인다. 협상과제(bargaining task)를 추가적으로 제시하면, 이는 한 아동은 다른 아동에게 일정한 양의 자기 점수를 줄 기회를 가진다. 마음이론은 단기적으로 얻은 점수라도 상호적인 이점을 제공하는 것과 상관이 있다. 자폐 아동은 점수를 주는 두 가지 방법이 있었는데, 자신의 점수 반을 (공평하게) 제공하거나 전혀 주지 않는 방법으로 주는 경우가 많았다. 또한 그들은 '공평한' 제공은 줄어들고 '불공평한' 제공을 수행하는 경우가 많았다. 집단 간 차이는 제공자의 의도를 이해하는 능력에 따라 나타날 수 있다.

마음이론과 언어 능력 간의 강한 상관관계가 지지되며(Tager-Flusberd & Sullivan, 1994), 언어성은 관점 바꾸기 기술(perspective-taking skill)의 믿을 만한 예측변인이 될 수 있다고 제안하였다. 최근 연구 결과는 마음이론과 자폐 아동에 관한 담화(discourse) 간에 상호적인 관계가 있을 수 있다고 밝혔다(Hale & Tager-Flusberg, 2005). 연구자는 다양한 마음이론과제 수행과 우연적인 담화(contingent discourse) 간의 상호적인 관계를 발견했지만, 이런 예측은 시간이 지남에 따라 신뢰할 수 없다. 언어성이 시간 경과에 따라 우연적인 담화를 예측한다는 증거가 있어서, 앞으로 분석은 언어성 발달의 기능으로서 마음이론과 담화 간의 종단적 관계에 대한 실험이 요구된다. 또한 연구자는 대화하는 상대방의 특성이 우연적인 담화의 차이에 영향을 준다는 것을 밝혔다. 이러한 결과는 부모 훈련 중재에 영향을 줄 수 있다. 아동의 언어는 장기적으로 발달하기 때문에, 일관성 있는 중재를 수행할 수 있는 도구로서 부모가 선택된다. 그러나 아동이 부모와의 대화에서 최대의 이점을 얻도록 하기 위해서는 담화의 구성요소를 가르쳐야 한다.

형제 연구

마음이론 손상이 자폐의 핵심 특성이라는 논쟁에서 더 나아가, 연구자는 이 구성요소에 대응하는 손상을 실험하기 위해 정상 발달하는 형제자매 연구로 돌아갔다. Shaked, Gamliel과 Yirmiya(2006)는 정상 발달 아동과 자폐 아동을 대상으로 틀린 믿음과제와 이상한 이야기과제를 시행하였다. 그 연구 결과, 두 집단 모두 마음이론과제 수행과 수용성 언어 간의 관계는 지속되었으나, 집단 간의 수행에 유의한 차이가 나타나지 않았다. 이러한 결과는 이전 연구 결과와 일치하기도 하고 모순되기도 한다. 발달장애, 학습장애, 지적장애, 그리고 발달주기(developmental span)를 넘어 집단 간의 차이를 확인하기 위해서는 종단연구가 진행되어야 한다.

마음이론의 손상은 자폐증인 사람에게 확실히 흥미진진한 특성이다. 현재 충분히 이루어진 연구는 추후연구의 방향성을 보여 준다. 즉, 메커니즘, 구성 개념의 관계, 개별 치료의 결과가 앞으로의 연구 주제로 고찰될 것이다. 자폐 아동은 마음이론에서 핵심 손상이 있기 때문에, 이러한 기술의 치료교육은 학습 기술(예 : 독해력, 수열)을 가능하게 하고 더불어 사회 기술(예 : 감정 인식과 해석, 상호적 담화)을 향상시키는 데 중요한 영향력을 끼친다. 중요한 선행 기술로서 마음이론은 이 현상의 메커니즘에 대한 추후연구가 더욱 필요하다는 것을 강조하며, 따라서 우리는 효과적인 중재의 중요한 구성요소를 더 확인할 수 있다.

공동 관심

공동 관심은 일반적으로 어떤 대상 또는 사건에 대해 타인과 함께 흥미를 공유하기 위해 눈 맞춤이나 제스쳐를 사용하는 개인의 능력으로 정의한다.

자폐 아동은 타인의 눈 응시에 대한 해석, 사람과 사물 간에 흥미를 보이는 교류에 어려움이 있다. 공동 관심의 손상에 대해 수많은 연구가 있었지만, 많은 부분이 설명되지 못하였다. 더군다나 공동 관심은 상호관계와 사회적 상호작용 발달을 목표로 하는 사회적 행동에서 매우 중요한 영역이다.

마음이론과 더불어 공동 관심에 대한 근본 과정 역시 많은 논쟁이 필요하다. 가장 근본적인 수준에서 편도체 기능장애가 공동 관심 손상과 관련이 있을 수 있다. 편도체는 본래 정서와 연관되어 기억과 정서 과정을 조절한다. 또한 연구자들은 이 영역의 기능장애가 사회적 상호작용의 어떤 보상 특성을 방해하거나, 사회적 상호작용을 추구하거나 지속하는 것을 어렵게 할 수 있다고 제안하였다(Berger, 2006). 공동 관심과 얼굴 처리 과정, 특히 사람의 눈에 집중하는 것 간의 관계 역시 제시되었다. 눈 응시 발달은 자폐 아동에게서 지연될 수 있으며, 이는 공동 관심에서 동반된 손상으로 설명할 수 있다. 또한 얼굴 처리 과정 역시 편도체에서 조절하는 것이라서, 생물학적 메커니즘으로 설명할 수 있다. 눈 응시에서 얻는 이점이 공동 관심에서 부수적인 효과로 얻어진다면, 앞으로 이 관계를 알아보기 위하여 실험할 수 있다. 또한 생물학적인 이상 역시 초기 진단에 영향을 준다(Dawson, 2008). Berger는 위와 같은 믿을 만한 관계가 확립될 수 있다면, 유아의 얼굴 처리 과정에 대한 전기생리학적 측정(electrophysiological measures of facial processing)은 자폐증에 대한 조기 확인에 공헌할 수 있다고 하였다. 이러한 발견은 조기 중재에 대한 관심을 불러일으킨다. 즉, 만약 이 사회적 손상을 유아기에 확인할 수 있다면, 우리는 현재보다 훨씬 더 빨리 중재할 수 있다.

공동 관심은 일반적 결손 과정을 나타내는가 아니면 특정한 사회성 또는 주의력결핍의 결과를 나타내는 것인가? 그 증거로 자폐 아동은 두 가지 자극 간에 관심을 바꾸는 능력이 손상되어 있다고 제안하였다(Siller & Sigman, 2002). 이러한 결과는 공동 관심 손상으로 인해 사물이나 사건 또는 사건과 타인 간의 주의전환에 어려움을 겪는 것과 일맥상통한다. 그러나 이 이론은 사회적 기술 역시 한 구성요소일 가능성이 있다는 점을 간과하지 않는다. 이는 공동 관심을 결과라고 보기보다는, 좀 더 광범위한 사회적 발달 과정의 지표로 본다고 제안하였다(Mundy & Crowson, 1997). 그런 모델은 공동 관심과 모방, 가상놀이, 정서, 마음이론, 의사소통과 같은 다른 사회적 기술 간에 관찰되는 관계를 설명한다.

Whalen 외(2006)는 자폐 아동을 대상으로 공동 관심을 훈련한 후 언어성, 정서, 모방에서 부수적인 이점을 얻었다고 밝혔다. Ingersoll과 Schreibman(2006)은 모방 훈련의 결과로서 공동 관심에서 이점을 얻었다. 이 연구의 추후 방향은 자료 안에서 관련된 상호관계를 조사하는 것이다. 특정 사회적 범위에서 유관적 관계는 사회 기술 중재를 어떻게 계획하고 유지할 것인지에 상당한 영향을 줄 수 있다.

또한 수많은 연구 역시 공동 관심을 목표로 하는 치료 기술 증진에 주목하였다. 일반화는 자폐증 치료의 어떤 분야에서든지 간에 가장 중요한 부분이고, 현재 공동 관심 중재 연구는 일반화 부분이 제한적인 것으로 보인다. 일반화를 증진시키는 데 고려해야 할 몇 가지 요소가 있다. 종단연구에서는 어떤 환경에서 누구와 함께할 때 가장 큰 성과가 나타나는지 알아내기 위해서 자연스러운 환경(집, 교실 등)에서 수행하는 현재 공동 관심 기술과 공동 관심 교수에 초점을 두어야 한다(Tsao & Odom, 2006). 이 연구의 연장선으로 부모, 또래, 형제자매 훈련 역시 적용된다. 정상 발달 형제자매는 자폐 아동에게 사회적 기술을 효과적으로 가르친다는 결과가 보고되며(Celiberti & Harris, 1993; Pierce & Schreibman, 1995; Tsao & Odom, 2006), 형제자매에 의해 자폐 아동의 반응을 이끌어 내는 것이 더 쉽다고 하였다(El-Ghoroury & Romanczyk, 1999). 따라서 자연스러운 환경에서 형제자매 또는 또래가 하는 공동 관심 훈련을 자폐 아동이 배울 때 일반화가 더욱 용이할 수 있다. 또한 강력한 이점을 가져올 치료 중재의 유형이 무엇인지도 조사되고 있고, 최근 공동 관심을 가르치기 위해 여러 방법이 활용된다(예 : 중심축 반응 훈련, 불연속 개별 시도 훈련, 비디오모델링, 상호작용 모방).

마지막으로 공동 관심 중재와 결과로서 공동 관심은 모두 요인분석이 필요하다. 요인분석은 중재 효과를 최대화하기 위하여 이러한 이점이 어디서 발생하고 그렇지 않은가를 알아내는 데 결정적인 방법이다. 더 나아가 연구를 통해 공동 관심의 양극단의 구성요소(명령 vs 반응, 요구 vs 관심 공유, 두 사람 간의 관계 vs 세 사람의 상호작용) 중 어디에서 공동 관심이 멈추는지 그 과정을 관찰하여 알아낼 수 있다. 또한 이런 개인적 요인 역시 사회적 기술에서 얻는 부수적 이점과 일반화와 관련됨으로써 연구에서 흥미로운 부분이다. 특정한 치료 중재에서 공동 관심의 특정 측면을 목표로 할 수 있고, 그 영역에서 얻은 이점은 또 다른 기술에서의 이점을 동반할 수도 있다. 그리고 공동 관심의 어떤 영역은 다른 것보다 종단적으로 더욱 견고할 수 있다. 이러한 의문은 공동 관심에 대한 추후연구에서 다루어야 할 것이다.

마음이론과 공동 관심 요약

이 분야는 자폐 아동의 사회적 기술에 관한 과정을 구체화한 연구와 치료 중심 연구를 통해 수많은 이점을 얻을 수 있다. 마음이론과 공동 관심의 이론적 체계와 기능을 설명하기 위해 이와 관련된 연구가 지속적으로 이루어지고 있다. 이 두 가지 기술 영역은 자폐 아동의 사회적 결손을 이해하는 데 매우 중요한 부분이다. 마음이론은 자폐 아동의 거의 보편적 특성으로 나타나는 조망 수용력의 결손을 설명하였고, 반면 공동 관심은 이 집단구성원 간의 사회적 흥미를 공유하는 능력의 결손을 설명하였다. 우리는 효과적인 사회적 변화에 어려움을 느끼기 때문에, 이런 핵심 기술 영역의 효과적인 변화로 어려움을 최소화할 수 있다. 따라서 이런 결손을 설명하는 메커니즘, 그리고 이런 결손을 재조정하는 치료 중재에 관한 연구는 임상적 치료 중재를 위해 매우 중요하다. 지속적인 연구는 사회 기술 훈련 영역의 중심 기술을 확립하기 위해 혁신적인 임상적 접근을 촉진하는 흥미로운 결과를 산출할 것이다.

초기 중재

최근에 자폐스펙트럼장애(ASD)에 관한 좀 더 흥미로운 부분은 자폐스펙트럼장애가 있는 어린 아동을 진단할 수 있는 임상가의 능력이다. 자폐스펙트럼장애의 조기 확인은 효과적인 치료를 더욱 빨리 중재하도록 하고, 이를 통해 긍정적인 결과가 향상될 수 있다.

일반적으로 자폐증은 20개월이 되어야 진단받을 수 있다(Cox et al., 1999). 자폐에 대한 초기 단서는 제한적인 눈 맞춤, 웃을 때 상호성이 부족한 점, 공동 관심의 결손이 있다(Robins, Fein, Barton, & Green, 2001). 빈약한 모방과 놀이 기술 역시 자폐스펙트럼장애와 관련 있다(Rogers et al., 2003). 일반적으로 초기 진단은 시간이 지남에 따라 안정된다(Eaves & Ho, 2004; Moore & Goodson, 2003). 집중적인 조기 중재는 최선의 치료 결과를 도출한다(McEachin, Smith & Lovaas, 1993; Sallows & Graupner, 2005). 치료에는 수많은 시간, 수많은 구조화와 일관성이 포함되며, 기능적 언어와 모방 그리고 사회 기술의 발달에 중점을 둔다(Dawson & Osterling, 1997; Rogers, 2001).

영유아형제자매연구컨소시엄(baby siblings research consortium)은 자폐 아동과 자폐스펙트럼장애 위험이 있는 매우 어린 아동의 유아기 형제자매를 연구하는 연구자 네트워크이다(Yirmaya & Ozonoff, 2007). 자폐스펙트럼장애의 명백한 지표 중 하나는 사회적 의사소통 발달의 결함인데, 이는 비전형적 감각과 운동행동이 함께 존재하는 것이다(Bryson et al., 2007; Loh et al., 2007).

자폐스펙트럼장애의 또 다른 새로운 지표는 14~24개월 아동의 공동 관심에 대한 반응이 낮은 수준으로 나타나는 것이며, 이는 14~24개월 사이에 공동 관심에 대한 반응의 발전이 부족한 것이다(Sullivan et al., 2007). 특히 연구자들은 아동이 공동 관심에 반응하기 위한 단서가 되는 행동에 24개월까지 반응하지 않는다면, 발달지연의 위험성을 고려해야 하고 공동 관심 결손을 위한 치료를 받아야 한다.

조기 신호를 확인하는 것에 대해 많은 관심을 둔다 할지라도 신중해야 한다(Watson, Baranek, Crais, Reznick, Dykstra, & Perryman, 2007). 광범위한 검사를 한 특정한 사례는 긍정적 오류를 산출할 수 있다. 임상가는 검사도구의 제한점에 대해 부모에게 정직하고 조심스럽게 설명해야 한다.

요약

자폐스펙트럼장애의 치료는 지난 20년 동안 놀라운 성장을 하였다. 응용행동분석은 자폐스펙트럼장애집단의 치료 효과성에 대한 실질적이고 중요한 증거를 제공함으로써 자폐스펙트럼장애를 위한 치료 선택을 좀 더 명확하게 해 준다. 응용행동분석에는 우연 교수법과 같은 자연스러운 접근과 비연속 개별 시도 교수법이 긍정적인 결과를 가져온다는 충분한 증거가 있다. 최근에는 유창성을 획득하기 위한 비율 수립과 핵심 학업 기술을 만들기 위한 직접 교수 접근의 잠재적인 관련성에도 관심을 두었다. 또한 자폐스펙트럼장애는 비행동적 치료제공자에게도 상당한 관심을 받아 왔다. 일반적으로 치료에는 생물의학적 중재, 감각-운동 중재, 심리교육, 심리사회 치료가 있다. 자폐 아동의 부모 대부분은 경험적 증거와 타당성이 거의 부족하다는 사실에도 불구하고, 이러한 몇 가지 접근을 사용할 것이다.

최근 몇 년간 아스퍼거 장애가 있는 사람을 위한 효과적인 치료 중재와 특정한 요구를 확인하는 과정이 이루어지고 있다. 더군다나 기능행동 평가 기술이 상당히 발전하면서 저항행동에 대한 정확한 평가, 저항행동의 기능, 도전적 행동 치료와 평가 간의 관련성 부분이 매우 진보하였다. 미래 발전 영역에는 자폐스펙트럼장애가 있는 사람의 임상적 프로파일을 설명하기 위해 공동 관심과 조망 수용 능력의 결손을 어떻게 해석할 것인지에 대한 부분이 포함될 것이다. 사회성 결손에 대한 이해, 그리고 그런 결손이 어떠한 영향을 끼치는지 또는 재조정할 것인지 등은 시간이 지남에 따라 더욱 발전할 것이다. 마지막으로 자폐스펙트럼장애가 발생하는 것을 더 빠르게 발견한다면, 우리는 가장 어린 연령의 자폐스펙트럼장애집단을 어떻게 최선으로 도와줄 수 있을까를 이해함으로써 실질적인 변화를 가져올 수 있다.

참고문헌

Alavosius, M. P., & Sulzer-Azaroff, B. (1986). The effects of performance feedback on the safety of client lifting and transfer. Journal of Applied Behavior Analysis, 19, 261–267.

Allman, J. M., Watson, K. K., Tetreault, N. A., & Hakeem, A. Y. (2005). Intuition and autism: A possible role for Von Economo neurons. Trends in Cognitive Sciences, 9(8), 367–373.

Aman, M. G., Arnold, L. E., McDougle, C. J., Vitiello, B., Scahill, L., Davies, M., & et al. (2005). Acute and long-term safety and tolerability of risperidone in children with autism. Journal of Child and Adolescent Psychopharmacology, 15(6), 869–884.

American Psychiatric Association. (2000). Diagnostic and statistical manual of mental disorders (4th edition text revision). Washington, DC: Author.

Anderson, S. & Morris, J. (2006). Cognitive behaviour therapy for people with Asperger syndrome. Behavioural and Cognitive Psychotherapy, 34, 293–303.

Arnold, G. L., Hyman, S. L., Mooney, R., & Kirby, R. S. (2003). Plasma amino acids profiles in children with autism: Potential risk for nutritional deficiencies. Journal of Autism and Developmental Disorders, 33, 449–454.

Asperger, H. (1944). Die "autistischen psychopathen" im kindersalter [Autistic personality disorders in childhood]. Archiv für Psychiatrie und Nervenkrankheiten, 117, 76–136.

Axelrod, S. (1987). Functional and structural analyses of behavior: Approaches leading to reduced use of punishment procedures? Research in Developmental Disabilities, 8, 155–178.

Barnard, L., Young, A. H., Pearson, J., Geddes, J., & O'Brien, G. (2002). A systematic review of the use of atypical antipsychotics in autism. Journal of Psychopharmacology, 16(1), 93–101.

Barnhill, G. P. (2001a). Social attributions and depression in adolescents with Asperger syndrome. Focus on Autism and Other Developmental Disabilities, 16(1), 46–53.

Barnhill, G. (2001b). What is Asperger syndrome? Intervention in School and Clinic, 36, 259–265.

Barnhill, G. P., Cook, K. T., Tebbenkamp, K., & Myles, B. S. (2002). The effectiveness of social skills intervention targeting nonverbal communication for adolescents with Asperger syndrome and related pervasive developmental delays. Focus on Autism and Other Developmental Disabilities, 17(2), 112–118.

Barnhill, G. P., Hagiwara, T., Myles, B. S., & Simpson, R. L. (2000). Asperger syndrome: A study of the cognitive profiles of 37 children and adolescents. Focus on Autism and Other Developmental Disabilities, 15(3), 146–153.

Barnhill, G. P., Hagiwara, T., Myles, B. S., Simpson, R. L., Brick, M. L., & Griswold, D. E. (2000). Parent, teacher, and self-report of problem and adaptive behaviors in children and adolescents with Asperger syndrome. Diagnostique, 25(2), 147–167.

Barnhill, G. P. & Myles, B. S. (2001). Attributional style and depression in adolescents with Asperger syndrome. Journal of Positive Behavior Interventions, 3(3), 175–182.

Barthelemy, C., Garreau, B., Leddet, I., Ernouf, D., Muh, J. P., & LeLord, G. (1981). Behavioral and biological effects of oral magnesium, vitamin B6, and combined magnesium-B6 administration in autistic children. Magnesium Bulletin, 3, 150–153.

Beck, A. R., & Pirovano, C. M. (1996). Facilitated communicators' performance on a task of receptive language. Journal of Autism and Developmental Disorders, 26, 297–512.

Berard, G. (1993). Hearing equals behavior. New Canaan, CT: Keats.

Berger, M. (2006). A model of preverbal social development and its application to social dysfunctions in autism. Journal of Child Psychology and Psychiatry, 47(3–4), 338–371.

Bernard, S., Enayati, A., Redwood, L., Roger, H., & Binstock, T. (2001). Autism: A novel form of mercury poisoning. Medical Hypotheses, 56, 462–471.

Bettison, S. (1996). The long-term effects of auditory training on children with autism. Journal of Autism and Developmental Disorders, 26, 361–374.

Biklen, D. (1992d). Typing to talk: Facilitated communication. American Journal of Speech and Language Pathology, 1(2), 15–17.

Biklen, D. (1993a). Communication unbound: How facilitated communication is challenging traditional views of autism and ability/disability. New York: Teacher's College Press, Columbia University.

Biklen, D., Saha, N., & Kliewer, C. (1995). How teachers confirm the authorship of facilitated communication. Journal of the Association for People with Severe Handicaps, 20, 45–56.

Biklen, D., & Schubert, A. (1991). New words: The communication of students with autism. Remedial and Special Education, 12(6), 46–57.

Binder, C. (1996). Behavioral fluency: Evolution of a new paradigm. The Behavior Analyst, 19, 163–197.

Bowler, D. M., Briskman, J., Gurvidi, N., & Fornells-Ambrojo, M. (2005). Understanding the mind or predicting signal-dependent action? Performance of children with and without autism on analogues of the false-belief task. Journal of Cognition and Development, 6(2), 259–283.

Brian, J. A., & Bryson, S. E. (1996). Disembedding performance and recognition memory in autism/PDD. Journal of Child Psychology and Psychiatry, 37, 865–872.

Bondy, A., Tincani, M., & Frost, L. (2004). Multiply controlled verbal operants: An analysis and extension to the Picture Exchange Communication System. The Behavior Analyst, 27, 247–261.

Bryson, S. E., Zwaigenbaum, L., Brian, J., Roberts, W., Szatmari, P., Rombough, V., & McDermott, C. (2007). A prospective case series of high-risk infants who developed autism. Journal of Autism and Developmental Disorders, 37, 12–24.

Burnette, C. P., Mundy, P. C., Meyer, J. A., Sutton, S. K., Vaughan, A. E., & Charak, D. (2005). Weak central coherence and its relations to theory of mind and anxiety in autism. Journal of Autism and Developmental Disorders, 35(1), 63–73.

Cade, R., Privette, M., Fregley, M., Rowland, N., Sun, Z., Zele, V., et al. (1999). Autism and schizophrenia: Intestinal disorders. Nutritional Neuroscience, 3, 57–72.

Cardinal, D. N., Hanson, D., & Wakeham, J. (1996). Investigation of authorship in facilitated communication. Mental Retardation, 34, 231–242.

Carey, T., Ratliff-Schaub, K., Funk, J., Weinle, C., Myers, M., & Jenks, J. (2002). Double-blind placebo-controlled trial of secretin: Effects on aberrant behavior in children with autism. Journal of Autism and Developmental Disorders, 32(3), 161–167.

Carr, E. G. & Durand, V. M. (1985). Reducing behavior problems through functional communication training. Journal of Applied Behavior Analysis, 18, 111–126.

Case-Smith, J., & Bryan, T. (1999). The effects of occupational therapy with sensory integration emphasis on preschool-age children with autism. The American Journal of Occupational Therapy, 53, 489–497.

Charlop-Christy, M. H., Carpenter, M., Le, L., LeBlanc, L. A., & Kellet, K. (2002). Using the Picture Exchange Communication System (PECS) with children with autism: Assessment of PECS acquisition, speech, social-communicative behavior and problem behavior. Journal of Applied Behavior Analysis, 35, 213–231.

Christison, G. W., & Ivany, K. (2006). Elimination diets in autism spectrum disorders: Any wheat amidst the chaff? Developmental and Behavioral Pediatrics, 27(2), 162–171.

Church, C., Alisank, S., & Amanullah, S. (1999). The social, behavioral, and academic experiences of children with Asperger syndrome. Focus on Autism and Other Developmental Disabilities, 15(1), 12–20.

Cox, A., Klein, K., Charman, T., Baird, G., Baron-Cohen, S., Swettenham, J., Drew, A., Wheelwright, S., & Nightingale, N. (1999). Autism spectrum disorders at 20 and 42 months of age: Stability of clinical and ADI-R diagnosis. Journal of Child Psychology and Psychiatry, 40, 719–732.

Cooper, J. O., Heron, T. E., & Heward, W. L. (2007). Applied Behavior Analysis (2nd edition.) Upper Saddle River, NJ: Pearson.

Dawson, G., Meltzoff, A. N., Osterling, J., Rinaldi, J., & Brown, E. (1998). Children with autism fail to orient to naturally occurring social stimuli. Journal of Autism and Developmental Disorders, 28(6), 479–485.

Dawson, G., & Osterling, J. (1997). Early intervention in autism: Effectiveness and common elements of current approaches. In J. Guaralnick (Ed.), The effectiveness of early intervention (pp. 307–326). Baltimore, MD: Brookes.

Dawson, G. (2008). Early behavioral intervention, brain plasticity, and the prevention of autism spectrum disorder. Development and Psychopathology, 20, 775–803.

DeNoon, D. Boy dies after controversial treatment for autism. Online document at: http://www.webmd.com/content/Article/110/109785.html. Accessed February 11, 2007.

Derby, K. M., Wacker, D. P., Sasso, G., Steege, M., Northup, J., Cigrand, K., & Asmus, J. (1992). Brief functional assessment techniques to evaluate aberrant behavior in an outpatient setting: A summary of 79 cases. Journal of Applied Behavior Analysis, 25, 713–721.

DiSalvo, C. A., & Oswald, D. P. (2002). Peer-mediated interventions to increase the social interaction of children with autism: Consideration of peer expectancies. Focus on Autism and Other Developmental Disabilities, 17(4), 198–207.

Dolske, M. C., Spollen, J., McKay, S., Lancashire, E., & Tolbert, L. (1993). A preliminary trial of ascorbic acid as supplemental therapy for autism. Progress in Neuro-Psychopharmacology & Biological Psychiatry, 17(5), 765–774.

Dougherty, K. M., & Johnston, J. M. (1996). Overlearning, fluency, and automaticity. The Behavior Analyst, 19, 289–292.

Doughty, S. S., Chase, P. N., & O'Shields, E. M. (2004). Effects of rate building on fluent performance: A review and commentary. The Behavior Analyst, 27, 7–23.

Drasgow, E., & Yell, M. L. (2001). Functional behavioral assessments: Legal requirements and challenges. School Psychology Review, 30(2), 239–251.

Ducharme, J. M. & Feldman, M. A. (1992). Comparison of staff training strategies to promote generalized teaching skills. Journal of Applied Behavior Analysis, 25, 165–179.

Dunlap, G. (1984). The influence of task variation and maintenance tasks on the learning of autistic children. Journal of Experimental Child Psychology, 37, 41–64.

Dunn-Geier, J., Ho, H. H., Auersperg, E., Doyle, D., Eaves, L., Matsuba, C., et al. (2000). Effect of secretin on children with autism: A randomized controlled trial. Developmental Medicine and Child Neurology, 42, 796–802.

Eaves, L. C., & Ho, H. H. (2004). The very early identification of autism: Outcome to age 41/2 – 5. Journal of Autism and Developmental Disorders, 34, 367–378.

Eisenmajer, R., Prior, M., Leekham, S., Wing, L., Gould, J., Welham, M., & Ong, B. (1996). Comparison of clinical symptoms in autism and Asperger's disorder. Journal of the American Academy of Child and Adolescent Psychiatry, 35(11), 1523–1531.

El-Ghoroury, N. H., & Romanczyk, R. G. (1999). Play interactions of family members towards children with autism. Journal of Autism and Developmental Disorders, 29(3), 249–258.

Elder, J. H., Shankar, M., Shuster, J., Theriaque, D., Burns, S., & Sherrill, L. (2006). The gluten-free, casein-free diet in autism: Results of a preliminary double blind clinical trial. Journal of Autism and Developmental Disorders, 36(3), 413–420.

Ericsson, K. A., Krampe, R. T., & Tesch-Romer, C. (1993). The role of deliberate practice in the acquisition of expert performance. Psychological Review, 100, 363–406.

Esch, B. E., & Carr, J. E. (2004). Secretin as a treatment for autism: A review of the evidence. Journal of Autism and Developmental Disorders, 34(5), 535–556.

Etzel, B. C., & LeBlanc, J. M. (1979). The simplest treatment alternative: The law of parsimony applied to choosing appropriate instructional control and errorless learning procedures for the difficult-to-teach child. Journal of Autism and Developmental Disorders, 9, 361–382.

Evangeliou, A., Vlachonikolis, I., Mihailidou, H., Spilloti, M., Makaronas, N., Prokopiou, A., et al. (2003). Application of a ketogenic diet in children with autistic behavior: Pilot study. Journal of Child Neurology, 18(2), 113–118.

Fabrizio, M. A. & Moors, A. L. (2003). Evaluating mastery: Measuring instructional outcomes for children with autism. European Journal of Behavior Analysis, 4, 23–36.

Farmer-Dougan, V. (1994). Increasing requests by adults with developmental disabilities using incidental teaching by peers. Journal of Applied Behavior Analysis, 27, 533–544.

Fenske, E. C., Krantz, P. J., & McClannahan, L. E. (2001). Incidental teaching: A not-so-discrete-trial teaching procedure. In C. Maurice, G. Green, & R. M. Foxx (Eds.), Making a difference: Behavioral intervention for autism. Austin, Texas: Pro-Ed.

Ferster, C. B., & DeMeyer, M. K. (1962). The development of performances in autistic children in an automatically controlled environment. Journal of Chronic Diseases, 13, 312–345.

Field, T., Lasko, D., Mundy, P., Henteleff, T., Kabat, S., Talpins, S., et al. (1997). Brief report: Autistic children's attentiveness and responsivity improve after touch therapy. Journal of Autism and Developmental Disorders, 27(3), 333–338.

Findling, R. L., Maxwell, K., Scotese-Wojtila, L., Huang, J., Yamashita, T., & Wiznitzer, M. (1997). High-dose pyridoxine and magnesium administration in children with autistic disorder: An absence of salutary effects in a double-blind, placebo-controlled study. Journal of Autism and Developmental Disorders, 27(4), 467–478.

Francke, J., & Geist, E. A. (2003). The effects of teaching play strategies on social interaction for a child with autism: A case study. Journal of Research in Childhood Education, 18(2), 125–140.

Frith, U. (1989). Autism: Explaining the enigma. Oxford: Basil Blackwell.

Frith, U. (1991). Autism and Asperger syndrome. Cambridge, UK: Cambridge University Press.

Frost, L., & Bondy, A. (2002). The Picture Exchange Communication System training manual. Newark, DE: Pyramid Educational Products.

Gillberg, C., Johansson, M., Steffenburg, S., & Berlin, O. (1997). Auditory integration training in children with autism. Autism, 1(1), 97–100.

Green, G., Brennan, L. C., & Fein, D. (2002). Intensive behavioral treatment for a toddler at high risk for autism. Behavior Modification, 26, 69–192.

Greenspan, S. I. (1992). Reconsidering the diagnosis and treatment of very young children with autism spectrum or pervasive developmental disorder. Zero to Three, 13, 1–9.

Greenspan, S. I., & Wieder, S. (1997). Developmental patterns and outcomes in infants and children with disorders in relating and communicating: A chart review of 200 cases of children with autistic spectrum diagnoses. Journal of Developmental and Learning Disorders, 1(1), 87–141.

Griswold, D. E., Barnhill, G. P., Myles, B. S., Hagiwara, T., & Simpson, R. L. (2002). Asperger syndrome and academic achievement. Focus on Autism and Other Developmental Disabilities, 17(2), 94–102.

Gutstein, S. E. Preliminary evaluation of the Relationship Developmental Intervention Program. In Press. 2005. Journal of Autism and Developmental Disorders. Available online from http://www.rdiconnect.com/download.

Hagopian, L. P., Fisher, W. W., Sullivan, M. T., Acquisto, J., & LeBlanc, L. A. (1998). Effectiveness of functional communication training with and without extinction and punishment: A summary of 21 inpatient cases. Journal of Applied Behavior Analysis, 31, 211–235.

Hale, C. M., & Tager-Flusberg, H. (2005). Social communication in children with autism. Autism, 9(2), 157–178.

Handen, B. L., & Hofkosh, D. (2005). Secretin in children with autistic disorder: A double-blind, placebo-controlled trial. Journal of Developmental and Physical Disabilities, 17(2), 95–106.

Hanley, G. P., Iwata, B. A., & McCord, B. E. (2003). Functional analysis of problem behavior: A review. Journal of Applied Behavior Analysis, 36, 147–185.

Hanson, E., Kalish, L. A., Bunce, E., Curtis, C., McDaniel, S., Ware, J., & et al. (2006). Use of complementary and alternative medicine among children diagnosed with autism spectrum disorder. Journal of Autism and Developmental Disorders. Available online from http://www.springerlink.com/content/25w074k876041432/

Hart, B. M., & Risley, T. R. (1982). How to use incidental teaching for elaborating language. Austin, TX: Pro-Ed.

Haughton, E. C. (1980). Practicing practices: Learning by activity. Journal of Precision Teaching, 1, 3–20.

Hollander, E., Phillips, A., Chaplin, W., Zagursky, K., Novotny, S., Wasserman, S., & et al. (2005). A placebo-controlled crossover trial of liquid fluoxetine on repetitive behaviors in childhood and adolescent autism. Neuropsychopharmacology, 30, 582–589.

Hollander, E., Swanson, E., Anagnostou, E., Phillips, A., Chaplin, W., & Wasserman, S. (2006). Liquid fluoxetine versus placebo for repetitive behaviors in childhood autism. In J. Cummings (Ed.), Progress in neurotherapeutics and neuropsychopharmacology (pp. 105–113). New York: Cambridge University Press.

Hovarth, K., Stefanatos, G., Sokolski, K. N., Watchel, R., Nabors, L., & Tildon, J. T. (1998). Improved social and language skills after secretin administration in patients with autistic spectrum disorders. Journal of the Association for Academic Minority Physicians, 9, 9–15.

Hungelmann, A. M. (2001). An analysis of TEACCH-based programming for young children with autism. Dissertation Abstracts International, 61(10-B), 5567.

Individuals with Disabilities Education Act Amendments of 1997, 20 U.S.C. § 1400 et seq.

Ingersoll, B. & Schreibman, L. (2006). Teaching reciprocal imitation skills to young children with autism using a naturalistic behavioral approach: Effects on language, pretend play, and joint attention. Journal of Autism and Developmental Disorders, 36(4), 487–505.

Iovannone, R., Dunlap, G., Huber, H., & Kincaid, D. (2003). Effective educational practices for students with autism spectrum disorders. Focus on Autism and Other Developmental Disabilities, 18, 150–165.

Iwata, B. A., Dorsey, M. F., Slifer, K. J., Bauman, K. E., & Richman, G. S. (1982/1994). Toward a functional analysis of self-injury. Journal of Applied Behavior Analysis, 27, 197–209.

Iwata, B. A., Pace, G. M., Cowdery, G. E., & Miltenberger, R. G. (1994). What makes extinction work: An analysis of procedural form and function. Journal of Applied Behavior Analysis, 27, 131–144.

Iwata, B. A., Pace, G. M., Kalsher, M. J., Cowdery, G. E., & Cataldo, M. F. (1990). Experimental analysis and extinction of self-injurious escape behavior. Journal of Applied Behavior Analysis, 23, 11–27.

Iwata, B. A., Wallace, M. D., Kahng, S., Lindberg, J. S., Roscoe, E. M., Conners J., Hanley, G. P., Thompson, R. H., & Worsdell, A. S. (2000), Skill acquisition in the implementation of functional analysis methodology. Journal of Applied Behavior Analysis, 33, 181–194.

Janzen-Wilde, M. L., Duchan, J. F., & Higginbotham, D. J. (1995). Successful use of facilitated communication with an oral child. Journal of Speech and Hearing Research, 38, 658–676.

Johnson, K., & Layng, T.V. J. (1996). On terms and procedures: Fluency. The Behavior Analyst, 19, 281–288.

Kane, A., Luiselli, J. K., Dearborn, S., & Young, N.. Wearing a weighted vest as intervention for children with autism/pervasive developmental disorder. The Scientific Review of Mental Health Practice, 3(2), 19–24.

Ke, X., Wang, M., & Chen, Y. (2004). Sensory integrative dysfunction in pervasive developmental disorder. Chinese Mental Health Journal, 18, 558–560.

Keel, J. H., Mesibov, G. B., & Woods, A. V. (1997). TEACCH-supported employment program. Journal of Autism and Developmental Disorders, 27(1), 3–9.

Kern, J. K., Miller, V. S., Evans, P. A., & Trivedi, M. H. (2002). Efficacy of porcine secretin in children with autism and pervasive developmental disorder. Journal of Autism and Developmental Disorders, 32, 153–160.

Kerr, A. M., & Ravine, D. (2003). Review article: breaking new ground with Rett syndrome. Journal of Intellectual Disability Research, 47, 580–587.

Kezuka, E. (1998). The role of touch in facilitated communication. Journal of Autism and Developmental Disorders, 27, 571–593.

Kim, J. A., Szatmari, P., Bryson, S. E., Streiner D. L., & Wilson, F. J. (2000). The prevalence of anxiety and mood problems among children with autism and Asperger syndrome. Autism, 4, 117–132.

Koegel, R. L.,& Koegel, K. L. (2005). Pivotal response treatments for autism: Communication, social, and academic development. Baltimore, MD: Brookes.

Knivsberg, A., Reichelt, K.-L., Nodland, M., & Hoien, T. (1995). Autistic syndromes and diet: A follow-up study. Scandinavian Journal of Educational Research, 39(3), 223–236.

Knivsberg, A., Reichelt, K.-L., Hoien, T., & Nodland, M. (2003). Effect of a dietary intervention on autistic behavior. Focus on Autism and Other Developmental Disabilities, 18(4), 247–256.

Knivsberg, A., Wiig, K., Lind, G., Nodland, M., & Reichelt, K. L. (1990). Dietary intervention in autistic syndromes. Brain Dysfunction, 3, 315–327.

Knivsberg, A. M., Reichelt, K-L., Hoien, T., & Nodland, M. (2002). A randomized, controlled study of dietary intervention in autistic syndromes. Nutritional Neuroscience, 5(4), 251–261.

Koegel, R. L., & Koegel, L. K. (2005). Pivotal response treatment for autism: Communication, social, and academic development. Baltimore: Brookes.

Koegel, R. L., Koegel, L. K., & Surrat, A. (1992). Language intervention and disruptive behavior in preschool children with autism. Journal of Autism and Developmental Disorders, 22, 141–153.

Koegel, R. L. O'Dell, M. C., & Koegel, L. K. (1987). A natural language teaching paradigm for nonverbal autistic children. Journal of Autism and Developmental Disorders, 17, 187–200.

Lalli, J. S., Vollmer, T. R., Progar, P. R., Wright, C., Borrero, J., Daniel, D., Barthold, C. H., Tocco, K., & May, W. (1999). Competition between positive and negative reinforcement in the treatment of escape behavior. Journal of Applied Behavior Analysis, 32, 285–296.

Lancioni, G. E., & Smeets, P. M. (1986). Procedures and parameters of errorless discrimination training with developmentally impaired individuals. In N. R. Ellis & N. W. Bray (Eds.), International review of research in mental retardation, 14 (pp. 135–164). Orlando, FL: Academic Press.

LaRue, R. H., & Handleman, J. (2006). A primer on school-based functional assessment. The Behavior Therapist, 29, 48–52.

Laski, K. E., Charlop, M. H., & Schreibman, L. (1988). Training parents to use the natural language paradigm to increase their children's speech. Journal of Applied Behavior Analysis, 21, 391–400.

Lavie, T., & Sturmey, P. (2002) Training staff to conduct a paired-stimulus preference assessment. Journal of Applied Behavior Analysis. 35,209–211.

Leekam, S. R., & Ramsden, C. A. H. (2006). Dyadic orienting and joint attention in preschool children with autism. Journal of Autism and Developmental Disorders, 36(2), 185–197.

Lelord, G., Muh, J. P., Barthelemy, C., Martineau, J., Garreau, B., & Callaway, E. (1981). Effects of pyridoxine and magnesium on autistic symptoms - initial observations. Journal of Autism and Developmental Disorders, 11(2), 219–230.

Levy, S. E., Mandell, D. S., Merhar, S., Ittenbach, R. F., & Pinto-Martin, J. A. (2003). Use of complementary and alternative medicine among children recently diagnosed with autistic spectrum disorder. Journal of Developmental and Behavioral Pediatrics, 24(6), 418–423.

Linderman, T. M., & Stewart, K. B. (1999). Sensory integrative-based occupational therapy and functional outcomes in young children with pervasive developmental disorder: A single-subject study. American Journal of Occupational Therapy, 53, 207–213.

Lindsley, O. R. (1992). Precision teaching: Discoveries and effects. Journal of Applied Behavior Analysis, 25, 51–57.

Link, H. M. (1997). Auditory integration training (AIT): Sound therapy? Case studies of three boys with autism who recereived AIT. British Journal of Learning Disabilities, 25, 106–110.

Loh, A., Soman, T., Brian, J., Bryson, S. E., Roberts, W. Szatmari, P., Smith, I. M., & Zwaigenbaum, L. (2007). Stereotyped motor behaviors associated with autism in high-risk infants: A pilot videotape analysis of a sibling sample. Journal of Autism and Developmental Disorders, 37, 25–36.

Lovaas, O. I. (1987). Behavioral treatment and normal intellectual functioning in young autistic children. Journal of Consulting and Clinical Psychology, 55, 3–9.

Lovaas, O. I. (1981). Teaching developmentally disabled children: The ME book. Baltimore: University Park Press.

Lovaas, O. I., Freitag, G., Gold, V. J., & Kassorla, I. C. (1965). Recording apparatus and procedure for observation of behaviors of children in free play settings. Journal of Experimental Child Psychology, 2, 108–120.

Lovaas, O. I., Koegel, R. L., Simmons, J. Q., & Long, J. (1973). Some generalization and follow up measures on autistic children in behavior therapy. Journal of Applied Behavior Analysis, 6, 131–166.

Lovaas. O. I., Schreibman, L., Koegel, R. L., & Rehm, R. (1971). Selective responding by autistic children to multiple sensory input. Journal of Abnormal Psychology, 77, 211–222.

Luby, J., Mrakotsky, C., Stalets, M. M., Belden, A., Heffelfinger, A., Williams, M., & et al. (2006). Risperidone in preschool children with autistic spectrum disorders: An investigation of safety and efficacy. Journal of Child and Adolescent Psychopharmacology, 16(5), 575–587.

Lucarelli, S., Frediani, T., & Zingoni, A. M. (1995). Food allergy and infantile autism. Panminerva Medica, 3, 137–141.

Mace, F. C., Hock, M. L., Lalli, J. S., West, B. J., Belfiore, P., Pinter, E., & Brown, D. F. (1988). Behavioral momentum in the treatment of noncompliance. Journal of Applied Behavior Analysis, 21, 123–141.

Mace, F. C. & Lalli, J. S. (1991). Linking descriptive and experimental analyses in the treatment of bizarre speech. Journal of Applied Behavior Analysis, 24, 553–562.

Martin, A., Koenig, K., Anderson, G., & Scahill, L. (2003). Low-dose fluvoxamine treatment of children and adolescents with pervasive developmental disorders. Journal of Autism and Developmental Disorders, 33(1), 77–85.

Martineau, J., Barthelemy, C., Roux, S., Garreau, B., & Lelord, G. (1989). Electrophysiological effects of fenfluramine or combined vitamin B-sub-6 and magnesium on children with autistic behavior. Developmental Medicine & Child Neurology, 31(6), 721–727.

Mazaleski, J. L., Iwata, B. A., Vollmer, T. R., Zarcone, J. R., & Smith, R. G. (1993). Analysis of the reinforcement and extinction components in DRO contingencies with self-injury. Journal of Applied Behavior Analysis, 26, 143–156.

McClannahan, L. E., & Krantz, P. J. (1993). On systems analysis in autism intervention programs. Journal of Applied Behavior Analysis, 26, 589–596.

McDougle, C. J., Naylor, S. T., Cohen, D. J., Volkmar, F. R., Heninger, G. R., & Price, L. H. (1996). A double-blind, placebo-controlled study of fluvoxamine in adults with autistic disorder. Archives of General Psychiatry, 53, 1001–1008.

McEachin, J., Smith, T., & Lovaas, I. (1993). Long-term outcome for children with autism who received early intensive behavioral treatment. American Journal of Mental Retardation, 97, 359–372.

McGee, G. G., Krantz, P. J., & McClannahan, L. E. (1985). The facilitative effects of incidental teaching on preposition use by autistic children. Journal of Applied Behavior Analysis, 18, 17–31.

McGee, G. G., Krantz, P. J., & McClannahan, L. E. (1986). An extension of incidental teaching procedures to reading instruction for autistic children. Journal of Applied Behavior Analysis, 19, 147–157.

Menage, P., Thibault, G., Barthelemy, C., Lelord, G., & Bardos, P. (1992). CD4 + CD45RA + T lymphocyte deficiency in autistic children: Effect of a pyridoxine-magnesium treatment. Brain Dysfunction, 5, 326–333.

Moore, V., & Goodson, S. (2003). How well does early diagnosis of autism stand the test of time? Follow-up study of children assessed for autism at age 2 and development of a diagnostic service. Autism, 7, 47–63.

Mouridsen, S. E. (2003). Review article: Childhood disintegrative disorder. Brain and Development, 25, 225–228.

Mudford, O. C., Cross, B. A., Breen, S., Cullen, C., Reeves, D., Gould, J., et al. (2000). Auditory integration training for children with autism: No behavioral benefits detected. American Journal on Mental Retardation, 105(2), 118–129.

Mundy, P., & Crowson, M. (1997). Joint attention and early social communication: Implications for research on intervention with autism. Journal of Autism and Developmental Disorders, 27(6), 653–676.

Myles, B. S., & Simpson, R. L. (2002). Asperger syndrome: An overview of characteristics. Focus on Autism and Other Developmental Disabilities, 17(3), 132–137.

Myles, B. S., & Simpson, R. L. (2001). Understanding the hidden curriculum: An essential social skill for children and youth with Asperger syndrome. Intervention in School and Clinic, 35(5). 279–286.

Myles, B., Simpson, R. L., & Smith, S. M. (1996a). Collateral behavior and social effects of using facilitated communications with individuals with autism. Focus on Autism and Other Developmental Disabilities, 11, 163–169.

Nelson, K., & Bauman, M. L. (2003). Thimerosal and autism? Pediatrics, 111, 674–679.

Noell, G. H., & Witt, J. C. 1999. When does consultation lead to effective implementation? Critical issues for research and practice. Journal of Special Education, 33, 29–35.

Noell, G.H., Witt, J.C., LaFleur, L.H., Mortenson, B.P., Ranier, D.D., & LeVelle, J. (2000). Increasing intervention implementation in general education following consultation: A comparison of two follow-up strategies, Journal of Applied Behavior Analysis, 33, 271–284

Norgate, R. (1998). Reducing self injurious behavior in a child with severe learning difficulties. Educational Psychology in Practice, 14(3), 176–182.

Northup, J., Wacker, D., Sasso, G., Steege, M., Cigrand, K., Cook, J., & DeRaad, A. (1991). A brief functional analysis of aggressive and alternative behavior in an out-clinic setting. Journal of Applied Behavior Analysis, 24, 509–522.

O'Neill, R. E., Horner, R. H., Albin, R. A., Sprague, J. R., Storey, K., & Newton, J. S. (1997). Functional assessment and program development for problem behavior: A practical handbook. (2nd edition.) Pacific Grove, CA:Brooks/Cole Publishing Company.

Ornitz, E. M. (1974). The modulation of sensory input and motor output in autistic children. Journal of Autism and Childhood Schizophrenia, 4, 197–215.

OSEP Questions and Answers (1999, March 12). Federal Register, 64, 12617–12632. Volume 64, No. 48.

Ozonoff, S., & Cathcart, K. (1998). Effectiveness of a home program intervention for young children with autism. Journal of Autism and Developmental Disorders, 28, 25–32.

Ozonoff, S., Pennington, B. F., & Rogers, S. J. (1991a). Executive function deficits in high functioning autistic individuals: Relationship to theory of mind. Journal of Child Psychology and Psychiatry, 31, 343–361.

Panksepp, J. A. (1979). A neurochemical theory of autism. Trends Neuroscience, 2, 174–177.

Perry, A., Bryson, S., & Bebko, J. (1998). Brief report: Degree of facilitator influence in facilitated communication as a function of facilitator characteristics, attitudes, and beliefs. Journal of Autism and Developmental Disorders, 28, 87–90.

Persson, B. (2000). Brief report: A longitudinal study of quality of life and independence among adult men with autism. Journal of Autism and Developmental Disorders, 30(1), 61–66.

Pfeiffer, S. I., Norton, J., Nelson, L., & Shott, S. (1995). Efficacy of vitamin B6 and magnesium in the treatment of autism: A methodology review and summary of outcomes. Journal of Autism and Developmental Disorders, 25(5), 481–493.

Piazza, C. C., Adelinis, J. D., Hanley, G. P., Goh, H. & Delia, M. D. (2000). An evaluation of effects of matched stimuli on behaviors maintained by automatic reinforcement, Journal of Applied Behavior Analysis, 33, 13–27.

Pierce, K. & Schreibman, L. (1995). Increasing complex social behaviors in children with autism: Effects of peer-implemented pivotal response training. Journal of Applied Behavior Analysis, 28, 285–295.

Posey, D. J., Litwiller, M., Koburn, A., & McDougle, C. J. (1999). Paroxetine in autism. Journal of the American Academy of Child Adolescent Psychiatry, 38(2), 111–112.

Ratcliff-Schaub, K., Carey, T., Reeves, G. D., & Rogers, M. A. (2005). Randomized controlled trial of transdermal secretin on behavior of children with autism. Autism, 9(3), 256–265.

Reagon, K. A., Higbee, T. S., & Endicott, K. (2006). Teaching pretend play skills to a student with autism using video modeling with a sibling as model and play partner. Education and Treatment of Children, 29(3), 517–528.

Reichelt, K. L., Hole, K., Hamberger, A., Saelid, G., Edminsson, P.D., Braestrup, C. B., et al. (1981). Biologically active peptide containing fractions in schizophrenia and childhood autism. Advances in Biochemical Psychopharmacology, 28, 627–643.

Reilly, C., Nelson, D. L., & Bundy, A. C. (1984). Sensorimotor versus fine motor activities in eliciting vocalization in autistic children. Occupational Therapy Journal of Research, 3, 199–212.

Research Units on Pediatric Psychopharmocology Autism Network. (2005). Risperidone treatment of autistic disorder: Longer-term benefits and blinded discontinuation after 6 months. American Journal of Psychiatry, 162, 1361–1369.

Rimland, B., Callaway, E., & Dreyfus, P. (1978). The effect of high doses of vitamin

B-sub-6 on autistic children: A double-blind crossover study. American Journal of Psychiatry, 135(4), 472–475.

Rimland, B., & Edelson, S. M. (1994). The effects of auditory integration training on autism. American Journal of Speech-Language Pathology, 5, 16–24.

Rimland, B., & Edelson, S. M. (1995). Brief report: A pilot study of auditory integration training in autism. Journal of Autism and Developmental Disorders, 25, 61–70.

Robins, D., Fein, D., Barton, M., & Green, J. (2001). The modified Checklist for Autism in Toddlers: An initial study investigating the early detection of autism and pervasive developmental disorders. Journal of Autism and Developmental Disorders, 31, 131–144.

Rogers, S. (2001). Diagnosis of autism before the age of 3. International Review of Research in Mental Retardation, 23, 1–31.

Rogers, S. J. (1998). Empirically supported comprehensive treatment for young children with autism. Journal of Clinical Child Psychology, 27(2), 168–179.

Rogers, S. J., Hepburn, S. L., Stackhouse, T., & Wehner, E. (2003). Imitation performance in toddlers with autism and those with other developmental disorders. Journal of Child Psychology and Psychiatry, 44, 763–781.

Sabbagh, M. A. (2004). Understanding orbitofrontal contributions to theory-of-mind reasoning: Implications for autism. Brain and Cognition, 55, 209–219.

Sallows, G. O., & Graupner, T. D. (2005). Intensive behavioral treatment for children with autism: Four-year outcome and predictors. American Journal of Mental Retardation, 6, 417–438.

Sally, D., & Hill, E. (2006). The development of interpersonal strategy: Autism, theory-of-mind, cooperation and fairness. Journal of Economic Psychology, 27, 73–97.

Samuels, S. J. (2002). Reading fluency: Its development and assessment. In A. E. Farstrup & S. J. Samuels (Eds.), What research has to say about reading instruction (pp. 166–183). Newark, DE: International Reading Association.

Sandler, A. D., Kelly, A. S., DeWeese, J., Girardi, M., Sheppard, V., & Bodfish, J. W. (1999). Lack of benefit of a single dose of synthetic human secretin in the treatment of autism and pervasive developmental disorder. New England Journal of Medicine, 341(24), 1801–1806.

Sarokoff, R. A., & Sturmey, P. (2004) The effects of behavioral skills training on staff implementation of discrete-trial training. Journal of Applied Behavior Analysis, 37, 535–538.

Sasso, G. M., Reimers, T. M., Cooper, L. J., Wacker, D., Berg, W., Steege, M., Kelly, L. & Allaire, A. (1992). Use of descriptive and experimental analyses to identify the functional properties of aberrant behavior in school settings. Journal of Applied Behavior Analysis, 25, 809–821.

Schepis, M. M., Reid, D.H., Ownbey, J., & Parsons, M. B. (2001). Training support staff to embed teaching within natural routines of young children with disabilities in an inclusive preschool. Journal of Applied Behavior Analysis, 34, 313–327

Schopler, E. (1998). Prevention and management of behavior problems: The TEACCH approach. In E. Sanavio (Ed.), Behavior and cognitive therapy today: Essays in honor of Hans J. Eysenck. Oxford, England: Elsevier neurotransmitters. Brain Dysfunction, 3, 315–327.

Schopler, E. & Hennike, J. M. (1990). Past and present trends in residential treatment. Journal of Autism and Developmental Disorders, 20, 291–298.

Schopler, E. & Mesibov, G. B. (Eds.). (1995). Learning and cognition. New York: Plenum Press.

Selinske, J. E., Greer, R. D., & Lodhi, S. (1991) A functional analysis of comprehensive application of behavior analysis to schooling. Journal of Applied Behavior Analysis, 24, 107–117.

Shaked, M., Gamliel, I., & Yirmiya, N. (2006). Theory of mind abilities in young siblings of children with autism. Autism, 10(2), 173–187.

Shane, H. C., & Kearns, K. (1994). An examination of the role of the facilitator in "Facili-tated Communication". American Journal of Speech-Language Pathology, 3, 48–54.

Shannon, M., Levy, S. E., & Sandler, A. (2001). Chelation therapy neither safe nor effec-tive as autism treatment. American Academy of Pediatric News, 19, 63.

Shattock, P., Kennedy, A., Rowell, F. & Berney, T. (1990). Role of neuropeptides in autism and their relationships with classical for children with autism. American Psychological Association, D12, 33–49.

Shattock, P. & Whiteley, P. (2000). The Sunderland Protocol: A logical sequencing of biomedical interventions for the treatment of autism and related disorders. From Proceedings of Conference held at the University of Durham, April 10th 2000.

Siegel, D., Minshew, N., & Goldstein, G. (1996). Wechsler IQ profiles in diagnosis of high-functioning autism. Journal of Autism and Developmental Disorders, 26, 389–406.

Siller, M., & Sigman, M. (2002). The behaviors of parents of children with autism predict the subsequent development of their children's communication. Journal of Autism and Developmental Disorders, 32, 77–89.

Simon, E. W., Toll, D. M., & Whitehair, P. M. (1994). A naturalistic approach to the validation of facilitated communication. Journal of Autism and Developmental Disorders, 24, 647–657.

Simon, E. W., Whitehair, P. M., & Toll, D. M. (1996). A case study: Follow-up and assessment of facilitated communication. Journal of Autism and Developmental Disorders, 26, 9–18.

Simpson, R. L., & Myles, B. S. (1995b). Effectiveness of facilitated communication with children and youth with autism. Journal of Special Education, 28, 424–439.

Sinha, Y., Silove, N., & Williams, K. (2006). Letter to the editor: Chelation therapy and autism. British Medical Journal, 333(7571), 756.

Skinner, B. F. (1957). Verbal behavior. New York: Appleton-Century-Crofts.

Smith, T. (1993). Autism. In T. R. Giles (Ed.), Effective psychotherapies (pp. 107–13). New York: Plenum.

Smith, T. (1999). Outcome of early intervention for children with autism. Clinical Psy-chology: Science and Practice, 6, 33–49.

Smith, T., McAdam, D., & Napolitano, D. (2007). Autism and applied behavior analy-sis. In P. Sturmey & A. Fitzer (Eds.), Autism spectrum disorders: Applied behavior analysis, evidence, and practice (pp. 1–29). Austin, TX: Pro-Ed.

Smith, T., & Wick, J. (2008). Controversial treatments. In F. R. Volkmar, A. Klin, & K. Chawarska (Eds.), Autism Spectrum Disorders in infancy and early childhood. New York: Guilford Press.

Sobel, D. M., Capps, L. M., & Gopnik, A. (2005). Ambiguous figure perception and theory of mind understanding in children with autistic spectrum disorders. British Journal of Developmental Psychology, 23, 159–174.

Sofronoff, K., Attwood, T., & Hinton, S. (2005). A randomized controlled trial of a CBT intervention for anxiety in children with Asperger syndrome. Journal of Child Psy-chology and Psychiatry, 46(11), 1152–1160.

Steingard, R. J., Zimnitzky, B., DeMaso, D. R., Bauman, M. L., & Bucci, J. P. (1997). Sertraline treatment of transition-associated anxiety and agitation in children with autistic disorder. Journal of Child and Adolescent Psychopharmacology, 7(1), 9–15.

Stokes, T., & Baer, D. M. (1977). An implicit technology of generalization. Journal of Applied Behavior Analysis, 10, 349–367.

Sturmey, P. (1994). Assessing the functions of aberrant behaviors: A review of psy-chometric instruments. Journal of Autism and Developmental Disorders, 24(3), 293–304.

Sturmey, P. (2004). Secretin is an ineffective treatment for pervasive developmental disabilities: A review of 15 double-blind randomized controlled trials. Research in

Developmental Disabilities, 26, 87–97.

Sullivan, M., Finelli, J., Marvin, A., Garrett-Mayer, E., Bauman, M., & Landa, R. (2007). Response to joint attention in toddlers at risk for autism spectrum disorder: A prospective study. Journal of Autism and Developmental Disorders, 37, 47–48.

Sundberg, M. L., & Partington, J. W. (1998). Teaching language to children with autism or other developmental disabilities. Pleasant Hill, CA: Behavior Analysts, Inc.

Sundberg, M. L. & Partington, J. W. (1999). The need for both DT and NE training for children with autism. In P. M. Ghezzi, W. L. Williams, & J. E. Carr (Eds.), Autism: Behavior analytic approaches. Reno, NV: Context Press.

Tager-Flusberg, H. & Sullivan, K. (1994). Predicting and explaining behavior: A comparison of autistic, mentally retarded, and normal children. Journal of Child Psychology and Psychiatry, 35, 1059–1075.

Terrace, H. (1963). Discrimination learning with and without errors. Journal of the Experimental Analysis of Behavior, 6, 1–27.

Tolbert, L. C., Haigler, T., Waits, M. M., & Troy, D. (1993). Brief report: Lack of response in an autistic population to a low dose clinical trial of pyridoxine plus magnesium. Journal of Autism and Developmental Disorders, 23(1), 193–199.

Torisky, D. M., Torisky, C. V., Kaplan, S., & Speicher, C. (1993). The NAC pilot project: A model for nutrition screening and intervention for developmentally disabled children with behavior disorders. Journal of Orthomolecular Medicine, 8(1), 25–42.

Touchette, P. E., & Howard, J. (1984). Errorless learning: Reinforcement contingencies and stimulus control transfer in delayed prompting. Journal of Applied Behavior Analysis, 17, 175–181.

Tsao, L. & Odom, S. L. (2006). Sibling-mediated social interaction intervention for young children with autism. Topics in Early Childhood Special Education, 26, 106–123.

Tsatsanis, K. D., Foley, C., & Donehower, C. (2004). Contemporary outcome research and programming guidelines for Asperger syndrome and high-functioning autism. Topics in Language Disorders, 24(4), 249–259.

Tutt, R., Powell, S., & Thornton, M. (2006). Educational approaches in autism: What we know about what we do. Educational Psychology in Practice, 22(1), 69–81.

Unis, A. S., Munson, J. A., Rogers, S. J., Goldson, E., Osterling, J., Gabriels, R., et al. (2002). A randomized, double-blind, placebo-controlled trial of porcine versus synthetic secretin for reducing symptoms of autism. Journal of the American Academy of Child & Adolescent Psychiatry, 44(11), 1315–1321.

Van Bourgondien, Reichler, R. J., & Schopler, E. (2003). Effects of a model treatment approach on adults with autism. Journal of Autism and Developmental Disorders, 33(2), 131–140.

Vollmer, T. R., Iwata, B. A., Zarcone, J. R., Smith, R. G., & Mazaleski, J. L. (1993). The role of attention in the treatment of attention-maintained self-injurious behavior: Noncontingent reinforcement and differential reinforcement of other behavior. Journal of Applied Behavior Analysis, 26, 9–21.

Vollmer, T. R., Marcus, B. A., & Ringdahl, J. E. (1995). Noncontingent escape as treatment for self-injurious behavior maintained by negative reinforcement. Journal of Applied Behavior Analysis,, 28, 15–26.

Wallace, M. D., Doney, J. K., Mintz-Resudek, C. M., & Tarbox R. S. F. (2004). Training educators to implement functional analyses. Journal of Applied Behavior Analysis, 37, 89–92.

Watling, R. L. (2004). The effect of sensory integration on behavior and engagement in young children with autistic spectrum disorders. Dissertation Abstracts International: Vol. 65. The Sciences and Engineering, 65(5–B), 2383.

Watling, R. L., Dietz, J., & White, O. (2001). Comparison of sensory profile scores of young children with and without autism spectrum disorders. American Journal of Occupational Therapy, 55, 416–423.

Watson, L. R., Baranek, G. T., Crais, E. R., Reznick, S., Dykstra, J., & Perryman, T. (2007). The First Year inventory: Retrospective parent responses to a questionnaire designed to identify one-year-olds at risk for autism. Journal of Autism and Developmental Disorders, 37, 49–61.

Weider, S., & Greenspan, S. I. (2005). Can children with autism master the core deficits and become empathetic, creative, and reflective? A ten to fifteen year follow-up of a subgroup of children with autism spectrum disorders (ASD) who received comprehensive developmental, individual-difference, relationship-based (DIR) approach. Journal of Developmental and Learning Disorders, 9, 39–51.

Weiss, M. J. (2001). Expanding ABA intervention in intensive programs for children with autism: The inclusion of natural environment training and fluency based instruction. The Behavior Analyst Today, 2, 182–187.

Weiss, M. J. (2005). Comprehensive ABA Programs: Integrating and evaluating the implementation of varied instructional approaches. Behavior Analyst Today, 6, 249–256.

Whalen, C., & Schreibman, L. (2003). Joint attention training for children with autism using behavior modification procedures. Journal of Child Psychology and Psychiatry, 44, 456–468.

Whalen, C., Schreibman, L., & Ingersoll, B. (2006). The collateral effects of joint attention training on social initiations, positive affect, imitation, and spontaneous speech for young children with autism. Journal of Autism and Developmental Disorders, 36, 655–664.

Whiteley, P., Rodgers, J., Savery, D., & Shattock, P. (1999). A gluten-free diet as an intervention for autism and associated spectrum disorders: Preliminary findings. Autism, 3(1), 45–65.

Wilder, R. M. (1921). The effects of ketonemia on the course of epilepsy. Mayo Clinic Proceedings, 2, 307–308.

Williams, K. (1995). Understanding the student with Asperger syndrome: Guidelines for teachers. Focus on Autistic Behavior, 10(2), 9–13.

Williams, S. K., Scahill, L., Vitiello, B., Aman, M. G., Arnold, E., McDougle, C. J., et al. (2006). Risperidone and adaptive behavior in children with autism. Journal of the American Academy of Child and Adolescent Psychiatry, 45(4), 431–564.

Wing, L. (1981). Asperger's syndrome: A clinical account. Psychological Medicine, 11, 115–129.

Wing, L. (1988). The continuum of autistic characteristics. In E. Schopler & G. Mesibov (Eds.), Diagnosis and assessment in autism (pp. 91–110). New York: Plenum.

Winterling, V., Dunlap, G., & O'Neill, R. E. (1987). The influence of task variation on the aberrant behaviors of autistic students. Education and Treatment of Children, 10, 105–119.

Wolf, M. M., Risley, T. R., & Mees, H. (1964). Application of operant conditioning procedures to the behaviour problems of an autistic child. Behavior Research and Therapy, 1, 305–312.

Yirmaya, N., & Ozonoff, S. (2007). The very early autism phenotype. Journal of Autism and Developmental Disorders, 37, 1–11.

Zarcone, J. R., Iwata, B. A., Hughes, C. E., & Vollmer, T. R. (1993). Momentum versus extinction effects in the treatment of self-injurious escape behavior. Journal of Applied Behavior Analysis, 26, 135–136.

Zarcone, J. R., Rodgers, T. A., Iwata, B. A., Rourke, D. A., & Dorsey, M. F. (1991). Reliability analysis of the motivation assessment scale: A failure to replicate. Research in Developmental Disabilities, 12, 349–360.

Zollweg, W., Palm, D., & Vance, V. (1997). The efficacy of auditory integration training: A double blind study. American Journal of Audiology, 6, 39–47.

지적장애 아동의 자해행동 치료

FREDERICK FURNISS and ASIT B. BISWAS[38]

소개

자해행동(SIB)은 일반적으로 자살의도 없이 행해지며 불가항력적으로 자신의 신체조직을 파괴하거나 손상을 주는 행동이다(Yates, 2004). 중증의 지적장애가 있는 아동을 다루는 임상가에게는 흔히 이런 행동들이 걱정거리가 될 가능성이 크다. 4~12%의 아동이 자해행동을 보이며(Oliver, Murphy, & Corbett, 1987), 이는 반복적으로 자신의 머리를 흔들거나 얼굴을 때리고, 손이나 다른 신체 부위를 깨물고, 상처를 뜯고, 꼬집고 할퀴며, 머리카락을 잡아 뜯고 눈을 찌르는 행동으로 나타나며, 종종 한 아동에게 다양한 형태로 나타나기도 한다. 자해행동은 이르면 11~13개월에 나타날 수 있으며(Berkson, Tupa, & Sherman, 2001; Hall, Oliver, & Murphy, 2001a), 학교에 다니는 시기나 초기 청소년기에 나타날 확률이 높고, 그 심각성이 증가한다(Oliver et al., 1987). 또한 일단 성인기에 확립되면 사실상 만성적으로 되기 쉽다(Emerson et al., 2001). 자해행동의 발현은 신체 및 사회적으로 부정적인 결과와 관련된다(Emerson, 1992). 따라서 지적장애가 있는 아동이 자해행동을 하면, 적정 시기에 포괄적이고 지속적인 중재가 필요하다. 이 장에서는 현재 유

---

38. FREDERICK FURNISS*The Hesley Group, Doncaster, UK and School of Psychology, University of Leicester. Mallard House, Sidings Courts Doncaster DN4 5NU, United Kingdom.
    ASIT B. BISWAS*Leicestershire Partnership NHS Trust and University of Leicester, Leicester Frith Hospital, Groby Road Leicester LE3 9QF, United Kingdom.

용한 치료법의 범위를 전문가와 논의한 후, 자해행동의 병인론 및 발달 과정, 치료의 결과적 의미에 대한 최근 연구를 간단히 살펴볼 것이다.

자해행동은 매우 다양한 장애에서 나타나며(Bodfish & Lewis, 2002), 이는 주요한·전형적인·강박적인·충동적인 항목으로 분류할 수 있고(Yates, 2004), 이 항목들은 평가와 치료 전략에 대한 전반적인 방향을 고려하는 데 도움이 될 것이다. 자해행동을 치료하기 위해서는 반드시 사전에 사회·의학적 맥락 요인, 병력, 다른 정서 및 행동 문제의 동반질환, 현상학 등을 포함한 포괄적인 평가가 이루어져야 하며, 더 세부적으로 자해행동과 선행조건 및 결과 간의 기능적 관계를 평가해야 한다(Vollmer, XXXX). 효과적인 행동 치료와 가능한 정신약학적 중재를 고려할 때 상세한 평가는 필수이다. 그러나 더 이상의 손상을 막기 위해 사전 치료를 빨리 시작해야 하기 때문에, 관련된 원인에 대한 가설과 함께 특정 개인에 대한 자해행동의 근본 원인과 기제를 살펴보는 것이 유용할 것이다.

치료에 공헌하는 의학과 사회적 상황에 대한 선별검사

다양한 신체적·사회적 맥락이, 일부 아동 및 성인의 자해행동 사례의 원인이 된다고 입증되거나 제안되어 왔다. 자해행동에 영향을 줄 수 있는 의학적 상태(O'Reilly, 1997)는 중이염과 다양한 다른 질환과 관련된 고통을 포함한다(Symons, 2002). 그러므로 신체적 고통의 원인과 관련된 치료와 연구는 자해행동 평가의 일부분이라고 볼 수 있다. 수면박탈과 수면장애 또한 자해행동과 관련 있고(O'Reilly & Lancioni, 2002; Symons, Davis & Thompson, 2000), 적어도 일부 사례에서 수면 패턴을 안정화하기 위한 행동적 개입은 자해행동에 효과적이다(DeLeon, Fisher & Marhefka, 2004).

월경 불쾌감 같은 다른 신체적 상태에 관한 관심은 다양한 요소를 지닌 중재법을 설계하는 데 유용하다(Carr, Smith, Giacin, Whelan, & Pancari, 2003). 자해행동이 삽화적으로 나타나는 경우, 사정 평가를 통해 자해행동과 사회적 요인 간의 관계를 밝힐 수 있고, 그 기제의 영향은 불명확하지만 자해행동을 줄이도록 변화될 수 있다. 예를 들어, O'Reilly(1996)는 중증지적장애가 있는 젊은 남자의 삽화적 자해행동과 초저녁 동안 임시 간호시설 사용 간의 관계를 확인하였다. 대안적 중재로 가정 중심 임시 간호를 한 결과 자해행동이 소거되었다. 따라서 신체적·사회적 요인을 광범위하게 고려하는 것은 효과적으로 치료를 개입하는 데 도움이 된다.

정신약리학적 치료

다양한 신경 전달 물질 체계는 홀로 또는 상호작용하며 자해행동의 원인이 되어 왔고, 여기에는 도파민, 세로토닌, 오피오이드와 노르아드레날린 체계가 있다. 임상적 장애나 동물모델을 통해서 이런 체계의 조절 곤란에 관한 기본 연구로 자해행동의 정신약리학적 치료에 대한 다양한 접근을 제안하였다.

자해행동(SIB) 치료를 위한 도파민, 세로토닌 계열의 약물 사용에 대한 근거

여러 특정 증후군은 종종 지적장애와 관련 있으며, 지적장애가 있는 전체 인구조사에서 자해행동의 유병률이 일반적인 비율 이상으로 높았다. 레시나이헌증후군의 신경병리학적 원인이 하이포크산틴-구아닌 포스포리보실 전달효소가 완전히 감소해서 생기는 X-염색체 유전적 장애라고 밝혀지면서 최근 자해행동의 동물모델에 관심을 두게 되었다. 이 장애의 전형적인 특성은 근긴장 이상, 구음장애, 지적장애, 그리고 공격성·상호적 행동 문제·자해행동을 포함하는 행동장애로 나뉜다(Schretlen et al., 2005).

레시나이헌증후군 아동의 자해행동은 대개 어린 연령에서 입술과 손가락 깨물기로 시작하지만, 머리 흔들기와 머리치기를 포함하면서 자해행동이 점차 다른 부위로 광범위해지며 빈도 역시 증가한다(Hall, Oliver, & Murphy, 2001b; Robey, Reck, Giacomini, Barabas, & Eddey, 2003). 부검(Lloyd et al., 1981; Saito, Ito, Hanaoka, Ohama, Akaboshi, & Takashima, 1999)과 생체실험(양방자 방출 단층촬영술; positron emission tomography; Ernst et al., 1996; Wong et al., 1996)을 결합한 연구에서는 선조체의 도파민이 감소한 수준을 증명하였다. 이 발견들은 이보다 앞서 이 사실을 발견한 Breese 외(Breese, Knapp, Criswell, Moy, Papadeas, & Blake, 2005)의 연구에 대한 관심을 다시 불러일으켰다. 그들은 초기에 도파민으로 활성화되는 뉴런이 파괴된 쥐에게서는 6-하이드록시도파민이 활성화되는데, 성장하면서 L-DOPA로 인해 자신을 무는 증상이 심각해진다는 것을 증명하였다.

더 나아가 D_1과 D_2 수용체 아형에 서로 다른 영향력을 주는 작용제와 길항제의 효과를 조사하였다. 그 결과 D_2 아형의 활성화도 영향을 주겠지만 L-DOPA로 생긴 자해행동은 주로 D_1 아형의 활성화로 인한 것이라고 하였다. 물론 독립적으로 자해행동을 만들어 낸 것은 아니지만, D_1의 활성화가 자해행동의 표출을 촉진하는 것 같다고 보았다. 도파민 수준의 감소와 더불어 도파민으로 활성화되는 뉴런의 초기 손상으로 인해 결과적으로 선조체의 세로토닌이 증가한다. 다양한 연구에서 D_1 수용체 활성화로 세로토닌 변화와 흑질에서 GABAA 수용체 기능의 변화는 초기에 6-하이드록

시도파민이 손상된 쥐의 자해행동이 증가하는 것과 관련 있다고 밝혔다(Breese et al., 2005).

비록 항정신병 약물과 세로토닌 약물이 지적장애가 있는 사람의 다양한 행동장애를 치료하기 위해 오랫동안 사용되었다 할지라도, 초기에 6-하이드록시도파민이 손상된 쥐에게서 관찰된 자해행동과 도파민 D_1 수용체 아형의 특별한 관계와 선조체의 세로토닌 증가는 자해행동 치료에 '비정형 항정신병 약물'과 세로토닌 작용이 매우 유용하다는 점에 주목하게 하였다.

비정형 항정신병 약물

클로자핀, 올란자핀, 쿠에티아핀은 5-HT 수용체의 여러 유형과 아들레날린 수용체를 포함한 다른 여러 수용체와 함께 도파민 D_1과 D_2 수용체의 아형을 방해하는 반면(Aman & Madrid, 1999), 리스페리돈은 D_2와 5-HT 그리고 아들레날린 수용체를 막는다. 지적장애나 자폐증이 있는 사람에게 비정형 항정신병 약물을 사용한 연구를 1999년까지 게재된 연구 중심으로 살펴본 결과, Aman과 Madrid(1999)는 소아청소년 또는 아동·성인이 혼합된 표본으로 이뤄진 연구 9개를 확인하였고, 그중 리스페리돈에 관한 연구가 7개였으며 나머지는 클로자핀과 올란자핀에 관한 연구가 하나씩 확인되었다. 이 연구들의 일부에서는 몇몇 참여자의 자해행동이 개선되었다고 보고하였다. 그러나 대부분 여러 가지 방법론적 문제점이 있었다. 한 가지를 제외한 모든 연구는 사례 보고 또는 공개 실험연구였고, 대부분의 사례에서 참여자들은 실험 기간 동안 다른 약물을 투여하고 있었다. 진정 작용과 체중 증가는 빈번하게 관찰되었고, 소화불량과 높은 프로락틴 혈중 수준 역시 보고되었다. 그러나 Aman과 Madrid의 검토 이후로, 발달장애가 있는 아동의 비정형 항정신병 약물 사용, 특히 리스페리돈에 대해서는 제대로 통제된 다양한 연구가 이루어지고 있다.

리스페리돈

표 11.1은 심각한 파괴적 행동을 보이는 IQ 36~84 사이의 5~12세 아동을 대상으로 한 두 가지 최근 리스페리돈의 위약 통제 이중맹목 실험의 결과와, 공개실험 추적조사를 요약한 것이다. Aman 외(2002)와 Snyder 외(2002) 연구의 사후검사자료(LeBlanc et al., 2005)에 따르면, 참여자 163명은 NCBRF 여섯 가지 핵심 공격성 목록의 '공격성 점수'에서 리스페리돈으로 치료받은 참여자들이 위약 투여 참여자들보다 유의하게 더 큰 감소를 보였다고 확인했지만, 사후검사에서는 비슷하게 나타나 '자해행동 점수'의 변화는 없었다.

이 연구들은 중증이나 경증, 경계선 수준의 지적장애가 있는 어린 아동의 행동 문제에 대한 리스페리돈의 효과를 입증하는 증거가 되었다. 그러나 상동행동과 자해행동의 측정 결과, 둘 다 유의미한 수준의 변화를 보이지 않았고 외적으로 보이는 공격성 변화 수준보다 덜 유의미하였다. Aman,

표 11.1 중증 경계선 지적장애가 있는 아동의 행동적 어려움에 대한 리스페리돈의 최근 평가

연구	참여자(연수한 연구)	방법론(이중맹목 상태에서 복용 범위)	전반적 결과	특정 자해행동	부작용
Aman et al., 2002	115(87)명 이동, 심한 파괴적 행동을 보이는 IQ 36~84, 5~12세 이동	6주 동안 이중맹목과 위약 통제 비교 (0.02~.06mg/kg/day)	NCBRF에서 구성된 문제의 모든 네 가지 척도, ABC에서의 성마른 행동, 무기력과 과잉행동 하위 척도, BPI 공격적·파괴적 행동 하위 척도 : 위약과 비교하여 리스페리돈이 더 큰 향상이 있었음.	(1) BPI 자해행동 하위 척도 : 집단 간 변화 차이가 없었음. (2) NCBRF 자해행동·상동행동 하위 척도 : 위약에 비교하여 리스페리돈이 더 큰 향상이 있었음.	위약과 비교하여 리스페리돈은 체중과남아에게서만 프로락틴 수준을 증가시킴. 일시적인 심장박동비율 증가 역시 주목하였음. 리스페리돈을 복용한 이동이 15% 혹은 더 많은 이동이 졸림, 두통, 구토, 소화불량을 보고함. 집단 간 주제어로 증상의 차이는 없었음.
Snyder et al., 2002	110(85)명 이동, 심한 파괴적 행동을 보이는 IQ 36~84, 5~12세 이동	6주 동안 이중맹목과 위약 통제 비교 (0.02~.06mg/kg/day)	NCBRF에서 구성된 문제와 대부분 다른 하위 척도, ABC의 모든 하위 척도, BPI의 공격적·파괴적 행동 하위 척도 : 위약과 비교하여 리스페리돈이 더 큰 향상이 있었음.	(1) BPI 자해행동 하위 척도 : 집단 간 변화 차이가 없었음. (2) NCBRF 자해행동·상동행동 하위 척도 : 위약에 비교하여 리스페리돈이 더 큰 향상이 있었음.	위약과 비교하여 리스페리돈을 복용한 집단에서 몸무게와 프로락틴 수준이 증가함. 리스페리돈을 복용한 집단의 15%나 그 이상이 졸림, 두통, 소화불량을 보고함. 집단 간 주제어로 증상 차이는 없었음.
Findling, Aman, Eerdekens, Derivan, & Lyons, 2004	Aman 외(2002)의 연구에서 107명의 참여자	Aman 외(2002)의 연구 48주 공개실험 사후검사	NCBRF의 모든 하위 척도에서는 이중맹목 상태의 기저선에 비해 증가하였음.	NCBRF 자해행동·상동행동 하위 척도 : 위약이 가장 작은 하위 척도 변화를 보여 중요과 하위 척도 리스페리돈이 더 큰 향상이 있었음.	91%가 졸림(33%), 두통(33%), 비염(28%), 체중 증가(21%)를 포함하는 부작용들을 보고함. 체중 증가(4명), 우울(3명), 자살시도(2명)을 포함하는 부작용들을 경험한 후 11명이 실험을 중지함. 프로락틴은 증가했지만 마지막까지 정상 범위에 있었음.
Turgay, Binder, Snyder & Fisman, 2002	Synder 외(2002)의 연구에서 77명의 이동	Synder 외(2002)의 연구 48주 공개실험 사후검사	이중맹목 상태에서 리스페리돈을 복용한 이동 : 이중맹목 기준선과 비교되었음. NCBRF의 모든 하위 척도에서 향상되었음. 이중맹목 상태에서 위약을 받은 이동 : 자해행동·상동행동, 자기 고립적인 의식행동 하위 척도를 제외한 NCBRF의 모든 하위 척도들은 중결에서 사후검사 기저선으로부터 향상되었음.	NCBRF 자해행동·상동행동 하위 척도 : 이중맹목 상태에서 리스페리돈을 복용한 이동이 중결에서 향상되었음. 이중맹목에서 위약을 받은 이동은 중결까지 공개실험 중결부터 기저선보다 향상되지 않음.	졸음(50%), 두통(35%), 프로락틴 수준은 증가되었지만 정상 범위 위 수준에 있거나 중단점에 있었음. 평균 체중 증가는 30.7kg의 기저선에 비교하여 8.5kg 증가하였고, 그것이 1/2은 정상적 성장에 의한한 증가였음. 경증도의 추체외로 증상은 26%였음.

NCBRF : Nisonger Child Behavior Rating Form(Aman, Tassé, Rojahn, & Hammer, 1996), ABC : Aberrant Behavior Checklist(Aman, Singh, Stewart, & Field, 1985),
BPI : Behavior Problem Inventory(Rojahn, Matson, Lott, Esbensen, & Smalls, 2001).

Buitelaar, De Smedt, Wapenaar와 Binder(2005)는 이 연구자료를 조사하였는데, NCBRF의 하위 범주 중 자해행동 · 상동행동에서만 리스페리돈으로 개선되었다고 보고하였다. 또한 위 연구에서는 광범위성 발달장애 진단을 받은 아동은 배제하였다.

그러나 Scahill 외(2002)가 실시한 8주 동안의 이중맹목, 위약 통제연구는 위약을 투여받은 52명 아동과 자폐 아동 49명(경증~중증 지적장애가 있는 아동 76%)을 대상으로 아동의 행동 개선에 대한 리스페리돈의 효과(연구 종결 시 0.5~3.5mg/d의 복용량)를 비교연구하였다. 참여자들은 5~17세 연령이었고 성마른 행동, 공격성, 자해행동 등 다양한 행동 문제가 있었다. ABC의 성마른 행동 범주(irritability subscale)를 반복 비교측정한 결과, 위약집단에서의 자해행동 감소비율은 14%인 반면, 리스페리돈 치료집단의 성마른 행동 범주에서는 평균 57% 감소하였으며, 시간과의 상호작용을 유의미하게 보여 주었다.

ABC의 하위 범주인 상동행동과 과잉행동에서 모두 위약집단보다 리스페리돈집단에서 더 큰 감소를 보였다. 식욕 증가, 피로, 졸음 모두 리스페리돈 치료집단에서 보고되었고, 체중 증가는 리스페리돈집단에서 더 컸다. 구조화된 척도를 사용하는 임상적 평가에서는 두 집단 모두 추체외로적 증상(extrapyramidal symptoms)을 보이지 않았다. 수전증, 심박급속증에 대한 부모 보고는 리스페리돈의 사용과 유의미한 관련이 있었다(p=0.06). 이중맹목실험에서 이전에 리스페리돈으로 치료한 63명 아동의 16주 공개실험 사후검사나 위약 통제 이후의 8주 공개실험 치료를 받은 아동은 비록 평균 점수가 이중맹목의 기저선 수준보다 낮게 잘 유지되었고, ABC의 성마른 행동 범주 점수에서는 작지만 유의미한 증가를 보였다. 참여자들은 평균 6개월 동안 5.1kg의 체중 증가를 보였다. 그 후의 8주 이중맹목 위약 대체단계에서는, 리스페리돈 치료 지속 시 13%의 재발률을, 위약 대체 시 63%의 재발률을 보였다.

Anderson 외(2007)는 비록 프로락틴의 초기 증가가 치료를 거치면서 감소할지라도 참여자의 1/3은 아동의 Yale-Brown 강박 척도의 수정판을 포함하여 자폐증의 몇 가지 '핵심' 증상을 측정한 검사 결과에서 위약보다 리스페리돈 투여 아동이 더 큰 개선을 보였다(Mcdougle et al., 2005).

Shea 외(2004)는 5~12세 광범위성 발달장애 아동 79명을 대상으로, 이 중 69%가 자폐아동이었고, 8주 동안 이중맹목실험과 위약 통제실험을 진행하였다. 참여자 중 40명(경증~중증 지적장애 30명)은 리스페리돈을, 39명(지적장애 29명)은 위약을 투여받았다. 연구 결과, ABC 모든 척도는 NCBRF의 행동 문제, 활동 과다, 불안정 · 불안, 과도하게 과민함 하위 척도에서와 같이 위약집단에서보다 리스페리돈집단에서 유의미하게 큰 감소를 보였다. 그러나 NCBRF 자기 고립적인 의식행동 또는 자해행동 · 상동행동 하위 범주에서 집단 간 변화는 유의한 차이가 없었다. 졸음은 리스페리돈집단의 70% 이상에서 보고되었지만, 대부분은 해결되었다고 하였다(보통 복용량의 재조정이나 감소를 통하여). 연구 마지막에서 체중·심박비율·최고 혈압의 증가는 위약집단과 비교하여 리스페리돈집단에서 모두 유의미하게 더 컸다.

비록 이 연구들이 지적장애, 행동 문제가 있는 아동의 행동에 대한 리스페리돈의 효과를 암묵적으로 입증하였을지라도, 이 연구에서는 리스페리돈이 자해행동에 끼치는 영향에 관한 증거는 거의 찾지 못하였다. 한편, 표준화된 비율 척도를 적용한 '가장 다루기 힘든 증상'의 심각성에 대한 보호자의 시각적 아날로그 평가에서는 리스페리돈이 증상을 개선하는 데 도움이 되었다고 논의하였다. 하지만 PDD가 있는 아동에게서 나타나는 공격성, 성마른 행동, 부정적 기분은 가장 빈번하게 나타나는 문제였고, 증상의 유형에서 나타나는 결과가 없었다(Shea et al., 2004).

이 두 가지 최근 연구는 특정 문제행동에 대한 리스페리돈의 효과에 더욱 초점을 맞추도록 시도하는 동시에 다른 방식의 연구를 불러오는 계기가 되었다. Zarcone 외(2001)는 모두 지적장애가 어느 정도 있는 아동 11명과 성인 9명을 포함한 22주 이중맹목 교차 설계(crossover design)의 결과를 보고하였다. 연구에는 기준치, 가변적인 기간의 초기 위약, 무작위로 정한 많고 적은 복용량, 마지막 위약단계가 포함되며 6개월 동안 추후조사를 하였다. ABC의 전체 점수는 복용량에 상관없이 리스페리돈을 처방했을 때보다 첫 번째 위약단계에서 더욱 높았고, 많고 적은 복용단계에서는 위약집단의 ABC 점수가 2점 더 높았다.

참여자 5명의 일상환경에서 문제행동의 직접 관찰은 정교한 연구단계를 거치는 동안 대체로 일주일에 3번, 30분 동안 진행되었다. 관찰한 행동으로는 사람과 사물에 대한 공격성과 자해행동, 파괴행동이 포함된다. 2명의 참여자는 위약단계에서보다 투약단계에서 문제행동의 빈도가 더 높았고, 또 2명은 결과가 확실하지 않았으며, 1명은 두 가지 위약단계에서보다 리스페리돈 투약단계에서 행동 빈도가 더 높았다.

게다가 Zarcone 외(2004)는 그들의 연구에 참가했었던, 자폐증과 다른 발달장애가 있는 아동 8명과 성인 5명을 대상으로 매주 실험적 기능분석(experimental functional analyses; Iwata, Dorsey, Slifer, Bauman, & Richman의 방법에 기초, 1982)을 하면서 문제행동(공격성, 자해행동, 파괴적 행동, 탈주)을 직접적으로 관찰하여 보고하였다. Zarcone 외(2001)는 10명을 대상으로 각각의 정교한 연구단계를 합하여 분마다 나타나는 모든 '파괴적 반응'을 평균비율자료로 제시하였는데, 그 결과 리스페리돈 1회 복용 수준단계에서 감소했다고 보고하였다. 그러나 이 자료에서 2명은 리스페리돈 복용단계에서보다 두 번째 위약단계에서 문제행동의 비율이 더 낮아졌고, 게다가 이 두 사례는 두 번째 위약단계에서의 문제행동비율과 약물 복용단계에서 가장 적은 문제행동비율 간의 차이가 거의 없었다(두 번째 위약단계자료는 1명의 참여자에게는 사용할 수 없었다.).

Arnold 외(2003)는 특정 행동에 대한 변화를 평가하는 데 대안적 접근을 적용하였다. Scahill

외(2002)의 연구에 참여한 87명 아동의 부모는 자녀의 행동 중 가장 걱정되는 두 가지 행동을 기준으로 정하였다. 4주, 8주 후에 동일한 문제의 변화 수준을 이중맹목된 전문가의 임상적 판단으로 평가하였다. 위약집단 아동 11명의 부모와 리스페리돈 투여 아동 8명의 부모는 주된 걱정으로 자해행동을 선택하였다. 리스페리돈을 투여받은 아동은 모든 자해행동 증상에서 큰 효과를 보였고, 평균 개선비율도 높았다.

경도-경계선 지적장애가 있는 504명의 4~14세 아동을 대상으로 하는 대규모의 1년 공개실험연구(Croonenberghs, Fegert, Findling, De Smedt, & Van Dongen, 2005)는 앞의 연구들로부터 얻은 많은 결과를 확장하고 확인하였다. 실험을 종결한 아동 367명(73%)은 NCBRF의 자해행동·상동행동 범주에서 변화가 가장 작게 나타났고, 더불어 NCBRF의 모든 하위 범주와 ABC 전체 점수에서 유의한 수준으로 향상되었다. 부작용은 가장 일반적으로 체중 증가(17%)와 더불어 졸음(30%), 비염(27%), 두통(22%)이 있었고, 참여자의 92%에서 보고되었다.

부작용을 보이는 아동 43명(8.5%)은 일반적으로 체중 증가(9명), 식욕 증가(4명), 여성형 유방(3명), 졸음(3명), 두통(3명)으로 나타났다. 비록 아동 5명(1%)은 연구 동안 항파킨슨 약물을 먹어야 했고 6명(1%)은 추체외로 증상으로 결국 중단했지만, 연구 과정에서 추체외로 증상이 평균 이상으로 증가하지는 않았다. 2명의 아동은 연구 약물이 철회된 후 빠르게 회복되었으나, 지연성 운동장애를 일으켰다. 평균 혈중 플로락틴은 치료 초기에 증가하였지만, 남아와 여아 모두 연구 종결 시점까지 정상 범위에 있었다. 205명의 남아는 플로락틴 수준이 정상 범위 이상이었다. 평균 체중 증가는 7kg이었고, 그중 50%는 정상 성장에서 기인한 것이었다.

그러므로 지적장애 및 자폐증이 있는 소아청소년의 행동 문제에 리스페리돈이 효과적이라는 잘 통제된 다양한 연구가 있지만, 자해행동 치료제로서 리스페리돈의 특정 효과를 평가하는 것은 여전히 어렵다. 한 연구에서는 특별히 행동 문제 변화에 대한 임상적 평가를 보고하였는데(Arnold et al., 2003), 리스페리돈 치료에서 다른 행동 문제보다 자해행동이 치료 효과가 크다고 보고하였다. 하지만 그 결과는 리스페리돈 치료를 받은 8명과 위약집단 11명의 아동에게만 국한된 것이다.

지적장애 아동에 관한 연구에서 자폐 여부와 상관 없이 자해행동과 관련된 표준화된 평가의 결과는 혼합적으로 보고된다. 몇몇의 연구 결과는 NCBRF의 자해행동·상동행동 범주에서 리스페리돈집단이 위약집단보다 유의한 수준으로 더 효과적이라고 보고하였고, BDI의 자해행동·상동행동 범주에서는 이 같은 결과가 보고되지 않았다(Aman et al., 2002; Snyder et al., 2002). 또 다른 연구 결과에서는 NCBRF의 자해행동·상동행동 범주에서 리스페리돈의 효과가 없다고 밝혔다(Shea et al., 2004; Turgay et al., 2002, 공개연구단계에서 리스페리돈을 시작한 집단의 경우). 그리고 NCBRF의 자해행동·상동행동 범주에서 리스페리돈의 효과가 보고되었는데, 대체적으로 이 하위 범주에서 관찰된 변화는 다른 범주에 비해 작았다(Aman et al., 2002; Croonenberghs et al., 2005; Snyder et al., 2002). 자폐증이 없는 아동을 대상으로 한 연구(Aman et al., 2002; Snyder et al., 2002)의 결과에서는 제한된 개선 범위를 떠나 BDI의 자해행동 하위 범주와 NCBRF의 자해행동 · 상동행동 하위 범주에서 상대적으로 낮은 기저선 점수로 설명될 수 있다. 하지만 이런 설명은 자폐스펙트럼장애 아동을 포함한 연구에 적용할 수는 없다.

직접 관찰을 시행하는 연구(Zarcone et al., 2001, 2004)는 참여자가 소수이고 다른 저항행동이 함께 감소했다는 보고 때문에 리스페리돈이 자해행동에 특정한 효과가 있다는 입장을 거의 지지하지 못하였다. 자해행동에 초점을 둔 맹검 약물실험을 통해 개별 사례를 직접 관찰한 연구 결과, 리스페리돈이 공격성(Crosland et al., 2003)보다 자해행동에 더 특정한 효과가 있다는 점과 함께 부정적 효과(Zarcone et al., 2004)도 보고되었다. 혼합된 연구 결과와 자해행동에 D_1도파민 수용체가 특정한 역할을 한다고 제안한, 6-하이드록시도파민이 손상된 쥐 연구는 연구에서의 의문점을 확실히 입증하였다. 제안된 이 동물모델이 자해행동의 일반적 모델로 타당하다면, D_1유형 수용체에 친화력이 부족하다는 것이기 때문에, D_1 친화력 약물보다 리스페리돈이 특정 행동을 효과적으로 치료하기는 어렵다. 앞으로 이 논쟁에 대한 가장 효율적인 방안은 Arnold 외(2003)에 의해서 증명된 것처럼, 특정 행동 문제의 변화를 이중맹목실험으로 평가하는 것이다.

다른 비정형 항정신병 약물

지적장애가 있는 아동의 행동 문제를 위한 다른 비정형 항정신병 약물의 효과에 관한 증거는 상당히 적다. 소아청소년을 대상으로 클로자핀을 사용하는 것은 과립구감소증과 간질의 위험을 가져올 수 있으며(McDougle, Stigler, Erickson & Posey, 2006), 백혈구 수치를 측정하기 위해 혈액채취를 계속 하는 것 역시 지적장애 및 자폐 아동에게 좋지 않다.

올란자핀은 다양한 5-HT, 알파-1 아드레날린 작용 약물, H_1 히스타민, 복합 무스카린 수용체 아형, 도파민 D_1, D_2, D_4 수용체와 친화도가 높다(McDougle et al., 2006). 도파민 D_1 수용을 방해하는 올란자핀의 기능 때문에 McDonough, Hillery, Kennedy(2000)는 올란자핀이 만성적 · 상동적 자해행동을 위한 효과적인 치료가 될 것이라고 제시하였다. 심각한 지적장애가 있고 장기간 반복적인 자해행동을 하는 성인 7명을 대상으로 15주 공개실험연구에 올란자핀실험연구를 추가하였다. 그 결과 표준화된 척도에서 전반적으로 자해행동으로 생기는 손상의 정도와 빈도가 개선되었으나, 보호자가 행동의 빈도를 평가하지는 않았다.

지적장애가 있는 PDD 아동 8명과 성인(Potenza, Holmes, Kanes & McDougle, 1999), 지적장애가 있는 12명을 포함한 청소년 16명을 대상(Handen & Hardan, 2006)으로 한 단기 공개실험연

구 결과(Potenza, Holmes, Kanes, 1999)에서는 대부분 ABC의 성마른 행동과 과잉행동 하위 척도와 같은 문제행동에 관한 표준화된 척도에서 증상이 개선되었다고 보고하였다. Malone, Cater, Sheikh, Choudhury, Delaney(2001)는 6주간 올란자핀이나 할로페리돌로 공개실험연구를 하기 위해 11명은 지적장애가 있는 PDD·자폐아동 12명을 대상으로 실험연구에 무선할당하였다. 그 결과 올란자핀집단은 아동 정신의학 평가 척도(the Children's Psychiatric Rating Scale)의 성마른 행동·비협조·과잉행동 하위 변인에서 호전되었지만, 할로페리돌집단은 호전되지 못하였다.

지적장애가 있는 아동 4명을 포함한 PDD 아동 6명을 대상으로 소집단 이중맹목 위약 통제실험 연구를 하는데, 그 결과 올란자핀집단은 성마른 행동·공격성을 측정하는 표준화된 척도에서 올란자핀의 효과성을 입증하지 못했지만 약간의 영향력은 있다고 나타났다(Hollander et al., 2006).

앞선 모든 연구는 체중 증가와 진정 작용에 대한 문제를 지적했고, Handen과 Hardan(2006)도 프로락틴 농도가 유의한 수준으로 증가한다고 지적하였다. 발달장애 소아청소년을 대상으로 한 비정형 항정신병 약물 쿠에티아핀, 지프라시돈, 아리피프라졸에 대한 통제 연구는 최근까지 발표된 적이 없어서, McDougle 외(2006)는 광범위성 발달장애 소아청소년을 대상으로 하는 과거의 공개 실험연구를 검토하였다.

요약하면, 자해행동 치료에서 도파민 D_1 수용체를 방해하는 물질의 사용에 대한 구체적인 근거에도 불구하고, 리스페리돈보다 올란자핀의 효과성을 입증할 더 강한 증거는 없었다. 그리고 체중 증가, 진정 작용, 프로락틴 농도의 증가 등 부작용은 동일한 문제로 나타났다. PDD 또는 지적장애가 있는 아동의 행동장애에서 다른 비정형 항정신병 약물의 잠재적 유용성에 대한 증거는 현재 매우 제한적이라 할 수 있다.

세로토닌 재흡수 억제제

자해행동을 치료하는 데 세로토닌 재흡수 억제제(SRIs)를 사용하는 근거는 비정형 항정신병 약물의 사용 근거에 비해 훨씬 구체적이지 않다. SRIs의 사용 가능성에 대한 관심은 (1) 자폐와 지적장애가 있는 사람의 세로토닌 기능 이상에 대한 일반적 증거(Aman, Arnold, & Armstrong, 1999; Posey, Erickson, Stigler & McDougle, 2006), (2) 일부 사례에서 심각한 지적장애가 있는 사람의 자해행동은 우울의 지표가 될 수도 있다는 의견(Marston, Perry & Roy, 1997), (3) 일부 사례에서 자해행동은 강박적 행동과 유사점이 있다는 제안(King, 1993)에 기초를 둔다.

Aman 외(1999)는 발달장애가 있는 사람에게 선택적 세로토닌 재흡수 억제제(SSRIs)와 클로미프라민을 사용한 연구를 재검토하였다. 그 결과 재검토한 연구가 사례연구나 통제되지 않은 실험연구가 압도적이라는 점에 주목하였고, 앞으로 이루어질 연령에 따라 차이가 날 수 있는 반응성에 관한 연구를 위해 다른 방식의 연구도 필요하다고 제안하였다. 클로미프라민의 잠재적인 심각한 부작용(Aman et al., 1999)으로 인해 최근에는 플로보사민과 플루옥세틴이 유용하다는 증거와 함께 SSRIs에 관심을 두게 되었다.

최근 McDougle 외(2006)나 Posey 외(2006)가 연구를 검토한 바에 따르면, 발달장애가 있는 성인의 반복적인 행동을 치료하는 데 SSRIs가 효과적이라고 하지만, 잘 통제된 실험연구는 거의 없다고 보고하였다. 반면, 아동에 대한 플루보사민의 공개실험연구와 이중맹목 통제실험연구의 결과에서는 제한된 효과성과 불면증, 행동화, 공격성 등의 부작용이 자주 보고되었다. SSRIs의 효과를 보고하는 잘 통제된 연구(Hollander et al., 2005; Sugie et al., 2005)는 SSRIs가 자해행동 치료에서 유용하지 않았다고 밝혀졌고, 자해행동에 SSRIs가 효과적이라고 보고하는 최근 연구(예 : Carminati, Deriaz, & Bertschy, 2006)는 제한된 결과측정도구에 의존하여 다른 치료에 SSRIs를 추가한 통제되지 않은 연구였다. 발달장애가 있는 아동을 위한 효과성의 증거 부족, 빈번한 부작용, 적당한 복용량에 대한 불확실성(Posey et al., 2006)으로 인해 자해행동의 치료로 SSRIs가 일반적으로 유용하다고 지지할 수 없다.

날트렉손 하이드로클로라이드

다양한 연구에서 프로오피오멜라노코르틴(POMC)[39] 시스템에 대해 관심을 보이며, 자해행동을 하는 발달장애나 자폐가 있는 사람의 '시상하부-뇌하수체-부신축 스트레스시스템의 조절 부전'에 대해 언급하였다(Sandman & Touchette, 2002). 효소분해는 POMC 분자를 생물학적 활성 물질 아편계 베타엔도르핀(opioid β-endorphin)과 부신피질호르몬(ACTH)으로 화학 반응을 하며, 보통 성인의 이 혈장 수치는 서로 관련이 깊다. 그러나 최근 연구에서는 발달장애 성인의 자해행동이 β-endorphin과 ACTH의 정상적 '결합' 이후 감소한다고 제안하였고(Sandman, Touchette, Lenjavi, Marion, & Chicz-DeMet, 2003), 지적장애가 있는 성인은 간헐적인 자해행동 이후에 β-endorphin과 ACTH의 정상적인 결합이 감소하며, ACTH 수치에 대해 β-endorphin이 상승한다고 보고하였다. 이런 결합되지 않는 현상이 자해행동 발생이 증가하는 데 관련 있다는 것은, 사회적 환경이나 다른 행동사건보다 이전의 자해행동을 통해 이후의 자해행동을 예측할 수 있다는 것을 의미한다(Sandman & Touchette, 2002). 이러한 현상은 자해행동을 보이는 사람에게서 아편류 매개 진통제(opioid-mediated analgesia)와 아편류(opioid)를 생산하는 자해행동으로 도취

---

39. 부신피질자극호르몬, β-리포트로핀전구체 등 일곱 가지 호르몬의 프로호르몬이다. 뇌하수체에서 합성하고 뇌하수체 전엽에서는 N 말단 단편과 앞의 두 가지 호르몬이 생성되며, 중엽에서는 더 분해되어 γ-멜라닌세포자극호르몬(γ-MSH), β-MSH, β-엔도르핀 등이 생성된다.

상태가 증가할 수 있다는 것을 의미한다.

아편계 길항제인 날트렉손 하이드로클로라이드를 투약하는 이유는 이 효과들을 줄일 수 있다고 기대하기 때문이다(Matson et al., 2000). 그러나 날트렉손 사용은 정상인과 발달적 장애가 있는 사람 모두에게 간 독성과 같은 심각한 부작용을 주었다. 그 부작용으로 정상인에게서 중독 증상이 나타났고, 지적장애가 있는 사람의 자해행동을 치료하기 위해 사용되던 것보다 훨씬 더 많은 복용량을 사용하게 되었다(Symons, Thompson & Rodriguez, 2004).

자해행동 치료에서 날트렉손의 효과에 대한 연구 결과는 매우 복합적으로 나타난다(Symons et al., 2004). 자해행동과 관련한 다른 정신약리학적 연구와는 대조적으로, 날트렉손에 관한 기술적인 연구의 질이 다소 높았다. Symons 외(2004)는 개인 참여자들에 대한 정보를 얻을 수 있는 27개의 연구를 검토했고, 날트렉손으로 치료된 전체 86명의 아동과 성인 중 85%가 이중맹목실험에서 약을 투여받았다. 날트렉손 투여 동안의 자해행동과 기준치를 양적으로 측정 비교했을 때, 참여자의 47%가 증상에 있어 50% 또는 그 이상의 개선을 보였다. 더 나아가 참여자의 33%는 자해행동이 줄었다. 게다가 일부 사람에게서 제한된 기간 동안 날트렉손 투여는 약물치료가 중지된 후에도 지속되던 자해행동을 줄일 수 있다는 일부 증거가 있다(Crews, Bonaventura, Rowe & Bonsie, 1993; Sandman et al., 2000).

그러나 이같이 전망 좋은 상황에도, 추가적으로 보고된 많은 연구에서는 날트렉손이 자해행동을 개선하지 않는다고 보고하였고(예 : Bodfish et al., 1997), 날트렉손 치료 동안 심각하고 빈번한 자해행동으로 악화된다는 역설적인 연구도 보고되었다(예 : Benjamin, Seek, Tresise, Price & Gagnon, 1995). 날트렉손의 구체적인 활성 기제는 아직 제대로 밝혀지지 않았다. 복용량-반응 관계가 복잡하고(Symons et al., 2004), 연구자들이 밝히기로는 시간 제한적 날트렉손 치료로 장기간 자해행동에 개선을 보인 사람은 날트렉손 치료가 다시 필요할 때 자해행동이 나빠질 수 있다고 보고하였다(Sandmand et al., 2000). 자해행동의 양상으로 날트렉손에 대한 반응을 예측할 수는 없다(Symons et al., 2004).

Sandman 외(Sandman et al., 2000; Sandman, Touchette, Marion, Lenjavi & Chicz-DeMet, 2002; Sandman et al., 2003)는 ACTH와 관련된 β-endorphin의 기준치가 사회적·환경적 사건에 대해 상대적으로 무감각한 자해행동 패턴과 관련될 수 있고, 이로써 날트렉손에 대한 반응을 예측할 수 있다고 제안하였다. 그러나 직접적인 진정제 방해 효과, 가능한 수용체 감수성 조절, 날트렉손 효과에서 조작적 학습 기제 사이의 관계는 밝혀져야 한다. Benjamin 외(1995)는 날트렉손이 젊은 성인의 자해행동의 심각성을 극도로 악화시킨 사례를 보고하면서, 그의 행동 악화는 아마도 자해행동에 대한 β-endorphin이 만드는 생산물의 영향력이 실패하면서 조작적 소거 절차를 촉진한 것일 수 있다고 제안하였다. 따라서 날트렉손이 자해행동의 일부 사례를 도울 수 있다는 좋은 증거가 있긴 하지만, 치료에 대한 반응과 대부분의 복용 효과를 예측하기 어렵고 최선의 치료 기간에 대해 거의 알려져 있지 않으며 역설적인 효과도 보고되고 있다. 추가적으로 일부 사례에서는 날트렉손이 자해행동의 수준을 줄이고 보호자 행동과 자해행동 사이의 관계에 강점을 증가시킨다는 증거를 보여 주었고, 특히 날트렉손이 보호자 행동에 유용하다고 보고하였다(Symons et al., 2001). 그러므로 치료 효과의 객관적 평가, 복용량에 대한 한정된 요인, 간 독성의 민감하고 특별한 주의는 날트렉손의 자해행동 치료에서 반드시 필요하다.

지적장애가 있는 아동의 자해행동에 대한 정신약리학적 치료 : 원인과 결과

자해행동의 정신약리학적 치료에 대한 가장 직접적인 근거는 도파민 작용을 활성화시키는 체계와 오피오이드 체계가 관련이 있고 지금까지 치료 효과에 대한 가장 강력하고 유용한 증거가 이 체계를 목표로 하는 약물과 연관된다. 비정형 항정신병 약물 중 단연 가장 광범위한 증거의 토대는 리스페리돈에 관한 것이다. 잘 통제된 여러 연구에도, 대부분의 연구가 주로 특정 행동 양상에 초점을 두기보다는 일반적인 행동 평가 척도와 향상에 대한 포괄적인 평가에 의존하며, 자폐 · 광범위성 발달장애 아동과 다른 지적장애 아동에게서 나타나는 자해행동의 치료로서 리스페리돈의 유용성에 관한 증거는 명확하지 않다. 그 이유는 주로 특정 행동 형태에 초점을 두지 않고, 일반화된 행동비율 척도와 전반적 개선비율에 관한 연구에 의존하기 때문이다.

비록 사후검사에서 리스페리돈에 대해 보고된 긍정적인 효과는 불면증의 존재 여부와는 독립적이라고 제안할지라도, 체중과 식욕 증가, 상승된 프로락틴 수치, 불면증과 진정 작용은 종종 리스페리돈 치료와 관련된 부작용으로 보고된다(Snyder et al., 2002; Turgay et al., 2002). 심장박동에 영향을 주는 것과 더불어 다른 부작용도 보고되었다. 아동에게 리스페리돈을 사용할 때, 장기간 건강 상태에 주는 영향을 심각하게 고려해야 한다. 체중 증가와 같은 부정적 결과가 확실히 나타나며, 리스페리돈의 평가(예 : Croonenberghs et al., 2005)에서 대부분 임상가는 식이요법과 운동에 대한 상담을 하라고 권하지만 Handen과 Hardan의 올란자핀에 대한 공개실험연구에서 이 같은 상담을 제공해도 체중 증가를 가져온다는 점에 주목하였다.

리스페리돈 치료와 연관된 프로락틴 수치 증가에 대한 장기적 영향력의 가능성은 추후에 더 많은 연구가 필요하다. 리스페리돈을 처방받은 아동의 1년 후 사후검사에서 추체외로 증상은 참여자의 26%까지 보고되었고(Turgay et al., 2002), 리스페리돈의 장기간 사용이 지연성 운동장애의 발생과 관련이 있는가에 대한 의문점에 관해서는 이후 장기 연구가 더욱 이루어져야 한다. 또한 신경이완제악성 증후군(neuroleptic malignant syndrome) 같은 빈번하지 않은 부작용에 대한 검토는 비정형 항정신병 약물 연구에서 중요한 과제로 남아 있다.

리스페리돈 사용의 위험률과 장기간 이점에 대한 주의 깊은 고려는, 특히 초기 치료에 긍정적으로 반응을 보이던 사례의 2/3 정도에서 행동 약화를 보이는 자폐스펙트럼장애 아동의 경우 최대 6개월 이후 리스페리돈을 중단하는 중요한 근거가 된다(Research Units on Pediatric Psychopharmacology Autism Network, 2005; Troost et al., 2005). 리스페리돈과 연관된 관찰연구에서 리스페리돈이 성마른 행동을 감소시키면서 부모-자녀 상호작용의 변화를 가져오고, 이로써 리스페리돈 치료의 효과가 부분적으로 중재될 수 있다고 제안하였다(Zarcone et al., 2001). 사례의 1/3에서 리스페리돈 치료는 성공적으로 철수되었고, 이런 관찰 결과를 통해 자해행동 치료에 리스페리돈을 사용한다면 주의 깊은 모니터가 필요함을 시사한다. 또한 약물치료를 행동에 부작용 없이 중단할 수 있는지 결정하기 위해 늘 검토해야 하고, 리스페리돈의 처방은 행동적 중재와 수반되어야 한다고 제안하였다.

날트렉손 하이드로클로라이드의 효과에 대한 증거는 자해행동이 만성적으로 나타나고, 평가로 사회적·환경적 사건과의 기능적 관계를 확인하지 못하는 경우, 날트렉손 치료가 정당화될 수 있다고 제안한다. 그러나 개개인 사이에서의 효과는 임상적인 개별 사례를 통해 예상하기 어렵고, 날트렉손 치료는 효과성과 잠재적 부작용을 동반한다. 그러므로 날트렉손을 자해행동 치료에 적용할 경우, 효과성에 대한 주의 깊은 검토가 반드시 필요하다. 날트렉손 부작용에 관한 증거는 대체로 정상인이 그것을 사용했을 경우 나타난다. 그리고 이 약물을 발달장애가 있는 아동에게 사용할 경우, 세밀한 검토가 필요하다. 날트렉손 치료의 근본적 원리는 날트렉손 사용으로 자해행동과 관련된 도취감이 감소하고 고통이 증가한다는 것이며, 또한 자해행동을 하는 동안 부정적 감정이 증가한다고 보고하였다(Benjamin et al., 1995). 날트레손 치료가 성공적으로 이루어진 대부분의 사례에서도 어느 정도 자해행동이 지속되는데, 이는 사회·환경적 요인이 그 행동을 유지하게 할 수 있다고 가정한다(Symons et al., 2001). 그러므로 자해행동 사례에 날트렉손 치료를 할 때에는 행동적 중재를 수반하는 것이 실제적·윤리적으로 중요하다.

행동 치료

행동적 중재의 이론적 설명

자해행동의 행동적 중재는 발달장애 아동의 자해행동이 사회적 관심과 관련될 때에는 증가하고, 자해행동과 관련된 관심을 철회할 때 감소한다는 이론적 설명을 근거로 발전하였다(Iwata, Roscoe, Zarcone, & Richman, 2002). 하위 연구에서는 자해행동이 사회적으로 중재된 부적 강화(예 : 과제로부터의 도피)에 의해서도 유지될 수 있다고 설명하였다. 즉, 자동 강화(내적 자극의 획득)는 사회적 중재 없이 자해행동을 통해서 직접 강화를 받는 것으로 이 역시 자해행동을 유지할 수 있으며, 다시 정적 강화(예 : 감각자극)와 부적 강화(예 : 고통을 차단하거나 약화시키는 것)를 개별 사례에 연관 지을 수 있다고 하였다(Iwata et al., 2002).

자해행동에 대한 최근 행동적 치료 접근법이 큰 영향을 끼치고 있는데, 우선 Carr(1977)의 새로운 연구는 각각의 사람들에게서 다양한 결과로 자해행동이 유지된다고 밝혔고, 이에 따라 치료는 특정 개인에게 기대되는 행동적 기능에 맞추어 개별화되어야 한다고 보았다. 두 번째로 Iwata, Dorsey, Slifer, Bauman과 Richman(1982)의 획기적인 논문에서 치료 계획에 앞서 행동 기능 평가를 위한 도구에 대해 설명하였다(Vollmer, XXXX, 세부 논의 참고). 경험적 기능분석(EFA) 또는 '아날로그 사정 평가'로 다양하게 설명되는 Iwata 외의 평가도구는 매우 구조화된 다양한 사회적 상황에 보호자를 간단하게 참여시키는 것인데, 각 상황은 특정 기능으로 유지되는 문제행동이 매우 많이 나타날 수 있도록 고안되었다. 예를 들어, 한 가지 상황에서 자해행동 이후에만 보호자가 내담자와 상호작용을 하도록 하는 것이 있다. 이러한 조건에서 보호자의 관심으로 유관되어 강화받은 행동의 비율이 높아질 것을 짐작할 수 있다.

실험적 기능분석 방법론의 출현은 임상연구에서 사용하는 치료방식에 대한 인식의 주요한 변화를 가져왔다. 가능한 자해행동을 유지시키는 결과와 연관되지 않고 경험적으로 효과적이라고 증명된 강화물이나 처벌의 사용에 의존하는 것 대신, 내담자의 자연스러운 환경에서 자해행동을 유지시키는 강화물을 확인하는 것에 중점을 두는 치료 개입으로 변화하였다. 이 같은 개입의 주요 요인에는 (a) 사전에 강화된 자해행동이 나타나는 사건의 영향력을 줄이기 위한 선행동기 조작 수정, (b) 자해행동을 유지하는 강화물을 자해행동을 대체할 친사회적 행동으로 가르치고 강화 빈도를 늘리기, (c) 자해행동과 관련된 활동은 늘리고 행동에 대한 강화는 감소 및 소거하는 것이 포함된다(Iwata et al., 2002).

최근 연구는 치료 효과의 일반화, 영구성, 효과성을 증진시킨다는 견해에서 계획한 치료 절차의 효과성을 기반으로 더욱 정밀한 행동 메커니즘을 확인하는 것에 중점을 둔다. 이 영역에서 남은 부분은 사회적으로 중재된 정적 · 부적 강화와 자동적 강화에 의해 유지되는 자해행동 치료에 이러한 원리를 어떻게 적용할 것인지를 설명하는 것이다. 조작적 조건이론가는 병인학에서 특정 신경생물학적 과정이 자해행동의 유지와 연관된다고 보지만, 기능분석적 시각에서는 자해행동의 유지 · 형성 과정이 근본적으로 다른 문제 · 친사회적 행동이 형성되는 것과 매우 동일하다고 가정하기 때문에, 다른 문제행동에 관한 연구도 대개 자해행동 치료와 관련될 수 있다고 본다. 또한, 기능분석적 접근법에서는 아동과 성인의 행동을 통제하는 일반 절차를 고려하기 때문에(비록 언어의 발달이 추가적 절차와 관련되어도), 아동과 성인을 모두 포함한 치료 연구를 논의하였다.

사회적 중재 강화에 의해 지속되는 자해행동 치료

사회적으로 중재된 정적 강화의 두 가지 유형인 관심(예 : 보호자와 상호작용)과 물질적 보상(예 : 음식, 장난감)은 중증장애 아동의 자해행동 유지와 관련되며, 정적 강화에 접근하는 것은 보호자가 중재하거나 통제한다. 부적 강화 절차는 대부분 과제 요구 철회나 과제에서 벗어나는 것이고, 다양한 다른 유해사건을 회피하거나 벗어나는 것이다. 그런 유해사건과 관련된 사람이나 상황도 종종 자해행동을 유지시키는 것과 관련 있다(Reese, Richman, Belmont & Morse, 2005).

선행동기 조작의 수정

Vollmer, Iwata, Zarcone, Smith와 Mazaleski(1993)는 중증지적장애가 있는 여성 3명의 장기간 형성된 자해행동(머리 부딪히기와 때리기, 몸 때리기, 또는 손 물기)을 치료하였다. EFA를 통해 각 사례에서 자해행동은 보호자 관심으로 강화되었다는 것을 확인한 후, Vollmer 외(1993)는 고정간격 강화 계획으로 관심을 제공하였다. 즉, 여성참여자의 행동과 상관없이 고정간격으로 관심을 제공하였다. 초기에 지속적으로 관심을 제공하고, 5분마다 10초 동안 관심을 주는 것으로 점차 줄이는데, 이는 이전 회기에서 보인 자해행동의 비율에 따라 다르다. 참여자 3명 모두 고정간격 치료 회기 동안 자해행동의 비율이 감소하였다.

Van Camp, Lerman, Kelley, Contrucci와 Vorndran(2000)은 변동간격 계획을 설명하였다. 이것은 평균선에서 무작위로 강화 사이의 개입을 변화시키는 것으로, 이는 자유 시간을 얻음으로써 유지된 공격성 · 자해행동을 고정간격 계획으로 줄인 만큼의 효과를 가져왔다. 이 접근법은 엄격한 고정간격 계획을 지속적으로 적용하기 어려운 환경에서 활용하기 적합하다.

더 나아가 Kahng, Iwata, DeLeon과 Wallace(2000)는 강화물 전달의 빈도 감소가 개입의 효과성을 줄이지 않는다고 하였고, Vollmer 외(1993)는 고정간격 계획을 활용하는 것보다 성과가 더 빠를 수 있다고 설명하였다. 그리고 강화물 전달 간격의 절차는 참여자의 자해행동 평균 간격을 기본으로 적용한다.

또한, 사회적으로 중재되어 부적 강화로 유지된 자해행동을 감소하기 위해서 시간 설계(time-based scheduled)를 활용할 수 있다. Vollmer, Marcus와 Ringdahl(1995)는 EFA를 통해 교육활동에서 벗어나는 것으로 자해행동이 유지된다고 확인된 성인 2명의 자해행동을 치료하였다. 이 연구에서는 활동 후 짧은 휴식을 고정간격 강화 계획대로 제공하였고, 이전 치료 회기의 자해행동비율에 따라 한 참여자는 10분, 또 다른 참여자는 2.5분까지 휴식 시간의 간격을 점진적으로 늘렸다. 그 결과 두 사례 모두 자해행동비율이 실질적으로 감소하였다.

비록 동기화 과정의 조작에 관해서만 논의하였으나, 앞의 연구에서 활용된 그 과정은 소거(행동과 강화물 간의 유관성 제거하기)를 통해 문제행동을 줄일 수 있고, 강화 계획을 점차 줄이면서 지연 강화에 내성을 향상시킬 수도 있다(Vollmer et al.,1998). 이렇게 추가적인 절차를 포함하여 고정간격 강화 계획을 활용하는 것은 전반적으로 확장된 문제행동의 수준을 감소시킬 수 있고, 이는 동기조작을 수정한 것이다. 그러나 자해행동이 광범위하게 나타난다면, 고정간격 강화 계획에서 계획된 강화물이 전달되기 직전에 자해행동이 발생할 수 있고, 우연하게 그 이후에 강화물이 전달되면 문제행동이 유지될 수 있는 위험이 있다. 하지만 자해행동이 일어나기 직전에 계획된 강화물을 전달하지 않는다면 가능하다(Carr & LeBlanc, 2006, 고정간격 강화 계획에 대한 논의 참고).

계획된 과제 또는 활동을 회피하거나 벗어남으로써 유지된 자해행동은 교육활동을 수정하여 그 행동을 실질적으로 줄일 수 있다. Pace, Iwata, Cowdery, Andree와 McIntyre(1993)는 초기에는 요구를 완전히 철회해서 지적장애가 있는 청년 3명의 자해행동 수준을 빠르게 감소시켰고, 그 이후 자해행동을 유지하는 활동에서 벗어나는 것을 방지하는 동안 회기가 지남에 따라 자해행동은 기저선까지 점차 증가하였다.

Zarcone, Iwata, Smith, Mazaleski와 Lerman(1994)은 발달장애가 있고 교육 회피로 자해행동이 지속된 성인 3명을 대상으로 작업하였는데, 자해행동으로 회피하는 것을 예방하지 않고, 요구 철회 및 진보된 재도입을 하면 초기에는 자해행동 수준을 성공적으로 줄일 수 있다. 하지만 이 자해행동 수준은 개입 과정에서 증가하고, 자해행동을 원하는 수준으로 조정하기 위해서는 회피를 예방하는 기간도 필요하다. 또한 자해행동이 일어나는 특정 과제를 확인하고 이 행동이 적게 일어나는 과제로 대체하여, 자해행동 및 문제행동을 줄일 수 있다(Horner, Day, Sprague, O'Brien, & Heathfield, 1991).

다른 교육과정은 과제 참여에 대한 강화 수준을 높이면서, 자해행동을 유지하는 '요구 벗어나기' 수준을 줄이는 데 도움을 줄 수 있다(Hoch, McComas, Thompson, & Paone, 2002; Lalli et al.,1999). 그런 교육과정에는 자해행동을 일으키는 선행요구를 아동과 협력할 수 있는 요구로 바꾸는 것(자해행동과 유관된 요구에서 벗어나는 것의 예방은 이 접근법의 효과성 측면에서 다시 강조될 수 있다.; Zarcone, Iwata, Mazaleski, & Smith, 1994), 과제 보조 수준을 높이는 것, 강화활동에 과제 요구를 끼워 넣는 것, 예측 가능한 요구 및 활동 선택을 늘리는 것이 있다(Miltenberger, 2006).

활동·교육조건과 상관 없이 체계적인 자해행동의 비율 평가는 자해행동 수준을 줄이기 위한 활동을 계획하는 데 기반이 된다. O'Reilly, Sigafoos, Lancioni, Edrisinha와 Andrews(2005)는 자폐와 지적장애가 있는 12세 남아를 대상으로 한 연구에서 다른 조건적 상황과 비교했을 때 EFA의 과제 요구조건에서 평상시대로 아동의 자해행동이 증가하였고, 상호작용이나 놀이조건 없이 과제 요구조건이 성공적으로 선행되었을 때 자해행동이 나타나지 않았다고 보고하였다. 교실 상황에 비슷한 구조를 도입(상호작용, 놀이, 과제 요구 없이 5분마다 반복적으로 계획을 실행)하였는데 실제로 자해행동이 감소하였고 5개월 추후조사에서도 유지되었다.

동기 조작을 직접 수정할 수 없을 때에는 동기 조작의 내성을 증가시키거나 그것의 효과를 중화하는 방법이 있다. McCord, Iwata, Galensky, Ellingson과 Thomson(2001)은 소음에서 벗어나는 것으로 유지된 문제행동을 소거(문제행동을 해도 소음을 멈추지 않음.)와 함께 소음이 커지는 곳에 점진적 노출을 하는 프로그램으로 감소시켰고, 한 사례에서는 소음이 있는 곳에서 문제행동을 보이지 않을 때 변별 강화를 하여 문제행동을 줄였다고 보고하였다. Horner, Day와 Day(1997)는 그들의 연구에 참여한 중증지적장애 아동 3명 중 2명의 지속적인 공격성과 자해행동에서 벗어나게 하는 것은 계획된 선호활동을 미루거나 초기 지연될 때만 오류 수정에 반응한다고 밝혔다. 그런 사건 이후에 안정된 일상생활(예 : 활동을 형식적으로 구조화하고 과거 사진을 보는 것)로 발전시키는 개별적인 수행은 이후의 교육 회기에서 문제행동 수준을 감소시킨다.

요구에서 벗어나기에 강화를 늘리는 특정 동기 조작은 독립적으로 이루어질 수 없고, 문제행동이 나타날 때 그 사람의 감정비율을 체계적으로 추정하여 그와 관련된 감정이 증폭되는 활동을 과제 요구 전에 선행한다(Carr, McLaughlin, Giacobbe-Greco, & Smith, 2003).

친사회적 행동의 경쟁적 강화와 교육

친사회적 행동의 경쟁적 강화와 교육에 초점을 둔 Carr과 Durand(1985)의 연구에서는 발달장애 아동 4명의 문제행동(공격성, 성내기, 자해 포함)이 감소되었다고 보고하였다. 아동의 문제행동은 언어적으로 관심을 요구하거나 성인의 도움을 받는 것을 정적 또는 부적(어려운 과제 회피하기) 강화를 함으로써 감소되었다. Carr과 Durand(1985)는 아동에게 언어적으로 요구하기를 가르치는 기능적 의사소통 훈련(FCT)의 효과를 증명하였고, 더불어 연구 목적에 맞게 보호자와의 관계에서 발생하는 아동의 문제행동을 훈련하여 긍정적 효과를 입증하였다. Carr과 Durand는 보호자 행동의 체계적인 변화를 요구하는 접근법과 비교했을 때, 보호자와 함께 있을 때 행동을 개선하는 기능적 의사소통 훈련이 더 효과적이라고 제안하였다.

특히 행동 패턴이 제한적인 사람은 한 부분의 문제행동이 몇 가지 확실한 강화물로 지속될 수 있다. Day, Horner와 O'Neill(1994)은 중증지적장애나 자폐가 있는 사람 3명의 자해행동은 과제에서 벗어나거나 선호하는 물품을 얻음으로써 유지되고, 각 기능에 적합한 의사소통 반응 형성은 문제행동이 나타나는 맥락적 상황에 상관없이 문제행동을 감소시키기 위해서 필요하다고 밝혔다.

그러나 자해행동과 동등한 친사회적 기능을 습득하는 것을 기대할 필요 없이, 만약 반응이 지속적으로 강화된다면 자해행동 수준은 반드시 감소할 것이라는 점에 주목하였다. 반응비율은 각 반응과 관련된 노력(다른 비용)(Richman, Wacker, & Winborn, 2001), 강화물의 중요성, 강화물이 전달되는 계획(신뢰도)과 잠재력(Symons, Hoch, Dahl & McComas, 2003)에 따라 결정될 수 있다.

기능적 의사소통 훈련에 관한 연구에서 기능적 의사소통 훈련은 소거나 타임아웃을 할 때에만 문제행동이 줄어들었고, 유관성은 의사소통 반응에 정적 강화를 추가했을 때 효과가 있었다(Shirley, Iwata, Kahng, Mazaleski, & Lerman, 1997; Wacker et al., 1990). 비록 대안적 반응이 잘 확립되어 자해행동이 소거된다 할지라도, 만약 다시 강화 받으면 자해행동 수준은 사전 수준으로 증가한다(Shirley et al., 1997). Worsdell, Iwata, Hanley, Thompson과 Kahng(2000)은 중증지적장애가 있는 성인 5명의 자해행동을 치료했는데, 그 결과 기능적 의사소통 훈련의 참여자 중 1명(매일 친사회적 의사소통을 강화 받음.)은 지속적으로 자해행동이 강화 받을 때조차 자해행동의 비율이 감소하였다. 반면, 나머지 4명의 참여자는 적절한 의사소통이 지속적으로 강화 받을 때에만 자해행동의 실질적인 감소가 보였고, 그중 두 가지 사례에는 20번 반응할 때마다 한 가지 강화물을 제공하였다.

강화물로 강화된 행동 범주가 조작적 조건이라는 사실 때문에 이 주제가 더욱 중요해지고 복잡해지면서 같은 사건을 강화하기 위한 모든 반응의 범주는 같은 기능적 관계가 있다는 것을 확인하였다. 즉, 적절한 행동·문제행동 모두 동일한 기능적 범주에 속할 수 있으며, 만약 그 범주에 기능적 의사소통 훈련에서 강화 받을 수 있는 친사회적 행동이 선택된다면, 자해행동을 포함한 기능적 범주 전체가 발생비율 및 소거에 저항하는 식으로 강화 받을 수 있다(Derby, Fisher, Piazza, Wilke, & Johnson, 1998). 그러므로 기능적 의사소통 훈련은 자해행동과 동일한 기능적 범주의 과거력이 없는 언어적 의사소통 반응을 선호하고 가르친다(Winborn, Wacher, Richman, Asmus, & Geier, 2002). 이와 더불어, 자해행동과 동일한 기능적 범주에 합류하는 의사소통 반응의 가능성을 피하거나 최소화하기 위해 자해행동의 강화는 없애거나 최소화시켜야 한다. 또한 다른 강화물, 외견상 문제가 아니라 이전에 존재한 기능적 범주에 의해 유지될 수 있는 자해행동의 가능성을 방지하기 위한 관심이 필요하다(Derby et al., 1998).

더욱이 기능적 의사소통 훈련에서 어려운 점은 충분한 빈도로 대안적 의사소통 반응이 발생해야 한다는 것과 장기간 모든 반응에 강화할 수 없다는 것이다. Hanley, Iwata와 Thompson(2001)은 중증지적장애가 있는 성인 3명의 공격성과 자해행동을 기능적 의사소통으로 치료한 이후에 오는 위와 같은 문제점을 설명하기 위해서 몇 가지 방법을 비교하였다. 가장 효과적인 방식은 지속적인 강화로써 의사소통 반응을 형성한 후 소거 기간을 도입하고 강화 받지 않은 의사소통 반응을 색카드로 표시하여 소거 기간을 점차 늘리는 것이다. Hanley 외는 낮은 비율의 문제행동을 1분마다 강화하는 것 대신에 의사소통 반응을 강화하지 않는 시간을 4분까지 늘렸고, 그 동안은 문제행동을 보이지 않고 유지된다고 하였다.

자해행동의 강화물 제거 또는 감소

자해행동을 유지하는 강화물을 제거하거나 줄이는 것이 기능적 의사소통을 활용한 치료의 성공에 필수적일 수 있지만, 자해행동을 다루기 위해 소거만 활용한 치료에서는 주요 윤리적 문제와 수행 문제에 직면한다. 조작적 행동에 강화물을 소거하는 것은 종종 소거격발로 나타나 일시적으로 공격적인 행동의 강도와 빈도를 증가시킨다(Lerman, Iwata, & Wallace, 1999). 연구의 표본 대상인 자해행동이 있는 중증지적장애 아동과 성인 41명은 특정 낮 프로그램에서 행동적 개입을 통한 치료를 받았다. Lerman 외는 연구에서 소거만 사용했을 때는 표본의 62%가 소거격발을 보인 것에 비해, 소거와 병행하여 선행조건 변화 또는 강화 절차를 사용했을 때는 표본의 15%만이 소거격발을 보인다고 밝혔다.

심각한 자해행동의 발달에 관한 행동적 해석(예 : Oliver & Head, 1990)은 보호자가 자해행동에 처음으로 반응하는 조작적 조형(operant shaping) 과정을 통해 이루어진다. 이후 소거격발에 따라 발생하는 더 심각하고 빈도 높은 반응이 강화되고 경미한 형태의 반응을 중지함으로써 심각한 형태의 행동이 점차 강화된다. 그러므로 어떤 치료라도 소거만 단독으로 사용할 때는 윤리적·수행적 문제를 모두 가지게 되며, 기능적 의사소통과 같은 강화물 중심 절차를 함께 활용할 때조차도 문제가 될 수 있다. 보호자는 소거격발로 인해 다시 자해행동이 강화되고 심각한 행동이 증가되지 않도록 주의해야 한다.

자동적 강화로 유지되는 자해행동 치료

실험역학연구에서는 자해행동을 유지시키는 주요 과정과 다른 문제행동을 보고하는 사례의 약 1/4~1/3이 자동적 강화(사회적 관련이 없는 중재)와 관련 있다고 본다(Derby et al., 1992; Iwata et al., 1994). 자동으로 강화된 행동에 대한 평가와 치료는 변화의 여지가 많은데, 이는 행동을 지속하는 중립적 강화물을 정확하게 정의하는 것이 일반적으로 어렵기 때문이다(Vollmer, 1994). 그럼에도, 성공적인 몇몇 사례에서는 행동적 중재가 사회적으로 강화된 행동에서 활용된 것과 비슷한 것으로 보고하였다.

선행조건 동기 조작의 수정

Iwata 외(1982)는 EFA가 본래 조건을 활용한다고 설명한 반면, 보호자 없이 환자 혼자 남겨져서 자해행동이 가장 심하게 나타날 때나 모든 조건에서 높은 비율로 자해행동이 발생할 때 자해행동의 자동적 강화가 될 수 있다고 가정하였다. 이런 분석에서는 중립적인 강화물에 대한 정보를 제공하지 않으며, 이런 경우 대부분 가장 자주 조사되는 행동적 개입은 감각자극과 다른 자극물에 관련 없는 접근법을 제시하는 것이다. 그 목록은 일반적으로 구조화된 사정 평가를 통해 정하며, 아동이 선호하는 자극물의 범주는 체계적인 관찰을 통해 평가되거나 자극물을 동시에 제공했을 때 아동이 선택하는 것(예 : 자극물을 한 쌍으로 제시했을 때; Fisher et al., 1992), 또는 아동이 특히 장시간 관심을 보이는 것(DeLeon, Iwata, Coners, & Wallace, 1999), 또는 일제히 선택하는 것(Roane, Vollmer, Ringdahl, & Marcus, 1998)을 목록으로 정한다.

Vollmer, Marcus와 LeBlanc(1994)은 어린 발달장애 아동 3명을 대상으로 한 연구에서 아동이 선호하는 물품에 대한 비유관적 접근이 자해행동 수준을 감소시켰다고 밝혔다. 비록 한 아동은 짧은 시간(5초) 동안 손을 막는 추가적인 과정을 포함했지만, 나머지 아동 2명은 이 방식으로 자해행동이 성공적으로 감소하였다. Vollmer 외(1994)는 가족구성원에게 치료패키지도구를 훈련시켜서 결과적으로 특히 문제가 많은 낮 동안에 긍정적인 결과가 나왔음을 보고하였으나, 중요한 점은 치료 효과가 만족도에 따라 감소할 수 있다는 점이며 이러한 치료를 시간이 지남에 따라 확장하여 적용할 수 있어야 한다는 것이다. 그러나 후속 연구에서는 다양한 자극물을 언제 어떻게 접근해야 하는지, 그리고 장기간 자해행동의 수준을 감소시킬 수 있는 자극물을 제공할 수 있는지와 같은 부분이 다루어져야 한다(DeLeon, Anders, Rodriguez-Catter, & Neidert, 2000; Lindberg, Iwata, Roscoe, Worsdell, & Hanley, 2003).

다른 연구자들(예 : Goh et al., 1995; Patel, Carr, Kim, Robles, & Eastridge, 2000)은 문제행동으로 얻는 자극의 측면을 확인하기 위해서 추가적인 평가를 계획하였다. Goh 외(1995)의 사례에서는 손 깨물기 행동을 줄이기 위해서 자극의 출처를 찾고자 중증지적장애가 있는 성인 4명에게 물건을 제공하였다. 그 결과 4명 모두에게서 입으로 물건을 접촉하는 것보다 손으로 물건을 접촉하는 것이 더 광범위하게 나타났고, 이는 손 자극이 손을 깨무는 행동을 유지하게 하는 강화물임을 의미한다. 이는 자극물 선호 평가보다 자해행동을 강화하는 출처를 더 쉽게 확인할 수 있다고 제안하였다.

몇 가지 자해행동 사례에서는 자해행동이 고통을 약화시킬 수 있다고 보면서(Symons, 2002) 자해행동의 한 요인을 고통으로 제안하는 여러 증거가 있지만, 부적으로 자동적 강화된 행동에 관한 치료는 주목받지 못하고 있다. Fisher 외(1998)는 장기간 심각한 수준으로 자동 강화된 다운증후군 청년의 자해행동을 손상된 영역에 표피 전기신경자극을 주어 일시적으로 줄였다고 밝혔다. 비록 회기가 지날수록 효과는 감소하였지만, 이 연구에서 고통은 확인되지 않았고 긍정적 강화물을 포함한 대안적 행동 체계가 제시되었다. 이러한 연구 결과는 만성적이고 치료할 수 없는 자해행동의 사례를 위해 가능한 치료의 역할을 제시한다.

친사회적 행동의 경쟁적 강화와 교육

자동으로 강화된 자해행동의 치료에서 경쟁 자극(competing stimulation)의 비유관적 현상에 대한 연구는 이런 자극물을 사용하여 대안행동을 위한 변별 강화(DRA)를 한 연구보다 더 광범위하게 이루어졌다. 그 이유는 아마도 초기 연구에서 경쟁 자극을 확인해야 한다고 제안했지만, 그 자극물을 변별 강화 프로그램에 적용한 결과 효과적이지 않았기 때문일 것이다(Shore, Iwata, DeLeon, Kahng, & Smith, 1997). Shore 외는 변별 강화와 관련 있는 증가된 반응 노력이 그 효과를 가져올 수 있다고 제안하였다. 이 분석에서는 대안적 자극을 만들기 위해 필요한 반응 노력을 줄이는 것을 제안하였고, 그 예로 전기스위치 사용이 효과적일 수 있다. Steege, Wacker, Berg, Cigrand와 Cooper(1989)는 중증복합장애가 있는 아동의 손 깨물기 행동을 줄이기 위해 자극 강화를 활성화하는 방법(라디오 또는 선풍기)을 아동에게 가르쳤다. 최근 전기스위치-활동자극법을 활용하여 증상이 더 개선되었다는 연구 보고를 Lancioni, Singh, O'Reilly, Oliva와 Basili(2005)에서 볼 수 있다.

자해행동의 강화물 줄이기 또는 제거하기

자해행동을 막거나 옷으로 보호하는 방식을 통해 자동적 강화된 자해행동을 감소시켰다는 수많은 연구가 있다. 이런 방식으로 자동적 강화를 줄이는 것은 결과적으로 자해행동을 줄이는 것이라고 설명하지만(예 : Mazaleski, Iwata, Rodgers, Vollmer, & Zarcone, 1994; Moore, Fisher, & Pennington, 2004; Van Honten, 1993), 효과적인 부분에서도 불명확하며 처벌방식이 포함된다.

물리적 억제 줄이기

보호자는 심각한 자해행동일 경우 아동일지라도 신체 손상을 줄이기 위해 팔 부목 같은 물리적인 억제물이나 헬멧 같은 보호장비를 활용할 수 있다. 이런 장치는 사회적으로 낙인이 될 수 있고, 적극적인 활동에 참여하는 데도 제한을 준다. Fisher, Piazza, Bowman, Hanley와 Adelinis(1997)는 2명의 아동을 포함한 3명의 환자, 그리고 Oliver, Hall, Hales, Murphy와 Watts(1998)는 머리 치기의 자해행동을 보이는 성인 3명을 대상으로 팔 굴절(arm flexion)을 초기에 예방하기 위해 사전에 물리적 억제물로 팔 부목을 사용하였지만, 점차 더 광범위한 굴절로 변할 수 있다.

두 가지 연구 결과는 혼합적이었다. Oliver 외(1998)는 두 사례 모두 자기 억제행동을 보였지만, 참여자 2명은 자해행동이 0수준(0 level)으로 유지된 반면, 부목을 사용함으로써 굴절이 100%로 증가하였다고 보고하였다. 세 번째 참여자는 자해행동 수준이 초기에는 감소하였으나 억제 줄이기 과정(restraint fading)에서 다시 증가하였다. Fisher 외(1997)는 억제 줄이기에 성공한 참여자는 1명이었고, 두 번째 참여자는 자해행동을 줄이기 위해서 억제 줄이기 대신 다른 치료가 필요했으며, 세 번째 참여자는 억제로 예방할 수 없는 또 다른 부위로 발전하여 새로운 억제를 도입하였다고 보고하였다. Kahng, Abt와 Wilder(2001) 역시 이러한 문제점에 주목하였다.

다른 접근에서 O'Reilly, Murray, Lancioni, Sigafoos와 Lacey(2003)는 단기간 동안 보호장비가 제거될 때 감소한 자해행동에 보호장비 대신 감각자극을 제공하여 자해행동의 시도를 줄였다고 설명하였다. 그러므로 물리적 억제를 사용한 몇 개의 사례에서는 낮은 비율의 자해행동을 유지하면서, 성공적으로 억제를 줄일 수 있었다.

자기 억제 치료

자해행동을 하는 지적장애가 있는 사람은 관찰자에게 자해행동으로부터 스스로를 보호하기 위한 노력을 보여 주는 행동을 하는데, 이러한 행동을 일반적으로 자기 억제라고 부른다.

자기 억제의 형태는 옷으로 손발을 움직이지 못하게 하는 것, 몸의 한 부분을 다른 부분과 가까이하는 것, 외부의 물리적 통제 등으로, 이러한 형태는 자해를 하는 사람의 75%에서 나타난다고 밝혀졌다(Oliver, Murphy, Hall, Arron, & Leggett, 2003). 자기 억제는 매우 광범위하게 나타나고, 구조화된 활동에 참여를 매우 제한하며, 억제가 신체적 방해를 받는다면 자해행동과 함께 나타날 수 있고 이 모두는 치료적 개입이 필요하다.

자해행동과 자기 억제 간의 관계에 관한 수많은 가설이 제기되었다(Fisher & Iwata, 1996; Isley, Kartsonis, McCurley, Weisz, & Roberts, 1991). 첫째, 자기 억제는 자해행동의 결과 또는 회피로 강화 받을 수 있다. Fisher와 Iwata(1996)는 여러 사례에서 자해행동은 긍정적·부정적 결과로 조절할 수 있다고 보았고, 자해행동 강화의 효과가 부정적 결과에서 더 높을 때 자기 억제가 생긴다고 보았다. 둘째, 자기 억제로 접근하는 것은 자해행동을 강화할 수 있다(Fisher & Iwata, 1996). 셋째, 자해행동과 자기 억제는 정적·부적의 사회적 강화물로 유지되는 반응 범주에서 기능적으로 동등하거나(Fisher & Iwata, 1996), 반대로 기능적으로 독립적일 수 있다(Rapp & Miltenberger, 2000). 이런 사례들에서 결과가 유지되는 것이 확인된다면, 자해행동에서 사용하는 강화물의 고정간격 강화 계획과 비슷한 방식으로 자기 억제를 성공적으로 치료할 수 있다(Derby, Fisher & Piazza, 1996). 또 다른 사례에서는 자기 억제의 형태를 사회적 낙인과 제한적인 부분이 적은 방식으로 점진적 형성화할 수 있다고 보고하였다. Pace, Iwata, Edwards와 McCosh(1986)는 자기 억제를 점진적으로 수정하였는데, 예를 들어, 팔에 견고한 튜브를 끼는 것에서 테니스 손목밴드로 점차 바꾸어 주는 것이다. 그러나 추가적인 개입에는 억제에서 손을 치우게 하는 것과 관련된 행동의 형성 및 강화가 포함되어야 한다(Lerman, Iwata, Smith, & Vollmer, 1994).

지적장애 아동의 자해행동에 대한 행동 치료 : 원인과 결과

Kahng, Iwata와 Lewin(2002)은 1964년과 2000년 사이에 이루어진 자해행동 행동 치료에 관한 등재 연구를 살펴보았는데, 대부분의 개입에서 자해행동이 치료 말기에 최소한 기준치의 80%는 감소하였고, 평균 감소량은 83.7%로 보고되었다. 명백히 행동 치료는 자해행동을 감소하는 데 효과가 크다. 그러나 이러한 인상적인 결과에 관한 수많은 문제가 제기되었다. 첫째, 대부분 행동 개입의 평가는 단일사례실험 계획을 사용하였고, 이것은 특히 부정적 결과보다 긍정적인 연구 결과에서 오류를 범할 수 있다(Kahng et al., 2002).

둘째, 복합적 개입은 교사와 같은 서비스제공자에 의해 성공한 것일 수도 있으나(예 : Sigafoos & Meikle, 1996), 한편 또 다른 치료 효과성에 관한 몇 가지 증거는 탁월한 조사자가 특정 기간에 개입한 자료를 통해 나온 것일 수도 있으며, 치료 효과를 보고하는 소수의 연구자료가 일반화되었을 소지가 있다(DeLeon, Rodriguez-Catter, & Cataldo, 2002; Kahng et al., 2002). 치료 효과를 일반화하기 위해서는 보호자, 환경, 그리고 개인을 넘어 실질적으로 다양한 과제를 통한 체계적인 치료의 재도구화가 필요하다(Shore, Iwata, Lerman & Shirley, 1994).

셋째, 기능적 범주를 포함하는 자해행동에 부주의한 강화를 포함한 다양한 문제, 소거격발, 새로운 형태의 자해행동 출현, 자해행동을 대체하기 위해 다루기 어려운 수준의 대안 반응을 가르치는 것 등은 행동 치료 과정에서 일어날 수 있다. 따라서 이러한 부분을 적절하게 다루고 인식하며 예측하기 위한 전문적인 의견을 제공받기 위해 전문가에게 관리감독받을 필요가 있다.

마지막으로 소수의 사례에서만 행동적 개입이 자해행동을 완전히 제거했다고 밝혔고(DeLeon et al., 2002), 행동 개입의 전반적인 효과는 1960년대 이래로 증가하지 않았다(Kahng et al., 2002).

처방과 하위 진단에 관련된 치료

자해행동의 측정과 치료는 우선 신체적인 질병에 의한 가능성을 선별한 후, 기능 평가를 통해 행동 치료의 방향을 결정할 수 있다. 초기 치료가 실패할 때에는 '치료가 미흡'했다기보다는(Mace & Mauk, 1995) 각 특성에 맞는 기능적 관계를 정의할 수 있도록 하는 세부적이고 개별화된 기능적 평가(Harding, Wacker, Berg, Barretto, & Ringdahl, 2005)가 더 필요하다는 점을 우선적으로 고려해야 한다.

대개 세부적 기능적 평가(detailed functional assessment)에서 자해행동의 둔감성(insensitivity)이 환경적인 것과 연관될 때(비록 한 가지 조건의 민감성이더라도 다른 조건에 상관없이 높은 비율의 자해행동과 함께 나타난다면, 행동적 접근과 정신 약물 치료 개입을 병행해야 한다고 제안할 수 있다.; Mace & Mauk, 1995), 또는 개별적 행동 개입이 자해행동의 수준을 감소시키는 데 반복적으로 실패할 때에만 최근 정신 약물치료 접근을 선호한다.

　　Mace와 Mauk(1995)는 자해행동이 나타나는 원인을 오피오이드, 도파민, 세로토닌, 노르아드레날린 시스템에 단독, 또는 복합적으로 손상을 주는 것과 관련된 '생물학적 가능성'의 네 가지 하위 유형을 제안하였고, 그에 대응해 선호되는 정신약리학으로 초기 접근을 제안하였다. 하위 유형 1에는 자가조직상해(예를 들어, 세포조직 한 덩어리를 물어뜯는 것을 포함하는 심각한 자해 경험이 있는 것, 손가락 절단과 같은 자해, 광범위한 복합적 상처, 흉터, 부러진 뼈, 일명 꽃양배추 귀 등), 오피오이드 체계의 손상으로 함축할 수 있으며, 날트렉손(오피오이드 길항제) 치료를 한다. 하위 유형 2는 자해행동의 전형적 또는 반복적인 것으로 도파민 경로의 손상으로 여겨지며, 저용량(low-dose)의 비전형적 항정신병 약물을 사용한다.

　　Mace와 Mauk(1995)는 자해행동의 생물학적 하위 유형을 두 가지 더 제시하였는데, 이는 '방해할 때 흥분되는 비율이 더 높아지고', '흥분 상태에서 자해행동이 함께 발생'하는 것이다. 이런 경우에는 각각 프로파놀롤 또는 기분안정제로 SSRIs의 사용을 제안한다. 그러나 자해행동의 치료에서 기분안정제 또는 아드레날린계 약물을 활용하는 것에 관한 최근 증거자료는 매우 제한적이다(King, 2000; McDougle et al., 2006). 더군다나 Mace와 Mauk의 생물학적인 자해행동의 하위 유형에 대한 타당성이 사실이라 하더라도, 자해행동의 특정 하위 유형에 특수 물질의 선택적인 영향을 증명할 통제가 잘된 연구는 없다. 기술이 향상되어 자해행동의 개별적 패턴에 대한 역동을 분석하는 것과 연관하여 합리적인 약물치료가 가능해지도록 하는 것은 연구의 중요한 목표로 남아 있다(Thompson & Symons, 1999). 한편, 형성된 자해행동을 제거하는 전형적인 방식은 정신 약물치료나 최근 행동 치료도 아니기 때문에 확장된 치료가 요구되고, 또한 두 가지 모두 역효과를 낼 수 있으므로 전문적 관리와 주의 깊은 모니터링이 필요함을 암시한다.

자해행동의 병인학, 발달, 그리고 현상학

최근 증거 기반 연구에서는 행동적 개입의 효과성을 지지하는 반면, 결과에서 체계적인 향상이 부족한 것은 자해행동의 유지 및 발전을 포함하는 근본적인 과정에 대한 이해가 확실하게 더 필요하다는 것을 의미한다. 이 장의 마지막 부분에서는 자해행동의 발전과 현상학적 접근에 대한 최근 연구를 선택하여 간단하게 살펴보았고, 더욱 발전된 효과적인 행동적 개입에 대해서 논의하였다.

발병연령과 초기 발달

몸을 흔드는 것과 같은 반복적인 행동과 자해행동 또는 잠재적인 자해행동(예 : 머리를 돌리는 것)은 일반적으로 영유아기의 전형적 발달과 발달지연에 위험 요인이 된다고 알고 있다(Kravitz & Boehm, 1971). 이런 관점에서 심각한 지적장애가 있는 성인에게서 나타나는 자해행동과 반복적 행동 간의 관계는 자해행동이 초기 반복적 행동에서 발전할 수 있다는 이론적 근거는 다음과 같다. 즉, 반복적 행동이 자극의 전반적 수준을 조절하는 항상성 기능으로 발달하고, 그 이후 사회적으로 중재된 강화물로 자해행동이 형성된다(Guess & Carr, 1991; Kennedy, 2002).

4개 집단의 연구자는 자해행동으로 발전할 위험성이 있는 지적장애 유아집단을 대상으로 한 종단연구자료를 최근에 보고하였다. Berkson 외(Berkson, 2002; Berkson et al., 2001)는 발달장애 또는 발달 문제가 나타날 가능성이 있거나 상동행동과 자해행동이 있어서 초기 개입 프로그램(30개월까지)에 등록한 발달장애 아동 총 475명 중 39명을 선별하여 추후조사를 하였다. 아동을 한주 간격(또는 참여자로 인해 더 적은 빈도로)으로 추후조사하였고 다양한 종류의 자료(주마다 부모와 프로그램관리자를 통한 아동의 행동에 대한 보고, 직접 관찰, 임상 녹음, 양육방식 회고록 보고)가 연령에 맞게 다양한 행동의 예방 차원으로 문서화하기 위해 활용되었다.

Berkson 외는 자해행동과 관련된 행동을 세 가지 범주, 즉 일시적인 자해행동(실제로 신체 손상을 가하는 것), 장기간의 자해행동(실제로 조직 손상을 가하는 것), 그리고 가벼운 자해행동(동일한 형식으로 하는 행동, 예를 들어 자해행동으로서 머리 치기이지만 실제 신체 손상은 생기지 않는 것)으로 구분한다. 9~36개월 사이에 몸을 흔드는 행동을 보이는 표본의 비율은 천천히 감소하였다. 자해행동의 두 가지 형태 또는 경중의 자해행동으로는 대부분 일반적으로 머리를 돌리거나 치고 눈을 누르거나 찌르는 것이 관찰된다. 눈과 관련된 자해행동을 보이던 표본의 비율은 12~36개월 사이에 줄어드는 반면, 머리와 관련된 자해행동을 보이는 표본은 발병률이 증가하였다. 장기간의 자해행동(13개월)이 발병하는 평균연령은 일시적인 자해행동(20개월)과 가벼운 자해행동(23개월)보다 이르다. 자해행동의 형태에 따라 발병 평균연령에 차이가 있는데(Symons, Sperry, Dropik, & Bodfish, 2005), 눈을 찌르거나 누르는 행동은 14개월, 머리를 돌리는 행동은 18개월, 머리를 치는 행동은 23개월으로 나타났다.

Murphy 외(Hall, Oliver, & Murphy, 2001a; Murphy, Hall, Oliver, & Kissi-Debra, 1999; Oliver, Hall, & Murphy, 2005)는 연구 시작 세 달 전에 자해행동을 보이기 시작하거나 '잠재된 자해행동(Berkson의 경중자해행동과 같은 개념)'이 심각한 지적장애 또는 자폐 아동을 대상으로, 그들이 참여한 학교에서 잠재적 참여자 총 614명 중 평균연령 67개월인 아동 17명을 선별하여 집단연구를 하였다. 또한 Murphy 외는 연령, 기능, 그리고 자해행동집단과 보행 수준 정도가 비슷하지만 자해행동이나 경증의 자해행동을 보이지 않는 아동 10명을 대조집단으로 연구하였다. 아동의 상동행동과 자해행동, 그리고 교사의 관심과 요구 모두 다른 범주로 각각 3~6개월마다 3~4시간씩 18개월 동안 자해행동집단을 관찰하고 대조집단은 적절한 시기에 단일 관찰을 하였다.

자해행동집단과 대조집단 아동의 성격 특성 비교연구에서 직접 관찰을 통해, 자해행동집단의 아동보다 낮은 비율이지만 대조집단 아동의 10명 중 9명이 자해행동 형태를 보인다는 사실이 밝혀졌다. 자해행동집단의 아동 12명은 연구 기간이 지날수록 자해행동을 하는 시간이 방대하게 증가하였고, 4명은 회귀분석에서 유의한 증가를 보고하였다. 두 집단의 전체 아동 26명에 대한 수집자료에서 자해행동이 결합된다는 사실이 실제로 관찰되었고, 발달연령, 보행 확장과 학교에서 자해행동을 하는 기간의 비율과 부적 상관성이 나타났다.

더 나아가 Hall 외(2001a)는 자해행동을 하는 아동 16명에 대한 종단자료분석을 통해, 사회적 접촉이 감소하는 조건에서는 시간이 지남에 따라 자해행동의 비율이 증가함을 알 수 있었다. 그리고 Oliver 외(2005)는 시간이 지남에 따라 자해행동이 증가하는 수준을 살펴보았는데, 사회적 접촉을 하기 전, 하는 동안, 한 이후의 조건부비율 패턴에서 자해행동이 가장 많다고 보고하였다. 사회적 상호작용의 비율이 감소함으로써 자해행동이 발생하고, 이후에 이런 접촉의 비율을 증가시키면서 자해행동을 강화한다면, 앞에서 예상한 바와 일치하는 결과를 보인다고 하였다.

Richman과 Lindauer(2005)는 더 나아가 초기 상동증, 경증의 자해행동, 그리고 자해행동의 기능적 특성에 초점을 두어, 2~23개월 이상 이런 행동을 보이는 12~34개월 아동 12명을 대상으로 추적조사하였고, 간략한 임상분석을 통해 이러한 행동의 기능을 조사하였다(Iwata et al., 1982). 참여자 중 5명은 연구하는 과정에서 머리 치기, 돌리기와 같은 형태의 경증자해행동으로 발전하였고, 이는 총 7군데에서 최소한 이전의 상동행동과 확실하게 관련되어 새롭게 나타났다(예 : 이전에 반복적 팔 흔들기 행동을 보였던 아동은 머리 치기로 발전함.).

4명의 아동은 연구에 참여하는 동안 초기에는 경증의 자해행동이 관찰되었으나 결국 신체 상해, 가벼운 자해행동 등으로 발전되었고, 마침내 신체조직 손상까지 나타났다. 대부분의 기능적 분석에서는 조건에 따라 패턴의 차이가 없었고, 반응 수준은 대부분 행동 평가를 위한 '단독'조건에서 관찰되었으며, 이 반응 수준은 행동 연구에서 비사회적 변인으로 최소한은 유지된다고 제안하였다. 자해행동과 경증자해행동의 긍정적 사회 강화물 모두에 반응하는 패턴을 보이는 한 아동이 있었지만 연구에 참여하면서 자해행동을 보였다.

Kurtz 외(2003)는 10개월부터 4세 11개월까지의 아동(평균 2년 9개월)의 자해행동(그리고 다른 문제행동)으로 구성한 개별화된 실험적 기능분석의 결과를 보고하였다. 보호자는 자해행동의 평균 발병연령을 17개월로 보고하였고(범위 1~36개월), 최초의 자해행동 형태는 머리 돌리기로 참여자의 70%에서 관찰되었다. 실험적 기능분석 29개 중 14개의 사례에서 사회적 중재 강화물로 결과가 유지되었고, 4개의 사례에서는 자동적 강화물로 결과가 지속되었다. 나머지 11개의 사례에서는 반응의 특이성이 없었다.

방법론과 연구집단(예 : 능력, 참여자가 현재 보이는 자해행동과 관련된 특정 진단, 모집단 표본 vs 임상적 표본)의 차이 때문에 이 연구의 결과에 대해 세부적인 비교를 하기는 어렵다. 하지만 이런 연구 결과는 연령이 높은 아동과 관련된 연구의 기초자료가 될 수 있을 것으로 기대된다(예 : Iwata et al., 1994). 어린 아동의 자해행동은 조작적 과정 절차로 유지될 수 있으며, 이는 긍정적인 사회적 중재 강화물로 이루어진 강화 절차에서 가장 잘 유지된다(연령이 높은 아동에게서 종종 관찰되는 부적 강화 과정과 대조적임.).

비록 사회적 강화 절차로 발생한 사례는 상동행동이나 '경증자해행동' 반응으로 자해행동이 형성되었을 소지가 크지만, 이런 형성 과정은 초기에 자해행동으로 발전할 가능성을 낮춰 줄 수 있다(비록 그들이 추후에 더 심각해질 수 있지만). 지적장애가 있는 많은 어린 아동이 '가벼운 자해행동'을 보인다(Hall et al., 2001a). 더욱이 자해행동이 나타난다고 보고되는 발병연령은 상동행동과 '가벼운 자해행동'의 발병 시기와 비슷하다(또는 좀 더 빠르다.). 마지막으로 어린 아동의 상당수가 실험적 기능분석의 반응 패턴에 차이가 없었다(Kurtz et al., 2003; Richman & Lindauer, 2005). 자해행동 치료에서 중요한 점은 자해행동이 조작적 기능으로 습득되는 것이 명백하지만, 습득된 이후에도 다른 과정을 통해 자해행동의 초기 발달이 이루어지고 지속될 수 있다는 점이다. 더 나아가 이런 과정의 원리에 대한 통찰은 자해행동의 현상학적 연구를 통해 얻을 수 있다.

자해행동에 대한 현상학적 접근과 다른 조건과의 공존율

중증지적장애, 심각한 자폐적 특성, 그리고 의사소통의 어려움 등은 모두 자해행동을 유발할 수 있는 위험 요인이다(McClintock, Hall, & Oliver, 2003). 자해행동과 상동행동 간의 연관성은 오랫동안 강조되었다(Berkson & Davenport, 1962; Rojahn, 1986). Bodfish 외(Bodfish & Lewis, 2002)는 반복적 행동의 다른 형태를 자해행동을 하지 않는 사람과 비교했을 때 자해행동을 하는 사람에게서 상동행동(Bodfish et al., 1995)뿐만 아니라 '강박적 행동'을 포함하는 다른 반복적 행동(Powell et al., 1996) 패턴의 유병률이 증가하였다. Powell 외(1996)는 자해행동과 더불어 자기 억제행동을 보이는 사람에게서 자기 억제행동 없이 자해행동을 보이는 사람보다 강박적 행동의 수준이 높게 나타났다고 보고하였다. 그리고 Hyman 외(2002)는 영국에서 코넬리아다란지증후군(Cornelia de Lange)을 보인 사람을 대상으로 전국적인 조사를 하였다. 이러한 연관성은 강박적 행동을 보이는 참여자 77명에게서 입증되었으나, 12명의 참여자는 강박적 행동을 보이지 않았고 자해행동과 연관이 없는 자기 억제를 보였다.

자해행동은 다른 형태의 행동장애와 함께 발생한다는 사실이 심각한 지적장애가 있는 성인을 대상으로 하는 모집단 중심 연구에서 종종 보고된다(예 : Collacott, Cooper, Branford, & McGrother, 1998). BPI(Behavior Problem Inventory; Rojahn et al., 2001; DASH-Ⅱ; Matson, 1995)에 대한 최근 연구는 수용시설에 거주하는 심각한 지적장애가 있는 성인 180명을 대상으로 수행되었는데(Rojahn, Matson, Naglieru, & Mayville, 2004), BPI로 측정한 자해행동은 공격성, 파괴성과 강한 연관성을 보였으나, 자해행동, 공격적 요인은 사실상 상동증 요인과는 독립적이었다. BPI 자해행동 척도의 어떤 목록이든지 우울, 조증, 기질적 증후군의 표시, 또는 충동조절장애(DASH-Ⅱ로 평가할 때)와 관련된 요인으로 위험률을 증가시킨다.

이 같은 연구 결과에 대한 해석은 자해행동과 관련된 수많은 다른 조건으로 인해 복잡해진다. 그리고 자해행동과 몇 가지 다른 요인 간의 관계를 고려하는 개별적 연구는 두 요인 간의 관계에 영향을 끼칠 수 있는 제3의 요인을 항상 적절하게 통제할 수 없다는 것이 사실이다. 예를 들어, 자폐 진단은 자폐가 아닌 심각한 지적장애 성인과 비교하여 상동행동, 자해행동 모두 심각하거나 더 증가하는 것과 연관 지을 수 있지만(Bodifish, Symons, Parker, & Lewis, 2000), 심각한 자폐는 상동행동, 자해행동 간의 관계를 실험적으로 통제할 수 없다. 그럼에도, 이러한 측면에 더욱 관심을 두는 현상학적 접근과 공존질환에 관한 연구가 치료 분야에서 매우 중요하다.

특히, 강박과 충동성이 모두 있는 자해행동에 대한 연구가 있다. 자해행동의 '충동성'과 '강박성' 유형 간의 구분은 요인분석을 통해 이루어질 수 있고, 이는 지적장애가 없는 성인의 자해행동을 이해하는 데 매우 도움이 된다(Bodfish & Lewis, 2002). 행동적 개입과 정신약물적 개입 간의 치료 선택은 현재 나타나는 자해행동에 공존하는 상태에 따라 결정하는 것이 좋다. 예를 들어, Aman 외(2005)는 자해행동의 형태가 '강박성'보다 '충동성'이면 치료할 때 우선적으로 리스페리돈의 활용을 권한다.

병인학, 발달, 현상학에 대한 최근 연구의 치료적 함의

최근 발달 연구는 자해행동의 발전에 관한 몇 가지 사례에서 조작적으로 형성한 가설(operant shaping hypothesis; Kennedy, 2002)의 연관성을 지지한다. 그러나 다른 사례에서는 자해행동(신체 상해를 일으키기에 충분한 정도)이 비슷하거나 어린 연령조차 '경증자해행동'이 많이 보고된다. 부모를 통한 일화 보고에서 이런 행동(머리를 돌리는 것)이 처음 발생하는 것은 '욕구 좌절이나 빠른 상황적 변화' 이후 분노발작과 관련 있다고 제안하였다(Berkson, 2002). 최근 현상학적 연구에서 자해행동은 공격성과 충동조절의 어려움이 연관 있을 것이라고 보았다(Rojahn et al., 2004).

공격성은 다른 행동을 소거하거나(Azrin, Hutchinsion, & Hake, 1966), 강화 계획을 통해 변화시킬 때(Hutchinson, Azin, & Hunt, 1968) 나타나는 반응이라고 알려져 왔다. 또한 유해한 자극물(Azrin, Rubin, & Hutchinson, 1968) 역시 비조작적 공격성을 이끌어 낸다. 이런 영향력(윤리적으로 증명될 수 있는)은 동물(Kelly & Hake, 1970)뿐만 아니라 사람에게도 효과가 있고, 이런 공격성은 파블로프 조건형성을 통해 사전 중립자극으로 이끌어 낼 수 있으며(Lyon & Ozolins, 1970), 이는 다양한 목표에 직접적인 영향을 줄 수 있다(Macurik, Kohn, & Kavanaugh, 1978). 신체적인 장애와 특정한 보행 문제를 보이는 것은 자해행동으로 발전될 특정 위험 요인이 될 수 있다(Emerson, 1992; Murphy et al., 1999). 자해행동의 발전과 현상학적 최근 자료는 파블로프 조건화의 공격성과 같은 예전의 제안보다 더 일치한다. 즉, 파블로프 조건화의 공격성은 본래 유해자극물이나 기대하는 강화물이 거절되면서 발생한다고 보지만, 그런 상황과 연관된 다양한 자극물로 조건화될 수 있다(Romanczyk & Matthews, 1998; Schroeder, Reese, Hellings, Loupe, & Tessel, 1999). 공격성은 간단한 자기 지시가 될 수 있기 때문에 보행 문제가 있는 아동은 다른 목표로 접근할 수 없다.

자해행동의 발달을 설명하는 조작적 조형에 관한 자료는(Kennedy, 2002) 기능적 의사소통과 가정된 동기화 변인이 비유관성(회피)을 포함한 성공적인 행동 치료가 주를 이루고, 기능적 의사소통은 이런 변인을 활용하도록(철회시키는 것) 아동에게 가르치는 것이다. 이러한 개입은 조작적 행동만큼 효과적일 수 있다. 행동을 이끌어 내는 파블로프 조건형성은 조작적 가설과 일치하지 않는 자해행동을 지지하는 하나의 메커니즘이 될 수 있고, 유해자극으로 공격성이 형성된 만큼 유해자극에서 벗어나는 것으로 빠르게 공격성이 강화될 수 있다(Azrin, Hutchinson, & Hake, 1967).

그러나 혐오적인 환경적 사건에 의해 자해행동이 자극된 것이 분명할 때조차도, 기저에 있던 자해행동을 유발하는 기제는 임상에서 계속 관찰될 것이고, 즉시 그 요인을 제거해 주더라도 자해행동을 중단시킬 수 없을 것이다(Thompson & Caruso, 2002). 조작적 개념화에 근거한 개입에 더하여, 체계적 노출법과 같은 행동적 개입이 다른 문제행동의 치료로 잘 형성되어 있다. 유해자극에 반응하거나 자해행동을 발전 · 유지시키는 강화 계획의 변화에 대한 파블로프 조건형성에서는 조건형성 개념을 근거로 추가적인 개입을 제안하였고, 행동적 개입은 다른 문제를 치료하는 데 효과적이었다. 예를 들어, 특정 사례에서는 지연 강화 또는 유해자극에 점진적 노출법(반대조건을 병행하거나 병행하지 않는 것)과 같은 방식이 조작적 조건 중심 개입에 유용하게 추가될 수 있다(예 : McCord et al., 2001). 조작적 방식을 설립한 파블로프 원리에 근거한 개입의 통합적 접근은 더 나아가 행동적 개입의 효과성을 향상할 수 있다.

참고문헌

Aman, M. G., Arnold, L. E., & Armstrong, S. C. (1999). Review of serotonergic agents and perseverative behavior in patients with developmental disabilities. Mental Retardation and Developmental Disabilities Research Reviews, 5(4), 279–289.

Aman, M., Buitelaar, J., De Smedt, G., Wapenaar, R., & Binder, C. (2005). Pharmacotherapy of disruptive behavior and item changes on a standardized rating scale: Pooled analysis of risperidone effects in children with subaverage IQ. Journal of Child and Adolescent Psychopharmacology, 15(2), 220–232.

Aman, M. G., De Smedt, G., Derivan, A., Lyons, B., Findling, R. L., & Hagerman, R., et al. (2002). Double-blind, placebo-controlled study of risperidone for the treatment of disruptive behaviors in children with subaverage intelligence. American Journal of Psychiatry, 159(8), 1337–1346.

Aman, M. G., & Madrid, A. (1999). Atypical antipsychotics in persons with developmental disabilities. Mental Retardation and Developmental Disabilities Research Reviews, 5(4), 253–263.

Aman, M. G., Singh, N. N., Stewart, A. W., & Field, C. J. (1985). Psychometric characteristics of the Aberrant Behavior Checklist. American Journal of Mental Deficiency, 89, 492–502.

Aman, M.G., Tassé, M.J., Rojahn, J. & Hammer, D. (1996), The Nisonger CBRF: A child behavior rating form for children with developmental disabilities. Research in Developmental Disabilities, 17, 41–57.

Anderson, G. M., Scahill, L., McCracken, J. T., McDougle, C. J., Aman, M. G., & Tierney, E., et al. (2007). Effects of short- and long-term risperidone treatment on prolactin levels in children with autism. Biological Psychiatry, 61(4), 545–550.

Arnold, L. E., Vitiello, B., McDougle, C., Scahill, L., Shah, B., & Gonzalez, N. M., et al. (2003). Parent-defined target symptoms respond to risperidone in RUPP autism study: Customer approach to clinical trials. Journal of the American Academy of Child and Adolescent Psychiatry, 42(12), 1443–1450.

Azrin, N. H., Hutchinson, R. R., & Hake, D. F. (1966).Extinction-induced aggression. Journal of the Experimental Analysis of Behavior, 9, 191–204.

Azrin, N. H., Hutchinson, R. R., & Hake, D. F. (1967). Attack, avoidance, and escape reactions to aversive shock. Journal of the Experimental Analysis of Behavior, 10(2), 131–148.

Azrin, N. H., Rubin, H. B., & Hutchinson, R. R. (1968). Biting attack by rats in response to aversive shock. Journal of the Experimental Analysis of Behavior, 11(5), 633–639.

Benjamin, S., Seek, A., Tresise, L., Price, E., & Gagnon, M. (1995). Case study: Paradoxical response to naltrexone treatment of self-injurious behavior. Journal of the American Academy of Child and Adolescent Psychiatry, 34(2), 238–242.

Berkson, G. (2002). Early development of stereotyped and self-injurious behaviors: II. Age trends. American Journal on Mental Retardation, 107(6), 468–477+493.

Berkson, G. & Davenport, R. K. (1962). Stereotyped movements of mental defectives: Initial survey. American Journal of Mental Deficiency, 66, 849–852.

Berkson, G., Tupa, M., & Sherman, L. (2001). Early development of stereotyped and self-injurious behaviors: I. Incidence. American Journal on Mental Retardation, 106(6), 539–547.

Bodfish, J. W., Crawford, T. W., Powell, S. B., Parker, D. E., Golden, R. N., & Lewis, M. H. (1995). Compulsions in adults with mental retardation: Prevalence, phenomenology, and comorbidity with stereotypy and self-injury. American Journal on Mental Retardation, 100(2), 183–192.

Bodfish, J. W. & Lewis, M. H. (2002). Self-injury and comorbid behaviors in developmental, neurological, psychiatric, and genetic disorders. In S. R. Schroeder, M. L.

Oster-Granite, & T. Thompson (Eds.), Self-injurious behavior: Gene-brain-behavior relationships (pp. 23–39). Washington, DC: American Psychological Association.

Bodfish, J. W., McCuller, W. R., Madison, J. M., Register, M., Mailman, R. B., & Lewis, M. H. (1997). Placebo, double-blind evaluation of long-term naltrexone treatment effects for adults with mental retardation and self-injury. Journal of Developmental and Physical Disabilities, 9(2), 135–152.

Bodfish, J. W., Symons, F. J., Parker, D. E., & Lewis, M. H. (2000). Varieties of repetitive behavior in autism: Comparisons to mental retardation. Journal of Autism and Developmental Disorders, 30(3), 237–243.

Breese, G. R., Knapp, D. J., Criswell, H. E., Moy, S. S., Papadeas, S. T., & Blake, B. L. (2005). The neonate-6-hydroxydopamine-lesioned rat: A model for clinical neuroscience and neurobiological principles. Brain Research Reviews, 48(1), 57–73.

Carminati, G. G., Deriaz, N. & Bertschy, G. (2006). Low-dose venlafaxine in three adolescents and young adults with autistic disorder improves self-injurious behavior and attention deficit/hyperactivity disorders (ADHD)-like symptoms. Progress in Neuro-Psychopharmacology and Biological Psychiatry, 30(2), 312–315.

Carr, E. G. (1977). The motivation of self-injurious behavior: A review of some hypotheses. Psychological Bulletin, 84(4), 800–816.

Carr, E. G., & Durand, V. M. (1985). Reducing behavior problems through functional communication training. Journal of Applied Behavior Analysis, 18(2), 111–126.

Carr, E. G., McLaughlin, D. M., Giacobbe-Grieco, T., & Smith, C. E. (2003). Using mood ratings and mood induction in assessment and intervention for severe problem behavior. American Journal on Mental Retardation, 108(1), 32–55+69.

Carr, E. G., Smith, C. E., Giacin, T. A., Whelan, B. M., & Pancari, J. (2003). Menstrual discomfort as a biological setting event for severe problem behavior: Assessment and intervention. American Journal on Mental Retardation, 108(2), 117–133+145.

Carr, J. E., & LeBlanc, L. A. (2006). Noncontingent reinforcement as antecedent behavior support. In J.K. Luiselli (Ed.), Antecedent Assessment and Intervention (pp. 147–164). Baltimore: Paul H. Brookes.

Collacott, R. A., Cooper, S.-A., Branford, D., & McGrother, C. (1998). Epidemiology of self-injurious behaviour in adults with learning disabilities. British Journal of Psychiatry, 173(5), 428–432.

Crews Jr., W. D., Bonaventura, S., Rowe, F. B., & Bonsie, D. (1993). Cessation of long-term naltrexone therapy and self-injury: A case study. Research in Developmental Disabilities, 14(4), 331–340.

Croonenberghs, J., Fegert, J. M., Findling, R. L., De Smedt, G., & Van Dongen, S. et al. (2005). Risperidone in children with disruptive behavior disorders and subaverage intelligence: A 1-year, open-label study of 504 patients. Journal of the American Academy of Child and Adolescent Psychiatry, 44(1), 64–72.

Crosland, K. A., Zarcone, J. R., Lindauer, S. E., Valdovinos, M. G., Zarcone, T. J., & Hellings, J. A., et al. (2003). Use of functional analysis methodology in the evaluation of medication effects. Journal of Autism and Developmental Disorders, 33(3), 271–279.

Day, H. M., Horner, R. H., & O'Neill, R. E. (1994). Multiple functions of problem behaviors: Assessment and intervention. Journal of Applied Behavior Analysis, 27(2), 279–289.

DeLeon, I. G., Anders, B. M., Rodriguez-Catter, V., & Neidert, P. L. (2000). The effects of noncontingent access to single-versus multiple-stimulus sets on self-injurious behavior. Journal of Applied Behavior Analysis, 33(4), 623–626.

DeLeon, I. G., Fisher, W. W., & Marhefka, J. (2004). Decreasing self-injurious behavior associated with awakening in a child with autism and developmental delays. Behavioral Interventions, 19(2), 111–119.

DeLeon, I. G., Iwata, B. A., Conners, J., & Wallace, M. D. (1999). Examination of ambiguous stimulus preferences with duration-based measures. Journal of Applied

Behavior Analysis, 32(1), 111–114.

DeLeon, I.G., Rodriguez-Catter, V. & Cataldo, M.F. (2002). Treatment: current standards of care and their research implications. In S.R. Schroeder, M.L. Oster-Granite, & T. Thompson (Eds.), Self-injurious behavior: gene-brain-behavior relationships (pp. 81–91). Washington, DC: American Psychological Association.

Derby, K. M., Fisher, W. W., & Piazza, C. C. (1996). The effects of contingent and noncontingent attention on self-injury and self-restraint. Journal of Applied Behavior Analysis, 29(1), 107–110.

Derby, K. M., Fisher, W. W., Piazza, C. C., Wilke, A. E., & Johnson, W. (1998). The effects of noncontingent and contingent attention for self-injury, manding, and collateral responses. Behavior Modification, 22(4), 474–484.

Derby, K. M., Wacker, D. P., Sasso, G., Steege, M., Northup, J., & Cigrand, K., et al. (1992). Brief functional assessment techniques to evaluate aberrant behavior in an outpatient setting: A summary of 79 cases. Journal of Applied Behavior Analysis, 25(3), 713–721.

Emerson, E. (1992). Self-injurious behaviour: an overview of recent trends in epidemiological and behavioural research. Mental Handicap Research, 5(1), 49–81.

Emerson, E., Kiernan, C., Alborz, A., Reeves, D., Mason, H., & Swarbrick, R., et al. (2001). Predicting the persistence of severe self-injurious behavior. Research in Developmental Disabilities, 22(1), 67–75.

Ernst, M., Zametkin, A. J., Matochik, J. A., Pascualvaca, D., Jons, P. H., & Hardy, K., et al. (1996). Presynaptic dopaminergic deficits in Lesch-Nyhan disease. New England Journal of Medicine, 334(24), 1568–1572.

Findling, R. L., Aman, M. G., Eerdekens, M., Derivan, A., & Lyons, B. (2004). Long-term, open-label study of risperidone in children with severe disruptive behaviors and below-average IQ. American Journal of Psychiatry, 161(4), 677–684.

Fisher, W., Piazza, C. C., Bowman, L. G., Hagopian, L. P., Owens, J. C., & Slevin, I. (1992). A comparison of two approaches for identifying reinforcers for persons with severe and profound disabilities. Journal of Applied Behavior Analysis, 25(2), 491–498.

Fisher, W. W., Bowman, L. G., Thompson, R. H., Contrucci, S. A., Burd, L., & Alon, G. (1998). Reductions in self-injury produced by transcutaneous electrical nerve stimulation. Journal of Applied Behavior Analysis, 31(3), 493–496.

Fisher, W. W., & Iwata, B. A. (1996). On the function of self-restraint and its relationship to self-injury. Journal of Applied Behavior Analysis, 29(1), 93–98.

Fisher, W. W., Piazza, C. C., Bowman, L. G., Hanley, G. P., & Adelinis, J. D. (1997). Direct and collateral effects of restraints and restraint fading. Journal of Applied Behavior Analysis, 30(1), 105–120.

Goh, H. L., Iwata, B. A., Shore, B. A., DeLeon, I. G., Lerman, D. C., & Ulrich, S. M., et al. (1995). An analysis of the reinforcing properties of hand mouthing. Journal of Applied Behavior Analysis, 28(3), 269–283.

Guess, D., & Carr, E. (1991). Emergence and maintenance of stereotypy and self-injury. American Journal on Mental Retardation, 96(3), 299–319.

Hall, S., Oliver, C., & Murphy, G. (2001a). Early development of self-injurious behavior: An empirical study. American Journal on Mental Retardation, 106(2), 189–199+201+204.

Hall, S., Oliver, C., & Murphy, G. (2001b). Self-injurious behaviour in young children with Lesch-Nyhan syndrome. Developmental Medicine and Child Neurology, 43(11), 745–749.

Handen, B. L., & Hardan, A. Y. (2006). Open-label, prospective trial of olanzapine in adolescents with subaverage intelligence and disruptive behavioral disorders. Journal of the American Academy of Child and Adolescent Psychiatry, 45(8), 928–935.

Hanley, G. P., Iwata, B. A., & Thompson, R. H. (2001). Reinforcement schedule thinning following treatment with functional communication training. Journal of Applied

Behavior Analysis, 34(1), 17–38.

Harding, J., Wacker, D. P., Berg, W. K., Barretto, A., & Ringdahl, J. (2005). Evaluation of relations between specific antecedent stimuli and self-injury during functional analysis conditions. American Journal on Mental Retardation, 110(3), 205–215+240.

Hoch, H., McComas, J. J., Thompson, A. L., & Paone, D. (2002). Concurrent reinforcement schedules: Behavior change and maintenance without extinction. Journal of Applied Behavior Analysis, 35(2), 155–169.

Hollander, E., Phillips, A., Chaplin, W., Zagursky, K., Novotny, S., & Wasserman, S., et al. (2005). A placebo controlled crossover trial of liquid fluoxetine on repetitive behaviors in childhood and adolescent autism. Neuropsychopharmacology, 30(3), 582–589.

Hollander, E., Wasserman, S., Swanson, E. N., Chaplin, W., Schapiro, M. L., & Zagursky, K., et al. (2006). A double-blind placebo-controlled pilot study of olanzapine in childhood/adolescent pervasive developmental disorder. Journal of Child and Adolescent Psychopharmacology, 16(5), 541–548.

Horner, R. H., Day, H. M., & Day, J. R. (1997). Using neutralizing routines to reduce problem behaviors. Journal of Applied Behavior Analysis, 30(4), 601–614.

Horner, R. H., Day, H. M., Sprague, J. R., O'Brien, M., & Heathfield, L. T. (1991). Interspersed requests: A nonaversive procedure for reducing aggression and self-injury during instruction. Journal of Applied Behavior Analysis, 24(2), 265–278.

Hutchinson, R. R., Azrin, N. H., & Hunt, G. M. (1968). Attack produced by intermittent reinforcement of a concurrent operant response. Journal of the Experimental Analysis of Behavior, 11(4), 489–495.

Hyman, P., Oliver, C., & Hall, S. (2002). Self-injurious behavior, self-restraint, and compulsive behaviors in Cornelia de Lange syndrome. American Journal on Mental Retardation, 107(2), 146–154.

Isley, E. M., Kartsonis, C., McCurley, C. M., Weisz, K. E., & Roberts, M. S. (1991). Self-restraint: A review of etiology and applications in mentally retarded adults with self-injury. Research in Developmental Disabilities, 12(1), 87–95.

Iwata, B. A., Dorsey, M. F., Slifer, K. J., Bauman, K. E. & Richman, G. S. (1982). Toward a functional analysis of self-injury. Analysis and Intervention in Developmental Disabilities, 2(1), 3–20.

Iwata, B. A., Pace, G. M., Dorsey, M. F., Zarcone, J. R., Vollmer, T. R., & Smith, R. G., et al. (1994). The functions of self-injurious behavior: An experimental-epidemiological analysis. Journal of Applied Behavior Analysis, 27(2), 215–240.

Iwata, B.A., Roscoe, E.M., Zarcone, J.R., & Richman, D.M. (2002). Environmental determinants of self-injurious behavior. In S. R. Schroeder, M. L. Oster-Granite, & T. Thompson (Eds.), Self-injurious behavior: Gene-brain-behavior relationships (pp. 93–103). Washington, DC: American Psychological Association.

Kahng, S., Abt, K. A., & Wilder, D. A. (2001). Treatment of self-injury correlated with mechanical restraints. Behavioral Interventions, 16(2), 105–110.

Kahng, S., Iwata, B. A., DeLeon, I. G., & Wallace, M. D. (2000). A comparison of procedures for programming noncontingent reinforcement schedules. Journal of Applied Behavior Analysis, 33(2), 223–231.

Kahng, S., Iwata, B. A., & Lewin, A. B. (2002). Behavioral treatment of self-injury, 1964 to 2000. American Journal on Mental Retardation, 107(3), 212–221+234.

Kelly, J. F., & Hake, D. F. (1970). An extinction-induced increase in an aggressive response with humans. Journal of the Experimental Analysis of Behavior, 14(2), 153–164.

Kennedy, C. H. (2002). Evolution of stereotypy into self-injury. In S. R. Schroeder, M. L. Oster-Granite, & T. Thompson (Eds.), Self-injurious behavior: Gene-brain-behavior relationships (pp. 133–143). Washington, DC: American Psychological Association.

King, B. H. (2000). Pharmacological treatment of mood disturbances, aggression, and self-injury in persons with pervasive developmental disorders. Journal of Autism and Developmental Disorders, 30(5), 439–445.

King, B. H. (1993). Self-injury by people with mental retardation: A compulsive behavior hypothesis. American Journal on Mental Retardation, 98(1), 93–112.

Kravitz, H. & Boehm, J. J. (1971). Rhythmic habit patterns in infancy: Their sequence, age of onset, and frequency. Child Development, 42, 399–413.

Kurtz, P. F., Chin, M. D., Huete, J. M., Tarbox, R. S. F., O'Connor, J. T., & Paclawskyj, T. R., et al. (2003). Functional analysis and treatment of self-injurious behavior in young children: A summary of 30 cases. Journal of Applied Behavior Analysis, 36(2), 205–219.

Lalli, J. S., Vollmer, T. R., Progar, P. R., Wright, C., Borrero, J., & Daniel, D., et al. (1999). Competition between positive and negative reinforcement in the treatment of escape behavior. Journal of Applied Behavior Analysis, 32(3), 285–296.

Lancioni, G. E., Singh, N. N., O'Reilly, M. F., Oliva, D., & Basili, G. (2005). An overview of research on increasing indices of happiness of people with severe/profound intellectual and multiple disabilities. Disability and Rehabilitation, 27(3), 83–93.

LeBlanc, J. C., Binder, C. E., Armenteros, J. L., Aman, M. G., Wang, J. S., & Hew, H., et al. (2005). Risperidone reduces aggression in boys with a disruptive behaviour disorder and below average intelligence quotient: Analysis of two placebo-controlled randomized trials. International Clinical Psychopharmacology, 20(5), 275–283.

Lerman, D. C., Iwata, B. A., Smith, R. G., & Vollmer, T. R. (1994). Restraint fading and the development of alternative behaviour in the treatment of self-restraint and self-injury. Journal of Intellectual Disability Research, 38(2), 135–148.

Lerman, D. C., Iwata, B. A., & Wallace, M. D. (1999). Side effects of extinction: Prevalence of bursting and aggression during the treatment of self-injurious behavior. Journal of Applied Behavior Analysis, 32(1), 1–8.

Lindberg, J. S., Iwata, B. A., Roscoe, E. M., Worsdell, A. S., & Hanley, G. P. (2003). Treatment efficacy of noncontingent reinforcement during brief and extended application. Journal of Applied Behavior Analysis, 36(1), 1–19.

Lloyd, K. G., Hornykiewicz, O., Davidson, L., Shannak, K., Farley, I., & Goldstein, M., et al. (1981). Biochemical evidence of dysfunction of brain neurotransmitters in the Lesch-Nyhan syndrome. New England Journal of Medicine, 305(19), 1106–1111.

Lyon, D. O., & Ozolins, D. (1970). Pavlovian conditioning of shock-elicited aggression: A discrimination procedure. Journal of the Experimental Analysis of Behavior, 13(3), 325–331.

Mace, F.C. & Mauk, J.E. (1995). Bio-behavioral diagnosis and treatment of self-injury. Mental Retardation and Developmental Disabilities Research Reviews, 1, 104–110.

Macurik, K. M., Kohn, J. P., & Kavanaugh, E. (1978). An alternative target in the study of schedule-induced aggression in pigeons. Journal of the Experimental Analysis of Behavior, 29(2), 337–339.

Malone, R. P., Cater, J., Sheikh, R. M., Choudhury, M. S., & Delaney, M. A. (2001). Olanzapine versus haloperidol in children with autistic disorder: An open pilot study. Journal of the American Academy of Child and Adolescent Psychiatry, 40(8), 887–894.

Marston, G. M., Perry, D. W., & Roy, A. (1997). Manifestations of depression in people with intellectual disability. Journal of Intellectual Disability Research, 41(6), 476–480.

Matson, J. L. (1995). The Diagnostic Assessment for the Severely Handicapped-Revised (DASH-II). Baton Rouge, LA: Scientific Publishers.

Matson, J. L., Bamburg, J. W., Mayville, E. A., Pinkston, J., Bielecki, J., & Kuhn, D., et al. (2000). Psychopharmacology and mental retardation: A 10 year review (1990–1999). Research in Developmental Disabilities, 21(4), 263–296.

Mazaleski, J. L., Iwata, B. A., Rodgers, T. A., Vollmer, T. R., & Zarcone, J. R. (1994).

Protective equipment as treatment for stereotypic hand mouthing: Sensory extinction or punishment effects? Journal of Applied Behavior Analysis, 27(2), 345–355.

McClintock, K., Hall, S., & Oliver, C. (2003). Risk markers associated with challenging behaviours in people with intellectual disabilities: A meta-analytic study. Journal of Intellectual Disability Research, 47(6), 405–416.

McCord, B. E., Iwata, B. A., Galensky, T. L., Ellingson, S. A., & Thomson, R. J. (2001). Functional analysis and treatment of problem behavior evoked by noise. Journal of Applied Behavior Analysis, 34(4), 447–462.

McDonough, M., Hillery, J., & Kennedy, N. (2000). Olanzapine for chronic, stereotypic self-injurious behaviour: A pilot study in seven adults with intellectual disability. Journal of Intellectual Disability Research, 44(6), 677–684.

McDougle, C. J., Scahill, L., Aman, M. G., McCracken, J. T., Tierney, E., & Davies, M., et al. (2005). Risperidone for the core symptom domains of autism: Results from the study by the autism network of the research units on pediatric psychopharmacology. American Journal of Psychiatry, 162(6), 1142–1148.

McDougle, C. J., Stigler, K. A., Erickson, C. A., & Posey, D. J. (2006). Pharmacology of autism. Clinical Neuroscience Research, 6(3–4), 179–188.

Michael, J. (2000). Implications and refinements of the establishing operation concept. Journal of Applied Behavior Analysis, 33(4), 401–410.

Miltenberger, R.G. (2006). Antecedent interventions for challenging behaviors maintained by escape from instructional activities. In J.K. Luiselli (Ed.), Antecedent Assessment and Intervention (pp. 101–124). Baltimore: Paul H. Brookes.

Moore, J. W., Fisher, W. W., & Pennington, A. (2004). Systematic application and removal of protective equipment in the assessment of multiple topographies of self-injury. Journal of Applied Behavior Analysis, 37(1), 73–77.

Murphy, G., Hall, S., Oliver, C., & Kissi-Debra, R. (1999). Identification of early self-injurious behaviour in young children with intellectual disability. Journal of Intellectual Disability Research, 43(3), 149–163.

National Institute of Mental Health (1985). Special feature: rating scales and assessment instruments for use in pediatric psychopharmacology research. Psychopharmacological Bulletin, 21, 839–843.

Oliver, C., Hall, S., Hales, J., Murphy, G., & Watts, D. (1998). The treatment of severe self-injurious behavior by the systematic fading of restraints: Effects on self-injury, self-restraint, adaptive behavior, and behavioral correlates of affect. Research in Developmental Disabilities, 19(2), 143–165.

Oliver, C., Hall, S., & Murphy, G. (2005). The early development of self-injurious behaviour: Evaluating the role of social reinforcement. Journal of Intellectual Disability Research, 49(8), 591–599.

Oliver, C. & Head, D. (1990). Self-injurious behaviour in people with learning disabilities; determinants and interventions. International Review of Psychiatry, 2, 99–114.

Oliver, C., Murphy, G., Hall, S., Arron, K., & Leggett, J. (2003). Phenomenology of self-restraint. American Journal on Mental Retardation, 108(2), 71–81+144.

Oliver, C., Murphy, G. H., & Corbett, J. A. (1987). Self-injurious behaviour in people with mental handicap: A total population study. Journal of Mental Deficiency Research, 31(2), 147–162.

O'Reilly, M., Sigafoos, J., Lancioni, G., Edrisinha, C., & Andrews, A. (2005). An examination of the effects of a classroom activity schedule on levels of self-injury and engagement for a child with severe autism. Journal of Autism and Developmental Disorders, 35(3), 305–311.

O'Reilly, M. F. (1996). Assessment and treatment of episodic self-injury: A case study. Research in Developmental Disabilities, 17(5), 349–361.

O'Reilly, M. F. (1997). Functional analysis of episodic self-injury correlated with recurrent otitis media. Journal of Applied Behavior Analysis, 30(1), 165–167.

O'Reilly, M. F., & Lancioni, G. (2000). Response covariation of escape-maintained aberrant behavior correlated with sleep deprivation. Research in Developmental Disabilities, 21(2), 125–136.

O'Reilly, M. F., Murray, N., Lancioni, G. E., Sigafoos, J., & Lacey, C. (2003). Functional analysis and intervention to reduce self-injurious and agitated behavior when removing protective equipment for brief time periods. Behavior Modification, 27(4), 538–559.

Pace, G. M., Iwata, B. A., Cowdery, G. E., Andree, P. J., & McIntyre, T. (1993). Stimulus (instructional) fading during extinction of self-injurious escape behavior. Journal of Applied Behavior Analysis, 26(2), 205–212.

Pace, G. M., Iwata, B. A., Edwards, G. L., & McCosh, K. C. (1986). Stimulus fading and transfer in the treatment of self-restraint and self-injurious behavior. Journal of Applied Behavior Analysis, 19(4), 381–389.

Patel, M. R., Carr, J. E., Kim, C., Robles, A., & Eastridge, D. (2000). Functional analysis of aberrant behavior maintained by automatic reinforcement: Assessments of specific sensory reinforcers. Research in Developmental Disabilities, 21(5), 393–407.

Posey, D. J., Erickson, C. A., Stigler, K. A., & McDougle, C. J. (2006). The use of selective serotonin reuptake inhibitors in autism and related disorders. Journal of Child and Adolescent Psychopharmacology, 16(1–2), 181–186.

Potenza, M. N., Holmes, J. P., Kanes, S. J., & McDougle, C. J. (1999). Olanzapine treatment of children, adolescents and adults with pervasive developmental disorders: an open-label pilot study. Journal of Clinical Psychopharmacology, 19(1), 37–44.

Powell, S. B., Bodfish, J. W., Parker, D., Crawford, T. W., & Lewis, M. H. (1996). Self-restraint and self-injury: Occurrence and motivational significance. American Journal on Mental Retardation, 101(1), 41–48.

Rapp, J. T., & Miltenberger, R. G. (2000). Self-restraint and self-injury: A demonstration of separate functions and response classes. Behavioral Interventions, 15(1), 37–51.

Reese, R. M., Richman, D. M., Belmont, J. M., & Morse, P. (2005). Functional characteristics of disruptive behavior in developmentally disabled children with and without autism. Journal of Autism and Developmental Disorders, 35(4), 419–428.

Research Units on Pediatric Psychopharmacology Autism Network (2005). Risperidone treatment of autistic disorder: longer-term benefits and blinded discontinuation after 6 months. American Journal of Psychiatry, 162(7), 1361–1369.

Richman, D. M., & Lindauer, S. E. (2005). Longitudinal assessment of stereotypic, proto-injurious, and self-injurious behavior exhibited by young children with developmental delays. American Journal on Mental Retardation, 110(6), 439–450+497.

Richman, D. M., Wacker, D. P., & Winborn, L. (2001). Response efficiency during functional communication training: Effects of effort on response allocation. Journal of Applied Behavior Analysis, 34(1), 73–76.

Roane, H. S., Vollmer, T. R., Ringdahl, J. E., & Marcus, B. A. (1998). Evaluation of a brief stimulus preference assessment. Journal of Applied Behavior Analysis, 31(4), 605–620.

Robey, K. L., Reck, J. F., Giacomini, K. D., Barabas, G., & Eddey, G. E. (2003). Modes and patterns of self-mutilation in persons with Lesch-Nyhan disease. Developmental Medicine and Child Neurology, 45(3), 167–171.

Rojahn, J. (1986). Self-injurious and stereotypic behavior of noninsitutionalized mentally retarded people: prevalence and classification. American Journal of Mental Deficiency, 91, 268–276.

Rojahn, J., Matson, J. L., Lott, D., Esbensen, A. J., & Smalls, Y. (2001). The behavior problems inventory: An instrument for the assessment of self-injury, stereotyped behavior, and Aggression/Destruction in individuals with developmental disabilities. Journal of Autism and Developmental Disorders, 31(6), 577–588.

Rojahn, J., Matson, J. L., Naglieri, J. A., & Mayville, E. (2004). Relationships between psychiatric conditions and behavior problems among adults with mental retardation. American Journal on Mental Retardation, 109(1), 21–33+77.

Romanczyk, R. G. & Matthews, A. L. (1998). Physiological state as antecedent: utilization in functional analysis. In J. K. Luiselli & M. J. Cameron (Eds.), Antecedent control: Innovative approaches to behavioral support (pp.115–138). Baltimore: Paul H. Brookes.

Saito, Y., Ito, M., Hanaoka, S., Ohama, E., Akaboshi, S., & Takashima, S. (1999). Dopamine receptor upregulation in Lesch-Nyhan syndrome: A postmortem study. Neuropediatrics, 30(2), 66–71.

Sandman, C. A., Hetrick, W., Taylor, D. V., Marion, S. D., Touchette, P., & Barron, J. L., et al. (2000). Long-term effects of naltrexone on self-injurious behavior. American Journal on Mental Retardation, 105(2), 103–117.

Sandman, C.A. & Touchette, P. (2002) Opioids and the maintenance of self-injurious behavior. In S. R. Schroeder, M. L. Oster-Granite, & T. Thompson (Eds.), Self-injurious behavior: Gene-brain-behavior relationships (pp. 191–204). Washington, DC: American Psychological Association.

Sandman, C. A., Touchette, P., Lenjavi, M., Marion, S., & Chicz-DeMet, A. (2003). β-Endorphin and ACTH are dissociated after self-injury in adults with developmental disabilities. American Journal on Mental Retardation, 108(6), 414–424+438.

Sandman, C. A., Touchette, P., Marion, S., Lenjavi, M., & Chicz-Demet, A. (2002). Disregulation of proopiomelanocortin and contagious maladaptive behavior. Regulatory Peptides, 108(2–3), 179–185.

Scahill, L., McCracken, J. T., McGough, J., Shah, B., Cronin, P., & Hong, D., et al. (2002). Risperidone in children with autism and serious behavioral problems. New England Journal of Medicine, 347(5), 314–321.

Schretlen, D. J., Ward, J., Meyer, S. M., Yun, J., Puig, J. G., & Nyhan, W. L., et al. (2005). Behavioral aspects of Lesch-Nyhan disease and its variants. Developmental Medicine and Child Neurology, 47(10), 673–677.

Schroeder, S. R., Reese, R. M., Hellings, J., Loupe, P., & Tessel, R. E. (1999). The causes of self-injurious behavior and their clinical applications. In N. A. Wieseler & R. H. Hanson (Eds.), Challenging behavior of persons with mental health disorders and severe developmental disabilities (pp. 65–87). Washington, DC: American Association on Mental Retardation.

Shea, S., Turgay, A., Carroll, A., Schulz, M., Orlik, H., & Smith, I., et al. (2004). Risperidone in the treatment of disruptive behavioral symptoms in children with autistic and other pervasive developmental disorders. Pediatrics, 114(5), 634–641.

Shirley, M. J., Iwata, B. A., Kahng, S., Mazaleski, J. L., & Lerman, D. C. (1997). Does functional communication training compete with ongoing contingencies of reinforcement? An analysis during response acquisition and maintenance. Journal of Applied Behavior Analysis, 30(1), 93–104.

Shore, B. A., Iwata, B. A., DeLeon, I. G., Kahng, S. W., & Smith, R. G. (1997). An analysis of reinforcer substitutability using object manipulation and self-injury as competing responses. Journal of Applied Behavior Analysis, 30(1), 21–41.

Shore, B. A., Iwata, B. A., Lerman, D. C., & Shirley, M. J. (1994). Assessing and programming generalized behavioral reduction across multiple stimulus parameters. Journal of Applied Behavior Analysis, 27(2), 371–384.

Sigafoos, J., & Meikle, B. (1996). Functional communication training for the treatment of multiply determined challenging behavior in two boys with autism. Behavior Modification, 20(1), 60–84.

Snyder, R., Turgay, A., Aman, M., Binder, C., Fisman, S., & Carroll, A. (2002). Effects of risperidone on conduct and disruptive behavior disorders in children with subaverage IQs. Journal of the American Academy of Child and Adolescent Psychiatry, 41(9), 1026–1036.

Steege, M. W., Wacker, D. P., Berg, W. K., Cigrand, K. K., & Cooper, L. J. (1989). The use of behavioral assessment to prescribe and evaluate treatments for severely handicapped children. Journal of Applied Behavior Analysis, 22(1), 23–33.

Sugie, Y., Sugie, H., Fukuda, T., Ito, M., Sasada, Y., & Nakabayashi, M., et al. (2005). Clinical efficacy of fluvoxamine and functional polymorphism in a serotonin transporter gene on childhood autism. Journal of Autism and Developmental Disorders, 35(3), 377–385.

Symons, F. J. (2002). Self-injury and pain: models and mechanisms. In S. R. Schroeder, M. L. Oster-Granite, & T. Thompson (Eds.), Self-injurious behavior: Gene-brain-behavior relationships (pp 223–234). Washington, DC: American Psychological Association.

Symons, F. J., Davis, M. L., & Thompson, T. (2000). Self-injurious behavior and sleep disturbance in adults with developmental disabilities. Research in Developmental Disabilities, 21(2), 115–123.

Symons, F. J., Hoch, J., Dahl, N. A., & McComas, J. J. (2003). Sequential and matching analyses of self-injurious behavior: A case of overmatching in the natural environment. Journal of Applied Behavior Analysis, 36(2), 267–270.

Symons, F. J., Sperry, L. A., Dropik, P. L., & Bodfish, J. W. (2005). The early development of stereotypy and self-injury: A review of research methods. Journal of Intellectual Disability Research, 49(2), 144–158.

Symons, F. J., Tapp, J., Wulfsberg, A., Sutton, K. A., Heeth, W. L., & Bodfish, J. W. (2001). Sequential analysis of the effects of naltrexone on the environmental mediation of self-injurious behavior. Experimental and Clinical Psychopharmacology, 9(3), 269–276.

Symons, F. J., Thompson, A., & Rodriguez, M. C. (2004). Self-injurious behavior and the efficacy of naltrexone treatment: A quantitative synthesis. Mental Retardation and Developmental Disabilities Research Reviews, 10(3), 193–200.

Thompson, T., & Caruso, M. Self-injury: Knowing what we're looking for. In S. R. Schroeder, M. L. Oster-Granite, & T. Thompson (Eds.), Self-injurious behavior: Gene-brain-behavior relationships (pp. 3–21). Washington, DC: American Psychological Association.

Thompson, T., & Symons, F. J. (1999). Neurobehavioral mechanisms of drug action. In N. A. Wieseler & R. H. Hanson (Eds.), Challenging behavior of persons with mental health disorders and severe developmental disabilities (pp. 125–150). Washington, D.C.:American Association on Mental Retardation.

Troost, P. W., Lahuis, B. E., Steenhuis, M., Ketelaars, C. E. J., Buitelaar, J. K., & Van Engeland, H., et al. (2005). Long-term effects of risperidone in children with autism spectrum disorders: A placebo discontinuation study. Journal of the American Academy of Child and Adolescent Psychiatry, 44(11), 1137–1144.

Turgay, A., Binder, C., Snyder, R., & Fisman, S. (2002). Long-term safety and efficacy of risperidone for the treatment of disruptive behavior disorders in children with subaverage IQs. Pediatrics, 110(3).

Van Camp, C. M., Lerman, D. C., Kelley, M. E., Contrucci, S. A., & Vorndran, C. M. (2000). Variable-time reinforcement schedules in the treatment of socially maintained problem behavior. Journal of Applied Behavior Analysis, 33(4), 545–557.

Van Houten, R. (1993). The use of wrist weights to reduce self-injury maintained by sensory reinforcement. Journal of Applied Behavior Analysis, 26(2), 197–203.

Vollmer, T. R. (1994). The concept of automatic reinforcement: Implications for behavioral research in developmental disabilities. Research in Developmental Disabilities, 15(3), 187–207.

Vollmer, T. R., Iwata, B. A., Zarcone, J. R., Smith, R. G., & Mazaleski, J. L. (1993). The role of attention in the treatment of attention-maintained self-injurious behavior: Noncontingent reinforcement and differential reinforcement of other behavior. Journal of Applied Behavior Analysis, 26(1), 9–21.

Vollmer, T. R., Marcus, B. A., & LeBlanc, L. (1994). Treatment of self-injury and hand mouthing following inconclusive functional analyses. Journal of Applied Behavior Analysis, 27(2), 331–344.

Vollmer, T. R., Marcus, B. A., & Ringdahl, J. E. (1995). Noncontingent escape as treatment for self-injurious behavior maintained by negative reinforcement. Journal of Applied Behavior Analysis, 28(1), 15–26.

Vollmer, T. R., Progar, P. R., Lalli, J. S., Van Camp, C. M., Sierp, B. J., & Wright, C. S., et al. (1998). Fixed-time schedules attenuate extinction-induced phenomena in the treatment of severe aberrant behavior. Journal of Applied Behavior Analysis, 31(4), 529–542.

Wacker, D. P., Steege, M. W., Northup, J., Sasso, G., Berg, W., & Reimers, T., et al. (1990). A component analysis of functional communication training across three topographies of severe behavior problems. Journal of Applied Behavior Analysis, 23(4), 417–429.

Winborn, L., Wacker, D. P., Richman, D. M., Asmus, J., & Geier, D. (2002). Assessment of mand selection for functional communication training packages. Journal of Applied Behavior Analysis, 35(3), 295–298.

Wong, D. F., Harris, J. C., Naidu, S., Yokoi, F., Marenco, S., & Dannals, R. F., et al. (1996). Dopamine transporters are markedly reduced in Lesch-Nyhan disease in vivo. Proceedings of the National Academy of Sciences of the United States of America, 93(11), 5539–5543.

Worsdell, A. S., Iwata, B. A., Hanley, G. P., Thompson, R. H., & Kahng, S. W. (2000). Effects of continuous and intermittent reinforcement for problem behavior during functional communication training. Journal of Applied Behavior Analysis, 33(2), 167–179.

Yates, T. M. (2004). The developmental psychopathology of self-injurious behavior: Compensatory regulation in posttraumatic adaptation. Clinical Psychology Review, 24(1), 35–74.

Zarcone, J. R., Hellings, J. A., Crandall, K., Reese, R. M., Marquis, J., & Fleming, K., et al. (2001). Effects of risperidone on aberrant behavior of persons with developmental disabilities: I. A double-blind crossover study using multiple measures. American Journal on Mental Retardation, 106(6), 525–538.

Zarcone, J. R., Iwata, B. A., Mazaleski, J. L., & Smith, R. G. (1994). Momentum and extinction effects on self-injurious escape behavior and noncompliance. Journal of Applied Behavior Analysis, 27(4), 649–658.

Zarcone, J. R., Iwata, B. A., Smith, R. G., Mazaleski, J. L., & Lerman, D. C. (1994). Reemergence and extinction of self-injurious escape behavior during stimulus (instructional) fading. Journal of Applied Behavior Analysis, 27(2), 307–316.

Zarcone, J. R., Lindauer, S. E., Morse, P. S., Crosland, K. A., Valdovinos, M. G., & McKerchar, T. L., et al. (2004). Effects of risperidone on destructive behavior of persons with developmental disabilities: III. Functional analysis. American Journal on Mental Retardation, 109(4), 310–321.

제12장

발달장애 아동의 의사소통, 언어, 그리고 문해 학습

ERNA ALANT, KITTY UYS, and KERSTIN TÖNSING[40]

소개

이 장에서는 발달장애 아동의 의사소통, 언어, 문해(literacy)[41] 학습에 대해 다음과 같은 두 가지 관점으로 살펴볼 것이다. 첫째, 정보 처리 과정과 정보 처리 과정에 대한 특수 장애의 영향력, 그리고 상호작용에서 사용하는 상징의 해석에 관한 것이고, 둘째, 학습과 문해 학습을 촉진하는 데 있어 사회문화적 요소의 역할에 대한 것이다. 보완 대체 의사소통 전략(AAC : augmentative and alternative communication)은 개입에서 개인 · 사회문화적 요인 간의 상호작용을 설명하기 위해 사례연구 중심으로 논의하였다. 아동의 참여 이해도를 증진하기 위하여 참여와 상호적 행동을 구분하였고, 이 개념을 중심으로 개입 전략에 대해 탐색하였다. 마지막으로 발생적 문해(emergent literacy)의 중요성은 그들의 가족이 처한 사회문화적 배경의 중요성과 관련지어 논의하였다.

'신경 발달 또는 발달장애'라는 용어는 발달 기능을 담당하는 신경학적 과정의 손상으로 인해 장기간의 지연 · 이상을 포함한 이질적인 장애집단을 의미한다(Yeargin-Allsop & Boyle, 2002). 이 집단의 질환은 일반적으로 뇌성마비, 의사소통장애, 정신지체, 자폐, 청각과 시각장애, 정서

---

40. ERNA ALANT, KITTY UTS, and KERSTIN TÖNSING*Center for Augmentative and Alternative Communication University of Pretoria

41. 국가에서 정한 공식용어(公式用語)를 읽고 쓸 수 있는 상태이다.

장애, 주의력장애와 과잉행동, 학습장애, 만성의 정형외과적 상태, 간질을 포함한다(Capute & Accardo, 1996). 이것은 광범위한 질환을 의미하며, 또한 가족이 아동에게 적합한 전문적인 치료 및 지원을 찾기 위해 엄청난 비용이 들 것이라는 것을 의미한다. 게다가 가족의 정서적 희생과 같은 간접적인 비용은 측정할 수도 없다.

신경학적 장애가 아동의 발달에 끼치는 영향을 최소화하기 위해 초기 개입은 매우 중요하다. 하지만 개입 전략은 어린 아동 발달의 신경학적인 과정을 고려해야할 뿐만 아니라, 그 가족이 살고 있는 생태적 맥락 속에서 문화적 · 사회적 관련성도 살펴보아야 한다.

의사소통과 학습

의사소통은 타인과의 관계를 돈독하게 하기 위해 개인이 자신의 고립된 상태를 깨고, 사랑을 경험하며, 자신의 발달과 자립을 확인하는 방법이기 때문에 삶에서 없어서는 안 되는 필수적인 것이다. 대인 관계에서 의사소통을 할 수 있는 것 외에도, 활자를 통한 의사소통 능력도 더 넓은 외부세계의 공공참여와 취업에 접근할 수 있도록 한다. 이것의 출발점으로서 언어 습득(곧, 어떤 식으로든 자신을 표현하는 능력)은 사실상 일상적인 활동에 대한 이해와 참여를 가능하게 하는 데 중요하다.

지난 몇 십 년 동안, 학습장애에 관한 문헌에서 학습의 기초로서 언어와 의사소통 기술의 중요성에 대한 많은 관심이 쏟아졌다. 이러한 인식은 아동이 자신을 표현하는 능력과 더불어 정보를 얻고 해석하는 능력이 학습 경험의 중심적인 부분을 형성한다는 개념에서 시작하였고, 이는 그들이 살고 있는 세계를 타인과 함께 만들어 가기 때문이다. 주위에서 어떤 일이 발생하는지 인식하는 것은 이해, 문제 해결, 일상적 상황에 대한 적응의 중요한 부분이다.

자기 자신을 나누고 표현하는 과정의 기본은 사회적 상호작용에서 사용되는 특정한 방식을 이해하는 능력이다. 따라서 어린 아동은 타인이 이해할 수 있는 방식으로 특정 언어와 그것의 관습 · 규칙을 학습할 필요가 있고, 그럼으로써 아동은 가족이나 사회의 일원이 될 수 있다. 의사소통은 개인이 의미를 발전시키기 위해 생각을 표현하고 해석할 때 상징을 사용하는 의도적인 절차라고 설명할 수 있다. 그리고 이 과정에 참여하기 위해서는 아동이 비상식적 의사소통에서 상징적 의사소통을 하는 것으로 발전해야 한다. 상징을 해석하고 사용하는 능력은 상호작용의 의미 수준에 영향을 줄 수 있다.

많은 연구자가 의도적인 의사소통의 연속체를 바탕으로 서로 다른 수준의 의사소통행동에 대하여 기술하였다. 예를 들어, Romski와 Sevcik(2003)은 의도적이지 않은 행동부터 의도적인 행동으로 발달하는 것을 설명하기 위해 발화 매개적인 것[42](의도적이지 않은 의사소통, 예를 들어 주시, 울음, 웃음, 움직임), 발화 내 행위적인 것[43](신체적 조작, 지시, 억양과 발성을 통해 의도적으로 되는 것)과 발화적인 것(단어, 신호, 몸짓을 이용한 의도적이면서 관습적인 의사소통)의 차이를 적용하였다. 일반적으로 아동은 대략 18~21개월 정도의 연령에 발화 매개와 발화 내 행위적인 단계를 거친다. Rowland, Schweigert와 Stremel(1992)은 여러 가지 감각이 손상된 아동들과의 실험에서 이러한 범주를 적용하여 다음과 같은 행동을 설명하였다.

초기 행동 : 아동이 의사소통할 때 사용하는 초기 행동으로, 대부분의 아동은 의사소통을 시작하기 전에 사용한다. 여러 감각이 손상된 아동은 유아기가 지나서도 초기 행동을 사용할지 모른다. 이 행동은 사람에게 특이한 소리내기, 간단한 몸동작, 단순한 행동과 사물에 대한 단순한 행동을 포함한다.

관습적 행동 : 이것은 사회에서 합의된 몸짓이다. 성인 대부분은 지시하기, 손 올리기 · 흔들기, 손 뻗기(사물을 받기), 끄덕이기 · 머리 흔들기와 다른 관습적 몸짓을 말하기 의사소통을 보완하는 데 사용한다.

상징적 행동 : 이 상징들은 의사소통을 하기 위해 의도적으로 사용된다. 그래서 아동은 상징과 그 지시 대상물이 존재하지 않더라도 그 둘 간의 관계를 이해한다. 상징은 사물, 사람, 활동 그리고 개념을 나타내며, 우리가 그 맥락 안에 존재하지 않는 것에 관한 의사소통을 할 수 있도록 해 주는 것이다.

상징적 행동에 포함되는 것 :
• 사물을 이용한 상징, 사람, 개념, 활동 또는 다른 사물을 대신하기 위해 사용되는 3차원적 물체
• 그림을 이용한 상징, 예를 들어 다른 대상물을 대신하는 데 사용되는 사진, 선화(line drawing) 또는 추상적 그림
• 수신호(manual sign).[44] 말이나 글을 대신하는 한손 또는 두 손으로 만들어진 모든 손짓
• 음성언어
• 인쇄된 문자 또는 단어
• 점자로 된 문자 또는 단어

---

42. 말한 내용이 듣는 이에게 영향을 주는 상태이다.
43. 말이나 글을 통해 명령, 경고, 약속 등을 하는 행위이다.
44. 손을 사용하는 의사소통 방법으로서 수화, 지문자, 이야기의 주요 단어나 핵심어를 말과 함께 손으로 표현하는 것 등을 통칭하는 말이다.

아동이 약 50개의 단어를 습득하기(생후 약 21개월) 이전에는, 의사소통 발달은 대개 문법적인 측면보다는 언어 내용(예 : 어휘와 의미론적 관계)과 언어의 실용적인 측면(예 : 상호작용적 측면)에 초점을 둔다(Romski, Sevcik, Cheslock, & Hyatt, 2002). 그러나 발달지연 아동은 생물학적인 상태의 영향과 환경적 영향 때문에 개인의 프로파일이 매우 다양하다.

취학 전 연령에서는 학교 학습의 준비로 의사소통과 언어 학습을 쉽게 하는 데 많은 관심을 둔다. 학교에서 정규 교육을 받을 때 그 과정에서 필요한 추상적 개념의 수준이 높아지고 정보 교환이 이루어지기 때문에 언어와 의사소통 기술이 이런 학습의 매개체가 된다. 그러므로 취학 전 아동은 보통 의사소통을 배우는 반면, 학령기 아동은 학습을 위해 의사소통 기술을 사용한다.

분명 이것은 선형적인 과정이 아니며, 특히 발달적으로 지체되어 있을 뿐만 아니라 일생동안 지속되는 이상 발달 양상을 보이는 발달장애 아동을 위한 것도 아니다. 의사소통을 위한 언어에서 학습을 위한 언어의 사용으로 변화하는 것에 대처하는 것은 어린 아동에게 유의미한 도전과제이다. 아동은 처음으로 언어에 대한 인식을 발달시켜야 하는데, 이는 우선 단어를 식별하고, 소리와 놀며, 말하는 것과 그 말이 글로 어떻게 표현되는지 그 두 가지를 관련시키면서 이루어진다.

이러한 메타언어 능력이나 언어에 대한 인식은 아동이 학습의 수단이자 목표로 언어를 충분히 이해해야 하고, 의사소통에서 사용되는 상징을 분석적으로 생각할 수 있어야 한다. 아동은 다양한 전달방식을 통해 전달될 다른 유형의 정보를 해석할 수 있어야 한다. 예를 들어, 아동은 말을 들을 뿐만 아니라, 그 말에 수반된 비언어적 상징이나 상징 기호를 해석하는 것도 필요하다. 그래서 아동의 어떤 감각 통로가 손상되면, 아동이 현실을 해석하고 경험하는 데 영향을 주는 정보 처리 과정도 변경되어야 한다.

발달장애, 의사소통, 그리고 정보 처리

발달장애 아동의 신경학적 처리 과정 문제는 다양한 방식으로 정보 처리에 영향을 줄 수 있으며, 이는 아동이 세상에 대해 지각하고 관계를 맺는 데 영향을 끼칠 수 있다. 다른 암호를 이용하여(예 : 청각적·시각적 신호) 해석, 모니터, 수용, 암호를 해독하기 위한 아동의 능력과 더불어 서로 다른 개인 내적 암호, 개인 간 피드백 연쇄(feedback loop)[45]를 사용한 형식적 메시지와 암호화하는 능력은 상호작용의 의미 수준에 상당한 영향을 준다. 하지만 처리 과정 능력이 비교적 손상되지 않은

---

45. 출력의 일부를 입력으로 사용하여 시스템을 수정 또는 제어하는 시스템의 구성요소 또는 처리이다.

발달장애 아동에게는 상호작용과 학습을 촉진하기 위해 이 과정에 영향을 주는 전략을 사용할 수 있다.

그림 12.1은 정보 처리 과정이 발생하는 경로와 서로 다른 요인이 어떻게 영향을 끼치는지를 제시한다. 이는 송신자가 어떻게 말이나 글, 수신호(몸짓), 표정과 같은 다른 의사소통 방법을 사용하여 메시지를 보내는지를 그림으로 제시한 것이다. 이러한 다른 의사소통 방법은 청각 파동(말하기), 빛의 파동(쓰기, 수신호, 표정), 또는 물리적 실체(물건 보내는 것 또는 점자편지)와 같은 전달 환경을 통해서 전달한다. 개인 내적 피드백 연쇄를 통해 개인은 자신이 만든 메시지를 모니터함으로써 정말로 의도한 표현이 무엇인지 확인할 수 있다.

이후 이러한 신호는 서로 다른 감각 체계(주로 청각, 시각, 촉각)로 의사소통 파트너에게 수용되고 해석되며, 더 나아가 의미를 발전시키기 위해 해석된다. 이렇게 수신된 새로운 정보는 개인적 틀과 현재 경험에 통합되고 다른 메시지의 구성을 송신자에게 다시 보내는 것처럼 반응을 자극한다. 하지만 이러한 과정이 항상 두 참여자 사이에 동시에 생기는 피드백(외부 피드백)처럼 선형적으로 이루어지는 것은 아니다. 단지 한 개인이 특정 메시지로 의사소통을 한다는 사실만으로 타인이 표정이나 언어적·비언어적 의미를 통한 피드백을 줄 수 없다는 것을 의미하지 않는다. 이런 외부적 피드백 과정은 의사소통전달자가 의사소통의 단절을 예방하고 효과적인 의사소통을 촉진하기 위해서 메시지를 조절하여 보낼 수 있는 중요한 절차이다.

정상 발달 아동은 주로 상징적 표현이 발성법에서 발전된 말하기부터 시작되며, 결국에는 바른 철자법까지 확장된다. 그러나 상당수의 발달장애 아동은 수용 또는 의사소통 표현의 초기 형태로 수신호, 그림 상징, 음성생성장치(SGD : speech-generating devices)를 사용하게 된다. 수정된 상호작용 절차는 아동에게 요구된 정보 처리 과정에 영향을 줄 수 있고, 따라서 이 상호작용에서 파생된 의미와 경험에도 영향을 준다.

McNaughton과 Lindsay(1995)는 시각적 의사소통 상징을 사용한 영향력에 대해 설명하였다. 예를 들어, 블리스 심볼(bliss symbols)[46]은 상징적 표현 과정이 거의 안 되거나 말하지 못하는 아동에게 시각적 상징을 사용하여 현재 발성과 언어를 보완해 준다. 의사소통에 사용하는 언어가 아동답지 않은 아동은 표현을 촉진하기 위해 그림 상징을 사용할 수 있다. 말하는 것이 발달한 아동은 '더 많이' 말로 표현할 수 있고, 언어행동과 관련된 청각과 수용적 피드백을 얻는 반면, 그림 상징을 사용하는 아동은 자신이 상대방에게 무엇을 요구하는지에 대해서 의사소통 판의 '더 많은' 그림 상징을 가리킬 수 있다. 선화를 가리키는 것은 그에 대한 자기 수용적인 피드백과 더불어 대부

---

46. 기호나 그림 문자들이 그려진 판(board)으로, 말을 전혀 할 수 없는 경우, 의도하는 말을 뜻하는 그림이나 문자를 지적하여서 자신의 의사를 표현하는 것이다.

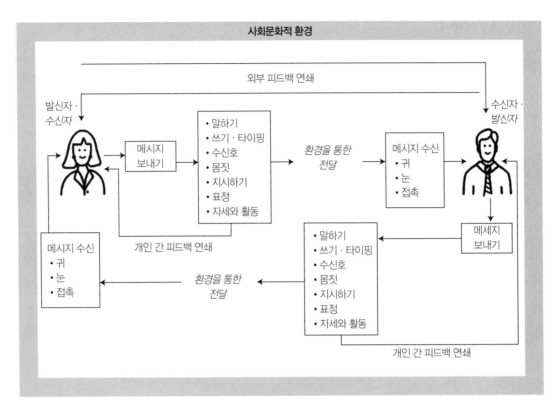

그림 12.1 의사소통 과정

분 시각적 피드백을 주기 때문에, 의사소통 판을 사용하는 아동이 이 의사소통 행위에 대해 피드백을 받는 것과는 상당한 차이가 있다. 마찬가지로 더 많은 수신호를 만든 아동은 수신호로 메시지를 전달하는 것을 통해 시각적 피드백과 자기 수용적 피드백을 받을 수 있다. 따라서 이렇게 다른 형태의 의사소통이 아동의 정보 처리 과정, 언어 학습, 문해 학습에 어떻게 영향을 끼칠 것인가에 대해 의문점이 남는다.

이와 비슷하게 Von Tetzchner와 Grove(2003)는 들을 수 있지만 말할 수 없거나 언어를 보충하기 위한 대안적 방법을 사용해야 하는 아동의 경우, 수용언어 입력과 표현언어 산출 간에 의사소통 방법의 불균형이 있다고 설명하였다. 의사소통에서 말하기가 안 되는데도 말하기 언어를 수용하고 이해하는 것은 언어 학습에 또 한 번 영향을 줄 수 있다.

게다가 이러한 의사소통 방법은 정보 처리 과정과 해석에 영향을 줄 수 있고, 아동의 사회문화적 환경에서도 가장 중요한 역할을 한다.

사회문화적 측면에서의 의사소통과 학습, 문해 능력

문맥 안에서 상징의 상용

특정 장애가 발달장애가 있는 어린 아동의 의사소통과 언어 학습에 영향을 주는 것처럼, 이때 적용되는 환경과 재활 전략 또한 영향을 끼친다. 의사소통과 학습을 위한 상징을 의도적으로 조작할 수 있는 능력은 어린 아동이 주변세계에 건설적인 방법으로 참여할 수 있음을 의미한다. 학습이 일어나기 위해서는, 개인이 그 활동에 참여하는 것과 더불어 상호작용 시 상징을 사용하면서 환경에 참여해야 한다.

Dunst(2001)는 아동이 경험에 노출되어 있음을 강조하였는데, 이 경험은 결과적으로는 발달 촉진이나 발달 저해로 표현될 수 있다고 하였다. 이런 모든 경험은 그들이 살고 있는 사회문화적 맥락에서 발생하며, 상호작용하고 학습할 기회를 제공한다. 그는 활동환경을 아동이 숙달감과 더불어 흥미·관심, 참여, 발달 능력을 표현할 수 있는 환경이라고 표현하였다. 그리고 이 활동환경은 의사소통, 학습뿐 아니라 어린 아동의 읽고 쓰기 능력 발달에 도움이 되는 환경을 제공한다. 또한 이는 아동이 접하는 활동 부분에서도 중요하지만, 활동을 하는 동안 그 경험이 아동에게 주는 기회와 참여 수준에도 영향을 주기 때문에 중요하다.

아동이 활동하는 동안 얼마나 인정받고 참여하도록 권장을 받느냐의 정도가 학습 결과에 현저한 영향을 끼친다. 그러나 활동 중 겪는 상호작용은 종종 성격과 관련된 변수뿐 아니라 사회문화적 요소에 따라 결정되기도 한다. Wachs(2000)는 개인과 관련된 주변의 특정 상황, 사람, 환경에 대해 '적합한 환경'이라는 개념으로 표현하였다. 이렇게 아동과 관련된 주변환경은 아동이 그 환경과 상호작용하면서 학습과 경험이 발달하는 방식에 지대한 영향을 끼친다.

그러므로 연령, 능력이 같은 아동이 같은 방식으로 특정 학습 맥락과 연관된 것이라는 가정에 의구심이 생긴다. 아동과 환경을 연관시키는 이러한 특정한 방식들은 학습이 어떻게 일어나는가에 큰 영향을 준다. 예를 들어, Dada, Granlund와 Alant(2007)는 같은 치료를 받았지만 결과가 다른 4명의 아동을 대상으로 반응이 어떠한지 설명하였고, 아동은 환경과 연관된다고 보았기 때문에 아동의 적합한 환경은 그들의 독특한 경험에 근거하여 서로 다를 것이라고 가정하였다. 이렇게 아동의 개별적 경험에 초점을 두는 것은 환경적 맥락과 진단의 프로파일이 비슷한 아동을 대상으로 한 치료 개입의 다양한 결과를 더 쉽게 이해할 수 있도록 한다.

사회적 과정으로서의 문해 학습

사회문화적 과정으로서의 문해 기술을 언급할 때 그 초점은 사회적·문화적 상호작용 형태의 복잡한 패턴의 일부로 읽기 · 쓰기 학습에 둔다. 여기에는 읽고 쓰는 능력만 포함되는 것이 아니라, 특정 사회적 환경에 적절하게 반응하는 능력, 이와 더불어 특정 환경에서 어느 정도의 정보를 제공하고 인쇄물을 어떻게 해야 하는지에 관한 지식도 포함된다. Heath(1984)는 서로 다른 두 사회집단의 가족이 자신의 지역사회 내에서 읽기 · 쓰기 과정과 관련된 방식이 서로 다름을 설명하였다. 이 연구는 아동이 노출된 곳의 문해활동 유형과 관련하여 집단 간 얼마나 차이가 있는지를 강조하였다.

또한 Hall(1976)은 문맥 의존적 상호작용과 문맥 독립적 상호작용의 차이를 상세히 설명하였다. 문맥 의존적이라는 것은 상호작용의 의미를 이해하는 의사소통 파트너가 있는 형태를 일컫는다. 예를 들어, "너는 여기서 저기로 가야 해."와 같은 상호작용이다. 반면, 문맥 독립적이란, 현재 맥락에 없는 사람이 메시지를 이해할 수 있도록 더 자세히 설명하는 것이다. 예를 들어, "당신은 프레토리우스 길에서 교회 길로 가야 합니다"와 같은 방식이다. 문서를 통해 의사소통할 때는, 메시지가 성공적으로 전달되기 위해 문맥 독립적 형태가 더 필요하다. 그래서 문맥 독립적 형태에 노출된 아동은 읽고 쓰는 작업을 할 때 유리하다. 이 연구에서는 발달장애 아동의 언어 · 문해 학습에 사회문화적 요인이 주는 영향력에 대해 연구자와 조사자가 인식하고 있어야 한다고 강조한다.

사회문화적 측면과 읽기 · 쓰기 기술 습득 간의 관계를 인식함으로써 학교에서 아동의 문해 기술을 성취하는 데 영향을 줄 수 있는 요인을 이해하는 데 큰 변화를 가져온다. 읽기 · 쓰기 과정을 개인 내적인 부분으로 이해하려는 시각에서 벗어나, 문해 학습 과정에 대한 개인의 태도 및 성향이 개인이 살고 있는 사회적 맥락 안에서 더 큰 영향을 줄 수 있다는 관점으로 변화해야 한다고 강조하였다. 이것은 특히 장애가 있는 아동과 관련이 있는데, "발달장애가 있다."라는 꼬리표는 일반적인 문해 학습에 노출된 적이 많지 않다는 것을 뜻하기 때문이다. 그래서 이러한 아동이 유의미한 문해 수준에 도달하리라는 기대는 매우 낮다. 따라서 문해 기술을 학습하는 데 있어 항상 아동의 능력이 주요 장애가 되는 것은 아니다.

비슷한 맥락에서 Hunter와 Harman(1979)은 낮은 문해 수준은 사회의 빈곤과 권력 구조에 책임이 있으나, 그렇다고 반대로 문맹 퇴치를 위해서 그들의 삶에서 빈곤을 영속시키는 다른 요소를 평가할 필요는 없다고 주장하였다. 읽고 쓰기 기술을 반드시 습득해야 하지만, 이 능력이 취업이나 그 밖의 사회적 환경에 용이하게 접근하는 데에는 충분하지 않다는 인식은 문해환경의 과정과 관련된 사회문화적 이슈를 이해할 필요성을 강조한다. 사회 권력, 배제, 권력 박탈 · 상실 등의 이슈가 문해 기술 학습의 실패를 이해하는 데 주목할 만한 사항이 되었다.

최근에 아동의 조기 문해교육을 쉽게 하기 위한 노력으로, '읽기와 쓰기에 대한 준비(아동이 읽기와 쓰기 과정에 대처하는 운동 협응 기술과 시각적 · 청각적 지각과 처리 기술을 지니고 있는가)'에서 '발생적 문해(사회적 환경이 문해 발달에 적합한가)'로 변화하였다. 그러므로 아동이 읽기와 관련하여 반드시 필요한 기본적인 정보 처리 기술을 가지고 있는가가 아니라, 읽고 쓰기 학습 기초로써 가정에서 미취학기에 아동이 충분히 문해 경험에 노출되었는가에 주목한다.

그러나 발달장애 아동은 상징이나 활동에서 의미를 얻기 어렵기 때문에, 발달장애 아동의 의사소통과 문해 학습에서 어려운 부분은 무능, 저항·반항, 읽기·쓰기 활동에 참여하려는 흥미의 부족과 관련된다. 이러한 점을 고려해 볼 때 보완 대체 의사소통 전략을 확장하여 적용하는 것이 유용할 수 있다. 즉, 이는 개인이 의사소통의 범위를 넓히는 데 도움을 줄 뿐만 아니라, 선화와 다른 상징 체계를 도입하여 그들이 문해 과정에 더 쉽게 접근할 수 있게 해 준다.

의사소통과 문해 발달을 용이하게 하는 보완 대체 의사소통의 역할

보완 대체 의사소통이란?

장애가 있는 많은 사람은 자신의 의사소통에 필요한 만큼 말하기와 쓰기를 활용하여 표현하지 못한다. 그렇기 때문에 그들은 보완 대체 의사소통(AAC)을 사용하는 것이 필요하다. 또한 Lloyd, Fuller와 Arvidson(1997)은 보완 대체 의사소통에 대해 그 사람이 말할 수 있는 최소한의 범주에 의존하지 않는 것 또는 상징, 전략, 기술을 사용하지 않아도 자연스럽게 말하고 쓰는 것을 대체해 주거나 보충해 주는 방식이라고 정의하였다.

의사소통과 문해 학습은 의미를 전달 및 해석하기 위하여 특정 상징적 암호의 사용을 포함하며, 이 과정에서 대안적 신호·상징을 모니터하고 이해할 수 있어야 한다. 성공적인 AAC 체계 전략을 위해서는 이 전략이 아동과 가족에게 연관성이 있고 적합해야 하며, 또한 아동과 가족의 생활에서 수용할 수 있는 방식이어야 한다. 현재 의사소통을 확장시키기 위한 전략의 도입은 의사소통 하는 내용 및 의사소통 방식에 영향을 줄 뿐만 아니라, 개인과 관련된 환경과도 연관된다.

이러한 이유로, 가족과 공동체 생활의 사회적·문화적 요소가 의사소통 판이나 도입 전략에 반영되어야 하며, 이로써 개인과 가족이 일상생활에서 이러한 전략을 적절히 결합할 수 있다.

다음의 사례연구는 특수한 사회문화적 환경에서 AAC 이행 과정을 보여 주는 것을 목표로 한다.

● 사 례 연 구

Kagiso는 경직성 사지마비(spastic quadriplegia) 진단을 받은 4세 소녀이다. 그녀는 몸통 근육의 상태가 좋지 못하지만, 사지의 근육 상태는 나아졌다. Kagiso는 어머니, 할머니, 그리고 여동생과 함께 남아프리카공화국의 도시에 있는 흑인 거주 지역에서 산다. 그리고 어머니는 실직한 상태이다. 이 가족의 수입원은 할머니의 연금과 Kagiso가 받는 보육부양금, 그리고 실직한 부모가 받는 육아보조금이다. Kagiso는 현재 약 1년간 일반 탁아시설(비장애 학생이 다니는)을 다니고 있다. 그리고 그녀는 2세 때부터 어머니와 함께 주간 의료봉사진료소의 집단 치료에 참여하고 있다. 이 진료소는 그 지역에서 열리고, 민간단체의 언어치료사와 전문가가 운영한다.

그곳에서 집단 회기를 하는 동안, Kagiso의 기능 프로파일상 인지 기능과 언어 이해가 강점이라고 확인되었다. 그녀의 운동 신경계 문제는 심각한 수준이었고, 이것은 말하는 것에도 영향을 주었다. 처음에는 그녀가 미분화된 모음 소리를 사용하다가, 여기에 천천히 양순음과 설음-치경자음을 덧붙였다. 현재 그녀는 많은 시간이 주어지고 노력이 따르면, 두 음절 단어 근접어도 발음할 수 있다. 그녀의 어머니는 이러한 근접어를 문맥에 따라 추측하여 이해할 수 있지만, 다른 사람들은 이해하지 못한다. Kagiso도 역시 의사소통하는 데 시선을 주시하고 예 · 아니오 신호를 사용한다.

AAC 개입은 노래의 맥락에서 주요 단어 신호에 노출하는 것으로 시작한다. Kagiso는 이 신호에 주의를 기울였다. 그러나 그녀의 운동 신경에 한계가 있어 발화가 늦어지고, 소근육 측면에서 힘들어하였다. 집단 내에서 아동들이 더, 내 것, 내 차례, 나, 열다를 의미하는 몸짓을 사용하도록 유도한다. Kagiso는 신호에 근접한 표현을 사용하는 법을 배웠고, 기회가 있을 때마다 그 신호를 계속해서 사용하였다. 그리고 그녀의 어머니에게 집에서 Kagiso가 '더'라는 신호를 쓸 기회를 만들어 주라고 하였는데, 예를 들어 Kagiso가 신호로 달라고 할 때까지 음식을 쥐고 주지 않는 것이다. 하지만 어머니는 이 개념이 분명 이상하다고 생각하였다. 오히려 이 노출 경험을 힌트로 삼아, 요청하는 방법으로 박수를 치고, 작별인사하는 데 손을 흔드는 것을 가르쳐 주었다. 요청을 할 때 박수를 치는 것은 보통 아프리카 문화에서 볼 수 있는 정중한 방식이고, 작별인사할 때 손을 흔드는 것도 문화적으로 적용 가능한 것이다.

Kagiso가 의사소통하는 데 표현력을 넓히기 위해서, 주요 단어 신호보다 더 많은 전략이 필요하다는 것이 확실해졌다. Kagiso가 잡지 속 사진을 구별할 수 있다는 것을 알았기 때문에, 어머니에게 일상적인 활동(머리 빗기, 이 닦기, 목욕하기 등) 선택하기와 음식 선택하기 판을 만드는 방법을 보여 주었다. 하지만 이러한 선택 판이 '직접 보여 주기'보다 썩 유용하지 않다고 생각하였다. 일상생활에서는 사실상 선택이 주어지지 않아서 음식을 달라고 할 때 Kagiso는 자신이 원하는 것을 어머니가 보도록 말과 시선을 섞어 성공적으로 이용하였다.

어머니와 함께하는 '학교활동에 대해 엄마에게 이야기하기'에서 좌절하여 의사소통에 개입이 필요한 상황이었으며, 이것을 해내기 위해서, 일단 Kagiso는 시중에서 구입할 수 있는 단순한 선화로 구성된 체계인 그림 의사소통 상징(PCS)을 통해 더 많은 개념을 이용할 수 있도록 하였다. 이 PCS는 치료활동(노래 부르기, 공놀이, 운동, 책읽기)뿐만 아니라 언어 주제(옷, 동물 등)와 관련된 명사와 동사를 묘사한 것이다. 목표는 매칭하기(예 : 플라스틱 말을 PSC 판 위에 놓기, 즉 아동은 자기 판 위의 그림을 손으로 가리킨다.)와 수용적인 경험하기(예 : Kagiso는 치료사가 메시지 전달을 위해 그림을 손으로 가리키거나 보여 주는 것을 관찰할 수 있다.)이다. 이후에, Kagiso의 선생님과 어머니가 대화를 하여, Kagiso를 위해 의사소통 판을 만들었다. 그리고 Kagiso는 그것을 이용하여 어머니와 학교활동에 대해 성공적으로 의사소통을 하였다. 그리고 '쇼핑'이나 방문'과 같이 Kagiso가 참여하고 즐기는 활동을 촉진할 다른 판을 이후에 만들었다. '쇼핑하기' 의사소통 판은 그림 12.2에 있다. Kagiso는 치료소에서 치료자와 지난주에 쇼핑했던 이야기를 나누는 방식으로 의사소통 판을 사용하였다. 하지만 치료자와 어머니가 그녀와 판을 사용하면서 함께 의사소통하는 유일한 파트너였다. 예를 들어, 그녀의 할머니는 이런 판이 여전히 생소하였다. Kagiso의 어머니에 따르면, 할머니는 글을 읽고 쓸 줄 모르며, PCS 그림을 이해하기 어려워하신다고 하였다.

학교에서도 Kagiso는 자신의 판을 사용하기는 어려웠다. 항상 그 판을 사용할 수는 없었고, Kagiso의 선생님도 종종 더 많은 주의와 관심을 필요로 하는 Kagiso의 대화친구 역할을 너무 힘들어했다. 또한 학교에서는 선생님이 학생 개인에게 말하거나 대답할 기회를 많이 주지 않았다. 무수히 노래를 부르고 반복하는 것이 일반적인 것이었다.

개인후원자로부터 지원을 받은 디지털 말 산출도구(digital speech-generating device)가 도입되었다. 이 특수장비는 튼튼하고 설정하기 쉽고, 그러면서도 비교적 많은 메시지를 녹음(8개의 메시지를 각 여덟 가지 레벨에 맞추어 녹음할 수 있고, 이것은 모두 64개의 메시지를 녹음할 수 있음을 뜻한다.)할 수 있어서 선정되었다. Kagiso는 한 번에 8개의 메시지(성인이 미리 녹음해 둔)를 이용할 수 있다. 그녀의 어머니는 이 기계를 설정하고 충전하는 방법을 배웠다. 그녀의 선생님은 기계를 고장 낼까 두려워 사용해 보지 않았다. 이 도구(the speaker)를 사용해 볼 첫 번째 활동으로 노래 부르기 시간을 선택하여, 노래 일부를 차례대로 8개의 버튼에 녹음하였다. 이제 Kagiso는 자신이 '말하는 사람'으로 경험하게 되고 다른 아동들과 함께 노래를 즐길 수 있다. 그리고 간식 시간도 상호작용이 가능한 시간이 되었다. Kagiso는 체계적인 문장을 위해 연속적으로 2~3개 버튼을 매우 능숙하게 누르게 되었다. 또래 상호작용 역시 극적으로 증가하였고, 친구들이 '말하는 기계'에 매료되어서 Kagiso가 그 도구를 사용하는 것을 보기 위해서 그녀와 상호작용할 기회를 찾게 되었다.

이 사례를 통해 적절한 AAC 개입을 위해서 중요하게 고려해야 할 특정 요인을 살펴보았다. 첫째, 우선적으로 Kagiso의 배경과 환경을 고려해야 한다. Kagiso는 규칙적으로 치료에 데리고 갈 수 있고 시간을 함께 보낼 수 있는 어머니가 있다. 또한, 어머니는 그녀의 어휘 선택에 조언을 해 주고, 활용했던 체계나 전략이 적절한가에 대한 피드백도 주었다. Kagiso가 주로 의사소통하는 사람은 자신의 어머니, 할머니, 교사, 친구들이고 의사소통하는 주요환경은 집과 학교였다. Alant(2005a)는 Kagiso의 AAC 개입법은 지지 중심 절차이고, 더 나아가 파트너와 상황에 대해 인식하는 것의 중요성을 더욱 정교하게 하였다고 설명하였다.

둘째, Kagiso의 기술 프로파일에 AAC의 목적을 명시하였는데, Kagiso의 수용언어가 연령에 적합했기 때문에 치료 목적은 주로 자기 자신을 표현하는 능력을 향상시키는 것이었다. 따라서 Kagiso는 '표현성 집단'에 참여하였고, 그 집단은 수용성 언어와 표현성 언어(자세한 설명은 다음에 나온다.) 간에 유의한 수준 차이가 있다(von Tetzchner & Martinsen, 2000).

이 사례연구는 다양한 의사소통이 필요하다는 것과 점차 다양한 파트너·상황에 연관되기 때문에 AAC 상징 체계의 확장 및 지속적인 '조정' 역시 필요하다는 것을 분명히 보여 준다. 서로 다른 체계의 다양한 장·단점이 있기 때문에, 중재자는 확고하고 다목적적인 체계를 제공하기 위해 다양한 전략을 도입해야 한다. 의사소통 전략의 지속 가능성에 대한 작업 원리는 Alant(2005b)에 논의된 바 있고, 또한 이 원칙은 효과성, 지속성과 다양성(시간이 지나면서 습득하는 기술의 효과) 간의 차이점에 중점을 둔다.

이 사례연구에서 주요 단어 신호를 처음 소개하였는데, 이 전략은 그림 중심 체계보다 보호자가 적용하기 쉽고 더 자연스러웠다. 하지만 운동근육 문제 때문에 이 전략이 너무 제한적이라 여겨졌다. Kagiso는 눈 응시, 발성, 지시하는 방법을 사용하여 개념을 전달할 수 있었기 때문에, 음식과 일상생활에 관한 잡지 그림 전략 역시 너무 제한적이었다.

종이 의사소통 판의 선화는 Kagiso가 더 많은 범위의 단어를 활용할 수 있도록 하였지만, 이 판 역시 특정 파트너(예 : 할머니)와 학교 같은 특정 환경에서는 활용하기 너무 어려웠다. Fuller와 Lloyd(1997)는 상징 선택의 주제와 다양한 상징의 특성을 세부적으로 설명하였고, Alant(2005c)

그림 12.2 남아프리카에 사는 뇌성마비인 어린 아동을 위한 '쇼핑'에 관한 의사소통 판(북소토어와 영어 주석)

는 특정 상황에서 사용하는 시각적 상징의 문화적 적합성에 대한 중요성을 설명하였다. 이 사례에 맞게 의사소통 판을 개발한 예시인 그림 12.2를 참고하여라.

AAC를 다른 상황에서 일반화하여 적용하기 위해서는 문화와 대화 상대의 선호도를 고려할 필요가 있다. 중재자는 일상생활에 관한 지식뿐 아니라 의사소통이 발생하는 방식에 대한 지식도 분명히 있어야 한다. Kagiso의 사례에서 먹는 것과 먹이는 것은 일상적인 활동이었다. 반면, 그녀의 어머니는 이 활동을 Kagiso가 '더'라고 요구할 기회로 생각하지 않았기 때문에, 이런 목적을 위해 음식을 철회하는 것이 불편하였다. 하지만 어머니는 신호 · 몸짓 사용의 가능성을 보았고, 문화적으로 적절한 것을 창의적으로 찾아서 Kagiso에게 가르쳤다. Kagiso는 자신의 공동체 생활 안에서 더 적절한 방식으로 예의 바르게 요구하기 위해 손뼉치기를 사용하였고, 그러면서 어머니는 Kagiso가 나아진 점을 볼 수 있었다. 이와 비슷하게 '음식 선택하기'는 그림 체계로 소개하기에는 부적절한 활동이었는데, 이는 Kagiso가 이미 이 활동에서 성공적인 의사소통을 하고 있었기 때문이다.

기술을 도입하기 위해서는 도구의 절차를 유지하고 지지하는 근거자료가 필요하다. 이 사례에서는 도구를 구매하고 프로그래밍하였다. Kagiso에게 유용하고 더욱 정교화된 도구임에도, 그녀의 가족과 공동체 안에서 이 도구가 지지받지 못할 수 있다. 또한 도구가 또래에게 받아들여졌다 할지라도, Kagiso의 할머니에게는 사용이 어려웠고, 이와 유사하게 공동체 안에서 이 도구를 활용할 수 없었다. 한편, Alant(2005d)는 저소득 계층을 대상으로 기술을 도입할 때 고려해야 할 요소에 대해 자세하게 기술하였다.

누가 AAC 전략으로 도움을 받을 수 있나?

운동 기능의 손상, 발달언어장애, 학습장애, 자폐증, 레트증후군인 아동은 흔히 의사소통 문제를 경험하며, 의사소통 개입을 둘러싼 문제가 지속된다. 발달장애 아동의 의사소통문제스펙트럼에 대해 이해하기 위해서 아동이 현재 경험하는 부분을 더욱 자세하게 다루어야 한다.

Von Tetzchner와 Martinsen(2000)은 의사소통 개입이 필요하고, 특히 보완 대체 의사소통이 필요한 세 가지 기능장애 아동집단을 구분하였다. 이 연구는 현재 논의를 위해 근거자료로 사용되었고, 약간 수정되었다.

첫 번째 집단은 표현성 언어집단이라 불린다. 이 집단의 학생은 수용성 언어와 표현성 언어 간의 유의한 차이를 보였다. 이 집단에 포함되는 사람은 운동기능장애, 다운증후군, 학습장애가 있으며, 사람마다 인지 능력이 다르지만 모두 표현성 언어와 수용성 언어 능력 간에 명백한 차이가 나타나는 것이 공통점이다. 이러한 아동은 심한 신체적 장애가 있어서 말하기가 충분히 발달할 때까지 일시적인 의사소통으로써 AAC를 사용할 수 있다.

두 번째 집단은 발달집단이다. 이 집단의 아동은 수용성 언어와 표현성 언어 간에 차이 없이 언어 발달의 전반적인 지연을 보인다. 일반적으로 이 집단에는 발달이 지연되는 지적장애 아동이 포함된다. 따라서 개입 전략은 수용성 언어와 표현성 언어의 기술을 강화하는 것이다.

세 번째 집단은 대체언어집단이다. 이 집단의 학생은 언어를 습득하는 것이 어렵고 말로 의사소통하지 못한다. 그들은 정상적인 청각 능력이 있음에도, 상징언어를 사용하는 능력이 제한적이다. 이 집단은 자폐 아동, 심한 장애, 복합장애 아동이 포함되고, 일반적으로 AAC 전략에 의존하여 의사소통을 한다.

어떤 범주에서 소수 집단을 더 나눌 수도 있지만, 위와 같이 세 집단으로 구분함으로써 발달장애 아동의 이질집단에 개입할 때 AAC의 다른 역할을 이해하는 데 유용할 수 있다.

AAC 개입 : 참여와 상호작용의 관계

단순한 메시지의 교환이라면 의미 있는 개인의 참여 수준이 반영될 필요는 없지만, 참여와 상호작용행동의 차이는 개입 결과를 촉진하는 데 중요할 수 있다. 이 관점으로 Sigafoos, Ganz, O'Reilly, Lancioni와 Schlosser(2006)는 최근 연구에서 2명의 발달장애 학생에게 간식 요구하기를 가르치는 것에 대해 설명하였다.

두 학생 모두 교환 중심 의사소통 체계를 사용하여 요구하도록 배웠는데, 단지 한 학생만이 요구와 결과 반응 간의 일치 수준이 높았다. 그래서 한 학생은 여전히 일치 훈련이 더 필요하다고 결론지었다. 이렇게 다른 결과가 나온 이유에 대해서 다양하게 설명할 수 있지만, 개입 과정 동안 두 학생 간 참여 수준의 차이를 그 이유 중 하나로 보았다.

두 학생 모두 교환 중심 체계를 활용했다는 점에서 비슷한 행동을 보여 주었지만, 그들이 과정에 참여하는 방식에 분명한 차이가 있었다. 이 연구에서 두 아동의 참여 수준을 몇 가지 평가를 통해 치료 개입 동안 아동의 참가가 결과에 어떻게 영향을 줄 수 있는지 설명하였다. 한 아동은 의미 없는 교환행위라고 여겨서 참여(engagement) 수준이 낮았고, 다른 한 명은 상황에서 의미를 발전시킴으로써 참여 수준이 더 높아졌을 수 있다.

Raspa, WcWilliam과 Ridley(2001)는 다른 상황에서 아동을 관찰하면서 다양한 참여 수준을 확인하였다. 다양한 참여 수준에는 정교한 · 구별된 · 초점화된 · 단순한 참여가 있다. 참여에 대한 개념을 인식하는 것은 교환의 빈도와 더불어 참가하는 과정의 이해를 촉진하는 데 가장 중요한 것으로 보인다. 참가의 두 가지 구성요소는 참여와 과정에서 관찰되는 상호작용행동이다. 참여는 중요하지만 대부분 참가하는 관계적 구성요소에 중점을 둔다. 참가하는 과정 동안 이런 관계적 구성요소가 다른 방식으로 나타날 수 있기 때문에 참가의 두 번째 요소(예 : 상호작용행동)가 중요하다. 참여와 상호작용행동 간의 역동적 관계에 따라 참가 수준을 이해할 수 있다.

더 나아가 이런 논의를 발달시켜 그림 12.3에 한쪽 축은 참여, 다른 축은 상호작용행동으로 정하여 참가의 두 가지 구성요소 간의 관계를 제시하였다. 이 그림에 따르면, 의미 있는 수준으로 참여하는 것은 높은 참가 수준이 필요하며 행동 수준은 개인의 표현성과 문화적 상황에 따라 차이가 있다.

상호작용행동은 언어와 비언어적인 의미를 통해 확실해질 수 있고, 이는 상호작용의 빈도가 낮은 것(관찰되는 상호작용행동이 거의 없는)부터 높은 것(상호작용행동의 높은 빈도)까지 매우 다양하다. 비록 관찰된 의사소통 행동의 빈도가 높을지라도, 이 수준의 활동이 꼭 그 과정에 개인의 참여 수준으로 적절한 느낌을 주는 것은 아니다(Sigafoos et al., 2005). 따라서 상호작용행동의 빈도가 높다고 참여 수준이 높다는 것을 의미하는 것은 아니며, 마찬가지로 빈도가 낮다고 참여 수준이 낮을 것이라고 추측할 수는 없다. 이것은 서로 다른 사회문화적 환경에서 예측한 다양한 상호작용 유형이라는 관점에서 볼 때 특히 중요하다(Alant, 2005b).

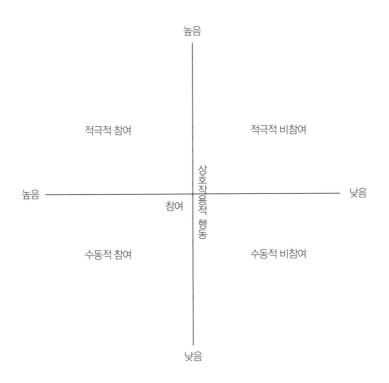

그림 12.3 참여의 구성요소

그림 12.3에서 제시한 참여와 상호작용행동 간의 네 가지 관계는 다음과 같다.

- 적극적 참여는 높은 수준의 참여와 높은 빈도의 상호작용행동을 의미한다. 이 유형에는 치료사와 수많은 교환을 하는 동시에 높은 수준의 참여를 보이는 특성의 사람이 포함된다. Seligman(2002)에 따르면, 높은 수준의 참여는 배운 것의 획득과 적용 수준으로 더욱 확실해진다고 하였다.
- 수동적 참여는 높은 수준의 참여와 낮은 수준의 상호작용행동을 의미한다. 이 유형은 개입 동안 치료사와의 교환은 낮지만, 이와 동시에 개입 과정에서 획득한 것에 대한 이해와 적용을 반영함으로써 높은 참여 수준을 유지한다.
- 적극적 비참여는 상호작용행동의 빈도는 높지만, 관계적 거리를 두는 것이다. 이 유형에는 상호작용에서 수많은 교환을 하지만 의미 발달 수준이 낮은 특성의 사람이 포함된다. 의례적으로 배우긴 하지만, 적용하는 것에는 한계가 있다.
- 수동적 비참여는 상호작용행동의 빈도도 낮고 관계적인 거리 역시 두는 것을 의미한다. 이 유형은 주로 동기나 의지가 약한 사람에게서 전형적으로 나타난다.

네 가지로 정의된 조합은 이상적인 유형을 제시한 것이며, 이는 중재자가 개입하는 동안 참가 수준과 관련된(즉, 참여와 상호작용행동) 몇몇 가정을 발전시킬 수 있도록 개입 과정 안에서 비슷한 경향성을 인식할 수 있는 안내지침을 제공한 것이다. 어떤 모델을 적용하던지 간에 실제로 명시하는 이상적 유형은 상황 변수뿐 아니라 개인적 차이를 융통성 있게 설명할 수 있어야 한다. 개인의 성격, 흥미, 경험, 문화적 배경은 과정과 개인을 관련짓는 방식으로 모두 추가될 것이다(Super & Harkness, 1986; Wachs, 2000).

개입 : 아동의 참여 유형을 관찰하고 이해하기

참가하는 것은 두 가지 기본요소인 참여와 상호작용 형태로 구성된다. McWilliam 외(2001)는 참여에 대해서 '아동이 성인, 다른 아동, 물질과 적절한 방식으로 상호작용하며 시간을 보내는 것'이라고 설명하였다. 비록 시간을 보내는 것이 참여에 중요한 요인이지만 참여의 질 역시 중요하다. '적절한 방식으로'라는 것은 참여를 설명하는 관계적 요소 측면을 얻기 위한 시도로 볼 수 있다. 아동의 참여 유형을 이해하기 위해서 우리는 아동이 사람들과 상호작용하는 것을 관찰해야 하고, 시간을 보내면서 정보를 주는 방식으로 활동할 뿐만 아니라 그 경험에서 이점이나 즐거움을 이끌어내야 한다.

참여를 관찰하기 위해 어린 아동에게 놀이활동과 같은 목적활동을 사용하는 것은 새로운 발상이 아니다. 놀이는 아동의 점유물이며, 그 활동은 가치를 느끼게 한다. 아동은 목적활동에 참여하면서 만족감을 느끼고, 이는 수행, 자기 보상, 내적 동기를 불러일으키고 지속시킨다. 이런 긍정적인 참여 순환 과정을 통해 아동은 새로운 기술 개발, 기술 숙달, 환경에 상관없이 통제하는 느낌을 경험할 수 있다(Uys, Alant, & Lloyd, 2005).

즐거움은 추상적인 개념이라서 측정하기 매우 어렵지만, 발달 영역에서 수행과 과업에 주목하여 (사회적, 감정적, 감각적, 운동, 인지, 의사소통), 구성요소의 분석을 통해 측정 가능한 행동을 밝힐 수 있다. 즐거움은 아동의 능력과 환경적 측면에 맞게 발생해야 하고, 활동 요구와 활동은 문화에 따라 평가해야 한다.

Csikszentmilalyi(1990)는 경험을 통한 방대한 연구를 진행하였는데, 그 연구에 따르면 개인은 능력과 요구 간에 '적절한 수준의 도전'을 할 때 가장 효과적으로 활동에 참여할 수 있다고 하였다. 그러나 기술 숙달을 발달시키기 위해 요구 수준은 기술 수준보다 항상 약간 더 높아야 한다. 숙달 동기는 '독립적으로 시도하도록 개인을 자극하는 심리적 힘이고, 지속적으로 문제를 해결하거나 기술 및 과업을 숙달하기 위해 자신에게 적절한 수준으로 도전하도록 하는 것'이다(Morgan, Harmon, & Maslin-Cole, 1990).

아동을 관찰할 때 생기는 의문점은 놀이를 하는 동안, 마지막 결과 또는 활동 참여 과정에서 관찰해야 하는 요소는 무엇인가이다. McWilliam 외(2001)는 가르치는 유형과 참여에 대해 연구하였는데, 연구에 따르면 과정 중심적인 교사에게 배운 아동보다 결과 중심적인 교사에게 배운 아동이 학습 기회를 방해받았고 아동과 학생의 발달 척도 점수도 더 낮았다. 또한 그들의 연구에서 단순한 수준의 수행을 하는 걸음마단계의 유아에 비해 취학 전 아동(3~6세)은 더 정교한 참여를 한다고 밝혔다. 그들은 아홉 가지 참여 수준을 제시하였지만, 최근 연구에서는 다섯 가지 수준, 즉 정교한, 구별된, 초점화된, 구별되지 않은, 비참여적인 수준에 초점을 두었다(Mc william et al., 2001). 표 12.1에 다섯 가지 수준의 특징을 제시하였다.

아동의 참여를 촉진시키는 두 가지 중요한 요소는 치료사의 상호작용행동과 환경의 질이다.

상호작용 촉진하기

어린 아동의 학습 과정에서 세 가지 주요요소가 서로 얽혀 있는데, 첫째는 환경에서 요구하는 것, 둘째는 아동의 능력과 동기 수준, 셋째는 참여를 촉진하기 위해 이 요소를 통합하는 개입자이다. 각 요소는 각 상황에 맞게 수정되고 조정될 가능성이 있다. 적응은 사람이 새로운 행동을 배울 때 내적으로 변화하는 것과 더불어, 사람에게 맞추어 환경을 변화시키는 외부적 변화를 의미한다. 따라서 적응은 개인과 환경 간에 이루어지며 개인의 생존을 향상한다.

표 12.1 참여의 수준

정교한 행동	문제–해결과 관련하여 문제를 해결 또는 목표를 이루기 위해 아동이 전략을 바꾸거나 같은 전략을 사용하는 것이다. 아동은 언어, 가상놀이, 수신호, 그리기 등을 사용하여 과거, 현재, 미래를 반영하고 복합적인 상징이나 신호를 통해 새로운 형태의 표현을 구성한다. 아동은 실제로 존재하지 않는 어떤 것이나 사람에 관해 의사소통할 수 있다.
구별된 행동	아동은 환경적 요구와 기대에 적합하도록 행동이 구성되어 있다. 이것은 환경(물질, 도구, 사람)과의 적극적 상호작용을 포함한다. 이 단계에서 아동은 결과에 더욱 중점을 둔다.
초점화된 행동	환경의 특성을 보거나 듣는 것을 포함한다. 특성에 주목하는 것은 필요조건이다. 심각한 표정과 운동활동을 진정시키는 것이 이 수준의 특징이다. 선택적 주의와 주의집중을 포함한다.
단순한 행동	아동의 행동이 확실하게 구별되지 않는다. 행동은 자연적인 상황에서 반복되고 탐색적으로 이루어진다. 주의집중을 잘 못하며 행동은 특정 결과를 목표로 하지 않는다.
비참여적 행동	아동은 어떤 활동에도 참여하지 못하는 것으로 보이고, 목적이 없으며 파괴적인 경향이 있다. 주의집중이 매우 짧다.

상호작용을 촉진하기 위해서는 아동의 기술과 내재된 도전활동 간의 밀접한 관계가 필요하다. 따라서 아동의 능력으로 성공할 수 있도록 하기 위해 환경은 구조화되어야 한다. 만약 도전이 너무 어렵다면 아동은 불안을 느껴서 철회할 수 있지만, 도전이 너무 쉬워도 지루해서 활동을 철회할 수 있다(Csikszentmihalyi, 1990). 구조화된 활동에는 특히 발달장애 아동의 경우, 아동이 접근할 수 있는 활동을 제시하는 것과 더불어 실제로 얻을 수 있는 장난감(Uys, 1998)과 같은 보상물을 포함한다.

표 12.2는 치료 개입에서 사용한 적응의 원칙을 몇 가지 요약한 것이다. 이 표에서는 놀이도구와 제시 방법을 통해 적응하도록 할 수 있다고 증명하였다. 이렇게 두 가지 적응 형태는 모두 활동에 의미 있는 참여를 촉진하도록 고려해야 한다. 조절 문제가 있는 아동을 장난감으로 안정시키는 것처럼 아동이 장난감 조작에 쉽게 접근하도록 할 수 있으며 시간을 지연시키거나 공동 상호작용을 촉진할 수 있다. 활동에 성공적으로 참여할 때, 활동에서 받은 피드백은 아동이 그 활동을 반복하도록 격려하며, 새로운 기술을 연습하여 기술 숙달을 증진할 수 있다.

내적 체계의 기능은 숙달하려는 개인의 욕망에 영향을 끼치고 결과적으로 참여 수준에 영향을 준다. 개인적 능력은 서로 다른 발달 영역의 기술, 즉 감각, 운동성, 인지, 사회 정서, 의사소통을 포함한다. 아동은 사회적 맥락 안에서 효과적으로 수행하기 위해 모든 영역에서 나오는 정보를 통합한다. 한 영역의 손상은 다른 영역에 직접적인 영향을 주고, 연속적으로 일반 기능에도 영향을 끼친다. 놀이는 아동의 임무이기 때문에 개입의 주된 목표에는 숙달감을 증진시키는 참여를 통해 즐거움을 얻는 것이 포함된다. 아동은 그 환경에서 주체가 되고자 하는 내적 욕구를 가지며, 이런 내적 동기는 아동의 관심사에 따라 선택하는 의미 있는 활동에서 발생한다.

발달지연 아동은 환경적 문제와 관련된 어려움을 겪는데, 그렇게 되면 학습의 모든 측면에 방해를 받는다. 이런 아동은 최적의 학습환경에 접근할 수 없기 때문에 그런 환경을 활용할 수 없다. 그들은 환경적 요구에 새로운 반응을 할 수 없기 때문에 분화와 통합 과정을 부인한다. 이러한 배경에 반하여 치료사는 지속적으로 아동과 상호작용을 촉진하는 방법을 강구하고, 개입 동안 아동의 참여 수준 역시 고려해야 한다.

아동과 환경 간의 상호작용은 숙달을 위

표 12.2 놀이의 적응

놀이도구의 적응	제시 방법의 적응
안정	요구하기
확대	사물에 대해 언급하기
인공보철물 제공하기	행동에 대해 언급하기
요구되는 반응 줄이기	항의하기/거절하기
더 구체적으로 만들기	사물/행동 묘사하기
더 익숙하게 만들기	장애물 제시하기
산만한 자극 제거하기	일반적인 진술하기
신호 추가하기	시간 지연(time delay) 소개하기
안전과 내구성의 증가	부수적인 교습 사용하기
	반응할 시간을 더 주기
	공동활동 시작하기
	애니메이션 사용하기
	모조품 사용하기

한 것이다. 치료사는 이상적인 숙달의 요구(환경)와 숙달에 대한 욕구(아동) 간의 조화를 목표로 삼아야 한다. 상호작용(환경에 적극적인 참여)은 학습에서 매우 중요하다. 상호작용은 아동의 능력에 도전하고 발달의 행동 지표를 개선하는 데 도움을 준다. 아동이 외부환경의 자극에 반응할 때(예 : 놀이활동), 그들은 자신의 내적 능력(체계)을 사용하여 자극을 해석하고 통합하고 조직하여, 그것에 의미를 부여하고 그에 따라 반응한다. 이러한 반응이 효과적일 때 외부환경에서 피드백을 받는데, 이는 학습 결과와 긍정적인 피드백활동 자체를 통해서 또는 성인과 상호작용을 통해서 이루어질 수 있다. 이러한 내적 경험은 만족감을 주고 자존감과 참여를 향상시킨다(Csikszentmihalyi, 1990).

발생적 문해 : 가족 중심 문해 경험의 중요성

어린 아동과 가족 간의 일상적인 상호작용을 통해 의사소통과 학습이 일어나는 것처럼, 이런 상호작용은 기본적인 문해 발달을 위한 기회이기도 하다. Teale와 Sulzby(1986)는 읽기와 쓰기를 위해서 특정 기술 취득에 중점을 둔 읽기 준비(의례적 학습)라는 접근을 깨고 집, 유치원, 어린이집에서 하는 전반적인 활동을 통하여 이루어지는 비형식적인 학습에 더욱 초점을 두었으며, 이를 '발생적 문해'라는 용어에 접목하였다. 그러므로 발생적 문해는 언어와 의사소통 발달, 문자언어 간의 관계를 우선적으로 고려한다. 여기에는 책 소개, 관련된 초기 기술, 초기 인쇄물 인식, 형식적인 문해 기술을 습득하기 위한 인쇄물에 대한 사전 지식이 포함된다(Teale, 2003). 이 기간에 아동은 기능, 사용, 텍스트의 의미에 대한 지식을 습득하고, 이는 이후에 형식적 학습의 기초가 된다 (Whitehurst & Lonigan, 1998)

초기 읽기와 쓰기 활동은 문자언어를 만들고 수용하는 복잡한 과정에서 동등한 구성요소로 간주한다. Koppenhaver, Coleman, Kalman과 Yoder(1991)는 인지활동으로서 읽기와 쓰기는 사회와 언어적 문맥에 포함된다고 설명하였는데, 이는 어린 아동이 의사소통에서 사용하는 것과 상관없이 일생생활에서 하는 의사소통, 듣기, 말하기, 읽기, 쓰기로 이루어진다. 어린 아동이 이러한 활동에 참여할 수 있는가는 어떻게 그 활동에 접근할 것인지(의사소통 형태)보다 더 중요하다.

21세기 초에 발생적 문해에 대해 전례 없는 많은 관심이 집중되었다. 이는 이 활동이 이후 문해 발달에 중요하다는 점과 발달장애 아동에게 문해활동의 초기 노출이 부족하면 문해 기술 발달에 영향을 준다는 것을 자각하면서 시작되었다. 예를 들어, Light와 Kelford-Smith(1993)는 AAC 체계를 사용하는 신체적 장애가 있는 취학 전 아동의 가정 문해 경험과 또래 정상 발달 아동의 경험을 비교하였다. 그 결과 AAC를 사용하는 취학 전 아동의 경험은 일반적으로 또래가 경험하는 것과 상당한 차이가 있었다. 이런 아동은 동일한 의사소통 접근방식을 사용하지 않기 때문에 문해활동을 하는 동안 반응하는 데 더욱 어려움을 느낀다는 것을 발견하였다. 이야기책 읽기는 정상 발달 아동에게 매우 상호적이고 즐거움을 줄 수 있는데, 기능적 말하기가 안 되거나 부족한 아동과 부모의 상호작용은 주로 부모 중심적이고 지시적이기 쉽다. 또한 부모가 사용하는 방식으로 아동이 상징 또는 그림을 사용할 필요는 없기 때문에, 이러한 상황에서 어린 아동이 참여하는 것은 더욱 어려울 수 있다.

여러 연구자는 청각장애 아동의 초기 문해 경험에 대한 연구를 수행하였다. Ewoldt(1985), Andrews와 Taylor(1987), Akamatu와 Andrews(1993), Williams와 McLean(1997)의 연구는 이야기책 읽기가 청각장애 아동의 발생적 문해 발달 측면에서 중요하다고 인정하였다. 하지만 Gioia(2001)의 연구는 청각장애 아동의 문해 연습이 가정에서 이루어지기는 하지만 부모와 아동 간에 공유하는 읽기 형식이 항상 확립되는 것은 아니라고 밝혔다. 그럼에도, 부모는 읽기 과정에서 어려움을 경험하는 청각장애 자녀와 함께 읽는 것을 즐긴다(Heinemann-Gosschalk & Webster, 2003).

Mirenda와 Erickson(2000)은 AAC 사용으로 자폐 아동의 문해를 용이하게 하는 것을 탐색하였다. 그들은 문해 학습에 대한 사회문화적 모델의 중요성을 강조하였고, 개인의 직접적인 환경에 대한 기대와 태도, 읽기와 쓰기 도구의 유용성을 인정하였으며, 개인과 문해 파트너 간의 상호작용 특성 역시 중요하다고 하였다. 이런 파트너에는 부모 또는 교사뿐만 아니라 형제자매까지 포함된다. Lenhart와 Roskos(2003)는 문해 학습과 문해활동에서 두 형제 간 상호작용에 대해 연구하였는데, 그 결과 나이가 많은 형제자매가 어린 동생에게 문해 기술을 설명하고, 나이 차이가 많은 형제자매는 어린 동생이 활자와 책에 관심을 두도록 한다는 것을 발견하였다. 그러므로 발생적 문해 과정의 한 부분인 형제자매 역할은 발달장애 아동의 문해 학습 과정에서 중요하다는 것이 인정되었다.

발달장애 아동 가정의 문해 노출을 증진하기 위한 가장 중요한 전략은 가족이 어린 아동의 문해 학습의 중요성을 인식하는 것과 가정 생활에서 맥락적인 이해를 하는 것이다. 이 과정의 첫 단계 중 하나는 부모가 가르치는 문해 과정을 기반으로 더욱 확장하여 어떻게 사용하는지를 자녀에게 안내하는 것이다.

가정에서 문해 노출에 관한 인식

Light와 Kelford-Smith(1993)는 가정에서의 초기 문해 경험 측면을 네 가지 상황으로 정의하였다. 문해 학습은 다양한 상황에서 아동과 문해사건에 영향을 주는 것을 포함한다. 이런 상황은 다음과 같다.

- 물리적이고 기능적인 상황 중 물리적 측면은 가정 내 활동 특성과 도구, 물리적 환경의 구성요소이며, 기능적 측면은 이런 활동 주변으로 이뤄지는 가족과 대인 간의 상호작용을 의미한다.
- 언어적 상황은 가정에서 문해활동을 하는 동안 일어나는 아동과 성인 간의 상호작용 패턴을 의미한다.
- 정서적 상황은 문해에 대한 부모의 가치와 믿음, 그리고 문해 발달에 대한 그들의 기대를 의미한다.
- 교육적 상황은 아동의 문해 경험을 촉진하는 부모와 교사의 협력적 관계를 의미한다. 또한 더 나아가 부모 안내를 기본으로 문해활동을 둘러싼 상호작용의 도전과 장점을 확인하는 것을 포함한다.

이 네 가지 상황을 근거로 Stobbart(2005)는 가정에서 청각장애 자녀에게 문해활동을 시킬 때 어머니의 촉진적 반영을 위해 고려할 사항을 개발하였다. 표 12.3은 발달장애 아동에게 가정에서 문해 노출을 할 때 부모의 반영을 도와주는 몇 가지 질문 개요이다(Stobbart, 2005).

이러한 질문에 관한 문답에서 얻은 정보를 기반으로 어린 아동의 발생적 문해 노출을 증가시키는 것을 목표로 삼고 몇 가지 전략을 부모와 협력하여 개발하였다.

또한 이 상황에서 성공적인 개입은 전문성을 위해 부모로부터 주도권을 얻는 것이다. Rogoff(1990)는 '유도된 참여'라는 용어를 만들었으며, 이는 아동, 보호자, 동료를 통해 공동체 안에서 그들

표 12.3 발달장애가 있는 어린 아동이 가정에서 얻는 문해 경험에 대한 부모의 인식 증가시키기

발생적 문해 상황	질문 예시
물질·기능적 상황 : 독서	당신의 자녀가 좋아하는 읽기 활동은 무엇입니까?
	당신과 가족은 읽기에 얼마나 관심을 두고 있습니까?
	당신 또는 다른 사람은 집에서 얼마나 자주 발달장애 자녀와 읽기 활동을 합니까?
	당신의 집에서 사용할 수 있는 인쇄자료는 무엇입니까?
	당신의 발달장애 자녀는 위에 언급한 인쇄자료를 얼마나 자주 사용합니까?
	당신의 자녀는 읽기 활동에 관심이 있습니까?
	당신의 자녀는 책을 가지고 있습니까? 얼마나 있습니까?
물질·기능적 상황 : 쓰기	당신 또는 가족은 어떤 것에 대해 쓰거나 그리는 것을 즐깁니까?
	당신 또는 가족은 집에서 얼마나 자주 쓰거나 그리기 활동을 합니까?
	어떤 쓰기 또는 그리기 재료가 집에서 사용할 수 있게 준비되어 있습니까?
	당신의 자녀는 위의 재료를 얼마나 많이 사용합니까?
	당신의 자녀는 쓰기와 그리기 활동에 관심을 두고 있습니까?
언어적 상황	당신의 자녀가 읽기와 쓰기 활동에 열중하고 있을 때, 다른 사람이 참여합니까? 누구입니까?
	누가 주로 읽기와 쓰기 활동을 시작합니까?
	당신의 발달장애 자녀의 읽기와 쓰기 활동에 형제자매는 어떻게 참여합니까?
	당신 또는 다른 가족구성원이 자녀에게 책을 읽어 줄 때 보통 어떤 종류의 책을 읽어 줍니까?
	당신이 자녀와 책을 읽을 때 자녀는 주로 무엇을 합니까?
	당신이 책을 읽을 때, 당신의 자녀는 당신과 어떻게 의사소통을 합니까?
	당신의 자녀는 이야기 읽기 활동 중에 주로 어떤 태도를 취합니까?
	당신이 자녀에게 책을 읽어 줄 때 보통 어떻게 합니까?
정서적 상황	현 시점에서 자녀의 발달적 측면을 얼마나 중요하게 평가합니까?
	의사소통하는 능력
	말하는 능력
	이해
	의사소통의 대체 방법 사용
	읽기를 학습하기
	쓰기를 학습하기 등
교육적 상황	당신은 자녀에게 읽어 줄 적당한 책을 찾는 것에 어려움이 있습니까?
	당신의 자녀와 의사소통하는 데 어려움이 있습니까?
	당신이 읽어 주는 이야기를 자녀가 이해하는지 판단하는 데 어려움이 있습니까?

의 가치, 기술, 지식을 배우고 확장하는 과정을 의미한다. Rogoff, Mistry, Göncü와 Mosier(1993)는 경험적 증거를 제시하여 공동체와 상관없이 유도된 참여에 유사성과 변화성이 있다는 것을 보여 주었다. 유사성은 공동 참여의 구조를 포함하는 반면, 변화는 성인이나 아동이 아동의 학습, 발달 목표, 의사소통의 방법에 책임을 지는 것에 따라 더욱 두드러진다. 그들은 '유도된 참여'가 효과적인지를 평가할 수 있는 사람이 이 용어를 의도적으로 분류 체계로 만든 것이 아니라, 연구를 통해 가족 또는 공동체 안에서 시각이 변화한다는 점을 강조하였다. 그러므로 이는 단순히 둘 사이의 의사소통이 아니라 관계 체계를 촉진한다.

의미 중심 과정으로써 초기 문해 경험을 증진시키기 위해 그림 상징 사용하기

부모는 주로 '알파벳' 학습과 관습적인 철자법에 연관된 읽기와 쓰기 활동을 중요시한다. 이것은 이후 과정에서 중요할 수 있지만, 발생적 문해는 근본교육의 복잡한 도구와 기술을 필요로 하는데, 이것은 의미 있는 사건으로 읽기 경험을 촉진하기 위해서 서로 다른 그림 상징을 사용하여 습득될 수 있다.

Abbott, Detheridge와 Detherideg(2006)는 문해와 사회 정의 맥락에서 상징을 사용하는 것을 설명하였다. 그들은 특히 장애가 있는 성인과 아동이 문해 접근할 수 있도록 하기 위해 그림 상징을 사용하는 데 관심을 두었다. 그들은 문해에 접근하는 것에 주목하여 읽기와 쓰기가 마주 보고 의사소통하는 능력만큼 중요하다고 보았다. 쇼핑몰 같은 공공장소에서 정보를 얻는 것은 인터넷으로 정보 찾기나 즐거움을 위한 잡지와 책을 읽는 활동을 포함한다. 그들은 이런 것이 사회 정의와 관련된 주제라고 강조하였고, 이 과정을 촉진하기 위해 서로 다른 그림 체계를 사용함으로써 아동이 의사소통에 접근하기 쉽도록 부모를 포함할 필요가 있다고 하였다.

아동이 의미 중심 절차의 부분으로 문해에 접근할 수 있는 다양한 방법이 있는데, 이 전략은 다음과 같은 것을 포함한다.

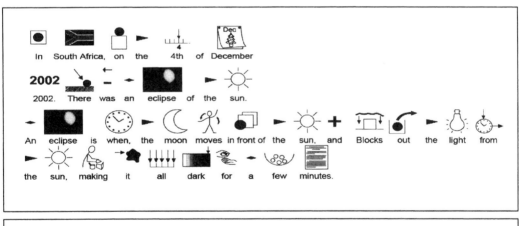

그림 12.4 상징을 통해 읽기를 촉진하는 상징 세트 예시

- 그림 또는 상징 읽기
- 라벨로 확인하는 방식으로 그릇 또는 물건 구별하기
- 선택을 위해 읽기, 예를 들어 음식점에서 메뉴를 읽거나 TV 프로그램 읽기
- 이동성을 위한 읽기로 익숙한 도로표지판, 엘리베이터와 화장실 표지 인지하기
- 자기 이름 쓰기 또는 이름을 표시하기 위해 구별 표시 발달시키기

그림 12.4는 상징을 통해 읽기를 촉진하기 위한 서로 다른 그림 상징세트의 몇 가지 예시이다.

그림 상징을 통해 문해에 접근하는 발달장애 아동에게 중점을 둔 소프트웨어가 증가함에 따라, 컴퓨터 중심 개입 전략의 역할은 강조될 수밖에 없다. 발달장애 아동의 읽기와 쓰기 발달을 촉진하기 위해 사용되는 소프트웨어 프로그램에 대한 더 많은 세부사항은 Smith(2005)의 연구에서 볼 수 있다.

결론

이 장은 발달장애가 있는 어린 아동에게 의사소통과 문해 발달에 접근하는 방법을 제공하는 것의 중요성에 중점을 두었다. 우선 그들의 장애가 상징을 해석하고 사용하는 데 끼치는 영향을 이해하고, 이와 더불어 사회문화적 요소가 수행에 끼칠 영향 역시 고려해야 한다. 또한 참여와 상호작용이라는 두 가지 관점에서 의사소통과 참가를 논의하였다. 메시지 교환이 확실하지 않은 단순한 사실은 문맥에서 의미를 찾는다. 활동 또는 상황에 대한 참여 수준을 관찰하는 능력은 발달장애 아동의 참가를 이해하는 데 중요하다. 더 나아가 이 접근은 놀이와 발생적 문해 개입에 적용하는 식으로 탐색하였다.

참고문헌

Abbott, C., Detheridge, C., & Detheridge, T. (2006). *Symbols. Literacy and social justice.* Cambridge: Widgit Software.

Akamatu, C. T., & Andrews, J. F. (1993). It takes two to be literate: Literacy interactions between parent and child. *Sign Language Studies, 87,* 333–360.

Alant, E. (2005a). Support-based intervention. In E. Alant, & L. L. Lloyd. (Eds.), *Augmenatative and alternative communication and severe disabilities. Beyond poverty* (pp. 155–191). London: Whurr.

Alant, E. (2005b). Intervention issues. In E. Alant, & L. L. Lloyd. (Eds.), *Augmentative and alternative communication and severe disabilities. Beyond poverty* (pp. 9–29). London: Whurr.

Alant, E. (2005c). Issues in graphic symbol communication. In E. Alant, & L. L. Lloyd (Eds.), Augmentative and alternative communication and severe disabilities (pp. 108–130). London: Whurr.

Alant, E. (2005d). AAC technology for development. In E. Alant, & L. L. Lloyd. (Eds.), Augmentative and alternative communication and severe disabilities. Beyond poverty (pp. 192–220). London: Whurr.

Andrews, J. F., & Taylor, N. E. (1987). From sign to print: A case study of picture book "reading" between mother and child. Sign Language Studies, 56, 261–274.

Capute, A. J., & Accardo, P. (1996). *Developmental disabilities in infancy and childhood. Volume 1: Neurodevelopmental diagnosis and treatment.* Baltimore, MD: Paul H. Brookes.

Csikszentmihalyi, M. (1990). *Flow: The psychology of optimal experience.* New York: Harper & Row.

Dada, S., Granlund, M., & Alant, E. (2007). A discussion of individual variability, in activity-based interventions, using the niché concept. *Child: Care, Health and Development. 33*(4), 424–431.

Dunst, C. J. (2001). *Parent and community assets as sources of young children's learning opportunities.* Asheville: Winterberry Press.

Ewoldt, C. (1985). A descriptive study of the developing litearcy of young hearing impaired children. *Volta Review, 87*(5), 109–126.

Fuller, D. R., & Lloyd, L.L. (1997). Symbol selection. In L. L. Lloyd, D. R. Fuller, & H. H. Arvidson. (Eds.), *Augmentative and alternative communication. A handbook of principles and practices* (pp. 214–225). Needham Heights, MA: Allyn and Bacon.

Gioia, B. (2001). The emergent language and literacy experiences of three deaf preschoolers. *International Journal of Disability, Development and Education, 48*(4), 411–428.

Hall, E. T. (1976). *Beyond culture.* Garden City, NY: Doubleday Anchor Books.

Heath, S. B. (1984). *Ways with words.* New York: Cambridge University Press.

Heinemann-Gosschalk, R., & Webster, A. (2003). Literacy and the role of parents of deaf children. *Deafness and Education International, 5*(1), 20–38.

Hunter, C. S. J., & Harman, D. (1979). *Adult illiteracy in the United States: A report to the Ford Foundation.* New York: McGraw-Hill.

Koppenhaver, D. A., Coleman, P. P., Kalman, S. L., & Yoder, D. E. (1991). The implications of emergent literacy research for children with developmental disabilities. *American Journal of Speech-Language Pathology, 1,* 38–44.

Lenhart, L., & Roskos, K. (2003). What Hannah taught Emma and why it matters. In D. M. Barone, & L. M. Morrow. (Eds.), *Literacy and young children. Research-based practices* (pp. 45–60). New York: Guilford Press.

Light, J. C., & Kelford-Smith, A. (1993). Home literacy experiences of preschoolers who use AAC systems and of their nondisabled peers. *Augmentative and Alternative*

Communication, 9(1), 10–25.

Lloyd, L. L., Fuller, D. R., & Arvidson, H. H. (1997). Introduction and overview. In D. R. Fuller, L. L. Lloyd, & H. H. Arvidson (Eds.), *Augmentative and alternative communication: A handbook of principles and practices* (pp. 1–17). Needham Heights, MA: Allyn and Bacon.

McNaughton, S., & Lindsay, P. (1995). Approaching literacy with AAC graphics. *Augmentative & Alternative Communication, 11*(4), 212–228.

McWilliam, R. A., Maxwell, K., Maher Ridley, S., De Kruif, R., Raspa, M., Appanaitis, H., & Harville, K. (2001). *The quality and engagement study: Final report* (Frank Porter Graham Child Development Centre, University of Norht Carolina). Retrieved February 28, 2007, from http://www.fpg.unc.edu/ engagement/FinalReport.pdf

Mirenda, P., & Erickson, K. A. (2000). Augmentative communication and literacy. In A. M. Wetherby, & B. M. Prizant. (Eds.), *Autism spectrum disorders* (Vol. 9, pp. 422). Baltimore: Paul H Brookes.

Morgan, G. A., Harmon, R. J., & Maslin-Cole, C. A. (1990). Mastery motivation: Definition and measurement. *Early Education and Development, 1*, 318–339.

Raspa, M. J., McWilliam, R. A., & Ridley, S. M. (2001). Child care quality and children's engagement. *Early Education and Development, 12*(2), 209–224.

Rogoff, B. (1990). *Apprenticeship in thinking: Cognitive development in social context.* New York: Oxford University Press.

Rogoff, B., Mistry, J., Göncü, A., & Mosier, C. (1993). Cultural activity by toddlers and caregivers. *Monographs of the Society for Research in Child Development, 58*(8), 122–183.

Romski, M., & Sevcik, R. A. (2003). Augmented input: Enhancing communication development. In J. C. Light, D. R. Beukelman, & J. Reichle. (Eds.), *Communicative competence for individualswho use AAC. From research to effective practice* (pp. 147–162). Baltimore: Paul H Brookes.

Romski, M. A., Sevcik, R. A., Cheslock, M. B., & Hyatt, A. (2002). Enhancing communication competence in beginning communicators: Identifying a continuum of AAC language intervention strategies. In J. Reichle, D. R. Beukelman, & J. Light (Eds.), *Implementing an augmentative communication system: Exemplary strategies for beginning communicators.* (pp. 1–23). Baltimore: Paul H. Brookes.

Rowland, C., Schweigert, P., & Stremel, K. (1992). *Observing and enhancing communication skills for individuals with multisensory impairments.* Tucson: Communication Skill Builders.

Seligman, M. E. P. (2002). Positive psychology, positive prevention, and positive theraphy. In C. R. Snyder, & S. J. Lopez. (Eds.), *Handbook of positive psychology.* New York: Oxford University Press.

Sigafoos, J., Ganz, J. B., O'Reilly, M., Lancioni, G. E., & Schlosser, R. W. (2006). Assessing correspondence following acquisition of an exchange-based communication system [Electronic version]. *Research in Developmental Disabilities, 28*(1), 71–83.

Smith, M. (2005). *Literacy and augmentative and alternative communication.* Burlington, MA.: Elsevier Academic Press.

Stobbart, C. L. (2005). *Home-based literacy experiences of severe to profoundly deaf pre-schoolers and their hearing parents.* Unpublished Master's thesis, University of Pretoria, Pretoria.

Super, C. M., & Harkness, S. (1986). The developmental niché: A conceptualization at the interface of child and culture. *International Journal of Behavioral Development, 9*(4), 545–569.

Teale, W. (2003). Questions about early literacy learning and teaching that need asking - and some that don't. In D. M. Barone, & L. M. Morrow. (Eds.), *Literacy and young children. Research-based practices* (pp. 23–44). New York: Guilford Press.

Teale, W., & Sulzby, E. (1986). Introduction: Emergent literacy as a perspective for examining how children become writers and readers. In W. H. Teale, & E. Sulzby.

(Eds.), *Emergent literacy. Writing and reading* (pp. vii–xxv). Norwood, NJ: Ablex.

Uys, C. J. E. (1998). The development of a play package to facilitate communication related skills in children with severe disabilities. *South African Journal of Occupational Therapy, 27*(2), 4–11.

Uys, C. J. E., Alant, E., & Lloyd, L.L. (2005). A play package for children with severe disabilities: A validation. *Journal of Developmental and Physical Disabilities, 17*(2), 133–154.

Von Tetzchner, S., & Grove, N. (2003). The development of alternate language forms. In S. Von Tetzchner, & N. Grove. (Eds.), *Augmentative and alternative communication. Developmental issues* (pp. 1–27). London: Whurr.

Von Tetzchner, S., & Martinsen, H. (2000). *Augmentative and alternative communication* (2nd ed.). London: Whurr.

Wachs, T. D. (2000). *Necessary but not sufficient.* Washington, DC: American Psychological Association.

Whitehurst, G. J., & Lonigan, C. J. (1998). Child development and emergent literacy. *Child Development, 69*(3), 848–872.

Williams, C. L., & McLean, M. M. (1997). Young deaf children's response to picture book reading in a pre-school setting. *Research in the Teaching of English, 31*(3), 337–366.

Yeargin-Allsop, M., & Boyle, C. (2002). Overview: The epidemiology of neurodevelopmental disorders. *Mental Retardaton and Developmental Disabilities Research Reviews, 8*(3), 113–117.

제3부

행동의학

제13장

섭식장애

DAVID H. GLEAVES, JANET D. LATNER, and SUMAN AMBWANI[47]

소개

식생활의 문제나 불규칙한 식사는 소아청소년기에 흔하게 나타난다. 그런데 그 문제가 식생활 태도에 있어 심각한 장애의 수준에 이르고, 왜곡된 신체상(body image disturbance)이 동반되면, 섭식장애(EDs)의 범주에 들어간다. 최근 정신장애의 진단 및 통계편람(DSM-Ⅳ-TR; APA, 2000)에서는 섭식장애를 크게 세 가지, 즉 신경성 식욕부진증(AN : anorexia nervosa), 신경성 폭식증(BN : bulimia nervosa), 달리 분류되지 않는 섭식장애(EDNOS : eating disorder not otherwise specified)로 분류하였다. 이 중 후자(EDNOS)는 신경성 식욕부진증과 신경성 폭식증 진단조건을 모두 충족하지 않는 사례를 일컫는다. 폭식증(BED : binge-eating disorder)은 최근에 알려진 장애로, 엄밀히 따지면 달리 분류되지 않는 섭식장애의 다른 하위 범주에 해당한다(비록 연구 기준이 개발되어 왔지만). 또한 폭식증 이외의 달리 분류되지 않는 섭식장애의 증상은 수없이 많다.

DSM-Ⅲ 개정판까지 DSM 초기 버전(American Psychiatric Association, 1987)에서는 섭식장애가 주로 영유아기, 아동기 또는 청소년기에 처음 진단되는 장애라고 기록되었다. 하지만 성인에게서도 섭식장애가 두드러지자, 최근 개정판에서 성인 섭식장애를 새로운 범주로 분류하였다.

---

47. DAVID H. GLEAVES*University of Canterbury

　　JANET D. LATNER*University of Hawaii

　　SUMAN AMBWANI*Texas A&M University

그러나 소아청소년기가 섭식장애가 시작되는 시기라는 것을 잊어서는 안 되며, 섭식장애는 다양한 측면에서 청소년기의 장애이다.

　이 장에서 우리는 앞에서 언급한 장애에 대해 다룰 것이다. 섭식과 관련된 수많은 다른 장애는 아동기에 빈번하게 발생한다. 여기에는 이식증(pica), 반추장애(rumination disorder), 또는 아동기 초기나 유아기의 섭식장애(때로는 잘 성장하는 것의 실패를 의미함.)가 포함된다. 섭식 문제와 관련된 치료를 논의한 Piazza의 연구를 참고하여라. 그리고 아동에게 일반적으로 나타나는 다른 섭식 문제는 비만이다. 아동기 비만의 치료에 대한 문헌 연구는 Henderson과 Schwartz(2007)의 연구를 참고하여라.

신경성 식욕부진증

신경성 식욕부진증(AN)의 주요 특징은 '최소한의 정상 몸무게 유지를 거부하는 것'이다(APA, 2000). DSM-IV-TR 진단 기준의 전체 목록은 표 13.1에 제시되었다. 보통 몸무게의 최소임계값(minimum weight threshold)은 주로 그 사람의 연령과 신장에 기대되는 체중의 85%이다. 그리고 표준 몸무게(weight criterion)는 체질량지수(BMI; 몸무게kg · 키m²)로도 표시할 수 있다. 체질량지수가 17.5나 그 이하일 때, 신경성 식욕부진증에 해당하는 체중 기준에 충족된 것으로 본다. 하지만 소아청소년의 BMI 지수는 종종 해석하기 어렵기 때문에 확실한 진단 기준값(cutoff)에 대해서는 융통성이 필요하다. 그래서 이 연령에서는 기대 체중의 비율이 더욱 적절할 수 있다(Fisher

---

표 13.1 신경성 식욕부진증에 대한 DSM-IV-TR 진단 기준

A. 연령과 신장에 비하여 체중을 최소한의 정상 수준이나 그 이상으로 유지하기를 거부한다(예 : 기대 체중의 85% 미만으로의 체중 유지를 위한 체중 감소 또는 성장기 동안 기대되는 체중 증가 실패로 기대 체중의 85% 미만에 해당됨.).

B. 저체중임에도, 체중 증가와 비만에 대한 극심한 두려움이 있다.

C. 체중과 체형이 체험되는 방식이 왜곡되고, 체중과 체형이 자기 평가에 지나친 영향을 끼치며, 현재의 저체중의 심각함을 부정한다.

D. 월경이 시작된 여성에게서 무월경, 즉 적어도 3회 연속적으로 월경 주기가 없다(만약 월경 주기가 에스트로겐과 같은 호르몬 투여 후에만 나타나면, 무월경이라고 간주된다.).

세분화된 유형

제한형 : 신경성 식욕부진증의 현재 삽화 동안에 규칙적으로 폭식하거나 하제를 사용하지 않음(즉, 스스로 유도하는 구토 또는 하제, 이뇨제, 관장제의 남용이 없음. 단지 음식물 섭취만을 거부함.).

폭식 및 하제 사용형 : 신경성 식욕부진증의 현재 삽화 동안 규칙적으로 폭식하거나 하제를 사용함(즉, 스스로 구토 유도 또는 하제, 이뇨제, 관장제의 남용).

주 : From APA(2000, p. 589). Reprinted with permission from the Diagnostic and Statistical Manual of Mental Disorders, Fourt Edition, Text Revision, (Copyright 2000). American Psychiatric Association.

et al., 1995). 어떤 사람은 살을 빼거나 정상적인 발달에서 기대되는 만큼의 살을 찌우지 않으며 최소한의 신체 치수를 유지할 수 있다. 청소년기 후반에는 체중을 많이 줄이는 것이 흔한 일이지만, 아동기와 초기 청소년기에는 살을 찌우지 않는 것이 더 흔하게 나타난다. 신경성 식욕부진증으로 진단받은 사람은 의도적으로 굶거나, 과도하게 운동하기 또는 하제 작용하는 행동(스스로 구토를 유발하기, 하제·이뇨제·관장제 남용) 등의 다양한 체중조절 방법을 활용할 수 있다.

신경성 식욕부진증을 겪는 사람은 정상 체중 유지를 거부하는 것뿐만 아니라, 뚱뚱해지는 것, 조금이라도 살이 찌는 것에 대해 강한 두려움이 있다(APA, 2000). 이런 두려움은 없어지지 않고, 살을 뺄수록 더 악화될 수도 있다(Walsh & Garner, 1997). 신경성 식욕부진증을 겪는 사람은 자신의 신체를 보는 방식이 왜곡되어 자신을 뚱뚱하다고 느끼거나 자신의 체형에 극도로 불만족을 느낀다. 그리고 이런 사람은 근본적인 자기 가치를 온전히 신체 치수에 둔다. 그래서 체중이 증가하면 자신의 체중과 체형에 대해 매우 부정적인 정서적 반응을 보일 수 있다. 신경성 식욕부진증의 다른 기준은 무월경(월경을 시작한 여성)이 생기는 것이다. 어린 시기의 식욕부진으로 인해 청소년기의 월경 시작 시점이 지연될 수 있다.

신경성 식욕부진증의 두 가지 하위 유형은 최근 DSM-IV-TR에서 설명하였고, 그 유형 체계는 체중조절의 주된 방법과 더불어 폭식의 여부를 근거로 하였다. 그중 제한된 신경성 식욕부진증 (restricting anorexics)은 단지 제한만 하지만, 폭식 및 하제 사용형 신경성 식욕부진증(binge-eating·purging anorexics)은 보통 폭식과 관련한 하제 행동과 관계가 있다. 하지만 과도한 다이어트와 운동은 신경성 식욕부진증의 두 가지 유형 모두에서 나타날 수 있다(APA, 2000). 하위 유형 간 차이는 타당하게 명시되어야 한다(DaCosta & Halmi, 1992; Gleaves, Lowe, Green, Cororve, & Williams, 2000).

소아청소년기의 신경성 식욕부진증을 인식하는 데에는 많은 한계가 있다. 첫째, 사춘기 이전 여아 (또는 남아)에게는 무월경 기준을 적용할 수 없다. 둘째, 현저하게 체중이 감소되기보다는 단지 정상 체중에 못 미치거나 정상 속도로 살이 찌지 않는 것으로 나타날 수 있다. 앞에서 언급한 바와 같이 정상 체중을 확정하여 수량화하는 것 역시 어려운 일이다. 이와 관련된 우려사항은 심각한 신경성 식욕부진증이 정상적인 골격 발달을 저해한다는 점이다. 따라서 이는 신장에도 영향을 줄 수 있다.

신경성 폭식증

최근 DSM에 따르면, 신경성 폭식증(BN)은 체중 증가를 예방하기 위한 부적절한 보상 반응의 형태로 폭식 삽화가 반복되는 것(적어도 3개월 동안 일주일에 2번씩)이 특징이다(APA, 2000). 전체 기준은 표 13.2에 제시하였다. 신경성 식욕부진증과 마찬가지로, 신경성 폭식증도 왜곡된 신체상이 나타난다. DSM-IV에서는 폭식을 '비연속적인 시간 동안 비슷한 상황에서 보통 사람이 먹는 양보다 확실히 많은 양의 음식을 먹는 것'으로 정의하지만, 일부 학자는 반드시 많은 양을 먹어야 한다는 필요조건에 대해 의문을 제기하기도 한다(Rossiter & Agras, 1990). 폭식기 동안 통제성 상실이 나타나야 하고, 이것이 폭식에 더욱 중요한 요인이 될 수도 있다(먹는 양보다 더; Latner, Hildebrandt, Rosewall, Chisholm, & Hayashi, 2007). 폭식은 배고픔, 스트레스, 신체상과 관련된 부정적 감정이나 생각, 음식에 대한 갈망과 같은 다양한 요인으로 유발된다(Schlundt & Johnson, 1990; Walsh & Garner, 1997).

폭식증의 진단 기준을 충족시키기 위해서는 보상행동이 평균적으로 3개월 동안 매주 최소 두 번 발생해야 한다. 신경성 식욕부진증과 마찬가지로 신경성 폭식증을 겪는 사람은 두 가지 중 하나의 유형으로 분류된다. 이 경우는 보상행동의 유형에 따라 분류된 것이다. 만약 저절로 구토가 나거나 완하제(laxative)를 사용하는 경우 하제 사용형으로 분류된다. 한편 과도한 운동과 굶는 것(또는 비슷한 방식으로)만 하는 경우에는 신경성 폭식증의 하제 비사용형(nonpurging)으로 진단할 수 있다. 그러나 하제 사용형은 보통 하제 비사용형보다 병리적인 것과 연관성이 더 높다(예 : Willmuth, Leitenberg, Rosen, & Cado, 1988).

DSM에서 신경성 폭식증의 신체상 기준은 신경성 식욕부진증보다 구체적이지 않고, 단지 '자기

표 13.2 신경성 폭식증에 대한 DSM-IV-TR 진단 기준

A. 폭식의 반복적인 삽화. 폭식의 삽화는 다음 두 가지 특징이 있다.
  (1) 일정한 시간(예 : 2시간 이내)에 대부분의 사람이 유사한 상황에서 동일한 시간 동안 먹는 것보다 확실히 많은 양의 음식을 먹는다.
  (2) 삽화 동안 먹는 것에 대한 조절 능력의 상실감이 있다(예 : 먹는 것을 멈출 수 없으며, 무엇을 또는 얼마나 많이 먹어야 할 것인지를 조절할 수 없다는 느낌).
B. 스스로 유도한 구토, 또는 하제나 이뇨제, 관장약, 기타 약물의 남용, 또는 금식이나 과도한 운동과 같은, 체중 증가를 억제하기 위한 반복적이고 부적절한 보상행동이 있다.
C. 폭식과 부적절한 보상행동 모두 평균적으로 적어도 1주 2회씩 3개월 동안 일어난다.
D. 체형과 체중이 자기 평가에 과도한 영향을 끼친다.
E. 이 장애가 신경성 식욕부진증의 삽화 동안에는 발생하지 않는다.

세분화된 유형
하제 사용형 : 신경성 폭식증 현재의 삽화 동안 정규적으로 구토를 유도하거나 하제, 이뇨제, 관장약을 남용한다.
하제 비사용형 : 신경성 식욕부진증의 현재 삽화 동안 금식이나 과도한 운동과 같은 부적절한 보상행동을 하지만, 정규적으로 구토를 유도한다거나 하제, 이뇨제, 관장제를 남용하는 행동은 하지 않는다.

주 : From APA(2000, p. 594). Reprinted with permission from the Diagnostic and Statistical Manual of Mental Disorders, Fourt Edition, Text Revision, (Copyright 2000). American Psychiatric Association.

평가가 체형과 체중에 지나친 영향을 받는다.'라고만 제시하였다(APA, 2000). 그러나 실제 신체 치수를 조절할 때 신경성 폭식증인 사람의 신체상은 신경성 식욕부진증인 사람의 신체상과 상당히 비슷하다는 증거가 있다(Williamson, Cubic, & Gleaves, 1993). 신경성 폭식증을 겪는 여성은 그렇지 않은 동일한 신체 치수의 여성에 비해 현재 자신의 신체 치수를 과대 측정하며, 극도로 마르기를 바란다(Williamson, Davis, Goreczny, & Blouin, 1989). 또한 기준에서 언급한 것처럼 자기 평가에 자신의 신체상의 영향을 지나치게 받는다는 것 역시 의심할 여지가 없다.

DSM의 초기 버전에서는 한 사람이 신경성 식욕부진증과 신경성 폭식증을 동시에 진단받는 것이 가능하다고 하였다. 그러나 현재의 체계에서는 신경성 식욕부진증과 관련되어 신경성 폭식증이 발생하는 경우 신경성 폭식증 진단을 내리지 않는다. 신경성 폭식증이 신경성 식욕부진증의 폭식·하제 유형(binge-eating·purging subtype)과 연관하여 발생할 수 있다는 증거가 있다. 반면에 제한된 유형은 다른 두 가지 장애와는 질적으로 다르다(Gleaves et al., 2000).

폭식증

앞에서 언급한 바와 같이 폭식증(BED)은 DSM-IV에서 공식적으로 인정되는 진단이라기보다는, 달리 분류되지 않는 섭식장애(EDNOS)의 하위 유형으로 볼 수 있다. 그러나 폭식증은 '진단기준 동향' 영역에 올라 있으며 일련의 연구 기준이 개발되었다(표 13.3 참고). 이런 기준은 일반적으로 신경성 폭식증에서 발생하는 보상행동 없이, 폭식이 되풀이되어 발생하는 것과 관련이 있다. 폭식증을 겪는 사람은 신경성 폭식증을 겪는 사람만큼 제한적인 식사를 하지 않기도 하는데, 그중 많은 사람은 결국 비만이 된다. 폭식증을 겪는 사람은 대개 자신의 신체에 만족하지 못한다. 폭식증에서 나타나는 왜곡된 신체상은 신경성 식욕부진증이나 신경성 폭식증의 사례와 비교한다면 자신의 체중과 체형을 과장하기보다 실제 신체 치수에 더 비슷하게 본다고 할 수 있다. 그러나 폭식증을 겪는 비만인 사람의 식사와 관련된 병리학과 일반적인 병리학, 삶의 질, 그리고 신체적 건강뿐만 아니라, 그들의 체형과 체중에 대한 관심·걱정은 폭식증을 겪지 않는 비만인 사람보다 훨씬 더 손상되어 있다(Wilfley, Wilson, & Agras, 2003). 몇몇 연구자(예 : Hay & Fairburn, 1998)는 폭식증이 신경성 폭식증보다 덜 심각한 것이라고 보기도 한다. 하지만 폭식증과 동반되는 정신병리학(comorbid psychopathology)의 범위나 빈도는 신경성 폭식증과 유사하다. 또한 폭식증은 비만과 관련되기 때문에 신경성 폭식증보다 사망률이 사실상 더 높다(Agras, 2001).

표 13.3 폭식증에 대한 DSM-IV-TR 진단 기준

A. 폭식의 반복적인 삽화. 폭식의 삽화는 다음 두 가지 특징이 있다.
  (1) 일정한 시간(예 : 2시간 이내)에 유사한 기간과 유사한 상황에서 동일한 시간에 먹는 것보다 확실히 많은 양의 음식을 먹는다.
  (2) 삽화 동안 먹는 것에 대한 조절 능력의 상실감이 있다(예 : 먹는 것을 멈출 수 없으며, 무엇을 또는 얼마나 많이 먹어야 할 것인지를 조절할 수 없다는 느낌).
B. 폭식의 삽화는 아래의 2개 또는 3개의 기준에 부합된다.
  (1) 보통 사람보다 매우 빨리 식사한다.
  (2) 불편함으로 채워질 때까지 식사를 한다.
  (3) 육체적으로 공복감을 느끼지 않아도 많은 양의 식사를 한다.
  (4) 많이 먹는 것에 창피함을 느끼기 때문에 혼자 먹는다.
  (5) 폭식한 후 혐오감, 우울감, 죄의식을 느낀다.
C. 폭식과 관련된 분명한 고통이 나타난다.
D. 평균적으로 여섯 달 동안 적어도 일주일에 2번 폭식 증상이 나타난다.
E. 폭식은 신경성 폭식증과 신경성 식욕부진증 동안 발생하는 것이 아니며, 부적절한 보상행동(하제, 과도한 운동, 금식)을 주기적으로 사용하지 않는다.

주 : From APA(2000, p. 787). Reprinted with permission from the Diagnostic and Statistical Manual of Mental Disorders, Fourt Edition, Text Revision, (Copyright 2000). American Psychiatric Association.

달리 분류되지 않는 섭식장애

달리 분류되지 않는 섭식장애(EDNOS)가 DSM의 나머지 범주이기는 하지만, EDNOS가 임상실험 기준에서 가장 흔하게 나타나는 섭식장애라서 하나의 영역으로 제시하였다(Fairburn & Bohn, 2005). 또한 이것은 성인보다 청소년에게서 더 흔하게 나타난다(Fisher, Schneider, Burns, Symons, & Mandel, 2001). EDNOS에 대한 확실한 기준은 없고, DSM-IV-TR에서 단지 '특정 섭식장애의 기준을 충족시키지 않는 섭식장애'라고만 정의하였다(APA, 2000). DSM은 EDNOS를 설명하는 여섯 가지 삽화(표 13.4 참조)를 제시하였다(BED 포함).

Fairburn과 Bohn은 특히 일반적으로 나타나는 두 가지 하위 유형을 설명하였다. 첫째, 신경성 식욕부진증이나 신경성 폭식증과 매우 비슷한 양상을 보이지만, 최소한의 진단 기준을 충족시키지 못한 경우이다(체중이나 폭식의 빈도). 그러나 이러한 삽화에도 충분히 임상적인 관심을 기울여 일반적인 섭식장애 하위 범주로 간주해야 한다. 둘째, 신경성 식욕부진증과 신경성 폭식증이 혼합된 경우이다. 그리고 이 경우 신경성 식욕부진증과 신경성 폭식증의 임상적인 특징이 결합되어 나타나지만, 알려진 신경성 식욕부진증, 신경성 폭식증의 특성과는 다른 방식으로 나타난다. Williamson, Gleaves와 Savin(1992)은 폭식증뿐 아니라, 이러한 장애의 집합체가 존재한다는 것을 뒷받침할 실증적인 근거를 제시하였다. 특히 청소년을 다룬 문헌에서 Binford와 le Grange(2005)는 최근에 폭식하지 않고 하제하는 사람과 같은 또 다른 하위 유형을 설명하였다(표 13.4의 4번과 비슷).

표 13.4 달리 분류되지 않는 섭식장애에 대한 DSM-IV-TR 진단 기준

달리 분류되지 않는 범주는 어떤 특정한 섭식장애의 진단 기준에 맞지 않는 섭식장애를 진단하기 위한 것이다. 예를 들어, 다음과 같은 경우가 있다.

1. 여성이며 신경성 식욕부진증의 모든 진단 기준을 충족하지만, 규칙적인 월경이 있는 경우
2. 신경성 식욕부진증의 모든 진단 기준을 충족하지만, 심각한 체중 감소에도 불구하고 현재의 체중이 정상 범위인 경우
3. 신경성 폭식증의 모든 진단 기준을 충족하지만, 폭식과 부적절한 보상행동이 1주에 2회보다 적게 나타나거나 기간이 3개월보다 짧은 경우
4. 정상 체중인 개인이 소량의 음식을 먹은 후 부적절한 보상행동을 정규적으로 나타내는 경우(예 : 2개의 쿠키를 먹은 후 스스로 구토를 유도함.)
5. 많은 양의 음식물을 반복적으로 씹고 내뱉으나 삼키지는 않음.
6. 과식장애 : 신경성 폭식증의 특징인 부적절한 보상행동이 정규적으로 일어나지는 않고 반복적인 폭식 삽화만 있는 경우

주 : From APA(2000, p. 594-595). Reprinted with permission from the Diagnostic and Statistical Manual of Mental Disorders, Fourt Edition, Text Revision, (Copyright 2000). American Psychiatric Association.

역학

발병률

Hoek와 van Hoeken(2003)의 섭식장애 문헌연구에서 젊은 여성의 평균 발병률은 신경성 식욕부진증이 0.3%, 신경성 폭식증이 0.1%이고, 젊은 남성은 신경성 폭식증이 0.1%라고 보고하였다. 하지만 위험군 여성 사이에서 발병률은 대개 3~10%로 추정된다(즉, 15~29세; Polivy & Herman, 2002). Hoek와 van Hoeken(2003)의 연구에서 보고한 평균값은 섭식장애 청소년에게만 특정적인 것은 아니지만, 대부분 살펴본 연구는 청소년을 표본으로 하였다. 소아청소년을 따로 조사한 연구에서는 다양한 발병률을 제시한다. 예를 들어, 청소년 공동체를 대상으로 한 조사에서 3%의 청소년이 섭식장애 기준(EDNOS는 제외)을 충족시키고, 이 중 33.3%가 남성이며 66.7%가 여성이라고 보고하였다(Zaider, Johnson, & Cockell, 2000).

이와 반대로, Norway, Kjelsås, Bjørnstrøm과 Götestam(2004)이 14~15세 청소년 1,960명을 대상으로 한 연구에서는 평생 동안 섭식장애에 걸릴 발병률이 12.5~12.9%라고 하였으나, 이는 DSM-IV의 기준 또는 DSM-Ⅲ-R의 기준 중 어떤 것을 적용하는지에 따라 다르다고 보고하였다. 또한 여성에게서의 평생 발병률은 17.9~18.6% 사이인 반면, 남성에게서의 발병률이 6.5%로 추정하였다. 연구자는 신경성 식욕부진증의 발병률은 여성과 남성이 각각 0.7%와 0.2%일 것으로 보고하는 반면, 신경성 폭식증의 발병률은 여성과 남성 각각 1.2~3.6%와 0.4~0.6%라 보고하였다. 그리고 예상대로 EDNOS의 발병률이 여성은 12.9~14.6%, 남성은 4.8~5%로 여성이 더 높다고 밝

혀졌다. 폭식증 발병률은 남성이 0.9%인 것에 비해 여성은 1.5%로 추산되었다. Norway의 초기 연구에서는 다소 적은 발병률을 추정하였는데, 폭식증은 1%, 신경성 폭식증은 0.7%, 신경성 식욕부진증-신경성 폭식증의 하위 유형은 0.3%, 신경성 식욕부진증 - 제한형의 하위 유형은 0%이다 (Rosenvinge, Borgen, &. Börresen, 1999). 주목할 만한 사항은 최근 연구에서 비록 0.9%의 소년이 '위험군'으로 분류되었으나, 섭식장애 기준을 충족하는 남성은 없었다는 것이다.

최근에 이탈리아와 스페인에서 여자청소년을 대상으로 한 연구는 섭식장애의 발병률을 0.55~0.77%(신경성 폭식증), 3.47%(부분적 신경성 폭식증), 0.38%(부분적 폭식증), 0.14%(신경성 식욕부진증), 5.79%(준임상적 신경성 식욕부진증), 그리고 0.38%(EDNOS)로 추산하였다. 또한 평생 발병률이 유사하게 보고된 연구를 살펴보면, 이란의 여자청소년의 경우 신경성 식욕부진증은 0.9%, 신경성 폭식증은 3.2%, 부분적 신경성 식욕부진증은 1.84%, 부분적 신경성 폭식증은 4.79%였고(부분적 신경성 폭식증; Nobakt & Dezhkam, 2000), 그리스와 독일의 여자청소년의 경우에는 신경성 식욕부진증이 1.18~1.26%, 신경성 폭식증이 3.15~3.54%, 그리고 EDNOS는 13.84~19.45%로 보고되었다(Fichter, Quadflieg, Georgopoulou, Xepapadakos, & Fthenakis, 2005).

몇몇 연구자는 섭식장애 진단의 발병률에 관한 연구뿐만 아니라, 청소년의 섭식장애행동이 나타나는 비율에 대해 조사하였다. 예를 들어, Croll, Neumark-Sztainer, Story와 Ireland(2002)의 이상 섭식행동(즉, 체중을 조절하거나 살을 빼기 위해 폭식 이후 다음의 행동 중 하나를 하는 것 : 음식을 빨리 먹거나 끼니 거르기, 다이어트 약이나 암페타민 복용, 완화제, 토하기, 담배 피우기)에 관한 연구에서, Minnesota 지역의 9~12학년 학생에게서 이런 이상 식사행동이 높은 비율로 나타났다. 예를 들어, 9학년 학생 중 여학생의 56%와 남학생의 28%가 이상 식사행동을 한 적이 있다고 보고하였다. 그리고 12학년에서 이 수치가 좀 더 높게 나타나서 여학생의 57%와 남학생의 31%가 이런 식사행동을 보인 적이 있다고 보고하였다. 하지만 이 연구는 섭식장애의 광범위한 범위를 다루었다는 제한점이 있다. 그러나 학자들이 언급한 바와 같이, 앞서 열거한 이상 섭식행동을 보인다면 이후에 섭식장애가 발병할 수 있는 위험요소가 있다는 것을 의미한다.

그리고 이러한 연구의 제한점은 실제 폭식과 하제행동을 숨김으로써 섭식장애를 알아내고 발견하는 것이 어려울 수 있다는 것이다. 또한 일부 섭식장애(부분적 신경 폭식증)의 발병률이 성인보다 소아청소년에게서 더 낮게 나타나는 이유는 폭식에 필요한 돈과 사적 공간을 이용할 수 없는 것과 같은 실질적인 부분 때문일 수 있다고 보았다(Netemeyer & Williamson, 2001). 마찬가지로 신경성 식욕부진증 환자 역시 심각한 저체중이라는 것이 증상일 때는 쉽게 발견할 수 있지만, 체중을 늘리는 것에 실패한 것으로 나타난 저체중일 때는 발견이 어려울 수 있다. 전반적으로 우리는 진단 기준과 치료에 대한 적절한 평가에 대해 살펴보았고, 섭식 문제가 있는 소아청소년에 대한 평가에는 여러 쟁점이 남아 있다. 소아청소년에게서 나타나는 섭식장애의 평가에 대해 좀 더 심층적인 논의를 위해 Netemeyer와 Williamson(2001) 또는 Zucker 외(2008, 2009)의 논문을 참고하여라.

발병률과 동향

Lewinsohn, Striegel-Moore와 Seeley(2000)는 섭식장애의 발생비율이 18세까지는 2.8% 이하, 19~23세는 1.3% 이하라고 보고하였다. 이와 반대로, Rastam 외(1989)의 연구는 조사 대상을 스웨덴의 도시 지역의 전체 초등학생(N = 4,291)으로 제한하여, 신경성 폭식증은 3 사례, 신경성 식욕부진증은 17 사례, 부분적 신경성 식욕부진증은 3 사례였다고 보고하였다. 그들의 조사자료를 검토한 결과, Hoek와 van Hoeken(2003)은 신경성 식욕부진증의 발생비율이 매년 100,000명 중 8 사례이고, 신경성 식욕부진증의 발생비율은 15~19세 여아집단에서 가장 높게 나타났다고 언급하였다. 또한 그들은 신경성 폭식증의 발생비율이 매년 100,000명 중 12 사례라고 추정하였다.

시간 추이에 대해서는 van Son, van Hoeken, Bartelds, van Furth와 Hoek(2006)가 1985~1989, 그리고 1995~1999의 기간에 네덜란드에서 섭식장애의 발생비율을 측정하였다. 그들은 신경성 식욕부진증의 발생비율이 일반인 사이에서는 꽤 안정적이었으나(즉, 100,000명 중 7.4~7.7명), 15~19세 여아집단에서는 100,000명 중 56.4명에서 109.2명으로 상당히 증가했다고 보고하였다. 1995~1999년 사이에 신경성 식욕부진증으로 진단받은 사람 중 남자는 한 명뿐이었다(2%). 반대로, 신경성 폭식증의 발생비율은 100,000명 중 8.6명에서 6.1명으로 다소 감소하였다고 보고하였고, 이는 다른 최근 연구자료에서도 확인할 수 있었다(Keel, Heatherton, Dorer, Joiner, & Zalta, 2006).

Fichter, Quadflieg, Georgopoulou, Xepapadakos와 Fthenakis(2005)의 섭식장애와 관련된 증후학(symptomatology) 연구 결과, 1979년부터 1998년까지 독일에 거주하는 그리스 소녀의 체중공포증(weight phobia)과 거식행동(bulimic behaviors)이 상당히 증가했다고 보고하였다. 그러나 흥미로운 것은 남자청소년에게서는 반대 상황이 관찰되었고, 체중에 대한 공포심 점수가 첫 번째 측정보다 두 번째 측정에서 감소하였다.

성별 간 차이

앞에서 언급한 발병률에서 알 수 있듯이, 섭식장애는 보통 여자보다 남자에게서 발병 빈도가 낮다. 하지만 신경성 식욕부진증의 발병률이 남성의 경우 실제 보고되는 것에 비해 더 높을 수 있으나, 신경성 식욕부진증을 전형적인 여성장애로 보기 때문에 쉽게 파악되지 않을 가능성도 있다. 따라서 최근에 더 많은 관심이 이 문제에 기울여지고 있지만, 성인 남자와 남자청소년의 섭식장애를 조사하는 연구에서 이런 오진 가능성으로 인해 연구 결과는 제한적일 수 있다.

일반적으로 섭식장애가 있는 남아는 여아가 추구하는 마른 체형의 이상형(thin ideal)보다는 근육질 체형의 이상형을 추구하려고 노력한다는 자료가 있다(McCreary & Sasse, 2000; Labre, 2002, 남자청소년과 근육질 관념에 대한 연구). 섭식장애가 다양한 성적 기호가 있는(all sexual orientation) 모든 사람에게 진단되지만, 그중 양성애 성향(bisexual orientation)과 동성애 성향(homosexual orientation)은 섭식장애가 발병하는 데 특정한 위험요소가 될 수 있다(Austin et al., 2004). 동성애와 양성애의 발생비율은 일반 남성보다 신경성 폭식증인 남성에게서 더 높게 나타나지만(43% vs 10%; Carlat, Camargo, & Herzog, 1997), 이러한 사실이 청소년에게도 적용할 수 있는지는 명확하지 않다. 더군다나 신체적 외모와 체형이 특히 중요한(예를 들어, 보디빌더 같은 사람) 운동선수 같은 사람은 자신의 체중을 유지하거나 특정 수치 아래로 유지해야 하기 때문에 신경성 폭식증이 발병할 위험도가 더 높다(Carlat et al., 1997).

남아는 다음과 같은 평생 발병률을 추정할 수 있다. 섭식장애는 6.5%, 신경성 식욕부진증은 0.2%, 신경성 폭식증은 0.4%, 폭식증은 0.9%이다(Kjelsås, Bjørnstrøm, & Götestam, 2004). 소아청소년 사이에서 남성 환자보다는 여성 환자가 섭식장애 치료 프로그램에 지속적으로 더 높은 참여율을 보이지만(예 : Geist, Heinmaa, Katzman, & Stephens, 1999; Peebles, Wilson, & Lock, 2006), 이런 장애를 표현하는 데에는 성별 간의 차이가 있을 수 있다. 예를 들어, Geist 외 (1999)는 남자청소년이 여자청소년보다 마르고 싶은 욕구와 신체에 대한 불만족을 덜 보인다고 하였다. 그러나 이 연구자는 남자청소년에 적용할 기준 없이는 그 결과를 해석하는 데 어려움이 있다고 하였다.

Peebles 외(2006)는 8~19세의 섭식장애 치료 프로그램에 참여한 소아청소년을 대상으로 큰 표본집단(N = 959) 연구를 진행하였다. 낮은 연령의 환자군(평균 연령 = 11.6세, SD = 1.2)과 좀 더 높은 연령의 환자군(평균 연령 = 15.6세, SD = 1.4)을 비교할 때, 낮은 연령의 집단에 남아가 더 많았고, 원하는 몸무게가 더 낮은 수준이었으며, 더 빨리 체중을 감량한다고 보고하였다. 특히, 좀 더 높은 연령의 표본집단에서 남아가 7.8%인 반면, 낮은 연령의 표본집단에서는 16.5%가 남아인 것으로 나타났다. 전체 표본집단에서 신경성 식욕부진증(35.8%)과 신경성 폭식증(12.9%)이 높게 나타났지만, 환자의 대부분이 여아(91.1%)였고, 나머지는 EDNOS(51.3%)를 보였다.

민족, 문화와 섭식장애

전반적으로 소아청소년을 대상으로 한 연구에서는 라틴아메리카계와 아시아계 미국 여성이 백인 여성보다 섭식장애를 겪을 가능성이 더 크다고 보고하였고, 흑인이나 아프리카계 미국인 학생이 가장 가능성이 적었다고 보고하였다(Croll et al., 2002; Robinson, et al., 1996). 예를 들어, 한 연구에서 백인 학생과 아프리카계 미국인 학생을 비교했을 때, 지난 28일 동안 라틴계 여학생이 폭식이나 구토하는 경우가 더 많았다는 보고가 있다. 또한 라틴계 여학생과 백인 학생이 아프리카 미국계인에 비해 음식 섭취에 대한 걱정, 체중 걱정, 체형 걱정 그리고 전반적인 섭식 관련 병리학에 대한 높은 수준의 걱정을 보였다(Pernick et al., 2006). 마찬가지로 Granillo, Jones-Rodriguez와 Carvajal(2005)은 11~20세 라틴계 여자청소년(평균 16세)의 자료를 분석하여, 그들을 섭식장애 발병 위험 수준에 이르게 할 다양한 행동 — 음식물의 통제(53.3%), 낮은 BMI(<17; 2.5%), 무월경(5.5%), 스스로 식욕 이상 항진증이 있다고 보고한 사례를 포함하여 — 때문에 발병률이 상당히 높다고 보고하였다.

일부 학자는 섭식장애를 전적으로 서양에서 나타나는 증후군이라 여기지만, 비서양 문화권에서 섭식 정신병리적 발병률을 증명하는 연구가 늘고 있다. 예를 들어, Huon, Mingyi, Oliver와 Xiao(2002)는 중국의 다양한 지역의 12~19세 여아(N = 1,246)를 대상으로 연구하였는데, 그 결과 체중조절을 하기 위해 표본집단의 각각 1.8%와 2.2%가 구토하기와 설사제를 사용한다고 나타났다. Nishizono-Maher, Miyake와 Nakane(2004)의 연구에서도 일본의 13~16세 여아와 서양 또래 여아를 비교한 결과, 마르고 싶은 욕구가 비슷하다고 나타났다. 이와 마찬가지로, 남아프리카의 청소년을 평가한 연구에서는 응답자의 14%가 음식을 섭취하는 데 부적절한 태도나 행동의 수준이 높았고, 식욕 이상 항진증을 보이는 행동을 하는 사람이 4.6%로 나타났다(Le Grange, Louw, Russell, Nel, & Silkstone, 2006). 아랍에미레이트공화국에서 실시된 연구에서는 여자청소년 사이에서 부적절한 음식 섭취 태도와 행동의 비율이 다소 높았고(23.4%), 13~15세(19.2%) 청소년에 비해 16~18세 청소년집단에서 이 같은 수준이 더 높게(27.8%) 유지된다고 보고하였다(Eapen, Mabrouk, & Bin-Othman, 2006).

유럽에서 진행된 연구 역시, 부적절한 섭식 태도와 행동이 소아청소년 사이에서 나타난다고 보고하였다. 예를 들어, 조사연구에서 덴마크 남자청소년과 여자청소년은 체중과 관련된 불만족을 보고하였는데, 여자청소년의 49%와 남자청소년의 21.5%가 체중 감량을 원했고, 남자청소년의 17.9%와 여자청소년의 7.4%가 체중 증가를 원하였다. 또한 청소년 몇몇은 체중을 감량하기 위해서 절식(self-starvation) 또는 빠르게 먹기, 다이어트 약 복용, 토하기와 같은 극도의 행동을 하였다(Waaddegaard & Petersen, 2002). 이와 비슷하게 다른 연구에서는 이탈리아 학령기여아 15.8%와 남아 2.8%에서 높은 수준의 부적절한 식사 태도와 행동이 나타났다고 보고하였고(Miotto, De Coppi, Frezza, Rossi, & Preti, 2002), 또 다른 연구에서는 스위스의 여자청소년의 높은 비율(62%)이 체중 감량을 원하고, 너무 뚱뚱하다고 느끼며(36%), 그래서 적어도 일주일에 한 번은 폭식(9.1%)과 구토(1.6%)를 한다고 보고하였다. 또한 크로아티아와 스페인의 소아청소년 사이에서 진단된 식사행동의 추정치 역시 매우 비슷하게 남아보다 여아에게서 더 높은 비율로 나타났고, 범위는 표본의 7.5~7.8%였다.

사회계층

비록 섭식장애가 사회계층에 무관하게 나타난다지만, 초기 연구에서는 신경성 식욕부진증과 같은 특정한 섭식장애의 유형은 중상위층의 여성 사이에서 더 일반적으로 발생한다고 보았다(예 : Crisp, Palmer, & Kalucy, 1976). 비록 Gard와 Freeman(1996)은 이것을 그릇된 믿음이라고 했지만, 좀 더 최근 자료에서 신경성 식욕부진증에 관련된 기존 연구 결과를 지지하였다(Fisher, Schneider, Burns, Symons, & Mandel, 2001; McClelland & Crisp, 2001). Fisher 외는 1980년부터 1994년까지 청소년기에 섭식장애 치료와 약물치료를 병행한 여성 환자를 대상으로 부모 직업을 보고한 청소년 환자(9~19세)를 대조하였다. Hollingshead Four Factor Social Index로 조사한 결과, 대부분은 중산층(47.9%)과 상위층(44.5%)이었고, 하위층(7.6%)은 유의하게 적게 나타났다. 한편, Gard와 Freeman(1996)이 보고한 바와 같이 신경성 폭식증은 하위 계층에서 실제로 더 높게 나타났다.

공존질환

섭식장애는 주로 광범위한 수준의 약물 사용 또는 정신병리 문제를 동반한다. 아마도 가장 주목하는 부분은 섭식장애와 함께 기분장애(Stice, Hayward, Cameron, Killen, & Taylor, 2000; Stice, Presnell, & Bearnman, 2001)와 물질남용장애(Dansky, Brewerton, & Kilpatrick, 2000)가 공존하는 경우일 것이다. 예를 들어, Zaider, Johnson과 Cockell(2000)의 연구에서는 기분부전장애, 공황장애, 그리고 주요우울장애가 있는 사람이 섭식장애와 공존할 확률이 유의한 수준으로 높고, 다른 축 1과 축 2 정신병리변인을 통제한 후에도 기분부전장애는 섭식장애의 예측변인이 된다고 하였다.

또한, 섭식장애는 물질남용 문제의 공존률이 매우 높은데, 섭식장애 여성의 약 20~46%가 과거에 알코올과 약물 문제가 있었다고 나타났다(Bulik et al., 2004; Conason, Brunstein Klomek, & Sher, 2006). 연구자는 섭식장애에서 중심이 되는 마른 것에 대한 강렬한 열망으로 인해 체중 감량을 위한 자극 약물남용의 가능성이 증가할 수 있다고 하였다(Measelle, Stice, & Hogansen, 2006). 더군다나 폭식과 반복적 보상행동이 죄책감을 일으킨다면, 자신의 부정적인 감정을 완화하기 위해서 물질남용을 하게 될 수도 있다.

Wiederman과 Pryor(1991)가 특정 청소년을 대상으로 연구를 진행하였는데, 그 결과 신경성 폭식증 청소년 표본의 약 1/3이 담배, 마리화나, 알코올을 매주 한다고 나타났다. 상대적으로 신경성 식욕부진증인 사람은 술을 일주일 이상 마시는 비율이 굉장히 낮았다(1.7%). 이 연구 결과와 비슷하게 다른 연구에서도 제한된 신경성 식욕부진증집단이 일반집단(비임상집단)에 비해 물질남용비율이 낮게 보고되었다(Stock, Goldberg, Corbett, & Katzman, 2002). Measelle 외(2006)는 한 여자청소년을 대상으로 최근에 종단연구를 진행하였는데, 그 결과 초기 섭식정신병리는 5년 후 물질남용 증상을 증가시키는 예측변인이 된다고 보고하였다.

섭식장애는 성격장애와도 관련이 있다. Godt(2002)는 축 2와 섭식장애가 33%의 공존률을 보인다고 보고하였다. 비록 다양한 연구를 통해 경계선 성격장애(BPD)와 섭식장애(ED)의 공존율을 살펴보면, 주로 신경성 식욕부진증은 4.3~10% 범주이고, 신경성 폭식증은 6.2~28% 범주로 나타난다(Godt, 2002; Sansone, Levitt, & Sansone, 2005). 성격장애 역시 섭식장애로 발전할 수 있음을 예측할 수 있는 변인이다(Johnson, Cohen, Kasen, & Brook, 2006).

섭식장애가 있는 사람은 정신병리 증상의 공존과 더불어 소화기계 합병증, 위험한 수준의 저체중, 충치 등과 같은 여러 의학적 결과와 유의한 상관이 있다. 특히, 신경성 식욕부진증인 사람은 과도한 운동과 영향결핍으로 인해 골다공증과 골감소증, 심장혈관 문제, 외과적 문제를 경험하기 쉽다(Agras, 2001; Brambilla & Monteleone, 2003). 그리고 신경성 폭식증인 사람은 전해질(electrolyte) 불균형, 치아 문제, 심장혈관 문제와 같은 다양한 의학적 합병증이 있기 쉽다(Agras, 2001; Brambilla & Monteleone, 2003).

섭식장애 치료 비용

섭식장애 치료 비용에 관한 연구를 살펴보면, 치료 비용은 증가하는 데 비해 보험회사가 보장해 주는 입원 기간은 너무 부적절하다. 예를 들어, 한 보고서에서는 신경성 식욕부진증 청소년 환자는 평균 51 ± 31일 동안 병원에 입원하고, 평균 비용(전체 병원비와 전문가 치료 비용)은 환자 1인당 US$ 105,853라고 제시하였다(Kalisvaart & Hergenroeder, 2005). 연구자는 환자가 보험 기준에 따라 퇴원하지 않으며, 모든 보험회사는 필요한 만큼의 입원일 수를 보장해 주지 않는다고 하였다. 평균적으로 보험회사는 환자의 보험조건 이외에 전체 의료비의 62%를 상환해 주지만, 이 상환금액으로 환자가 정상 체중의 85%로 회복할 때까지 치료를 계속하기 어렵다. 그래서 이 연구자는 보험회사가 보험금을 제대로 상환해 주지 못해서 의사들이 신경성 식욕부진증 입원환자에게 이상적인 치료를 제공해 주지 못한다고 주장하였다.

또 다른 사례에서 1995년에 약 4백만 명의 환자를 대상으로 청구 보험금을 조사한 결과, 모든 섭식장애는 외래진료가 일반적이었고 여성은 21.5%, 남성은 18.4% 정도만이 신경성 식욕부진증 치료를 받기 위해 입원을 했다고 보고하였다(Striegel-Moore, Leslie, Petrill, Garvin, & Rosenheck, 2000). 신경성 폭식증 환자의 경우, 여성 12%와 남성 22%가 입원 치료를 받았고, 그 평균치는 EDNOS보다도 적었다(여성의 12.3%, 남성의 6.8%). 또, 여성 입원환자의 경우 평균적으로 신경성 식욕부진증 환자는 26.0일, 신경성 폭식증 환자는 14.7일, EDNOS 환자는 19.9일 동안 입원하였다고 나타났다.

여성 외래환자의 평균 치료일 수는 각각 17.0일(신경성 식욕부진증), 15.6일(신경성 폭식증), 13.7일(EDNOS)이었다. 주목할 만한 점은 이런 평균 일 수는(특히 남성의 경우) 20일보다 훨씬 적어서 치료는 대개 경험 중심 치료로 진행하게 된다. 저자는 여성의 연평균 입원 및 외래 치료에 드는 비용이 신경성 식욕부진증, 신경성 폭식증, EDNOS 각각 $6,045, $2,962, $3,207인 반면, 정신분열증 치료 비용은 연간 $4,824이고 강박장애(OCD)가 $1,930이라고 어림잡았다. 그러나 이 자료의 한 가지 제한점은 개인(보험회사에 의해서보다)이 치료비를 지불하지 않기 때문에 전체적인 치료 시간과 비용을 정확하게 반영하기에는 한계가 있을 수 있다는 것이다.

Robergeau, Joseph과 Silber(2006)가 1995년 뉴욕에서 섭식장애 청소년(9~17세)을 대상으로 1년 과정의 병원 치료에 대해 연구하였다. 대상자는 입원환자 352명이었고, 그중 88.6%가 여성이었으며 79.3%가 백인이었다. 대부분의 환자는 상업적인 보험에 가입하였고(69.9%), 몇몇은 의료보장제도(19.3%)와 다른 보험(10.8%)에 가입하였다. 진단목록과 상관없이(신경성 식욕부진증 242명, 신경성 폭식증 59명, EDNOS 63명) 평균적으로 머무르는 날짜는 18.43일이었고, 중앙값(median)은 7일이었다. 각 환자에게 드는 비용은 $148,471~341.78 정도였고, 평균은 $10,019이고 중앙값은 $ 3,817이었다. 특히, 입원 기간과 보험 상태와 유의한 상관관계가 있었고, 의료보장 보험은 치료에서 입원 기간을 더 길게 하는 것과 연관이 있었다.

과정과 결과

Kotler, Cohen, Davies, Pine과 Walsh(2001)가 섭식장애의 종단적 과정을 평가함으로써 초기 청소년기의 신경성 폭식증은 후기 청소년기와 성인기의 신경성 폭식증이 될 위험률을 각각 9배, 20배로 증가시킨다고 보고하였다. 더욱이 후기 청소년기 신경성 폭식증은 성인기에 신경성 폭식증이 될 위험률을 35배 증가시킨다고 밝혔다. Measelle, Stice와 Hogansen(2006)은 여자청소년(초기 연구에서 12~15세로 시작)을 대상으로 또 다른 종단연구를 시행하였고, 이 연구는 5년간 섭식장애 과정과 함께 발생할 수 있는 장애 과정을 측정하는 것으로 이루어졌다. 그들은 시간이 지남에 따라 지속적인 비율로 섭식장애 증상이 증가한다고 보고하였다. 전반적으로 섭식장애의 과정과 결과는 장애의 기능과 여러 다른 예측변인에 따라 다양하게 보고되었다. 신경성 식욕부진증인 환자의 사망은 다른 신체적 합병증이나 자살, 그리고 모든 정신장애로 인한 것이어서 신경성 식욕부진증의 사망률은 10년마다 5.6% 정도로 높게 나타난다(Agras, 2001). Steinhausen(2002)이 소아청소년 119명을 대상으로 10년 이상 추후조사를 시행하였는데, 섭식장애 치료 결과에 따르면 평균적으로 회복은 73.2%, 향상은 8.5%, 만성화는 13.7%, 사망은 9.4%라고 보고하였다.

Saccomani, Savoini, Cirrincione, Vercellino와 Ravera(1998)는 신경성 식욕부진증인 소아청소년(N = 87)을 대상으로 추후조사를 하였는데, 그 결과 사망은 0%로 보고되었다. 그리고 이 연구에서는 Morgan-Russell 결과 척도를 활용하여 좋음, 중간, 나쁨으로 결과를 평가하였다. 그 결과, 좋은 결과는 사례의 53%였고 중간 결과는 34%였으며, 나쁜 결과는 14%로 나타났다. 연구자는 결과가 좋지 않은 경우를 살펴보건대, 초기에 장애가 매우 심각했거나, 입원 치료 기간이 길었거나, 기분 및 성격장애를 공존하는 것과 상관이 있다고 강조하였다. 한편, 이 연구의 제한점은 2명의 환자는 결과가 나타나지 않았고 4명의 환자는 추후조사를 거절했다는 점이다. 따라서 연구자가 파악하지 못한 사망률이 있을 수 있다.

비록 종단연구 결과가 신경성 식욕부진증보다 신경성 폭식증인 사람에게 더 적합하기는 하지만, 신경성 폭식증 환자 역시 상당수가 더 악화되거나 만성화된다고 나타났다(Agras, 2001). Agras의 문헌을 살펴보면, 10년 추적연구에서 폭식증은 단지 10% 정도가 지속적으로 전체 증상을 경험한다고 추정되었고, 신경성 식욕부진증으로 발전하는 경우는 1% 미만이라고 보고하였다. 10년 추후조사에서 60% 정도가 장애에서 전체 또는 부분적으로 완화되었고, 30~50%는 임상 수준의 섭식장애가 지속되었다.

신경성 식욕부진증과 신경성 폭식증을 비교하면, 폭식증의 과정과 결과에서 회복 가능성이 더 크다고 나타났다. Fairburn, Cooper, Doll, Norman과 O'Connor(2000)가 5년 동안 폭식증 또는 신경성 폭식증인 젊은 여성을 대상으로 한 연구에 따르면, 신경성 폭식증인 여성은 위와 같은 연구 결과와 상관이 적었으나, 폭식증은 치료를 받지 않았음에도 대다수의 환자가 전체 회복되었다. 마지막으로 EDNOS의 과정과 결과에 대해서는 알려진 것이 적다. CLPS(collaborative longitudinal personality disorder study)에 등록된 섭식장애 환자를 대상으로 조사했을 때, Grilo 외(2003)는 EDNOS의 2년 과정이 신경성 폭식증보다 낫다고 보고하였다(EDNOS는 59%, 신경성 폭식증은 40%가 완화되었다). 특히, Grilo 외(2003) 역시 신경성 폭식증과 EDNOS의 과정은 현재, 심각성, 또는 성격장애나 다른 축 1 장애와 관련 없이 나타난다는 것을 밝혔다. 이 영역에 대한 연구가 적어서 폭식증과 EDNOS의 과정 및 결과를 더 이해하기 위해 앞으로 연구되어야 한다.

중재와 경험적 증거

입원 치료

섭식장애 소아청소년 중 소수에 한해서는 정신병리 또는 소아과적인 면에서 입원 치료가 필요하지만, 일반적으로 외래 치료를 한다. 입원의 기준, 목적, 치료 방법, 그리고 입원 기간은 입원환경에 따라 매우 다양하고, 제한된 연구 증거에 따라 치료 여부가 결정된다. Anzai, Lindsey-Dudley와 Bidwell(2002)은 신경성 식욕부진증 환자가 입원하여 정신적인 치료를 받는 것에 대한 기준을 다음과 같이 제시하였다.

(1) 치료 상태가 양호하지 못하나, 입원 치료를 받아야 할 정도로 심각한 경우(낮은 맥박·체온·혈압·칼륨; 탈수증).

(2) 저체중과 먹기를 거부하는 상태(BMI 〈 17 또는 체중 〈 기대되는 키·체중의 75%, 아동·청소년이 음식을 거부하거나 빠르게 체중을 감량하는 상태)

(3) 의욕이 적고, 순응하려 하지 않는 경우(문제를 거부하고, 최소한의 양 이상 먹기를 거부하는 상태)

(4) 가족의 지원·지지 부족(진행 과정 중 충분치 않거나 부족한 경우)

(5) 하제행동(건강을 위협할 정도까지 그 행동을 멈추거나 줄이지 못하는 경우)

(6) 공존하는 정신병리 합병증(자살 또는 입원을 해야 할 정도로 심각한 장애가 동시에 나타나는 경우)

Anzai 외는 신경성 식욕부진증 환자가 신경성 폭식증 환자보다 입원해야 하는 경우가 더 많다고 하였다. 그리고 신경성 식욕부진증 치료법은 음식을 다시 먹도록 하고 체중을 증가시키는 데에 중점을 두지만, 신경성 폭식증 환자에 대한 치료는 폭식과 하제에 빠지지 않고 환자가 적절한 식사를 하도록 하는 체계적인 계획을 제공하는 데에 초점을 맞춘다고 언급하였다. 대부분의 신경성 폭식증 환자는 기본적으로 외래 치료를 받기 때문에, 입원 치료에 관한 지침서는 대부분 신경성 식욕부진증 환자와 관련된 내용이 많다(Fairburn, Marcus, & Wilson, 1993).

섭식장애 입원환자의 주요 치료 목표는 의학적인 관리와 영양 관리이고, 이와 더불어 환자가 섭식장애 후기단계 치료에 참여하도록 하는 것이다. 특히, 환자가 다양한 체중 문제와 신진대사 문제가 있을 때 더 그렇다(Patel, Pratt, & Greydanus, 2003). 예를 들어, 탈수증, 전해질과 유동체 불균형, 저혈압, 심장박동장애, 발작과 같은 증상은 즉각적인 치료가 이루어져야 하며, 결국 섭식장애의 기본적인 의학적 관리 접근법은 영양을 회복하는 것이다(Patel et al., 2003).

Anzai 외(2002)는 신경성 식욕부진증 치료, 다시 음식을 섭취하는 것, 체중 정상화와 같은 가장 중요한 요소가 입원환경에서 가장 잘 관리된다고 하였다. 게다가 연구자는 입원 치료를 받은 적이 없는 신경성 식욕부진증 환자가 다시 치료를 시작한다면, 고통이 적고 빠르게 회복되는 입원 치료를 받는 것을 선택하고자 한다고 보고하였다. 그러나 미국에서 정신과 관련 입원 치료와 관리의 료가 상당히 변화하였기 때문에, 이전의 대략 3~6개월 동안 이루어진 신경성 식욕부진증 입원 치료가 사실상 변하였다. 예를 들어, Anzai 외는 신경성 식욕부진증 환자 중 심각한 위험이 있는 환자는 입원실에 7~10일 동안 머물다가, 그 이후 1~3주 동안은 부분입원 프로그램으로 변경되고, 마지막으로 외래진료를 받는 것으로 바뀐다고 보고하였다. 대부분의 사례에서 신경성 식욕부진증 환자는 매주 0.45~1.36kg의 체중 증가를 목표로 구강 재섭취를 하게 된다(Patel et al., 2003). Davies와 Jaffa(2005)는 입원환자집단(N = 53)에서 신경성 식욕부진증 청소년의 체중이 증가했는지 매주 평가한 결과, 매주 평균 0.82kg의 증가가 있었다고 보고하였다. 환자는 이전에 입원 치료를 받았는가에 따라 평균 체중 증가에 차이가 없었으나, 초반에 기대 체중비율이 낮은 사람은 체중 증가가 빨랐다.

입원 치료가 주로 신경성 폭식증 환자보다 신경성 식욕부진증 환자에게 더 적절하지만, 신경성 폭식증 환자에게 병원 치료가 꼭 필요한 일부 사례도 있다. 신경성 폭식증 아동이나 청소년의 병원 치료는 다음과 같은 사항에 따라 필요하다. (1) 폭식과 하제로 인한 심각한 심장병 또는 생리적 장애, (2) 지속적인 자살 시도, 자해 또는 정신병리, (3) 외래 치료나 부분입원 치료에 차도를 보이지 않은, 다루기 힘든 폭식과 하제, (4) 심각한 공존증세 치료를 방해하는 경우(Robin, Gilroy, & Dennis, 1998)이다. 신경성 폭식증 환자의 주요 치료 목표는 제한, 하제 사용, 폭식 없이 정상적인 영양 섭취를 확실히 하는 것이다(Fisher et al., 1995).

입원환자 치료 결과에 대한 기존 연구의 제한점은 신경성 식욕부진증 청소년을 대상으로 통제되지 않은 조건에서 수행한 연구 결과밖에 없다는 것이다. 치료 결과에 관한 한 연구는 신경성 식욕부진증 청소년(N = 34)을 대상으로 입원환경에서 치료하고, 그 이후 기저선, 3년, 7년을 시점으로 재평가를 하였다(Herpertz-Dahlmann, Wewetzer, Schulz, & Remschmidt, 1996). 연구 결과, 입원 치료 3년 안에 신경성 식욕부진증 환자의 절반 이상이 증상 완화를 보였다. 반면, 3년에서 7년 사이 추후조사에서는 환자 14명이 신경성 식욕부진증에서 신경성 폭식증이나 EDNOS로 바뀌었다. 종합적으로 연구자는 58%가 좋은 결과, 21%가 중간 정도의 결과, 그리고 좋지 않은 결과가 21%라고 보고하였다.

Herzog, Schelberg, Deter(1997)가 신경성 식욕부진증 청소년(N = 69)을 대상으로 한 또 다른 연구에서는 입원 치료를 6년간 받은 후에야 환자의 50%가 처음으로 회복을 보였다고 하였다. 또한 하제행동과 사회적 장애가 있는 환자는 회복 가능성이 비교적 낮은 반면, AN-R이고 혈청 크레아티닌 수치가 낮은 사람은 초기 회복될 가능성이 더 크다고 강조하였다. Gowers, Weetman, Shore, Hossain, Elvins(2000)는 입원 치료(N = 21)와 외래 치료(N = 51)를 받은 신경성 식욕부진증 청소년을 비교한 자연적 연구를 수행하였다. 이 연구에서는 2~7년 후 외래 치료 환자에게서 처음으로 결과가 더 나아졌다고 나타났고, 입원 치료를 수락하는 것이 좋지 않은 결과의 주요 예측 변인이라고 밝혔다. 이런 결과는 단순히 입원 치료에 엄격함이 반영되어서인지는 모르지만, 이 연구가 임의적으로 행해진 것이 아니기 때문에 입원 치료를 처방하는 것에 더 주의가 필요함을 보여준다(Gowers & Bryant-Waugh, 2004).

자연관찰법 연구에서 치료 후 평균 4.5년의 환자(N = 113)를 조사한 결과는 다음과 같다. 환자의 72명은 '건강한 상태', 25명은 여전히 섭식장애가 있었고, 11명은 연락을 거부하였고, 5명은 사망하였다(Steinhausen & Boyadjieva, 1996). 마지막으로 Crisp 외(1991)의 연구에서는 신경성 식욕부진증 성인 환자의 입원 치료와 외래 치료(개인 치료와 가족 치료, 또는 집단 치료, 식이요법상담과 병행된 것)를 비교하였다. 그 결과, 입원 치료를 받기로 한 많은 환자는 이를 거부하였고, 이와 마찬가지로 치료를 받지 않도록 무작위 선정된 환자 역시 다른 어떤 치료도 받으려고 하지 않았다. 연구자는 섭식장애 증상과 체중 면에서 치료를 받지 않은 집단에 비해 치료집단이 더 개선되었다고 하였다. 하지만 이 연구는 신경성 식욕부진증 치료에 대한 통제실험연구의 전형적인 한계를 보여 주며 방법론적인 제한점이 있다.

신경성 식욕부진증 입원 치료를 받는 청소년이 경험하는 바를 이해하기 위해서 Colton과 Pistrang(2004)은 섭식장애 병동의 어린 여아(N = 19)를 대상으로 반구조화된 면담을 실시하였다. 연구자는 환자가 입원 치료에 대해 부정적 시각뿐 아니라 긍정적인 시각도 가지고 있다고 밝혔으며, 이러한 시각을 다섯 가지 내용으로 분류하였다. 첫째, 면담참여자는 자신의 섭식장애에 혼란스러움을 느끼고, 어떻게 이 질환이 자신을 장악하고 있는지 이해하지 못하였다. 둘째, 자신이 회복하기 위해서 중요한 것은 다른 사람을 위해서가 아니라 자신을 위해서 회복하고자 하는 욕구와 의향을 가지는 것이다. 셋째, 다른 신경성 식욕부진증 환자와 함께 생활하는 것의 장단점을 이야기하였다. 이것은 다른 환자와 함께 지내면서 지지받을 수 있지만, 정신적인 고통의 원인이 되기도 한다. 넷째, 관리자가 자신을 컨베이어벨트 위에 늘어선 환자 중 하나로 보기보다는 한 사람으로 여겨주는 것이 더 도움이 된다고 하였다. 마지막으로, 그들이 경험하는 핵심은 자신이 치료협력자인 동시에 치료를 받는 대상이기도 하다는 것이다.

요약하면, 대부분의 섭식장애 환자 입원 치료 프로그램은 종합적이어서 여러 치료요소를 복합적으로 포함한다. 여기서 가장 우선시되는 목표는 의학적으로 영양의 안정, 체중 증가, 그리고 규칙적인 식사이다. 코를 통해 음식물을 섭취(비강 영양 섭취)하는 경우는 드물지만, 환자가 입으로 음식물을 섭취하기 힘들 때에는 체중을 충분히 증가시키기 위해 이것이 필요할 수도 있다. 치료는 체중, 체형, 외모에 대한 근본적인 태도 변화, 그리고 폭식과 하제를 반복하지 못하도록 하는 데에 초점을 맞추어야 한다. 입원환자 치료는 특정한 섭식장애 증상에 초점을 맞추는 것 외에도, 개인적인 변화와 성장(조절과 자아정체성에 영향을 끼치는)을 촉진하고, 일상적인 문제를 처리하는 데 필요한 기술(예 : 의사소통, 갈등 해결)을 습득하도록 도움을 줄 수 있다.

부분입원 치료

단계적인 치료 체계에서 가장 구속력이 적지만 유익할 만한 치료가 첫 번째로 시도하는 치료(외래 치료)가 된다(Davison, 2000). 외래 치료보다는 더 집중적이지만 입원 치료보다는 덜한 치료 형태가 바로 부분입원 치료이다. 부분입원 치료는 낮 병동 치료 프로그램(day treatment program)이라고도 하며, 이는 입원 치료보다 비용이 덜 든다는 이점도 있다.

부분입원 치료 프로그램은 입원 치료 프로그램과 동일한 치료 방법을 쓰는 경우가 많고, 치료 목표도 같다. 한 기술 연구에서는 전 연령대의 섭식장애 환자를 대상으로 하는 대표적인 세 가지 낮 병동 치료에 다음과 같은 치료 프로그램을 구성하였다. 이는 집단 식사, 영양과 요리교육집단, 신체 이미지와 상담집단과 사회적 능력, 자기 주장을 펴는 것, 가족 간 문제와 관계를 다루는 집단으로 구성된다(Zipfel et al., 2002). 그러나 환자는 저녁에 집으로 돌아가기 때문에 치료집단과 보내는 시간이 적다. 따라서 이 프로그램에 참여한 환자는 치료 동안에도 자신의 일상적인 환경에서 지낼 수 있다. 일상적인 환경에서 지내는 것은 어쩌면 치료 기술을 더 빠르게 학습하게 하고, 가정과 학교에 배운 기술을 일반화하는 것을 촉진할 수 있다. 또한 이런 프로그램은 환자가 일상적인 사회생활을 하면서, 지속적으로 가족과 접촉하고 그들의 지지를 받을 수 있다(Zipfel et al., 2002).

Howard 외(1999)는 부분입원 치료를 받는 59명의 환자를 대상으로 치료 실패를 예상할 수 있는 다양한 지표를 조사하였다. 이 환자들은 입원 치료를 받다가 부분입원 치료로 옮긴 사람들이다. 환자의 차트를 검토한 결과, 장기간의 장애(2.5년 초과), 무월경, 낮은 체질량지수(BMI 19 미만)와 같은 요소가 치료 실패의 가능성과 재입원 치료 가능성을 높이는 것으로 나타났다(Howard, Evans, Quintero-Howard, Browers, & Anderson, 1999). 그러나 이 연구에서 조사한 대상은 성인이었고, 따라서 아동과 청소년에게는 발병연령 또는 가족 갈등의 수준과 같은 추가적인 요인이 단일 치료 결과에 영향을 줄 가능성이 있다.

섭식장애 소아청소년, 심지어 성인을 대상으로 한 낮 병동 치료 프로그램 연구는 많지 않다. Danziger, Carcl, Varsano, Tyano와 Mimouni(1988)는 32명의 여아를 대상으로 추적조사를 실시하였다. 이 여아들은 부모가 참여자와 부양자로서 치료에 참여하는 소아과 낮 병동 치료 프로그램을 받고 있었다. 치료를 받고 난 9개월 이후, 대부분의 사례에서 체중, 월경, 신체상, 식습관, 운동 습관, 사회적인 역할이 건강하게 회복되었다.

Zipfel 외(2001)가 설명한 3개의 낮 병동 프로그램 중 2개는 통제되지 않은 실험연구로 진행되었다. 이 프로그램은 연령에 따른 효과성에 근본적인 증거를 제시하였다. 그리고 이 연구에서는 신경성 식욕부진증, 신경성 폭식증, 또는 EDNOS인 여자성인 51명을 대상으로 입원 치료와 낮 병동 프로그램(day hospital program)의 비용과 치료 결과를 비교하였다(Williamson, Thaw, & Varnado-Sullivan, 2001). 환자의 장애 심각성에 따라 입원 치료 또는 낮 병동 프로그램을 받게 된다. 이 두 가지 치료의 결과가 비슷하다 할지라도 낮 병동 프로그램의 비용이 더 적기 때문에 비용 효과적이다. 낮 병동 프로그램에 참여한 환자는 일인당 $9,645(입원 치료 비용의 43%)를 절약할 수 있었다. 두 가지 치료를 통해 회복한 환자는 63%라고 보고되었다.

마찬가지로 부분입원 프로그램(partial hospitalization program)을 6개월에서 33개월 정도 더 빨리 시작한 환자를 추적연구하기 위해서 이미 치료를 시작한 신경성 식욕부진증·신경성 폭식증·EDNOS 환자 106명 중 65명을 모집하였다(Gerlinghoff, Backmund, & Franzen, 1998). 다시 말하지만 이 환자들은 주로 성인이다. 그리고 이 연구 결과, 체중(신경성 식욕부진증을 겪는 경우), 섭식장애 증상, 그리고 일반적인 정신병리와 같은 부분에서 개선되었다. 이러한 비무선화된 소수 연구의 결과는 부분적 입원 프로그램이 효과적이고 비용 부담이 적어서 입원 치료의 대안이 될 수 있을 것이라는 점을 보여 준다. 그러나 대상이 무작위로 선정된 통제실험연구를 통해 낮 병동 치료, 그 밖의 다른 치료 형식의 효능을 입원 치료와 외래 치료와 비교해 볼 필요가 있다. 낮 병동 프로그램은 환자가 가족과 더 많은 시간을 보낼 수 있고, 병원 밖에서 정상적인 활동에 참여할 기회를 더 주기 때문에, 이 치료에 대해 연구는 우선시되어야 한다.

외래환자 치료

우리는 섭식장애 소아청소년을 위한 외래 치료의 네 가지 형식을 집중적으로 살펴볼 것이다. 그러나 특정 주의사항에 주목해야 한다. 첫째, 이런 치료법에 관한 기초 연구는 제한적이다. 왜냐하면 이런 장애가 드물고, 관련 실험연구에 참여할 환자를 모집하고 지속적으로 관계를 유지하기 어렵기 때문이다. 또한 신경성 식욕부진증에 관한 몇 가지 연구는 표본 수가 너무 작아서 집단 간 차이가 나타나지 않는다. 이런 연구에서는 조건 간 차이가 없다는 결과를 치료가 동등하다로 해석해서는 안 된다(Fairburn, 2005).

가족 중심 치료

대부분 섭식장애 소아청소년은 외래 치료를 기본으로 한다. 아동기 섭식장애를 위한 외래 치료에서 가장 광범위하게 이루어진 연구가 바로 가족 중심 치료이다(FBT). 영국에 있는 Maudsley 병원의 임상연구가가 가족 중심 치료를 개발하였고, 환자가 음식을 다시 먹도록 돕기 위해 가족을 동원하는 모델을 기초로 하였다(Lock, LeGrange, Agras, & Dare, 2001). 이 치료법은 체계적으로 관리된 임상연구를 바탕으로 한다. 최근 발행된 섭식장애 치료에 대한 APA 지침(2006)에서는 신경성 식욕부진증 소아청소년에게 가족 치료가 가장 효과적인 치료법이라고 제안하였다.

치료 초기에 치료사는 가족에게 환자가 이 질병에 걸린 것에 대한 가족의 잘못은 없지만, 그 질병을 극복하는 데 도움을 주지 못한 것에 대한 책임은 있다고 강조한다. 이 치료법은 다음과 같은 세 가지 주요 단계로 구성된다. 첫째, 가장 우선시되는 목표는 환자가 음식을 다시 먹도록 하는 데 집중하는 것이다. 이 단계에서 치료사는 환자가 재섭취하도록 함께 노력해야 하는 부모와 환자의 유대를 강화하고, 지원해 줄 수 있는 형제자매와의 유대를 강화한다. 두 번째 단계에서는 환자가 재섭취하는 데 방해가 되는 가족 문제를 찾아서 해결하도록 돕는다. 그리고 세 번째 단계는 건강한 체중과 식사 패턴을 회복한 후에야 시작할 수 있다. 이 마지막 단계에서는 섭식장애에 초점을 두는 것이 아니라, 가족과 환자 간의 좋은 관계를 확립하는 데에 중점을 둔다(LeGrange, 1999).

가족 중심 치료에 대해서는 여러 무작위 통제실험연구가 이루어졌다. 이러한 연구는 이상적인 치료 기간과 형태, 효능에 대해서 조사하였다. 가족 치료의 어떤 요인이 그 효과성을 설명하는지는 아직 확실하지 않다. 추정컨대, 그러한 요인은 식사에 대한 부모 통제, 가족 관계 변화, 그 밖의 알려지지 않은 요소 등이 있을 수 있다(Lock & LeGrange, 2005).

Russell, Szmukler, Dare와 Eisler(1987)는 섭식장애에 관한 개인 심리 치료와 가족 치료를 비교한 통제실험연구를 하였다. 이 연구는 장애 지속 기간이 짧고(3년 미만), 입원 치료를 통해 정상 체중을 회복한 청소년 신경성 식욕부진증 환자 21명의 하위 집단을 대상으로 진행하였다. 이 하위 집단에서 가족 치료를 받는 환자집단과 개인 심리 치료를 받는 환자집단으로 무작위 추출한 후 비교하였는데, 가족 치료집단이 체중이 더 많이 늘었고, 더 나은 심리학적 치료 결과를 보였다. 5년 후의 추적연구 결과 역시 시간이 지나면서 대부분의 환자가 호전되었지만, 개인 심리 치료보다 가족 치료를 받은 환자집단이 치료 이점을 더욱 오래 지속한다고 보고하였다(Eisler et al., 1997).

이와 대조적으로, 또 다른 하위 집단에서는 훨씬 좋지 않은 결과가 나타났다. 저체중 현상을 보이는 23명의 신경성 폭식증 성인 환자를 대상으로 무작위 추출을 하여 가족 치료나 개인 심리 치료를 받도록 할당하였다. 이 하위 집단에서는 단지 3명만 5년 후 좋은 결과(건강한 체중, 월경을 하고, 폭식증 증상을 보이지 않는 것; Morgan & Russell, 1975)를 보여 주었다. 게다가 신경성 폭식증 환자에게서는 개인 심리 치료와 가족 치료의 효과 차이가 거의 없었다. 따라서 가족 치료가 신경성 폭식증 환자 또는 나이가 많은 환자에게는 효과적이지 않을 수 있다.

후속 연구는 가족 치료의 최적 기간과 형태에 관한 것이다. Eisler 외(2000)는 가족 치료의 두 가지 형태인 합동 가족 치료(CFT : conjoint family therapy)와 개별 가족 치료(SFT : separated family therapy)를 비교하였다. 합동 가족 치료는 신경성 식욕부진증 청소년 환자 19명이 부모와 함께 참여하였고, 개별 가족 치료는 신경성 식욕부진증 청소년 환자 21명이 부모와 떨어져서 참여하였다. 개별 가족 치료에 참여한 환자의 부모는 같은 치료사와 정기적으로 모임을 한다. 이 두 가지 치료 형태의 집단 간 목표와 기법은 유사하다. 개별 가족 치료집단의 치료 결과, 섭식장애 증상의 차이가 그다지 나타나지 않았다. 그러나 일반 정신병리 증상(기분, 강박적인, 성 심리적 적응)은 합동 가족 치료와 비슷한 수준으로 실질적인 향상을 보였다.

반면, 어머니가 환자를 자주 비난하는 가정에서는 개별 가족 치료의 결과가 더 나았기 때문에 개별 가족 치료는 가족의 갈등 수준이 높은 경우에 더 적합할 수 있다. 이 연구참여자 중 입원 치료를 병행해야 하는 환자는 4명뿐이었다. 좀 더 규모가 작은 연구에서 18세 신경성 식욕부진증 환자를 대상으로 합동 가족 치료나 개별 가족 치료를 무작위로 지정한 후, 이 치료 형식의 결과를 비교하였다(LeGrange, Eisler, Dare, & Russell, 1992). 이 과정 동안 입원 치료가 필요한 경우도 있었다. 연구 결과, 두 가지 치료법은 형태의 차이와 상관없이 환자의 체중과 심리적 기능을 상당히 향상시켰다고 나타났다.

Lock, Agras, Bryson과 Kraemer(2005)는 가족 치료의 이상적인 치료 기간과 횟수를 연구하였다. 이들은 12개월 동안 20회기를 치료하는 표준 치료 기간과 6개월 간 10회기를 치료하는 단기 치료를 비교하였다. 표준 치료 기간에 치료의 3단계를 모두 다룰 수 있지만, 단기 치료에서는 주로 청소년의 걱정과 가족 간의 관계를 정립하기 위한 1·2단계에 초점을 맞추어 진행하였다. 이 무작위 실험연구 결과, 신경성 식욕부진증 청소년 환자 86명은 12개월의 장·단기 치료를 통해 비슷한 수준으로 BMI, 섭식장애 관련 정신병리, 일반적인 정신병리에서 향상되었다. 치료가 진행되는 동안 19명의 환자는 병원 치료가 필요했지만, 두 치료법의 환자에게 동등한 치료 기회를 분배하였다. 음식 섭취와 관련한 강박관념이 큰 환자가 장기간의 치료 동안 체중 증가 폭이 더 컸다. 마찬가지로 온전하지 않은 가정의 환자가 장기간의 치료를 통해 섭식 관련 정신병리가 더 나아졌다.

1년 동안 두 집단을 살펴보면, 환자의 96%가 신경성 식욕부진증의 진단 기준을 더 이상 충족시키지 않고, 67%는 건강한 BMI(>20)로 돌아왔다. 따라서 대다수의 신경성 식욕부진증 환자(가족 문제가 없거나 먹는 것에 강하게 집착하지 않음.)를 위해서 단기 형식의 가족 중심 치료가 표준 기간 치료만큼 효과적일 수 있다. 이 결과는 종단 추후조사(평균 4년)에서 유지되었고, 집단 간에 유의한 차이는 없었으며 전체 환자의 89%는 건강한 체중이었다(Lock, Couturier, Agras, 2006).

Geist, Heinmaa, Stephens, Davis와 Katzman(2000)은 추가적 가족 치료 형식을 조사했을 뿐만 아니라 여자청소년 신경성 식욕부진증 환자 25명과 그들의 가족을 대상으로 가족 집단 심리 교육 치료와 가족 치료를 비교하였다. 두 치료 모두 4개월 넘게 8회기로 진행되었고, 심리 교육 치료는 교육수업에 포함되어 전문적으로 섭식장애에 대한 집단토의가 이루어졌다(Geist et al., 2000). 두 집단 모두 체중, 섭식장애 정신병리, 정신병리가 향상되었다. 그러나 이 연구의 환자 모두 의학적인 이유로 입원 치료가 병행되는 것(평균 8주)이 필요했기 때문에, 이 향상이 가족 치료를 받아서라고 보기 어렵다.

가족 치료 중 행동 체계 가족 치료(BSFT : Behavior System Family Therapy)라고 불리는 이 치료 역시 자아 중심 치료(EOIT : Ego-Oriented Individual Treatment; 정신 역동 치료 이후 만들어짐.)라는 개별 치료와 비교되어 왔다. BSFT는 Maudsley 모델의 가족 중심 치료와 미묘한 차이가 있으나 비슷하다. Robin 외(1999)는 신경성 식욕부진증을 겪는 청소년 37명을 대상으로 이 치료를 비교했는데, 그들 중 16명(BSFT 11명과 EOIT 5명)은 입원 치료를 병행하였다. 치료 이후부터 12개월 추후조사를 한 결과, BSFT 그룹의 환자들이 더 많이 체중이 증가하였다. 또한 치료 이후 BSFT 환자가 더 많이 월경을 할 것으로 가정했으나(BSFT 94%, EOIT 64%), 두 집단 모두 비슷한 비율의 월경 회복을 보였기 때문에 추후조사에서의 통계적 수치는 더 이상 유의하지 않았다. 그러나 월경과 체중 증가에서 더 빠른 회복을 보이기 위한 BSFT는 개별 치료보다 더 빠르게 나타난다고 보고하였다. 의학적으로 신경성 식욕부진증으로 의심되는 장애에서 빠른 회복은 중요한 고려사항이고, 일반적으로 빠른 행동 치료가 효과적이다.

비록 어린 아동에게 신경성 식욕부진증은 드물지만 최근 많은 사례를 통해 신경성 식욕부진증 아동에게 적용한 가족 중심 치료가 지지되고 있다. 평균 연령이 11.9세인 32명의 아동은 가족 치료 이후 섭식장애에 대한 사고 패턴과 체중 증가가 임상적으로 유의하게 개선되었다(Lock, LeGrange, Forsberg, Hewell, 2006). 치료 전과 후에 청소년 표본을 비교한 결과도 매우 비슷하였다. 이 연구에서 가족 중심 치료의 효과는 청소년 발달 주제와 상관없이 이루어졌기 때문에 청소년의 발달 과정이 이 치료에서 결정적 치료요소로 작용하지 않았다.

청소년 신경성 폭식증을 대상으로 한 무선화되고 통제된 가족 치료 연구는 없다. Russell 외(1987)에 의해 실험된 성인 신경성 폭식증 하위 집단에서 얻어진 결과도 만족스럽지 않았다. 그러나 몇몇 사례에서 신경성 폭식증을 겪는 청소년 8명을 가족 중심 치료로 치료했다는 보고가 있다(Dodge, Hodes, Eisler, & Dare, 1995). 신경성 식욕부진증 환자를 위한 가족 중심 치료는 보상행동을 설명하기 위해 수정되었고 목표 또한 체중 증가에서 규칙적인 식사로 바뀌었다(신경성 폭식증 청소년에게 가족 중심 치료를 활용하기 위한 치료 전략은 Le Grange, Lock, Dymek, 2003을 참고하여라.). 치료를 시작하고 12개월 후에 섭식장애의 병리적인 부분과 자해행동 수준이 유의하게 줄었고, 초기 참여자의 절반만 남아 있었다. 그러나 초기 Morgan - Russell 기준목록에 의해 확인된 바에 의하면 단지 한 명의 환자만이 좋은 결과를 얻었다(Morgan & Russell, 1975). 따라서 추후연구에서는 신경성 폭식증 아동 또는 청소년을 대상으로 이전에 언급한 가족 중심 치료 연구를 한 기초자료가 필요하다.

인지행동 치료

인지행동 치료(CBT)는 식사, 체중, 체형과 관련한 비정상적 사고와 행동을 발견하여 변화시키는 것을 목적으로 한다. 치료사는 인지적 재구조화와 행동실험을 통해 치료에서 환자의 사고를 다룬다(Garner, Vitousek, & Pike, 1997). 치료의 또 다른 목표는 자기 점검과 식단 짜기에 도움을 주어 규칙적인 식습관을 형성하도록 하는 것이다. Gowers(2006)의 주장에 따르면, 섭식장애는 비정상적인 사고와 행동이 결합하여, 결국 신체 및 사회적 장애를 초래하는 전형적인 문제의 일례라고 하였다. 그래서 그는 이론상 인지행동 치료가 효과적일 것이라고 주장하였다.

신경성 식욕부진증 소아청소년을 위한 실험연구의 결과(TOuCAN : Trial of Outcome for Child & Adolescent Anorexia Nervosa)로 알려진 무작위 통제실험연구가 영국에서 이루어지고 있다(Gowers, 2006). 이 프로젝트에서 입원 치료, 일반 치료와 매뉴얼화한 인지행동 치료를 비교하였다. 처음에는 200명이 넘는 실험참여자를 모집하였다. 그래서 최종 결과(2008년)는 관련 연구에 상당히 중요한 기여를 할 것이라고 예상되었다. 하지만 인지행동 치료의 효과성에 대해 신경성 식욕부진증이나 신경성 폭식증인 소아청소년을 대상으로 무작위 통제실험연구를 실시한 적이 없기 때문에, 기존의 성인자료를 근거로 예측할 수밖에 없다. 특히 신경성 폭식증의 치료에서 이미 입증된 인지행동 치료의 효과성은 소아청소년을 대상으로 우선적으로 연구가 이루어질 필요가 있음을 제안한다.

신경성 식욕부진증의 치료로 인지행동 치료를 적용한 임상실험연구는 드물다. 예를 들어, Channon, de Silva, Hemsley와 Perkins(1989)는 신경성 식욕부진증 성인 환자 24명을 대상으로 행동 치료와 정신과 의사가 하는 접촉 치료(low-contact treatment)를 인지행동 치료와 비교하였다. 소규모 표본집단이기 때문에 이 세 가지 치료 결과에 대한 통계적 차이는 거의 없었다. 모든 실험참여자의 영양 상태, 월경, 체중이 확실히 향상되었다. 그러나 참여자의 참석률은 행동 치료보다 인지행동 치료에서 더 높게 나타났다. 또한 신경성 식욕부진증 성인 환자를 대상으로 한 인지행동 치료와 영양상담을 12개월 동안 비교 연구하였는데, 그 결과 인지행동 치료참여자의 치료 중단이 입원 치료 다음으로 적었다(Pike, Walsh, Vitousek, Wilson, & Bauer, 2003).

인지행동 치료에 참여한 환자는 재발하지 않고 꽤 오랜 기간 그 상태를 유지하였고(인지행동 치료 44회기와 영양상담 27회기 비교) 재발한 환자의 비율은 인지행동 치료와 영양상담을 비교했을 때 각각 22%와 53%였다. 마찬가지로 인지행동 치료와 식이요법상담을 비교한 연구에서도 인지행동 치료에서 치료 중단비율이 훨씬 더 적다는 것이 나타났다. 사실, 식이요법상담에서 3개월만에 모든 환자가 중도하차하였다(Serfaty, Turkington, Heap, Ledsham, & Jolley, 1999). 이와 더불어 식이요법에 참여한 모든 환자가 6개월간 추적연구자료를 제공하는 것조차 거부하였다. 이 연구는 치료를 받지 않으려는 환자집단을 대상으로 실험연구를 진행함으로써 직면하게 되는 어려움을 잘 보여 주었다. 또한 Fairburn(2005)은 심리 치료를 병행하지 않고 영양상담만 한 집단은 인지행동 치료집단과 비교연구할 만한 비교집단이 될 수 없다고 주장하였다.

흥미로운 사실은 최근에 실시한 한 연구 결과, 다른 종류의 매뉴얼화된 심리 치료, 대인 관계 치료, 특정 임상 관리조건에 지지 심리 치료를 제공한 것보다 인지행동 치료가 우월하다라는 결과에 의문점을 제시하였다(McIntosh et al., 2005). 신경성 식욕부진증 진단을 받은 여성 55명(17~40세)은 장애 진단의 기준 체중보다 조금 높았다(BMI 〈 19). 치료 후 환자의 30%는 상태가 많이 향상되었거나 최소한의 증상을 보였다. 그러나 연구자의 예상과 다르게 전반적인 섭식장애 증상을 측정한 결과, 인지행동 치료와 대인 관계 치료보다 특정 통제 치료가 더 우세하였다. 따라서 성인에게서조차 섭식장애에 어떤 특정한 개인 심리 치료를 활용하는 것이 더 낫다는 점에 대해 확실한 지지를 얻지 못하고 있다(Wilson, Grilo, and Vitousek, 2007 참고).

신경성 폭식증 성인 환자에게 인지행동 치료는 선택 치료로 여겨진다(Fairburn, Marcus, & Wilson, 1993). 예를 들어, 섭식장애 치료를 위해 최근 증거 기반 치료가 대두되고 있는데, APA(2006)와 NICE(2004)에서 발행한 섭식장애 치료에 관한 최근 연구지는 신경성 폭식증에 대한 증거 기반 치료법으로 인지행동 치료를 추천하였다. 이는 NICE가 선택 치료로 특정 심리 치료를 적극적으로 추천한 첫 사례이기도 하다. 신경성 폭식증에 대한 인지행동 치료의 효과성은 무작위 통제실험연구가 탄탄히 뒷받침을 한다. 인지행동 치료는 4~5개월 동안 매주 개별 회기로 진행하며, 그 결과 사례의 40% 정도는 전반적인 개선을 보였다(Wilson & Fairburn, 2002). 인지행동 치료가 환자의 체중에 영향을 주지는 않지만 초기에 치료 몇 회기를 받은 후 대부분 치료적 이점이 나타나며, 이는 대조 치료집단에 비해 상당히 빠른 편이다(Wilson et al., 1999). 이러한 연구 결과는 인지행동 치료가 다른 치료에 비해 비교적 빠르게 작용한다는 것을 보여 준다. 이와 비슷하게 대인 관계 치료보다 인지행동 치료가 끝나갈 무렵에 더 많은 환자가 호전되는 양상을 보이며, 심지어 이 차이는 12개월 추적연구에서도 변동이 없었다(Agras, Walsh, Fairburn, Wilson, & Kraemer, 2000; Fairburn et al., 1995).

즉, 이런 가정은 성인을 대상으로 한 연구자료를 토대로 하였지만, 인지행동 치료가 폭식증의 치료법으로 인식되었고, 오랜 기간의 추적연구에서도 폭식과 정신병리를 줄이는 데 효과가 있었다

(Agras, Telch, Arnow, Eldredge, & Marnell, 1997). 하지만 대부분 인지행동 치료를 통해 임상적으로 의미 있는 수준의 체중 감소가 나타나지는 않아서(Wilson, 2005) 인지행동 치료는 폭식증과 관련된 비만 치료에는 효과적이지 않다. 다른 연구에서 현재 비만 치료를 받는 일부 아동에게서 폭식증이 나타난다고 보고되었다(Decaluwé and Braet, 2003). 그러므로 체중조절 치료와 그 밖의 치료법이 아동기 폭식증에 끼치는 영향에 관한 연구가 우선적으로 이루어져야 한다.

전문가들은 인지행동 치료를 신경성 폭식증 청소년 환자에게 권장하지만(NICE, 2004), 환자의 발달 수준과 상황을 고려하여 연령에 따라 변형된 치료법이 개발되어야 한다. 또한 환자의 가족을 치료 과정에 적절히 포함하는 것도 중요하다. 이와 더불어 Robin 외(1998)는 이 치료 과정에 참여할 수 있을 정도로 환자의 인지적 능력이 먼저 발달되어야 한다고 주장하였다. 이 능력은 (1) 체중, 체형, 외모에 대한 신념이나 태도를 추상적으로 생각할 수 있는 능력, (2) 현재의 신념에 대한 가능한 대안을 생각할 수 있는 능력과 그러한 대안 가설을 시험해 보려는 의지이다. 이러한 인지적인 기술은 보통 14~15세경에 나타난다. 그래서 아직 인지 치료 전략을 발달시키지 못한 아동에게는 좀 더 구체적으로 제시해야 한다. 예를 들어, 단순한 행동실험을 통해 왜곡된 신념을 버리도록 하는 데 활용하는 것이다. 자기 진술(self-statements)이나 자기 교수(self-instruction)와 같은 구체적인 인지 전략으로 환자가 부정적인 자동적 사고에 대처하는 데 도움을 줄 수 있다.

정신역동 치료

신경성 식욕부진증 청소년 환자를 대상으로 정신역동 치료의 한 형태를 무작위 실험연구하였다. 앞서 언급했듯이 Robin 외(1999)는 가족 치료와 EOIT를 비교하였다. EOIT는 자아 강도 발달, 대처 기술 학습, 가족구성원에서 자신을 구분하기, 식사를 방해하는 역동을 찾아서 고치는 것을 강조한다. EOIT는 개별 회기로 이루어지지만, 가족 치료처럼 가족 간 상호작용 과정에서 발생하는 갈등을 줄여 준다. 하지만 그 효과가 가족 치료만큼 즉각적이지는 않다.

신경성 식욕부진증에 대한 정신역동 치료 중 성인을 대상으로 하여 제한된 시간으로 이루어진 치료에 대해 두 가지 실험연구가 이루어졌다. 한 무작위 통제실험연구는 84명의 신경성 식욕부진증 여성 환자를 대상으로 하였고, 3개의 전문적인 치료법과 낮은 접촉 통제 치료를 조사하였다(Dare, Eisler, Russell, Treasure, & Dodge, 2001). 정신분석 치료는 환자의 과거력과 가족 관계를 고려하여 환자의 증상이 지닌 의미를 다루었고, 또한 이러한 증상이 그들 관계(치료사와의 관계도 포함)에 끼치는 영향력에 대해서도 탐색하였다. 이 치료는 인지분석 치료(CAT)와 비교되기도 하는데, 이는 대인 관계, 전이와 같은 정신역동 치료의 구성요소와 인지 치료 구성요소를 통합한 것이다. 그리고 이 연구에서 가족 치료를 세 번째로 적용하였다.

12개월 후 이 세 가지 치료 결과는 비슷하게 나타났고, 정신분석 치료와 가족 치료가 통제 치료보다 더 나은 결과를 보였다. 그러나 환자가 세 가지 치료를 성실히 수행하지 않았다. 이 세 가지 치료집단 환자의 30%만 신경성 식욕부진증 기준에 미치지 않았다(통제 치료 환자는 5%임.). 이 연구가 어쩌면 전문적인 치료법 간의 차이를 알아내는 데에 충분하지 않았을 수도 있고, 또는 환자가 오랜 기간(평균 6.3년) 장애를 겪었다는 점은 좋지 않은 결과의 지표가 되기도 한다. 마찬가지로 Treasure 외(1995)는 신경성 식욕부진증 성인 환자 30명을 대상으로 실시한 연구에서 인지분석 치료와 또 다른 전문적인 치료, 즉 행동 치료(정신교육 기법을 강조하는) 간의 차이를 발견하지 못했다. Dare 외(2001)의 연구뿐만 아니라, 이 연구 역시 치료 간 차이를 규명할 만한 힘이 부족했을지 모른다. 지금까지의 연구 결과를 살펴볼 때, 신경성 식욕부진증인 성인이나 청소년에게 정신역동 치료가 다른 특별한 치료보다 더 효과적이라는 증거는 확실치 않다.

대인 관계 치료

대인 관계 치료(IPT)는 장애가 발병하거나 지속하는 데 일조하는 대인 관계상의 문제를 해결하는 데 중점을 둔다. 그리고 이 치료법 역시 정신역동 치료의 일종으로, 시간적 제한을 받는다. 일반적으로 이 치료는 다음과 같은 네 가지 잠재적 문제를 핵심적으로 다룬다. 즉, 슬픔·고통, 상호적인 논쟁, 역할 전이, 대인 관계 부족이다. 신경성 식욕부진증 여성 환자를 대상으로 인지행동 치료, 대인 관계 치료, 특별하지 않은 임상적 관리 치료를 비교한 연구 결과, 대인 관계 치료가 이 세 가지 치료 방법 중 가장 효과적이지 않다고 나타났다(McIntosh et al., 2005). 대인 관계 치료의 효과성은 신경성 폭식증 성인 환자가 인지행동 치료를 받을 때와 비슷한 효과를 보이지만, 그 효과가 더 늦게 나타날 수 있다(Agras et al., 2000; Fairburn et al., 1995). 인지행동 치료와 마찬가지로 소아청소년에게 대인 관계 치료를 적용할 때에는 환자와 관련된 가족 간의 관계에 특히 중점을 두고, 환자의 연령과 성숙도에 맞도록 적절히 변형해야 할 필요가 있다. 그러나 이 연령대를 대상으로 한 대인 관계 치료 연구가 부족하다는 점을 고려할 때, 성년이 되지 않은 섭식장애 환자에게 이 치료가 최선적인 방법은 아닐 수 있다.

치료문헌 요약

소아청소년의 섭식장애 치료 방법에 관한 현재 연구는 대부분 소아청소년이 아닌 성인을 대상으로 했다는 점에서 제한점이 있다. 성인을 대상으로 한 연구자료를 통해 추정하는 것은 그 내용이 적절할 수도 있고, 그렇지 않을 수도 있다. Gowers와 Bryant-Waugh(2004)는 최근에 이 같은 가정을 옹호하는 네 가지 근거와 추정이 확실치 않을 수 있다는 다섯 가지 근거를 제시하였다. 그러므로 우리는 더 많은 연구가 실시될 때까지 지속적으로 연구해야 한다.

전반적으로 연구는 대상이 어떤 장애와 연령대인지에 따라 다양하다. 아마도 성인보다 소아청소년이 예후가 더 좋겠지만, 그래도 여전히 소아청소년을 대상으로 하는 연구는 제한점이 있다. 또한 신경성 폭식증이나 폭식증에 비해 신경성 식욕부진증의 예후가 더 나쁘다. Tierney와 Wyatt(2005)는 신경성 식욕부진증 청소년 환자를 대상으로 심리사회적 치료 중재를 한 무작위 통제실험연구를 체계적으로 검토하였는데, 그 결과 소규모 실험연구에서 이끌어 낼 만한 결론은 없다고 밝혔다. 진행된 여러 연구의 규모가 너무 작았기 때문에 치료 중재 간의 차이를 발견하기는 어려웠을 것이다. 또한 게재된 연구 중 치료 통제조건이 포함된 것이 없었고 추적연구 결과도 부족하였다. 따라서 어떤 특정한 중재가 신경성 식욕부진증에 효과적인지에 대한 결과와 지지를 얻지 못하였다.

신경성 폭식증의 경우 가족 치료에 대한 무작위 실험연구 2개가 진행 중이지만(Gowers & Bryant-Waugh, 2004), 소아청소년을 대상으로 하는 연구는 현저히 부족한 상태이다. 그러나 인지행동 치료가 신경성 폭식증 성인(종종 청소년도 포함되지만) 환자에게 효과적이라는 것은 이미 밝혀졌고, NICE(2004)에서도 인지행동 치료를 신경성 폭식증의 실증적 치료법으로 권장하였다. 신경성 폭식증 환자에게 인지행동 치료를 권고하였으나, 환자의 발달 수준과 환경에 맞게 연령별로 개발하여 적용하는 것이 필요하며 가족이 치료에 참여하는 것 역시 도움이 된다고 언급하였다.

아직은 소아청소년을 대상으로 연구가 더 이루어져야 하겠지만, 폭식증의 경우 예후가 가장 좋을 것으로 추정한다. 특히 이것이 가장 흔한 섭식장애라는 점을 고려하면, EDNOS의 다른 이형에 대해 더욱 많은 임상실험연구가 진행되어야 한다는 것을 알 수 있다. 우리는 EDNOS의 여러 하위유형에 대한 치료법이나 최근 Fairburn, Cooper와 Shafran(2003)이 기술한 변형된 진단 접근에 관한 연구를 할 필요가 있다.

결론

섭식장애는 치료가 가능하면서도 동시에 생명을 위협할 가능성도 있는 질병이다. 초기에 발견하여 중재하는 것이 매우 중요하기 때문에 소아청소년을 다루는 사람은 섭식장애를 판단하고 치료하는 데 대한 전문지식을 지니고 있는 것이 매우 중요하다. 그러나 소아청소년을 대상으로 더 많은 연구가 이루어짐으로써 성인 연구자료를 근거로 추정하는 일은 지양해야 할 것이다.

참고문헌

Agras, W. S. (2001). The consequences and costs of the eating disorders. Psychiatric Clinics of North America, 24, 371–379.

Agras, W. S., Telch, C. F., Arnow, B., Eldredge, K., & Marnell, M. (1997). One-year follow-up of cognitive-behavioral therapy for obese individuals with binge eating disorder. Journal of Consulting and Clinical Psychology, 65, 343–347.

Agras, W.S, Walsh, B. T., Fairburn, C. G., Wilson, G. T., & Kraemer, H. C. (2000). A multicenter comparison of cognitive-behavioral therapy and interpersonal psychotherapy for bulimia nervosa. Archives of General Psychiatry, 57, 459–466.

Alonso, A. T. V., Rodríguez, M. A. R., Alonso, J. E. L., Carretero, G. R., & Martin, M. F. (2005). Eating disorders: Prevalence and risk profile among secondary school students. Social Psychiatry and Psychiatric Epidemiology, 40, 980–987.

American Psychiatric Association (1987). Diagnostic and statistical manual of mental disorders (3rd ed., Revised). Washington, DC: Author

American Psychiatric Association. (2000). Diagnostic and statistical manual of mental disorders (4th ed., Text Revision). Washington, DC: Author.

American Psychiatric Association. (2006). Practice guidelines for the treatment of patients with eating disorders (3rd ed.) Retrieved December 10, 2006, http://www.psych.org/psych_pract/treatg/pg/EatingDisorders3ePG_04-28-0.

Anzai, N., Lindsey-Dudley, K., & Bidwell, R. J. (2002). Inpatient and partial hospital treatment for adolescent eating disorders. Child and Adolescent Psychiatric Clinics of North America, 11, 279–309.

Austin, S. B., Ziyadeh, N., Kahn, J. A., Camargo, C. A., Colditz, G. A., & Field, A. E. (2004). Sexual orientation, weight concerns, and eating-disordered behaviors in adolescent girls and boys. Journal of the American Academy of Child and Adolescent Psychiatry, 43, 1115–1123.

Binford, R. B., & Le Grange, D. (2005). Adolescents with bulimia nervosa and eating disorder not otherwise specified-purging only. International Journal of Eating Disorders, 38, 157–161.

Brambilla, F., & Monteleone, P. (2003). Physical complications and physiological abberations in eating disorders. In M. Maj, K. Halmi, J. J. Lopez-Ibor, & N. Sartorius (Eds.) Evidence and experience in psychiatry:Vol. 6. Eating disorders (pp. 139–192). Chichester: Wiley.

Bulik, C. M., Klump, K. L., Thornton, L., Kaplan, A. S., Devlin, B., Fichter, M. M., et al. (2004). Alcohol use disorder comorbidity in eating disorders: A multicenter study. Journal of Clinical Psychiatry, 65, 1000–1006.

Carlat, D. J., Camargo, C. A., & Herzog, D. B. (1997). Eating disorders in males: A report on 135 patients. American Journal of Psychiatry, 154, 1127–1132.

Channon, S., de Silva, P., Hemsley, D., & Perkins, R. (1989). A controlled trial of cognitive-behavioral and behavioral treatment of anorexia nervosa. Behaviour Research and Therapy, 27, 529–535.

Colton, A., & Pistrang, N. (2004). Adolescents' experiences of inpatient treatment of anorexia nervosa. European Eating Disorders Review, 12, 307–316.

Conason, A. H., Brunstein Klomek, A., & Sher, L. (2006). Recognizing alcohol and drug abuse in patients with eating disorders. QJM: An International Journal of Medicine, 99, 335–339.

Cotrufo, P., Gnisci, A., & Caputo, I. (2005). Psychological characteristics of less severe forms of eating disorders: An epidemiological study among 259 female adolescents. Journal of Adolescent Health, 28, 147–154.

Crisp, A., Norton, K., Glowers, S., Halek, C., Bowyer, C., Yeldham, D., et al. (1991). A controlled study of the effect of therapies aimed at adolescent and family psychopathology in anorexia nervosa. British Journal of Psychiatry, 159, 325–333.

Crisp, A. H., Palmer, R. L., & Kalucy, R. S. (1976). How common is anorexia nervosa? A prevalence study. British Journal of Psychiatry, 128, 549–554.

Croll, J., Neumark-Sztainer, D., Story, M., & Ireland, M. (2002). Prevalence and risk and protective factors related to disordered eating behaviors among adolescents: Relationship to gender and ethnicity. Journal of Adolescent Health, 31, 166–175.

DaCosta, M. & Halmi, K. (1992). Classifications of anorexia: Question of subtypes. International Journal of Eating Disorders, 11, 305–311.

Dansky, B. S., Brewerton, T. D., & Kilpatrick, D. G. (2000). Comorbidity of bulimia nervosa and alcohol use disorders: Results from the National Women's Study. International Journal of Eating Disorders, 27, 180–190.

Danziger, Y., Carcl, C. A., Varsano, I., Tyano, S., & Mimouni, M. (1988). Parental involvement in treatment of patients with anorexia nervosa in a pediatric day-care unit. Pediatrics, 81, 159–162.

Dare, C., Eisler, I., Russell, G., Treasure, J., & Dodge, E. (2001). Psychological therapies for adults with anorexia nervosa: Randomised controlled trial of out-patient treatments. British Journal of Psychiatry, 178, 216–221.

Davies, S., & Jaffa, T. (2005). Patterns of weekly weight gain during inpatient treatment for adolescents with anorexia nervosa. European Eating Disorders Review, 13, 273–277.

Davison, G. C. (2000). Stepped care: Doing more with less? Journal of Consulting and Clinical Psychology, 68, 580–585.

Decaluwé, V., & Braet, C. (2003). Prevalence of binge-eating disorder in obese children and adolescents seeking weight-loss treatment. International Journal of Obesity, 27, 404–409.

Dodge, E., Hodes, M., Eisler, I., & Dare, C. (1995). Family therapy for bulimia nervosa in adolescents: An exploratory study. Journal of Family Therapy, 17, 59–77.

Eapen, V., Mabrouk, A. A., & Bin-Othman, S. (2006). Disordered eating attitudes and symptomatology among adolescent girls in the United Arab Emirates. Eating Behaviors, 7, 53–60.

Eisler, I., Dare, C., Russell, G., Szmukler, G., le Grange, D., & Dodge, E. (1997). Family and individual therapy in anorexia nervosa: A 5-year follow-up. Archives of General Psychiatry, 54, 1025–1030.

Eisler, I., Dare, C., Hodes, M., Russell, G., Dodge, E., & Le Grange, D. (2000). Family therapy for adolescent anorexia nervosa: The results of a controlled comparison of two family interventions. Journal of Child Psychology and Psychiatry, 41, 727–736.

Fairburn, C. G. (2005). Evidence-based treatment of anorexia nervosa. International Journal of Eating Disorders, 37(Suppl.), S26–S30.

Fairburn, C. G., & Bohn, K. (2005). Eating disorder NOS (EDNOS): An example of the troublesome "not otherwise specified" (NOS) category in DSM–IV. Behaviour Research and Therapy, 43, 691–701

Fairburn, C. G., Cooper, Z., Doll, H.A., Norman, P., & O'Connor, M. (2000). The natural course of bulimia nervosa and binge eating disorder in young women. Archives of General Psychiatry, 57, 659–665.

Fairburn, C. G., Cooper, Z., & Shafran, R. (2003). Cognitive behaviour therapy for eating disorders: a "transdiagnostic" theory and treatment. Behaviour Research and Therapy, 41, 509–28.

Fairburn, C. G. Marcus, M. D., & Wilson, G. T. (1993). Cognitive behavioral therapy for binge eating and bulimia nervosa: a comprehensive treatment manual. In C. G. Fairburn & G. T. Wilson (Eds.), Binge eating: Nature, assessment and treatment (pp. 361–404). New York: Guilford Press.

Fairburn, C., Norman, P., Welch, S., O'Connor, M., Doll, H., & Peveler, R. (1995). A prospective study of outcome in bulimia nervosa and the long-term effects of three psychological treatments. Archives of General Psychiatry, 52, 304–312.

Fichter, M. M., Quadflieg, N., Georgopoulou, E., Xepapadakos, F., & Fthenakis, E. W. (2005). Time trends in eating disturbances in young Greek migrants. International Journal of Eating Disorders, 38, 310–322.

Fisher, M., Golden, N. H., Katzman, D. K., Kreipe, R. E., Rees, J., Schebendach, J., et al. (1995). Eating disorders in adolescents: A background paper. Journal of Adolescent Health, 16, 420–437.

Fisher, M., Schneider, M., Burns, J., Symons, H., & Mandel, F. S. (2001). Differences between adolescents and young adults at presentation to an eating disorders program. Journal of Adolescent Health, 28, 222–227.

Gard, M. C. E., & Freeman, C. P. (1996). The dismantling of a myth: A review of eating disorders and socioeconomic status. International Journal of Eating Disorders, 20, 1–12.

Garner, D., Vitousek, K., & Pike, K. (1997). Cognitive-behavioral therapy for anorexia nervosa. In D. Garner & P. Garfinkel (Eds.), Handbook of treatment for eating disorders (2nd ed., pp. 94–144). New York: Guilford Press.

Geist, R., Heinmaa, M., Katzman, D., & Stephens, D. (1999). A comparison of male and female adolescents referred to an eating disorder program. Canadian Journal of Psychiatry, 44, 374–378.

Geist, R., Heinmaa, M., Stephens, D., Davis, R., & Katzman, D. K. (2000). Comparison of family therapy and family group psychoeducation in adolescents with anorexia nervosa. Canadian Journal of Psychiatry, 45, 173–178.

Gerlinghoff, M., Backmund, H., & Franzen, U. (1998). Evaluation of a day treatment programme for eating disorders. European Eating Disorders Review, 6, 96–106.

Gleaves, D. H., Lowe, M. R., Green, B. A., Cororve, M. B., & Williams, T. L. (2000). Do anorexia and bulimia nervosa occur on a continuum? A taxometric analysis. Behavior Therapy, 31, 195–219.

Godt, K. (2002). Personality disorders and eating disorders: The prevalence of personality disorders in 176 female outpatients with eating disorders. European Eating Disorders Review, 10, 102–109.

Gowers, S. G. (2006). Evidence based research in CBT with adolescent eating disorders. Child and Adolescent Mental Health, 11, 9–12.

Gowers, S., & Bryant-Waugh, R. (2004). Management of child and adolescent eating disorders: The current evidence base and future directions. Journal of Child Psychology and Psychiatry, 45, 63–83.

Gowers, S. G., Weetman, J., Shore, A., Hossain, F., & Elvins, R. (2000). Impact of hospitalisation on the outcome of adolescent anorexia nervosa. British Journal of Psychiatry, 176, 138–141.

Granillo, T., Jones-Rodriguez, G., & Carvajal, S.C. (2005). Prevalence of eating disorders in Latina adolescents: Associations with substance use and other correlates. Journal of Adolescent Health, 36, 214–220.

Grilo, C. M., Sanislow, C. A., Shea, M. T., Skodol, A., Stout, R. L., Pagano, M. E., Yen, S., &; McGlashan, T. H. (2003). The natural course of bulimia nervosa and eating disorder not otherwise specified is not influenced by personality disorders. International Journal of Eating Disorders, 34, 319–330.

Hay, P., & Fairburn, C. (1998). The validity of the DSM–IV scheme for classifying bulimic eating disorders. International Journal of Eating Disorders, 23, 7–15.

Henderson, K. E., & Schwartz, M. B. (2007). Treatment of overweight children: practical strategies for parents. In J. D. Latner, & G. T. Wilson (Eds.) Self-help approaches for obesity and eating disorders: Research and practice. (pp. 289–309). New York: Guilford Press.

Herpertz-Dahlmann, B.M., Wewetzer, C., Schulz, E., & Remschmidt, H. (1996). Course and outcome in anorexia nervosa. International Journal of Eating Disorders, 19, 335–345.

Herzog, W. D., Schelberg, D., & Deter, H. C. (1997). First recovery in anorexia nervosa patients in the long-term course: A discrete-time survival analysis. Journal of Consulting and Clinical Psychology, 65, 169–177.

Hoek, H. W., & van Hoeken, D. (2003). Review of the prevalence and incidence of eating disorders. International Journal of Eating Disorders, 34, 383–396.

Howard, W. T., Evans, K. K., Quintero-Howard, C. V., Bowers, W. A., & Andersen, A. E. (1999). Predictors of success or failure of transition to day hospital treatment for inpatients with anorexia nervosa. American Journal of Psychiatry, 156, 1697–1702.

Huon, G. F., Mingyi, Q., Oliver, K., & Xiao, G. (2002). A large-scale survey of eating disorder symptomatology among female adolescents in the People's Republic of China. International Journal of Eating Disorders, 32, 192–205.

Johnson, J. G., Cohen, P., Kasen, S., & Brook, J. S. (2006). Personality disorder traits evident by early adulthood and risk for eating and weight problems during middle adulthood. International Journal of Eating Disorders, 39, 184–192.

Kalisvaart, J. L., & Hergenroeder, A. C. (2005). Inpatient treatment of adolescent patients with eating disorders: Medical and financial outcomes. Journal of Adolescent Health, 36, 153.

Keel, P. K., Heatherton, T. D., Dorer, D. J., Joiner, T. E., & Zalta, A.K. (2006). Point prevalence of bulimia nervosa in 1982, 1992, and 2002. Psychological Medicine, 36, 119–127.

Kjelsås, E., Bjornstrom, C., & Götestam, K. G. (2004). Prevalence of eating disorders in female and male adolescents (14–15 years). Eating Behaviors, 5, 13–25.

Knez, R., Munjas, R. Petrovečki, M., Paučić-Kirinčić, E., & Peršić, M. (2006). Disordered eating attitudes among elementary school population. Journal of Adolescent Health, 38, 628–630.

Kotler, L. A., Cohen, P., Davies, M., Pine, D. S., & Walsh, B. T. (2001). Longitudinal relationships between childhood, adolescent, and adult eating disorders. Journal of the American Academy of Child and Adolescent Psychiatry, 40, 1434–1440.

Labre, M. P. (2002). Adolescent boys and the muscular male body ideal. Journal of Adolescent Health, 30, 233–242.

Latner, J. D., Hildebrandt, T., Rosewall, J. K., Chisholm, A. M., & Hayashi, K. (2007). Loss of control over eating reflects eating disturbances and general psychopathology. Behaviour Research and Therapy, 45, 2203–2211.

Le Grange, D. (1999). Family therapy for adolescent anorexia nervosa. Journal of Clinical Psychology, 55, 727–739.

Le Grange, D., Eisler, I., Dare, C., & Russell, G.F.M. (1992). Evaluation of family therapy in anorexia nervosa: A pilot study. International Journal of Eating Disorder, 12, 347–357.

LeGrange, D., Lock, J., & Dymeck, M. (2003). Family-based treatment of eating disorders. American Journal of Psychotherapy, 57, 237–251.

Le Grange, D., Louw, J., Russell, B., Nel, T., & Silkstone, C. (2006). Eating attitudes and behaviours in South African adolescents and young adults. Transcultural Psychiatry, 43, 401–417.

Lewinsohn, P. M., Striegel-Moore, R. H., & Seeley, J. R. (2000). Epidemiology and natural course of eating disorders in young women from adolescence to young adulthood. Journal of the American Academy of Child and Adolescent Psychiatry, 39, 1284–1292.

Lock, J., Agras, W. S., Bryson, S., & Kraemer, H. C. (2005). A comparison of short- and long-term family therapy for adolescent anorexia nervosa. Journal of the American Academy of Child & Adolescent Psychiatry, 44, 632–639.

Lock, J., Couturier, J., & Agras, W. S. (2006). Comparison of long-term outcomes in adolescents with anorexia nervosa treated with family therapy. Journal of the American Academy of Child and Adolescent Psychiatry, 45, 666–672.

Lock, J., & Le Grange, D. (2005). Family-based treatment of eating disorders. International Journal of Eating Disorders, 37(Suppl.), S64–S67.

Lock, J., Le Grange, D., Agras, W., & Dare, C. (2001). Treatment manual for anorexia nervosa: A family-based approach. New York: Guilford Press.

Lock, J., Le Grange, D., Forsberg, S., & Hewell, K. (2006). Is family therapy useful for treating children with anorexia nervosa? Results of a case series. Journal of the American Academy of Child and Adolescent Psychiatry, 45, 1323–1328.

McClelland, L., & Crisp, A. (2001). Anorexia nervosa and social class. International Journal of Eating Disorders, 29, 150–156.

McCreary, D. R., & Sasse, D. K. (2000). An exploration of the drive for muscularity in adolescent boys and girls. Journal of American College Health, 48, 297–304.

McIntosh, V. V. W., Jordan, J., Carter, F. A., Luty, S. E., McKenzie, J. M, Bulik, C. M., et al. (2005). Three psychotherapies for anorexia nervosa: a randomised controlled trial. American Journal of Psychiatry, 162, 741–747.

Measelle, J. R., Stice, E., & Hogansen, J. M. (2006). Developmental trajectories of co-occuring depressive, eating, antisocial, and substance abuse problems in female adolescents. Journal of Abnormal Psychology, 115, 524–538.

Miotto, P., De Coppi, M., Frezza, M., Rossi, M., & Preti, A. (2002). Social desirability and eating disorders. A community study of an Italian school-aged sample. Acta Psychiatrica Scandinavica, 105, 372–377.

Morgan, H. G., & Russell, G. F. M. (1975). Value of family background and clinical features as predictors of long-term outcome in anorexia nervosa: Four year follow-up study of 41 patients. Psychological Medicine, 5, 335–371.

National Institute for Clinical Excellence. (2004). Eating disorders: Core interventions in the treatment and management of anorexia nervosa, bulimia nervosa and related eating disorders. London: National Institute for Clinical Excellence.

Netemeyer, S. B., & Williamson, D. A. (2001). Assessment of eating disturbance in children and adolescents with eating disorders and obesity. In J. K. Thompson & L. Smolak (Eds). Body image, eating disorders, and obesity in youth: Assessment, prevention, and treatment. (pp. 215–233). Washington, DC: American Psychological Association.

Nishizono-Maher, A., Miyake, Y., & Nakane, A. (2004). The prevalence of eating pathology and its relationship to knowledge of eating disorders among high school girls in Japan. European Eating Disorders Review, 12, 122–128.

Nobakht, M., & Dezhkam, M. (2000). An epidemiological study of eating disorders in Iran. International Journal of Eating Disorders, 28, 265–271.

Patel, D. R., Pratt, H. D., & Greydanus, D. E. (2003). Treatment of adolescents with anorexia nervosa. Journal of Adolescent Health, 18, 244–260.

Peebles, R., Wilson, J. L., & Lock, J. D. (2006). How do children with eating disorders differ from adolescents with eating disorders at initial evaluation? Journal of Adolescent Health, 39, 800–805.

Pernick, Y., Nichols, J. F., Rauh, M. J., Kern, M., Ji, M., Lawson, M. J., & Wilfley, D. (2006). Disordered eating among a multi-racial/ethnic sample of female high-school athletes. Journal of Adolescent Health, 38, 689–695.

Piazza, C. C. (in press). Feeding disorders. In J. L. Matson, F. Andrasik, & M. L. Matson (Eds.). Treating childhood psychopathology and developmental disabilities. New York: Springer.

Pike, K. M., Walsh, B. T., Vitousek, K., Wilson, G. T, & Bauer, J. (2003). Cognitive behavior therapy in the posthospitalization treatment of anorexia nervosa. American Journal of Psychiatry, 160, 2046–2049.

Polivy, J., & Herman, C. P. (2002). Causes of eating disorders. Annual Review of Psychology, 53, 187–213.

Rastam, M., Gillberg, C., & Garton, M. (1989). Anorexia nervosa in a Swedish urban region: A population based study. British Journal of Psychiatry, 155, 642–646.

Robergeau, K., Joseph, J., & Silber, T. J. (2006). Hospitalization of children and adolescents for eating disorders in the State of New York. Journal of Adolescent Health, 39, 806–810.

Robin, A. L., Gilroy, M., & Dennis, A. B., (1998). Treatment of eating disorders in children and adolescents. Clinical Psychology Review, 18, 421–446.

Robin, A. L., Siegel, P. T., Moye, A. W., Gilroy, M., & Dennis, A. B., & Sikand, A. (1999). A controlled comparison of family versus individual therapy for adolescents with anorexia nervosa. Journal of the American Academy of Child & Adolescent Psychiatry, 38, 1482–1489.

Robinson, T. N., Killen, J. D., Litt, I. F., Hammer, L. D., Wilson, D. M., Haydel, K. F., Hayward, C., et al. (1996). Ethnicity and body dissatisfaction: Are Hispanic and Asian girls at increased risk for eating disorders? Journal of Adolescent Health, 19, 384–393.

Rosenvinge, J. H., Borgen, J. S., & Börresen, R. (1999). The prevalence and psychological correlates of anorexia nervosa, bulimia nervosa, and binge eating among 15-year-old students: A controlled epidemiological study. European Eating Disorders Review, 7, 382–391.

Rossiter, E. M, & Agras, W. S. (1990). An empirical test of the DSM–III–R definition of binge. International Journal of Eating Disorders, 9, 513–518.

Ruiz-Lázaro, P. M., Alonso, J. P., Comet, P., Lobo., A., & Velilla, M. (2005). Prevalence of eating disorders in Spain: A survey on a representative sample of adolescents. In P.I. Swain (Ed.), Trends in eating disorders research. (pp. 85–108). Hauppauge, NY: Nova Biomedical Books.

Russell, G. F., Szmukler, G. I., Dare, C., & Eisler, I. (1987). An evaluation of family therapy in anorexia nervosa and bulimia nervosa. Archives of General Psychiatry, 44, 1047–1056.

Saccomani, L., Savoini, M., Cirrincione, M., Vercellino, F., & Ravera, G. (1998). Long-term outcome of children and adolescents with anorexia nervosa: Study of comorbidity. Journal of Psychosomatic Research, 44, 565–571.

Sansone, R. A., Levitt, J. L., & Sansone, L. A. (2005). The prevalence of personality disorders among those with eating disorders. Eating Disorders, 13, 7–21.

Schlundt, D. G., & Johnson, W. G. (1990). Eating disorders: Assessment and treatment. Needham Heights, MA: Allyn & Bacon.

Schwartz D. M., & Thompson M. G. (1981): Do anorectics get well? Current research and future needs. American Journal of Psychiatry, 148, 319–323.

Serfaty, M. A., Turkington, D., Heap, M., Ledsham, L., & Jolley, E. (1999). Cognitive therapy versus dietary counselling in the outpatient treatment of anorexia nervosa: Effects of the treatment phase. European Eating Disorders Review, 7, 334–350.

Steinhausen, H. C. (2002). The outcome of anorexia nervosa in the 20th century. American Journal of Psychiatry, 159, 1284–1293.

Steinhausen, H. C., & Boyadjieva, S. (1996). The outcome of adolescent anorexia nervosa: Findings from Berlin and Sofia. Journal of Youth and Adolescence, 25, 473–481.

Stice, E., Hayward, C., Cameron, R., Killen, J. D., & Taylor, C. B. (2000). Body image and eating related factors predict onset of depression in female adolescents: A longitudinal study. Journal of Abnormal Psychology, 109, 438–444.

Stice, E., Presnell, K., & Bearnman, S. K. (2001). Relation of early menarche to depression, eating disorders, substance abuse, and comorbid psychopathology among adolescent girls. Developmental Psychology, 37, 608–619.

Stock, S. L., Goldberg, E., Corbett, S., & Katzman, D. K. (2002). Substance use in female adolescents with eating disorders. Journal of Adolescent Health, 31,176–182.

Striegel-Moore, R. H., Leslie, D., Petrill, S. A, Garvin, V., & Rosenheck, R. A. (2000). One-year use and cost of inpatient and outpatient services among female and male patients with an eating disorder: Evidence from a national database of health insurance claims. International Journal of Eating Disorders, 27, 381–389.

Tierney, S., & Wyatt, K. (2005). What works for adolescents with AN? A systematic review of psychosocial interventions. Eating and Weight Disorders, 10, 66–75.

Treasure, J., Todd, G., Brolley, M., Tiller, J., Nehmed, A., & Denmen, F. (1995). A pilot study of a randomized trial of cognitive analytical therapy vs educational behavioral therapy for adult anorexia nervosa. Behaviour Research and Therapy, 33, 363–367.

van Son, G. E., van Hoeken, D., Bartelds, A. I. M., van Furth, E. F., & Hoek, H. W. (2006). Time trends in the incidence of eating disorders: A primary care study in the Netherlands. International Journal of Eating Disorders, 39, 565–569.

Waaddegaard, M., & Petersen, T. (2002). Dieting and desire for weight loss among adolescents in Denmark: A questionnaire survey. European Eating Disorders Review, 10, 329–346.

Walsh, B. T., & Garner, D. M. (1997). Diagnostic issues. In D. M. Garner, & P. E. Garfinkel, (Eds.). Handbook of treatment for eating disorders (2nd ed., pp. 25–33). New York: Guilford Press.

Wiederman, M. W., & Pryor, T. (1991). Substance use and impulsive behaviors among adolescents with eating disorders. Addictive Behaviors. 21, 269–271.

Wilfley, D. E., Welch, R. R., Stein, R. I., Spurrell, E. B., Cohen, L., Saelens, B., et al. (2002). A randomised comparison of group cognitive-behavioral therapy and group interpersonal psychotherapy for treatment of overweight individuals with binge-eating disorder. Archives of General Psychiatry, 59, 713–721.

Wilfley, D. E., Wilson, G. T., & Agras, W. S. (2003). The clinical significance of binge eating disorder. International Journal of Eating Disorders, 34(Suppl.), S96–S106.

Williamson, D. A., Cubic, B. A., & Gleaves, D. H. (1993). Equivalence of body image disturbance in anorexia and bulimia nervosa. Journal of Abnormal Psychology, 102, 177–180.

Williamson, D. A., Davis, C. J., Goreczny, A. J., Blouin, D. C. (1989). Body-image disturbances in bulimia nervosa: Influences of actual body size. Journal of Abnormal Psychology, 98, 97–99.

Williamson, D. A., Gleaves, D. A., & Savin, S. M. (1992). Empirical classification of eating disorder NOS: Support for DSM–IV changes. Journal of Psychopathology and Behavioral Assessment, 14, 201–216.

Williamson, D. A., Thaw, J. M., & Varnado-Sullivan, P. J. (2001). Cost-effectiveness analysis of a hospital-based cognitivve-behavioral treatment program for eating disorders. Behavior Therapy, 32, 459–477.

Willmuth, M. E., Leitenberg, H., Rosen, J. C., & Cado, S. (1988). A comparison of purging and nonpurging normal weight bulimics. International Journal of Eating Disorders, 7, 825–835.

Wilson, G. T. (2005). Psychological treatment of eating disorders. Annual Review of Clinical Psychology, 1, 439–465.

Wilson, G. T., & Fairburn, C. G. (2002). Treatments for eating disorders. In P.E. Nathan, & J. M. Gorman (Eds), A guide to treatments that work (2nd ed., pp. 559–592). New York: Oxford University Press.

Wilson, G. T., Grilo, C. M., & Vitousek, K. (2007). Psychological treatment of eating disorders. American Psychologist, 62, 199–216.

Wilson, G. T., Loeb, K. L., Walsh, B. T., Labouvie, E., Petkova, E., Liu, X., & Waternaux, C. (1999). Psychological versus pharmacological treatments of bulimia nervosa: Predictors and processes of change. Journal of Consulting and Clinical Psychology, 67, 451–459.

Zaider, T. I., Johnson, J. G., & Cockell, S. J. (2000). Psychiatric comorbidity associated with eating disorder symptomatology among adolescents in the community. International Journal of Eating Disorders, 28, 58–67.

Zipfel, S., Reas, D. L., Thornton, C., Olmsted, M. P., Williamson, D. A., Gerlinghoff, M., et al. (2002). Day hospitalization programs for eating disorders: A systematic review of the literature. International Journal of Eating Disorders, 31, 105–117.

Zucker, N. (in press. Eating disorders. In J. L., Matson, F. Andrasik, & M. L. Matson (Eds.). Assessing childhood psychopathology and developmental disabilities. New York: Springer.

소아기 급식장애 치료

CATHLEEN C. PIAZZA, HENRY S. ROANE, and HEATHER J. KADEY[48]

급식장애 치료

"걱정하지 말아요, 크면서 괜찮아질 거예요." 이런 말은 식사 시간에 어려움이 있는 어린 아동의 부모에게 하는 가장 일반적인 충고 중 하나이다. 『아동기 심리장애와 발달장애의 평가』 제16장에서 말하는 바와 같이 실제로 급식 문제가 있는 대부분의 아동은 시간이 지남에 따라 해결된다. 그러나 급식 문제가 있는 아동 중에는 치료적 중재 없이 문제가 해결되지 않는 경우가 있으며, 이 장에서는 이런 아동을 중점적으로 다룰 것이다. 우리와 제휴한 Nedraska 대학교 의학센터의 Monroe-Meyer 연구소에서 실시하는 급식장애 프로그램에서 얻은 자료에 의하면, 심각한 급식 문제의 평가와 치료를 위해 의뢰되는 아동의 평균 연령이 3세라고 한다. 이 자료를 통해 부모와 전문가는 아동이 '크면서 괜찮아지는 것'이 아니라는 것을 깨닫게 되면서 급식 문제에 치료가 필요하다고 생각하게 되었다.

먹는 것은 복잡한 과정으로서 일련의 연쇄적인 행동으로 구성되는데, 이는 고체 또는 액체를 입에 넣는 것으로 시작해서, 입에 보유하고 있다가 덩어리를 만들어서, 음식을 씹고(필요시에), 삼키고, 위장관에 보유한다. 먹는 기능이 제대로 되지 않는 것은 이런 연쇄적 행동에 따른 어떤 지점에서 문제가 있어서 그럴 수 있다. 따라서 급식 문제가 있는 아동의 성공적인 치료를 위한 첫 단계는

---

48. CATHILEEN C. PIAZZA, HENRY S. ROANE, and HEATHER J. KADEY*Munroe-Meyer Institute for Genetics and Rehabilitation and University of Nebraska Medical Center

제14장 소아기 급식장애 치료 **449**

아동에게 문제되는 특정 행동을 확인하고, 개별적 행동을 위해 측정할 수 있는 목표를 설정하는 것이다. 목표는 각 아동에게 맞게 개별적으로 세워야 한다. 측정 가능한 목표의 몇 가지 예로는 아동에게 필요한 칼로리와 영양분 100%를 입을 통해 고체와 액체로 섭취하는 것을 증가시키는 것이다. 이것은 아마도 불충분한 섭취 때문에 성장에 방해받는 아동에게 적합한 목표가 될 수 있다. 또 다른 목표는 칼로리와 영양분을 90%보다 더 많이 섭취시키기 위해 열여섯 가지 새로운 음식물(각각의 음식 그룹에서 네 가지 : 과일, 단백질, 탄수화물, 채소)을 먹도록 하는 것이다. 이 목표는 편식하는 아동(예 : 감자튀김만 먹는 아동)을 위한 좋은 목표가 될 수 있다. 또 다른 목표의 몇 가지 예를 들어 부적절한 행동 줄이기, 삼키는 빈도 증가시키기, 씹거나 스스로 먹는 법 가르치기에 초점을 두는 것이 있다.

음식을 거부하는 아동은 전형적으로 섭식에 문제없는 아동(eating child)에 비해서 음식과 관련된 다른 과거력이나 경험이 있다. 즉, 대부분의 아동은 가끔 먹는 문제가 한 차례 있다 할지라도, 치료 중재 없이 시간이 지남에 따라 이 문제는 해결된다. 하지만 급식 문제가 있는 소수의 아동은 시간이 지남에 따라 문제가 더욱 나빠지거나 유지된다(Lindberg, 1996). 그러므로 전형적으로 급식 문제가 없는 아동에게 적용하는 기술이나 권장사항은 만성적이고 심각한 급식 문제가 있는 아동에게 효과적이지 않을 수 있다.

Piazza, Fisher 외(2003)는 기능적 분석 방법을 사용함으로써 부모가 아동을 먹이기 위해 하는 방식(즉, 음식물—고체와 액체—을 받아들이는 것에서 도망치는 것을 허용, 부적절한 행동에도 선호하는 물품이나 음식, 관심 제공)은 실제로 연구 아동(약 70%)의 부적절한 식사행동을 더욱 악화시킨다고 밝혔다. Piazza, Fisher 외(2003)의 연구에서는 아동의 부적절한 행동의 결과로 먹는 것 또는 마시는 것에서 도망칠 수 있게 되면 그 행동이 증가한다고 보고하였다. 이와 마찬가지로, 아동이 자신의 부적절한 행동의 결과로 선호하는 물품이나 음식(실질적인) 또는 성인의 관심을 얻을 때 역시 이러한 행동이 증가한다고 하였다. 따라서 급식 문제를 유지하는 요인으로 먹는 것에서 도망치는 형태의 부적 강화 기능과 실질적인 물품과 성인의 관심을 얻을 수 있는 정적 강화 기능을 유념하여 치료를 개발해야 한다.

여러 연구에서 부적 강화의 소거('소거 벗어나기'로 불림.) 중심 절차가 급식장애 아동의 치료에 효과적이라고 밝혔다(Ahearn, Kelvin, Richer, Shantz, & Swearingin, 1996; Cooper et al., 1995; Hoch, Babbitt, Coe, Krell, & Hackbert, 1994; Patel, Piazza, Martinez, Volkert, & Santana, 2002; Piazza, Patel, Gulotta, Sevin, & Layer, 2003; Reed et al., 2004). 소거 벗어나기의 근본적 근거 절차는 급식장애 아동이 먹는 것을 피하기 위해 머리를 돌리거나 숟가락을 치는 것과 같은 부적절한 식사행동과 연관되어 있다(Piazza, Fisher, et al., 2003). 아동의 부적절한 식사행동의 결과로 음식을 제거할 때 앞으로도 이런 부적절한 행동은 지속되기 쉽다(예 : 아동은

'만약 내가 음식을 치거나 머리를 돌리면 음식은 제거된다.'라고 예상한다.). 그러므로 소거 벗어나기 절차에서는 부적절한 식사행동이 더 이상 음식을 없애지 않는다는 것을 아동에게 가르치는 과정이 포함된다(즉, 부적절한 행동은 더 이상 소거를 가져오지 않기 때문에 이를 소거 벗어나기라고 한다.).

부적 강화의 소거에 대한 초기 연구의 제한점 중 하나는 소거 벗어나기가 변별 강화와 같은 다른 절차 과정과 결합되어 있다는 것이다(Ahearn et al., 1996; Cooper et al., 1995; Hoch et al., 1994; Luiselli, 2000: Luiselli & Gleason, 1987). 그러므로 부적절한 행동과 음식을 수용하는 데 있어 그 과정의 개별적 영향력이 분명하지 않다. 실제로 문헌조사에서 심각한 급식 문제가 있는 다양한 참여자에게 정적 강화의 단독적인 영향력을 명백하게 증명할 수 있는 연구를 찾지 못했다고 밝혔다. 예를 들어, Riordan, Iwata, Finney, Wohl과 Stanley(1984)에 의한 연구에서 치료 전 참여자는 부적절한 행동의 결과로 소량의 음식을 피할 수 있었지만, 치료 동안에는 제공된 소량의 음식을 섭취하는 조건으로 정적 강화(예 : 선호하는 물품 얻기)를 받았다. 그러나 이 긍정적 강화는 부적절한 행동에 대한 변별 강화(예 : 부적절한 행동으로 더 이상 음식을 피하는 기회를 주지 않음-이 반응은 소거 벗어나기와 비슷함.)와 짝지어지지 않았다.

Piazza 외는 정적 강화와 단일 소거 벗어나기, 음식을 수용하는 것과 부적절한 행동을 결합한 치료의 효과성을 실험하였고(Piazza, Patel et al., 2003; Reed et al., 2004), 이는 단일 정적 강화, 단일 소거 벗어나기, 정적 강화와 소거 벗어나기를 결합한 치료가 급식행동에 어떠한 영향을 끼치는지를 알아보기 위한 연구였다. Piazza, Patel 외는 음식(고체나 액체)을 한 입 삼키는 결과로 변별적 정적 강화를 주는 조건(즉, 선호하는 장난감에 30초 접근하기)과 소거 벗어나기(즉, 부적절한 행동의 결과로 음식 한 입 먹고 30초 쉬기)를 제공함으로써 이 둘의 결과를 비교하였다. 두 조건 모두에서 음식(고체나 액체)의 수용 수준은 여전히 낮았고, 부적절한 행동 역시 높은 수준으로 남아 있었다.

그 이후 연구자는 대안행동의 변별 강화에 소거 벗어나기를 추가한 조건과 소거 벗어나기만 적용한 조건을 비교하였다. 그 결과, 두 가지 조건 모두에서 부적절한 행동이 감소하였고, 음식을 수용하는 수준이 증가하였다. 하지만 소거 벗어나기 절차를 제거하자, 음식을 수용하는 수준은 감소하였고 부적절한 행동은 증가하였다. 이런 결과는 독립된 조건이나 대안행동의 변별 강화 유관적 조건 없이도 소거 벗어나기를 통해 부적절한 행동이 감소하고 음식을 수용하는 것이 증가하였다는 것을 보여 준다. 그렇지만 소거 벗어나기만 한 조건보다 소거 벗어나기와 변별적 정적 강화를 함께 구성한 치료를 할 때 일부 참여자의 부적절한 행동과 부정적인 발성(예 : 우는 것)이 더 낮아졌다.

Reed 외(2004) 역시 비슷한 방식으로 단일 비수반적 강화(NCR)조건, 비수반적 강화에 소거 벗어나기를 결합한 조건, 단일 소거 벗어나기 조건을 비교하였다. Reed 외의 연구 결과는 Piazza,

Patel 외(2003)의 연구 결과와 비슷하게, 독립조건이나 비수반적 강화가 없이도 소거 벗어나기 조건에서 음식을 수용하는 수준이 증가하고 부적절한 행동이 감소하였다. 그렇지만 일부 참여자는 소거 벗어나기에 비수반적 강화를 결합한 조건에서 부적절한 행동과 부정적인 발성(예 : 우는 것)이 더 줄었다. 따라서 Piazza, Patel 외와 Reed 외의 연구 결과에 따르면 소거 벗어나기는 일부에게 중요한 치료 구성요소이기는 하지만, 정적 강화(즉, 대안행동의 변별 강화나 비유관성 강화)를 추가하는 것이 소거 벗어나기 절차의 부정적인 부작용을 약화시킴으로써 몇몇 사람에게 더 유용할 수 있다고 하였다(Lerman, Iwata, & Wallace, 1999 참고).

급식 문제에 소거 벗어나기를 적용하는 것처럼 가장 빈번하게 평가된 두 가지 과정으로는 '숟가락 제거하지 않기(NRS : nonremoval of the spoon; Hoch et al., 1994)와 신체적 유도(PG : physical guidance; Ahearn et al., 1996)이다. 숟가락 제거하지 않기(NRS)를 하는 동안 음식을 먹이는 사람은 아동이 음식을 입에 한 입 넣는 것을 수용할 때까지 아동의 입에 컵이나 숟가락을 대고 있다. 신체적 유도(PG)를 하는 동안 아동이 정해진 시간 안에 씹기를 거부한다면, 음식을 먹이는 사람은 아동의 입에 음식물을 넣고 턱관절을 가볍게 눌러 준다. 이론적으로 두 가지 과정 모두 아동의 부적절한 식사행동인 씹기로부터 도망치려는 아동의 기회를 제거함으로써, 부적절한 행동은 감소시켰고 음식을 수용하는 것을 급격하게 증가시켰다. 또한 Ahearn 외는 숟가락 제거하지 않기와 신체적 유도 모두 상대적으로 적은 부작용으로 보호자가 받아들일 수 있는 치료로 평가된다고 하였다.

Ahearn 외(1996)의 연구 결과 역시 보호자가 숟가락 제거하지 않기와 신체적 유도 모두 받아들일 만한 것이라고 평가한다고 나타났으나, 우리의 실험연구에서는 보호자와 전문가가 종종 '강압적 급식(forced feed)'의 절차와 소거 벗어나기를 동일시한다고 지적하였다.

이러한 비판적 시각에서 급식 문제 아동을 위한 '치료받을 권리'의 윤리적 문제를 중요하게 제기한다. 온라인 의학사전(http://medical-dictionary.the freedictionary.com/Force-feeding)에서 정의된 강압적 급식은 '액체로 된 음식을 코에서 배로 튜브를 연결하여 투여하는 것'과 '환자가 원하는 이상으로 먹도록 강요하는 것'이다. 첫 번째 정의된 강압적 급식은 심각한 급식 문제가 있는 아동을 위해 가장 일반적으로 활용되는 치료 방법으로 그 방법에는 비강 영양(NG- : nasogastric)[49]과 위루형성술(G- : gastrostomy)[50] 튜브가 있다. 그렇지만 부모나 전문가는 NG-나 G-튜브로 음식을 먹이는 것을 '강압적 급식' 특성이 있다고 거의 생각하지 않는다.

두 번째 정의의 강압적 급식은 원하는 것 이상의 음식을 강제로 먹어야 할 때 생긴다고 하였다.

---

49. 비강에서 식도, 위 혹은 십이지장 그리고 상부까지 가느다란 튜브를 삽입하여 유동식을 주입하는 방법이다.
50. 입보다 위에서 어떤 이유로 음식이 지나가지 않을 때에 직접 음식을 넣기 위해 위에 구멍을 만드는 것이다.

그러므로 만약 아동이 거절하는 행동(즉, 어떤 음식이든지 거부, 성장하는 데 필요한 것보다 더 적은 양을 먹는 것 거부, 영양음식 먹는 것 거부, 액체 마시기 거부)을 '원하는데', 어떠한 방식이든지 간에 음식 섭취(액체 또는 고체)를 증가시키려고 하는 것은 '강압적'인 것으로 간주된다. 그렇지만 보호자가 아동이 영양실조, 인지행동장애, 탈수, 사망까지 이를 수 있는 행동을 이성적으로 '허용해야 하는가'에 대한 의문이 든다. 보호자는 아동의 위험한 행동은 허용하지 않으면서(예 : 자동차가 올 때 차도에 뛰어 드는 행동), 왜 아동의 건강을 해치는 음식 거부행동은 허용하는 것일까? 이 두 가지 상황(차 앞에서 뛰는 행동, 먹는 것을 거부하는 행동)에서 아동의 행동은 모두 생명을 위협하는 행동이다. 왜 앞의 상황(차 앞에서 뛰는 행동)은 예방하고 먹는 것을 거부하는 행동은 예방하지 않을까?

그 이유는 보호자가 아동에게 '강압적인 섭식'을 시키면 안 된다는 말을 다른 사람으로부터 반복적으로 듣기 때문이다. 이러한 권고사항은 강압적인 섭식을 통해 식사 시간이 아동에게 혐오스러워질 수 있다는 주장에 근거하며(즉, 아동이 더욱 힘들어진다.), 결과적으로 음식 섭취 수준을 낮출 것이라고 예상하였다. 게재된 연구의 경험적인 자료에서는 급식 문제 치료로 소거 벗어나기를 적용했을 때, 아동이 더 힘들어하거나(즉, 부적절한 행동, 우는 것) 음식을 더 거절한다는 의견을 지지하지 않았다.

소거 벗어나기에 관한 대부분의 실험연구자료를 살펴본 결과(Ahearn et al., 1996; Cooper et al., 1995; Hoch et al., 1994; Patel et al., 2002; Piazza, Patel, et al., 2003; Reed et al., 2004), 급식 문제 치료가 제거되었을 때(즉, 아동이 먹지 않을 수 있음.) 부적절한 행동(예 : 우는 것, 고개 돌리기) 수준이 기저선조건보다 훨씬 높게 나타났다. 따라서 선택조건('나는 안 먹어.')에서 아동은 고개 돌리기, 숟가락 뱉기, 울기와 같은 급식 문제행동 수준이 높아지고 음식을 거의 수용하지 않았다. 이런 기저선조건(즉, 아동이 먹지 않을 수 있음.)은 다른 치료조건보다 더 유해한 조건일 수 있다. 반면, 소거 벗어나기 치료조건에서는 머리 흔들기, 숟가락 뱉기와 같은 부적절한 행동이 감소하였고, 음식을 수용하는 수준은 증가하였다. 이러한 치료조건은 기저선조건보다 덜 유해할 수 있다. 또 다른 소거 벗어나기의 이점은 이것을 한 결과로 학습이 된다는 것이다(즉, 아동이 식사 시간에 새로운 행동 방식을 배우는 것). 반면에, 튜브 섭식은 식사 시간에 학습할 기회를 주지 않는다.

여러 연구에서 음식 거부 치료에 소거 벗어나기가 효과적이라고 밝혔음에도, 일부 아동은 단일 소거 벗어나기 조건에 반응하지 않을 수도 있다. 따라서 많은 연구에서는 소거 벗어나기와 다른 절차를 결합한 치료패키지의 효과성을 평가하였다. Kern과 Marder(1996)와 Piazza 외(Piazza et al., 2002)는 좋아하는 음식과 싫어하는 음식을 차례로 제공하는 것(예 : 싫어하는 브로콜리 한 조각을 먹은 후 좋아하는 감자칩을 주는 것)보다 동시에 제공하는 것(예 : 좋아하는 감자칩 위에 좋아하지 않는 브로콜리를 얹어 놓음.)이 더 효과적이라고 하였다.

Kern과 Marder(1996)와 Piazza 외(2002)의 연구를 확장하여 Mueller, Piazza, Patel, Kelley와 Pruett(2004)과 Patel, Piazza, Kelly, Ochsner와 Santana(2001)의 연구에서는 소거 벗어나기와 결합하여 좋아하는 음식과 싫어하는 음식(Mueller et al.)이나 액체(Patel et al.)를 섞어서(즉, 혼합) 주는 방법이 아동이 싫어하는 고체 또는 액체를 먹도록 하는 데 효과적인 방법이라고 설명하였다. Mueller 외의 연구에서는 아동이 한두 가지 음식(좋아하는 음식)은 다 먹고 다른 모든 음식(싫어하는 음식)은 거부하였다. 따라서 Mueller 외는 좋아하는 음식 90%와 싫어하는 음식 10%를 섞어서 치료를 시작하였다(즉, 90 vs 10 혼합). 아동이 좋아하는 음식과 싫어하는 음식을 이전에 비해 높은 비율로 먹을 때, 점차 좋아하는 음식에서 좋아하지 않는 음식이 차지하는 비율을 10%씩 증가시킨다(예 : 80 vs 20, 70 vs 30, 60 vs 40 혼합).

Patel 외(2001)는 3명의 아동을 대상으로 고체와 액체의 수용을 증가시키기 위해 소거 벗어나기와 높은 비율의 연속성(A high-p sequence)을 결합하였다. 높은 비율의 연속성은 아동에게 높은 수준으로 협조와 순응을 하도록 교육하는 것으로 이루어져 있다(Mace et al., 1988). 그에 반해 급식 문제가 있는 아동을 위한 낮은 비율의 연속성(low-p sequence)에는 일반적으로 고체나 액체를 먹는 것과 관련된 교육이 포함되어 있다(예 : '한 입 먹어 보는 것'). Patel 외가 사용한 높은 비율의 연속성은 낮은 비율의 연속성과 유사한 형식으로 이루어져 있다(즉, 높은 비율의 연속성은 음식을 거부하는 아동에게 빈 수저나 컵을 주고, 컵 안의 액체를 거부하는 아동에게는 숟가락으로 액체를 주고, 음식을 거부하는 아동에게 숟가락으로 물을 주면서 동시에 아동에게 '한 입 먹어보는 것'을 훈련한다.).

반면에, Dawson 외(2003)의 연구에서는 한 아동을 대상으로 단일 소거 벗어나기 치료를 한 것과 비교하였을 때, 소거 벗어나기와 간단한 행동과제로 구성된 높은 비율의 연속성을 결합한 치료가 음식의 수용을 더욱 향상시키지는 않았다고 밝혔다. Patel 외와 Dawson 외의 연구 간에 나타난 높은 비율의 연속성에 대한 효과성 차이는 높은 비율의 연속성과 낮은 비율의 연속성 반응의 비유사성(Dawson et al.)과 유사성(Patel et al.)에 따른 것으로 볼 수 있다.

즉, Patel 외의 연구처럼 높은 비율의 연속성과 낮은 비율의 연속성 훈련 간에 유사성이 높을 때 급식 문제가 있는 아동에게 높은 비율의 연속성이 더욱 효과적이다. 그렇지만 이러한 결론은 확실하지 않다. 따라서 급식 문제 아동을 치료하는 데 높은 비율의 연속성이 어떤 조건에서 더욱 효과적인지 확인하기 위하여 추가적인 연구가 필요하다.

반응 노력(어려움을 변화시키거나 먹는 것과 관련한 노력)은 음식을 먹는 데 영향을 주는 또 다른 변수로 알려졌다(Kerwin, Ahearn, Eicher, & Burd, 1995). Kerwin 외는 소거 벗어나기 여부에 따라 숟가락 위의 음식량(부피)을 변경하였다. 일반적으로 숟가락 위의 음식량이 적어질수록 음식을 수용하는 것이 증가하며(예 : 숟가락 위의 양이 적을 때 수용 수준이 높아진다.), 이는 반응 노력을 조작하는 것이 급식장애 치료를 가능하게 하는 변수가 될 수 있음을 보여 주는 것이다. 그리고 치료 초기단계에서는 아동의 노력을 최소화할 수 있도록 식사 시간을 조정한다. 또한 식사환경을 조정할 때 고려해야 할 몇 가지 변수는 주방기구의 크기, 고체 또는 액체의 부피, 주어진 음식의 질감(씹히는 느낌), 주어진 고체 또는 액체의 양, 아동이 스스로 먹을 수 있는지 등이 있다. 그러나 이러한 변수가 치료의 효과를 변화시킬 수 있다고 증명되지는 않았다.

대부분의 연구에서는 단일 소거 벗어나기 조건이나 다른 절차와 결합한 조건에서 음식을 수용하는 것이 증가하였고, 부적절한 행동이 감소하였다고 밝혔다. 그러나 배출(음식 뱉기) 또는 보유(호주머니에 넣거나 입에 음식을 담고 있기)와 같은 다른 문제점이 있는 식사행동은 음식 섭취를 방해한다. Coe 외(2007)와 Sevin, Gulotta, Sierp, Rosica와 Miller(2002)는 배출을 다루기 위해 재현 절차를 적용하였는데, 이 절차는 아동이 한 입 삼킬 때까지 뱉은 음식을 다시 아동의 입에 넣는 것으로 구성된다(이 절차는 수유 초기단계에서 부모가 영아에게 하는 방식과 비슷함.). 두 연구 모두 재현 절차가 배출을 줄이는 데 효과적이었다고 보고하였다. Patel 외(2002)의 연구에서는 한 아동을 대상으로 음식의 질감(씹히는 느낌)을 변화시켰는데, 그 결과 배출행동(음식 뱉기)이 줄었다고 하였다. Patel 외의 연구에서 아동은 고기는 뱉었지만, 다른 종류의 음식(예 : 과일, 야채, 죽)은 그렇지 않았다. 고기의 질감을 줄이자 배출이 줄었고, 또한 아동은 구강 기술이 점차 향상되면서 씹는 느낌이 더 강한 다른 음식을 수용하게 되었다.

보유는 다른 형태의 급식 문제행동을 연속으로 치료할 때(Gulotta, Piazza, Patel, & Layer, 2005) 또는 음식을 수용하도록 치료를 도입할 때(Sevin, Gulotta, Sierp, Rosica, & Miller, 2002) 동시에 발생하는 행동이다. Sevin 외는 재분배 절차를 사용하였는데, 이 방식은 아동이 입에 음식을 보유하는 행동을 제거하는 것으로, 음식을 혀 뒤쪽에 밀어 넣어 줌으로써 음식을 보유하는 행동을 줄인다. Gulotta 외의 연구는 재분배 절차를 사용하여 아동 4명의 음식 보유행동을 줄이고 섭취를 증가시킴으로써 Sevin 외의 연구 결과를 반복 검증하고 확장시켰다.

보유는 입에 음식을 물고 있으면서 먹지 않으려는 회피행동이거나 음식을 삼키는 데 필요한 씹는 기술(예 : 혀의 측면화[51]와 올리기)이 부족하여 발생하는 행동이다(Gulotta et al., 2005). 두 경우 모두 재분배 절차로 음식을 삼키도록 동기를 변화시키거나 삼킬 수 있도록 발달을 증진시킴으로써 보유행동에 영향을 줄 수 있다. 삼키는 행동 이후 아동은 재분배 절차를 피할 수 있기 때문에 재분배는 아동이 음식을 삼키고자 하는 동기를 촉진할 수 있다. 또한 재분배 절차는 음식을 삼키는 데 필요한 연쇄적 행동 중 초기 행동(예 : 음식을 덩어리로 만들어 혀 뒤로 보내는 것)에 근접하므로

---

51. lateralization : 측면화, 측화, 편측화 등 한쪽 기능으로 고정되는 것이다.

아동의 기술 발달 역시 촉진할 수 있다. 쉽게 삼키기(음식을 아동의 혀 뒤쪽에 놓고 삼키는 반응을 유도하는 것; Lamm & Greer, 1988; Hoch, Babbitt, Coe, Ducan, & Trusty, 1995)는 삼키는 반응을 촉진하는 것의 대안적 방법이다. 쉽게 삼키기는 훈련된 임상가가 위험성(aspiration risk)을 모니터링하면서 조심스럽게 적용해야 하는 방법이다.

급식 문제가 있는 아동에게 음식의 질감을 선별하거나 질감을 더 많이 수용하게 하는 어려움은 또 다른 문제점이다(Munk & Repp, 1994). Shore, Babbitt, Williams, Coe와 Snyder(1988)는 음식 질감을 점차 약화하는 방법이 조금씩 증가하는 그 질감을 아동이 수용하는 것을 촉진하는 데 효과적임을 밝혔다. Shore 외는 음식을 수용하는 것과 삼키는 것을 높은 수준으로, 음식의 배출과 유보는 낮은 수준으로 유지시키면서 퓌레(죽처럼 으깬)부터 잘게 다진 음식까지 아동의 질감을 발전시켰다. 한편 이 연구에서 또 다른 아동 3명의 자료에서는 질감을 점차 약화시키는 절차의 필요성이 명확하지 않았다.

우리는 임상에서 질감을 점차 약화시키는 방식을 거의 사용하지 않는다. 그리고 우리는 급식장애 아동의 씹는 기술이 종종 나타나지 않는다는 것을 봐 왔기 때문에, 씹는 기술 훈련을 받지 않는 아동에게만 음식의 질감을 늘린다. 즉, 우리가 치료하는 아동 대다수는 음식의 질감과 상관없이 주어진 음식 조각을 씹지 않고 그냥 삼키는데, 이런 행동은 아동에게 매우 위험하다. 따라서 우리는 아동에게 씹기를 가르쳐서, 아동이 다양한 음식을 축축하거나 낮은 질감이 되도록 씹을 수 있는지 그리고 죽이 된 조각을 제때에 삼킬 수 있을 때까지는 식사 시간에 음식의 질감을 증가시키지 않는다.

Shore, LeBlanc, Simmons(1999)는 어떤 한 사람에게 변별 강화 절차를 적용하여 그 사람의 씹는 비율을 증가시켰다. 참여자가 사전조건 횟수만큼 씹기를 할 때 치료자는 사회적 칭찬과 주스 한 모금을 주었다. 연구자는 이전의 식사 시간에 씹기 횟수의 평균을 기준으로 씹기 조건 횟수를 정하여 강화하였다. 치료를 통하여 한 조각마다 평균 씹기 횟수가 꾸준히 증가하였다.

마지막으로 급식 문제가 있는 아동은 스스로 음식을 먹지 않거나 거부한다. 스스로 먹기의 문제는 기술 결여나 동기 결여 또는 두 가지 모두로 인해 발생한다. Piazza, Anderson, Fisher(1993)는 레트증후군이 있는 소녀 5명에게 3단계 촉진 절차(3-step prompting procedure)를 사용하여 스스로 먹기를 가르쳤다. 3단계 촉진 절차는 우선 언어나 모델 촉진을 통해 아동이 한 입 먹을 때 언어적인 칭찬과 더불어 언어·모델·신체적 촉진을 연속으로 하는 것으로 구성된다. 3단계 촉진 절차는 기술과 동기화의 결여 모두를 다룰 수 있다는 장점이 있다. 기술 결여는 모델 촉진(말로 교육하는 것을 따라갈 수 없는 사람에게 요구된 반응을 설명할 수 있다는 이점이 있다.)과 신체적 유도(말로 교육하는 것을 따라갈 수 없거나 모델을 모방할 수 없는 사람에게 반응을 수행할 수 있도록 신체적인 도움을 주는 이점이 있다.)를 통해 다룰 수 있다. 동기화 결여는 3단계 촉진을 통해 다룰 수 있는데, 즉 3단계 연속적인 촉진(예 : 언어적 교육 이후)의 초기 교육에 동의함으로써 참여자는 연속적 촉진(예 : 신체적 유도)을 피할 수 있다.

부모 훈련은 급식장애 아동의 성공적인 장기적 성과를 위해서 반드시 필요하다. 그래서 급식장애 아동의 치료에 대한 여러 연구에서 부모 훈련을 집중적으로 다루었다(Anderson & McMillan, 2001; Mueller et al., 2003; Stark, Powers, Jelalian, Rape, & Miller, 1994; Werle, Murphy, & Budd, 1993). 예를 들어, Mueller 외(2003)는 소아기 급식장애 아동을 위한 치료 계획도구로 부모에게 적용한 네 가지 다중요인 훈련패키지를 평가하였다. 훈련패키지는 (a) 쓰기와 말하기 교육, 모델링, 시연, (b) 쓰기와 말하기 교육, 모델링 (c) 쓰기와 말하기 교육, 시연 (d) 쓰기와 말하기 교육으로 구성되었다. 네 가지 훈련패키지 이후 부모의 치료 계획에 대한 성실성이 증가하였다. 쓰기와 말하기 훈련으로 구성된 훈련 과정은 가장 효과적인 시간이었다. 연구자는 치료의 완성도를 높이기 위한 효과적인 훈련을 위해 적어도 2개의 훈련요소가 첨가되어야 한다고 제안하였다.

결론

앞에서 제시한 연구를 종합적으로 살펴보면, 조작적 조건형성이론에 기반을 둔 치료는 급식 문제가 있는 아동에게 효과적이라는 것을 알 수 있다. 이런 결론은 행동 중심 치료 결과를 평가한 다른 연구에 의해 지지되었다(Benoit, Wang, & Zlotkin, 2000; Byars et al., Irwin, Clawson, Monasterio, Williams, & Meade, 2003; Kerwin, 1999). 예를 들어 Kerwin은 섭식 문제에 대한 평가와 치료를 다룬 문헌을 검토하였다. Kerwin의 분석 결과, 경험적 지지를 받은 유일한 치료는 음식을 적절히 먹는 것에 대한 강화와 음식을 거부하는 행동 소거를 중심으로 한 치료였다. Benoit 외는 음식을 거부해서 G-튜브로 음식을 먹는 아동에게 영양교육을 하는 것과 행동 중심 치료를 비교하였다. 행동 중심 치료집단의 아동 47%가 치료 15주 후 튜브를 통한 음식섭취가 줄어든 반면, 영양교육집단은 튜브를 통한 음식 섭취가 전혀 줄지 않았다(0%).

급식장애 아동집단을 대상으로 한 행동 중심 치료에 대한 다른 연구 역시 긍정적인 효과를 보고하였다. Byars 외(2003)는 9명의 환자를 대상으로 행동 중심 치료의 여러 집중된 급식 프로그램을 적용한 결과, G-튜브 섭식은 줄이고 음식 섭취를 향상시키는 데 성공하였다. Irwin 외(2003)는 뇌성마비와 급식 문제가 있는 아동을 대상으로 행동적 전략과 구강 운동 기술을 결합한 집중된 치료를 한 결과, 소량의 음식 먹기, 몸무게와 키가 개선되었다. 이 장에서 설명한 연구와 더불어 이런 부가적인 연구는 조작적 행동 원리 중심 절차가 급식장애 아동 치료를 위해 가장 효과적인 전략이 될 수 있음을 시사한다.

Ahearn, W. H., Kerwin, M. L., Eicher, P. S., Shantz, J., & Swearingin, W. (1996). An alternating treatments comparison of two intensive interventions for food refusal. *Journal of Applied Behavior Analysis, 29*(3), 321–332.

Anderson, C. M., & McMillan, K. (2001). Parental use of escape extinctionand differential reinforcement to treat food selectivity. *Journal of Applied Behavior Analysis, 34*(4), 511–515.

Benoit, D., Wang, E. E. L., & Zlotkin, S. H. (2000). Discontinuation of enterostomy tube feeding by behavioral treatment in early childhood: A randomized controlled trial. *Journal or Pediatrics, 137*(4), 498–503.

Byars, K. C., Burklow, K. A., Ferguson, K., O'Flaherty, T., Santoro, K. A., & Kaul, A. (2003). A multicomponent behavioral program for oral aversion in children dependent on gastrostomy feedings. *Journal of Pediatric Gastroenterology and Nutrition, 37*, 473–480.

Cooper, L. J., Wacker, D. P., McComas, J. J., Brown, K., Peck, S. M., Richman, D., et al. (1995). Use of component analyses to identify active variables in treatment packages for children with feeding disorders. *Journal of Applied Behavior Analysis, 28*(2), 139–153.

Gulotta, C. S., Piazza, C. C., Patel, M. R., & Layer, S. A. (2005). Using food redistribution to reduce packing in children with severe food refusal. *Journal of Applied Behavior Analysis, 38*(1), 39–50.

Hoch, T., Babbitt, R. L., Coe, D. A., Krell, D. M., & Hackbert, L. (1994). Contingency contacting. Combining positive reinforcement and escape extinction procedures to treat persistent food refusal. *Behavior Modification, 18*(1), 106–128.

Irwin, M. C., Clawson, E. P., Monasterio, E., Williams, T., & Meade, M. (2003). Outcomes of a day feeding program for children with cerebral palsy. *Archives of Physical Medicine and Rehabilitation, 84*, A2.

Kerwin, M. E. (1999). Empirically supported treatments in pediatric psychology: severe feeding problems. *Journal of Pediatric Psychology, 24*(3), 193–214; discussion 215–196.

Kerwin, M. E., Ahearn, W. H., Eicher, P. S., & Burd, D. M. (1995). The costs of eating: A behavioral economic analysis of food refusal. *Journal of Applied Behavior Analysis, 28*(3), 245–260.

Luiselli, J. K. (2000). Cueing, demand fading, and positive reinforcement to establish self-feeding and oral consumption in a child with chronic food refusal. *Behavior Modification, 24*(3), 348–358.

Luiselli, J. K., & Gleason, D. J. (1987). Combining sensory reinforcement and texture fading procedures to overcome chronic food refusal. *Journal of Behavior Therapy and Experimental Psychiatry, 18*(2), 149–155.

Mueller, M. M., Piazza, C. C., Moore, J. W., Kelley, M. E., Bethke, S. A., Pruett, A. E., et al. (2003a). Training parents to implement pediatric feeding protocols. *Journal of Applied Behavior Analysis, 36*(4), 545–562.

Munk, D. D., & Repp, A. C. (1994). Behavioral assessment of feeding problems of individuals with severe disabilities. *Journal of Applied Behavior Analysis, 27*(2), 241–250.

Patel, M. R., Piazza, C. C., Kelly, L., Ochsner, C. A., & Santana, C. M. (2001). Using a fading procedure to increase fluid consumption in a child with feeding problems. *Journal of Applied Behavior Analysis, 34*(3), 357–360.

Patel, M. R., Piazza, C. C., Layer, S. A., Coleman, R., & Swartzwelder, D. M. (2005). A systematic evaluation of food textures to decrease packing and increase oral intake in children with pediatric feeding disorders. *Journal of Applied Behavior Analysis, 38*(1), 89–100.

Patel, M. R., Piazza, C. C., Martinez, C. J., Volkert, V. M., & Christine, M. S. (2002). An evaluation of two differential reinforcement procedures with escape extinction to treat food refusal. *Journal of Applied Behavior Analysis, 35*(4), 363–374.

Patel, M. R., Piazza, C. C., Santana, C. M., & Volkert, V. M. (2002). An evaluation of food type and texture in the treatment of a feeding problem. *Journal of Applied Behavior Analysis, 35*(2), 183–186.

Patel, M. R., Reed, G. K., Piazza, C. C., Bachmeyer, M. H., Layer, S. A., & Pabico, R. S. (2006). An evaluation of a high-probability instructional sequence to increase acceptance of food and decrease inappropriate behavior in children with pediatric feeding disorders. *Research in Developmental Disabilities, 27*(4), 430–442.

Piazza, C. C., Anderson, C., & Fisher, W. (1993). Teaching self-feeding skills to patients with Rett syndrome. *Dev Med Child Neurol, 35*(11), 991–996.

Piazza, C. C., Carroll-Hernandez, T. A. (2004). Assessment and treatment of pediatric feeding disorders. Retrieved Retrieved August 31, 2005, from http://www.excellence-earlychildhood.ca/documents/Piazza-Carroll-HernandezANGxp.pdf.

Piazza, C. C., Fisher, W. W., Brown, K. A., Shore, B. A., Patel, M. R., Katz, R. M., et al. (2003). Functional analysis of inappropriate mealtime behaviors. *Journal of Applied Behavior Analysis, 36*(2), 187–204.

Piazza, C. C., Patel, M. R., Gulotta, C. S., Sevin, B. M., & Layer, S. A. (2003). On the relative contributions of positive reinforcement and escape extinction in the treatment of food refusal. *Journal of Applied Behavior Analysis, 36*(3), 309–324.

Piazza, C. C., Patel, M. R., Santana, C. M., Goh, H. L., Delia, M. D., & Lancaster, B. M. (2002). An evaluation of simultaneous and sequential presentation of preferred and nonpreferred food to treat food selectivity. *Journal of Applied Behavior Analysis, 35*(3), 259–270.

Reed, G. K., Piazza, C. C., Patel, M. R., Layer, S. A., Bachmeyer, M. H., Bethke, S. D., et al. (2004). On the relative contributions of noncontingent reinforcement and escape extinction in the treatment of food refusal. *Journal of Applied Behavior Analysis, 37*(1), 27–42.

Riordan, M. M., Iwata, B. A., Finney, J. W., Wohl, M. K., & Stanley, A. E. (1984). Behavioral assessment and treatment of chronic food refusal in handicapped children. *Journal of Applied Behavior Analysis, 17*(3), 327–341.

Sevin, B. M., Gulotta, C. S., Sierp, B. J., Rosica, L. A., & Miller, L. J. (2002). Analysis of response covariationamong multiple topographies of food refusal. *Journal of Applied Behavior Analysis, 35*(1), 65–68.

Stark, L. J., Powers, S. W., Jelalian, E., Rape, R. N., & Miller, D. L. (1994). Modifying problematic mealtime interactions of children with cystic fibrosis and their parents via behavioral parent training. *Journal of Pediatric Psychology, 19*(6), 751–768.

Werle, M. A., Murphy, T. B., & Budd, K. S. (1993). Treating chronic food refusal in young children: home-based parent training. *Journal of Applied Behavior Analysis, 26*(4), 421–433.

찾아보기

기타

연구자

{A}

Abbott, Detheridge와 Detherideg(2006) 405

Ackerman과 Hilsenroth(2003) 71

Ackerson 외 245

Akamatu와 Andrews(1993) 402

Alan Kazdin 124

Alant(2005a) 393

Aman과 Madrid(1999) 346

Aman 외(1999) 352

Aman 외(2002)와 Snyder 외(2002) 346

Anderson 외(2007) 348

Antonacci와 Groot(2000) 271

Anzai, Lindsey-Dudley와 Bidwell(2002) 428

Ardoin과 Martens(2004) 168

Asarnow 외 249

{B}

Baer, Wolf와 Risley(1968) 32

Bandura(1969) 210

Barkley 외(1999) 128

Barlow(2002) 195

Barnhill 외(2000) 313

Barrett, Dadds와 Rapee(1996) 252

Beauchaine 외(2005) 134

Beidel 외(2000) 217

Benjamin 외(1995) 354

Berkson 외 368

B. F. Skinner 7

Bierman 외(2006) 137

Binford와 le Grange(2005) 418

Bodfish 외 370

Brent 외 248

Burnette 외(2005) 322

Butler 외(1980) 252

Buzan 외(1998) 271

Buzas, Ayllon과 Collins 42

{C}

Carolyn Webster-Stratton 118

Carr과 Durand(1985) 360

Chorpita(2003) 137

Chronis 외(2004) 162, 179

Chu(2003) 195

Church, Alisank와 Amanullah(2000) 309

Clarke 외(1995, 2001) 245

Cohen, Deblinger, Mannarino, Steer(2004) 219

Conyers 외(2004) 35

Cornwall, Spence와 Schotte(1996) 214

Croll, Neumark-Sztainer, Story와 Ireland (2002) 420

Cuffe 외 238

{D}

Dada, Granlund와 Alant(2007) 389

Davis와 Ollendick(2005) 206, 216, 221

Day, Horner와 O'Neill(1994) 360

Deblinger, Lippman, Steer(1996) 219

DeCuyper 외(2004) 252

Deitz와 Repp(1973) 43

Dunst(2001) 389

DuPaul과 Hoff(1998) 168

DuPaul과 Stoner(2003) 169, 170

{E}

Edwards와 McCosh(1986) 365

역자소개

유미숙

숙명여자대학교 박사(아동상담 전공)

미국 Fairleigh Dickinson University에서 놀이치료과정 이수

숙명여자대학교 아동복지학부 교수

한국놀이치료학회 공인 놀이치료전문가

한국상담심리학회 공인 상담심리전문가

APT 공인 Registered Play Therapist & Supervisor

전) 한국놀이치료학회 회장, 한국상담심리학회 부회장

저서 『놀이치료의 이론과 실제』, 『상담원의 눈으로 본 아이』(공저)

역서 『놀이와 아동발달』(공역), 『보드게임을 활용한 아동의 심리치료』(공역),
　　『아동문제별 놀이치료』(공역), 『집단놀이치료』(공역), 『어린이의 꿈의 세계』(공역) 외 다수

신효미

숙명여자대학교 석사 졸업(아동심리치료 전공)

숙명여자대학교 박사과정 수료(아동심리치료 전공)

서울탑마음클리닉 놀이치료사

부모와 아이 연구소 놀이치료사

전) 국립정신병원 치료놀이 co-work 자원봉사
　　분당해수소아청소년클리닉 놀이치료사
　　이화여대 종합사회복지관 심리평가자

이혜진

한양대학교 교육대학원 석사 졸업(예술치료교육 전공)

숙명여자대학교 박사과정 재학(아동심리치료 전공)

굿네이버스 놀이치료사

전) 세브란스 어린이 병원학교 미술치료사
　　한국육영학교 집단예술치료사
　　국민체육진흥공단 소마미술관 장애아동을 위한 통합예술치료 프로그램 기획 및 진행